JN436311

東洋古典譯註叢書 63

譯註 東萊博議 2

저자 呂祖謙
책임번역 鄭太鉉
공동번역 金炳愛

전통문화연구회

東洋古典譯註叢書를 발간하면서

우리의 古典國譯事業은 민족문화 진흥의 기초사업으로 1960년대부터 政府 支援으로 古文獻 現代化 작업을 추진하여 많은 成果를 거두었다. 당시 이 사업 추진의 先行課題로 東洋古典이라 일컬어지는 중국의 基本古典을 먼저 飜譯하여야 한다는 學界의 주장이 있었음에도 불구하고 우리 고전이 아니라는 일부의 偏狹한 視角과 財政 事情 등으로 인하여 배제되어 왔다.

전통적으로 중국의 기본고전은 우리 歷史와 함께 숨 쉬며 각종 교육기관의 教科書로 활용됨은 물론이고 지식인들의 必讀書가 되어 왔으며, 우리 文化의 基底에 자리잡고 거의 모든 방면의 體系와 根幹을 형성하여 왔다. 그래서 학문연구의 기본서 역할을 해 왔을 뿐만 아니라 오늘날에도 우리의 國學徒 및 東洋學 研究者들에게 같은 역할을 하고 있음은 주지의 사실이다. 그럼에도 불구하고 中國古典은 우리 것이 아니라 하여 專門機關의 飜譯對象에 포함하지 않음으로써, 대부분 原典에서의 직접 번역이 아닌 重譯이나 拔萃譯의 방식이 주를 이루면서 教養水準으로 出版되어 왔다.

오늘날 東洋 三國 중에서 우리의 東洋學 연구가 가장 부진한 이유는, 東洋基本古典에 대한 폭넓은 이해의 부족과 漢文古典 讀解力의 저하에 기인함을 우리는 솔직히 인정하여야 한다. 따라서 이들 중국고전에 대한 신뢰할 만한 國譯이 이루어지는 것이 한국학 연구를 촉진시키는 시급한 先行課題라 할 수 있다.

이에 韓國學 및 東洋學의 연구와 古典現代化의 基盤構築을 위해서는, 전문기관으로 하여금 동양고전을 단기간에 각 분야의 專門 研究者와 漢學者가 상호 협동하여 연구·번역하여 飜譯의 傳統性과 效率性, 研究의 專門性을 높일 수 있도록 政策的 配慮가 있어야 한다.

이에 本會에서는 元老 및 中堅 漢學者와 斯界의 專攻者로 하여금 協同研究飜譯

하여 공부하는 사람들이 믿고 引用하거나 깊이 있는 註釋 등을 활용할 수 있게 하고, 知識人들의 教養을 증진시켜 줄 수 있는 東洋古典의 國譯書 간행을 지속적으로 추진해 왔다. 근래에 다행히 이 사업에 대하여 각계 지도층의 폭넓은 이해와 지원에 힘입어 2001년도부터 國庫補助를 받아 東洋古典譯註叢書를 간행하게 되었다. 이를 계기로 우리 先學의 註釋과 見解를 반영하는 등 국역사업의 內實을 기하게 되었음을 이 자리를 빌려 衷心으로 감사드리며, 아울러 國譯에 參與하신 관계자 여러분의 勞苦에 깊은 謝意를 표한다.

끝으로 우리의 이러한 작업은 오랜 역사 위에 축적된 先賢들의 業績과 現代學問을 이어주는 튼튼한 架橋와 礎石이 되어 진정한 韓國學과 東洋學 발전에 기여할 것을 굳게 믿으며, 21세기를 우리 文化의 世紀로 열어 가는 밑거름이 되도록 우리의 力量을 本 事業에 경주하고자 한다. 江湖諸賢의 부단한 관심과 지원을 기대해 마지않는다.

社團法人 傳統文化研究會 會長 李啓晃

凡 例

1. 본서는 東洋古典譯註叢書 ≪譯註 東萊博議≫ 제2책이다.
2. 본서는 中宗 年間에 간행된 乙亥字本 ≪新刊詳增補註東萊先生左氏博議≫(국립중앙도서관 소장)를 저본으로 하되, 全25권 가운데 일부만이 소장(권1~2, 권9~11, 권23~25)되어있어 日本 宮內廳 書陵部 소장의 同一本 서책으로 缺本을 대체하였고, 四庫全書의 ≪左氏博議≫(이하 '사고전서본'으로 약칭)와 臺灣 三民書局印行의 ≪新譯 東萊左氏博議≫(이하 '삼민서국본'으로 약칭), ≪精選東萊先生左氏博議句解≫(이하 '精選本'으로 약칭)를 참조하여 교감, 번역하였다.
3. 본서는 원전의 傳統性과 번역의 現代性을 구현하기 위해 노력하였다.
4. 번역은 原義의 충실하게 하되, 이해가 어려운 부분은 意譯 또는 보충역을 하였다.
5. ≪春秋左氏傳≫ 인용문과 ≪東萊博議≫ 본문에 懸吐하고 飜譯하였다. ≪춘추좌씨전≫의 인용문은 【左傳】으로 구분하였으며, 저본의 間註는 완역하였다.
6. ≪春秋左氏傳≫ 인용문에 대한 懸吐, 飜譯, 譯註는 譯者인 鄭太鉉의 ≪譯註 春秋左氏傳≫(전통문화연구회)에 의거하여 약간의 수정을 가하여 인용하였으며, 인용문이 두 개 이상일 경우에는 각각 일련번호를 부여하여 찾아보기에 용이하도록 하였다.
7. 저본에서는 ≪春秋左氏傳≫ 인용문・≪東萊博議≫ 본문・간주에 모두 避諱를 적용하였는데, 본서에서는 매 편의 처음 나온 부분에만 주석을 달았다.
   예) 威公 : 춘추시대 齊 桓公을 가리킨다. 北宋 欽宗의 이름이 '桓'이므로 '桓'을 諱하기 위해 '威'로 바꿔 쓴 것이다.
8. 譯者의 주석은 〔역주〕로 표시하여 原註와 구분하였다.

9. 본서에 사용된 주요 符號는 다음과 같다.

“ ” : 對話, 각종 引用

‘ ’ : 再引用, 强調

「 」 : ‘ ’ 안에서의 再引用, 强調

( ) : 원문에서는 漢字의 音, 同字, 通用字
번역문에서는 간단한 註釋

〔역주〕 : 역자의 주석과 교감

*) : 間註에 대한 역자의 주석

≪ ≫ : 書名, 出典

〈 〉 : 篇章節名, 作品名, 補充譯, 補充字

( )〔 〕 : ( ) 안은 저본의 글자, 〔 〕 안은 校勘한 글자

{ } : 원문의 衍文

〔 〕 : 번역문이나 주석의 의미를 명확히 하기 위해 보충한 漢字나 引用文

□ : 저본의 闕字

參考文獻

원전자료

≪新刊詳增補註東萊先生左氏博議≫, 呂祖謙, 국립중앙도서관 소장(승계貴 1235-61)
≪新刊詳增補註東萊先生左氏博議≫, 呂祖謙, 日本 宮內廳 書陵部 所藏
≪左氏博議≫, 呂祖謙, 文淵閣四庫全書, 經部146
≪精選東萊先生左氏博議句解≫, 呂祖謙, 文淵閣 영인본

≪古文關鍵≫, 文淵閣四庫全書, 集部290
≪經書≫, 成均館大學校, 大東文化硏究院 영인본
≪大事記≫, 文淵閣四庫全書, 史部82
≪史記≫, 景仁文化社 영인본
≪史記索隱≫, 文淵閣四庫全書, 史部246
≪史記正義≫, 文淵閣四庫全書, 史部247
≪說郛≫, 文淵閣四庫全書, 子部188
≪宋史≫, 文淵閣四庫全書, 史部38
≪十三經注疏≫, 北京出版社, 北京 1999
≪呂氏家塾讀詩記≫, 文淵閣四庫全書, 經部67
≪禮記≫, 학민문화사 영인본
≪資治通鑑≫, 文淵閣四庫全書, 史部62
≪周禮注疏≫, 文淵閣四庫全書, 經部84
≪周易≫, 학민문화사 영인본
≪朱子語類≫(全8冊)(黎靖德 編, 王星賢 點校, 中華書局, 北京, 1994)
≪春秋公羊傳注疏≫, 文淵閣四庫全書 經部139
≪春秋左氏傳≫, 학민문화사 영인본
≪通鑑節要≫, 학민문화사 영인본
≪漢書≫, 鼎文書局印行

≪後漢書≫, 景仁文化社 영인본
≪東州集≫, 李敏求, 한국문집총간 94
≪晩悔集≫, 權得己, 한국문집총간 76

역서 및 단행본

≪國語≫, 허호구 外, 전통문화연구회, 2005
≪東萊博議≫, 張明德 外, 北京市中國書店(中國)
≪東萊博議≫, 吳在錫 譯, 中和堂, 1995
≪四庫全書總目≫ 上下, 法仁文化社 影印本
≪史記註譯≫, 王利器, 三秦 1997(中國)
≪宋明儒學思想史≫, 구스모토 마사쓰구 著, 김병화 외 옮김, 예문서원, 2005
≪宋元時代학맥과 학자들≫(原題 : 宋元學案), 최석기 외 옮김, 보고사, 2007
≪新譯東萊左氏博議≫, 李進興 簡宗梧 註譯, 三民書局, 民國80년(臺北)
≪呂祖謙年譜≫, 杜海軍 著, 中華書局, 2007(中國)
≪譯註 近思錄集解≫, 成伯曉譯註, 傳統文化硏究會, 2003
≪譯註 春秋左氏傳≫, 鄭太鉉 譯註, 傳統文化硏究會
≪譯註 禮記集說大全1≫, 辛承云 譯註, 傳統文化硏究會, 2004
≪譯註 通鑑節要≫, 成百曉 譯註, 傳統文化硏究會
≪莊子讀本≫, 黃錦鋐, 三民書局(臺北)

辭書

≪大漢和辭典≫, 諸橋轍次, 大修館書店, 昭和 31년
≪春秋左傳詞典≫, 楊伯峻・徐提編, 中華書局, 北京, 1985
≪漢語大詞典≫, 漢語大詞典出版社, 上海, 1992
≪漢語大字典≫, 湖北辭書出版社・四川辭書出版社, 1990

電子文獻 및 Web DB

文淵閣四庫全書電子版, 迪志文化出版有限公司, 中國, 1999
한국고전번역원 한국고전종합DB
(http://db.itkc.or.kr/itkcdb/mainIndexIframe.jsp)

目 次

東萊博議 卷9

東萊博議 卷10

東萊博議 卷6

06-01 齊侯見豕　齊侯가 돼지를 보다

06-01-01 齊侯見豕　齊侯가 돼지를 보다

【左傳】 莊八年이라 冬에 齊侯游于姑棼하야 遂田于貝丘하다 見大豕[1]하고 從者曰 公子彭生也로소이다 公怒曰 彭生敢見가하고 射之하니 豕人立而啼어늘 公懼하야 隊于車하야 傷足喪屨하다 反하야 誅屨於徒人費[2]한대 弗得이어늘 鞭之見血하다 走出이라가 遇賊于門하니 劫而束之하다

1) 〔역주〕 見大豕 : 齊 襄公의 눈에는 큰 돼지로 보이고, 從者의 눈에는 彭生으로 보인 것이다.
2) 〔역주〕 誅屨於徒人費 : 誅는 責(요구함)이며, 徒人은 徒役人(수고로운 일을 맡아 하는 人夫)이고, 費는 그의 이름이다.

莊公 8년, 겨울에 齊侯(齊 襄公)가 姑棼에서 遊覽하고서 드디어 貝丘에서 사냥하였는데, 큰 돼지 한 마리를 보았다. 從者가 "돼지가 아니고 公子 彭生입니다."라고 하니, 襄公은 화를 내며 "팽생이 감히 나타나는가."라고 하고서 활을 쏘니, 그 돼지가 사람처럼 서서 울었다. 이를 본 齊侯는 겁이 나서 수레에서 떨어져 발을 다치고 신발을 잃었다.

사냥에서 돌아온 뒤에 齊侯는 徒人 費에게 신발을 찾아오도록 하였으나 찾아오지 못하자, 齊侯는 그에게 피가 흐르도록 채찍질을 하였다. 費가 도망해 나오다가 宮門에서 叛亂軍을 만나니, 반란군이 그를 위협해 結縛하려 하였다.

06-01-02 蛇鬪于鄭　뱀이 鄭나라 城門에서 싸우다

【左傳】 莊十四年이라 初에 內蛇與外蛇鬪於鄭南門中이라가 內蛇死러니 六年而厲公入하다 公聞之하고 問於申繻曰 猶有妖乎[1]아 對曰 人之所忌에 其氣焰以取之니 妖由人興也니이다 人無釁焉이면 妖不自作이요 人棄常則妖興이라 故有妖니이다

1) 〔역주〕 猶有妖乎 : 孔穎達의 疏에 의하면, 猶와 由는 古字에 通用이었으니, 魯 莊公이 鄭 厲公이 들어갔다는 말을 듣고서, 申繻에게 "뱀의 妖孼이 있음으로 말미암아 여공이 들어간 것이냐?"고 물은 것이다.

莊公 14년, 당초에 鄭나라 都城의 南門 밑에서 문 안의 뱀이 문 밖의 뱀과 싸우다가 문 안의 뱀이 죽은 일이 있었는데, 이 일이 있은 지 6년 만에 厲公이 들어갔다. 魯 莊公은 이 소문을 듣고 申繻에게 "뱀의 妖孼이 있음으로 말미암아 여공이 들어간 것인가?"라고 물으니, 신수가 대답하기를 "사람에게 꺼리는 일이 있으면 그 불편한 心氣가 불길처럼 점점 커져서 요얼을 부르는 것이니, 요얼은 사람으로 인해 일어나는 것입니다. 사람에게 잘못이 없으면 요얼은 저절로 생기지 않고, 사람이 常道를 버리면 요얼이 생깁니다. 그러므로 요얼이 생긴 것입니다."라고 하였다.

06-01-03 神降于莘 神이 莘邑의 어떤 사람에게 내리다

【左傳】 莊三十二年이라 秋七月에 有神降于莘[1]하다 惠王問諸內史過曰 是何故也오 〈對曰 國之將興에 明神降之하야 監其德也하고 將亡에 神又降之하야〉 觀其惡也니이다 故有得神以興하고 亦有以亡하니 虞夏商周皆有之니이다 王曰 若之何오 對曰 以其物享焉[2]하소서 其至之日이 亦其物也니이다 王從之하다

1) 〔역주〕 有神降于莘 : 莘邑의 어떤 사람에게 神이 붙어 그 사람의 입을 빌어 말을 한 것이다.

2) 〔역주〕 以其物享焉 : 享은 祭祀하는 것이다. 가령 神이 甲日이나 乙日에 내렸으면 그 神에게 지내는 祭祀에 脾臟을 먼저 올리고, 幣帛으로 올리는 玉은 蒼玉을 사용하고, 服裝은 上衣가 青色인 祭服을 입는다. 이런 類로 제사 지낸다는 말이다. ≪春秋正義≫에 의하면, 莘에 내린 이 神에 대한 제사의 禮가 祀典에 실려 있지 않다. 그러나 神에게는 반드시 제사를 지내야 하므로 內史 過가 그 제사에 합당한 物品으로 祭享하게 한 것이다. 그러나 그 제사에 합당한 물품이 무엇인지 알 수 없기 때문에 다시 그 神이 내린 날로 해석하여, 이 神이 처음 내린 날짜를 조사해서 神이 내린 날짜에 맞는 물품을 사용해 제사하라고 한 것이다.

≪禮記≫ 〈月令〉에 봄의 甲·乙日, 여름의 丙·丁日, 中央土(6월 12일부터 6월 30일까지 18일간)의 戊·己日, 가을의 庚·辛日, 겨울의 壬·癸日에 사용하는 물품을

구체적으로 말하였는데, 杜預의 注에 甲・乙日만 들어 말한 것은 하나를 들어 나머지를 미루어 알게 한 것이다. 가령 丙・丁日에 내렸으면 제사에 肺를 먼저 올리고 玉과 祭服은 모두 赤色을 사용하며, 戊・己日에 내렸으면 제사에 염통을 먼저 올리고 옥과 제복은 모두 黃色을 사용하며, 庚・辛日에 내렸으면 제사에 肝을 먼저 올리고 옥과 제복은 모두 白色을 사용하며, 壬・癸日에 내렸으면 제사에 콩팥을 먼저 올리고 옥과 제복은 모두 玄色을 사용한다.

莊公 32년, 가을 7월에 神이 莘邑의 어떤 사람에게 내렸다. 惠王이 內史 過에게 "이것은 무슨 까닭이냐?"고 묻자, 內史가 "나라가 興하려 할 때에는 神明이 降臨하여 그 나라의 德을 살피고, 亡하려 할 때에도 신명이 강림하여 그 惡을 살핍니다. 그러므로 神으로 인해 興한 나라도 있고, 神으로 인해 망한 나라도 있었으니, 虞・夏・商・周에도 모두 그런 일이 있었습니다."라고 대답하였다. 惠王이 "이 神을 어떻게 대접하는 것이 좋겠느냐?"고 묻자, 內史가 "그 神이 내린 날과 相應하는 物品으로 祭享하소서. 그 神이 내린 날을 조사하여 그 날짜에 맞는 祭品이 바로 이 神에게 사용할 물품입니다."라고 하니, 惠王이 그 말을 따랐다.

06-01-04 卜偃童謠 卜偃이 童謠를 말하다

【左傳】 僖五年이라 晉侯復假道於虞以伐虢하다 〈八月甲午에〉 晉侯圍上陽하고 問于卜偃曰 吾其濟乎아 對曰 克之리이다 公曰 何時오 對曰 童謠云 丙之晨에 龍尾伏辰[1]이어든 均服振振하야 取虢之旂로다 鶉之賁賁하고 天策焞焞하며 火中成軍[2]하야 虢公其奔하리라하니 其九月十月之交乎ㄴ저 丙子旦에 日在尾하고 月在策하고 鶉火中하니 必是月也리이다 冬十二月丙子朔에 晉滅虢하니라

1) 〔역주〕 龍尾伏辰 : 龍尾는 蒼龍七宿의 여섯째 星宿이다. 해와 달이 만나는 곳을 辰이라 한다. 이 별이 태양 옆에 있어 보이지 않기 때문에 '伏'이라고 한 것이다.
2) 〔역주〕 火中成軍 : 火中은 鶉火星이 남방의 中天에 뜰 때이고, 成軍은 軍功을 이룸이다.

僖公 5년, 晉侯가 다시 虞나라에 길을 빌려 虢나라를 쳤다. 8월 甲午日에 진후가 上陽을 포위하고서 卜偃에게 물었다.

"우리가 成功하겠는가?"

복언이 대답하였다.

"勝利할 것입니다."

진후가 물었다.

"언제쯤이겠는가?"

복언이 대답하였다.

"童謠에 '丙子日 새벽 龍尾星이 태양 가까이에 있어 보이지 않을 때에 軍服을 씩씩하게 차려 입고서 虢나라의 깃발을 빼앗는다. 鶉火星이 새의 깃처럼 펼쳐지고 天策星이 빛을 잃고 鶉火星이 남쪽 하늘에 뜰 때 군대가 勝戰하여 虢公이 도망갈 것이다.'라고 하였으니 아마 구시월 어름일 것입니다. 병자일 아침에 해는 용미성 자리에 있고 달은 천책성 자리에 있고 순화성이 남쪽에 뜨니 반드시 이달일 것입니다."

겨울 12월 초하루 병자일에 晉軍이 虢나라를 擊滅하였다.

06-01-05 狐突遇申生　狐突이 申生을 만나다

【左傳】 僖十年이라 狐突適下國[1]이라가 遇太子하니 太子使登僕[2]하고 而告之曰 夷吾無禮하니 余得請於帝矣[3]라 將以晉畀秦[4]하리니 秦將祀余하리라 對曰 臣聞之하니 神不歆非類하고 民不祀非族이라하니 君祀無乃殄乎[5]잇가 且民何罪오 失刑乏祀[6]니 君其圖之하소서 君曰 諾다 吾將復請하리니 七日에 新城西偏에 〈將〉有巫者而見(현)我焉[7]하리라 許之하니 遂不見하다 及期而往하니 告之曰 帝許我罰有罪矣니 敝於韓[8]하리라

1)〔역주〕 下國：曲沃의 新城이다.

2)〔역주〕 太子使登僕：狐突은 본래 申生의 御者였기 때문에 다시 수레에 올라 수레를 몰게 한 것이다.

3)〔역주〕 余得請於帝矣：夷吾를 처벌하라고 요청했다는 말이다.

4)〔역주〕 將以晉畀秦：畀는 주는 것이니, 장차 秦나라를 시켜 晉나라를 擊滅하게 한다는 말이다.

5)〔역주〕 神不歆非類……君祀無乃殄乎：歆은 흠향이고, 殄은 끊어짐이다. ≪左氏會箋≫에 의하면 太子를 君으로 호칭한 것은 당시에 申生을 君으로 追尊하였기 때문에 左氏가 사실에 근거해 君으로 호칭한 것이다.

6)〔역주〕 失刑乏祀：夷吾에게 怒한 것으로 인해 함부로 백성들에게 禍를 입히는 것은 失

刑이고, 晉나라를 秦나라에 주어 스스로 자기의 제사를 끊기게 하는 것은 乏祀이다.

7) 〔역주〕〈將〉有巫者而見(현)我焉 : 新城은 曲沃이다. 장차 무당에 의지해 나타난다는 말이다.

8) 〔역주〕帝許我罰有罪矣 敝於韓 : 敝는 敗이고, 韓은 地名이다. 惠公만 敗亡시킬 것이므로 罪 있는 자를 처벌한다고 한 것이니, 이는 다시 晉나라를 秦나라에 주지 않겠다는 것을 밝힌 것이다. 夷吾는 의심과 이기려는 마음이 많으므로 인해 원수가 많아서 끝내 나라를 잃었으니, 비록 改葬하고 諡號를 올려주었으나, 申生은 오히려 분개하였다. 傳의 말은 鬼神이 사람에게 붙어 하는 말도 때로 믿을 만하다는 뜻이다.

僖公 10년, 狐突이 下國(曲沃)에 갔다가 太子를 만났는데, 太子가 호돌에게 수레에 올라 수레를 몰게 하면서 말하였다.

"夷吾가 無禮하기 때문에 내가 上帝께 요청하여 허락을 받았노라. 晉나라를 秦나라에 줄 것이니 앞으로 秦나라가 내 제사를 지낼 것이다."

호돌이 답하였다.

"臣이 듣건대 '鬼神은 同族이 지내는 제사가 아니면 歆饗하지 않고, 백성은 동족이 아닌 神에게 제사 지내지 않는다.'라고 하니, 君의 제사가 끊어지지 않겠습니까? 게다가 백성들은 무슨 罪입니까? 刑罰을 잘못 시행하고 제사를 끊기게 하는 것이니, 君께서는 다시 생각하소서."

君이 대답하였다.

"좋다. 내가 다시 上帝께 청해보겠다. 7일 후에 新城 서쪽에 무당이 있을 것이니 그 무당에 의지해 내가 나타날 것이다."

호돌이 승낙하자 드디어 보이지 않았다. 기한이 되어 호돌이 가니, 태자가 호돌에게 말하였다.

"상제가 나에게 罪 있는 자를 처벌하기로 허락하셨으니, 이오는 韓에서 敗亡할 것이다."

06-01-06 城鄫有夜登丘 鄫나라에 城을 쌓을 때 밤에 언덕에 올라 고함친 자가 있었다

【左傳】 僖十六年이라 十二月에 城鄫할새 役人病하야 有夜登丘而呼曰 齊有亂이라하니 不果城而還하다

僖公 16년, 12월에 鄫나라를 위해 城을 쌓는데, 役夫들이 勞役의 괴로움을 견디지 못해 어떤 자가 밤중에 언덕에 올라가 "齊나라에 난리가 났다."고 고함치니, 築城을 完了하지 않고 돌아갔다.

06-01-07 柩有聲如牛　靈柩에서 소 울음 같은 소리가 나다

【左傳】 僖三十二年이라 冬에 晉文公卒하다 將殯于曲沃[1]하야 出絳[2]에 柩有聲如牛[3]하다 卜偃使大夫拜曰 君命大事[4]하라 將有西師過軼我[5]하리니 擊之면 必大捷焉하리라

1) 〔역주〕 將殯于曲沃 : 殯은 棺을 묻는 것이다. 曲沃에는 舊宮이 있다.
2) 〔역주〕 出絳 : 絳은 晉나라의 國都이다. 靈柩가 바야흐로 晉나라의 國都를 나간 것이다.
3) 〔역주〕 柩有聲如牛 : 소 울음 같은 소리가 난 것이다. ≪禮記≫ 〈曲禮 下〉에 "屍身이 寢牀 위에 있는 것을 '尸'라 하고, 棺에 넣은 것을 '柩'라 한다."라고 하였다.
4) 〔역주〕 君命大事 : 柩 안에서 소리가 났기 때문에 '君命'이라고 한 것이다. 大事는 軍事이다. 卜偃이 秦나라의 은밀한 계획을 들었기 때문에 柩에서 소리가 난 것으로 인해 사람들의 마음을 振作시킨 것이다.
5) 〔역주〕 將有西師過軼我 : 西는 秦나라를 이른다. 過軼我는 秦軍이 鄭나라를 치기 위해 晉나라를 지나간다는 말이다.

僖公 32년, 겨울에 晉 文公이 卒하였다. 曲沃에 殯하기 위해 絳都를 나가는데, 靈柩에서 소 울음 같은 소리가 났다. 卜偃이 大夫들에게 절하게 하며 말하기를 "君께서 大事를 명하셨다. 장차 서쪽 나라의 군대가 우리나라를 지나갈 것이니 저들을 공격하면 반드시 크게 승리할 것이다."라고 하였다.

06-01-08 蛇出泉宮　뱀이 泉宮에서 나오다

【左傳】 文十六年이라 有蛇自泉宮出하야 入于國이 如先君之數[1]라 秋八月辛未에 聲姜薨하니 毁泉臺[2]하다

1) 〔역주〕 先君之數 : 魯나라는 伯禽으로부터 僖公까지가 모두 17君이다.
2) 〔역주〕 毁泉臺 : 泉宮은 泉臺이다. 魯人은 蛇妖로 인해 聲姜이 薨하였다고 여겼다. 그러므로 천대를 허문 것이다.

文公 16년, 뱀이 泉宮에서 나와서 魯나라 國都로 들어온 數가 先君의 數와 같았다. 가을 8월 辛未日에 聲姜이 薨하니 泉臺를 허물었다.

06-01-09 魏顆見老人 魏顆가 풀을 묶는 老人을 보다

【左傳】宣十五年이라 魏顆敗秦師于輔氏하야 獲杜回하니 秦之力人也라 初에 魏武子[1] 有嬖妾하니 無子라 武子疾에 命顆曰 必嫁是하라하더니 疾病則曰 必以〈爲〉殉하라하다 及卒에 顆嫁之曰 疾病則亂하니 吾從其治也[2]라하다 及輔氏之役에 顆見老人結草以亢[3]杜回러니 杜回躓而顚이라 故獲之하다 夜夢之曰 余는 而[4]所嫁婦人之父也라 爾用先人之治命일새 余是以報호라

1) 〔역주〕 武子 : 魏犨로 魏顆의 아버지이다.
2) 〔역주〕 疾病則亂 吾從其治也 : 사람이 病이 위중하면 精神이 혼란해지니, 내가 이 妾을 改嫁시키는 것은 우리 아버지가 정신이 혼란할 때 하신 말을 따르지 않고, 정신이 맑을 때 내리신 命을 따르기 위함이라고 말한 것이다.
3) 〔역주〕 亢 : 막는 것이다.
4) 〔역주〕 而 : 너이다.

宣公 15년, 魏顆가 輔氏에서 秦軍을 敗北시키고서 杜回를 사로잡았으니, 두회는 秦나라의 力士이다. 과거에 魏武子에게 자식이 없는 嬖妾이 하나 있었는데, 위무자가 처음 病이 들었을 때는 위과에게 命하기를 "내가 죽거든 이 사람을 반드시 改嫁시켜라."라고 하더니, 병이 위독해지자 "반드시 이 사람을 殉葬시켜라."라고 하였다. 위무자가 죽은 뒤에 위과는 그 여자를 개가시키며 "병이 위독하면 精神이 혼란하니, 나는 아버지의 정신이 맑을 때 하신 命을 따르려는 것이다."라고 말한 일이 있었다.

보씨에서 戰爭할 때 위과는 어떤 한 老人이 풀을 묶어 두회의 길을 막는 것을 보았는데, 두회가 그 묶어놓은 풀에 걸려 넘어졌기 때문에 두회를 사로잡은 것이다. 그날 밤 꿈에 그 노인이 위과에게 나타나 말하기를 "나는 그대가 개가시킨 婦人의 아비이다. 그대가 先人의 精神이 맑을 때 내린 命을 따랐기 때문에 내가 이로써 報答한 것이다."라고 하였다.

06-01-10 鳥鳴亳社 새가 亳社에서 울다

【左傳】 襄三十年이라 或叫于宋太廟曰 譆譆出出이라하고 鳥鳴于亳社[1]에도 如曰譆譆하다 甲午에 宋大災하다

1) 〔역주〕 亳社 : 殷社이다. 殷나라가 亳에 都邑하였기 때문에 그 社를 亳社라고 한 것이다. 宋나라는 殷나라의 후예이기 때문에 宋나라도 社를 亳社라 하였다.

襄公 30년, 어떤 사람이 宋나라 太廟에서 큰소리로 "譆譆出出(불이 날 것이니 속히 나가라는 뜻)"이라고 부르짖었고, 亳社에서 우는 새의 소리도 '譆譆'라고 하는 것 같았다. 甲午日에 宋나라에 큰 火災가 발생하였다.

06-01-11 鄭伯有 鄭나라에 伯有의 神이 나타나다

【左傳】 昭七年이라 鄭人相驚以伯有曰 伯有至矣라하면 則皆走하야 不知所往이라 鑄刑書之歲二月에 或夢伯有介而行曰 壬子에 余將殺帶也하고 明年壬寅에 余又將殺段也리라 及壬子하야 駟帶卒하니 國人益懼하다 齊燕平之月 壬寅에 公孫段卒하니 國人愈懼하다 〈其〉明月에 子產立公孫洩及良止以撫之하니 乃止하다

昭公 7년, 鄭나라 사람들이 伯有의 鬼神으로 서로 놀라게 하여 "백유의 귀신이 나타났다."라고 하면, 사람들은 모두 도망가면서 어디로 갈지 몰라 허둥대었다. 刑書를 鑄造한 해 2월에 어떤 사람의 꿈에 백유가 갑옷을 입고 가면서 "壬子日에 내가 駟帶를 죽일 것이고, 明年 壬寅日에 내가 또 公孫 段을 죽일 것이다."라고 하였다.

임자일에 미쳐 과연 사대가 죽으니, 國人들은 더욱 두려워하였다. 齊나라가 燕나라와 和平을 맺던 달 임인일에 公孫 段이 죽으니 국인은 더더욱 두려워하였다. 그 다음 달에 子產이 〈子孔의 아들〉 公孫 洩과 〈伯有의 아들〉 良止를 大夫로 세워 백유의 亡靈을 慰撫하니, 이에 귀신의 장난이 그쳤다.

06-01-12 石言于晉 晉나라에 돌이 말을 하는 怪變이 발생하다

【左傳】 昭八年이라 春에 石言于晉魏楡[1]하다 晉侯問於師曠曰 石何故言가 對曰 石不能言하니 或馮焉[2]이니이다 不然이면 民聽濫也니이다 抑臣又聞之컨대 曰 作事不時하야 怨讟動

於民이면 則有非言之物而言이라하니이다 今宮室崇侈하야 民力彫盡[3]일새 怨讟竝興하야 莫保其性[4]하니 石言不亦宜乎잇가

1)〔역주〕石言于晉魏楡 : 魏楡는 晉나라 땅이다. 晉나라 魏邑의 楡 땅에 돌이 갑자기 사람의 말을 하는 일이 있었다.

2)〔역주〕石不能言 或馮焉 : 精神(鬼神을 이름)이 돌에 의지해 말을 하는 경우가 있다는 것을 이른 것이다.

3)〔역주〕民力彫盡 : 彫는 傷이다.

4)〔역주〕莫保其性 : 性은 生命이다. 백성들이 감히 스스로 자기의 生命을 保存할 수 없다는 말이다.

昭公 8년, 봄에 晉나라 魏楡에서 돌이 말을 하는 怪變이 發生하였다. 晉侯가 師曠에게 물었다.

"돌이 무엇 때문에 말을 하는가?"

사광이 대답하였다.

"돌은 말을 할 수 없으니, 鬼神이 혹 돌에 붙어서 말을 한 듯합니다. 그런 것이 아니라면 백성들이 잘못 들은 것일 것입니다. 그러나 臣이 또 듣건대 '土木의 役事를 일으키는 것이 철에 맞지 않아, 원망과 비방이 백성들 사이에 震動하면 말을 하지 못하는 물건이 말을 하는 경우가 있다.'고 합니다. 지금 宮室을 높고 사치스럽게 지어 백성들의 財力과 勞動力이 枯渴되었으므로, 백성들은 生命〔性〕을 보존할 수 없어 원망과 비방이 함께 일어나고 있으니, 돌이 말을 하는 것이 당연하지 않겠습니까?"

06-01-13 當璧而拜　절을 할 때 이마가 玉璧에 닿다

【左傳】 昭十三年이라 初에 共王無冢適하고 有寵子五人이나 無適立焉하다 乃大有事於群望[1]而祈曰 請神擇于五人者하야 使主社稷하라하고 乃徧以璧見於群望하고 曰 當璧而拜〈者〉는 神所立也니 誰敢違之리오 旣에 乃與巴姬密埋璧于大室之庭하고 使五人齊하고 而長入拜하다 康王跨之하고 靈王肘加焉하고 子干子晳皆遠之하다 平王弱하야 抱而入이러니 再拜皆厭(압)紐하다 鬪韋龜屬成然焉하고 且曰 棄禮違命하니 楚其危哉ㄴ저

1)〔역주〕群望 : 望祭를 지내는 여러 山川을 이른다. 名山・大川을 바라보고 지내는 제

사를 望祭라 한다.

昭公 13년, 당초에 楚 共王에게 冢適(嫡長子)이 없고, 寵愛하는 庶子가 다섯이 있었으나, 共王은 누구를 太子로 세우는 것이 適合한지를 몰랐다. 이에 群望에 성대하게 祭祀를 지내면서 祈願하기를 "神은 이 다섯 사람 중에서 하나를 選擇하여 社稷을 主管하게 하소서." 하고서, 곧 玉璧을 群望에 두루 보이고서 말하기를 "절할 때 이마가 이 옥벽에 닿는 자가 바로 神이 태자로 세우는 자이니, 누가 감히 神의 뜻을 어기겠습니까?"라고 하였다.

제사를 마친 뒤에 곧 巴姬와 함께 大室(宗廟)의 廟庭에 옥벽을 묻고서, 다섯 사람에게 齋戒하고서 차례로 들어와 절을 하게 하였다. 康王은 그 이마가 옥벽을 지나갔고, 靈王은 팔꿈치가 옥벽에 닿았고, 子干과 子晳은 모두 옥벽과 거리가 멀었다. 平王은 어려서 안고 들어와서 再拜하였는데 두 번 모두 그 이마가 璧紐(옥벽의 상단에 끈을 매는 곳)에 닿았다. 鬪韋龜가 그 아들 成然을 평왕에게 부탁하며 말하기를 "禮를 버리고 天命을 어겼으니 楚나라는 아마도 위태로워질 것입니다."

06-01-14 鄭龍鬪 鄭나라의 洧淵에서 龍이 싸우다

【左傳】 昭十九年이라 鄭大水하다 龍鬪于時門之外洧淵하니 國人請爲禜焉하다 子産弗許曰 我鬪를 龍不我覿也어늘 龍鬪를 我獨何覿焉이리오 禳之則彼其室也라 吾無求于龍하고 龍亦無求於我니라 乃止也하다

昭公 19년, 鄭나라에 큰물이 졌다. 이때 龍이 時門 밖 洧淵에서 싸우니 國人이 禜祭를 지내기를 청하였다. 子産이 허락하지 않으며 말하기를 "우리의 싸움을 龍은 보지 않는데 龍의 싸움을 우리만 볼 게 뭐 있는가? 제사를 지낸다 하더라도 유연은 본래 龍의 住居地이니 〈어찌 다른 곳으로 가게 할 수 있겠는가?〉 우리가 龍에게 요구하는 것이 없고 龍도 우리에게 요구하는 것이 없다."라고 하였다. 국인은 이에 祭祀를 지내는 일을 그만두었다.

06-01-15 玉化爲石 玉이 변하여 돌이 되다

【左傳】 昭二十四年이라 王子朝用成周之寶珪于河러니 甲戌에 津人得諸河上하다 陰不

佞以溫人南侵이라가 拘得玉者하야 取其玉하다 將賣之하니 則爲石하다 王定而獻之하니 與之東訾하다

昭公 24년, 王子朝가 成周의 寶珪(寶玉)를 黃河에 던져 넣었다. 甲戌日에 津人(나루의 뱃사공)이 河水 가에서 이 보규를 얻었다. 陰不佞(周나라 大夫)이 溫邑 사람을 거느리고서 子朝를 侵攻하기 위해 남쪽으로 가다가 玉(寶珪)을 얻은 자를 잡아 그 옥을 빼앗았다. 그 옥을 팔려 하니 그 옥이 돌로 변하였다. 敬王의 王位가 安定된 뒤에 그 옥을 바치니, 경왕은 不佞에게 東訾(地名)를 주었다.

06-01-16 鸜鵒來巢 鸜鵒이 와서 둥지 짓다

【左傳】昭二十五年이라 夏에 有鸜鵒來巢하니 書所無也라 師己曰 異哉라 吾聞文(武)〔成〕[1]之世에 童謠有之하니 曰 鸜之鵒之면 公出辱也리라 鸜鵒之羽면 公在外野하야 往饋之馬리라 鸜鵒跦跦면 公在乾侯하야 徵褰與襦리라 鸜鵒之巢면 遠哉遙遙라가 禂父喪勞하고 宋父以驕[2]리라 鸜鵒〈鸜鵒〉이여 往歌來哭이리라 童謠有是러니 今鸜鵒來巢하니 其將及乎ㄴ저

1) 〔역주〕 (武)〔成〕: 저본에 '武'로 되어있으나, 正祖 20년 內閣本 ≪春秋左氏傳≫을 참조하여 '成'으로 바로잡았다.

2) 〔역주〕 禂父喪勞 宋父以驕 : 禂父는 昭公이다. 外國에서 죽었기 때문에 '喪勞'라 한 것이다. 宋父는 定公이다. 뒤를 이어 임금이 되었기 때문에 '以驕'라 한 것이다.

昭公 25년, 여름이다. 經에 '鸜鵒鳥가 와서 둥지를 지었다.'고 기록한 것은 일찍이 없었던 일이기 때문이다. 師己(魯나라 大夫)가 말하였다.

"怪異하도다. 내 듣건대 文公·成公 때에 童謠가 있었는데, 그 동요에 '鸜鵒이 오면 임금님이 出國하여 恥辱을 당하리라. 구욕이 날아다니면 임금님이 國外의 郊野에 계시고 臣下가 가서 말〔馬〕을 드리리라. 구욕이 뛰어다니면 임금님이 乾侯에 계시면서 衣服을 요구하리라. 구욕이 와서 둥지 지으면 임금님이 멀리 나가 계시다가 禂父는 고생하다 죽고 宋父는 교만하리라. 구욕이 오면 갈 때는 노래하고 올 때는 哭하리라.'라고 하였다. 이런 동요가 있었는데, 지금 구욕이 와서 둥지를 지었으니 아마도 장차 禍가 미칠 것이다."

06-01-17 龍見(현)于絳 絳都에 龍이 나타나다

【左傳】 昭二十九年이라 秋에 龍見于絳郊하니 魏獻子問於蔡墨曰 吾聞之컨대 蟲莫知于龍이라 以其不生得也로 謂之知라하니 信乎아 對曰 人實不知요 非龍實知니라

昭公 29년, 가을에 絳都의 郊外에 龍이 출현하였다. 魏獻子가 蔡墨에게 "내가 듣건대 蟲類 중에 龍보다 지혜로운 것이 없다고 하는데, 이는 산 채로 잡을 수 없기 때문이오. 참으로 용을 지혜롭다고 할 수 있습니까?"라고 묻자, 蔡墨이 "사람이 실로 지혜롭지 못해서이고, 용이 실로 지혜로운 것이 아닙니다."라고 대답하였다.

怪生於罕하야 而止於習[1]하나니 赫然當空者를 世謂之日이요 粲然徧空者를 世謂之星이며 油然布空者를 世謂之雲이요 隱然在空者를 世謂之雷며 突然倚空者를 世謂之山이요 渺然際空者를 世謂之海[2]니라 如是者를 使人未嘗識而驟見之면 豈不大可怪耶[3]아 其所以擧世安之而不以爲異者는 何也오 習也[4]ㄹ새니라 焄蒿悽愴[5]之妖[6]와 木石鱗羽之異[7][8]를 世爭怪而共傳之者는 以其罕接於人耳[9]ㄹ새니라 天下之理는 本無可怪[10]라 吉有祥[11]하고 凶有祲[12]하며 明有禮樂[13]하고 幽有鬼神[14]이 是猶有東必有西하고 有晝必有夜也[15]니 何怪之有哉[16]리오 夫子之不語怪者[17]는 非懼其惑衆也[18]라 無怪之可語也[19]ㄹ새니라

1) 怪生於罕 而止於習 : 常人之情 罕見則指以爲怪 常見則不以爲怪矣 此句包一篇主意
   사람들의 常情은 드물게 보이는 것은 이를 가리켜 '怪異'라 하고, 항상 보이는 것은 '괴이'라 하지 않는다는 말이다. 이 句는 본편의 主意를 포괄하였다.

2) 赫然當空者……世謂之海 : 六者皆人常見之物 六个空字 用得精巧
   여섯 가지는 사람들이 항상 보는 물건이다. 여섯 개의 空자를 쓴 것이 정교하다.

3) 如是者……豈不大可怪耶 : 空中忽有此物則怪矣
   공중에 갑자기 이런 물건이 있다면 괴이하게 여길 것이라는 말이다.

4) 其所以擧世安之而不以爲異者……習也 : 習字應起語 習 熟也 人惟習見此物 故莫之怪
   '習'자는 첫머리의 말〔起語〕에 호응한 것이다. 習은 익숙함이다. 사람들은 이 물건을 익히 보았기 때문에 누구도 괴이하게 여기지 않는다.

5) 〔역주〕 焄蒿悽愴 : ≪禮記≫ 〈祭義〉의 말인데, 孔穎達의 疏에는 "焄은 향기이고, 蒿는 증발

하는 모양이다. 사람이 살았을 때는 體와 氣(魂魄)가 합하여 생명체를 이루지만, 사람이 죽으면 기가 체에서 분리되어 증발해 하늘로 올라가서 신이 되는데, 사람이 이 기운의 냄새를 맡으면 슬퍼지는 것이다."라고 하였고, 朱子는 "焄蒿는 氣가 사람에 感觸하는 것이고, 悽愴은 神이 이를 때 싸늘한 바람이 이는 것이다." 하였다.

6) 焄蒿悽愴之妖 : 神怪之事也 焄蒿 鬼神之氣 悽愴 鬼神之精
   神怪한 일을 말한다. 焄蒿는 鬼神의 기운이고, 悽愴은 鬼神의 정기이다.

7) 木石鱗羽之異 : 요망하고 괴이한 물건을 말한다.

8) 〔역주〕 木石鱗羽之異 : 나무나 돌이 말을 하거나 땀을 흘리는 怪異와, 魚類나 鳥類의 모양이나 동작이 怪異한 것을 이른다.

9) 世爭怪而共傳之者 以其罕接於人耳 : 罕字 應起語 人惟罕見此事 故競怪之
   '罕'자는 첫머리의 말〔起語〕에 호응한 것이다. 사람이 다만 이 물건을 보는 것이 드물기 때문에 다투어 괴이하게 여긴다는 말이다.

10) 天下之理 本無可怪 : 主意在此 議論甚高
   主意가 여기에 있으니 議論이 매우 고상하다.

11) 吉有祥 : 吉事則有祥瑞之應
   吉事에는 상서로운 조짐이 있다는 말이다.

12) 凶有祲 : 凶事則有祲眚之應
   凶事에는 요사한 재앙의 조짐이 있다는 말이다.

13) 明有禮樂 : 禮屬陰 樂屬陽
   禮는 陰에 속하고, 樂은 陽에 속한다.

14) 幽有鬼神 : 鬼屬陰 神屬陽
   鬼는 陰에 속하고, 神은 陽에 속한다.

15) 是猶有東必有西 有晝必有夜也 : 有東西必有晝夜*1) 有祥必有(浸)〔祲〕*2) 有禮樂必有鬼神
   東이 있으면 반드시 西가 있고, 낮이 있으면 반드시 밤이 있으며, 祥瑞가 있으면 반드시 妖邪한 기운이 있고, 禮樂이 있으면 반드시 鬼神이 있다는 말이다.

*1) 〔역주〕 有東西必有晝夜 : '有東必有西 有晝必有夜'의 誤謬이다.

*2) 〔역주〕 (浸)〔祲〕 : 저본에 '浸'으로 되어있으나, ≪春秋左氏傳≫을 참조하여 '祲'으로 바로잡았다.

16) 何怪之有哉 : 此皆至理 又何怪焉
   이것은 모두 지극한 이치이니 또 무엇이 괴이하겠느냐는 말이다.

17) 夫子之不語怪者 : 子不語怪力亂神*)

孔子께서는 怪異함과 勇力과 悖亂의 일과 鬼神의 일을 말씀하지 않으셨다.

*)〔역주〕子不語怪力亂神 : ≪論語≫ 〈子罕〉篇에 보인다.

18) 非懼其惑衆也 : 發此意新

이것을 말한 뜻이 참신하다

19) 無怪之可語也 : 引此以證主意

이 말을 인용하여 主意를 증명한 것이다.

사람들은 드물게 보는 것을 怪異로 여기고 항상 보는 것은 괴이로 여기지 않는다. 强烈한 빛을 發散하며 공중에 떠 있는 것을 세상 사람들은 '해'라 하고, 찬란하게 공중에 分布되어 있는 것을 세상 사람들은 '별'이라 하고, 뭉게뭉게 피어올라 공중에 펴져 있는 것을 세상 사람들은 '구름'이라 하고, 우렁차게 공중에서 소리를 내는 것을 세상 사람들은 '우레'라 하고, 높이 솟아 공중에 기대 있는 것을 세상 사람들은 '산'이라 하고, 아득하게 廣闊하여 하늘과 맞닿은 것을 세상 사람들을 '바다'라고 한다. 이런 것들을 가령 사람들이 알지 못하다가 갑자기 본다면 어찌 매우 괴이하게 여기지 않겠는가?

그런데도 온 세상 사람들이 그것을 편안히 여기고 괴이하게 여기지 않는 것은 어째서인가? 항상 보는 것이기 때문이고, '君蒿悽愴'의 妖誕한 說과 '木石鱗羽'의 怪異한 일들을 사람들이 앞다투어 괴이로 여겨 서로 전하는 것은, 그것이 사람들에게 드물게 보이는 것이기 때문이다.

천하의 이치는 본래 괴이하게 여길 만한 것이 없다. 吉한 일에는 祥瑞가 있고 凶한 일에는 妖邪스러운 기운이 있으며, 이승에는 禮樂이 있고 저승에는 鬼神이 있는 것이, 마치 東이 있으면 반드시 西가 있고 낮이 있으면 반드시 밤이 있는 것과 같으니 괴이할 게 뭐 있겠는가? 夫子(孔子)께서 괴이를 말씀하지 않으신 것은 衆人을 眩惑시킬까 두려워서가 아니라, 괴이하다고 말할 만한 게 없기 때문이다.

左氏嗜怪하야 〈時〉[1]神怪之事가 多出其書하니 范甯[2]闢之以誣를 說者是之나 吾謂載之者非요 闢之者亦非也라하노라 載之者는 必以爲怪라하야 而駭其有하고 闢之者는 必以爲怪라하야 而意其無니라 一以爲有하고 一以爲無나 至於心以爲怪하야는 則二子之所同病也라

1) 〔역주〕〈時〉: 저본에는 1자 공란으로 되어있으나, 사고전서본에 의거하여 보충하였다.
2) 范甯 : 東漢의 經學家로, ≪春秋穀梁傳註解≫를 저술하여 역사적 사실의 시비득실을 논하였다.

左氏는 怪異한 것을 좋아하여 당시의 神怪한 일들이 그 글에 많이 보이는데, 이를 허망한 거짓말이라고 排斥한 范甯의 말을 후세의 評論家들은 옳게 여겼다. 그러나 나는 괴이한 일을 기재한 이도 잘못이고, 이를 배척한 이도 잘못이라고 생각한다. 기재한 이는 반드시 이를 괴이한 일로 여겨 이런 일이 있는 것에 놀라서 기재한 것이고, 배척한 이는 반드시 괴이한 일로 여겨 이런 일이 없었을 것으로 생각해서 배척한 것이다. 한 사람은 있다고 여기고, 한 사람은 없다고 여겼으나, 마음속으로 괴이하게 여긴 것으로 말하면 두 사람 모두의 병폐이다.

人不知道[1)]면 **則所知者不出於耳目之外**[2)]하야 **耳目之所接者**는 **謂之常**[3)]이라하고 **耳目之所不接者**는 **謂之怪**[4)]라하야 **凡所謂怪者**를 **共辨而競爭之**하고 **至於耳目之所常接者**하야는 **則輕之曰 是區區者**는 **吾旣飫聞而厭見之矣**니 **何必復論哉**아하니 **抑不知耳之所聞**이 **非眞聞**이요 **目之所見**이 **非眞見也**니라

1) 人不知道 : 世人知理者少
세상에 도리를 아는 자는 적다는 말이다.
2) 所知者不出於耳目之外 : 惟知可聞可見之事
들을 수 있고 볼 수 있는 일만 안다는 말이다.
3) 耳目之所接者 謂之常 : 習聞習見則爲常事
항상 보고 들으면 예삿일로 여긴다는 말이다.
4) 耳目之所不接者 謂之怪 : 罕聞罕見則爲怪事
드물게 보고 들으면 괴이한 일로 여긴다는 말이다.

도리를 모르는 사람은 아는 것이 듣고 보는 데서 벗어나지 않아서, 항상 듣고 항상 보는 것은 예삿일로 여기고, 항상 들을 수 없고 항상 볼 수 없는 것은 괴이로 여겨 이른바 '괴이'에 대해서는 함께 변명하며 앞다투어 전하고, 항상 듣고 항상 보는 것에 대해서는 가벼이 여겨 "이런 하찮은 일은 내 이미 많이 듣고 보았으니 다시 논할 필요

가 뭐 있는가?"라고 하니, 이는 들은 것이 참되게 들은 것이 아니고 본 것이 참되게 본 것이 아닌 줄을 모르기 때문이다.

耳之所聞者聲爾요 **而聲聲者初未嘗聞**[1)]이며 **目之所見者形爾**요 **而形形者初未嘗見**[2)]이라 **日星也雲雷也山海也**[3)]는 **皆世俗飫聞而厭見者也**[4)]나 **至於日星何爲而明**이며 **雲雷何爲而起**며 **山何爲而峙**며 **海何爲而停**[5)]하야는 **是孰知所以然者乎**[6)]아 **其事愈近**이나 **其理愈遠**[7)]하고 **其迹愈顯**이나 **其用愈藏**[8)]하니 **人之所不疑者**에 **有深可疑者存焉**하고 **人之所不怪者**에 **有深可怪者存焉**[9)]하니 **吾日用飮食之間**에 **行不著**하고 **習不察**[10)11)]하야 **尙莫知其端倪**[12)]오도 **反欲窮其辨于荒忽茫昧之表**[13)14)]하니 **何其舛於先後也**[15)]오 **天下皆求其所聞**[16)]하고 **而不(所求其)〔求其所〕**[17)]**以聞**[18)]하며 **皆求其所見**[19)]하고 **而不求其所以見**[20)]하니 **使得味於飫聞厭見之中**[21)]이면 **則彼不聞不見者**[22)]도 **亦釋然而無疑矣**[23)]리라

1) 耳之所聞者聲爾 而聲聲者初未嘗聞 : 所以爲聲之理 非耳之所可見
　소리가 만들어지는 이치는 귀로 들을 수 있는 것이 아니라는 말이다.

2) 目之所見者形爾 而形形者初未嘗見 : 所以爲形之理 非目之所可見
　형체가 만들어지는 이치는 눈으로 볼 수 있는 것이 아니라는 말이다.

3) 日星也雲雷也山海也 : 再引起頭六物
　文頭의 여섯 가지 물건을 재인용한 것이다.

4) 皆世俗飫聞而厭見者也 : 常有聲可聞 常有形可見 故人不以爲異 厭飫 是體貼習字
　소리가 있으면 항상 들을 수 있고 형체가 있으면 항상 볼 수 있기 때문에, 사람들은 흔히 듣고 보는 것을 괴이로 여기지 않는다. 厭자와 飫자는 習자를 절실하게 설명한 말이다.

5) 至於日星何爲而明……海何爲而停 : 此所謂聲聲形形之理 耳不可聞目不可見者也
　이것이 이른바 '聲聲形形(소리가 소리가 되고 형체가 형체가 됨)의 이치'이니, 귀로 들을 수 없고 눈으로 볼 수 없는 것이다.

6) 是孰知所以然者乎 : 孰能知其理用之妙
　누가 이런 이치가 적용되는 묘미를 알 수 있겠느냐는 말이다.

7) 其事愈近 其理愈遠 : 近則知之 遠則不知
　가까운 것은 알고, 먼 것은 모른다는 말이다.

8) 其迹愈顯 其用愈藏：顯則知之 藏則不知

나타난 것은 알고, 숨어있는 것은 모른다는 말이다.

9) 人之所不疑者……有深可怪者存焉：事近迹顯 人固不怪 理遠用藏 可疑可怪者也

일이 천근하고 사적이 현저한 것은 사람들이 본래 괴이해하지 않고, 이치가 심원하고 功用이 숨겨진 것은 사람들이 의심하고 괴이하게 여기는 것이다.

10) 吾日用飮食之間……習不察：終日行之而此理不著見 終日習之而此理不精察

종일 이 일을 행하면서도 이 이치를 분명히 알지 못하고, 종일 이 일을 익히면서도 이 이치를 정밀하게 살피지 못한다는 말이다.

11) 〔역주〕 行不著 習不察：≪孟子≫ 〈盡心 上〉에 보이는 "행하면서도 당연한 이치를 밝게 알지 못하며, 익히면서도 그렇게 되는 까닭을 정밀하게 살피지 못한다.〔行之而不著焉 習矣而不察焉〕"는 말을 縮約한 것이다.

12) 尙莫知其端倪：音崖 ○ 莫見其端 孰窮其本 莫測其倪 孰窮其源

倪는 독음이 崖이다. ○ 단서를 볼 수 없는데 누가 그 근본을 궁구할 수 있으며, 끝을 헤아릴 수 없는데 누가 그 근원을 궁구할 수 있겠느냐는 말이다.

13) 反欲窮其辨于荒忽茫昧之表：辨論於不可測知之外

헤아려 알 수 없는 밖의 것을 변론한다는 말이다.

14) 〔역주〕 反欲窮其辨于荒忽茫昧之表：窮其辨은 그에 대한 설명을 다하는 것이고, 荒忽茫昧는 황홀하고 曖昧模糊하여 알 수 없는 神怪를 이르고, 表는 인간 세상 밖을 이르니, 곧 세상 밖의 황홀하고 모호한 神怪에 대한 설명을 다하고자 한다는 말이다.

15) 何其舛於先後也：責人不先窮理而妄用其心

사람들이 먼저 이치를 궁구하지 않고 함부로 생각함을 꾸짖은 것이다.

16) 天下皆求其所聞：可聞之聲

들을 수 있는 소리를 이른다.

17) 〔역주〕 (所求其)〔求其所〕：저본에는 '所求其'로 되어있으나, 사고전서본에 의거하여 '求其所'로 바로잡았다.

18) 不(所求其)〔求其所〕以聞：聲聲之理

소리가 소리가 되는 이치를 이른다.

19) 皆求其所見：可見之形

볼 수 있는 형체를 이른다.

20) 不求其所以見：形形之理

형체가 형체가 되는 이치를 이른다.

21) 使得味於飫聞厭見之中：設使人能於常所聞見之中而深知此理之妙
'가령 사람이 항상 보고 듣는 가운데에서 깊이 이런 묘리를 안다면'의 뜻이다.

22) 彼不聞不見者：神怪妖異之事
神怪와 妖異의 일을 이른다.

23) 亦釋然而無疑矣：理之所有 又何疑焉
이치에 있는 것을 또 어찌 의심하겠느냐는 말이다.

귀로 들을 수 있는 것은 소리뿐이고 소리가 소리로 들리는 이치는 애당초 들을 수 없으며, 눈으로 볼 수 있는 것은 형체뿐이고 형체가 형체로 보이는 이치는 애당초 볼 수 없다. 해와 별, 구름과 우레, 산과 바다는 모두 세속에서 흔히 듣고 보는 것이지만, 해와 별이 어째서 밝고, 구름과 우레가 어째서 일어나고, 산이 어째서 솟아올랐으며, 바다에 어째서 물이 고여 있느냐에 대해서는 누가 그 까닭을 알겠는가?

淺近한 일일수록 더욱 알기 어려운 深遠한 이치가 숨어 있고, 顯著한 事迹일수록 더욱 드러나지 않은 功用이 감춰져 있듯이, 사람들이 의심하지 않는 것에 깊이 의심할 만한 것이 숨어있고, 사람들이 괴이해하지 않는 것에 매우 괴이한 것이 숨어있다. 나는 일상생활하며 음식을 먹는 사이에 그 일을 하면서도 그 이치를 알지 못하고, 그 일을 익히면서도 그 이치를 살피지 못하여, 그 끝도 알지 못하면서 도리어 세상 밖의 황홀하고 모호한 神怪를 끝까지 설명하고자 하였으니, 어쩌면 그리도 先後의 순서를 어겼는가?

천하 사람은 모두 들을 수 있는 것만 찾고 들을 수 있는 이치는 찾지 않으며, 볼 수 있는 것만 찾고 볼 수 있는 이치는 찾지 않는다. 그러나 가령 많이 듣고 많이 본 것 중에서 意味를 깨닫는다면 저 들리지 않고 보이지 않는 이치까지 모두 풀려 의심이 없게 될 것이다.

子路學於夫子[1)]에 **以事鬼神爲問**하고 **又以死爲問**[2)]하니 **子路之心**에 **蓋以人者吾所自知**요 **不知者鬼神而已**이며 **生者吾所自知**요 **不知者死而已**라 **吁**라 **至理無二**라 **知則俱知**하고 **惑則俱惑**하니 **安有知此而不知彼者哉**리오 **子路果知人**이면 **則必無鬼神之問**이요 **果知生**이면 **則必無死之問**[3)]이리라 **觀其鬼神之問**이면 **可以占其未知人也**[4)]요 **觀**

其死之問이면 **則可以占其未知生也**[5]라 **夫子答之曰 未能事人**이면 **焉能事鬼**[6]며 **未知生**이면 **焉知死**[7]리오하시니 **此蓋夫子提耳而誨子路無非眞實語**어늘 **世儒乃或以爲拒子路之問**이라하니 **豈不哀哉**아 **子路深省於一言之下**[8]라 **故白刃在前**[9]이로되 **結纓正冠**[10][11]하야 **不改其操**[12]하니 **則死生鬼神之際**를 **子路其自知之矣**[13]라

1) 子路學於夫子：引此事證極切

이 일을 인용하여 증명한 것이 매우 절실하다.

2) 以事鬼神爲問 又以死爲問：見論語先進篇*)

≪論語≫ 〈先進〉편에 보인다.

*)〔역주〕見論語先進篇：季路(子路)가 귀신 섬기는 것에 대해 묻자, 공자께서 "사람을 섬길 수 없다면 어찌 귀신을 섬길 수 있겠는가?"라고 하시고, 자로가 죽음에 대해 묻자, 공자께서 "生을 모른다면 어찌 死를 알겠는가?"라고 하셨다.〔季路問事鬼神 子曰 未能事人 焉能事鬼 敢問死 曰 未知生 焉知死〕

3) 子路果知人……則必無死之問：至理無二故也

지극한 이치는 두 가지가 아니기 때문이다.

4) 觀其鬼神之問 可以占其未知人也：故夫子答以未能事人焉能事鬼

그러므로 孔夫子께서 사람을 섬길 수 없다면 어찌 귀신을 섬길 수 있겠느냐고 답하신 것이다.

5) 觀其死之問 則可以占其未知生也：故夫子答以未知生焉知死

그러므로 공부자께서 生을 모른다면 어찌 死를 알겠느냐고 답하신 것이다.

6) 未能事人 焉能事鬼：能事人則能事鬼神矣

사람을 섬길 수 있다면 귀신도 섬길 수 있다는 말이다.

7) 未知生 焉知死：知生則知死矣

生을 알면 死도 알 수 있다는 말이다.

8) 子路深省於一言之下：悟至理之本

지극한 이치의 근본을 깨달았다는 말이다.

9) 白刃在前：衛太子蒯聵之入衛也 登孔氏之臺 時子路仕於孔悝 欲燔其臺 太子懼 下石乞孟黶二人敵 子路以戈擊之而斷其纓

衛나라 太子 蒯聵가 위나라로 들어와 孔悝의 樓臺에 올라갔다. 당시 子路는 공회에게서 벼슬하고 있었으므로 그 누대에 불을 지르려 하자, 태자가 두려워 수하인 石乞과 孟黶 2인에게 명하여 대적하게 하니 자로가 창에 맞아 갓끈이 끊어졌다.

10) 結纓正冠 : 子路曰 君子死 冠不免 遂結纓而死

자로가 말하기를 "군자는 죽어도 冠을 벗지 않는다."라 하고는, 마침내 갓끈을 매면서 죽었다.

11) 〔역주〕 白刃在前 結纓正冠 : 衛나라 大夫 孔悝가 그 임금 出公 輒을 내치고 輒의 아비 蒯聵를 임금으로 세우려고 變亂을 일으켰다. 이때 공회의 邑宰였던 子路가 그 소식을 듣고 달려가서 괴외에게 공회를 죽이라고 청하니, 괴외는 듣지 않고 공회와 함께 樓臺로 올라갔다. 자로가 그 누대에 불을 지르려 하니, 괴외는 수하 石乞과 壺黶(孟黶)을 시켜 자로를 공격하게 하였다. 이들이 공격하여 자로의 갓끈을 자르니, 자로는 "君子는 죽어도 갓을 벗지 않는다."라고 하고서, 갓끈을 매면서 죽은 일을 이른다. ≪史記 仲尼弟子列傳≫

12) 不改其操 : 不以死生易其志操

살기 위하여 지조를 바꾸지 않는다는 말이다.

13) 死生鬼神之際 子路其自知之矣 : 非因夫子之教而悟此理 何以能此

孔夫子의 가르침으로 인하여 이러한 이치를 깨달은 것이 아니라면, 어떻게 이런 일을 할 수 있었겠느냐는 말이다.

子路가 夫子께 배울 때 鬼神 섬기는 일을 묻고, 또 죽음에 대해 물었으니, 자로의 생각에는 아마 사람에 대해서는 내가 이미 아는 바이고 알지 못하는 것은 귀신뿐이며, 삶에 대해서는 내가 이미 아는 바이고 알지 못하는 것은 죽음뿐이라고 여겨서일 것이다. 아! 지극한 이치는 두 가지가 없다. 알면 다 알고, 의심나면 다 의심나는 것이니, 어찌 이것은 알고 저것은 모른다는 것이 있겠는가? 그러나 자로가 과연 사람을 알았다면 반드시 귀신을 묻지 않았을 것이고, 자로가 과연 삶을 알았다면 반드시 죽음을 묻지 않았을 것이다.

그가 귀신을 물은 것으로 보면 그가 사람을 알지 못하였다는 것을 추측할 수 있고, 그가 죽음을 물은 것으로 보면 그가 삶을 알지 못하였다는 것을 추측할 수 있다. 부자께서 "사람을 섬기지 못한다면 어찌 귀신을 섬길 수 있으며, 삶을 알지 못한다면 어찌 죽음을 알 수 있겠느냐?"고 대답하셨으니, 이 말씀은 부자께서 자로를 가르치신 간절한 말씀이었다. 그런데 세상의 儒者 중에는 부자께서 자로의 물음에 대답을 拒絶하셨다고 하는 자가 더러 있으니, 어찌 슬프지 않은가?

자로는 이 한마디 말씀에 깊이 깨달았으므로 흰 칼날이 앞에 있었으되 갓끈을 매어 갓을 바르게 쓰고서 죽어 그 節操를 바꾸지 않았으니, 삶과 죽음, 사람과 귀신의 관계에 대해 자로는 스스로 알았던 것이다.

在(暌)〔睽〕[1]之歸妹[2][3]曰[4] 睽孤하야 見豕負塗[5]와 載鬼一車라 先張之弧[6]라가 後說(탈)之弧[7]하야 匪寇라 婚媾니 往遇雨면 則吉하리라하고 其象曰 遇雨之吉은 群疑亡也[8]라하니라 幽明은 實相表裏[9]하야 幽隣於明하고 明隣於幽[10]하니 初未嘗孤立也[11]라 是爻居睽之孤하야 孑然孤立[12]하야 睽幽明而爲兩塗[13]하니 睽生疑하고 疑生怪[14]라 故負塗之豕[15]와 載車之鬼[16]의 陰醜詭幻이 無所不至[17]라 然至理之本同然者는 終不可睽[18]니라 疑則射[19]하고 解則止[20]하며 疑則寇[21]하고 解則婚[22]하니 向之疑以爲怪者는 特未能合幽明而爲一耳[23]라 猶陽之發見[24]하고 陰之伏匿[25]하야 陽明陰幽하야 常若不通[26]이나 及二氣和而爲雨[27]하얀 則陽中有陰하고 陰中有陽하니 孰見其異哉[28]아 陰陽和而爲雨면 則群物潤하고 幽明合而爲一이면 則群疑亡[29]이라 融通灌注[30]하야 和同無間[31]이면 平日所疑가 蕩滌而不復存矣[32]리라 子路之問人鬼死生에 睽而不合이나 旣聞夫子之言에 豈非遇雨而群疑亡乎[33]아

1) 〔역주〕 (暌)〔睽〕: 저본에는 '暌'로 되어있으나, ≪周易≫에 의거하여 '睽'로 바로잡았다. 이하로 ≪주역≫의 卦名은 별도의 校勘註 없이 ≪주역≫의 표기에 따라 바로잡았다.

2) 在(暌)〔睽〕之歸妹 : 又引易卦證 睽之爲卦 離上兌下 上九老陽 變而爲陰 故爲歸妹

또 ≪周易≫의 卦를 인용하여 증명한 말이다. 睽卦(䷥)는 上卦가 離(火☲)이고, 下卦가 兌(澤☱)인데 老陽인 上九爻(⚊)가 변하여 陰爻(⚋)가 되므로 歸妹卦(䷵)가 되었다.

3) 〔역주〕 在(暌)〔睽〕之歸妹 : 변하여 之卦로 간 경우에는 변한 爻를 중심으로 점을 치기 때문에 '睽卦 上九'라 번역하였다.

4) 在(暌)〔睽〕之歸妹曰 : 易以變爻占 故引睽上九爻辭

易은 變爻로 점을 친다. 그러므로 睽卦 上九의 爻辭를 인용한 것이다.

5) 見豕負塗 : 塗 泥也

塗는 진흙이다.

6) 先張之弧 : 弧 弓也

弧는 활이다.

7) 後說(탈)之弧 : 說 音脫

說의 독음은 脫(탈)이다.

8) 其象曰……群疑亡也 : 詳解在下

아래에 자세한 해설이 있다.

9) 幽明 實相表裏 : 猶人鬼生死同此一理

살아있는 사람과 죽은 귀신, 이것이 똑같이 한 가지 이치라는 말과 같다.

10) 幽隣於明 明隣於幽 : 發明表裏之說

表裏가 된다는 말을 설명한 것이다.

11) 初未嘗孤立也 : 天下之理 無獨必有對 一不獨立 兩則能也

천하의 이치는 孤獨이 아니라 반드시 待對이다. 하나면 홀로 설 수 없고 둘이라야 설 수 있는 것이다.

12) 是爻居睽之孤 孑然孤立 : 睽之上九 本與六三爲陰陽正應 不孤者也 然以其居睽之終 處離之極 明極生疑猜 疑之甚則人莫之與 故至於陰孤陽獨立也

睽卦의 上九爻는 본래 六三爻와 陰陽正應의 관계이니 孤立된 것이 아니다. 그러나 睽卦의 끝자리에 있고 離卦의 극단에 거처하니 밝음이 극에 달하면 의심과 시기가 생겨난다. 의심이 심하면 함께하는 사람이 없기 때문에 陰이 孤立하고 陽이 獨立하는 데에 이르는 것이다.

13) 睽幽明而爲兩塗 : 謂明自明 謂幽自幽

이승은 이승대로 저승은 저승대로 〈두 개의 길을 이른다.〉

14) 睽生疑 疑生怪 : 睽極生疑 疑極生怪

분리의 終極에는 의심이 생기고, 의심의 終極에는 괴이가 생긴다.

15) 負塗之豕 : 六三本正應 而上九疑之 故見六三若負塗之豕疑其汚也

六三爻는 본래 正應의 관계인데 上九爻가 의심하였다. 그러므로 육삼효를, 자기를 더럽힐지도 모르는 '진흙을 뒤집어쓴 돼지'처럼 여긴 것이다.

16) 載車之鬼 : 見六三若載車之鬼 疑其怪也

六三爻를 수레에 가득 실린 귀신처럼 여긴 것이니 괴이하다고 의심한 것이다.

17) 陰醜詭幻 無所不至 : 無可疑而疑 無可怪而怪 故至於此

의심할 만한 것이 없는데 의심하고, 괴이함이 없는데 괴이하게 여겼기 때문에 이에 이른 것이다.

18) 至理之本同然者 終不可睽 : 幽明本一理也

저승과 이승이 본래 한 가지 이치라는 말이다.

19) 疑則射 : 始疑六三 故先張(孤)〔弧〕[*)]而欲射之

처음에는 六三爻를 의심했기 때문에 먼저 활시위 걸어 쏘려 하였다.

*）〔역주〕 저본에는 '孤'로 되어있으나, 문맥을 살펴 '弧'로 바로잡았다.

20） 解則止：疑心旣解 故說(탈)(孤)〔弧〕而不射

의심하는 마음이 풀렸기 때문에 활시위를 풀고 쏘지 않았다.

21） 疑則寇：始疑六三而止爲寇

처음에는 六三爻를 의심하여 단지 寇賊으로 여겼다.

22） 解則婚：疑心旣解 始知六三非寇 而乃□*）婚媾之親也

의심하는 마음이 풀리고 나서야 비로소 六三爻가 寇賊이 아니라 곧 가까운 姻戚임을 알았다.

*）〔역주〕 □：저본에 1字 공란이 있으나, 그대로 해석하였다.

23） 向之疑以爲怪者 特未能合幽明而爲一耳：知幽明一理 則無可怪之事

이승과 저승이 한 가지 이치인 줄 알았다면 괴이하게 여길 일이 없었을 것이다.

24） 陽之發見：陽氣常舒

陽氣는 언제나 펼쳐진다.

25） 陰之伏匿：陰氣常斂

陰氣는 언제나 수렴한다.

26） 常若不通：陰陽未和故也

陰陽이 화합하지 못하기 때문이다.

27） 及二氣和而爲雨：伊川解云陰陽和則爲雨

程伊川(程頤)이 "陰陽이 화합하면 비가 온다."고 설명하였다.

28） 及二氣和而爲雨……孰見其異哉：釋遇雨則吉之義

비를 만나면 길하다는 뜻을 풀이한 것이다.

29） 陰陽和而爲雨……則群疑亡：釋群疑亡之義

여러 의심이 없어진다는 뜻을 풀이한 것이다.

30）〔역주〕 融通灌注：融通은 融會貫通의 준말로 모든 이치를 通達함이고, 灌注는 知識이나 思想 따위를 注入함이다. 여기서는 幽明의 이치를 모두 통달하여, 幽(저승)에 대한 지식이 明(이승)을 이해하는 데 注入되고, 明에 대한 지식이 幽를 이해하는 데 注入된다는 뜻으로 쓰인 듯하다.

31）〔역주〕 和同無間：화목하게 한 마음이 되어 작은 틈도 없다는 말인데, 여기서는 저승과 이승이 하나가 되는 뜻으로 쓰인 듯하다.

32） 融通灌注……蕩滌而不復存矣：無疑則何怪之有 ○ 此類語是就雨上 發出疑亡之旨 如灌注蕩滌等字 下得精巧

의심이 없다면 무슨 괴이한 것이 있겠느냐는 말이다. ○ 이런 종류의 말은 비를 가지고 의심이 없어지는 뜻을 表現한 것인데, 이를테면 灌注와 蕩滌 등의 글자를 놓은 것이 정교하다.

33) 子路之問人鬼死生……豈非遇雨而群疑亡乎 : 悟幽明之一理故也 ○ 今案此篇所引睽卦爻辭本無幽明之說 似乎牽合 此時文之弊也 故今注中多發明易卦本旨 以足其義 然與東萊說 間有不合處 讀者當自知之

이승과 저승이 한 가지 이치라는 것을 깨달았기 때문이다. ○ 지금 살펴보건대 이 글에서 인용한 睽卦의 爻辭는 본래 이승과 저승의 말이 없으니 牽强附會한 듯하다. 이는 당시 문장의 폐단이다. 그러므로 지금 細註 안에 易卦의 본래의 뜻을 밝혀 그 뜻을 充足시켰다. 그러나 東萊의 말과는 간혹 일치하지 않는 곳이 있으니 독자는 스스로 이 점을 알아야 할 것이다.

睽卦 上九에 "分離〔睽〕되어 외로워서 돼지가 진흙을 뒤집어쓴 것과 귀신이 한 수레에 가득 실린 것을 봄이다. 처음에는 활시위를 걸었다가 뒤에는 활시위를 풀고, 寇賊이 아니라 姻戚이니, 가서 비를 만나면 吉하리라."고 하였고, 그 象辭에 "비를 만나면 길하다는 것은 모든 의심이 없어지는 것이다."라고 하였다.

저승과 이승은 실로 서로 表裏가 되어, 저승은 이승과 隣接해 있고 이승은 저승과 인접해 있으니, 애당초 서로 孤立한 것이 아니다. 이 爻는 睽卦의 외로운 자리(上九)에 위치해 홀로 고립하여 저승과 이승을 분리해 두 개의 길로 만들었으니, 서로 분리되면 疑心이 생기고 의심이 생기면 怪異가 생긴다. 그러므로 진흙을 뒤집어쓴 돼지와 수레에 가득 실린 귀신 등 음산하고 추악하며 奇詭하고 虛妄한 것들이 이르지 않는 것이 없게 된 것이다.

그러나 지극한 이치는 본래 동일한 것이어서 끝내 분리될 수 없다. 처음에 의심했을 때는 활로 쏘려 하다가 의심이 풀리자 활시위를 풀었고, 당초 의심했을 때는 寇賊으로 여겼다가 의심이 풀리자 姻戚으로 여겼으니, 앞서 괴이로 의심한 것은 단지 저승과 이승을 합쳐 하나로 보지 못해서일 뿐이다. 이는 마치 陽은 겉으로 드러나고, 陰은 속에 潛伏하는 것과 같다. 양은 明朗하고 음은 幽暗하여 항상 서로 通하지 않을 것 같지만, 음과 양의 두 기운이 어울려 비가 되면 양 속에 음이 있고 음 속에 양이 있으니, 누가 음과 양을 다르다고 보겠는가? 음과 양이 어울려 비가 되면 만물이 물기를 머금고, 저승과 이승을 합쳐 하나로 보면 모든 의심이 없어진다. 저승과 이승을 하나로 묶어 이해하고 이승에 대한 지식을 미루어 저승의 이치를 깨닫는다면 저승과 이승이 하나로 融合하여 평소의 의심이 남김없이 다 풀릴 것이다.

子路가 사람과 귀신, 죽음과 삶에 대해 물을 때에는 서로 분리되어 合一하지 않는 것으로 여겼으나, 夫子의 말씀을 들은 뒤에는 〈모든 의심이 풀렸으니,〉 이것이 어찌 象辭에 말한 '비를 만나서 모든 의심이 다 없어졌다.'는 것이 아니겠는가?

左氏與子路而同遊夫子之門者也로되 **猶不能除嗜怪之習**하니 **然則夫子之雨**도 **亦擇地而降歟**아 **曰非也**라 **五日霏微**하고 **十日霡霂**이라도 **而枯荄槁木**이 **不能沾涓滴之澤焉**은 **非雨之有所吝**이라 **我無以受之也**니라 **我無以受之**면 **則日見降雨**라도 **猶爲不遇雨**요 **日見聖人**이라도 **猶爲不遇聖人**이라 **左氏遇聖人而蒙蔽**[1]하니 **是誰之罪耶**아

1) 〔역주〕 蒙蔽 : 남에게 속임을 당함이다.

〈어떤 이가〉 "左氏도 子路와 함께 夫子의 門下에 遊學하였으되, 오히려 奇怪를 좋아하는 버릇을 없애지 못하였으니, 그렇다면 夫子의 가르침〔雨〕도 사람을 골라 베푸신 것인가?"라고 하기에, 내가 다음과 같이 말하였다.

"아니다. 5일에 한 번씩 보슬비가 내리고, 10일에 한 번씩 가랑비가 내리더라도 마른 풀뿌리나 마른 나무가 방울져 떨어지는 비를 흡수하지 못하는 것은, 비가 인색해서가 아니라 내가 받아들이지 않아서이다. 내가 받아들이지 않는다면 날마다 비 내리는 것을 보아도 비를 만나지 않은 것과 같고, 날마다 聖人을 보아도 성인을 만나지 않은 것과 같다. 좌씨는 성인을 만나 〈가르침을 받았으면서도〉 神怪에 속았으니, 이것이 과연 누구의 죄인가?"

06-02 齊公孫無知弑襄公 齊나라 公孫無知가 襄公을 弑害하다

【左傳】 莊八年이라 齊侯使連稱管至父戍葵丘[1]하다 瓜時而往曰 及瓜而代[2]하리라 期戍로되 公問不至[3]하니 請代로되 弗許하다 〈故謀作亂하다 僖公之母弟曰夷仲年이니 生〉 公孫無知하다 有寵于僖公하여 衣服禮秩如適[4]이라 襄公絀之[5]하니 二人因之以作亂하다

1) 〔역주〕 齊侯使連稱管至父戍葵丘 : 連稱·管至父는 모두 齊나라 大夫이다. 戍는 지키는 것이다. 葵丘는 齊나라 땅이다. 臨淄縣 안에 지명이 葵丘란 곳이 있다.
2) 〔역주〕 瓜時而往曰 及瓜而代 : 외가 익을 때 그들을 수자리 살러 보내며 그들과 약속하기를 "明年에 외가 익을 때가 되면 교대할 사람을 보내겠다."라고 한 것이다.
3) 〔역주〕 公問不至 : 問은 命이다. 수자리 산 지 12개월이 되었는데도 齊 襄公이 다른 사람에게 명하여 교대시키지 않은 것이다.
4) 〔역주〕 適 : 太子(齊 襄公)이다.
5) 〔역주〕 襄公絀之 : 絀은 그 恩數를 削減한 것이다.

莊公 8년, 齊侯가 連稱·管至父를 보내어 葵丘를 지키게 하였다. 외가 익을 때 보내면서 "내년에 외가 익을 때 交代시켜주겠다."라고 하였다. 그런데 1년 동안 수자리 사는 기한이 찼는데도 齊 襄公의 명이 내려오지 않고, 교대시켜주기를 청해도 허락하지 않았다. 그러므로 반란을 일으키려고 계획하였다. 齊 僖公의 同腹 아우 夷仲年의 아들 公孫 無知가 희공에게 총애를 받아 衣服과 禮秩(대우한 등급)이 適子와 같았는데, 襄公이 즉위하여 그의 禮秩을 降等시켰다. 〈공손 무지가 양공에게 원한을 품고 있는 것을 안〉 두 사람은 그에게 의지하여 반란을 일으켰다.

咎既往者는 易爲說하고 扶將傾者는 難爲功이라 樂論病而憚治病하니 此人之通患也라 齊公孫無知之弑襄公에 論者本其禍端하야 歸之僖公하니라 其說曰 國無二統이요 禮無二嫡이라 基於衣服禮秩之微하야 而成於簒弑戕奪之酷하니 齊之禍庸非僖公爲之乎아하니 嗚呼라 此論病也요 非治病也라 當僖公之時하야 獻此言可矣어늘 及襄公之時하야 始爲此言하니 何其晩耶오 追論前日之失하고 而不能已今日之禍하니 君子不貴也라 君子不幸而立襄公之朝면 寧肯徒咎既往하야 一無規畫하고 拱手而待禍耶아 天下無不可爲之時요 而無不可除之患이라 未然之前엔 吾則有防患之術하고 已然之後엔 吾則有救患之術하니 唯所遇如何耳니라

지난 일을 꾸짖는 것은 말하기가 쉽고, 기울어져가는 나라를 지탱하는 것은 功을 세우기가 어렵다. 病을 논하기는 좋아하면서도 치료하기는 두려워하는 것이 사람들의 일반적인 病弊이다.

齊나라 公孫 無知가 襄公을 弑害한 일에 대해 論評한 자는 그 禍의 原因을 캐어 〈罪를〉 僖公에게 돌렸다. 그 論說에 "나라에는 두 개의 嫡統이 없고, 禮에는 두 명의 嫡子가 없다. 衣服과 禮秩이 〈制度를 벗어난〉 미세한 일에서 시작하여 君位를 簒奪하고 임금을 弑害하는 잔혹한 禍를 釀成하였으니, 齊나라의 禍가 어찌 희공이 만든 것이 아닌가?"라고 하였다. 아! 이 말은 병을 논한 것이지 병을 치료하는 것은 아니다. 희공이 세상에 살아 있을 때에 이런 말을 올리는 것이 마땅하였는데, 襄公 때에 와서 비로소 이런 말을 하였으니, 어쩌면 그리도 늦었는가?

지난날의 잘못만 追論하고 오늘의 禍를 막지 못하는 것을 君子는 貴하게 여기지 않는다. 군자가 불행하게도 양공의 朝廷에 벼슬하였다면 어찌 한갓 지난날의 잘못만 꾸짖고, 하나의 計策도 세우지 않은 채 손을 놓고 禍가 닥치기를 기다렸겠는가? 천하에는 일을 하기에 적당하지 않은 때가 없고, 또 제거할 수 없는 禍患은 없다. 화환이 일어나기 전에는 나에게 화환을 預防할 방법이 있고, 화환이 일어난 뒤에는 나에게 화환을 구제할 방법이 있으니, 오직 만난 시대가 어떠한가를 볼 뿐이다.

在襄公世하야 禍患已成하니 防患之術은 旣往이라 而不必論일새 請獨論救患之術하노라 恩與怨과 親與讐는 人皆以爲不可竝也라하니 殊不知易恩者莫如怨이요 易親者莫如讐니라 公孫無知雖託於公族이나 而僖公假以非分之寵하야 上偪正嫡하니 方襄公居東宮之時에 以人情度之면 豈能不忌且恨哉아 僖公一旦捐賓客而不立朝[1]에 想無知之心은 自知襄公必償其宿忿하야 投于廢絀疎棄之域矣리라 使襄公釋然待之加厚면 則無知必謂本當見怨이어늘 反得恩焉하고 本當見讐어늘 反得親焉하니 吾何以得此於彼哉아 始以爲虎러니 今乃吾之父요 始以爲狼이러니 今乃吾之兄이라 旣得望外之施하니 亦必思望外之報矣리라 然則向之怨은 所以彰今日之恩也요 向之讐는 所以彰今日之親也라 襄公果知出此면 則變無知悖逆之心爲忠義之心이니 非徒可以除患이라 抑又可以召福矣리라

1) 〔역주〕 一旦捐賓客而不立朝 : 一旦은 어느 날이고, 捐賓客은 賓客을 버린다는 말로 諸侯의 죽음을 婉曲하게 표현하는 말이고, 不立朝는 조정에 나와 王位에 서지 못함이니, 곧 어느 날 갑자기 죽어 조정에 나오지 못한다는 말이다.

襄公이 在位했을 때에 禍患이 이미 造成되었으니, 화환을 預防하는 방법은 이미 지난 일이라 논할 필요가 없으므로 나는 禍患을 구제하는 방법만 논하려 한다.

사람들은 恩人과 怨人, 親人과 讐人을 똑같이 볼 수 없다고 여기니, 이는 은혜 베풀기에 가장 쉬운 대상이 怨人이요, 친애하기에 가장 쉬운 대상이 讐人이라는 것을 전혀 몰라서이다.

公孫 無知가 비록 公族이었지만 僖公이 過分한 寵愛를 내려 위로 적자를 逼迫하였으니, 양공이 東宮에 있을 때에 사람의 常情으로 헤아려보면 어찌 시기하며 원망하지 않았겠는가? 희공이 어느 날 갑자기 죽자, 공손 무지의 마음은 양공이 반드시 묵은 怨恨을 갚기 위해 자기를 廢黜하여 疎遠한 자리로 보낼 것을 스스로 알았을 것이다.

그때 가령 양공이 지난날의 원한을 풀고서 그를 더욱 후하게 대우했더라면, 공손 무지는 반드시 '본래 怨讐로 취급받는 것이 마땅한데 도리어 은혜를 입었고, 본래 讐敵으로 취급받는 것이 마땅한데 도리어 친애함을 얻었으니, 내 무슨 까닭으로 저 양공에게 이런 대우를 받는 것인가? 처음에는 저 양공을 호랑이로 여겼더니 이제 보니 나의 아버지와 같고, 처음에는 저 양공을 이리로 여겼더니 이제 보니 나의 兄과 같다.'고 생각했을 것이다.

저 공손 무지는 이미 기대 밖의 은혜를 입었으니 그 또한 반드시 양공에게 기대 밖의 보답을 하였을 것이다. 그렇다면 전일의 원한이 오늘의 은혜를 드러내는 원인이 되고, 전일의 원수가 오늘의 친애를 드러내는 원인이 되었을 것이다. 양공이 과연 이렇게 할 줄 알았다면 공손 무지의 逆心을 忠義의 마음으로 변화시켰을 것이니, 화환을 제거할 수 있었을 뿐만 아니라 도리어 福을 부를 수 있었을 것이다.

昔漢定陶王少而愛하고 長多材藝하니 元帝奇之하다 母昭儀又幸하야 幾代皇后太子로되 成帝卽位하야 緣先帝意하야 厚遇異于他王하니라 元帝開其隙이나 而成帝能合其隙[1)]하니 此所以有僖公之失이나 而無襄公之禍也니라 成帝之心은 思吾親不可得而見하니 見吾親之所愛者면 猶見吾親焉이라 吾親旣沒(歿)하야 無所致其孝하니 今厚吾親之所厚면 是亦厚吾親也라하야 愛親之心方篤하야 萬慮皆不能入其胸次하고 自親之外에 無復他念하니 何暇省記吾一身之嫌隙乎아 苟微見疇昔之隙이면 必吾愛親之心已少弛矣리라

忘親之愛하고 **而思己之隙**하야 **先己後親**이면 **固已墮於不孝**온 **矧又報之乎**아 **如意之於諸呂**[2)]와 **植之於魏**[3)]와 **攸之於晉**[4)]에 **死亡相尋**하니 **吾未嘗不恨惠文武三帝之慫于孝也**라 **安得以成帝之風警之乎**아

1) 昔漢定陶王少而愛……而成帝能合其隙：見漢書本傳

≪漢書≫〈宣元六王傳〉에 보인다.

2) 如意之於諸呂：初戚姬有寵於上 生趙王如意 上以太子仁弱 欲廢而立趙王 大臣爭之 及惠帝卽位 晨出射 趙王少不能早起 太后使人持酖飮之 犂(黎)明帝還 趙王已死

당초에 戚姬가 上(漢 高祖)에게 寵愛를 입어 趙王 如意를 낳았다. 上이 太子의 사람됨이 仁慈하고 懦弱하다 하여 그를 廢黜하고 조왕을 태자로 세우려 하자, 大臣들이 諫爭하였다. 惠帝가 卽位한 뒤에 새벽에 활을 쏘러 나가면서 〈조왕도 데리고 함께 가려 하였으나〉 조왕이 어려서 일찍 일어나지 못하니, 〈혜제는 그를 놓아두고 혼자 갔다. 이 틈을 이용해〉 太后가 사람을 시켜 酖毒을 가지고 가서 조왕에게 먹이게 하였다. 黎明 때 혜제가 돌아와보니 조왕은 이미 죽어있었다.

3) 植之於魏：三國魏陳思王植 以才見異 而丁儀丁〈廙〉[*)]楊脩等爲之羽翼 太祖狐疑 幾爲太子者數矣 文帝卽位 灌均希旨 奏植醉酒悖慢 遂貶植爲安鄕侯 誅其黨

三國時代 魏나라의 陳思王 曹植은 뛰어난 재주로 〈曹操의〉 특별한 寵愛를 받았고, 丁儀, 丁廙, 楊脩 등이 그의 羽翼이었다. 太祖(曹操)가 〈태자인 曹丕를〉 의심하여 〈조식을〉 태자로 삼으려 한 것이 여러 번이었다. 文帝(曹丕)가 卽位한 뒤에 灌均이 문제의 뜻에 迎合하여 '조식이 술에 취해 悖慢한 짓을 한다.'고 아뢰니, 드디어 조식을 貶黜하여 安鄕侯로 삼고, 그 黨을 誅殺하였다.

*) 〔역주〕〈廙〉: 저본에는 1字 공란으로 되어있으나, ≪三國志≫〈魏志〉를 참조하여 '廙'를 보충했다.

4) 攸之於晉：晉齊獻王攸 才望出武帝之右 時爲文帝所寵愛 每見攸輒撫其床 呼其小字曰 此桃符座也 幾爲太子者數矣 及帝寢疾 慮攸不安 武帝敍漢淮南王魏陳思故事[*1)]而(立)〔泣〕[*2)] 臨崩執攸手以授(空)〔帝〕[*3)] 後中書荀勗侍中馮紞疾攸 構于帝 攸知憤怨歐血而死

晉나라 齊獻王 攸는 才能과 名望이 武帝보다 높아 당시에 文帝의 寵愛를 받았다. 문제는 攸를 볼 때마다 龍床을 어루만지며 攸의 兒名을 부르면서 말하기를 "이 자리는 桃符(攸의 兒名)의 자리이다."라고 하였고, 太子로 삼으려 한 것이 여러 번이었다. 문제가 병이 위독해지자, 攸의 자리가 不安해질 것을 憂慮하여 무제에게 漢나라 淮南王과 魏나라 陳思王의 故事를 말해주면서 눈물을 흘렸고, 崩御할 때에 미쳐서는 攸의 손을 잡아 무제에게 넘겨주

었다. 뒤에 中書 荀勖과 侍中 馮紞이 攸를 미워하여 무제에게 誣陷하니, 攸는 그것을 알고서 분하고 원통하여 피를 토하고 죽었다.

*1) 〔역주〕 漢淮南王魏陳思故事 : 漢 高祖의 작은 아들로 그 兄 漢 文帝에게 죽임을 당한 淮南厲王의 일과, 魏 武帝(曹操)의 작은 아들로 그 兄 魏 文帝(曹丕)에게 죽임을 당한 陳思王(曹植)의 일을 이른다.

*2) 〔역주〕 (立)〔泣〕 : 저본에는 '立'으로 되어있으나, ≪晉書≫에 의거하여 '泣'으로 바로잡았다.

*3) 〔역주〕 (空)〔帝〕 : 저본에는 '空'으로 되어있으나, ≪晉書≫에 의거하여 '帝'로 바로잡았다.

옛날에 漢나라 定陶王이 어려서는 寵愛를 받았고 長成해서는 材藝가 많으니, 元帝는 그를 특별히 기특하게 여겼다. 그의 母親 昭儀도 더욱 총애하여 皇后와 太子를 이들로 交替할 뻔하였다. 그러나 成帝는 卽位하여 先帝의 뜻에 따라 정도왕을 다른 王들보다 후하게 대우하여, 원제가 만든 不和의 틈을 성제가 잘 縫合하였으니, 이것이 바로 齊 僖公 같은 잘못이 있었으나 齊 襄公 같은 禍亂이 없었던 까닭이다.

성제의 마음은 '나의 어버이를 그리워하여도 볼 수가 없으니, 내 어버이께서 사랑하던 사람을 보면 내 어버이를 보는 것과 같다. 내 어버이께서 이미 崩御하시어 孝心을 表現할 곳이 없으니, 이제 내 어버이께서 厚待하시던 사람을 후대하는 것도 내 어버이를 후대하는 것이다. 어버이를 사랑하는 마음이 바야흐로 독실하여 온갖 다른 생각이 마음속에 들어오지 않아, 어버이 생각 이외에 다른 생각이 없으니 어느 겨를에 내 一身의 怨恨을 기억하겠는가? 만약 조금이라도 지난날의 원한을 보인다면 반드시 어버이를 사랑하는 내 마음이 이미 조금 줄어든 것이다. 어버이에 대한 사랑을 잊고 나의 원한을 생각하여 나를 먼저 생각하고 어버이를 뒤에 생각한다면 진실로 이미 不孝에 빠지는 것인데, 더구나 원한을 갚는 것이겠는가?'라고 생각한 것이다.

趙王 如意가 呂氏에 의해, 曹植이 魏나라에 의해, 攸가 晉나라에 의해 계속 죽임을 당하였으니, 나는 漢 惠帝·魏 文帝·晉 武帝 등 세 皇帝는 孝道를 잃었으니, 어찌 漢 成帝의 風度로 깨우칠 수 있겠느냐고 한탄하지 않은 적이 없었노라.

雖然이나 **先君之所愛**를 **從而愛之**가 **孝也**나 **苟愛而不制**라가 **馴致叔段州吁之亂**[1]이면

則將奈何오 **曰 愛之**ㄴ댄 **必欲全之**니 **授之以權**하야 **而長其惡**은 **是致之於死地也**니 **焉得愛**리오

1) 叔段州吁之亂：注見一卷*)

注가 卷1에 보인다.

*)〔역주〕注見一卷：권1의 '鄭莊公共叔段'과 '衛州吁'에 나온다.

〈或者가 말하였다.〉

"비록 先君께서 사랑하던 사람을 나도 따라서 사랑하는 것이 孝道이지만, 만약 그를 사랑하기만 하고 制裁하지 않았다가 共叔段이나 州吁 같은 叛亂을 초래하면 장차 이를 어찌하겠는가?"

나는 다음과 같이 대답하였다.

"그를 사랑한다면 반드시 그를 保全시키고자 하니, 그에게 權力을 주어 그 惡을 助長하는 것은 그를 死地에 이르게 하는 것이니, 이를 어찌 사랑이라 할 수 있겠는가?"

06-03 齊威公[1]入齊 齊 桓公이 齊나라로 들어가다

【左傳】 莊九年이라 雍廩殺無知하다 公伐齊納子糾러니 桓公自莒先入하다 秋師及齊師戰于乾時타가 我師敗績하다 〈公喪戎路하고 傳乘而歸[2]하다 秦子梁子 以公旗辟于下道[3]라 是以皆止[4]하다〉 鮑叔帥師來言曰 子糾는 親也니 請君討之[5]하고 管召는 讐也니 請受而甘心焉[6]하노라 乃殺子糾于生竇[7]하니 召忽死之하고 管仲請囚하다 鮑叔受之하야 及堂阜而稅之[8]하다 歸而以告曰 管夷吾治於高傒[9]하니 使相可也니이다 公從之하다

1)〔역주〕威公：齊 桓公을 가리킨다. 宋 欽宗의 이름 '桓'을 諱하기 위해 '威'자로 바꾸어 쓴 것이다.

2)〔역주〕公喪戎路 傳乘而歸：戎路는 兵車이다. 傳乘은 다른 수레를 탄 것이다.

3)〔역주〕秦子梁子 以公旗辟于下道：두 사람은 魯 莊公의 御와 戎右이다. 齊軍를 眩惑시킨 것이다. 장공이 이미 전쟁에 敗北하고 그 수레까지 잃었으니, 혹시 齊나라에 잡힐까 두려웠기 때문에 두 사람이 장공의 旗를 가지고 下道로 피하여 齊軍을 현혹시킨 것이다.

4)〔역주〕止：잡히는 것이다.

5) 〔역주〕 鮑叔帥師來言曰……請君討之 : 鮑叔이 勝勢를 타고 進軍한 것은 그 뜻이 管仲을 산 채로 데려가는 데 있었다. 그러므로 親族인 子糾을 차마 직접 죽일 수 없다는 말로 핑계 댄 것이다. 鮑叔은 鮑叔牙이다.

6) 〔역주〕 管召……請受而甘心焉 : 管仲이 齊 桓公에게 활을 쏜 일이 있었기 때문에 원수라고 한 것이다. 甘心은 통쾌하게 죽이는 것이다.

7) 〔역주〕 生竇 : 魯나라 땅이다.

8) 〔역주〕 及堂阜而稅之 : 堂阜는 齊나라 땅이다. 東莞 蒙陰縣 서북에 夷吾亭이 있는데, 或者는 "鮑叔이 여기에서 夷吾의 結縛를 풀어주었기 때문에 '夷吾'라고 이름한 것이다."라고 하였다.

9) 〔역주〕 管夷吾治於高傒 : 高傒는 齊나라의 卿 高敬仲이다. 管仲이 政事를 다스리는 재주가 敬仲보다 뛰어나다는 말이다.

莊公 9년, 雍廩이 無知를 죽였다. 魯 莊公이 齊나라를 토벌하여 子糾를 齊나라 임금으로 들여보내고자 하였는데, 齊 桓公이 莒國에서 먼저 齊나라로 들어가서 임금이 되었다.

가을에 魯軍이 齊軍과 乾時에서 交戰하다가 노군이 大敗하였다. 장공은 戎路를 잃고서 다른 수레를 타고 돌아왔다. 秦子・梁子가 장공의 旗를 가지고 사잇길로 피해 제군을 유인하였으므로 두 사람은 모두 齊나라의 포로가 되었다.

鮑叔이 군대를 거느리고 와서 말하기를 "자규는 親族이니 魯君께서 그를 죽이고, 管仲과 召忽은 원수이니 우리가 引受해서 속 시원히 원수를 갚겠다."라고 하였다. 이에 生竇에서 자규를 죽이니, 소홀은 자규를 위해 죽고 관중은 齊나라의 포로가 되기를 요청하였다. 포숙이 그를 引受해 가다가 堂阜에 이르러 그의 結縛을 풀어주었다. 포숙이 돌아가서 제 환공에게 고하기를 "管夷吾는 治國의 재능이 高傒보다 뛰어나니, 그를 丞相으로 삼으소서." 하니, 환공이 그의 말을 따랐다.

魯莊公은 忘父之讐而納子糾[1)]하고 管敬仲은 忘主之讐而事威公하고 齊威公은 忘身之讐而用管仲하니라 不可忘者는 父讐也어늘 忘其不可忘은 莊公之罪也요 可忘者는 身讐也어늘 忘其可忘者는 威公之義也라 獨管仲之事는 論者疑焉이라 子糾其主也요 威公其主之讐也어늘 不死其主하고 而相其讐하니 宜若得罪於名敎어늘 今反見稱於孔

子[2]하니 此論者之所共疑也니라

1) 〔역주〕 納子糾 : 納은 도망해 온 외국의 君主나 公子를 護送해 本國으로 들여보내는 것이다.
2) 〔역주〕 見稱於孔子 : ≪論語≫ 〈憲問〉에 "桓公이 제후를 규합하되, 武力을 사용하지 않은 것은 管仲의 힘이었으니, 누가 그의 仁만 하겠는가? 누가 그의 仁만 하겠는가?〔桓公九合諸侯 不以兵車 管仲之力也 如其仁 如其仁〕"라고 칭찬하고, 또 "관중이 환공을 도와 제후의 霸者가 되어 한 번 천하를 바로잡아, 백성들이 지금까지 그 혜택을 받고 있으니, 관중이 아니었다면 우리는 아마 머리를 풀어 헤치고 옷깃을 왼쪽으로 여미는 오랑캐가 되었을 것이다.〔管仲 相桓公霸諸侯 一匡天下 民到于今 受其賜 微管仲 吾其被髮左衽矣〕"라고 칭찬한 말이 보인다.

魯 莊公은 아버지를 죽인 원수를 잊고서 齊나라 公子 糾를 받아들였고, 管敬仲은 主君을 죽인 원수를 잊고서 齊 桓公을 섬겼으며, 제 환공은 자기를 죽이려 한 원수를 잊고서 管仲을 登用하였다. 잊어서는 안 되는 것은 아버지를 죽인 원수인데, 잊어서는 안 될 것을 잊은 것은 장공의 罪이고, 잊어도 되는 것은 자신을 죽이려 한 원수인데, 잊어도 되는 것을 잊은 것은 환공의 義理이다.

유독 관중의 일에 대해서만은 論議하는 자들이 의심을 한다. 子糾는 관중의 주군이고, 환공은 그 주군을 죽인 원수인데, 그 주군을 위해 죽지 않고 도리어 원수를 도왔으니, 名敎(儒敎)에 죄를 얻어야 할 것 같은데, 지금 도리어 孔子에게 칭찬을 받았으니, 바로 이 점이 논의하는 자들이 함께 의심하는 바이다.

競駑驥者는 至伯樂而定하고 競是非者는 至孔子而定이라 旣經孔子하니 豈復容異同之論乎아 雖然이나 無所見而苟異聖人者는 狂也요 無所見而苟同聖人者는 愚也라 己則無所見하고 徒假聖人以爲重曰 伯樂所譽니 其馬必良이요 孔子所譽니 其人必賢이라 使有問其所以良과 其所以賢者면 必錯愕吃訥하야 左右視而不知所對矣리라 隨伯樂而譽馬者는 未免爲不知馬요 隨孔子而譽人者는 未免爲不知人이라

駑馬냐 驥馬냐를 爭論하는 자들은 伯樂의 鑑定에 이르러 노마냐 기마냐를 판정하고, 是냐 非냐를 쟁론하는 자들은 孔子의 品評에 이르러 시냐 비냐를 판정한다. 이미 공자의 품평을 거쳤으니 어찌 다시 異論을 제기할 필요가 있겠는가?

비록 그러나 意見도 없으면서 구차하게 聖人의 말씀에 異論을 제기하는 자는 미친 사람이고, 의견도 없으면서 구차하게 성인의 말씀에 同調하는 자는 어리석은 사람이다. 자기는 아무 의견도 없으면서 단지 성인의 말씀에 기대어 자기의 가치를 높이고자 하여 "백락이 칭찬한 바이니 그 말이 반드시 良馬일 것이고, 공자께서 칭찬하신 바이니 그 사람이 반드시 賢人일 것이다."라고 할 뿐이고, 그 말이 양마인 까닭과 그 사람이 현인인 까닭을 물으면 반드시 당황하여 말을 더듬고 좌우를 돌아보며 대답할 바를 모를 것이다. 백락의 말에 따라 말〔馬〕을 칭찬하는 자는 말을 알지 못하는 것이고, 공자의 말씀에 따라 남을 칭찬하는 자는 사람을 알지 못하는 것이다.

天下之事는 **知當自知**요 **見當自見**이니 **伯樂之鑑**이 **初無與于吾之鑑也**요 **孔子之智**가 **初非與於吾之智也**라 **管仲之是非**는 **聖人固有定論矣**어니와 **抑不知反求吾心**하야 **果定歟**아 **吾之心不知所定**하고 **而苟隨聖人以爲定**이면 **是以名從聖人**이요 **而非以實從聖人也**라 **君子之學**은 **從實而不從名**하니 **吾心未定**이면 **雖聖人之言**이라도 **不能使之定**이라 **是豈妄疑聖人之言者哉**아 **其從聖人**에 **以心不以貌**가 **此眞從聖人者也**니라

천하의 일은 알아야 할 것은 스스로 알아야 하고, 보아야 할 것은 스스로 보아야 하니, 伯樂의 鑑識은 애당초 나의 감식과 無關하고, 孔子의 智慧는 애당초 나의 지혜와 무관하다.

管仲의 是非에 대해서는 본래 聖人의 定論이 있지만, 만약〔抑〕 그 評論을 내 마음에 反問하여 '과연 정확한가?'를 推求할 줄을 모르고, 내 마음이 성인께서 그렇게 평론하신 까닭을 알지 못하면서 구차하게 성인의 평론을 따라 확정한다면, 이는 外形으로만 성인을 따르는 것이고 실제로 성인을 따르는 것이 아니다. 君子의 學問은 실제를 따르고 외형을 따르지 않으니, 내 마음으로 확정할 수 없으면 아무리 성인의 말씀이라 해도 내 말을 확정하게 할 수 없다.

그렇다고 이것이 어찌 함부로 성인의 말씀을 의심하는 일이겠는가? 군자가 성인을 따름에 마음으로 따르고 外貌로 따르지 않는 것이 참으로 성인을 따르는 것이다.

是故聞孔子稱管仲之言이면 **必當求孔子稱管仲之意**니라 **孔子之意**는 **豈以管仲所枉**

者寡而所直者衆耶며 所詘者小而所伸者大耶아 嗚呼라 枉尺直尋[1)]은 在聖門中無是事也어든 又況事讐之枉이 不得爲寡며 詘道信(伸)身[2)]은 在聖門中無是事也어든 又況事讐之詘이 不得爲小아 然則孔子之意는 果安在耶아

1) 〔역주〕 枉尺直尋 : ≪孟子≫ 〈滕文公 下〉에 보인다. 한 자를 굽혀 여덟 자를 편다는 말로, 道義를 違背하고서 세상에 나아가 큰 뜻을 실현하는 것을 이른다.

2) 〔역주〕 詘道信(伸)身 : 자신의 信條를 굽혀 權力者에게 迎合하여 자신의 思想을 實現함이다.

그러므로 孔子께서 管仲을 칭찬하신 말씀을 들으면 반드시 공자께서 관중을 칭찬하신 뜻을 찾아야 한다. 공자께서 관중을 칭찬하신 뜻이 어찌 관중이 道를 어긴 것은 적고 도를 행한 것이 많으며, 信條를 굽힌 것은 적고 신조를 실현한 것이 크다고 여겨서이겠는가?

아! 한 자를 굽혀 여덟 자를 펴는 것은 聖人 門下에는 없는 일인데, 더구나 도를 어기고서 원수를 섬긴 잘못이 적다고 할 수 없는 데이겠으며, 자기의 신조를 굽혀 포부를 펴는 것은 성인 문하에는 없는 일인데, 더구나 신조를 굽혀 원수를 섬긴 잘못이 적다고 할 수 없는 데이겠는가? 그렇다면 공자의 뜻은 과연 어디에 있는가?

糾之與威公이 均非正嫡也니 均非當立也라 然春秋書納糾而不繫以子[1)]하고 〈薄昭〉言〈殺〉弟[2)]而不(與)〔謂〕[3)]之兄하니 是糾少而尤不當立者也르새니라 向若威公殺糾于未入齊之前이면 則是兩公子爭國而相殺者耳니 管仲讐威公可也어니와 當乾(詩)〔時〕之戰[4)]하야 威公之位已定하야 社稷旣有奉矣요 民人旣有歸矣니 是威公者는 齊之君也요 糾者는 齊之亡公子也라 以亡公子而欲干國之統이라 威公以君拒臣하고 糾以臣犯君하니 曲直客主之勢判然矣라 威公旣得鹿에 而追治逐鹿[5)]之罪하야 滅親親之恩[6)]은 固可深責이어니와 然以齊君而殺齊之亡公子요 非兩下相殺者也라 君之殺其臣이 雖非其罪라도 爲臣之黨者가 敢以爲讐乎아 此管仲所以事威公이요 孔子所以許管仲也니라

1) 〔역주〕 春秋書納糾而不繫以子 : 東萊는 "≪春秋≫에 '納糾'라고 기록하고, '子'자를 붙이지 않았다."라고 말하였으나, 현재의 ≪춘추≫에는 '納子糾'로 되어 있으니, 아마도 동래가 본

≪춘추≫는 오늘날 통행하는 ≪춘추≫와 달랐던 모양이다.

2) 〔역주〕〈薄昭〉言〈殺〉弟 : 저본에는 '薄昭'와 '殺'이 공란으로 되어있으나, ≪漢書≫를 참조하여 보충하였다.

薄昭는 漢 文帝의 母后 薄太后의 동생이다. 그가 淮南厲王에게 준 편지에 '齊桓殺其弟'란 말이 있다. 이 편지는 ≪漢書≫〈淮南厲王傳〉에 보인다.

3) 〔역주〕(與)〔謂〕: 저본에는 '與'로 되어있으나, 사고전서본에 의거하여 '謂'로 바로잡았다.

4) 〔역주〕乾(詩)〔時〕之戰 : 저본에는 '詩'로 되어있으나, 사고전서본에 의거하여 '時'로 바로잡았다.

乾時는 齊나라 首都 근처의 地名이다. 齊 桓公이 이미 齊나라로 들어가서 임금이 되었는데도 公子 糾를 齊君으로 들여보내기 위해 출동했던 魯軍이 물러가지 않자, 齊軍이 노군과 전쟁하여 노군을 격파하고서, 魯나라로 하여금 공자 규를 죽이게 하였다. ≪春秋 莊公 9년≫

5) 〔역주〕逐鹿 : 사슴을 잡기 위해 뒤쫓는다는 말로, 君位를 차지하기 위해 서로 다투는 것을 이른다.

6) 〔역주〕滅親親之恩 : 親族을 親愛하는 恩情을 끊었다는 말로, 곧 子糾를 죽인 것을 이른다.

公子 糾와 桓公이 모두 嫡子가 아니니 모두 당연히 君位에 오를 자들은 아니었다. 그러나 ≪春秋≫에 '納糾'라고 기록하고, '子'자를 붙이지 않았으며, 薄昭도 분명히 '殺弟'라고 말하고 '殺兄'이라고 이르지 않았으니, 이는 糾가 年少하여 더욱 國君이 될 수 없었기 때문일 것이다.

가령 환공이 齊나라로 들어가서 임금이 되기 전에 糾를 죽였다면 이는 두 公子가 國君의 자리를 다투어 서로 죽인 것일 뿐이니, 管仲이 환공을 원수로 여기는 것이 당연하다. 그러나 乾時의 戰爭 때에는 환공의 君位가 이미 정해져서 社稷에 이미 奉事者가 있고 民人에 이미 依歸할 곳이 있었으니, 환공은 齊나라의 임금이고 糾는 齊나라의 亡命한 公子일 뿐인데, 망명한 공자로서 나라의 大統을 侵犯하려 한 것이다. 환공은 임금으로서 신하를 막았고, 糾는 신하로서 임금을 犯하였으니, 그 是非의 曲直과 客主의 形勢는 이미 판별되었다.

환공이 임금이 된 뒤에 자기와 君位를 다툰 자의 죄를 懲罰하여 親愛의 恩情을 끊은 것은 진실로 깊이 나무랄 만하다. 그러나 齊나라 임금으로서 齊나라의 망명한 公子를 죽인 것이고, 두 사람이 〈君位를 다투어〉 서로 죽인 것이 아니다. 임금이 그 신하를 죽인 것이 비록 신하의 죄가 아니라 하더라도 신하의 手下가 어찌 감히 임금을 원수로 여길 수 있겠는가? 이것이 바로 관중이 환공을 섬긴 까닭이고 孔子께서 관중을 인정하신 이유이다.

人第知管仲之事讐耳니 孰知仲之不當讐威公哉아 知仲之不當讐威公이면 則知仲實未嘗事讐也리라 苟徒信孔子之言하고 而不復深攷其所以言이면 則反君事讐가 皆將自附于管仲矣리라 噫라 仲果反君事讐면 則雖萬善不足以贖이온 況區區之伯(패)功耶아

사람들은 다만 管仲이 원수를 섬긴 줄로만 알 뿐이니, 관중이 桓公을 원수로 여기지 않았다는 것을 누가 알겠는가? 관중이 환공을 원수로 여기지 않았다는 것을 안다면 관중이 실로 원수를 섬긴 적이 없다는 것을 알 것이다. 구차하게 孔子의 말씀만 믿고, 다시 공자께서 그렇게 말씀하신 까닭을 깊이 考究하지 않으면, 〈후세에〉 임금을 배반하고 원수를 섬기는 자들이 모두 자신을 관중에 비교하려 할 것이다.

아! 관중이 과연 임금을 배반하고 원수를 섬겼다면 비록 만 가지 善行이 있다 하여도 贖罪하기에 부족한데, 하물며 霸業을 도운 하찮은 功이겠는가?

06-04 齊魯戰長勺 齊나라와 魯나라가 長勺에서 전쟁하다

06-04-01 齊魯戰長勺 齊나라와 魯나라가 長勺에서 전쟁하다

【左傳】莊十年이라 春에 齊師伐我하다 公將戰에 曹劌(궤)請見하니 其鄕人曰 肉食者謀之니 又何間焉[1)]가 劌曰 肉食者鄙하야 未能遠謀라하고 乃入見하야 問何以戰이닛가 公曰 衣食所安을 弗敢專也하고 必以分人[2)]하리라 對曰 小惠未徧이니 民弗從也[3)]리이다 公曰 犧牲玉帛을 弗敢加也하고 必以信하리라 對曰 小信未孚니 神弗福也[4)]리이다 公曰 小大之獄을 雖不能察이나 必以情하리라 對曰 忠之屬也라 可以一戰이니 戰則請從이니이다 公與之乘하고 戰于長勺할새 公將鼓之하니 劌曰 未可니이다 齊人三鼓하니 劌曰 可矣니이다 齊師敗績이어늘 公將馳之한대 劌曰 未可니이다 下視其轍[5)]하고 登軾而望之曰 可矣니이다 遂逐齊師하다 旣克에 公問其故한대 對曰 夫戰은 勇氣也라 一鼓作氣하고 再而衰하며 三而竭하나니 彼竭我盈[6)]이라 故克之니이다 夫大國難測也라 懼有伏焉하야 吾視其轍亂하고 望其旗靡[7)]라 故逐之니이다

1) [역주] 肉食者謀之 又何間焉 : 肉食者는 벼슬에 있는 자이다. 間은 干與한다는 뜻이다.
2) [역주] 弗敢專也 必以分人 : 의복과 음식, 이 두 가지는 비록 내 몸을 편안하게 하는 것이지만, 감히 가진 것을 나 혼자서 누리지 않고 반드시 사람들에게 나누어주어 함께 누리겠다는 말이다.
3) [역주] 小惠未徧 民弗從也 : 莊公이 의복과 음식을 나누어준다 하더라도, 은혜를 입는 사람은 左右의 近臣에 불과할 것이므로 두루 미칠 수 없다고 한 것이다.
4) [역주] 小信未孚 神弗福也 : 孚는 큰 믿음이다. 이것은 작은 믿음일 뿐이어서 神에게 크게 믿음을 줄 수 없으니 반드시 神이 복을 내리지 않는다는 말이다.
5) [역주] 下視其轍 : 수레가 지나간 바퀴 자국을 살핀 것이다.
6) [역주] 彼竭我盈 : 齊軍은 이미 북을 세 번 울려 勇氣가 이미 枯渴하였고, 我軍은 처음으로 북을 울려 용기가 바야흐로 충만하다는 말이다.
7) [역주] 吾視其轍亂 望其旗靡 : 旗가 눕고 수레바퀴 자국이 어지러운 것은 겁을 먹고 급히 도망갔기 때문이다.

莊公 10년, 봄에 齊軍이 魯나라를 공격하였다. 장공이 應戰하려 할 때 曹劌가 謁見을 청하려 하니, 그 마을 사람이 말하기를 "고기 먹는 자들이 계획을 세웠을 것인데 무엇 때문에 상관하려 하는가?"라고 하였다. 조궤가 말하기를 "고기 먹는 자들이 鄙陋하여 원대한 계획을 세울 수 없기 때문이다."라고 하고, 宮中으로 들어가 알현하고서 장공에게 무엇을 믿고 싸우려 하느냐고 물었다.

장공이 "몸을 편안하게 하는 의복과 음식을 감히 혼자서 누리지 않고 반드시 사람들에게 나누어주겠다."라고 하니, 조궤가 대답하기를 "그것은 작은 은혜여서 많은 사람에게 두루 미칠 수 없으니 백성들이 따르지 않을 것입니다."라고 하였다.

또 장공이 "祭祀에 犧牲과 玉帛을 감히 정해진 이외에 더 올리지 않고 祝史의 告辭도 반드시 성실하게 告하게 하겠다."라고 하니, 조궤가 대답하기를 "그것은 작은 믿음이라 神이 믿지 않을 것이니 神이 福을 내리지 않을 것입니다."라고 하였다.

또 장공이 "크고 작은 獄事를 일일이 다 살필 수는 없으나 반드시 情狀을 헤아려 처리하겠다."라고 하니, 조궤가 대답하기를 "이는 忠(윗사람이 아래 백성들을 생각하는 것)에 屬한 일이라 한번 전쟁을 해볼 만하니, 出戰하신다면 臣도 從軍하도록 허락하소서."라고 하였다.

장공이 조궤와 한 수레를 타고 長勺에서 齊軍과 전투하려 할 때 장공이 進擊의 북을 치려 하자, 조궤가 아직은 때가 아니라고 말렸고, 齊人이 북을 세 차례 치자, 조궤가 이제 때가 되었다고 하였다. 齊軍이 大敗하자 장공이 추격하려 하니, 조궤가 아직 안 된다고 하고서, 수레에서 내려 齊軍의 수레바퀴 자국을 살펴보고, 다시 수레 앞의 軾에 올라 齊軍이 후퇴하는 모양을 眺望하고는 추격해도 된다고 하였다. 그러자 장공이 마침내 齊軍을 추격하였다.

勝戰한 뒤에 장공이 그 까닭을 물으니, 대답하기를 "전쟁의 勝敗는 勇氣에 달린 것입니다. 북이 한 번 울리면 용기가 振作되고, 두 번 울리면 용기가 쇠하고, 세 번 울리면 용기가 枯渴됩니다. 저들은 용기가 이미 고갈되었고 우리는 용기가 바야흐로 充滿하였기 때문에 승리한 것입니다. 大國은 그 행위를 예측하기 어렵습니다. 군대를 埋伏시켰을까 두려워서 신이 그들의 수레바퀴 자국을 보니 어지럽고, 그들의 旗를 바라보니 기가 누웠습니다. 그러므로 추격했던 것입니다."라고 하였다.

06-04-02 士蔿諫晉侯伐虢　士蔿가 晉侯에게 虢나라 토벌을 말라고 諫하다

【左傳】 莊二十七年이라 晉侯將伐虢한대 士蔿曰 不可니이다 虢公驕하니 若驟得勝於我면 必棄其民이리이다 無衆而後伐之면 欲禦我인들 誰與리잇가 夫禮樂慈愛는 戰所畜也[1]니이다 夫民讓事樂和愛親哀喪而後에 可用也[2]어늘 虢弗畜也하고 亟戰하니 將饑[3]하리이다

1) 〔역주〕 戰所畜也 : 畜은 畜積이다. 평소 임금이 백성을 교육하여 백성들이 모두 이 네 가지 德을 蓄積한 뒤에야 그 백성들을 사용해 전쟁할 수 있다. 그러므로 전쟁에 앞서 반드시 쌓아야 하는 德目이라고 한 것이다.

2) 〔역주〕 夫民讓事樂和愛親哀喪而後 可用也 : 禮는 謙讓을 숭상하기 때문에 '讓事'라 하고, 樂(악)으로 친척과 和合하기 때문에 '樂(락)和'라 한 것이다. 친척을 사랑하는 것이 '慈'이고, 사랑이 지극한 뒤에야 喪을 슬퍼할 수 있으니, 喪을 슬퍼하는 것이 '愛'이다.

3) 〔역주〕 將饑 : '饑'를 饑饉으로 해석하기도 하나, 이 '饑'는 ≪孟子≫ 〈公孫丑 上〉에 "행하고서 마음에 부족한 것이 있으면 위축된다.〔行有不慊於心 則餒矣〕"의 '餒'와 같은 뜻으로 쓰였다는 楊伯峻의 ≪春秋左傳注≫에 따라 士氣가 떨어짐으로 번역하였다.

莊公 27년, 晉侯가 虢國을 討伐하려 하자, 士蔿가 말하기를 "불가합니다. 虢公은 교만하니 만약 우리와의 전쟁에서 자주〔驟〕 勝利한다면 반드시 그 백성들을 버릴 것입니다. 民衆을 잃은 뒤에 그를 친다면 우리를 막고자 하나 누가 그를 돕겠습니까.

禮·樂·慈·愛는 전쟁에 앞서 반드시 쌓아야 하는 德目입니다. 그러므로 백성들이 謙讓하여 禮가 있고, 和睦을 즐기고, 親戚을 사랑하고, 喪事를 슬퍼한 뒤에야 백성들을 전쟁에 쓸 수 있습니다. 그런데 虢은 이 네 가지 德目은 쌓지 않고서 자주 전쟁을 일으키니, 장차 백성의 士氣가 떨어질 것입니다."라고 하였다.

迂儒之論은 **每爲武夫所輕**이라 **鉦鼓震天**하고 **旌旄四合**하고 **車馳轂擊**이면 **百死一生**[1]이어늘 **而迂儒曲士**[2]는 **乃始緩視闊步**하야 **誦詩書談仁義於鋒鏑矢石之間**하니 **宜其取踞牀溺冠之辱也**[3]라

1)〔역주〕百死一生 : 九死一生과 같은 말이다.

2)〔역주〕曲士 : 固陋한 시골 선비를 이른다.

3)〔역주〕踞牀溺冠之辱也 : 漢 高祖 劉邦이 儒生을 좋아하지 않아, 酈食(이)其를 만날 때 寢牀에 걸터앉아 두 女子에게 발을 닦게 하고, 儒冠을 쓴 賓客을 보면 그 冠을 벗겨 그 冠에 오줌을 깔려 侮辱한 故事를 이른다.

迂闊한 儒生의 말은 매양 武夫의 괄시를 받았다. 징소리와 북소리가 하늘에 진동하고 旌旗가 사방에서 모여들고, 戰車가 달리고 바퀴가 서로 부닥치면 兵士들의 목숨이 위험하기 짝이 없는데, 오활한 유생과 고루한 선비는 비로소 천천히 보고 걸어가 칼날과 화살, 돌이 난무하는 사이에서 詩書를 외고 仁義를 談論하니, 寢牀에 걸터앉아 接見하고 갓을 벗겨 오줌을 깔린 侮辱을 받는 것이 당연하다.

魯莊公與齊戰于長勺[1]에 **兩軍相望**하니 **此爲何時**[2]완대 **而以聽獄用情**으로 **對曹劌之問戰**[3]하니 **何其迂闊而遠於事情耶**[4]아 **是言也**를 **持以語宋襄陳餘**[5]면 **則見許矣**[6]어니와 **持以語孫武吳起**[7]면 **則見侮矣**[8]리라 **彼曹劌遽以一戰許之**[9]하니 **意者**컨대 **劌亦迂儒曲士之流歟**[10]아 **觀其從莊公戰**[11]에 **以我之盈**으로 **乘齊之竭**[12]하고 **以我之整**으로 **逐齊之亂**[13]이면 **機權韜略**이 **與孫武吳起竝驅爭先**[14][15]이니 **初非宋襄陳餘儕匹也**[16]라 **使莊公之言**[17]이 **誠迂闊而不切事情**이면 **豈足以動劌之聽耶**[18]아 **其所以深賞而亟許之者**는 **殆必有說也**[19]리라

1) 魯莊公與齊戰于長勺 : 莊公伐齊納子糾 威公怨之 故有長勺之戰

魯 莊公이 齊나라를 토벌하여 公子 糾를 〈제나라 임금으로〉 들여보내고자 하니, 齊 桓公이 이를 원망하였다. 그러므로 長勺의 전쟁이 있게 된 것이다.

2) 此爲何時：勝敗決於頃刻

승리와 패배는 頃刻에서 결정되기 때문이다.

3) 以聽獄用情 對曹劌之問戰：見本題註

본편의 註(≪春秋左氏傳≫ 인용문)에 보인다.

4) 何其迂闊而遠於事情耶：平時聽獄 與頃刻爭戰 何所關係 似迂闊也

平時에 獄事를 처결하는 것과 頃刻을 다투는 전쟁이 무슨 상관인가? 〈그런데도 '전쟁'의 물음에 '옥사'로써 답했으니〉 이것이 迂闊한 듯하다는 것이다.

5) 〔역주〕 宋襄陳餘：宋襄은 春秋 때 宋나라 임금 襄公이고, 陳餘는 秦나라 末期 群雄이 蜂起하였을 때 陳涉의 휘하로 들어가 代王이 된 자이다. 이들은 모두 仁義의 군대를 자처하여, 權謀를 쓰지 않고 인의만 강조하였다가 패망을 자초하였다. 宋 襄公의 일은 ≪春秋≫ 僖公 22년 傳에 보이고, 陳餘의 일은 ≪史記≫ 〈張耳陳餘列傳〉에 보인다.

6) 是言也……則見許矣：宋襄陳餘慕爲仁義之兵 皆以迂闊而取敗亡者 故知聞此言 必見許也

宋 襄公과 陳餘는 仁義의 군대를 자처하다가 모두 오활하여 패망하게 된 자들이다. 그러므로 이 말을 들으면 반드시 인정할 것임을 안다는 말이다.

7) 〔역주〕 孫武吳起：孫武는 春秋 때 齊나라 사람으로 ≪孫子兵法≫을 지은 兵家이고, 吳起는 戰國 때 衛나라 사람으로 兵法書 ≪吳子≫를 지은 兵家이다.

8) 持以語孫武吳起 則見侮矣：孫武吳起 皆以變詐用兵而取勝將 故知聞此言 必見侮也

孫武와 吳起는 모두 臨機應變과 權謀術數로 승리한 장수들이다. 그러므로 이 말을 들으면 반드시 모욕을 줄 것임을 안다는 말이다.

9) 彼曹劌遽以一戰許之：曹劌聞莊公察獄之言 便答之云 可以一戰

曹劌가 莊公의 '獄事를 살피겠다.'는 말을 듣고 곧 '한번 전쟁할 만하다.'고 답한 일을 이른다.

10) 劌亦迂儒曲士之流歟：毋乃宋襄陳餘之徒歟

이가 바로 宋 襄公·陳餘의 무리가 아니냐는 말이다.

11) 觀其從莊公戰：轉說曹劌深曉用兵之法

문장을 전환하여 曹劌가 용병술에 매우 밝았음을 말하였다.

12) 以我之盈 乘齊之竭：蓋我初鼓而氣盈 彼{三}齊人三鼓而{魯始鼓之鼓而}氣竭*)

우리는 북을 처음 울려 기운이 가득 차고, 저 齊나라 사람은 북을 세 차례 울려 기운이 다하였다는 말이다.

*)〔역주〕彼{三}齊人三鼓而{魯始鼓之鼓而}氣竭 : '彼齊人三鼓而氣竭'이 되어야 하니, '三'과 '魯始鼓之鼓而' 등 7字는 衍字인 듯하다.

13) 以我之整 逐齊之亂 : 下視其轍之亂 上望其旗之靡 乃使逐齊師

아래로 수레바퀴 자국의 어지러움을 보고, 위로 旗가 누워있음을 바라보고서 齊나라 군대를 추격하게 하였다.

14) 機權韜略 與孫武吳起竝驅爭先 : 論兵以迂闊 而用兵則精密

論兵은 오활하나 用兵은 정밀하다는 것이다.

15)〔역주〕竝驅爭先 : 나란히 달리면 선두를 다툰다는 말로, 곧 優劣을 다툼이다.

16) 初非宋襄陳餘儕匹也 : 非如此(輦)〔輩〕*) 眞迂闊者

참으로 오활한 이런 무리들과는 같지 않다는 말이다.

*)〔역주〕(輦)〔輩〕 : 저본에 '輦'으로 되어있으나, 문맥을 살펴 '輩'로 바로잡았다. 아래도 같다.

17) 使莊公之言 : 察獄之言

獄事를 살피겠다는 말을 이른다.

18) 使莊公之言……豈足以動劌之聽耶 : 設問曹劌旣非迂闊之(輦)〔輩〕 何以許莊公迂闊之語

曹劌가 迂闊한 무리가 아니라면 어찌 莊公의 오활한 말을 인정했겠느냐고 물음을 가설한 것이다.

19) 其所以深賞而亟許之者 殆必有說也 : 此篇分反難設疑之體 下文乃發出正意

이 글은 反論과 疑問文으로 나뉜다. 아래 글에서야 本義를 말하였다.

魯 莊公이 齊軍과 長勺에서 戰爭할 때 兩軍이 서로 對峙하고 있었으니, 이때가 어떤 때인데, '무엇을 믿고 전쟁하려 하느냐.'는 曹劌의 물음에, 莊公은 '獄事를 處理하는 데 情狀을 헤아리겠다.'는 말로 답하였으니, 어쩌면 그리도 迂闊하고 事情과 거리가 멀었는가? 이 말을 宋 襄公이나 陳餘에게 하였다면 인정을 받았겠지만, 이 말을 孫武나 吳起에게 하였다면 侮辱을 받았을 것이다. 그런데 저 조궤는 대뜸 '한 번 전쟁할 만하다.'고 인정하였으니, 아마 조궤도 오활한 儒生이거나 고루한 선비의 부류였던 모양이다.

그러나 그가 장공을 따라가 전쟁할 때 '우리의 충만한 士氣로 제군의 사기가 고갈된 틈을 이용하고, 우리의 정제된 군대로 혼란한 제군을 추격하라.'고 한 것을 보면, 知謀와 策略이 손무나 오기와 優劣을 다툴 만하니, 애당초 송 양공이나 진여와 같은 부류가 아니다. 가령 장공의 말이 진실로 오활하고 사정과 거리가 멀었다면 어찌 조궤를 감동시킬 수 있었겠는가? 그가 깊이 칭찬하고서 즉시 '한 번 전쟁할 만하다.'고 말한 데에는 반드시 그럴 만한 이유가 있었을 것이다.

馬之所以不敢肆足者는 (御)〔銜〕[1]**轡束之也**[2]요 **臣之所以不敢肆意者**는 **法制束之也**[3]라 (御)〔銜〕**轡敗然後**에 **見馬之眞性**이요 **法制弛然後**에 **見民之眞**(性)〔情〕[4)5)]이니 **困之不敢怨**하고 **虐之不敢叛者**는 **劫於法制耳**[6]라 **大敵在前**[7]이면 **搶攘駭懼**[8]하야 **平日之所謂法制者**가 **至是皆渙然而解散矣**[9]라 **法制旣散**이면 **眞情乃出**[10]하야 **食馬之恩**[11]과 **羊羹之怨**[12]을 **恩恩怨怨**[13]하야 **各以其情**하야 **而報上**하리니 **苟非暇豫之時**에 **深感固結於法令之外**면 **亦危矣哉**[14]ㄴ저

1) 〔역주〕 (御)〔銜〕 : 저본에 '御'로 되어있으나, 사고전서본에 의거하여 '銜'으로 바로잡았다. 아래도 같다.

2) 馬之所以不敢肆足者 (御)〔銜〕轡束之也 : (御)〔銜〕轡所以馭馬

재갈과 고삐는 말을 제어하는 것이다.

3) 臣之所以不敢肆意者 法制束之也 : 法制所以馭民

法과 制度는 사람을 제어하는 것이다.

4) 〔역주〕 (性)〔情〕 : 저본에 '性'으로 되어있으나, 사고전서본에 의거하여 '情'으로 바로잡았다.

5) (御)〔銜〕轡敗然後……見民之眞(性)〔情〕 : 此一節以馬喩民 故以馬與民對說

이 한 구절은 말〔馬〕을 사람에 비유한 것이다. 그러므로 말과 사람을 짝지어 말하였다.

6) 困之不敢怨……劫於法制耳 : 此語稍(遇)〔過〕[*)]當 古者賢君之臨民 安有困之虐之之事 無道之世 始有之

이 말은 좀 過當하다. 옛날에 賢君이 백성을 다스릴 때에 언제 백성들을 괴롭히고 학대하는 일이 있었던가? 無道한 세상에서야 비로소 이런 일이 있었다.

*) 〔역주〕 (遇)〔過〕 : 遇는 過의 誤字인 듯하다.

7) 大敵在前 : 一日當用兵時

어느 날 전쟁이 일어난 때를 말한다.

8) 搶攘駭懼 : 搶攘 擾亂也 駭懼 驚恐也

搶攘은 요란함이고, 駭懼는 놀라 두려워함이다.

9) 平日之所謂法制者 至是皆渙然而解散矣 : 此段 文雖佳 意亦有病 易曰 師出以律[*)] 周官司馬之法 後者有誅 不用命者有誅 此古人節制之師也 今謂法制至此時皆渙然 則於理未當

이 단락은 문장은 아름다우나, 뜻은 병폐가 있다. ≪周易≫에 "軍律에 맞게 군대를 출동한다."라 하였고, ≪周禮≫ 〈夏官 司馬〉의 법에 "後退하는 자는 주벌하고 명을 듣지 않는 자도 주벌한다."라 하였으니, 이는 古人이 군대를 통솔하던 법이다. 그런데 지금 法制가 이때에 이르러 모두 사라져 없어진다고 하였으니, 이는 이치에 맞지 않다.

*) 〔역주〕 易曰 師出以律 : ≪周易≫ 師卦 初六의 爻辭이다.

10) 法制既散 眞情乃出 : 言此是民報恩怨之時

이때가 바로 사람들이 은혜와 원수를 갚을 때라는 말이다.

11) 食馬之恩 : 史記 秦穆公亡善馬 岐下野人共得而食之者三百人 吏逐得 欲法之 公曰 君子不以畜産害人 吾聞食善馬肉 不飮酒傷人 乃皆賜酒而赦之 後三百人聞秦擊晉 皆求從 推鋒爭死 以報食馬之恩 遂虜晉君

≪史記≫ 〈秦本紀〉에 "당초에 도망간 秦 穆公의 良馬를 岐山 아래 사는 野人들이 함께 잡아 그 고기를 먹은 자가 300인이었다. 官吏가 그들을 체포해 처벌하려 하자, 穆公은 '군자는 짐승으로 인해 사람을 해치지 않는다. 내 듣건대 양마의 고기를 먹고 술을 마시지 않으면 사람을 상하게 한다고 하더라.'라 하고서 모두에게 술을 下賜하고 赦免하였다. 뒤에 이 300인은 秦나라가 晉나라를 친다는 말을 듣고는 모두 從軍하기를 청하여 敵陣으로 突進하여 죽기로 싸워서 말고기를 먹은 죄를 사면해준 은혜에 보답하였다. 이로 인해 목공은 드디어 晉君을 사로잡았다."라고 하였다.

12) 羊羹之怨 : 戰國策 中山君享都士大夫 司馬子期在焉 羊羹不遍 子期怒而走楚王 楚王伐中山 中山君亡 嘆曰 又宋華元 殺羊食士 其御羊斟不與 羊斟怒入鄭師 故敗 吾以一杯羊羹亡國

≪戰國策≫ 〈中山策〉에 "中山國의 임금이 宴會를 열어 都中의 士大夫들을 접대할 때 司馬子期도 그 자리에 있었는데, 양고기 국을 모든 사람에게 고루 돌리지 않아 〈자기에게 이르지 않으니,〉 사마자기는 노하여 楚王에게로 도망가서 초왕에게 중산국을 토벌하게 하였다. 중산국의 임금이 도망가면서 탄식하기를 "또 宋나라 華元이 양을 잡아 군사들을 먹였는데, 그의 御者인 羊斟은 그 자리에 참여시키지 않으니 천짐이 노하여 〈수레를 몰고〉 정나라 군대로 들어갔기 때문에 패하였다. 나는 한 그릇의 양고기 국으로 인해 나라를 잃었도다."라고 하였다.

13) 恩恩怨怨 : 恩恩謂報恩 怨怨謂報怨

恩恩은 은혜를 갚는 것을 이르고, 怨怨은 원한을 갚는 것을 이른다.

14) 苟非暇豫之時……亦危矣哉 : 引此魯莊平時能以察獄得人之心

이를 이용하여 평소에 魯 莊公이 獄事를 살펴 人心을 얻을 수 있었음을 표현하였다.

말이 감히 멋대로 달리지 못하는 것은 재갈과 고삐가 束縛하기 때문이고, 신하가 감히 멋대로 행동하지 못하는 것은 法과 制度가 속박하기 때문이니, 재갈과 고삐가 풀린 뒤에 말의 本性을 볼 수 있고, 법과 제도가 느슨해진 뒤에 사람의 眞情을 알 수 있다. 괴롭혀도 감히 원망하지 않고, 학대해도 감히 배반하지 않는 것은 법과 제도에 劫迫되어서일 뿐이다.

강대한 敵軍이 앞에 닥치면 정신이 어지럽고 두려워서, 평소에 이른바 '법과 제도'란 것이 이때에 이르러 모두 사라져 없어진다. 법과 제도가 없어지고 나면 사람들의 眞情이 表出되어, 말을 잡아먹은 자들을 살려준 은혜와 양고기국을 주지 않은 원한에 은혜는 은혜로 보답하고 원한은 원한으로 보복하여, 각각 마음 내키는 대로 그 윗사람에게 갚을 것이니, 만약 평소 한가할 때에 法令 이외의 것으로 백성의 마음을 깊이 감동시켜 관계를 굳게 맺지 않는다면 위태로울 것이다.

凡人之易感而難忘者는 **莫如窘辱怵迫之時**[1)]니라 **子羔爲衛政**[2)3)]에 **刖人之足**[4)]이러니 **衛亂**[5)]에 **子羔走郭門**[6)]하니 **刖者守門**[7)]이라가 **曰 於此有室**[8)]이라하야늘 **子羔入**하니 **追者罷**[9)]하니라 **子羔將去**에 **謂刖者曰 吾親刖子之足**하니 **此乃子報怨之時也**어늘 **何故逃我**[10)]오 **刖者曰 君之治臣也**에 **先後臣以法**[11)]하야 **欲臣之免於法也**[12)]를 **臣知之**[13)]요 **獄決罪定**하고 **臨當論刑**[14)]에 **君愀然不樂**[15)]이 **見於顏色**을 **臣又知之**하니 **此臣之所以脫君也**[16)]라

1) 凡人之易感而難忘者 莫如窘辱怵迫之時 : 獄囚之中 乃窘辱怵迫之甚也
감옥에 갇혀 있을 때가 가장 곤욕을 당하고 핍박받는 때이다.

2) 子羔爲衛政 : 孔子弟子高柴 字子羔
〈子羔는〉 공자의 제자 高柴이니 字가 子羔이다.

3) 〔역주〕 子羔爲衛政 : 이하의 내용은 ≪孔子家語≫ 〈致思〉에 보인다.

4) 刖人之足 : 斷足曰刖
발꿈치를 자르는 형벌을 刖刑이라 한다.

5) 衛亂 : 太子蒯聵入衛
태자 蒯聵가 衛나라로 들어온 것이다.

6) 子羔走郭門 : 敗外之門[*)]
허물어진 外郭의 문으로 달아나다.

*)〔역주〕敗外之門 : 정확히 알 수 없으나, '敗'를 '敗走'의 의미로 번역하였다.
7) 刖者守門 : 被刖之人守門
　刖刑을 받은 사람이 성문을 지키고 있었다는 말이다.
8) 曰於此有室 : 刖者令子羔入室避之
　刖者가 子羔로 하여금 방으로 들어가 추격군을 피하게 한 것이다.
9) 子羔入 追者罷 : 追兵不見子羔乃還
　추격군이 子羔를 발견하지 못하고 돌아간 것이다.
10) 子羔將去……何故逃我 : 逃者 謂使子羔入室
　'逃'는 子羔에게 방으로 들어가게 한 일을 이른다.
11) 先後臣以法 : 先後 謂輔助也
　'先後'는 도와줌을 이른다.
12) 欲臣之免於法也 : 欲令我不循法
　내(刖者)가 형벌받지 않게 하려 하였다는 것이다.
13) 臣知之 : 知子羔先後以法之意
　子羔가 법에 의거해 도와준 뜻을 안 것이다.
14) 臨當論刑 : 及至斷罪之時
　'형벌을 결단할 때에 이르러서'라는 말이다.
15) 君愀然不樂 : 前去見子羔有不忍行刑之心
　지난날 차마 刑을 집행하지 못하는 子羔의 마음을 본 것이다.
16) 見於顔色……此臣之所以脫君也 : 知子羔有不忍意 故使子羔入室逃避
　〈刖者는〉 子羔에게 차마 하지 못하는 마음이 있었음을 알았으므로 자고가 방에 들어가 도피하게 하였다는 말이다.

대체로 사람이 감동하기 쉽고 잊기 어려운 것으로는 困辱을 당할 때나 逼迫을 받을 때에 입은 은혜만 한 것이 없다.

子羔가 衛나라에서 刑政을 담당하였을 때 어떤 자의 발꿈치를 자르는 형벌을 시행한 일이 있었다. 뒤에 衛나라에 난리(蒯聵의 亂)가 나서 자고가 도망가기 위해 城門으로 달려가니, 刖者(刖刑을 당한 자)가 그 성문을 지키고 있었다. 월자가 "이곳에 몸을 숨길 만한 방이 있습니다."라고 하자, 자고가 그 방으로 들어가 숨으니, 뒤쫓던 자들이 돌아갔다.

자고가 떠날 즈음 월자에게 "내가 직접 그대의 발꿈치를 잘랐으니, 지금이야말로 그대가 원수를 갚을 수 있는 기회인데, 무슨 연유로 나를 逃避시켜주었는가?"라고 물었다. 월자가 말하기를 "당신께서 저의 罪를 審理할 때 法律에 의거해 도와주시어 저를 刑罰에서 免除시키고자 하셨던 것을 저는 압니다. 裁判이 끝나 罪가 확정되어 형벌을 논할 때에도 당신께서는 근심하며 즐거워하지 않는 기색이 얼굴에 드러난 것도 저는 압니다. 바로 이것이 제가 당신을 위험에서 벗어나게 한 이유입니다."라고 하였다.

蓋人方在縲紲之中[1]엔 **錙銖之施**를 **視若金石**하고 **毛髮之惠**를 **視若丘山**이라 **子羔一有司耳**[2]라 **徒有哀矜之意**하고 **初無哀矜之實**[3]이로되 **其遇寇難**에 **人猶且報之若是**[4]온 **況莊公君臨一國**[5]하니 **小大之獄**을 **皆必以情**[6]이면 **及其遇寇**에 **人之思報**가 **豈子羔比耶**[7]리오 **獄**은 **死地也**요 **戰**도 **亦死地也**라 **昔居死地**에 **常受其賜**[8]하니 **今安得不赴死地以答其賜哉**[9]리오 **民既樂爲之死**면 **則陷堅却敵**[10]은 **特餘事耳**[11]니 **莊公之言**은 **吾見其切**이요 **而不見其迂也**로라

1) 蓋人方在縲紲之中：縲紲 繩索也 謂人在獄時
　縲紲은 오랏줄이니 사람이 감옥에 있을 때를 말한다.
2) 子羔一有司耳：治獄之官
　〈有司는〉 獄事를 다스리는 관원이다.
3) 徒有哀矜之意 初無哀矜之實：有司不能赦人之罪
　有司는 죄인의 죄를 사면할 수 없다.
4) 人猶且報之若是：刖者尙報子羔之恩
　刖者가 오히려 子羔에게 은혜를 갚은 것이다.
5) 況莊公君臨一國：非有司之比
　有司에 비할 바가 아니다.
6) 小大之獄 皆必以情：獄無小大 皆得情實
　獄事의 크고 작은 규모에 상관없이 모두 實情에 맞게 처리하였다는 말이다.
7) 及其遇寇……豈子羔比耶：所以曹劌許之一戰
　이것이 曹劌가 한번 전쟁할 만하다고 인정한 이유이다.
8) 昔居死地 常受其賜：在獄之時
　감옥에 있었을 때를 말한다.
9) 今安得不赴死地以答其賜哉：征戰之時 所以效死報恩 ○ 此數句尤精采

征伐하고 싸울 때에는 목숨 바쳐 은혜를 갚을 수 있기 때문이다. ○ 이 몇 구절은 문장이 더욱 정밀하고 다채롭다.

10) 陷堅却敵 : 陷堅兵却敵人

견고한 敵陣을 함락하고 적을 물리치는 것이다.

11) 特餘事耳 : 言其不難

그 일을 하는 것이 어렵지 않다는 말이다.

대체로 사람이 監獄에 갇혀 있을 때는 가벼운 은혜도 쇠나 돌보다 무겁게 여기고, 작은 은혜도 산보다 크게 여긴다. 子羔는 한 獄官으로 한갓 가엾게 여기는 마음만 가졌을 뿐 그 마음을 실현하지 못하였는데도, 그가 禍亂을 당하자 사람은 오히려 이와 같이 보답하였는데, 더구나 莊公은 임금으로 한 나라를 主宰하였으니, 크고 작은 獄事를 모두 情狀에 맞게 처리한다면, 그가 禍難을 당하였을 때에 사람들이 보답하기를 생각하는 것이 어찌 자고에 비할 바이겠는가?

감옥도 死地이고, 戰場도 사지이다. 전에 사지(감옥)에 있을 때 그의 은혜를 입은 적이 있었으니, 이제 어찌 사지(戰場)로 달려가서 그 은혜에 보답하지 않겠는가? 백성들이 기꺼이 그를 위해 죽으려 한다면 견고한 敵陣을 陷落하고 적을 물리치는 것은 단지 附隨的인 일일 뿐이니, 내가 보기에 장공의 말은 실제에 맞는 말이고 오활한 말이 아니다.

吾嘗論古人之言兵이 **與後人之言兵**으로 **邈然不同**이라 **曹劌問何以戰**에 **公始對以惠民**하고 **劌不以爲然**에 **則對以事神**하고 **劌又不以爲然**에 **則對以聽獄**하야 **三答曹劌之問**에 **略無片言及於軍旅形勢者**는 **何耶**오 **蓋有論戰者**[1]하고 **有論所以戰者**[2]하니 **軍旅形勢者**는 **戰也**[3]요 **民心者**는 **所以戰也**[4]라 **二者猶涇渭之不相亂**하고 **河濟之不相涉**이라 **問所以戰**에 **而答之以戰**은 **是問楚而答燕也**라 **晉士蔿諫晉侯伐虢**에도 **亦曰 虢公驕**하니 **若驟勝**이면 **必棄其民**하리라 **夫禮樂慈愛**는 **戰所畜也**[5]어늘 **虢弗畜也**하고 **亟戰**하니 **饑**라하니 **當時之論兵**은 **每如此**[6]하니라

1) 蓋有論戰者 : 後人之言戰也

후세 사람이 전쟁을 말한 것이다.

2) 有論所以戰者：古人之言戰也
　옛사람이 전쟁을 말한 것이다.
3) 軍旅形勢者 戰也：此戰之具
　이는 전쟁할 수 있는 도구이다.
4) 民心者 所以戰也：此戰之本
　이는 전쟁할 수 있는 근본이다.
5) 夫禮樂慈愛 戰所畜也：四者皆戰之本
　네 가지는 모두 전쟁할 수 있는 근본이다.
6) 當時之論兵 每如此：皆知本之論
　모두 전쟁의 근본을 아는 논리이다.

내 일찍이 古人이 말한 兵事가 後人이 말한 병사와 전혀 다름을 論한 적이 있다. 曹劌가 무엇을 믿고 전쟁을 하려 하느냐고 물을 때, 莊公이 처음에는 백성에게 은혜를 베푸는 것으로 대답하였고, 조궤가 同意하지 않자 장공은 다시 神을 섬기는 것으로 대답하였고, 조궤가 또 동의하지 않자 장공은 다시 獄事를 審理하는 것으로 대답하였다. 조궤의 물음에 대한 세 가지 대답에 軍旅(戰術)와 形勢(地形)에 대한 언급이 한마디도 없었던 것은 어째서인가?

대체로 〈군대의 일을 논함에는〉 戰術을 논하는 경우도 있고, 전쟁할 수 있는 힘을 논하는 경우도 있다. 군려와 형세는 전술이고, 民心은 전쟁할 수 있는 힘이니, 이 두 가지는 涇水와 渭水처럼 淸濁이 분명하여 서로 섞이지 않고, 河水와 濟水처럼 서로 떨어져 있는 관계가 아니다. 전쟁할 수 있는 힘을 물을 때 전술로써 대답하는 것은, 마치 楚나라의 일을 묻는데 燕나라의 일로써 대답하는 꼴이다.

晉나라 士蔿가 虢國을 토벌하려는 晉侯에게 諫할 때에도 "虢公은 교만하니 만약 우리와의 전쟁에서 자주 勝利한다면 반드시 그 백성들을 버릴 것입니다. 저 禮·樂·慈·愛는 전쟁에 앞서 반드시 쌓아야 하는 德目인데, 괵국은 이 네 가지 덕목은 쌓지 않고서 자주 전쟁을 일으키니, 백성의 士氣가 떨어질 것입니다."라고 하였으니, 당시에 兵事를 논한 자들은 매양 이와 같았다.

魯莊公晉士蔿는 在春秋時하야 未嘗以學術著名이로되 而所論이 鉤深致遠[1)]하야 得戰

之本하니 豈非去古未遠하야 人人而知此理耶아 唐柳宗元號爲當代儒宗이로되 其論長〈勺〉[2)]之役[3)4)]에 乃謂徒以斷獄爲戰之具하니 吾未之信[5)]이라하고 乃歷擧將臣士卒地形之屬[6)]하니 宗元之所言은 皆所謂戰이요 而非所以戰也라 吾是以知春秋之時에 雖不學之人이라도 一話一言이 有後世文宗巨儒所不能解者也온 況當時所謂有學術者耶며 況上而爲三代爲唐虞者耶아 新學小生이 區區持私智之蠡하야 而欲測古人之海하야 妄生譏評하야 聚訟不已하니 多見其不知量也[7)]로다

1) 〔역주〕 鉤深致遠 : ≪周易≫ 〈繫辭傳 上〉에 보이는 말로, 깊은 곳의 물건을 찾아내고 먼 데 있는 물건을 끌어온다는 뜻인데, 후세에서는 학문이나 言論이 廣博하고 精深한 것을 이르는 말로 쓰인다.

2) 〔역주〕 〈勺〉 : 저본에 없으나, 사고전서본에 의거하여 보충하였다.

3) 論長〈勺〉之役 : 見柳文非國語篇
≪柳河東集≫ 〈非國語〉편에 보인다.

4) 〔역주〕 論長〈勺〉之役 : ≪柳河東集≫ 〈非國語 上 問戰〉에 "가령 공의 덕이 제후를 회유할 만하여 전쟁을 일으킬 필요가 없다면 그만이지만, 이미 전쟁하는 데 이르렀다면 단지 獄事를 결단하는 것만을 전쟁의 조건으로 삼는다면 나는 믿을 수 없다. 曹劌의 말은 당연히 '임금님의 신하 중에 계책을 내어 적을 제압할 수 있는 자가 누구이며, 장군 중에 國難에 죽을 수 있는 자들이 몇 사람이며, 熟練된 사졸이 얼마나 많으며, 무기의 성능은 어떠하며, 지형을 살펴 상류를 차지하여 적을 맞아 싸울 곳이 어디냐?'고 물어야 했다. 그런 뒤에 전쟁을 말할 수 있다.〔苟公之德 可以懷諸侯 而不事乎戰 則已耳 旣至於戰矣 徒以斷獄爲戰之具 則吾未之信也 劌之辭宜曰 君之臣謀而可制敵者誰也 將而死國難者幾何人 士卒之熟練者衆寡 器械之堅利者何若 趨地形得上游以延敵者何所 然後可以言戰〕)"고 한 論文을 이른다.

5) 乃謂徒以斷獄爲戰之具 吾未之信 : 宗元深排曹劌之問莊公之答
柳宗元은 曹劌가 묻고 莊公이 答한 것에 대하여 깊이 배척하였다.

6) 乃歷擧將臣士卒地形之屬 : 宗元言曹劌當以此等事爲問
柳宗元은 曹劌가 〈莊公에게〉 이 몇 가지 일을 가지고 물었어야 했다고 말하는 것이다.

7) 〔역주〕 多見其不知量也 : ≪論語≫ 〈子張〉에 보이는 말로, 단지 분수를 모르는 사람이라고 비난을 받을 뿐이라는 뜻이다.

魯나라 莊公과 晉나라 士蔿는 春秋 때에 學術로 著名한 이들이 아니었다. 그런데도 저들의 論議가 廣博하고 精深하여 戰爭의 근본을 말하였으니, 어찌 옛날과 멀지 않아

서 사람마다 이런 이치를 알고 있었기 때문이 아니겠는가?

唐나라 柳宗元은 當代에 儒學의 宗師로 이름났으되, 長勺의 전쟁을 논한 글에 "한갓 獄事를 審理해 判決하는 것을 전쟁의 조건으로 삼았으니, 나는 이를 믿지 않는다."라고 하고서, 將臣과 士卒 및 地形 등을 列擧하였다. 유종원이 말한 것은 모두 이른바 '戰術'이고 이른바 '전쟁의 조건'은 아니다.

나는 이로 인해 춘추 때에는 비록 學問을 하지 않은 사람이라도 토로한 말들이 〈모두 광박하고 정심하여〉 후세의 文宗(文壇의 宗師)과 巨儒도 이해하지 못하였는데, 하물며 이른바 '당시에 학술이 있는 사람'의 말이겠으며, 하물며 더 위로 올라가 三代와 唐虞(堯舜)시대의 말이겠는가?

新學小生이 표주박만 한 작은 지혜를 가지고서 바다처럼 넓고 깊은 옛사람의 지혜를 測量하려고 함부로 비평하며 논쟁을 그치지 않았으니, 다만〔多〕 남들에게 분수를 모르는 사람이라는 비난을 받을 뿐이다.

06-05 禹湯罪己桀紂罪人 禹王과 湯王은 罪를 자기에게 돌리고, 桀王과 紂王은 죄를 남에게 돌리다

【左傳】 莊十一年이라 秋에 宋大水하다 公使弔焉曰 天作淫[1)]雨하야 害于粢盛하니 若之何不弔리오 〈對〉曰 孤實不敬하야 天降之災어늘 又以爲君憂하니 拜命之辱[2)]하노라 臧文仲曰 宋其興乎ㄴ저 禹湯罪己라 其興也勃焉[3)]하고 桀紂罪人이라 其亡也忽焉[4)]이라 且列國有凶에 稱孤는 禮也[5)]라 言懼而名禮하니 其庶乎[6)]ㄴ저 旣而聞之하니 曰 公子御說[7)]之辭也라 臧孫達曰 是宜爲君이로다有恤民之心이라

1) 〔역주〕 淫 : 지나친 것이다.

2) 〔역주〕 拜命之辱 : '拜命之辱'을 글자대로 直譯하여 "命이 辱되게 이른 것을 절하고 받는다."로 번역할 경우 문장이 難澁할 뿐만이 아니라 이해도 잘 되지 않으므로, 楊伯峻의 說에 따라 번역하였다. 양백준은 이 말은 당시의 慣用語로, 관심을 보여주니 매우 감사하다는 뜻이라고 하였다.

3) 〔역주〕 其興也勃焉 : 勃은 盛한 모양이다.

4) 〔역주〕 其亡也忽焉 : 忽은 빠른 모양이다.

5) 〔역주〕 列國有凶 稱孤禮也 : 列國은 諸侯이다. 凶災가 없으면 임금은 항상 자신을 '寡人'이라 칭한다.

6) 〔역주〕 言懼而名禮 其庶乎 : 言懼는 죄를 자신에게 돌린 것이고, 名禮는 자신을 '孤'라고 칭한 것이고, 其庶는 復興하기에 가깝다는 말이다.

7) 〔역주〕 御說 : 宋 莊公의 아들이다.

莊公 21년, 가을에 宋나라에 큰물이 졌다. 장공이 宋나라로 사신을 보내어 慰問하기를 "하늘이 장맛비를 내려 粢盛에 災害를 입혔으니 어찌 위로하지 않을 수 있습니까?"라고 하니, 宋 閔公이 대답하기를 "孤가 실로 하늘을 공경하지 않아 하늘이 재앙을 내린 것인데, 도리어 公(魯 莊公)께 근심을 끼쳐 關心을 보여주시니 한없이 감사합니다."라고 하였다.

이 말을 듣고 臧文仲이 말하기를 "宋나라는 아마도 復興할 것이다. 禹와 湯은 罪를 자신에게 돌렸으므로 그 興하는 것이 빨랐고, 傑과 紂는 죄를 남에게 돌렸으므로 그 망하는 것이 빨랐다. 列國에 凶災가 있으면 그 나라 임금이 자신을 '孤'라고 칭하는 것이 禮이다. 宋公은 말이 恐懼스러웠고 名稱이 禮에 맞았으니 아마도 부흥할 것이다."라고 하였다.

얼마 뒤에 그 말이 公子 御說의 말이었다는 것을 듣고, 臧孫達이 말하기를 "이 사람은 아마도 임금이 될 것이다. 백성을 걱정하는 마음이 있다."라고 하였다.

近禹湯者는 莫如桀紂니라 禹湯은 大聖也요 桀紂는 大惡也니 其相去之遠이 不啻天淵이어늘 何爲其相近也오 禹湯은 善之極이요 桀紂는 惡之極이니 善惡二也나 其所以行之者는 一也르새니라 禹湯은 歸功於人하고 桀紂도 亦歸罪于人하니라 禹湯은 功冠天下로되 皆推而歸之人曰 此左右之功이요 此群臣之功이요 此諸侯之功이요 此萬姓之功이라하야 自視不見有一毫之功焉하며 桀紂는 罪冠天下로되 皆推而歸之人曰 此左右之罪요 此群臣之罪요 此諸侯之罪요 此萬姓之罪라하야 自視不見有一毫之罪焉하니 然則禹湯歸功之心이 豈非卽桀紂歸罪之心乎아

禹와 湯에 가까운 자로는 桀과 紂만 한 자가 없다. 禹와 湯은 큰 聖人이고, 桀과 紂는 큰 惡人이니, 서로의 거리가 하늘과 땅만큼 멀 뿐만이 아닌데, 어째서 서로 가깝

다고 하는가?

禹와 湯은 善의 極致이고, 桀과 紂는 惡의 極致이니, 善과 惡은 비록 다르지만 그것을 행한 방법은 같았기 때문이다. 禹와 湯은 功을 남에게 돌렸고, 桀과 紂도 罪를 남에게 돌렸다. 禹와 湯은 功이 천하에 으뜸이었으되, 그 공을 모두 남에게 돌리면서 "이는 左右의 공이고, 이는 群臣의 공이고, 이는 제후의 공이고, 이는 만백성의 공이다."라고 하여, 자기에게는 터럭만 한 공도 없는 것으로 여겼으며, 桀과 紂는 罪가 천하에 으뜸이었으되, 그 죄를 모두 남에게 돌리면서 "이는 좌우의 죄이고, 이는 군신의 죄이고, 이는 제후의 죄이고, 이는 만백성의 죄이다."라고 하여, 자기에게는 터럭만 한 죄도 없는 것으로 여겼다. 그렇다면 禹와 湯이 공을 남에게 돌린 마음이, 어찌 바로 桀과 紂가 죄를 남에게 돌린 마음이 아니겠는가?

禹湯은 **歸罪於己**하고 **桀紂**도 **亦歸功于己**하니라 **禹湯**은 **引天下之罪而歸之己曰 此我之愆**이요 **非汝之愆**이며 **此我之責**이요 **非汝之責**이라하야 **欲以一身盡代天下之罪焉**하고 **桀紂**는 **引天下之功而歸之己曰 此我之謀**요 **非汝之謀**며 **此我之力**이요 **非汝之力**이라하야 **欲以一身盡攘天下之功焉**하니 **然則禹湯歸罪之心**이 **豈非桀紂歸功之心乎**아 **由是觀之**컨대 **禹湯之所以爲善**이 **乃桀紂之所以爲惡者也**니 **使禹湯移歸功之心**하야 **爲歸罪之心**이면 **則桀紂矣**요 **使桀紂移歸罪之心**하야 **爲歸功之心**이면 **則禹湯矣**리라 **惟聖**이라도 **罔念**하면 **作狂**하고 **惟狂**이라도 **克念**하면 **作聖**[1]이니 **且聖暮狂**은 **特翻覆手耳**라

1) 〔역주〕 惟聖……作聖 : ≪書經≫ 〈周書 多方〉에 보인다.

禹와 湯은 죄를 자기에게 돌렸고, 桀과 紂도 공을 자기에게 돌렸다. 禹와 湯은 천하의 죄를 다 끌어다가 자기에게 돌리면서 "이는 나의 잘못이고 너의 잘못이 아니며, 이는 나의 책임이고 너의 책임이 아니다."라고 하여, 자기 한 몸으로 천하의 죄를 모두 대신 지고자 하였으며, 桀과 紂는 천하의 공을 다 끌어다가 자기에게 돌리면서 "이는 나의 計謀이고 너의 계모가 아니며, 이는 나의 힘이고 너의 힘이 아니다."라고 하여, 자기 한 몸으로 천하의 공을 다 빼앗고자 하였다. 그렇다면 禹와 湯이 罪를 자기에게 돌린 마음이, 어찌 桀과 紂가 功을 자기에게 돌린 마음이 아니겠는가?

이로써 보면, 禹와 湯이 善을 행한 방법이 바로 桀과 紂가 惡을 행한 방법이니, 가령 禹와 湯이 공을 남에게 돌리는 마음을 바꾸어 죄를 남에게 돌리기로 마음먹었다면 桀과 紂가 되었을 것이고, 가령 桀과 紂가 죄를 남에게 돌리는 마음을 바꾸어 공을 남에게 돌리기로 마음먹었다면 禹와 湯이 되었을 것이다. 聖人이라도 善行을 생각하지 않으면 狂人이 되고, 광인이라도 능히 선행을 생각하면 성인이 되니, 아침에 성인이 되었다가 저녁에 광인이 되는 것은 손바닥을 뒤집듯이 쉬울 뿐이다.

人之所甚尊而不敢仰望者는 **禹湯也**요 **人之所甚賤而不足比數者**는 **桀紂也**라 **平居自期**호되 **以謂吾雖自奮**이라도 **必不能爲禹湯**이요 **吾雖自畫**[1]이라도 **必不至爲桀紂**라하나니라 **今觀自狂入聖**이 **如此之易**면 **則吾有時而禹湯矣**니 **安得而不喜**며 **自聖入狂**도 **亦如此之易**면 **則吾有時而爲桀紂矣**니 **安得而不懼**리오 **一念之是**면 **咫尺禹湯**이요 **一念之非**면 **咫尺桀紂**라 **誘于前**하고 **迫於後**면 **則善豈待勉**이며 **惡豈待戒哉**리오

1) 〔역주〕 自畫 : 땅에 금을 그어놓고서 그 금 밖을 나아갈 수 없다고 스스로 제한함이니, 곧 능력이 있는데도 할 수 없다고 하여 하지 않는 것을 이른다.

사람들이 매우 존경하여 감히 우러러보지도 못하는 분은 禹와 湯이고, 사람들이 매우 賤視하여 함께 논할 가치도 없다고 여기는 자는 桀과 紂이다. 그런데도 사람들은 평소에 "내가 아무리 분발해도 禹와 湯이 될 수는 없지만, 내가 아무리 自畫하여도 桀과 紂가 되는 데는 이르지 않을 수 있다."고 자부한다.

그러나 지금 狂人에서 聖人으로 들어가는 것이 이처럼 쉬운 것을 보면 나도 때로 禹와 湯이 될 수 있으니 어찌 기뻐하지 않을 수 있으며, 성인에서 광인으로 들어가는 것도 이처럼 쉬운 것을 보면 나도 때로 桀과 紂가 될 수 있으니 어찌 두려워하지 않을 수 있겠는가? 한 생각이 옳으면 禹와 湯에 가까워지지만, 한 생각이 그르면 桀과 紂에 가까워진다. 〈禹와 湯이 되는 기쁨이〉 앞에서 유인하고 〈桀과 紂가 되는 두려움이〉 뒤에서 핍박하니, 어찌 남의 勸勉을 기다려 善을 행하고, 어찌 남의 警戒를 기다려 惡을 없애겠는가?

凡人之學이 **太高則驕**하고 **太卑則怠**하니 **二者**는 **學者之大病也**라 **苟思去禹湯爲甚**

近이면 怠烏乎生이며 又思去桀紂爲甚近이면 驕烏乎生이리오 聖狂二法으로 更相懲勸이면 驕怠二病이 更相掃除리라 或輓之하고 或推之면 此顏子所以欲罷不能也歟[1)]어늘 久矣로다 世之不知此理也여 而臧文仲獨知之曰 禹湯罪己라 其興也勃焉하고 桀紂罪人이라 其亡也忽焉이라하야 判禹湯與桀紂호되 以人己之兩語하니 意者古之遺言歟ㄴ저 至其論公子御說之宜爲君하여는 則流入于瞽史之學[2)]하니 惜乎라 狐裘而羔袖[3)]也여

1) 此顏子所以欲罷不能也歟：見論語
≪論語≫ 〈子罕〉에 보인다.

2) 〔역주〕 瞽史之學：瞽는 樂師이고, 史는 卜筮를 맡은 太史이다. 여기서는 卜筮術을 이른 뜻으로 쓰인 듯하다.

3) 〔역주〕 狐裘而羔袖：귀한 여우 가죽으로 지은 갖옷에 천한 염소 가죽으로 소매를 달았다는 말로, 대체는 좋으나 좋지 못한 곳이 조금 있는 것을 이르는 말이다. 여기서는 臧文仲의 '禹湯罪己……桀紂罪人'이라는 말을 '狐裘'에 비유하고, 점쟁이처럼 예언한 '公子御說之宜爲君'이라는 말을 '羔袖'에 비유한 것이다.

대체로 學問이 너무 높은 사람은 驕慢하고 너무 낮은 사람은 怠慢하니, 이 두 가지는 학자들의 큰 병통이다. 만약 禹·湯과 거리가 매우 가까워지기를 생각한다면 태만이 어찌 생기겠으며, 또 桀·紂와 거리가 매우 가까워질 것을 생각한다면 교만이 어찌 생기겠는가? 聖人이 되는 법과 狂人이 되는 법으로 서로 경계하고 권면한다면 교만한 병과 태만한 병이 다 없어질 것이다.

앞에서 끌어주기도 하고 뒤에서 밀어주기도 한다면, 이것이 바로 顏子가 그만두려 해도 그만둘 수 없었던 방법인데, 세상 사람들이 이런 이치를 알지 못한 지가 오래되었다. 그런데 臧文仲만 홀로 그런 이치를 알고서 "禹와 湯은 죄를 자기에게 돌렸으므로 그 興하는 것이 빨랐고, 桀과 紂는 죄를 남에게 돌렸으므로 그 망하는 것이 빨랐다."라고 하여, 禹·湯과 桀·紂를 '죄를 남에게 돌리고 죄를 자기 돌렸다.'는 두 마디 말로 判別하였으니, 이 말은 아마도 예로부터 전해온 말인 듯하다. 그러나 그가 "公子御說이 아마도 임금이 될 것이다."라고 논한 것은 瞽史의 學에 빠져든 말이니, 애석하다, 여우 갖옷에 염소 가죽으로 소매를 단 것이여!

吾又嘗論之호되 禹湯能收天下之惡하고 桀紂能長天下之惡호라 天下之人이 忿爭貪暴하야 衆惡蔓延하야 徧布海內하니 禹湯皆斂[1]之於己하야 以爲己罪하니라 人見禹湯之罪己하고 忿者平하고 爭者息하며 貪者愧하고 暴者悔하니 禹湯一罪己하야 而盡收天下之惡하야 使歸于善일새니라 天下皆歸于善이 是亦禹湯之善也라 雖曰罪己나 然天下功孰有居禹湯之右者哉아 禹湯所收者惡이로되 所得者善이요 所引者罪로되 所得者功이니 何耶오 蓋旣除稂莠면 何必復求稼之茂며 旣除塵垢면 何必復求鏡之明이리오 但收其惡이요 不必求善이라 惡旣盡이면 則善將焉往哉리오 此所以收[2]惡而得善也요 引罪而得功也니라

1) 〔역주〕 斂 : '자기의 탓으로 돌린다.'는 뜻으로 쓰인 듯하다.

2) 〔역주〕 禹湯能收天下之惡……此所以收 : 여기에 보이는 다섯 '收'자는 收去(沒收해 제거함)의 뜻으로 쓰인 듯하다.

내 일찍이 아래와 같이 論한 적이 있다.

禹와 湯은 천하의 惡을 除去〔收〕하였는데, 桀과 紂는 천하의 악을 助長하였다. 천하 사람이 忿恨해하며 서로 다투고, 貪慾을 부리며 포학을 부리는 등의 온갖 惡行이 만연하여 四海 안에 두루 퍼지자, 禹와 湯은 이 악을 모두 자신의 탓으로 돌려 자기의 죄로 삼았다. 사람들은 禹와 湯이 자기의 죄로 돌리는 것을 보고서 분한해하던 자가 화평해지고, 다투던 자가 다툼을 중지하고, 탐욕을 부리던 자가 부끄러워하며, 포학하던 자가 후회하였으니, 이는 禹와 湯이 한 번 죄를 자기에게 돌림으로써 천하의 악을 다 제거하여 사람들을 善으로 돌아가게 하였기 때문이다. 천하 사람이 모두 善으로 돌아간 것은 이 또한 禹와 湯의 善行이다. 비록 죄를 자기에게 돌렸으나, 천하의 功 중에 禹와 湯의 공보다 더한 공이 어디 있겠는가?

禹와 湯이 제거한 것은 惡뿐이었으되 백성이 善해지는 효과를 얻었고, 引責한 것은 죄뿐이었으되 태평을 이룬 功을 얻었으니, 이는 어째서인가? 대체로 잡초를 이미 제거하였으면 다시 農作物이 무성해지기를 구할 필요가 뭐 있고, 이미 먼지를 제거하였으면 다시 거울이 밝아지기를 구할 필요가 뭐 있겠는가? 단지 그 악만 제거할 뿐, 선을 구할 필요가 없다. 악이 다 없어지면 선이 어디로 가겠는가? 이것이 바로 악을 제거하여 선을 얻고, 죄를 인책하여 공을 얻는 방법이다.

桀紂安于爲惡하야 不自咎而咎人하니 天下亦從而相咎하니라 本所犯者一惡耳로되 諱其惡而不自咎하니 詐也요 嫁其惡而咎人하니 險也라 變一惡而數惡하야 日滋月長하야 自十而百하고 自百而千하며 自千而萬하야 覆國亡身하야 遺臭後世하니 由不能收天下之惡하고 而長天下之惡也ㄹ새니라 禹湯受其罪로되 而終不能汚하고 桀紂辭其罪로되 而終不能逃하니라 一興一亡이 邈然遼絶이나 揆厥本原이면 不過差之辭受之間而已니라 吾是以益知其相近이로라

桀과 紂가 惡行을 편안히 여겨 죄를 자신에게 돌리지 않고 남에게 돌리니, 천하 사람들도 따라서 서로 죄를 남에게 돌렸다. 본래 범한 것은 한 가지 罪惡일 뿐인데, 그 죄악을 숨기고서 자신에게 돌리지 않았으니 이는 속이는 죄까지 범한 것이고, 그 죄악을 전가하여 남에게 돌렸으니 이는 陰險한 죄까지 범한 것이다. 하나의 죄악이 몇 가지 죄악으로 변하여 나날이 불어나고 다달이 자라나서, 열이 백으로, 백이 천으로, 천이 만으로 죄악이 늘어나서, 나라를 망치고 자신도 죽임을 당하여, 惡名을 후세에 전하였으니, 이는 천하의 악을 제거하지 않고, 천하의 악을 조장하였기 때문이다.

禹와 湯은 죄를 자신의 죄로 받아들였으되 끝내 그 몸을 더럽히지 않았고, 桀과 紂는 죄를 남에게 떠넘겼으되 끝내 죄를 피하지 못하였다. 한 번 興盛하고 한 번 滅亡하는 것이 아득히 먼 것 같지만, 그 根源을 따져보면 그 차이가 받아들이느냐 받아들이지 않느냐에 불과할 뿐이니, 나는 이로 인해 禹·湯과 桀·紂가 서로 가깝다는 것을 더욱 자세히 알게 되었다.

雖然이나 大聖大惡相近若此면 屠酤盜賊이 翻然爲善者는 尙多有之어니와 未聞有旣聖而復爲惡者하니 何也오 曰 河之險에 入則死하고 出則生이니 死生之分이 纔跬步라 人固有陷其中而得脫者矣어니와 豈有旣出而復肯入者哉아

비록 그러하나 큰 聖人과 큰 惡人이 이처럼 서로 가깝다면, 백정이나 술장수나 도적 중에 마음을 고쳐먹고 善人이 된 자는 오히려 많이 있지만, 이미 성인이 되었던 사람 중에 다시 악인이 된 자가 있다는 말을 듣지 못하였으니, 이는 어째서인가?

나는 이렇게 생각한다. 위험한 黃河에 들어가면 죽고 나오면 사니, 죽고 사는 갈림

길이 겨우 반걸음 차이일 뿐이다. 사람 중에는 황하에 빠졌다가 탈출한 자는 있지만, 어찌 이미 탈출하였다가 다시 들어가는 자가 있겠는가?

東萊博議 卷7

07-01 宋萬弑閔公 宋나라 南宮長萬이 宋 閔公을 弑害하다

【左傳】 莊十二年이라 宋萬弑閔公〈于蒙澤[1]하고 遇仇牧于門하야 批而殺之[2]하고 遇大宰督于東宮之西하야 又殺之하고〉 立子游[3]하다 〈群公子奔蕭하고〉 公子御說(열)奔亳[4]하니 南宮牛猛獲帥師圍亳[5]하다 〈冬 十月에〉 蕭叔大心[6]及戴武宣穆莊之族으로 以曹師伐之하야 殺南宮牛于師하고 殺子游于宋하고 立桓公[7]하다 猛獲奔衛하고 南宮萬奔陳할새 〈以乘車輦其母하야 一日而至[8]하다〉 宋人請猛獲于衛한대 衛人欲勿與어늘 石祁子[9]曰 不可하다 天下之惡一也니 惡於宋而保於我하면 保之何補리오 得一夫而失一國하고 與惡而棄好면 非謀也[10]라하니 衛人歸之하다 亦請南宮萬于陳以賂한대 陳人使婦人飮之酒하고 而以犀革裹之러니 比及宋에 手足皆見이라 宋人皆醢之[11]하다

1)〔역주〕 宋萬弑閔公于蒙澤 : 蒙澤은 宋나라 땅이다. 宋萬은 바로 南宮長萬이다.

2)〔역주〕 批而殺之 : 宋萬이 힘이 세었기 때문에 손으로 仇牧을 쳐서 죽였다는 말이다.

3)〔역주〕 子游 : 宋나라 公子이다.

4)〔역주〕 群公子奔蕭 公子御說(열)奔亳 : 蕭는 宋나라 邑으로, 지금의 沛國 蕭縣이다. 亳도 宋나라 邑으로, 蒙縣 서북에 亳城이 있다.

5)〔역주〕 南宮牛猛獲帥師圍亳 : 牛는 長萬의 아들이고, 猛獲은 長萬의 黨이다.

6)〔역주〕 蕭叔大心 : 宋나라 蕭邑의 大夫로 이름이 叔이고 字가 大心이다.

7)〔역주〕 桓公 : 御說이다.

8)〔역주〕 以乘車輦其母 一日而至 : 乘車는 兵車가 아니다. 사람이 끄는 것을 '輦'이라 한다. 宋나라에서 陳나라까지의 거리가 260리인데, 하루 만에 당도하였다는 것은 長萬의 힘이 세다는 것을 말한 것이다.

9)〔역주〕 石祁子 : 衛나라 대부이다.

10)〔역주〕 與惡而棄好 非謀也 : 宋과 衛는 본래 同盟한 友好國이다.

11)〔역주〕 宋人皆醢之 : 醢는 肉醬이다. 猛獲도 함께 젓을 담갔기 때문에 '皆(모두)'라고 한 것이다.

莊公 12년, 宋萬이 蒙澤에서 宋 閔公을 弑害하였다. 그리고 돌아와 문에서 仇牧을

만나 쳐 죽이고 東宮 서쪽에서 太宰 督을 만나 또 쳐 죽이고, 子游를 임금으로 세웠다. 그러자 여러 公子들은 蕭로 도망가고, 公子 御說은 亳으로 도망하니, 南宮牛와 猛獲이 군대를 거느리고 가서 亳邑을 포위하였다.

겨울 10월에 蕭의 叔大心이 戴公·武公·宣公·穆公·莊公의 宗族들과 함께 曹國의 군대를 거느리고 宋萬을 공격하여, 南宮牛를 戰場에서 죽이고 公子 游를 宋나라 都城에서 죽이고서 桓公을 임금으로 세웠다. 그러자 맹획은 衛나라로 도망가고 南宮萬은 陳나라로 도망갔는데, 그는 도망갈 때 乘車에 그 어미를 태우고 하루 만에 陳나라에 당도하였다.

宋人이 맹획을 돌려달라고 衛나라에 요청하니 衛人이 주려 하지 않았다. 그러자 石祈子가 말하기를 "요청을 거절해서는 안 됩니다. 惡行을 미워하는 것은 천하의 어느 나라이고 똑같은데, 宋나라에서 악행을 저지른 자를 우리나라가 保護한다면, 보호한들 무슨 도움이 되겠습니까? 한 사람을 얻고 한 나라를 잃는 것이며, 惡人을 돕고 友好國을 버리는 것이니, 좋은 계책이 아닙니다."라고 하였다. 衛人은 맹획을 宋나라로 돌려보냈다.

宋나라는 다시 陳나라에 남궁만을 돌려달라고 요청하며 뇌물을 보내니, 陳人이 婦人(여자)을 시켜 남궁만에게 취하도록 술을 먹이게 하고는 그를 무소 가죽으로 싸서 宋나라로 보냈는데, 宋나라에 당도할 때쯤에는 손발이 모두 밖으로 드러나 있었다. 宋人은 이들을 죽여 모두 젓을 담갔다.

【主意】公孫述以「拘」而失馬援之心하고 宋閔公以「縱」而召宋萬之怨하니 皆無鼓舞豪傑之術故也라 善鼓舞豪傑者는 必有漢高祖而後可니라 末段引文武周公以至誠待將帥하야 議論愈高하니 「拘」「縱」二字는 是骨子니라

公孫述은 拘謹(예의에 얽매어 언행을 삼감)으로 인해 馬援의 마음을 잃었고, 宋閔公은 방종으로 인해 宋萬의 원한을 불렀으니, 이는 모두 豪傑을 鼓舞(격려해 환심을 삼)시키는 방법을 몰랐기 때문이다. 능히 호걸을 고무시키려면 반드시 漢 高祖와 같은 재능이 있은 뒤에야 가능하다.

끝단락에 文王·武王·周公이 至誠으로 장수들을 대우한 것을 인용하여 의론이 더욱 고상하니, '拘'와 '縱' 두 글자는 바로 이 글의 핵심이다.

陛戟警蹕[1)2)]은 公孫述[3)]之待馬援[4)]也[5)]요 岸幘[6)]迎笑는 光武之待馬援也라 以述之肅으로 反取井蛙之譏하고 光武之嫚으로 而援委心焉[7)]하니 然則樸樕小禮[8)]는 果非所以待豪傑耶[9)]아 英雄豪悍之士[10)]는 磊落軼蕩[11)]하야 出於法度之外[12)13)]하니 爲君者도 亦當以度外待之[14)]하야 破崖岸 削邊幅[15)16)]하고 拊背握手하야 以結其情[17)]하고 箕踞盛氣하야 以折其驕[18)]하며 嘲誚謔浪하야 以盡其歡[19)]하고 慷慨歌呼하야 出肺肝相示[20)21)]然後에 足以得其死命[22)23)]이니 是非樂放肆也라 待豪傑者法當如是也[24)]ㄹ새니라

1) 陛戟警蹕 : 警蹕 天子出入之儀

警蹕은 天子가 출입할 때 행하는 의식이다.

2) 〔역주〕 陛戟警蹕 : 陛戟은 궁전의 뜰에 창을 든 호위무사를 세워놓는 것이고, 警蹕은 帝王이 출입할 때 지나는 길에 사람의 통행을 금지하는 것인데, ≪後漢書≫ 〈馬援傳〉에 의하면, 陛戟은 馬援을 맞이할 때의 일이고, 警蹕은 公孫述이 宮 밖까지 나가서 마원을 객관으로 보낼 때의 일이다.

3) 〔역주〕 公孫述 : 前漢 哀帝 때 淸水縣의 長으로, 王莽의 簒逆으로 천하가 혼란에 빠져 각처에 호걸이 봉기하자, 군대를 일으켜 益州를 차지하고는 天子를 僭稱하였다. 뒤에 光武帝가 항복을 권유하였으나 받아들이지 않고 반항하다가, 끝내 광무제의 討伐軍에 의해 刺殺되었다. ≪後漢書 隗囂公孫述列傳≫

4) 〔역주〕 馬援 : 王莽이 패망한 뒤에 隗囂에게 의탁하였다가 뒤에 光武帝에게 귀순하여, 伏波將軍에 除授되었다. 그 뒤 외효를 격파하고 交阯를 討平하는 등 많은 공을 세웠다. ≪後漢書 馬援列傳≫

5) 公孫述之待馬援也 : 隗囂據隴右 以馬援爲(綏得)〔綏德〕[*)]將軍 時公孫述僭位於蜀隗囂 使援往觀之 援與述同里相善 以爲旣至當握手歡如平生 而述盛陳陛衛 以延援入 援歸謂囂曰 子陽井底蛙耳 而妄自尊大 不如專意東方 ○ 此言公孫述以拘而失豪傑之心

隗囂가 隴西 지역을 점거하고 馬援을 綏德將軍으로 삼았다. 이때 公孫述이 황제를 僭位하고 외효를 부르니 외효가 마원을 使者로 보내어 그를 만나보게 하였다. 마원은 본래 공손술과 한 마을 사람으로 서로 사이가 좋았으므로 자기가 가면 손을 잡고 평소처럼 즐거워할 것으로 생각하였는데, 공손술은 궁전 뜰에 호위무사를 세워놓고서 마원을 맞아 들였다. 마원은 돌아와서 외효에게 "子陽(공손술의 字)은 우물 안 개구리일 뿐입니다. 함부로 잘난 체하니 東方(光武帝)에 전념하는 것만 못합니다."라고 하였다. ○ 이는 공손술이 拘謹으로

써 호걸의 마음을 잃었음을 말한 것이다.

*) 〔역주〕(緩得)〔綏德〕: 저본에 '緩得'로 되어있으나, ≪後漢書≫에 의거하여 '綏德'으로 바로잡았다.

6) 〔역주〕 岸幘 : 頭巾을 밀어 젖혀 이마를 드러냄이니, 곧 격식을 차리지 않는 소탈한 태도를 이른다.

7) 岸幘迎笑……而援委心焉 : 建武四年 囂使援奉書洛陽 援至 引見 世祖岸幘迎笑曰 卿遨遊二帝間 今見卿 使人大慙 援謝曰 當今之世 非但君擇臣 臣亦擇君矣 臣與公孫述同縣 少相善 臣前至蜀 述陛戟而後進臣 臣今遠來 陛下何知非刺客姦人 而簡易若是 帝復笑曰 卿非刺客 顧說客耳 援曰 天下反覆 盜名字者不可勝數 今見陛下 恢廓大度 同符高祖 乃知帝王自有眞也 見東漢本傳

建武 4년에 隗囂가 馬援을 사신으로 보내어 洛陽(光武帝)에 편지를 올리게 하였다. 마원이 당도하자 접견할 때 世祖(광무제)는 두건을 쓰고 웃음으로 맞이하면서 "卿이 두 황제(공손술과 자기) 사이를 왕래하니, 지금 卿을 만나니 크게 부끄럽다."라고 하였다.

마원이 감사를 표하고 말하기를 "지금 세상에는 임금이 신하를 선택할 뿐만 아니라 신하도 임금을 선택합니다. 臣은 공손술과 同鄕 사람으로 젊어서부터 서로 사이가 좋았습니다. 신이 전에 蜀에 갔을 때에 공손술은 뜰에 창을 든 武士를 세운 뒤에야 신을 進入하게 하였습니다. 신이 지금 먼 곳에서 왔으니, 陛下께서는 신이 刺客이나 姦人이 아닌 줄을 어찌 아시고서 이처럼 방비를 설치하지 않으신 것입니까?"라고 하자, 광무제는 다시 웃으며 "경은 자객이 아니라 說客일 뿐이다."라고 하였다.

마원이 "천하에 세상을 뒤엎고 名字(皇帝의 名號)를 훔친 자가 이루 셀 수 없이 많은데, 지금 폐하를 뵙건대 넓고 큰 도량이 高祖(劉邦)와 같으시니, 이제야 帝王은 본래 眞命(하늘이 명한 사람)이 있다는 것을 알았습니다."라고 하였다. ≪後漢書≫ 〈馬援傳〉에 보인다.

8) 樸樕小禮 : 樸樕 小貌

樸樕은 작은 모양이다.

9) 果非所以待豪傑耶 : 結上文意

윗글의 뜻을 맺은 것이다.

10) 英雄豪悍之士 : 英雄 有智者 豪悍 有力者

英雄은 지혜가 있는 자이고, 豪悍은 勇力이 있는 자이다.

11) 〔역주〕 磊落軼蕩 : 磊落은 마음이 넓음이고, 軼蕩은 행동에 제약을 받지 않고 자유분방함이다.

12) 〔역주〕 出於法度之外 : 법도 밖으로 벗어난다는 말로, 곧 법도에 구애받지 않는다는 말

이다.

13) 磊落軼蕩 出於法度之外：此等人本不爲法度所拘

이런 사람은 본래 법도에 구애받지 않는다는 말이다.

14) 爲君者 亦當以度外待之：亦不可拘之以法度

〈임금도〉 법도에 구애받아서는 안 된다는 말이다.

15) 破崖岸 削邊幅：崖岸者 江河之〈邊〉*) 際 邊幅者 布帛之兩旁 破之削之 皆示不拘法度之意

崖岸은 江河의 兩岸이고, 邊幅은 布帛의 양단이다. 이것을 破棄하고 削除한다는 것은 법도에 구애받지 않는 뜻을 보인 것이다.

*) 〔역주〕〈邊〉：저본에 1字 공란으로 되어있는데, '邊'자인 듯하므로 '邊'자를 보충하여 '邊際(兩岸)'로 번역하였다.

16) 〔역주〕 破崖岸 削邊幅：崖岸은 높은 절벽이니 엄숙한 禮의 뜻으로 쓰이고, 邊幅은 布帛의 幅面을 이르니 格式의 뜻으로 쓰인다. 破와 削은 破棄하고 削除함이니, 곧 예의나 격식에 얽매이지 않고 임의롭게 대함이다.

17) 拊背握手 以結其情：示其親密之情

친밀한 정을 보인 것이다.

18) 箕踞盛氣 以折其驕：箕踞 謂踞坐如箕也 此以消其驕慢之氣

箕踞는 키처럼 길게 다리를 뻗고 앉는 것이니, 이는 상대의 교만한 기운을 꺾으려는 것이다.

19) 嘲誚謔浪 以盡其歡：嘲誚 譏罵也 謔浪 戲語也 此以盡其歡悅之意

嘲誚는 비난하고 욕하는 것이며, 謔浪은 농담하는 말이니, 이는 기쁘고 즐거워하는 뜻을 다하려는 것이다.

20) 慷慨歌呼 出肺肝相示：示其不相疑忌之心

서로 의심하고 꺼리지 않는 마음을 보인 것이다.

21) 〔역주〕 出肺肝相示：肺와 肝을 내보인다는 말로 眞心을 보임을 이른다.

22) 然後 足以得其死命：然後 豪傑肯爲效死

그런 뒤에야 豪傑이 나에게 목숨을 바치려 할 것이라는 말이다.

23) 〔역주〕 得其死命：死命은 生命을 바침이니, 곧 목숨 바쳐 나에게 충성하게 할 수 있다는 말이다.

24) 是非樂放肆也 待豪傑者法當如是也：以上是說得豪傑之法不在乎拘而出乎縱 然未曾說出此篇主意

以上은 豪傑을 설득하는 방법이 '拘'에 있지 않고 '縱'에서 나오는 것임을 말하였다. 그러나 아직 본편의 主意를 말한 것은 아니다.

大殿 뜰에 창을 든 侍衛武士를 세워놓고, 사람들의 통행을 금지한 것은 公孫述이 馬援을 맞이할 때와 보낼 때의 광경이고, 간소한 차림으로 웃으면서 맞이한 것은 光武帝가 마원을 접대할 때의 모습이다. 공손술의 嚴肅은 도리어 '우물 안 개구리'라는 마원의 조롱을 받았고, 광무제의 簡慢은 끝내 마원으로 하여금 충성을 바치게 하였으니, 그렇다면 자잘하고 작은 禮節은 과연 豪傑을 대우하는 방법이 아니란 말인가?

英雄(才智가 뛰어난 사람)과 豪悍(豪放하고 勇力이 강한 사람)은 마음이 넓고 자유분방하여 법도에 구애되지 않으니, 임금도 법도를 무시하고 대우하여야 한다. 엄숙한 태도와 점잖은 모습을 버리고 그 등을 두드리고 그 손을 잡으면서 그와 交分을 맺고, 오만하게 다리를 뻗고 앉아 크게 노한 기색을 보여 그의 교만한 기세를 꺾기도 하고, 비웃으며 욕하고 방탕하게 농담하여 그를 즐겁게 하기도 하고, 분개하며 노래를 불러 진심을 보이기도 한 뒤에야, 그로 하여금 목숨 바쳐 나에게 충성하게 할 수 있다. 이는 방자함을 즐겨서가 아니라 豪傑을 대우하는 방법이 이와 같아야 하기 때문이다.

南宮萬之勇이 聞於諸侯[1)]로되 宋閔公靳侮之者[2)3)]는 豈非欲略去細謹하야 自謂得待豪傑之法耶[4)]아 然終召萬之怨하야 至於見弑하니 何也[5)]오 袒裼暴虎[6)]는 必馮婦而後可[7)8)]니 怯夫而試馮婦之術[9)]이면 適足以餵虎牙耳[10)]니라 古之嫚侮者론 莫如漢高帝[11)]나 高帝之嫚侮가 豈徒然哉[12)]리오 踞洗以挫黥布하고 隨以王者之供帳[13)14)]하며 嫚罵以挫趙將하고 隨以千戶之侯封[15)]하니라 用不測之辱[16)]하고 用不測之恩[17)]하야 降霜霰於炎蒸之時하고 轟雷霆於閉蟄之際[18)19)]하야 顚倒[20)]豪傑하야 莫知端倪[21)]하니 此高帝所以能鼓舞一世[22)]也[23)]니라 無鼓舞豪傑之術[24)]하고 拘[25)]則爲公孫述[26)]이요 縱[27)]則爲宋閔公[28)]이니 何往而不敗哉[29)]리오

1) 南宮萬之勇 聞於諸侯 : 南宮姓 萬名 ○ 入本題

南宮은 姓이고, 이름은 萬이다. ○ 〈여기부터〉 본편의 일로 들어간다.

2) 宋閔公靳侮之者 : 惟不拘以法度 故以戱言而靳侮之 詳見題

법도에 구애받지 않았기 때문에 농담하고 조롱하며 모욕한 것이니, 본편의 題目 밑의

注에 자세히 보인다.

3) 〔역주〕 宋閔公靳侮之者 : 靳侮는 조롱하며 侮辱함이다. 莊公 11년에 있었던 乘丘의 戰爭 때 魯軍이 南宮長萬을 사로잡았다가 宋나라의 요청으로 그를 돌려보내니, 宋 閔公이 그에게 "과거에는 내가 그대를 尊敬하였으나, 지금은 그대가 魯나라의 포로이니 나는 그대를 존경하지 않는다."라고 조롱하여 모욕한 일을 이른다. 南宮長萬은 이 말로 인해 宋公에게 怨恨을 품고서 장공 12년에 閔公을 시해하였다.

4) 豈非欲略去細謹 自謂得待豪傑之法耶 : 推原閔公之心 必以萬爲豪傑之士 故其待之如此

閔公의 마음을 推原(推究)해보면 민공은 틀림없이 宋萬을 호걸스러운 사람으로 여긴 것이다. 그러므로 이와 같이 대우한 것이다.

5) 然終召萬之怨……何也 : 設疑問難 謂光武以放肆而得馬援之心 閔公以放肆而致宋萬之禍其故何也

光武帝는 放肆로 馬援의 마음을 얻었고, 宋 閔公은 放肆로 宋萬의 화를 초래했으니, 그 까닭이 무엇이냐고 의문문의 형식으로 반론한 것이다.

6) 袒裼暴虎 : 袒裼 去衣也

袒裼은 옷을 벗는 것이다.

7) 袒裼暴虎 必馮婦而後可 : 言有馮婦之力 然後可以袒裼而搏虎 馮婦事見孟子 虎以喩豪傑

馮婦의 힘이 있은 뒤에야 맨손으로 호랑이를 잡을 수 있다는 말이다. 馮婦의 일은 ≪孟子≫에 보인다. 호랑이는 豪傑을 비유한 것이다.

8) 〔역주〕 袒裼暴虎 馮婦而後可 : 袒裼은 소매를 걷어붙임이고, 暴虎는 맨주먹으로 호랑이를 때려잡음이다. 이런 일은 馮婦 같은 勇力이 있은 뒤에야 가능하다는 말이다. 馮婦는 晉나라 사람으로 맨주먹으로 호랑이를 때려잡은 勇士이다. ≪孟子 盡心 下≫

9) 怯夫而試馮婦之術 : 怯夫以喩閔公 言閔公無駕馭豪傑之術 而效人之放肆

怯夫는 宋 閔公을 비유한 것이다. 閔公은 豪傑을 통제할 방법도 없으면서 남의 放赦함만을 본받았다는 말이다.

10) 適足以餵虎牙耳 : 怯夫暴虎爲虎所食 猶閔公侮宋萬 爲萬所弑也 至此方見主意

怯夫가 맨손으로 호랑이를 잡다가 호랑이에게 잡혀 먹힌 것이, 閔公이 宋萬을 모욕했다가 송만에게 시해당한 것과 같다. 이 문장에서야 主意가 드러났다.

11) 古之嫚侮者 莫如漢高帝 : 引高帝嫚侮豪傑事爲證

高帝가 豪傑을 경멸하고 모욕한 일을 인용하여 증거로 삼은 것이다.

12) 高帝之嫚侮 豈徒然哉 : 高帝自有駕馭豪傑之術 故能嫚侮

高帝는 스스로 豪傑을 통제할 수 있는 방법이 있었기 때문에 경멸하고 모욕하였다는 것이다.

13) 踞洗以挫黥布 隨以王者之供帳：隨何說九江王黥布歸漢 旣至 漢王方踞牀洗足 召布入見 布大怒 悔來 欲自殺 及出就舍 帳御飮食從官 皆如漢王居 布又大喜過望 出漢黥布傳

隨何가 九江王 黥布를 설득하여 漢나라로 歸順하게 하였다. 경포가 오자, 漢王은 寢牀에 걸터앉자 발을 씻으면서 경포를 불러 들어와 謁見하게 하니, 경포는 크게 노하여 귀순해 온 것을 후회하고서 자살하려 하였다. 그러나 자기의 館舍로 가서 보니 장막과 器用과 음식과 시종하는 관리가 모두 漢王의 거처와 동일하였다. 그러자 경포는 또 기대 밖이라고 크게 기뻐하였다. ≪漢書≫ 〈黥布傳〉에 나온다.

14) 〔역주〕 供帳：宴會 때 提供하는 帷帳을 이르는데, 여기서는 유장뿐 아니라 의복・음식까지 모두 포함해 말한 것이다.

15) 嫚罵以挫趙將 隨以千戶之侯封：高祖令周昌選趙壯士可令將者 白見四人 上嫚罵曰 豎子能爲將乎 四人慙 皆伏地 封各千戶 以爲將 出本紀

高祖가 周昌에게 명하여 趙나라 壯士 중에 將帥가 될 만한 자를 선발하게 하니, 〈주창이 네 사람을 선발하고서 고조에게〉 이 네 사람을 불러보라고 아뢰었다. 고조가 〈이 네 사람을 만나볼 때〉 경멸해 꾸짖기를 "이런 풋내기가 어찌 장수가 될 수 있겠느냐?"라고 하니, 네 사람은 부끄러워하며 모두 땅에 엎드렸다. 그러나 이들에게 각각 千戶씩을 봉해주고서 장수로 삼았다. ≪漢書 高帝本紀 下≫

16) 用不測之辱：如踞跣嫚罵之類

걸상에 걸터앉아 발을 씻기게 하고, 〈壯士들을〉 경멸하고 모욕한 일을 이른다.

17) 用不測之恩：如王者供帳千戶封侯之類

漢王처럼 九江王 黥布에게 供帳을 내리고, 〈壯士들을〉 千戶에 封한 것을 이른다.

18) 降霜霰於炎蒸之時 轟雷霆於閉蟄之際：造語有工 言高帝之寵辱豪傑 猶炎暑之時 忽降霜雪 隆冬之際 忽震雷霆也

造語力이 뛰어나다. 高帝가 豪傑을 총애하고 모욕하는 것이 무더운 여름에 갑자기 서리와 눈이 내리고, 엄동설한에 갑자기 번개와 벼락이 치는 것과 같다는 말이다.

19) 〔역주〕 降霜霰於炎蒸之時 轟雷霆於閉蟄之際：여름에 서리가 내리는 것이 뜻밖이고, 겨울에 벼락이 치는 것이 뜻밖이듯이, 高祖가 은총을 내리고 모욕을 보인 것이 뜻밖이라는 말이다.

20) 〔역주〕 顚倒：혼란함이다.

21) 顚倒豪傑 莫知端倪：使豪傑之士 由其術中而不能自知

豪傑들로 하여금 저도 모르게 자기의 술수에 떨어지게 한 것이다.

22) 〔역주〕 鼓舞一世 : 한 시대의 영웅을 鼓舞함이다. 鼓舞는 상대를 격려하여 환심을 삼이다.

23) 此高帝所以能鼓舞一世也 : 此段發盡主意 言有此鼓舞之術 然後能嫚侮豪傑而無禍

이 단락은 主意를 다 말하였다. 이런 고무의 술책이 있은 뒤에야 호걸을 경멸하고 모욕하더라도 화가 없을 수 있다는 말이다.

24) 無鼓舞豪傑之術 : 反說

反論하는 말이다.

25) 〔역주〕 拘 : 拘謹의 뜻으로 예의나 법도에 얽매어 언행을 삼감이니, 곧 公孫述이 馬援을 만날 때 법도에 맞게 儀式을 갖춘 것을 이른다.

26) 拘則爲公孫述 : 失馬援之心

馬援의 마음을 잃었다는 말이다.

27) 〔역주〕 縱 : 예의를 무시하고 함부로 행동함이니, 곧 漢 高祖가 여자에게 발을 씻기면서 黥布를 접견하고, 趙나라 장사들을 모욕한 것을 이른다.

28) 縱則爲宋閔公 : 致宋萬之弑 ○ 以拘縱二字 斷二事極當 應在結尾

宋萬의 시해를 초래했다는 말이다. ○ 拘·縱 두 字로 두 사람의 일을 論斷한 것이 매우 합당하다. 이 말의 응대는 結尾에 있다.

29) 何往而不敗哉 : 述以拘亡國 閔以縱殺身

公孫述이 '拘' 때문에 나라를 잃고, 宋 閔公이 '縱' 때문에 죽게 되었음을 이른다.

南宮萬은 용맹하기로 제후에 소문난 사람이었으되, 宋 閔公이 嘲弄하며 모욕한 것은 어찌 작은 예절을 모두 버리는 것이 豪傑을 대우하는 방법에 맞는다고 여겨서가 아니겠는가? 그러나 끝내 남궁만의 원한을 불러 弑害되는 데 이른 것은 어째서인가? 소매를 걷어붙이고 맨주먹으로 호랑이를 때려잡는 것은 반드시 馮婦인 뒤에야 가능하니, 겁 많은 사내가 馮婦의 방법을 시험하고자 한다면 호랑이에게 잡아먹히고 말 뿐이다.

옛날에 남을 경멸해 모욕하기로 유명했던 사람으로는 漢 高帝보다 더한 사람이 없었다. 그러나 고제가 경멸해 모욕한 것이 어찌 이유가 없었겠는가? 걸상에 걸터앉아 발을 씻기면서 黥布를 접견하여 경포의 기세를 꺾고는 즉시 王者의 供帳으로 대우하였고, 趙나라 將帥들을 경멸해 꾸짖어 그들의 기세를 꺾고는 즉시 千戶의 侯에 封하였다.

예상 밖의 모욕을 주고는 예상 밖의 은혜를 입힌 것이, 마치 한창 무더운 여름철에

서리와 눈이 내리고, 昆蟲이 冬眠하는 겨울철에 벼락이 치는 것과 같아, 豪傑들을 어리둥절하게 하여 그 속셈을 알지 못하게 하였으니, 이것이 고제가 한 세상의 호걸을 鼓舞할 수 있었던 까닭이다. 만약 호걸을 고무할 術策도 없으면서 拘謹하였다면 公孫述이 되었을 것이고, 방종하였다면 宋 閔公이 되었을 것이니, 어찌 가는 곳마다 실패하지 않았겠는가?

噫라 **此不足論也**[1)]요 **若高帝鼓舞豪傑之術**이라야 **其至矣乎**ㄴ저 **曰未也**라 **術必有時而窮**[2)]하니라 **高帝嫚侮之患**이 **卒見於暮年**[3)]하니 **此所以厭拔劍擊柱之爭**하야 **而俯就叔孫通之儀也**[4)]니라 **高帝豈不欲早用叔孫通之儀哉**[5)]리오 **彼見其所謂儀者**가 **拘綴苛碎**[6)7)]하야 **決非武夫悍將所能堪**[8)]이니 **天下未定而遽行之**[9)]면 **必失豪傑之心**[10)]이라 **故寧蔑棄禮法而不顧**[11)]하니 **殊不知名教之中**에 **自有樂地**[12)]니라 **豈叔孫輩所能測哉**[13)]아

1) 此不足論也：又轉上意

또 윗글의 뜻을 전환하였다.

2) 術必有時而窮：後抑

〈이 문장은〉 문장 뒤에서 억제하는 수법을 사용하였다.

3) 高帝嫚侮之患 卒見於暮年：雖得豪傑之用 亦致諸將之爭 此高帝之術窮也

비록 豪傑을 등용하는 계책을 얻었다 하더라도 여러 장수들의 다툼을 초래하였으니, 이것이 高帝의 수법이 궁하다는 것이다.

4) 此所以厭拔劍擊柱之爭 而俯就叔孫通之儀也：高帝初去秦儀法 爲簡易 群臣飮爭功 醉或妄呼 援劍擊柱 叔孫通曰 願召魯諸生與臣弟子 共起朝儀[*)]

漢 高祖가 皇帝가 된 초기에 秦나라 때의 까다로운 儀法을 다 없애고 간단하게 법을 제정하였으므로, 신하들 중에 술에 취해 공을 다투면서 고함을 치고 칼을 뽑아 기둥을 치는 자까지 있었다. 叔孫通이 "魯나라의 여러 儒生들과 臣의 弟子를 불러 함께 朝儀를 정하겠습니다."라 하였다.

*) 〔역주〕 高帝初去秦儀法……共起朝儀：≪史記≫ 〈叔孫通列傳〉에 보인다.

5) 高帝豈不欲早用叔孫通之儀哉：設問高帝初年 何不用此朝儀

高帝가 처음에 어찌 이런 朝儀를 쓰려 하지 않았겠느냐고 묻는 것이다.

6) 彼見其所謂儀者 拘綴苛碎：禮文非悉難行

모든 禮法이 행하기 어려운 것은 아니다.

7) 〔역주〕 拘綴苛碎 : 拘綴은 얽맴이고, 苛碎는 까다롭고 좀스러움이다.

8) 決非武夫悍將所能堪 : 武夫悍將 樂於放肆 不能受此拘束

武將들은 放肆를 좋아하니 이런 구속을 받아들일 수 없을 것이라는 말이다.

9) 天下未定而遽行之 : 設使早用此儀

'가령 때 이르게 이런 이치를 쓴다면'의 뜻이다.

10) 必失豪傑之心 : 必如公孫述之於馬援

반드시 公孫述이 馬援을 대우한 것과 같은 결과일 것이라는 말이다.

11) 故寧蔑棄禮法而不顧 : 言帝所以盡去禮文而爲簡易

이것이 高帝가 禮法을 다 제거하고 간단하게 한 이유라는 말이다.

12) 殊不知名教之中 自有樂地 : 出晉樂廣傳 至此方斷以正意

≪晉書≫ 〈樂廣傳〉에 나온다. 이 문장에 이르러 바야흐로 正意로 결단하였다.

13) 豈叔孫輩所能測哉 : 叔孫通雖號儒者 亦未能知此理

叔孫通이 비록 儒者로 불리는 자라 할지라도 이런 이치를 알지 못했을 것이라는 말이다.

아! 이들(宋 閔公과 公孫述)은 논할 가치도 없고, 豪傑을 鼓舞한 術策이 高帝 같아야 지극하다 하겠으나, 나는 그렇지 않다고 생각한다.

고제의 술책이 때로 곤궁한 경우가 있었다. 고제가 남을 멸시하여 모욕한 後患이 마침내 晩年에 나타났으니, 이것이 장군들이 술에 취해 칼을 뽑아 궁전의 기둥을 치며 공을 다투는 것에 싫증이 나서, 叔孫通의 朝儀를 받아들이게 된 까닭이다. 고제인들 어찌 일찍부터 숙손통의 조의를 쓰고 싶지 않았으랴만, 고제가 보기에 '朝儀'란 것이 사람을 속박하고 까다롭고 좀스러워서, 결코 武將들이 감당할 수 있는 바가 아니니, 천하가 평정되기도 전에 서둘러 시행하면 반드시 호걸들의 마음을 잃을 것으로 여겼다.

그러므로 〈호걸들의 마음을 잃기보다〉 차라리 禮法을 버리고 돌아보지 않은 것이니, 이는 名教(명분을 중시하는 禮教) 가운데 절로 즐거움이 있다는 것을 전혀 모른 것이다. 어찌 숙손통 등이 헤아릴 수 있는 바였겠는가?

采薇出車東山[1)]之詩[2)]에 雨雪寒燠[3)]과 草木禽獸[4)]와 僕馬衣裳[5)]과 室家婚姻[6)]은 曲盡人情[7)]이 昵昵如兒女語[8)]하니 文武周公之待將帥에 開心見誠이 蓋如此[9)]요 初未嘗

如陋儒之拘[10)]며 **亦不至如後世之縱也**[11)]라 **高帝明達**하야 **最易告語**[12)]어늘 **惜乎**라 **無以是詩曉之**[13)]여

1) 〔역주〕 采薇出車東山 : 〈采薇〉와 〈出車〉는 ≪詩經≫ 〈小雅〉의 편명이고, 〈東山〉은 ≪시경≫ 〈豳風〉의 편명인데, 〈채미〉는 文王이 玁狁을 막기 위해 戍軍을 보내면서 부른 詩歌이고, 〈출거〉는 수자리에서 돌아온 군대를 위로한 시이며, 〈동산〉은 周公이 3년 만에 東征에서 돌아와서 군대를 위로한 시이다.

2) 采薇出車東山之詩 : 文武歌采薇以遣將帥 歌出車以勞還役 周公作東山以勞東征之士

文王・武王이 〈采薇〉를 노래하며 장수를 파견하였고, 〈出車〉를 노래하며 돌아온 군대를 위로하였으며, 周公이 〈東山〉을 지어 東征에서 돌아온 군대를 위로하였다.

3) 雨雪寒燠 : 如言雨雪載塗 歲亦莫止 春日遲遲之類

≪詩經≫ 〈出車〉의 "雨雪載塗(눈이 내려 질척거리네)", 〈采薇〉의 "歲亦莫止(해가 저물리로다)", 〈출거〉의 "春日遲遲(봄날이 더디고 더디네)"라고 말하는 유와 같다.

4) 草木禽獸 : 如言蜾(蠃)〔蠃〕[*)]之實 倉庚 伊威 蠨蛸之類

≪詩經≫ 〈東山〉의 "蜾蠃之實(하늘다리의 열매여)", "倉庚于飛(꾀꼬리 날음이여)"의 倉庚, "伊威在室(쥐며느리가 방에 있으며)"의 伊威, "蠨蛸在戶(갈거미가 문에 있으며)의 蠨蛸"를 말하는 유와 같다.

*) 〔역주〕 (蠃)〔蠃〕 : 저본에는 '蠃'로 되어있으나, ≪詩經≫에 의거하여 '蠃'로 바로잡았다.

5) 僕馬衣裳 : 如言 僕夫況瘁 四牡業(二)〔業〕[*)] 制彼裳衣之類

≪詩經≫ 〈出車〉의 "僕夫況瘁(마부도 이에 파리하도다)", 〈采薇〉의 "四牡業業(네 마리 수말이 건장하며)", 〈東山〉의 "制彼裳衣(저 치마와 옷을 만들어)"라고 말하는 유와 같다.

*) 〔역주〕 : (二)〔業〕 : 저본에 '二'로 되어있으나, ≪詩經≫에 의거하여 '業'으로 바로잡았다.

6) 室家婚姻 : 如言靡室靡家親結其縭之類

≪詩經≫ 〈采薇〉의 "靡室靡家(방에 있지 못하고 집에 있지 못함이)", 〈東山〉의 "親結其縭(어머니가 그 손수건을 매어주니)"라고 말하는 유와 같다.

7) 曲盡人情 : 曲盡將帥士卒人情

將帥와 士卒의 감정을 자세히 표현했다는 말이다.

8) 昵昵如兒女語 : 視將帥如家人

將帥 대하기를 집안 식구처럼 했다는 말이다.

9) 文武周公之待將帥……蓋如此 : 此聖人待將帥之道以誠而不以術也

이는 聖人이 將帥들을 성심으로 대하고 권모술수를 쓰지 않았다는 말이다.

10) 初未嘗如陋儒之拘 : 未嘗如叔孫通之用朝儀
일찍이 叔孫通처럼 朝儀를 쓴 적이 없었다는 말이다.

11) 亦不至如後世之縱也 : 亦未嘗如漢高帝之嫚罵光武之簡易也
또한 일찍이 漢 高帝처럼 거만하게 욕하거나, 光武帝처럼 簡易하게 대한 적이 없다는 말이다.

12) 高帝明達 最易告語 : 言高帝天資明達易爲進說
高帝는 타고난 자질이 사리에 밝고 통달하여 諫言을 올리기가 쉽다는 말이다.

13) 惜乎 無以是詩曉之 : 但惜當時無人以文武周公之詩而曉喩之
다만 당시에 文王・武王・周公의 시를 가지고 깨우쳐준 사람이 없었음을 애석하게 여기는 말이다.

〈采薇〉・〈出車〉・〈東山〉篇의 詩에 비와 눈, 추위와 더위, 풀과 나무, 새와 짐승, 馬夫와 말, 상의와 하의, 室家와 婚姻에 대한 말은 사람의 감정을 자세히 표현한 것이 마치 女兒의 말같이 친절하니, 文王・武王・周公이 將帥들을 대우함에 있어 마음을 열고 정성을 보인 것이 대체로 이와 같았고, 애당초 고루한 儒生(叔孫通)처럼 예의에 구속되지도 않았고, 또 후세 사람(漢 高祖)처럼 방종에 이르지도 않았다. 高帝는 사리에 밝고 통달하여 諫言을 올리기가 가장 쉬웠는데, 애석하게도 이 詩를 인용해 깨우친 사람이 없었다.

07-02 息嬀過蔡 息嬀가 蔡나라를 지나다

07-02-01 息嬀過蔡 息嬀가 蔡나라를 지나다

【左傳】 莊十年이라 蔡哀侯娶于陳하고 息侯亦娶焉이라 息嬀(규)將歸過蔡[1)]하니 蔡侯曰 吾姨也[2)]라하고 止而見之하되 弗賓[3)]이라 息侯聞之怒하야 使謂楚文王曰 伐我면 吾求救於蔡하리니 而伐之하라 楚子從之하다 秋九月에 楚敗蔡師于莘하고 以蔡侯獻舞歸하다

1) 〔역주〕 息嬀(규)將歸過蔡 : 息侯의 부인이 陳나라로 歸寧(부모를 뵙기 위해 親庭으로 가는 것) 가는 길에 蔡나라를 지난 것이다.
2) 〔역주〕 吾姨也 : 아내의 姊妹를 '姨'라 한다.
3) 〔역주〕 弗賓 : 禮遇해 공경하지 않은 것이다.

莊公 19년, 蔡 哀侯도 陳나라에서 아내를 맞이하였고, 息侯도 陳나라에서 아내를 맞이하였다. 息嬀가 歸寧할 때 蔡나라를 지나니, 蔡侯가 "나의 妻弟이다."라고 하고서 머물게 하고는 서로 만나볼 때에 禮遇하지 않았다.

얼마 뒤에 息侯가 이 사실을 듣고 怒하여 楚 文王에게 使臣을 보내어 말하기를 "우리나라를 치시면 우리가 蔡나라에 구원을 요청하여 그들의 군대를 끌어낼 것이니, 그 때를 이용해 蔡나라를 토벌하십시오."라고 하니, 楚子가 그 말을 따랐다.

가을 9월에 楚나라가 莘에서 蔡軍을 패배시키고, 蔡侯 獻舞를 잡아 가지고 돌아갔다.

07-02-02 楚滅息入蔡 〈蔡侯의 간교로〉 息나라를 滅한 楚나라가 蔡나라로 쳐들어가다

【左傳】 莊十四이라 蔡〈哀〉侯爲莘[1]故로 繩[2]息嬀以語楚子하니 楚子如息하야 以食入享[3]이라가 遂滅息하고 以息嬀歸하다 生堵敖及成王焉이로되 未言[4]이어늘 楚子問之한대 對曰 吾一婦人而事二夫하니 縱弗能死나 其又奚言이리오 楚子以蔡侯滅息이라하야 遂伐蔡[5]하야 秋七月에 楚入蔡하다 君子曰 商書所謂惡之易也는 如火之燎于原하여 不可鄕邇온 其猶可撲滅[6]者가 其如蔡哀侯乎ㄴ저

1) 〔역주〕 爲莘 : 莘의 전쟁은 莊公 10년에 있었다.
2) 〔역주〕 繩 : 칭찬함이다.
3) 〔역주〕 以食入享 : 거짓으로 접대할 음식을 벌여놓은 것이다.
4) 〔역주〕 未言 : 楚王과 말하지 않은 것이다.
5) 〔역주〕 遂伐蔡 : 楚子가 息嬀의 말에 감동하여, 息나라를 멸망시키고 식규를 데리고 온 일을 생각해보니, 실로 蔡侯 때문이었다. 그러므로 蔡나라를 토벌하여 식규를 기쁘게 하려 한 것이다.
6) 〔역주〕 商書所謂惡之易也……其猶可撲滅 : ≪書經≫ 〈商書 盤庚 上〉에는 '惡之易也'란 句가 없고, '如'는 '若'으로 되어 있다. 易은 延(뻗다)의 뜻이다.

莊公 14년, 蔡 哀侯가 息侯의 奸計로 莘의 전쟁에서 楚나라의 포로가 되었던 원한을 갚기 위해 楚子 앞에서 息嬀의 美貌를 칭찬해 말하니, 楚子가 息나라로 가서 음식을 가지고 들어가 息侯를 대접하다가 드디어 息나라를 멸망시키고서 식규를 데리고 돌아왔다. 식규는 楚나라로 온 뒤에 堵敖와 成王을 낳았으나, 楚子와 말을 하지 않았다. 楚子가 그 이유를 묻자, 대답하기를 "나는 한 여자로 두 남편을 섬겼으니 비록

죽지는 못할망정 또 어찌 말을 하겠습니까."라고 하였다. 楚子는 蔡侯 때문에 息나라를 滅亡시켰다고 하여, 드디어 蔡나라를 토벌하기로 하였다.

가을 7월에 楚師가 蔡나라로 쳐들어갔다. 君子는 이에 대해 다음과 같이 논평하였다.

"≪書經≫ 〈商書〉에 이른바 '악이 뻗어나는 것이 마치 불이 平原을 태우는 것처럼 빨라서 가까이 갈 수도 없는데 오히려 끌 수 있겠는가.'라는 말이 아마도 蔡 哀侯를 이른 것인 듯하다."

07-02-03 子元振萬焉 子元이 방울을 흔들며 萬舞를 추다

【左傳】 莊二十八年이라 楚令尹子元欲蠱文夫人[1]하야 爲館於其宮側하고 而振萬[2]焉하니 夫人聞之하고 泣曰 先君以是舞也로 習戎備也[3]러니 今令尹不尋諸仇讐하고 而於未亡人之側[4]하니 不亦異乎아 御人[5]以告子元한대 〈子元〉曰 婦人不忘襲讐어늘 我反忘之[6]로다 秋에 子元以車六百乘伐鄭하다

1) 〔역주〕 文夫人 : 息嬀이다. 子元은 楚 文王의 아우인데, 형수를 姦淫하려고 유혹한 것이다.

2) 〔역주〕 振萬 : 振은 흔드는 것이고, 萬은 춤의 명칭인데, 먼저 방패를 들고서 武舞를 춘 뒤에 새의 깃을 들고서 文舞를 춘다.

3) 〔역주〕 習戎備也 : 춤에는 部曲(군대의 編制로 大將軍의 軍營에는 5部가 있고, 部 밑에 曲이 있음)과 行伍(군대의 編制로 伍는 5人이고, 行은 25인임)가 있어, 陣法과 같기 때문에 이 춤으로 전쟁을 연습했다고 한 것이다

4) 〔역주〕 不尋諸仇讐 而於未亡人之側 : 尋은 사용하는 것이다. 婦人이 寡婦가 되면 스스로 '未亡人'이라 칭한다. 仇讐는 鄭나라를 이른다.

5) 〔역주〕 御人 : 御人은 夫人을 모시는 사람이다.

6) 〔역주〕 我反忘之 : 文夫人은 여자인데도 오히려 원수 나라를 토벌해 습격하기를 잊지 않고 있는데, 나는 사내가 되어 도리어 원수에 대한 토벌을 잊었다는 말이다.

莊公 28년, 楚나라 令尹 子元이 文夫人을 蠱惑하려고, 그녀의 宮 곁에 집을 짓고서 방울을 흔들며 萬舞를 추니, 夫人이 듣고 눈물을 흘리며 "先君께서는 이 춤으로 전쟁을 演習하였는데, 지금 영윤은 이것을 원수를 치는 데 사용하지 않고 未亡人 곁에서

연주하니, 이상하지 않은가."라고 하였다.

御人이 이 말을 자원에게 고하니, 자원은 "부인도 오히려 원수를 襲擊하기를 잊지 않고 있는데, 나는 도리어 잊었구나."라고 하였다. 가을에 자원이 兵車 600乘을 거느리고 가서 鄭나라를 토벌하였다.

07-02-04 鬪班殺子元 鬪班이 子元을 죽이다

【左傳】 莊三十年이라 楚公子元이 歸自伐鄭하야 而處王宮하니 鬪射(역)師諫한대 則執而梏之[1)]하다 〈秋에〉 申公鬪班遂殺子元하다

1) 〔역주〕 鬪射(역)師諫 則執而梏之 : 射師는 鬪廉이다. 발에 채우는 刑具를 桎이라 하고, 손에 채우는 刑具를 梏이라 한다.

莊公 30년, 楚나라 公子 元(令尹 子元)이 鄭나라를 치고 돌아와서 王宮에 거처하니, 鬪射師가 그러지 말라고 諫하자, 그를 잡아 手匣을 채웠다. 가을에 申公 鬪班이 마침내 子元을 죽였다.

07-02-05 陳夏徵舒殺靈公 陳나라 夏徵舒가 陳 靈公을 죽이다

【左傳】 宣十年이라 陳靈公與孔寧儀行父飮酒於夏氏에 公謂行父曰 徵舒似女라하니 對曰 亦似君이니이다 徵舒病之하야 公出에 自其廐射而殺之하니 二子奔楚하다 十一年이라 冬에 楚子爲陳夏氏〈亂〉故로 伐陳할새 謂陳人無動하라 將討於少西氏라하고 遂入陳하야 殺夏徵舒하야 轘[1)]諸栗門하다

1) 〔역주〕 轘 : 사람의 肢體를 두 수레의 중간에 매어놓고 수레를 끌어 찢어 죽이는 車裂을 이른다.

宣公 10년, 陳 靈公이 孔寧, 儀行父와 함께 夏氏의 집에서 술을 마실 때 靈公이 行父에게 "徵舒가 그대를 닮았다."라고 하니, 행보는 "임금님을 닮았습니다."라고 대답하였다. 이 말을 들은 徵舒가 크게 怒〔病〕하여 영공이 나오자 마구간에서 활을 쏘아 죽이니, 두 사람은 楚나라로 도망갔다.

11년 겨울에 楚子가 陳나라 夏氏의 亂을 이유로 陳나라를 討伐할 적에 陳人들에게

이르기를 "驚動하지 말라. 少西氏를 치려는 것이다."라고 하고서, 드디어 陳나라로 쳐들어가 하징서를 죽여 栗門에서 車裂하였다.

07-02-06 申公巫臣聘夏姬 申公 巫臣이 夏姬를 아내로 맞이하다

【左傳】成二年이라 楚之討陳夏氏也에 莊王欲納夏姬하니 申公巫臣曰 不可하니이다 君召諸侯는 以討罪也어늘 今納夏姬면 貪其色也니이다 貪色爲淫이요 淫爲大罰이니이다 周書曰 明德愼罰이라하니 文王所以造周也니이다 明德은 務崇之之謂也요 愼罰은 務去之之謂也니이다 若興諸侯하야 以取大罰이면 非愼之也니 君其圖之하소서 王乃止하다 子反欲取之하니 巫臣曰 是不祥人也라 是夭子蠻[1]하고 殺御叔[2]하고 弑靈侯하고 戮夏南[3]하고 出孔儀하고 喪陳國하니 何不祥如是리오 人生實難하니 其有不獲死乎[4]ㄴ저 天下多美婦人하니 何必是리오 子反乃止하다 〈王以予連尹襄老하다 襄老死於邲이러니 不獲其尸하다 其子黑要烝焉하다〉 巫臣使道焉曰 歸하면 吾聘女리라 又使自鄭召之〈曰 尸可得也니 必來逆之하라 姬以告王하니 王問諸屈巫한대 對曰其信이로이다 知罃之父는 成公之嬖也요 而中行伯之季弟也라 新佐中軍하고 而善鄭皇戌하고 甚愛此子하니 其必因鄭而歸王子與襄老之尸以求之리이다 鄭人懼於邲之役하야 而欲求媚於晉하니 其必許之리이다〉 王遣夏姬歸하니 〈將行에 謂送者曰 不得尸면 吾不反矣리라〉 巫臣聘諸鄭하니 鄭伯許之하다 及共王卽位하야 將爲陽橋之役하야 使屈巫聘于齊하고 且告師期한대 巫臣盡室以行하다 申叔跪從其父하야 將適郢이라가 遇之曰 異哉라 夫子有三軍之懼어늘 而又有桑中之喜[5]하니 宜將竊妻以逃者也라 及鄭하야 〈使介反幣하고 而〉以夏姬行하다 〈將奔齊라가 齊師新敗하니 曰 吾不處不勝之國이라하고〉 遂奔晉하야 〈而因郤至하야 以臣於晉하니〉 晉人使爲邢大夫하다 子反請以重幣錮之하니 王曰 止하라 其自爲謀[6]也則過矣어니와 其爲吾先君謀[7]也則忠이라 忠은 社稷之固也니 所蓋多矣[8]라 且彼若能利國家면 雖重幣라도 晉將可乎아 若無益於晉이면 晉將棄之리니 何勞錮焉이리오

1)〔역주〕子蠻 : 鄭 靈公으로 夏姬의 오빠이다.

2)〔역주〕御叔 : 夏姬의 남편으로 역시 早死하였다.

3)〔역주〕夏南 : 夏姬의 아들 徵舒이다.

4)〔역주〕人生實難 其有不獲死乎 : 사람이 세상에 生存하기가 실로 쉽지 않으니, 그대가

만약 夏姬를 取한다면 장차 命대로 살지 못하는 禍가 있을 것이라는 말이다.

5) 〔역주〕 有三軍之懼 而又有桑中之喜 : 巫臣은 出兵 時期를 통고하기 위해 가는 길이니, 당연히 경계하고 두려워하는 마음을 가져야 하는데, 도리어 여인과 뽕나무 밑에서 密會하는 즐거움을 생각하는 마음이 있다는 말이다. 〈桑中〉은 ≪詩經≫ 〈衛風〉에 있는 篇名인데, 음란한 풍속을 풍자한 詩이다.

6) 〔역주〕 自爲謀 : 巫臣이 夏姬를 데리고 도망간 일을 이른다.

7) 〔역주〕 爲吾先君謀 : 巫臣이 莊王에게 夏姬를 받아들이지 말도록 諫한 일을 이른다.

8) 〔역주〕 所蓋多矣 : 巫臣이 임금에게 諫한 忠誠이 淫奔한 罪를 덮기에 충분하다는 말이다.

成公 2년, 楚나라가 陳나라의 夏氏를 討伐할 때 楚 莊王이 夏姬를 아내로 거두려 하자, 申公 巫臣이 말하기를 "不可합니다. 君王께서 諸侯를 召集한 것은 罪人을 討伐하기 위함인데, 지금 하희를 거두신다면 女色을 貪하는 것입니다. 여색을 탐하는 것은 淫亂이고 음란하면 大罰을 받게 됩니다. ≪書經≫ 〈周書 康誥〉에 '道德을 宣揚〔明德〕하고, 懲罰받을 일을 삼갔다.〔愼罰〕'라고 하였으니, 이것이 文王이 周나라를 創建하게 된 原因입니다. 明德은 힘써 德을 崇尙함을 이르고, 愼罰은 힘써 懲罰받을 일을 除去함을 이릅니다. 諸侯의 군대를 일으켜 大罰을 취한다면 愼罰이 아니니, 군왕께서는 깊이 생각하소서."라고 하니, 楚王은 즉시 그만두었다.

子反이 夏姬를 取하려 하자, 巫臣이 말하기를 "이 여자는 不吉한 사람입니다. 이 여자는 子蠻을 夭死하게 하고, 御叔을 죽게 하고, 靈侯(陳 靈公)를 弑害되게 하고, 夏南을 죽게 하고, 孔寧과 儀行父를 出奔하게 하고, 陳나라를 亡하게 하였으니, 이런 불길함이 어디 있겠습니까? 사람이 세상에 生存하기가 실로 어려우니, 〈이 여자를 취한다면〉 아마도 수명대로 살지 못할 것입니다. 天下에는 美人이 많은데 무엇 때문에 반드시 이런 女子를 취하려 하십니까?"라고 하니, 子反도 즉시 그만두었다.

초왕은 이 여자를 連尹 襄老에게 주었다. 양로가 邲의 戰爭에서 죽었는데, 그 屍身을 찾아오지 못하였다. 양로의 아들 黑要가 하희와 姦通하였다. 巫臣이 하희에게 사람을 보내어 유혹하기를 "親庭 나라로 돌아가 있으면 내가 禮를 갖추어 그대를 아내로 맞이하겠다."라고 하고, 또 사람을 보내어 鄭나라에게 "양로의 시신을 찾을 수 있으니, 반드시 와서 그 시신을 맞이하라."는 말로 하희를 召還하게 하였다. 하희가 이 일을 초왕에게 告하니, 초왕은 屈巫에게 意見을 물었다. 굴무가 대답하기를 "이 말은 믿어도 좋을 듯합니다. 知罃의 아비는 晉 成公의 寵臣이고, 中行伯의 季弟로 새로 中軍의 佐가 되었는데, 鄭나라의 皇戌과 사이가 좋고, 이 아들을 매우 사랑하니, 그는 반드시 鄭나라를 통해 王子 및 양로의 시신을 돌려주고 지앵과 交換하자고 할 것입니다. 鄭나라는 邲의 전쟁에 겁을 먹고서 晉나라에 잘 보이고자 하니, 반드시 그 일(仲裁하는 일)을 許諾할 것입니다."라고 하니, 초왕은 하희를 鄭나라로 보냈다. 하희는 떠날 때 護送하는 사람에게 말하기를 "양로의 시신을 찾지 못하면 나는 돌아오지 않겠다."라고 하였다. 얼마 뒤에 巫臣이 하희를 아내로 맞이하도록 허락해달라고 鄭나라에 請하니 鄭伯이 許諾하였다.

楚 共王이 즉위함에 미쳐 陽橋에서 전쟁을 일으키려고 屈巫를 齊나라에 使者로 보내어 聘問하고, 同時에 出兵할 시기를 齊나라에 알리게 하였는데, 巫臣은 온 家族과 財産을 다 가지고 떠났다. 申叔跪가 그 아버지를 따라 郢으로 가다가 巫臣을 만나보고 말하기를 "怪異하다. 저 사람〔夫子〕은 三軍의 일로 使命을 받고 가니 戒懼하는 마음을 가져야 하는데, 도리어 뽕나무 밑에서 密會하는 즐거움을 생각하니, 아마도 장차 아내를 데리고 도망갈 듯하다."라고 하였다.

巫臣은 鄭나라에 미쳐 副使에게 齊나라가 보낸 禮幣를 가지고 楚나라로 돌아가 復命하게 하고, 자기는 하희를 데리고 도망갔다. 齊나라로 가려다가 齊軍이 새로 敗戰한 것을 알고는 말하기를 "나는 勝戰하지 못한 나라에는 居住하지 않는다."라고 하고서, 마침내 晉나라로 도망가서 郤至를 통해 晉나라의 신하가 되니, 晉人은 그를 邢의 大夫로 삼았다.

子反이 초왕에게 晉나라에 많은 幣帛을 보내어 巫臣을 禁錮시키기를 청하니, 초왕이 말하기를 "그럴 것 없다. 그가 자신을 위한 計謀는 잘못했지만 우리 先王을 위한 계모는 忠誠스러웠다. 충성은 社稷을 安固하게 하는 것이니, 그에게는 過誤를 덮을 만한 훌륭한 일이 많았다. 저 사람이 만약 晉나라를 이롭게 할 수 있다면 아무리 많은 幣帛을 보낸들 晉나라가 우리의 요구를 들어주겠는가? 만약 晉나라에 無益하다면 晉나라가 장차 그를 버릴 것이니, 무엇 때문에 수고롭게 그를 禁錮시킬 필요가 있겠는가?"라고 하였다.

07-02-07 子重子反殺巫臣之族 子重과 子反이 巫臣의 宗族을 죽이다

【左傳】成七年이라 楚圍宋之役에 師還하야 子重請取於申呂以爲賞田하니 王許之하다 申公巫臣曰 不可니이다 此申呂所以邑也라 是以爲賦하야 以御北方이어늘 若取之면 是無申呂也니 晉鄭必至于漢하리다 王乃止하다 子重是以怨巫臣하고 子反欲取夏姬에 巫臣止之하고 遂取以行하니 子反亦怨之하다 及共王卽位하야 子重子反殺巫臣之族 而分其室하다

成公 7년, 楚軍이 宋나라를 포위한 戰爭에서 돌아와서, 子重이 申과 呂의 土地를 취하여 자기에게 賞田으로 주기를 청하니, 楚王이 허락하였다. 그러자 申公 巫臣이 말하기를 "不可합니다. 이 申과 呂가 國家의 邑이었기 때문에 兵賦를 徵收하여 北方을 防禦하였습니다. 그런데 만약 이곳을 취하여 賞田으로 준다면 이는 申邑과 呂邑이 없어지는 것이니, 晉나라와 鄭나라가 반드시 漢水까지 그 勢力을 넓혀 올 것입니다." 라고 하니, 楚王은 그 허락을 취소하였다.

子重은 이로 인해 巫臣에게 怨恨을 품었고, 子反이 夏姬를 취하려 할 때 무신이 沮止하고는 마침내 자신이 하희를 취해 도망갔으므로 자반도 무신에게 원한을 품었다. 楚 共王이 즉위함에 미쳐 자중과 자반이 무신의 族人을 죽이고서 그 家産을 나누어 가졌다.

07-02-08 叔向取申公巫臣氏 叔向이 申公 巫臣氏의 딸을 아내로 취하다

【左傳】昭二十八年이라 初에 叔向欲娶於申公巫臣氏하니 其母欲娶其黨하다 叔向曰 吾母多而庶鮮하니 吾懲舅氏矣라 其母曰 子靈之妻가 殺三夫一君一子하고 而亡一國兩卿矣니 可無懲乎아 吾聞之하니 甚美면 必有甚惡이라하니 是鄭穆少妃姚子之子요 子貉之妹也라 子貉早死無後에 而天鍾美於是[1)]하니 將必以是大有敗也리라 〈昔有仍氏[2)]生女하니 黰黑[3)]而甚美하야 光可以鑑이어늘 名曰玄妻라하다 樂正后夔[4)]取之하야 生伯封하니 實有豕心[5)]하야 貪惏無饜하고 忿纇無期하니 謂之封豕라하다 有窮后羿[6)]滅之하니 夔是以不祀하다 且三代之亡과 共子之廢[7)]도 皆是物也니 女何以爲哉오 夫有尤物[8)]에 足以移人이니 苟非德義면 則必有禍라하다〉 叔向懼하여 不敢取하다 平公强使取之하야 生伯石하다 伯石始生에 子容之母[9)]走謁諸姑曰 長叔姒生男하니 姑視之하라 及堂하야 聞其聲而還曰 是豺狼之

聲也라 **狼子野心**이라 **非是**면 **莫喪羊舌氏矣**라하고 **遂弗視**하다

1) 〔역주〕 天鍾美於是 : 鄭 靈公이 夭死하고 夏姬가 아름다웠으므로 이로 인하여 이렇게 미루어 말한 것일 뿐이고, 오라비가 일찍 죽으면 그 누이가 반드시 아름답다는 것은 아니다.
2) 〔역주〕 有仍氏 : 옛날의 諸侯이다.
3) 〔역주〕 鬒黑 : 머리숱이 많고 검은 것이다.
4) 〔역주〕 夔 : 舜임금 때 音樂을 맡았던 長官이다.
5) 〔역주〕 豕心 : 그 마음이 돼지와 같아 탐욕스러워 수치를 모른다는 말이다.
6) 〔역주〕 有窮后羿 : 夏后의 王位를 簒奪한 사람이다.
7) 〔역주〕 三代之亡 共子之廢 : 夏나라가 妺喜로 인해 망하고, 殷나라가 妲己로 인해 망하고, 周나라가 褒姒로 인해 망하고, 共子(晉나라 太子 申生)가 驪姬로 인해 廢亡한 것을 이른다.
8) 〔역주〕 尤物 : 뛰어난 美人을 이른다.
9) 〔역주〕 子容之母 : 子容은 伯華의 아들이니, 그 어머니는 叔向의 兄嫂로 伯華(羊舌赤)의 아내이다. 姑는 叔向의 어머니이다.

昭公 28년, 당초에 叔向이 申公 巫臣氏의 딸을 아내로 맞이하려 하니, 그 어머니는 자기 親黨의 딸을 며느리로 삼고자 하였다.

叔向이 말하기를 "저에게는 庶母가 많았으나 庶兄弟가 적었으니 저는 外家의 女人들을 경계〔懲〕로 삼습니다."라고 하니, 그 어머니가 말하기를 "子靈의 아내는 세 남편과 한 임금과 한 자식을 죽이고 한 나라를 망치고 두 卿을 도망가게 하였으니, 경계로 삼아야 하지 않겠느냐? 내 듣건대 매우 아름다운 사람은 반드시 매우 惡毒하다고 한다. 夏姬〔是〕는 바로 鄭 穆公의 少妃 姚子의 딸이고 子貉(鄭 靈公)의 누이다. 子貉이 일찍 죽어 後嗣가 없자, 하늘이 아름다움을 夏姬〔是〕에게 모아주었으니, 장차 반드시 이 여자로 인해 크게 敗亡함이 있을 것이다. 옛날에 有仍氏가 딸을 낳았는데, 머리숱이 많고 검으며 매우 아름다워서 광택이 사람을 비추니 그 이름을 '玄妻'라 하였다. 樂正 后夔가 그 여자를 아내로 취하여 伯封을 낳았는데, 실로 돼지 같은 심보가 있어 탐욕이 심해 만족이 없고 포학이 끝이 없으니 사람들은 그를 '封豕'라 하였다. 有窮 后羿가 그를 멸망시키니 夔는 이로 인해 후사가 끊겼다. 그리고 또 三代의 滅亡과 共子의 廢黜도 모두 美色〔物〕 때문이었는데, 너는 무엇 때문에 美女를 아내로 취

하려 하느냐? 대체로 뛰어난 美人〔尤物〕은 사람의 마음을 흔들기에 충분하니, 만약 德義로써 自制하지 않는다면 반드시 禍가 있을 것이다."라고 하니, 叔向은 두려워서 감히 취하지 않았다.

그런데 平公이 강제로 취하게 하여 伯石(楊食我)을 낳았다. 伯石이 처음 출생하였을 때 子容의 어머니가 달려가 시어머니에게 고하기를 "큰 시숙(叔向)의 동서가 아들을 낳았습니다."라고 하니, 숙향의 어머니가 보려고 가다가 마루에 미쳐 아이의 울음소리를 듣고는 되돌아와서 말하기를 "이 아이의 울음소리는 바로 이리의 소리이다. 이리는 野心이 있으니 이 아이가 아니면 羊舌氏의 집안을 망칠 자가 없을 것이다."라고 하고서 마침내 보지 않았다.

一息嬀而產三國之禍[1)]하고 **一夏姬而合四國之爭**[2)]하니 **甚矣**라 **色者禍之首也**여 **吾嘗攷息嬀夏姬之終始**하고 **憫之未已**하야 **而有所疑焉**하고 **疑之未已**하야 **而有所感焉**이로라

1) 〔역주〕 三國之禍 : 楚 文王이 息嬀가 미인이란 말을 듣고서 그녀를 빼앗기 위해 息國을 擊滅한 일과, 蔡侯 때문에 息國을 擊滅하였다 하여 蔡나라를 토벌한 일과, 식규가 초나라에 가서 나은 아들 熊惲(成王)이 그 형 堵敖를 弑害하고서 王位를 簒奪한 일을 이르는데, 이는 모두 息嬀로 인해 발생한 禍亂이다. 息과 蔡를 친 일은 ≪春秋左氏傳≫ 莊公 10년에 보이고, 成王이 그 형을 弑害한 일은 ≪史記≫ 〈楚世家〉에 보인다. ≪사기≫에는 '堵敖'가 '莊敖'로 되어있다.

2) 〔역주〕 合四國之爭 : 四國은 未詳이다.

한 息嬀가 세 나라의 禍難을 빚어내고, 한 夏姬가 네 나라의 전쟁을 붙였으니, 심하구나. 美色이 화난을 만든 首魁가 된 것이! 내 일찍이 식규와 하희의 始末을 상고해보고는 연민해 마지않으면서도 의심되는 바가 있었고, 의심해 마지않으면서도 느끼는 바가 있었노라.

譽女之色者는 **必曰傾城傾國**[1)]이라하니 **嗚呼**라 **此何等不祥語也**오 **有士於此**하니 **嘗傾人之城**하고 **嘗傾人之國**이면 **世必指爲不祥之人矣**라하야 **必畏而惡之矣**리라 **至於女**하야는 **則反夸其傾城傾國**하야 **求之唯恐不及焉**하니 **在士則爲醜名**하고 **在女則爲美名**이라 **如**

息嬀夏姬는 **亡人之身**하고 **亡人之國**이 **不可一二數**어늘 **前車覆後車隨**하고 **前舟溺後舟進**하니 **明知其禍而競逐之**니라 **彼碌碌者**는 **猶不足道也**어니와 **以巫臣之智**와 **叔向之賢**으로도 **亦皆甘心焉**하니 **此吾之所疑也**니라

1)〔역주〕傾城傾國 : 傾城之色・傾國之色의 준말로, 임금이 고혹하여 國政을 돌보지 않아, 나라를 위태롭게 할 정도로 뛰어난 美女를 이른다.

女人의 美色을 찬미하는 자들은 반드시 '傾城傾國'이라고 말하니, 아! 이것이 얼마나 상서롭지 못한 말인가? 이를테면 여기에 선비 하나가 있는데, 그가 일찍이 남의 城邑을 망하게 하고, 남의 나라를 망하게 한 적이 있다면, 세상 사람들은 반드시 그를 상서롭지 못한 사람이라고 손가락질하면서 반드시 두려워하고 미워할 것이다. 그러나 女人에 대해서는 도리어 경성경국의 미색을 칭찬하면서 오히려 그 여인을 얻지 못할까 우려하니, 〈경성경국이란 말이〉 선비에 있어서는 추악한 名目이 되고, 여인에 있어서는 아름다운 명목이 된다.

息嬀와 夏姬로 말하면 남의 몸을 망치고 남의 나라를 망친 일이 한두 번으로 셀 수 없는데, 앞 수레가 엎어졌는데도 뒤의 수레가 그 길을 따라가고, 앞에 가던 배가 沈沒하였는데도 뒤의 배가 다시 그곳으로 갔으니, 이는 미색이 禍의 근본 원인임을 분명히 알면서도 서로 차지하려고 다투었기 때문이다. 저 보잘것없는 사람들이야 말할 것도 없지만, 巫臣처럼 지혜로운 사람과 叔向처럼 어진 사람도 모두 기꺼이 원하였으니, 이것이 내가 의심하는 바이다.

旣而思之하니 **意有所重**이면 **則愛有所移**라 **莫親於身**이요 **莫厚於族**이요 **莫大於國**이로되 **一念昏惑**하야 **醉於聲色之美**면 **尙能棄平日之所甚重者**를 **猶敝屣**어든 **況醉於理義之味者乎**아 **其見危致命**하야 **以碪質爲枕席**하고 **以鼎鑊爲池沼**는 **固無足怪**니라 **世之求生害仁者**는 **特未知爲善之味爾**니 **此吾之所惑也**니라

이윽고 생각해보니, 사람은 마음에 중요하게 여기는 것이 있으면 사랑도 따라서 옮겨간다. 자기 몸보다 가까운 게 없고 宗族보다 중요한 게 없고 국가보다 중대한 게 없지만, 한번 마음이 迷惑하여 淫聲과 女色의 아름다움에 깊이 빠져 마음을 빼앗기면

오히려 평소에 매우 중요하게 여기던 것을 헌 신짝처럼 버리는데, 하물며 義理의 맛에 깊이 빠진 사람이겠는가? 의리에 깊이 빠진 사람이 국가의 위난을 보면 목숨을 바쳐 목을 자르는 모탕을 枕席으로 여기고, 사람을 삶아 죽이는 가마솥을 연못으로 여기는 것은 본래 괴이할 게 없다. 세상에 살기를 구하여 仁義를 해치는 자들은 단지 善行이 맛을 알지 못해서일 뿐이니, 이것이 내가 의심하는 바이다.

抑吾又有所深惑者焉이로라 **申公巫臣諫莊王子反納夏姬**하고 **而終挾夏姬以出走**하니 **陽以正義拒之**하고 **而陰取之**니라 **其險譎**은 **人之所共惡**니 **宜子反欲錮之於晉也**로다 **共王則曰 其自爲謀也則過矣**나 **其爲吾先君謀也則忠**이라하니 **人皆以爲險**이어늘 **共王獨以爲忠**은 **何邪**오 **共王之心**은 **以謂因彼僞言**하야 **成吾眞善**이면 **吾蒙其益足矣**라 **彼之行詐**는 **足以自損**이니 **吾何預焉**이리오 **在我則益**하고 **在彼則損**하니 **哀之可也**요 **怨之不可也**니라 **深味其言**이면 **廣大寬博**하야 **凡猜阻忌刻之心**이 **冰解凍釋**하야 **蕩然不留**리라 **人君誠佩是言以納諫**이면 **則但采葑菲**요 **何恤下體**[1]며 **但薦蘋藻**요 **何嫌澗濱**[2]이리오 **吾能納規諫**이면 **則爲君之責塞矣**라 **其誠其僞**와 **其狂其訐**은 **皆諫者之事也**요 **非吾事也**니 **吾方急於聽納**하야 **求免吾之責**이어든 **亦何暇憂人之憂哉**리오 **雖堯之稽于衆**[3]과 **舜之取諸人以爲善**[4]이라도 **不能加毫末於此矣**리라

1) 〔역주〕 但采葑菲 何恤下體 : ≪詩經≫ 〈邶風 谷風〉에 보이는 "순무를 캐고 무를 캠은 뿌리 때문이 아니라네.〔采葑采菲 無以下體〕"란 詩句에서 몇 글자를 고쳐 인용한 것이다. 葑菲를 諫言에 비유하고, 下體를 德에 비유하여, 간언만을 받아들일 뿐, 그 사람의 德은 고려하지 않는다는 뜻으로 사용하였다.

中華書局에서 간행한 ≪詩經注析≫에 "谷風은 버림받은 婦人이 이 詩를 지어 悲痛하고 억울한 심정을 서술한 것이다. 以는 用이고, 無以는 不用이고, 下體는 뿌리이다. 葑(순무)과 菲(무)는 뿌리와 줄기를 모두 먹을 수 있으나, 뿌리가 주요 식품이고, 잎과 줄기는 시기가 지나면 먹을 수 없다. 이곳에서는 뿌리를 美德에 비유하고 잎과 줄기를 예쁜 얼굴에 비유하여, 남편이 무의 줄기와 잎만 채취하고 그 뿌리는 채취하지 않는다고 책망하여 아내를 취하는데 그 덕은 취하지 않고 그 얼굴만을 취한다는 것을 비유한 것이다."라고 하였다.

2) 〔역주〕 但薦蘋藻 何嫌澗濱 : ≪詩經≫ 〈召南 采蘋〉에 보이는 "마름을 뜯기를 남쪽 시냇가에서 하네. 물풀을 뜯기를 저 도랑에서 하네.〔于以采蘋 南澗之濱 于以采藻 于彼行潦〕"란 詩

句에 몇 글자를 고쳐 인용한 것이다. 蘋(마름)과 藻(水草)를 諫言에 비유하고, 澗(도랑)과 濱(물가)을 出身에 비유하여, 諫言만 받아들일 뿐, 諫하는 자의 출신이 좋지 않다 하여 꺼리지 않는다는 뜻으로 사용하였다. 〈采蘋〉은 大夫의 아내가 祭祀에 쓰기 위해 마름을 採取해다가 다듬어 삶아 김치를 담아 宗廟에 올리는 과정을 서술한 詩이다.

3) 〔역주〕 堯之稽于衆 : ≪書經≫ 〈虞書 大禹謨〉에 보인다.

4) 〔역주〕 舜之取諸人以爲善 : ≪孟子≫ 〈公孫丑 上〉에 보인다.

그러나 나는 또 매우 의심스러운 점이 있다. 申公 巫臣이 莊王과 子反에게 夏姬를 아내로 받아들이지 말라고 諫하고는 마침내 하희를 데리고 도주하였으니, 이는 겉으로는 의리를 내세워 그녀를 배척하고서 은밀히 그녀를 아내로 취한 것이다. 그의 陰險하고 奸詐한 행위는 사람들이 함께 미워한 바이니, 子反이 晉나라에게 그를 禁錮시키도록 한 것은 당연하다.

그런데 楚 共王은 "그가 자신을 위한 計謀는 잘못했지만, 우리 先王을 위한 計謀는 忠誠스러웠다."라고 하였으니, 사람들은 모두 그를 음험한 사람으로 여겼는데, 공왕만 홀로 그를 충성으로 여긴 것은 어째서인가? 공왕의 마음에는 '저 무신의 거짓말로 인해 나의 진정한 善을 成就한다면 내가 그에게 많은 도움을 받은 것이다. 남을 속이는 짓을 한 저의 행위는 자신을 해치기에 충분할 뿐이니 내가 간여할 게 뭐 있겠는가? 나에게는 이익이 되고 저에게는 손해가 되니, 저 사람을 가여워할 일이지 저 사람을 원망할 일은 아니다.'라고 생각한 것이다.

그 말을 깊이 음미한다면 마음이 관대하고 넓어져서 남을 의심하고 꺼리는 마음이 얼음이 녹듯이 녹아 다 사그라질 것이다. 임금 된 자자 진실로 이 말을 가슴에 깊이 새겨 諫言을 받아들인다면 葑菲만 採取할 뿐, 어찌 그 뿌리의 좋고 나쁨을 따지겠으며, 蘋藻만 취할 뿐, 어찌 도랑에서 자랐다 하여 꺼리겠는가?

내가 規諫을 받아들이면 임금이 된 책임을 다하는 것이다. 저 諫한 자의 말이 '진실이냐? 거짓이냐? 狂言이냐? 訐言이냐?' 하는 것은 모두 諫者의 일이고 나의 일이 아니니, 나는 바야흐로 간언을 받아들여 나의 책임을 면하기를 구하기에도 바쁜데 어느 겨를에 남의 근심을 근심하겠는가? 〈만약 임금이 이렇게 생각한다면〉 비록 堯임금이 大衆의 의견을 참고한 것과 舜임금이 남의 善을 취하여 자기의 선으로 만든 것이라 하더라도, 이에서 조금도 지나지 않을 것이다.

噫라 **人心之取捨有大不同者**하니 **想巫臣之在晉**하야 **必竊笑楚國受吾之欺**하야 **而夏姬爲吾之所得**하니 **是楚失計而我得計也**요 **共王之在楚**하야 **亦必竊笑巫臣能解先君之惑**이나 **而自不免於惑**하니 **是巫臣失計而楚得計也**라 **巫臣之笑**와 **共王之笑**에 **孰得孰失**은 **必有能辨之矣**리라 **考之於傳**컨대 **巫臣以陽橋之役奔晉**하니 **實共王卽位之三年也**라 **共王生十年而卽位**하니 **當巫臣之出奔**하야 **其齒纔十有三耳**라 **以十有三齡之童子**로 **其發言可爲萬代納諫之法**하니 **非有大過人之資**면 **能之乎**아 **共王有大過人之資**로되 **不能充養**하야 **威權下移**하야 **雖知巫臣之無罪**오도 **坐視子反之徒屠戮其族**하고 **曾莫能制**하야 **召怨生敵**하야 **爲國大患**하니라 **聰敏之不足恃如此**하니 **吾未嘗不慨然深感也**로라

아! 사람들의 마음은 취하고 버리는 것이 크게 같지 않으니, 상상컨대 巫臣은 晉나라로 도망가 있으면서 반드시 '楚나라가 나에게 속아 夏姬를 내가 아내로 얻게 하였으니 이는 초나라의 실책이고 나의 성공이다.'라고 속으로 웃었을 것이고, 楚 共王도 초나라에 있으면서 반드시 '무신이 先君의 의혹을 풀어주었으나 자신은 의혹에서 벗어나지 못하였으니, 이는 무신의 실책이고 초나라의 성공이다.'라고 속으로 웃었을 것이다.

무신의 웃음과 공왕의 웃음 중에 누구의 웃음이 옳고 누구의 웃음이 그른지는 반드시 分辨하는 사람이 있을 것이다. ≪春秋左氏傳≫을 고찰하건대 무신이 陽橋의 전쟁 때 晉나라로 出奔하였으니, 실로 공왕이 즉위한 지 3년째 되던 해이다. 공왕이 10세 때 즉위하였으니, 무신이 출분할 때에 그 나이가 겨우 13세였다. 13세의 어린 童子로서 한 말이 간언을 받아들이는 萬代의 法으로 삼을 만하니, 남보다 크게 뛰어난 資質을 갖지 않았다면 가능하였겠는가?

공왕은 남보다 크게 뛰어난 자질을 가졌으나 충실히 培養하지 못한 탓에 權威가 아래 신하에게로 옮겨가서, 무신이 무죄한 줄을 알면서도 子反이 그 종족을 屠戮하는 것을 앉아서 구경만 하고 制止하지 못하여, 원한을 부르고 적을 만들어 국가의 큰 患難을 만들었다. 총명하고 민첩한 자질은 이처럼 믿을 만한 것이 못 되니, 나는 깊이 느껴 개탄하지 않은 적이 없노라.

共王雖不能踐是言이나 **然其言實典謨訓誥**[1)]**之所未發**이니 **聽言者當寶之以爲元龜**[2)]니라 **蓋天欲以是寶遺後世**하야 **借共王之口而發之耳**니 **後世之君**도 **盍亦曰 共王自爲謀也則過矣**어니와 **其爲後世謀也則忠**고

1) 〔역주〕 典謨訓誥 : ≪書經≫에 실려 있는 堯典·舜典, 大禹謨·皐陶謨, 伊訓, 湯誥·大誥·康誥·酒誥·召誥·洛誥·康王之誥 등을 이른다.

2) 〔역주〕 元龜 : 옛사람들이 吉凶을 점치던 大龜의 龜甲을 이른다.

共王이 비록 그 말을 실천하지는 못하였으나, 그 말이 실로 典·謨·訓·誥에도 말하지 않은 바이니, 이 말을 들은 자들은 이 말을 元龜처럼 보배로 여겨야 한다. 이는 하늘이 이 보배로운 말을 후세에 끼쳐주려고 공왕의 입을 빌려 말한 것이니, 후세의 임금들도 어찌 "공왕이 자신을 위한 計謀는 잘못하였지만 후세를 위한 계모는 충성스러웠다."라고 하지 않겠는가?

07-03 鄭厲公殺傅瑕原繁 鄭 厲公이 傅瑕와 原繁을 죽이다

【左傳】 莊十四年이라 **鄭厲公自櫟侵鄭**[1)]하야 **〈及大陵**하야**〉 獲傅瑕**[2)]하니 **傅瑕曰 苟舍我**면 **吾請納君**하리라한대 **與之盟而赦之**하다 **傅瑕殺鄭子**[3)]**及其二子**하고 **而納厲公**하다 **厲公入**하여 **遂殺傅瑕**하고 **使謂原繁曰 傅瑕貳**하니 **周有常刑**일새 **旣伏其罪矣**어니와 **納我而無二心者**는 **吾皆許之上大夫之事**하리니 **吾願與伯父圖之**[4)]하노라 **且寡人出**에 **伯父無裏言**하고 **入**에 **又不念寡人**하니 **寡人憾焉**하노라 **對曰 先君桓公命我先人典司宗(佑)〔祏〕**[5)6)]하시니 **社稷有王**이어늘 **而外其心**하면 **其何貳如之**[7)]리잇가 **苟主社稷**이면 **國內之民**이 **其誰不爲臣**이리잇가 **臣無二心**이 **天之制也**니이다 **子儀在位十四年矣**니 **而謀召君者**가 **庸非貳乎**잇가 **莊公之子猶有八人**[8)]하니 **若皆以官爵行賂勸貳**면 **而可以濟事**하리니 **君其若之何**릿가 **臣聞命矣**라하고 **乃縊而死**하다

1) 〔역주〕 鄭厲公自櫟侵鄭 : 鄭 厲公이 魯 桓公 15년에 櫟으로 들어가서 드디어 그곳에 거주하였다.

2) 〔역주〕 〈及大陵〉 獲傅瑕 : 大陵은 鄭나라 땅이다. 傅瑕는 鄭나라 대부이다.

3) 〔역주〕 鄭子 : 鄭子(鄭 莊公의 아들인 子儀)에 대해, 魯 莊公 4년 經에 '伯'이라 칭한 것은 諸侯와 회합하였기 때문이고, 지금 傳에 '君'이라 칭하지 않은 것은 살해되었기

때문이며, 諡號가 없는 것은 微弱했기 때문이다. 그러므로 신하들이 임금의 禮로 喪禮를 거행하지도 않고 諸侯에게 통고하지도 않은 것이다.

4) 〔역주〕 吾皆許之上大夫之事 吾願與伯父圖之 : 上大夫는 卿이다. 伯父는 原繁을 이른다. 厲公은 原繁이 두 마음을 품었다고 의심한 것이다.

5) 〔역주〕 (佑)〔祏〕 : 저본에 '佑'로 되어있으나, ≪春秋左氏傳≫에 의거하여 '祏'로 바로잡았다.

6) 〔역주〕 先君桓公命我先人典司宗(佑)〔祏〕 : 桓公은 처음으로 鄭나라에 封해진 임금이다. 宗祏(종석)은 宗廟 안에 神主를 간직해두는 石室이다. 이는 자기가 대대로 宗廟를 지키는 신하가 되었다는 말이다.

7) 〔역주〕 其何貳如之 : 子儀가 이미 鄭나라 社稷의 주인이 되었는데, 다시 厲公을 받아들여 임금으로 세우기를 꾀한다면, 이것이 바로 임금을 배반하고 밖에 나가 있는 사람에게 마음을 두는 것이 된다는 말이다.

8) 〔역주〕 莊公之子猶有八人 : 이때 子忽・子亹(자미)・子儀는 모두 죽고 厲公만 홀로 살았는데, '8人'이라 한 것은 누구를 말한 것인지 알 수 없다.

莊公 14년, 鄭 厲公이 군대를 거느리고 櫟을 출발하여 鄭나라의 國都를 侵攻하기 위해 가다가 大陵에 이르러 傅瑕를 잡으니, 부하가 "만약 나를 놓아준다면 내가 임금님이 다시 君位에 오르도록 주선하겠습니다."라고 하였다. 그러자 厲公은 그와 盟約하고서 놓아주었다. 부하가 鄭子와 그의 두 아들을 죽이고 여공을 임금으로 맞아들였다.

여공이 들어가서 드디어 부하를 죽이고 原繁에게 사람을 보내어 말하기를 "부하는 두 마음을 품었으니, 周나라는 이에 대한 처벌을 規定한 常法이 있으므로 그 죄에 합당한 처벌을 받았지만, 나를 받아들이고 두 마음을 품지 않은 자들에게는 내가 모두 上大夫의 官職으로 허락(報答의 뜻)하려 하니, 나는 이 일을 伯父와 함께 상의하기를 원한다. 그리고 寡人이 外國에 나가 있을 때에 백보는 국내의 사정을 알려주지 않았고, 내가 櫟에 들어와 있을 때에도 과인을 생각하지 않았으니, 과인은 매우 遺憾으로 여긴다."라고 하였다.

原繁이 대답하기를 "先君 桓公께서 우리 先人에게 命하여 宗廟의 石室을 맡아 관리하게 하셨으니, 社稷에 주인이 있는데, 外國에 나가 있는 분에게 마음을 둔다면 이보다 더한 두 마음이 어디 있겠습니까. 만약 사직을 主管한다면(임금이 됨) 국내의 백성 중에 그 누가 신하가 되지 않겠습니까. 신하가 두 마음을 품지 않는 것은 하늘이 정한 제도입니다. 그런데 子儀가 君位에 있은 지 이미 14년이나 되었으니, 君(厲公을 가리킴)을 불러들이기를 꾀한 자들이 어찌 두 마음을 품은 것이 아니겠습니까. 莊公의 아들이 아직 8명이나 남아있으니, 만약 모두 官爵을 뇌물로 삼아 두 마음을 품도록 권한다면 성공할 수 있을 것이니, 君께서는 어찌하겠습니까? 臣은 명에 따르겠습니다." 하고서 스스로 목매어 죽었다.

【主意】 傅瑕內叛之罪小하고 原繁中立之罪大하니 內叛之罪皆知之어니와 中立者는 君受其勝하고 己享其利하니 其爲罪莫大焉이라

傅瑕가 내란을 일으킨 죄는 작고, 原繁이 중립을 지킨 죄는 크다. 내란을 일으킨 죄는 모든 사람이 다 알므로 〈죄를 피할 수 없지만,〉 중립을 지키는 자는 멸망(勝)은 임금이 당하게 하고 이익은 자신이 누리니, 이보다 큰 죄가 없다.

國不亡於外寇하고 **而亡於內寇**하며 **惡不成於有助**하고 **而成於無助**하니라 **國家之難**에 **攻其外而無應於內**면 **則攻者亦將窮而自止**리라 **無宰嚭**면 **則越不能亡吳**[1]하고 **無郭開**면 **則秦不能亡趙**[2]며 **無鄭譯劉昉**이면 **則隋不能亡周**[3]하고 **無裴樞柳燦**이면 **則梁不能亡唐**[4]이라 **是數國者**에 **非其人之內叛**이면 **人孰能取之**리오 **故曰 國不亡於外寇**하고 **而亡於內寇**라하노라

1) 無宰嚭 則越不能亡吳：越王句踐伐吳 吳王敗之 越王以餘兵五千 棲會稽 吳王追而圍之 越王乃令大夫種行成於吳 請爲臣 吳王將許之 子胥言曰 天以越賜吳 勿許也 種還 以報句踐 句踐欲殺妻子 燔寶器 觸戰以死 重上句踐曰 吳太宰嚭貪 可誘以利 請間行言之 於是句踐乃以美女寶物間獻太宰嚭 嚭乃見大夫種於吳王 言曰 願赦句踐之罪 不幸不赦 句踐率五千人觸戰 必有當也 嚭因說吳王曰 越王以服爲臣 若赦之 此國之利也 吳王將許之 子胥諫曰 今不滅越 後必悔之 吳王不聽 卒赦越 罷兵而歸 後越卒滅吳 見史記

越王 句踐이 吳나라를 토벌하니, 吳王이 越軍을 패배시켰다. 越王이 남은 군사 5천 인을 데리고 會稽山으로 올라가 지키니, 吳王이 뒤쫓아 와서 그곳을 포위하였다. 越王이 大夫 文種을 吳나라에 보내어 화친을 요구하면서 신하가 되기를 청하니, 吳王이 허락하려 하자 伍子胥가 "하늘이 越나라를 우리 吳나라에 주려 하니 허락하지 마소서."라고 하였다.

문종이 돌아와서 구천에게 보고하니, 구천은 처자를 죽이고 寶器를 불태우고서 죽기로

싸우려 하였다. 문종이 구천을 말리며 말하기를 "오나라 太宰 嚭는 탐욕스러워서 이익으로 유혹할 수 있으니, 은밀하게 사람을 보내어 그를 설득하게 하소서."라고 하니, 구천은 이에 문종에게 미녀와 보기를 가지고 샛길로 가서 태재 비에게 바치게 하였다. 비는 미녀와 보기를 받고서 대부 문종을 데리고 가서 吳王을 뵙게 하였다.

문종이 오왕에게 말하기를 "구천의 죄를 용서하시기 바랍니다. 불행하게도 용서하지 않으신다면 구천은 5천 인을 거느리고서 죽기로 싸울 것이니, 반드시 오나라도 그에 해당하는 숫자의 군대를 잃을 것입니다."라고 하였다. 태재 비가 이어 오왕을 설득하기를 "월왕이 복종하여 신하가 되겠다고 하니, 그를 용서하면 이는 오나라에 이익이 됩니다."라고 하니, 오왕이 허락하려 하였다. 오자서가 "지금 월나라를 擊滅하지 않으면 후일에 반드시 후회하게 될 것입니다."라고 諫하였으나, 오왕은 그의 간언을 듣지 않고 끝내 월왕을 용서하고서 전쟁을 중지하고 돌아왔다. 뒤에 월나라가 마침내 오나라를 격멸하였다. ≪史記≫ 〈越王句踐世家〉에 보인다.

2) 無郭開 則秦不能亡趙：秦使王翦攻趙 趙使李牧司馬尙禦之 秦多與趙王寵臣郭開金 爲反間言李牧司馬尙欲反 趙王乃使趙(忽)〔蔥〕及齊將顔聚代李牧 李牧不受命 趙使人微捕得李牧斬之 後三月 秦遂滅趙 見史記世家[*]

秦나라가 王翦을 보내어 趙나라를 공격하니, 조나라는 李牧과 司馬尙을 보내어 방어하게 하였다. 秦나라가 趙王의 寵臣 郭開에세 많은 돈을 주어 간첩으로 만들어 이목과 사마 상이 모반하려 한다고 말하게 하였다. 조왕은 그 말을 믿고서 趙蔥과 齊나라 장군 顔聚를 보내어 이목을 교대하게 하니, 이목이 그 명을 받들지 않았다. 그러자 조나라는 사람을 보내어 이목을 체포하여 참수하였다. 석 달 뒤에 진나라가 드디어 조나라를 멸망시켰다. ≪史記≫ 〈廉頗藺相如列傳〉에 보인다.

*) 〔역주〕 見史記世家：≪史記≫ 〈廉頗藺相如列傳〉에 실린 내용이다.

3) 無鄭譯劉昉 則隋不能亡周：北史 周天元[*1]不豫 召劉昉顔之儀入臥內 欲屬後事 天元瘖不能言 昉見靜帝冲幼 以楊堅后父有重名 遂與鄭譯等謀 引堅輔政從之 是日帝殂 秘不發喪 昉譯矯詔以堅總知中外兵馬事 (靖)〔靜〕[*2]帝立 以堅爲相國 進爵爲隋王 大定元年 遜位于隋

≪北史≫에 의하면, 北周 天元이 병이 위독해지자, 劉昉과 顔之儀를 침실로 불러들여 後事를 부탁하려 하였으나, 천원은 이미 혀가 굳어 말을 할 수가 없었다. 유방은 靜帝가 어리고 楊堅(隋 文帝)이 황후의 아비로 높은 명망이 있는 것을 보고서, 드디어 鄭譯 등과 함께 '양견을 불러들여 國政을 보좌하게 하자.'고 모의하고는, 〈그 모의를 양견에게 말하니〉 양견이 그 말을 따랐다. 이날 宣帝가 죽으니, 비밀에 부쳐 喪을 발표하지 않고서 유방과 정역이 조서를 위조하여 양견을 '總知中外兵馬事'로 삼았다. 靜帝가 즉위하여 양견을 相國으로

삼고 작위를 올려 隋王으로 삼았다. 大定 원년에 정제는 수왕에게 皇位를 禪讓하였다.

*1) 〔역주〕 周天元 : 北周의 宣帝이다. ≪北史≫ 〈周本紀〉에 의하면 선제는 스스로 '天元皇帝'라 칭하였다.

*2) 〔역주〕 (靖)〔靜〕 : 저본에 '靖'으로 되어있으나, ≪北史≫에 의거하여 '靜'으로 바로잡았다.

4) 無裴樞柳燦 則梁不能亡唐 : 昭宗天祐元年 朱全忠殺崔胤 請帝遷都洛陽 帝未及下樓 宰相裴樞已得全忠移書 促百官 驅士民 號泣滿路 二年 裴樞罷政事 初柳燦及第不四年爲宰相 時天子左右 皆全忠腹心 燦曲意事之 同列裴樞 皆朝廷宿望 意輕之 燦以爲憾 譖於全忠 故罷 四年 帝禪位于梁

唐 昭宗 天祐 원년에 朱全忠이 崔胤을 죽이고서 황제에게 洛陽으로 遷都하기를 청하였다. 황제가 미처 樓觀에서 내려오기도 전에 재상 裴樞는 이미 주전충이 보낸 公文을 받고서, 백관에게 東都 낙양으로 갈 것을 재촉하고 백성들을 몰아내니, 울부짖는 소리가 길에 가득하였다. 천우 2년에 배추가 參知政事에서 파면되었다. 당초에 柳燦은 급제한 지 4년도 되지 않아 재상이 되었다. 이때 천자의 좌우가 모두 주전충의 심복이었는데, 유찬은 양심을 버리고 정성을 다해 그들을 섬겼다. 평소 조정에 높은 명망이 있던 同列 배추 등이 모두 마음속으로 그를 경시하니, 유찬은 원한을 품고서 주전충에게 참소하였다. 그러므로 파면된 것이다. 천우 4년에 唐 哀帝는 後梁 太祖에게 禪位하였다.

國家는 外寇에 의해 망하지 않고 內寇에 의해 망하며, 惡逆은 幫助者가 있는 데서 이루어지지 않고 방조자가 없는 데서 이루어진다. 국가가 外寇의 患難을 당하였을 때 외구가 성 밖에서 공격하더라도 內應하는 자가 없으면, 공격하는 외구 또한 곤궁하여 스스로 공격을 정지할 것이다.

吳나라에 太宰 嚭가 없었다면 越나라가 吳나라를 멸망시키지 못하였을 것이고, 趙나라에 郭開가 없었다면 秦나라가 趙나라를 멸망시키지 못하였을 것이며, 北周에 鄭譯과 劉昉이 없었다면 隋나라가 北周를 멸망시키지 못하였을 것이고, 唐나라에 裴樞와 柳燦이 없었다면 後梁이 唐나라를 멸망시키지 못하였을 것이다. 이 몇 나라에 그 사람들이 안에서 반란을 일으키지 않았다면 누가 그 나라를 탈취할 수 있었겠는가? 그러므로 "국가는 外寇에 의해 망하지 않고 內寇에 의해 망한다."고 한 것이다.

天下未有皆助惡者也니 爲惡者未有皆得天下之助者也니라 彼爲惡者는 惟欲人皆中

立無所偏助하야 如里克之於驪姬[1)2)]와 王祥之於司馬[3)4)]와 馮道之於五季[5)6)]하야 陰拱默居하야 坐觀成敗면 則吾事濟矣라 故曰 惡不成於有助而成於無助라하니라 是故禍莫甚於內叛[7)]이요 姦莫甚於中立[8)]이니라

1) 如里克之於驪姬：出晉語
《國語》〈晉語 二〉에 보인다.

2) 〔역주〕 如里克之於驪姬：驪姬가 태자 申生을 죽이고 자기의 아들 奚齊를 태자로 세우려고 王命을 가탁하여 李克을 회유하니, 이극은 中立을 지키겠다고 하였다.

3) 王祥之於司馬：見晉王祥傳
《晉書》〈王祥傳〉에 보인다.

4) 〔역주〕 王祥之於司馬：王祥은 魏나라의 太尉로, 司馬炎이 帝位를 簒奪하였는데도 다시 晉나라에 벼슬하여 太保가 되었다.

5) 馮道之於五季：見五代史馮道傳
《五代史》〈馮道傳〉에 보인다.

6) 〔역주〕 馮道之於五季：馮道는 後唐 明宗 때 端明殿學士에 제수되었고, 晉이 唐을 滅한 뒤엔 다시 진을 섬겨 司徒가 되고, 契丹이 진을 멸하자, 또 거란을 섬겨 太傅가 되고, 後漢이 들어서자 다시 후한을 섬겨 太師가 되고, 周가 후한을 멸하자 또 주를 섬겨 太師 겸 中書郎에 제수되었다. 네 王朝에 열 명의 군주를 섬기면서 20년 동안 丞相으로 있으면서 임금이 죽거나 나라가 망하는 일에 전혀 마음을 쓰지 않은 사람이다.

7) 是故禍莫甚於內叛：如傅暇殺鄭子而納厲公
傅暇가 鄭子를 죽이고 厲公을 임금으로 맞아들인 일과 같은 것이다.

8) 姦莫甚於中立：如原繁於內外一無所濟 ○ 已上平說起
原繁이 안팎으로 한 가지도 도움을 주지 않은 일과 같은 것이다. ○ 이상의 글은 일반적인 말로 문장을 시작하였다.

천하에는 모두 惡逆을 방조하는 자들만 있는 것이 아니니, 惡逆을 한 자들이 모두 천하의 방조를 얻었던 것은 아니다. 저 악역을 감행한 자들은 오직 사람들이 모두 中立을 지켜 한쪽만을 방조하지 않기를 바라, 里克이 驪姬의 일에, 王祥이 司馬炎의 일에, 馮道가 五季 때에 처신한 것처럼 말없이 앉아 成敗를 觀望한다면 자기의 일이 成就될 것으로 여겼다. 그러므로 "악역은 방조자가 있는 데서 이루지지 않고 방조자가 없는 데서 이루진다."고 한 것이다. 이러므로 禍는 내부의 叛逆보다 심한 것이 없고,

奸邪는 중립보다 심한 것이 없다.

二者之罪가 **孰爲大**[1]오 **曰 中立之罪爲大**[2]니라 **是何也**[3]오 **內叛之罪易見**하고 **中立之罪難知**[4)5)]ㄹ새니라 **人臣之叛君卽讐者**[6]는 **五尺童子皆知疾之**[7]하고 **雖所謂讐敵者資之以集事**[8]라도 **亦未嘗不賞其功而疑其心也**[9]니 〈**何者**오 **以其叛君而趨我也**니〉[10] **君且叛之**어든 **而況於人乎**아 **今日爲我所誘而叛君**[11]하니 **安知他日不爲人所誘而叛我乎**[12]아 **吾位未定**엔 **則借之以成功**[13]하고 **吾位旣定**엔 **則除之以防患**[14]이라 **此傅瑕叛子儀而納厲公**[15]이라가 **終不免於厲公之誅也**[16]니라

1) 二者之罪 孰爲大 : 分輕重
   죄의 輕重을 구분하는 말이다.
2) 中立之罪爲大 : 主意深罪原
   죄의 근원에 깊이를 둔 것이 이 글의 主意이다.
3) 是何也 : 再說問
   다시 묻는 말이다.
4) 內叛之罪易見 中立之罪難知 : 答
   답변하는 말이다.
5) 中立之罪難知 : 惟其難知所以罪大
   알기 어렵기 때문에 죄가 크다고 한 것이다.
6) 人臣之叛君卽讐者 : 此下說內叛之罪易見 卽 就也
   이 글 이하는 내란의 죄는 알기 쉬움을 말하였다. 卽은 나아감이다.
7) 五尺童子皆知疾之 : 人所同惡
   사람들이 모두 미워하는 것이다.
8) 雖所謂讐敵者資之以集事 : 如厲公資藉傅瑕而得入
   厲公이 傅瑕에 의지하여 국내로 들어올 수 있었던 일과 같은 경우를 말한다.
9) 亦未嘗不賞其功而疑其心也 : 雖賞其叛君卽己 必疑其叛己卽人
   비록 그가 자기 임금을 배반하고 나에게 붙은 것은 칭찬하였지만, 반드시 자기를 배반하고 남에게 붙을 것을 의심하게 된다는 말이다.
10) 〔역주〕〈何者 以其叛君而趨我也〉: 저본에는 없으나, 三民書局本에 의거하여 보충하였다.
11) 今日爲我所誘而叛君 : 此固同賞之功

이는 본래 칭찬해줄 공이라는 말이다.

12) 安知他日不爲人所誘而叛我乎：此則可疑之心
이것이 바로 의심할 만한 마음이라는 것이다.

13) 吾位未定 則借之以成功：厲公初用傅瑕之意 如此
厲公이 처음에 傅瑕를 쓴 의도가 이와 같은 것이라는 말이다.

14) 吾位旣定 則除之以防患：厲公入後 殺傅瑕之意 如此
厲公이 국내로 들어온 뒤에 傅瑕를 죽인 의도가 이와 같은 것이라는 것이다.

15) 此傅瑕叛子儀而納厲公：子儀卽鄭子也
子儀가 바로 鄭子이다.

16) 終不免於厲公之誅也：已上是說傅瑕內叛之罪
이상은 傅瑕의 내란죄에 대하여 말하였다.

이 두 가지 죄 중에 어느 죄가 더 큰가? 나는 중립의 죄가 크다고 생각한다. 왜냐하면, 內叛의 죄는 발견하기 쉽지만, 중립의 죄는 알기 어렵기 때문이다. 신하로서 임금을 배반하고 원수에게 붙는 자는 어린아이도 모두 미워할 줄을 알고, 비록 그의 도움으로 성공한 讐敵도 그 공은 칭찬하면서도 그 마음은 의심하지 않은 자가 없었으니, 이는 어째서인가?

'그가 임금을 배반하고 나에게 붙었으니, 제 임금도 배반한 자인데 하물며 남이겠는가? 오늘 나에게 유인되어 제 임금을 배반하였으니, 후일에 다른 사람에게 유인되어 나를 배반하지 않을 줄을 어찌 알겠는가? 나의 지위가 確定되기 전에는 그의 도움을 빌려 성공하였지만, 나의 지위가 확정된 뒤에는 그를 제거하여 후환을 방지할 것이다.'라고 생각한다. 이것이 傅瑕가 子儀를 배반하고 厲公을 받아들였다가 끝내 여공의 誅殺을 면하지 못한 까닭이다.

乃若原繁之自爲謀는 可謂密矣[1)]라 自莊公之世로 用事於朝[2)]하야 歷忽亹儀突之變[3)]하야 國四易主[4)]로되 汎然中立하야 擧無所助[5)]하야 入則事之[6)]하고 出則捨之[7)]하니라 視君位如傳舍[8)]하야 不置欣戚於其間[9)]하고 依阿取容하야 優游卒歲하니라 旣不爲人所愛나 亦不爲人所憎[10)]하니 固可以獨全於艱危之時니라 自古之持位保祿者는 率用此術[11)]하니 雖遇明主라도 亦未易察其爲姦也[12)]니라 厲公以私憾殺之[13)]가 固非其正[14)]이나

天其或者假手於厲公하야 **以大警爲臣者歟**[15)]아

1) 乃若原繁之自爲謀 可謂密矣 : 輔說原繁中立之罪 原繁之罪 世罕知者 而東萊始發之 可謂誅心之論

문장을 전환하여 原繁이 중립을 지킨 죄를 말하였다. 세상에 원번의 죄를 아는 자가 드문데 東萊가 비로소 밝혀내었으니, '誅心(행동으로 드러나지 않았을지라도 그 의도에 죗값을 묻는 법)의 의론'이라고 할 만하다.

2) 自莊公之世 用事於朝 : 莊公厲公之父 其時原繁已仕

莊公은 厲公의 부친이다. 당시에 原繁이 이미 벼슬하고 있었다.

3) 歷忽亹儀突之變 : 四人皆莊公子 莊公卒昭公忽立 祭仲逐昭公 而納厲公突 厲公欲殺祭仲不克 復逐厲公 而納昭公 高渠彌弑昭公 而立子亹 齊襄公討之殺子亹 而立子儀 子儀立十四年 爲傅瑕所弑 而厲公復入

네 사람(忽·亹·儀·突)은 모두 鄭 莊公의 아들이다. 장공이 죽은 뒤에 昭公(忽)이 君位를 承繼하였는데, 祭仲이 소공을 축출하고서 厲公(突)을 임금으로 받아들였다. 여공이 채중을 죽이려 하였으나 실패하자, 채중은 여공을 축출하고서 소공을 다시 임금으로 받아들였다. 高渠彌가 소공을 弑害하고 子亹를 임금으로 세우니, 齊 襄公이 鄭나라를 토벌하여 자미를 죽이고 子儀를 임금으로 세웠다. 자의가 임금이 된 지 14년이 되던 해에 傅瑕에게 시해되니, 여공이 다시 들어와서 임금이 되었다.

4) 國四易主 : 忽亹儀突

〈鄭 莊公의 네 아들인〉 忽·亹·儀·突을 가리킨다.

5) 汎然中立 擧無所助 : 原繁之罪在此

原繁의 죄가 여기에 있다는 것이다.

6) 入則事之 : 事之爲君

임금으로 섬겼다는 것이다.

7) 出則捨之 : 視如路人

길 가는 사람처럼 무관하게 여겼다는 것이다.

8) 視君位如傳舍 : 傳舍 驛舍也

傳舍는 驛舍이다.

9) 不置欣戚於其間 : 君入不喜 君出不憂

임금이 들어와도 기뻐하지 않고, 임금이 쫓겨 나가도 근심하지 않았다는 말이다.

10) 旣不爲人所愛 亦不爲人所憎 : 說盡此等人情狀 如五代時馮道正是如此

이런 사람들의 情狀을 극진히 말하였다. 이를테면 五代 때의 馮道가 바로 이와 같은 사

람이다.

11) 自古之持位保祿者 率用此術 : 言不但原繁之人

〈그런 행동을 하는 자가〉 단지 原繁만이 아니라는 말이다.

12) 雖遇明主 亦未易察其爲姦也 : 此言中立之罪難知 奸字應前

이는 중립의 죄는 알기 어렵다는 말이다. '奸'자는 앞의 글에 호응한다.

13) 厲公以私憾殺之 : 怒其不附矣

〈厲公은 原繁이 자기편에〉 붙지 않은 것에 노한 것이다.

14) 固非其正 : 殺之不以成罪

죄가 되지도 않는데 죽인 것이다.

15) 天其或者假手於厲公 以大警爲臣者歟 : 此意□[*)]高 謂天以原繁警中立之人

이 뜻이 매우 고상하니 하늘이 原繁의 일을 통해 중립을 지키는 자를 경계한 것이라는 말이다.

*) 〔역주〕 □ : 저본에 1字 공란이나, '極'자나 '甚'자인 듯하므로 이상과 같이 번역하였다.

原繁이 자신을 위한 計謀야말로 치밀하였다고 이를 만하다. 그는 莊公 때부터 조정에서 정권을 담당하면서, 公子 忽·亹·儀·突의 政變을 겪어 나라의 君主가 네 번 바뀌었으나, 전혀 마음을 쓰지 않고 中立을 지켜 누구도 돕지 않고, 들어와서 임금이 되면 섬기고 쫓겨나면 버렸다. 君位를 마치 旅館처럼 보아 그 사이(임금이 바뀌는 일)에 기뻐하거나 걱정하는 마음을 두지 않았고, 오직 새 임금에게 아부해 몸을 용납하기만을 구하여 편안히 일생을 마치고자 하였을 뿐이다. 이미 사람들에게 사랑을 받지 못하였고, 그렇다고 또 사람들에게 미움도 받지 않았으니, 진실로 危難한 시대에 자기의 몸을 잘 보전하였다고 하겠다.

예로부터 지위를 지키고 爵祿을 보전하려는 자들은 대체로 이런 방법을 썼으니, 비록 英明한 임금을 만나더라도 그 간사함을 쉽게 살피기가 쉽지 않다. 厲公이 사사로운 원한으로 원번을 죽인 것이 진실로 정당하지 못하였으나, 이는 혹 하늘이 여공의 손을 빌려 그를 죽여서 신하 된 자들을 크게 경계하려 한 것이리라.

觀繁對厲公之辭컨대 曰 苟主社稷이면 國內之民이 其誰不爲臣[1)]이리오하니 信如是說[2)]이면 則苟據君位者면 皆奉之無所擇[3)]이라 簒亦君也요 僭亦君也요 盜亦君也요 譬

亦君也[4)]니 爲臣者皆操此心[5)]이면 則人君將安所恃乎[6)]아 甚矣라 繁之姦也[7)]여

1) 苟主社稷……其誰不爲臣：摘出原繁此語 發明中立之罪 最說着他病痛處
原繁의 이 말을 적출하여 중립을 지키는 죄를 밝혔다. 〈이것이〉 그의 병통을 가장 잘 말한 부분이다.
2) 信如是說：若果如繁之說
'과연 原繁의 말과 같다면'이라는 말이다.
3) 苟據君位者 皆奉之無所擇：如下文所謂簒僭盜讐 皆可事之矣
아래 문장에 이른바 찬탈한 자, 참칭한 자, 자리를 훔친 자, 원수라도 모두 섬길 수 있다는 말이다.
4) 簒亦君也……讐亦君也：文意沈着痛決深得排擊之體
글의 뜻이 매우 결단력이 있으며 깊이 배격하는 문체이다.
5) 爲臣者皆操此心：如此繁之用心
'原繁처럼 마음을 쓴다면'이라는 말이다.
6) 人君將安所恃乎：誰爲吾君效死以靖亂者
우리 임금을 위하여 목숨을 바쳐 난리를 안정시킬 자가 누구이겠느냐는 말이다.
7) 甚矣 繁之姦也：爲奸莫甚於中立首尾相應
앞글의 '奸莫甚於中立'과 首尾相應하는 말이다.

原繁이 厲公에게 대답한 말을 보면, "만약 사직을 主管한다면(임금이 됨) 국내의 백성 중에 그 누가 신하가 되지 않겠습니까?"라고 하였으니, 진실로 이 말대로라면 가령 임금의 자리를 점거한 자가 있으면 그들을 모두 가릴 것 없이 임금으로 받들겠다는 것이다. 簒奪한 자도 임금으로 받들고, 임금을 僭稱한 자도 임금으로 받들고, 임금의 자리를 훔친 자도 임금으로 받들고, 원수도 임금으로 받들겠다는 것이니, 신하 된 자가 모두 이런 마음을 갖는다면 임금은 장차 누구를 믿어야 하겠는가? 심하도다. 원번의 간사함이여!

嗚呼[1)]라 論人臣之罪者는 至叛逆而極[2)]이라 然事克則卿이요 不克則烹[3)]이니 成敗猶居其半也[4)]로되 至於中立者[5)]하야는 自謂無往而不得志[6)]라 國有存亡하고 君有廢興하며 時有治亂하고 民有安危로되 吾之爵秩은 常自如也[7)]니 彼何預於我哉[8)]리오하니 其用心이

可謂姦之尤者矣[9)]로다 **中立如原繁**도 **有時而干厲公之誅**[10)]하니 **則世之取容者**가 **果可以長無禍乎**[11)]아 **吾故表原繁之誅**하야 **以風中立之士云**[12)]이로라

1) 嗚呼 : 此段又明內叛中立二事
이 문단은 또 內亂과 中立, 두 가지 일에 대하여 밝힌 것이다.

2) 論人臣之罪者 至叛逆而極 : 言內叛之罪已大
내란의 죄가 매우 크다는 말이다.

3) 事克則卿 不克則烹 : 事成則受賞 不成則受誅 ○ 此二句左傳所載石乞之言
일이 성공하면 상을 받고, 성공하지 못하면 주벌을 받는다는 말이다. ○ 이 두 구절은 ≪春秋左氏傳≫에 기록된 石乞의 말이다.

4) 成敗猶居其半也 : 或卿或烹 事未可必
때로는 卿이 되고 때로는 烹刑을 당하니 일을 단정할 수 없다는 말이다.

5) 至於中立者 : 此言中立之罪 尤大於叛逆
이는 중립을 지키는 죄가 반역의 죄보다 더 크다는 말이다.

6) 自謂無往而不得志 : 得志如下文所云
뜻대로 됨이 아래 글에 말한 바와 같다.

7) 吾之爵秩 常自如也 : 所謂無往而不得也
이른바 '가는 곳마다 내 뜻대로 되지 않음이 없다.'는 말이다.

8) 彼何預於我哉 : 彼謂國也君也時也民也
彼는 나라, 임금, 시국, 백성을 이른다.

9) 其用心 可謂姦之尤者矣 : 與奸莫甚相應
앞글의 '奸莫甚(奸莫甚於中立)'과 상응하는 말이다.

10) 中立如原繁 有時而干厲公之誅 : 繁固自謂無往不得志 而卒不免於戮
原繁이 스스로 '본래 가는 곳마다 내 뜻대로 되지 않음이 없다.'고 하였으되, 끝내 죽음을 면치 못하였다는 말이다.

11) 世之取容者 果可以長無禍乎 : 所謂天假手於厲公 以大警爲臣者也
이른바 하늘이 厲公의 손을 빌려 신하 된 자들을 크게 경계한다는 것이다.

12) 吾故表原繁之誅 以風中立之士云 : 風刺後世如原繁者 使自警也
후세의 原繁과 같은 자들로 하여금 스스로 경계하게 하고자 하여 풍자한 것이다.

아! 人臣의 죄를 논하는 자는 叛逆을 가장 큰 죄로 여긴다. 그러나 일이 성공하면 卿이 되고 실패하면 烹刑을 당하니, 성공과 실패의 확률이 반반이지만 중립을 지키는

자는 스스로 '가는 곳마다 내 뜻대로 되지 않음이 없다. 나라에는 存亡이 있고 임금에게는 廢興이 있고 시국에는 治亂이 있고 백성에는 安危가 있지만 나의 爵祿은 항상 여전하니, 저것이 나와 무슨 관계가 있는가?'라고 하니, 그 마음 씀이 더욱 姦惡하다 하겠다.

原繁처럼 중립을 지킨 자도 厲公에게 誅戮을 당할 때가 있었으니, 중립을 지켜 세상에 몸을 용납하기를 구하는 자가 과연 영원히 禍가 없을 수 있겠는가? 그러므로 나는 원번이 誅戮된 일을 드러내어 중립을 표방하는 사람들을 諷刺하노라.

07-04 王賜虢公晉侯玉馬 天王이 虢公과 晉侯에게 玉과 말을 하사하다

【左傳】 莊十八年이라 〈春에〉 虢公晉侯朝王하니 王享醴하고 命之宥[1]하야 皆賜玉五瑴馬三匹하니 非禮也라 王命諸侯에 名位不同하야 禮亦異數하니 不以禮假人[2]이니라

1) 〔역주〕 王享醴 命之宥 : 王이 諸侯들의 朝覲을 받을 때에 처음에는 享禮(賓客을 성대히 대접하는 禮)를 거행하는데, 먼저 단술로 宴會를 베풀어 옛날을 잊지 않는 뜻을 보이고, 飮宴(모두 한 곳에 모여 먹고 마시는 것)할 때에는 幣物을 내리라고 命한다. 宥는 돕는 것이니, 賓客이 기뻐서 主人을 尊敬하는 뜻이 일도록 돕는 것이다.

2) 〔역주〕 不以禮假人 : 그 사람의 신분에 맞지 않는 예를 베풀어서는 안 된다는 말이다.

莊公 18년, 봄에 虢公과 晉侯가 周王에게 朝見하니, 王이 단술을 대접하고 그들에게 幣物을 내리라고 명하여, 두 사람 모두에게 玉 다섯 쌍과 말 세 필씩 하사하였으니 禮가 아니다. 王이 諸侯에게 내린 爵命에는 명칭과 지위가 같지 않아, 禮遇에도 等級이 달라야 하니, 禮를 함부로 사람에게 빌려주어서는 안 된다.

【主意】 謂天以名分寄之君人하니 君不當認爲己有而輕以假人이라 以天立說은 本尚書天秩與禮器語[1]니라

1) 〔역주〕 天秩與禮器語 : 天秩은 하늘이 정한 尊卑貴賤의 등급을 이른다. ≪尙書≫ 〈皐陶謨〉에 보인다. 禮器語는 ≪禮記≫ 〈禮器〉에 보이는 "천자의 자리는 다섯 겹이고 제후의 자리는 세 겹이며, 천자의 당은 아홉 자이고 제후의 당은 일곱 자이다.〔天子之席五重 諸侯之席三重 天子之堂九尺 諸侯之堂七尺〕"를 이른다.

名分은 하늘이 임금에게 맡긴 것이니, 임금은 나의 所有로 여겨 가벼이 남에게 주어서는 안 됨을 말한 것이다. 하늘로써 論點을 세운 것은 ≪尙書≫의 '天秩'과 ≪禮記≫ 〈禮器〉의 말에 근거한 것이다.

吏之守帑者가 以財假人이면 謂之盜요 將之守邊者가 以地假人이면 謂之叛이라하니 財之在帑者가 非吏之財也요 地之在邊者가 非將之地也일새니라 財非其財而擅施焉하고 地非其地而擅棄焉이면 其排抵譴訶也宜哉라 爲官守帑者는 吏也요 爲國守邊者는 將也요 爲天守名分[1]者는 君也[2]라 專財與地가 得罪於人이면 則專禮以假人者가 豈不得罪於天耶아

1) 〔역주〕 名分 : 名位와 身分인데, 名位와 身分에 맞는 禮儀와 制度의 뜻으로 쓰인다.

2) 爲天守名分者 君也 : 以天立說甚高
　하늘로써 논설을 세운 것이 매우 고상하다.

창고를 지키는 관리가 창고 안의 재물을 남에게 주면 그를 '盜賊'이라 하고, 邊境을 지키는 장수가 변경의 땅을 적국에 주면 그것을 '叛逆'이라 하니, 이는 창고에 있는 재물이 관리의 재물이 아니고, 변경에 있는 땅이 장수의 땅이 아니기 때문이다. 재물이 제 재물이 아닌데도 멋대로 남에게 주고, 땅이 제 땅이 아닌데도 멋대로 버린다면, 사람들의 배척과 꾸짖음을 받는 것이 당연하다.

官府를 위해 창고를 지키는 자는 관리이고, 국가를 위해 변경을 지키는 자는 장수이고, 하늘을 위해 名分을 지키는 자는 임금이다. 재물과 땅을 제멋대로 남에게 주는 자가 사람들에게 죄를 얻는다면, 제멋대로 禮를 남에게 주는 자가 어찌 하늘에게 죄를 얻지 않겠는가?

天未嘗以名分與人君[1]이요 特寄之人君하야 俾守之耳[2]니라 輿地廣輪之博[3]과 版籍生齒之繁[4]과 甲兵卒乘[5]之雄[6]과 象犀金繒之富는 皆君之有[7]어니와 獨名分者는 非君之有也[8]니라 天以四海九州를 全付人君이로되 惟吝於名分은 何耶오 蓋分者는 四海九州之所自立이니 人之所輕이나 天之所重也일새니라 周惠王不知天之所重하고 誤視名分爲己物[9]하야 輕以假人[10]而不甚惜이로다

1) 天未嘗以名分與人君：人君不當認爲己有

임금은 〈명분을〉 자기의 소유물로 여겨서는 안 된다는 말이다.

2) 特寄之人君 俾守之耳：一篇主意

본편의 主意이다.

3) 輿地廣輪之博：橫曰廣 〈縱〉[*)]曰輪 此言土地之大

가로의 길이를 廣이라 하고, 세로의 길이를 輪이라 하니, 이는 토지가 광대하다는 말이다.

*)〔역주〕〈縱〉: 저본에 1字 공란이나, 문맥을 살펴 '縱'을 보충하였다.

4) 版籍生齒之繁：版籍民數也 自生齒以上 皆書於此版 言人民之多

版籍은 백성의 수이다. 乳齒가 난 어린아이 이상은 모두 이 판에 기록하니 백성의 수가 많다는 말이다.

5)〔역주〕甲兵卒乘 : 갑옷과 무기, 步卒과 車兵을 이른다.

6) 甲兵卒乘之雄：步曰卒 車曰乘 此言軍旅之强

보병을 卒이라 하고, 車兵을 乘이라 한다. 이는 군대가 강하다는 말이다.

7) 輿地廣輪之博……皆君之有：(二)〔四〕[*)]者 皆人君所得有

네 가지는 모두 임금이 소유할 수 있는 것이다.

*)〔역주〕(二)〔四〕: 저본에 '二'로 되어있으나, 문맥을 살펴 '四'로 바로잡았다.

8) 獨名分者 非君之有也：天未嘗與君故

일찍이 하늘이 임금에게 준 적이 없기 때문이다.

9) 誤視名分爲己物：入本題事

〈여기부터〉 본편의 일로 들어간다.

10) 輕以假人：惟誤視爲己有 故敢輕以假人

자기의 소유로 오인하였기 때문에 가벼이 남에게 주는 것이다.

하늘은 名分을 임금에게 준 적이 없고, 단지 명분을 임금에게 맡겨 지키게 하였을 뿐이다. 광대한 토지와 戶籍에 오른 많은 生民과 웅장한 무기 및 병사와 풍부한 象牙·犀角·金銀·비단 등은 모두 임금의 소유이지만, 유독 명분만은 임금의 소유가 아니다.

하늘이 四海와 九州를 전부 임금에게 주었으면서 오직 명분만은 아껴 주지 않은 것은 어째서인가? 이는 명분은 사해와 구주가 자립하는 原理여서 사람들은 경시하는 바이지만 하늘은 중시하는 바이기 때문이다. 그런데 周 惠王은 하늘이 중시하는 것인 줄을 모르고서, 명분을 자기의 물건으로 誤認하여 가벼이 남에게 주고 그다지 아끼지 않았다.

當虢公晉侯之來朝[1]에 惠王謂公侯相去一間耳니 賜賚之際에 有所厚薄은 吾心慊然이라하야 於是等其玉與馬之數[2]하고 不爲之隆殺[3]하니 殊不知天秩有禮[4]하야 多多寡寡를 不可亂也[5]니라 假天之秩하야 以爲私惠[6]하니 何以繼天而子元元乎아

1) 當虢公晉侯之來朝：先是 周僖王使虢公 命曲沃武公爲晉侯 至此年惠王新卽位 晉獻公亦初立 故虢公與之俱來朝

이보다 앞서 周 僖王이 虢公에게 명하여 曲沃武公을 晉侯로 삼게 했는데, 이해에 惠王이 새로 즉위하였고 晉 獻公도 갓 즉위하였으므로 괵공이 그와 함께 와서 조회한 것이다.

2) 於是等其玉與馬之數：皆賜玉五穀馬三匹

모두 옥 다섯 쌍과 말 세 필씩을 하사하였다.

3) 不爲之隆殺：不以公侯異爵而爲隆殺

公과 侯의 작위가 다르다는 이유로 차등을 삼지 않았다는 것이다.

4) 天秩有禮：出書皐陶謨 主意蓋本於此

≪書經≫ 〈虞書 皐陶謨〉에 나온다. 본편의 主意는 여기에 근거한 듯하다.

5) 多多寡寡 不可亂也：因分之尊卑 爲數之多寡 皆天秩之自然

분수의 尊卑에 따라 禮數의 多寡로 삼으니, 이는 모두 하늘이 정한 질서의 자연스러움이다.

6) 假天之秩 以爲私惠：誤視爲己物故

자기의 물건이라고 오인하였기 때문이다.

虢公과 晉侯가 와서 朝見할 때에 惠王은 "公과 侯의 차이가 한 등급일 뿐이니, 賞賜할 때에 厚薄의 차등을 두는 것은 내 마음에 서운하다."라고 하고서, 이에 옥과 말의 수효를 똑같이 주고 차등을 두지 않았으니, 하늘이 정한 尊卑貴賤〔天秩〕에는 각각의 禮가 있어서, 많이 줄 사람에게는 많이 주고 적게 줄 사람에는 적게 주어, 禮를 어지럽혀서는 안 된다는 것을 매우 모른 것이다. 하늘이 정한 질서를 빌려다가 사사로이 남에게 은혜를 베풀었으니, 어찌 하늘의 뜻을 이어받아 만백성〔元元〕을 다스릴 수 있겠는가?

人心無厭[1)]하니 侯而可假公之禮[2)]면 則公亦思假王之禮[3)]리라 惠王旣假晉以公禮矣[4)]ㄹ새 後數十年[5)]에 而晉文有請隧之擧[6)7)]하니 果欲假王之禮[8)]니라 非惠王啓其僭心이면 晉文遽敢爾耶[9)]아 剝廬則及床하고 剝床則及膚[10)]니 庶人而僭士禮는 是僭大夫之漸也요 士而僭大夫禮는 是僭諸侯之漸也요 大夫而僭諸侯禮는 是僭天子之漸也니라 聖人欲上全天子之尊[11)]하야 必先下謹士庶人之分[12)]하시니라 守其下는 所以衛其上也[13)]어든 況公侯之近且貴乎[14)]아

1) 人心無厭 : 惟禮可以爲之限制
禮만이 이를 위해 제한할 수 있는 것이다.

2) 侯而可假公之禮 : 如晉侯與虢公同受賜 是侯假公之禮
예컨대 晉侯와 虢公이 똑같은 하사를 받는 것, 이것이 侯가 公의 예를 빌려 쓴다는 것이다.

3) 公亦思假王之禮 : 以卑假尊 勢必至此
낮은 이가 높은 이의 예를 빌려 쓴다면, 그 형편이 반드시 이런 지경에 이른다는 것이다.

4) 惠王旣假晉以公禮矣 : 賜公侯無隆殺
公과 侯에게 하사한 것이 차등이 없었음을 이른다.

5) 後數十年 : 周襄王時
周 襄王 때의 일이다.

6) 晉文有請隧之擧 : 掘地通道曰隧
땅에 굴을 파서 통로를 만드는 것을 隧라 한다.

7) 〔역주〕 晉文有請隧之擧 : 僖公 25년에 晉 文公이 왕자 帶의 반란을 평정하고서, 周 襄王에게 자신의 사후에 天子의 葬禮인 隧葬을 하도록 허락해달라고 요청하였다. 땅에 굴을 파서 通路를 만드는 것을 '隧'라 하는데, 이는 天子의 葬禮에 사용하는 제도이다. 諸侯의 葬事에는 靈柩를 밧줄에 매달아 下棺하지만 천자의 장례에는 棺이 크고 무겁기 때문에 멀리에서 壙中까지 비스듬히 굴을 파서 통로를 만든 뒤에 그 통로를 이용해 관을 광중으로 밀어 넣는다.

8) 果欲假王之禮 : 天子葬禮用隧 公侯以下皆懸棺而窆 今晉文請隧 欲假王之禮也
天子의 장례에는 隧를 쓰고, 公侯 이하의 장례에는 관을 밧줄에 매달아 하관하는 것인데, 지금 晉 文公이 隧葬을 청하였으니 이는 왕의 예를 빌려 쓰고자 한 것이라는 말이다.

9) 晉文遽敢爾耶 : 惠(公)〔王〕[*)]許以侯僭公 故晉文敢於僭王
惠王이 侯로서 公의 예를 僭用하는 것을 허락하였기 때문에 晉 文公이 감히 왕의 예를

僭用하였다는 말이다.

*) 〔역주〕 (公)〔王〕: 저본에 '公'으로 되어있으나, 문맥을 살펴 '王'으로 바로잡았다.

10) 〔역주〕 剝廬則及床 剝床則及膚 : ≪周易≫ 剝卦의 爻辭와 象辭에 보이는 말로, 災禍가 이르는 순서를 이른다. 房舍를 부수면 그 재화가 寢牀에 미치고, 침상을 깎으면 재화가 몸에 이른다는 말이다.

11) 聖人欲上全天子之尊 : 欲全至尊之分
至尊의 분수를 채우고자 한다는 것이다.

12) 必先下謹士庶人之分 : 必自正至卑之分始
반드시 至卑(士庶人)의 분수를 바르게 하는 데에서 비롯된다는 말이다.

13) 守其下 所以衛其上也 : 謹守士庶人之分 所以全天子之分
士人과 庶人의 분수를 삼가 지키게 하는 것은 天子의 분수를 지키려는 것이다.

14) 況公侯之近且貴乎 : 公侯於天子爲近可不謹乎
公侯는 天子와 가까우니 삼가지 않아서야 되겠느냐는 말이다.

사람의 마음은 만족을 모르니, 侯로서 公의 禮를 빌려 쓸 수 있다면 公도 王의 예를 빌려 쓰기를 생각할 것이다. 惠王이 이미 晉侯에게 公의 예를 빌려주었기 때문에 수십 년 뒤에 晉 文公이 隧葬을 청하는 일이 있었으니, 과연 왕의 예를 빌려 쓰고자 한 것이다. 그러나 혜왕이 진후의 참람한 마음을 열어주지 않았다면 진 문공이 어찌 감히 이렇게 할 수 있었겠는가?

房屋을 파괴〔剝〕하면 그 파괴가 寢牀에 미치고, 침상을 파괴하면 그 파괴가 살갗에 미치니, 〈이와 마찬가지로〉 庶人으로서 士의 예를 僭用하는 것은 바로 大夫의 예를 참용할 前兆이고, 사로서 대부의 예를 참용하는 것은 바로 諸侯의 예를 참용할 전조이고, 대부로서 제후의 예를 참용하는 것은 바로 天子의 예를 참용할 전조이다. 聖人은 위로 천자의 尊嚴을 보전하고자 하여 반드시 먼저 아래로 士人과 庶人의 분수를 삼가 지키게 하였다. 아랫사람의 분수를 지키게 한 것은 바로 윗사람의 존엄을 보위하기 위함인데, 하물며 가깝고도 존귀한 公侯가 분수를 지키지 않아서야 되겠는가?

吾觀儒者之議禮[1)]컨대 每力爭於毫釐尺寸之間[2)]이요 非特較公侯璧馬之多寡也[3)]라 如天子之席五重이요 諸侯之席三重[4)]은 所爭者纔再重耳[5)]요 天子之堂九尺이요 諸侯

之堂七尺[6)7)]은 **所爭者纔二尺耳**[8)]니 **由庸人而觀**[9)]이면 **天子諸侯之分**[10)]을 **豈再重之席**과 **二尺之堂**으로 **所能抑揚**[11)]이리오 **何儒者之迂耶**[12)]아

1) 吾觀儒者之議禮：立結尾一段意
結尾에서 한 단락의 뜻을 세웠다.
2) 每力爭於毫釐尺寸之間：言儒者議禮纖悉
儒者가 禮를 의논함이 세밀하다는 것을 말한 것이다.
3) 非特較公侯璧馬之多寡也：照本題
본편의 주제와 照應한다.
4) 天子之席五重 諸侯之席三重：席坐席 此出記禮器篇
席은 방석이다. 이 글은 출처가 ≪禮記≫ 〈禮器〉이다.
5) 所爭者纔再重耳：此言爭於毫釐之間
이는 털끝만 한 차이를 다툰다는 말이다.
6) 天子之堂九尺 諸侯之堂七尺：出處同上
출처가 위(天子之席五重 諸侯之席三重)와 같다.
7) 〔역주〕 天子之席五重……諸侯之堂七尺：≪禮記≫ 〈禮器〉에 보인다.
8) 所爭者纔二尺耳：此言爭於尺寸之間
이는 한 자나 한 치 사이를 논쟁한다는 말이다.
9) 由庸人而觀：庸 常也 猶言自常情而觀
庸은 보통의 뜻이니 '보통 사람의 심정으로 관찰하다.〔自常情而觀〕'라는 말과 같다.
10) 天子諸侯之分：君尊臣卑
임금은 尊貴하고 신하는 卑賤하다는 말이다.
11) 豈再重之席……所能抑揚：言尊卑席殊而所爭微細
尊卑의 자리의 차이에 비해 논쟁하는 것이 하찮다는 말이다.
12) 何儒者之迂耶：設疑謂議禮者似乎迂闊
이 의문문은 禮를 의론하는 자들이 오활한 자와 마찬가지임을 이른다.

내가 儒者들이 禮制를 의론한 것을 보건대, 매양 털끝만 한 차이와 한 자나 한 치 사이에 대하여 힘을 다해 논쟁하였고, 단지 公과 侯에게 주는 璧玉과 馬匹의 多寡만을 따질 뿐이 아니었다. 이를테면 '天子의 방석은 다섯 겹이고, 諸侯의 방석은 세 겹이다.'라는 것은 다투는 것이 겨우 두 겹일 뿐이고, '천자의 堂은 〈계단의 높이가〉 아홉 자이고 제후의 당은 일곱 자이다.'라는 것은 다투는 것이 겨우 두 자일 뿐이니, 보

통 사람들이 보면 천자와 제후의 名分을 어찌 두 겹의 방석이나 두 자의 당으로 높이고 낮출 수 있겠는가? 어쩌면 儒者들은 그리도 오활한가.

大堤雲橫[1)]하고 **屹如山嶽**[2)]하니 **其視尺寸之土**가 **若不能爲堤之損益也**[3)4)]나 **然水潦暴至**[5)]하야 **勢與堤平**[6)]에 **苟猶有尺寸之土未沒**[7)]이면 **則瀕水之人**이 **可恃無恐**[8)9)]이리라 **當是時**하야 **百萬生靈之命**이 **係於尺寸之土焉**[10)]하니 **尺寸之土**가 **可以遏昏墊**[11)]**之害**[12)]요 **尺寸之禮**가 **可以遏僭亂之源**[13)]이라 **然則儒者力爭於毫釐尺寸之間**은 **非迂也**[14)]라 **勢也**니라

1) 大堤雲橫 : 託此譬喩 以解釋上意 堤 累土石爲之 以防水厄

이것을 빌려 비유하여 윗글의 뜻을 풀었다. 제방은 흙과 돌을 쌓아 만들어 水災를 막는 것이다.

2) 大堤雲橫 屹如山嶽 : 雲橫以言堤之長 山嶽以言堤之高

구름이 뻗쳐있다는 것은 제방이 길다는 말이고, 산이 높이 솟아있다는 것은 제방이 높다는 말이다.

3) 其視尺寸之土 若不能爲堤之損益也 : 尺寸之土 以喩再重二尺之類 言有之不足增堤而使高 無之不足損堤而使卑

한 자나 한 치의 흙으로써 방석의 두께 두 겹이나 堂의 높이 두 자 따위를 비유하였으니, 그것이 있다 하여 제방이 더 높아지는 것이 아니고, 그것이 없다 하여 제방이 더 낮아지는 것도 아니라는 말이다.

4) 〔역주〕 尺寸之土 若不能爲堤之損益也 : 한 자나 한 치의 흙이 있다 하여 제방이 더 높아지지도 않고, 없다 하여 제방이 더 낮아지지도 않는다는 말로, 天子의 權威는 본래 山嶽처럼 높으니, 방석이 두 겹 더 있거나, 堂이 두 자가 더 높다 하여 천자가 높아지는 것도 아니고, 없다 하여 낮아지는 것도 아니라는 것을 비유한 것이다.

5) 水潦暴至 : 雨水泛張

빗물이 넘쳐 팽창함을 이른다.

6) 勢與堤平 : 水勢之高漸與堤相等

水位가 점차 제방과 서로 같게 된다는 말이다.

7) 苟猶有尺寸之土未沒 : 此時而可見尺寸之土有功於人

이때에서야 한 자 한 치의 흙이 사람들에게 功이 있음을 알 수 있다는 것이다.

8) 瀕水之人 可恃無恐：恃尺寸之土免侵溺之患

한 자 한 치의 흙으로 침수되는 우환에서 벗어날 수 있음을 믿는 것이다.

9) 〔역주〕 水潦暴至……可恃無恐：물이 갑자기 불어나서 水位가 제방의 높이와 같아졌을 때 한 자 높이의 흙이 물이 넘치는 것을 막으면 제방 아래의 주민들이 안도할 수 있듯이, 천하가 아무리 어지럽다 해도 명분이 살아있으면 국가가 안정을 찾을 수 있다는 것을 비유한 말이다.

10) 當是時……係於尺寸之土焉：極言其功之大

그 공효가 큼을 지극히 말한 것이다.

11) 〔역주〕 昏墊：水災이다.

12) 尺寸之土 可以遏昏墊之害：昏墊 謂民昏暗而溺於水

昏墊은 백성이 어리석어 물에 빠짐을 이른다.

13) 尺寸之禮 可以遏僭亂之源：僭亂 謂始於僭禮 終成簒奪之亂也 此言儒者爭於毫釐尺寸之間 所關甚大

僭亂은 禮를 僭用하는 데서 시작하여 끝내는 簒奪의 禍亂이 되는 것을 이른다. 이는 유자들이 털끝만 한 차이와 한 자 한 치의 차이를 논쟁하는 것이 관계되는 바가 매우 큼을 말한다.

14) 然則儒者力爭於毫釐尺寸之間 非迂也：非儒者之迂闊

儒者가 오활한 것이 아니라는 말이다.

큰 堤防은 구름처럼 길게 뻗쳤고 山嶽처럼 높이 솟았으니, 한 자나 한 치 높이의 흙이 그 제방에 보탬이나 손해가 되지 않을 것 같지만, 큰비가 갑자기 내려 水位가 제방의 높이와 같아질 때에 오히려 한 자나 한 치의 흙이 있음으로 인해 물이 넘치지 않는다면 물가에 사는 사람들은 이 흙을 믿고서 두려워하지 않을 것이다. 이때에 많은 백성들의 생명이 한 자나 한 치의 흙에 달렸으니, 한 자나 한 치의 흙이 水災의 피해를 막을 수 있고, 한 자나 한 치의 禮가 僭亂의 근원을 막을 수 있다. 그렇다면 儒者가 털끝만 한 차이와 한 자나 한 치의 차이를 힘을 다해 논쟁하는 것은 오활해서가 아니라 형세가 그러하기 때문이다.

07-05 原莊公逆王后于陳　原莊公이 陳나라로 가서 王后를 맞이하다

07-05-01 原莊公逆王后于陳　原莊公이 陳나라로 가서 王后를 맞이하다

【左傳】 莊十八年이라 虢公晉侯鄭伯 使原莊公 逆王后于陳하다 陳嬀歸于京師하니 實惠后라

莊公 18년, 虢公・晉侯・鄭伯이 原莊公을 陳나라에 사신으로 보내어 王后를 맞이해 오게 하였다. 陳嬀가 京師로 시집갔으니 이가 실로 惠后이다.

07-05-02 蘇公奉子頹　蘇公이 子頹를 모시고 出奔하다

【左傳】 莊十九年이라 初에 王姚(요)[1]嬖于莊王하야 生子頹하니 子頹有寵하야 蔿國爲之師하다 及惠王[2]卽位하야 取蔿國之圃以爲囿[3]하고 邊伯[4]之宮近於王宮하니 王取之하고 王奪子禽祝跪與詹父[5]田하고 而收膳夫之秩[6]하다 故蔿國邊伯石速詹父子禽祝跪作亂하야 因蘇氏[7]하다 秋에 五大夫奉子頹以伐王이나 不克하야 出奔溫하다 蘇子奉子頹以奔衛하니 衛師燕師伐周하야 冬에 立子頹하다

1)〔역주〕 王姚(요) : 莊王의 妾이다. 姚는 姓이다.
2)〔역주〕 惠王 : 莊王의 손자이다.
3)〔역주〕 取蔿國之圃以爲囿 : 圃는 園이고, 囿는 苑(짐승을 기르는 곳)이다.
4)〔역주〕 邊伯 : 周나라 大夫이다.
5)〔역주〕 子禽祝跪與詹父 : 周나라 大夫이다.
6)〔역주〕 膳夫之秩 : 膳夫는 石速이다. 秩은 祿이다.
7)〔역주〕 蘇氏 : 周나라 大夫였는데, 桓王이 그의 12邑을 빼앗아(隱公 11년) 鄭나라에 준 뒤부터 드디어 王室과 不和하였다.

莊公 19년, 당초에 王姚가 周 莊王의 사랑을 받아 子頹를 낳으니, 장왕은 자퇴를 총애하여 蔿國을 그의 스승으로 삼았다. 惠王이 즉위한 뒤에 위국의 菜圃를 탈취하여 囿로 만들고, 王宮과 가까이 있는 邊伯의 집을 왕이 탈취하고, 왕이 子禽・祝跪・詹父의 땅을 빼앗고, 膳夫(料理師)의 俸祿을 沒收하였다. 그러므로 蔿國・邊伯・石速・詹父・子禽・祝跪가 叛亂을 일으켜 蘇氏에게 의지하였다.

가을에 다섯 大夫가 子頹를 모시고 惠王을 공격하였으나 이기지 못하여 溫으로 도망하였다. 그러자 蘇子가 子頹를 모시고 衛나라로 도망가니, 衛軍·燕軍이 周나라를 쳐서 겨울에 자퇴를 周王으로 세웠다.

07-05-03 王處櫟 惠王이 櫟에 거처하다

【左傳】 莊二十年이라 〈春에〉 鄭伯和王室이나 不克하고 〈執燕仲父하다 夏에 鄭伯〉遂以王歸하니 王處于櫟하다 〈秋에 王及鄭伯入于鄔[1]라가 遂入成周하야 取其寶器而還하다 冬에〉 王子頹享五大夫할새 樂及徧舞[2]하니 鄭伯聞之하고 見虢叔 曰 寡人聞之컨대 哀樂失時면 殃咎必至라하니라 今王子頹歌舞不倦하니 樂禍也라 夫司寇行戮에 君爲之不擧은 而況敢樂禍乎아 奸王之位하니 禍孰大焉가 臨禍忘憂하니 憂必及之하리라 盍納王乎아 虢公曰 寡人之願也라

1) 〔역주〕 鄔 : 桓王이 탈취한 鄭나라 邑이다.
2) 〔역주〕 徧舞 : 黃帝·堯·舜·夏·商·周 등 六代의 음악을 모두 연주하고 그 연주에 따라 춤을 추는 것이다.

莊公 20년, 봄에 鄭伯이 周 王室의 不和를 和解시키려 하였으나 성공하지 못하고, 燕仲父만을 잡았다. 여름에 鄭伯이 드디어 惠王을 모시고 돌아오니 혜왕이 櫟에 거처하였다. 가을에 혜왕이 정백과 함께 鄔로 들어갔다가 마침내 成周로 가서 周나라의 寶器를 가지고 돌아왔다.

겨울에 王子 頹가 다섯 大夫를 접대할 때에 演奏하는 音樂이 徧舞에 미치니, 정백이 이 소식을 듣고 虢叔을 만나 말하기를 "寡人이 듣건대 '슬퍼하고 즐거워하는 것이 때에 맞지 않으면 반드시 禍亂이 이른다.'라고 하였다. 그런데 지금 王子 頹는 歌舞를 즐겨 피곤한 줄을 모르니, 이는 화란을 즐기는 것이다. 司寇가 死刑을 執行하면 임금은 그 사형당한 자를 위해 盛饌을 들지 않는 것인데, 더구나 감히 화란을 즐긴다는 말인가. 天王의 자리를 犯하였으니, 이보다 큰 화란이 어디 있는가. 화란이 닥쳐오는데도 근심을 잊고 있으니, 근심스러운 일이 반드시 그에게 닥칠 것이다. 그러니 어찌 혜왕을 들여보내어 복위시키지 않겠는가?"라고 하니, 虢公이 "이것이 바로 과인의 소원이다."라고 하였다.

07-05-04 鄭伯虢公納王 鄭伯과 虢公이 惠王을 王城으로 모셔 들이다

【左傳】 莊二十一年이라 春에 胥命[1]于弭(미)하고 夏에 同伐王城하다 鄭伯將王自圉門入하고 虢叔自北門入하야 殺王子頹及五大夫하다 鄭伯享王于闕西辟에 樂備[2]하다 王與之武公之略自虎牢以東하다 原伯曰 鄭伯效尤하니 其〈亦〉將自有咎리라 〈五月에 鄭厲公卒하다〉

1) 〔역주〕 胥命 : 諸侯가 서로 말로 約定하기만 하고 피는 마시지 않는 것이다.
2) 〔역주〕 樂備 : 六代의 음악을 갖추어 연주한 것이다. 六代는 黃帝·堯·舜·夏·殷·周를 가리킨다.

莊公 21년, 봄에 〈鄭伯과 虢公이〉 弭에서 胥命하고서, 여름에 함께 王城을 공격하였다. 鄭伯은 惠王을 모시고서 圉門으로 들어가고, 虢叔은 北門으로 들어가서 王子 頹와 다섯 大夫를 죽였다. 정백이 서쪽 闕에서 혜왕을 접대할 적에 六代의 음악을 모두 연주하였다. 혜왕이 厲公에게, 옛날 鄭 武公 때 鄭나라의 경계였던 虎牢 以東의 땅을 주었다. 原伯이 말하기를 "정백이 왕자 퇴의 잘못을 그대로 본받으니, 그에게도 장차 災殃이 닥칠 것이다."라고 하였다. 5월에 鄭 厲公이 卒하였다.

07-05-05 會于首止 首止에서 회합하다

【左傳】 僖五年이라 會于首止하야 會王太子鄭하니 謀寧周也[1]라

1) 〔역주〕 謀寧周也 : 惠王이 惠后 때문에 太子 鄭을 廢하고 王子 帶를 太子로 세우려 하였다. 그러므로 齊 桓公이 제후를 거느리고 王太子와 회합하여 그 위치를 안정시킨 것이다.

僖公 5년, 諸侯가 首止에서 會合하여 王太子 鄭을 會見하였으니, 이는 周 王室의 安定을 謀議하기 위함이었다.

07-05-06 惠王崩 惠王이 崩하다

【左傳】 僖七年이라 冬閏月에 惠王崩하다 襄王惡(오)大叔帶之難[1]하야 懼不立하야 不發喪하고 而告難于齊하다

1) 〔역주〕 襄王惡(오)大叔帶之難 : 襄王은 惠王의 太子 鄭이다. 太叔 帶는 양왕의 아우이고, 惠后의 아들이다. 혜후는 그를 총애하여 周王으로 세우고자 하였으나, 세우지 못하고 죽었다.

僖公 7년, 겨울 閏月에 惠王이 崩하였다. 襄王은 太叔 帶가 禍難을 일으킬 것을 꺼리고〔惡〕 자신이 王位에 오르지 못할 것을 두려워하여 喪을 발표하지 않고 齊나라에 禍難을 通報하였다.

07-05-07 盟于洮 洮에서 結盟하다

【左傳】 僖八年이라 春王正月에 公會王人齊侯宋公衛侯許男曹伯陳世子款盟于洮하다 左氏曰 謀王室也

僖公 8년, 봄 周王 정월에 희공이 王人·齊侯·宋公·衛侯·許男·曹伯·陳世子 款과 會合하여 洮에서 結盟하였다.

07-05-08 王子帶召戎 王子 帶가 戎을 불러들이다

【左傳】 僖十一年이라 夏에 揚拒泉皐伊雒之戎同伐京師하야 入王城하야 焚東門하니 王子帶召之也라 秦晉伐戎以救周하다 秋에 晉侯平戎于王하다

僖公 11년, 여름에 揚·拒·泉·皐·伊·雒의 戎人이 함께 京師를 攻擊하여 王城으로 들어가서 東門을 불태웠으니, 이는 王子 帶가 불러들인 것이다. 秦나라와 晉나라가 戎을 討伐하여 周나라를 救援하였다. 가을에 晉侯가 戎人을 天王과 和平시켰다.

07-05-09 王子帶奔齊 王子 帶가 齊나라로 出奔하다

【左傳】 僖十二年이라 王以戎難故로 討王子帶하니 秋에 王子帶奔齊하다

僖公 12년, 襄王이 戎人이 쳐들어왔던 난리를 이유로 王子 帶를 討伐하니, 가을에 王子 帶가 齊나라로 달아났다.

07-05-10 仲孫湫言王子帶 仲孫湫가 王子 帶에게 말하다

【左傳】 僖十三年이라 春에 齊侯使仲孫湫聘于周하고 且言王子帶러니 事畢에 不與王言하고 歸하야 復命曰 未可니이다 王怒未怠하니 其十年乎ㄴ저 不十年이면 王弗召也리이다

僖公 13년, 봄에 齊侯가 仲孫湫를 보내어 周나라에 聘問하고, 또 王子 帶의 일을 말하게 하였다. 〈그러나 중손추는〉 빙문의 일을 마친 뒤에 王에게 말하지 않고, 돌아와서 復命하였다.

"아직은 不可能합니다. 王의 노여움이 아직 누그러지지 않았으니, 10년은 지나야 할 것입니다. 10년이 되기 전에는 王이 부르지 않을 것입니다."

07-05-11 滑人叛鄭 滑人이 鄭나라를 배반하다

【左傳】 僖二十年이라 滑人叛鄭而服於衛하니 夏에 鄭公子士洩堵寇帥師入滑하다

僖公 20년, 滑人이 鄭나라를 배반하고 衛나라에 복종하니, 여름에 鄭나라 公子 士와 洩堵寇가 군대를 거느리고 滑나라로 쳐들어갔다.

07-05-12 富辰請召王子帶 富辰이 王子 帶를 불러들이기를 청하다

【左傳】 僖二十二年이라 富辰言於王曰 請召大叔하소서 詩[1]曰 協比其隣하면 昏姻孔云이라하니 吾兄弟之不協이면 焉能怨諸侯之不睦이릿가 王說하다 王子帶自齊復歸于京師하니 王召之也라

1) 〔역주〕 詩 : ≪詩經≫ 〈小雅 正月〉편이다.

僖公 22년, 富辰이 王께 말하였다.

"太叔을 불러들이소서. ≪詩經≫에 '이웃과 和睦하면 姻戚들도 매우 友愛한다.'라고 하였습니다. 우리가 兄弟 사이에 화목하지 못하다면 어찌 諸侯들의 不睦을 怨望할 수 있겠습니까?"

王이 기뻐하였다. 王子 帶가 齊나라에서 다시 京師로 돌아왔으니 王이 불러들인 것이다.

07-05-13 **襄王以狄伐鄭 以狄女爲后 大叔以狄師攻王 王使告難** 襄王이 狄人을 거느리고 가서 鄭나라를 토벌하고서 적인의 딸을 왕후로 삼았다. 太叔이 狄軍을 거느리고서 양왕을 공격하니, 양왕이 魯나라 사신을 보내어 난리가 난 것을 통고하다

【左傳】 僖二十四年이라 鄭之入滑也에 滑人聽命이러니 師還에 又卽衛하다 鄭公子士洩堵俞彌帥師伐滑하니 王使伯服游孫伯如鄭請滑하다 鄭伯怨惠王之入而不與厲公爵[1]也하고 又怨襄王之與衛滑也라 故不聽王命而執二子하다 王怒하야 將以狄伐鄭하다 富辰諫이나 王弗聽하고 使頹叔〈桃子〉出狄師하다 夏에 狄伐鄭取櫟하니 王德狄人하야 將以其女爲后어늘 富辰諫한대 王又弗聽하다 甘昭公通於隗氏하니 王替隗氏하다 頹叔桃子曰 我實使狄하니 狄其怨我리라하고 遂奉大叔하야 以狄師攻王하다 王御士將禦之한대 王曰 先后其謂我何오 寧使諸侯圖之하리라하고 王出適鄭하야 處于氾하다 大叔以隗氏居于溫하다 冬에 王使來告難曰 不穀不德하야 得罪于母弟之寵子帶하야 鄙在鄭地氾일새 敢告叔父하노라 臧文仲對曰 天子蒙塵[2]于外하시니 敢不奔問官守릿가 王使簡師父告于晉하고 使左鄢父告于秦하다

1) 〔역주〕 不與厲公爵 : 僖公 21년에 惠王이 虢公에게는 酒泉(地名)과 술잔을 하사하면서, 鄭伯에게는 盤鑑만 하사하고 술잔을 하사하니, 정백은 왕을 미워하기 시작하였다. 반감은 가죽 띠에 거울을 붙여 장식한 것이다.

2) 〔역주〕 蒙塵 : 먼지를 뒤집어쓴다는 말로, 帝王이 王位를 잃고 외국으로 도망가 있는 것을 이른다.

僖公 24년, 鄭軍이 滑나라로 쳐들어갔을 때는 滑人이 鄭나라의 命을 듣겠다고 하더니, 鄭軍이 돌아가자 滑나라는 다시 衛나라에 붙었다. 鄭公子 士・洩堵俞彌가 군대를 거느리고 가서 滑나라를 토벌하니, 왕이 伯服・游孫伯을 鄭나라로 보내어 滑나라를 치지 말라고 요청하였다. 鄭伯은 惠王이 들어갔을 때 厲公에게 술잔〔爵〕을 주지 않은 일을 원망하고, 또 襄王이 衛나라와 滑나라를 편드는 것을 원망하였다. 그러므로 王命을 듣지 않고 두 사람을 잡아 가두니, 왕은 노하여 狄軍을 거느리고서 가서 鄭나라를 치려 하였다. 富辰이 諫하였으나 왕은 듣지 않고서 頹叔과 桃子를 보내어 狄軍을 出動시키게 하였다.

여름에 狄人이 鄭나라를 토벌하여 櫟을 취하니 왕은 적인의 德을 입었다고 여겨 적인의 딸을 王后로 삼으려 하자 富辰이 간하였으나, 왕은 또 듣지 않았다. 甘昭公이 隗氏와 私通하니 왕은 隗氏를 廢黜하였다. 頹叔·桃子가 말하기를 "우리가 실로 狄人에게 딸을 왕후로 바치도록 시켰으니, 狄人이 우리를 원망할 것이다."라고 하고서, 드디어 太叔을 받들어 모시고 狄軍을 거느리고서 왕을 공격하였다. 왕의 御士가 防禦하려 하자 왕이 말하기를 "先后께서 나를 무어라고 하시겠느냐? 차라리 諸侯들에게 圖謀하도록 하겠다."라고 하고서, 왕이 京師를 떠나 鄭나라로 가서 氾에 머물렀다. 太叔은 隗氏를 데리고 溫에 거주하였다.

겨울에 왕이 사람을 보내어 와서 난리가 난 것을 通告하며 말하기를 "不穀이 不德하여 母后의 총애하는 아들 帶에게 罪를 얻어 鄭나라 氾의 鄕村〔野〕에서 머물고 있기에 감히 叔父에게 고하노라."라고 하였다. 臧文仲이 대답하기를 "天子께서 밖으로 蒙塵하셨으니 감히 달려가 官守에게 問候하지 않을 수 있습니까?"라고 하였다. 왕이 簡師父를 보내어 晉나라에 고하게 하고, 左鄢父를 보내어 秦나라에 고하게 하였다.

07-05-14 晉侯納王　晉侯가 惠王을 京師로 들여보내다

【左傳】 僖二十五年이라 春에 秦伯師于河上하야 將納王이어늘 狐偃言於晉侯曰 求諸侯ㄴ댄 莫如勤王이니 諸侯信之요 且大義也니이다 繼文之業하야 而信宣於諸侯ㄴ댄 今爲可矣니이다 使卜偃卜之한대 曰 吉하니 晉侯辭秦師而下하야 三月甲辰에 次于陽樊하야 右師圍溫하고 左師逆王하다 夏四月丁巳에 王入于王城하야 取大叔于溫하야 殺之于隰城하다 戊午에 晉侯朝王하니 王享醴하고 命之宥[1)]하다

1)〔역주〕宥 : 賓客을 즐겁게 하기 위해 禮物을 주는 것이다.

僖公 25년, 봄에 秦伯이 군대를 黃河 가에 주둔시키고서 王을 護送해 京師로 들여보내려고 하자, 狐偃이 晉侯에게 말하기를 "제후의 覇者가 되기를 구하려면 王事에 盡力하는 것만 한 게 없습니다. 제후가 信任할 것이고 또 大義에도 부합합니다. 文侯의 功業을 계승하여 제후에게 信義를 宣揚하려면 지금이 기회입니다."라고 하였다. 文公이 卜偃에게 거북점을 치게 하니, 卜偃이 "吉합니다."라고 하니, 晉侯는 秦軍에게 사양하고서 물길을 따라 내려갔다.

3월 甲辰日에 陽樊에 주둔하여 右軍은 溫을 포위하고, 左軍는 王을 맞이하였다. 여름 4월 丁巳日에 왕이 王城으로 들어가서 太叔을 溫에서 잡아 隰城에서 죽였다. 戊午日에 晉侯가 왕께 朝見하니 왕이 단술을 접대하고 宥를 命하였다.

天下之事는 **遠近隱顯之所在**니 **初未嘗有定名**이라 **古非遠也**요 **今非近也**며 **古之事非隱也**요 **今之事非顯也**니 **惟吾心之所見如何耳**라 **今之所謂甚近而易見者**는 **莫如身之所親歷也**어늘 **惠王身被子頹簒奪之禍**코도 **而復寵子帶**하고 **鄭伯身見子頹**徧舞**之僭**코도 **而復奏備樂**하며 **襄王身經子帶召戎之變**코도 **而復親戎狄**하니 **身遇之而復身蹈之**는 **何耶**오 **人心蔽於此者**는 **怠於彼**일새니라 **惠王蔽於愛**라 **故雖近被簒奪之害**로되 **已如異世而忘之矣**요 **鄭伯蔽於侈**라 **故雖近見**徧舞**之僭**이로되 **已如異世而忘之矣**며 **襄王蔽於忿**이라 **故雖近經召戎之變**이로되 **已如異世而忘之矣**니라 **是三君者**는 **心一有所蔽**하야 **雖耳目之所親接者**도 **視之**惘**然如異世事**어든 **況欲責紂使鑑數百年前之桀**하고 **責幽**厲**使鑑數百年前之紂**면 **難矣哉**ㄴ저

천하의 일에는, 먼 일, 가까운 일, 隱微한 일, 顯著한 일이 있으니, 애당초 정해진 명칭이 있는 것이 아니다. 古代의 일이라 하여 먼 것이 아니고, 今世의 일이라 하여 가까운 것이 아니며, 고대의 일이라 하여 은미한 것이 아니고, 금세의 일이라 하여 현저한 것이 아니니, 오직 내가 마음속으로 어떻게 보느냐에 따라 〈먼 일, 가까운 일, 은미한 일, 현저한 일이 결정될 뿐이다.〉

지금 매우 가까워서 쉽게 볼 수 있는 것으로는 내가 몸소 겪은 일만 한 것이 없는데, 惠王은 子頹에게 왕위를 찬탈당하는 禍를 몸소 겪고도 다시 子帶를 총애하였고, 鄭伯은 六代의 음악〔徧舞〕을 연주하는 자퇴의 참람함을 직접 보고도 다시 육대의 음악을 연주〔備樂〕하였으며, 襄王은 자대가 戎狄을 불러들인 변란을 몸소 겪고도 다시 융적을 가까이하였다. 이들이 모두 직접 화를 당하고도 다시 몸소 그 일을 답습한 것은 어째서인가?

사람의 마음은 이 일에 마음이 가려지면 저 일에 마음을 쓰지 않기 때문이다. 혜왕은 자식 사랑에 가려졌기 때문에 근자에 찬탈의 화를 당하고도 이미 다른 세대의 일

처럼 잊었고, 정백은 奢侈에 가려졌기 때문에 근자에 徧舞를 僭用하는 것을 보고도 이미 다른 세대의 일처럼 잊었으며, 양왕은 憤怒에 가려졌기 때문에 근자에 융적을 불러들인 변란을 당하고도 이미 다른 세대의 일처럼 잊은 것이다. 이 세 임금은 마음이 한 곳에 가려졌기 때문에 귀와 눈으로 직접 듣고 본 것도 마치 아득한 다른 세대의 일처럼 보았는데, 하물며 紂王에게 수백 년 전 桀王의 일을 거울 삼으라고 요구하고, 幽王과 厲王에게 수백 년 전 주왕을 거울 삼으라고 요구한다면 어려울 것이다.

故嘗論之호대 **心有所蔽**면 **則以今爲古**하고 **心無所蔽**면 **則以古爲今**이라 **是何也**오 **心有所蔽**면 **則觸情縱欲**[1]하야 **釁在前而不見**하고 **戮在後而不知**하며 **身所親歷**도 **曾未踰時**하야 **若醉若夢**하야 **視之猶太古鴻荒之世**하야 **不復省錄**[2]이라 **此以今爲古也**니 **惠襄鄭伯之類是也**라 **心無所蔽**면 **則六通四闢**[3]하야 **合千載爲一朝**하고 **合萬代爲一世**하야 **與古聖賢**으로 **更相授受**하고 **更相酬酢**하야 **於無聲無臭之中**[4]에 **和同無間**[5]이라 **此以古爲今也**니 **舜文若合符節**[6]**之類是也**라 **以古爲今**과 **以今爲古**는 **特在吾心之通與蔽耳**니 **曷嘗有定名哉**아

1) 〔역주〕 觸情縱欲 : 欲情(욕망)에 마음이 흔들려 절제하지 못함을 이른 듯하다.
2) 〔역주〕 省錄 : 기억함이다.
3) 〔역주〕 六通四闢 : 上下 사방으로 통함을 이른다.
4) 〔역주〕 無聲無臭之中 : 天道를 이른다. ≪詩經≫ 〈大雅 文王〉에 "하늘의 일은 소리도 없고 냄새도 없네.〔上天之載 無聲無臭〕"란 말이 보이는데, 鄭玄의 箋에 "하늘의 도는 알기 어려우니, 귀로 들을 수 있는 소리도 없고, 코로 맡을 수 있는 냄새도 없다."라고 하였다. 일반적으로 幽深하여 헤아릴 수 없는 天道를 이르는 말로 쓰인다.
5) 〔역주〕 和同無間 : 틈 하나 없이 화목하여 한마음이 됨이다.
6) 〔역주〕 若合符節 : 부절을 맞춘 듯이 같다는 말이다. ≪孟子≫ 〈離婁 下〉에 "舜은 諸馮에서 출생하고,……文王은 岐周에서 출생하였으니, 두 지역의 相距가 천여 리이며, 세대의 선후도 천여 년이었으되, 뜻을 얻어 중국에 道를 행한 것은 부절을 맞춘 듯이 똑같았다.〔舜生於諸馮……文王生於岐周……地之相去 千有餘里 世之相後 千有餘歲 得志行乎中國 若合符節〕"란 말이 보이는데, 朱子의 註에 "符節은 玉으로 만든다. 文字를 篆刻하여 한 중간을 쪼개어 둘로 나누어 피차가 각각 반쪽씩을 가지고 있다가 일이 있으면 왼편의 반쪽과 오른편

의 반쪽을 서로 맞추어보고서 信標로 삼는 것이다. 부절을 맞춘 듯하다는 것은 그 도가 같았다는 말이다."라고 하였다.

그러므로 나는 일찍이 이렇게 논하였다. 마음에 가려진 것이 있으면 지금의 일을 옛 일로 여기고, 마음에 가려진 것이 없으면 옛 일을 지금의 일로 여긴다. 이는 어째서인가?

마음에 가려진 것이 있으면 情欲에 흔들리고 욕심을 절제하지 못하여 釁端(禍端)이 앞에 있어도 보지 못하고 殺戮이 뒤에 있어도 알지 못하며, 몸소 겪은 일도 얼마 지나지 않아 취중이나 꿈속의 일처럼 모호하여 아득한 太古의 일처럼 다시 기억하지 못한다. 이것이 지금의 일을 옛 일로 여기는 것이니, 惠王・襄王・鄭伯 등이 이에 해당한다.

마음에 가려진 것이 없으면 上下 四方으로 통하여 천 년을 하루아침으로, 萬代를 一世로 여겨, 옛 聖賢과 서로 주고받으며 서로 묻고 답하여, 소리도 없고 냄새도 없는 〈天道〉 가운데서 한마음 한뜻이 되기 때문이다. 이것이 옛 일을 지금의 일로 여기는 것이니, 舜임금과 文王이 符節을 맞춘 것 같은 것이 이에 해당한다.

옛 일을 지금의 일로 여기고 지금의 일을 옛 일로 여기는 것은, 단지 내 마음이 通하였느냐 가려졌느냐에 달렸을 뿐이니, 어찌 일찍이 정해진 명칭이 있었겠는가?

嗚呼라 **人心不可有所蔽也**니 **處當世之事**호되 **而蔽於私情**이면 **則雖易見之禍**라도 **有不能見焉**하고 **論異世之事**호되 **而蔽於陳迹**이면 **則雖易見之理**라도 **有不能見焉**이라 **惠襄鄭伯旣蔽於私情**하야 **而不能見其禍矣**나 **後世論之**도 **亦未免蔽於陳迹也**라 **自其迹觀之**면 **則鄭伯**은 **首唱納惠王者**요 **虢公**은 **從鄭伯而納惠王者**라 **鄭功大**로되 **而惠王反薄之**하고 **虢功小**로되 **而惠王反厚之**하니 **世皆疑惠王待鄭之薄也**니라

아! 사람의 마음은 가려짐이 있어서는 안 된다. 당세의 일을 처리하면서 사사로운 인정에 가려지면 비록 보기 쉬운 화도 보지 못하고, 고대의 일을 논하면서 옛 事迹에 가려지면 비록 보기 쉬운 이치도 보지 못한다. 惠王・襄王・鄭伯은 이미 사사로운 인정에 가려져서 그 화를 보지 못하였지만, 후세에 이들의 일을 논하는 자들 또한 옛 사적에 가려짐을 면하지 못하였다.

사적으로 보면, 정백은 惠王을 모셔 들일 것을 먼저 主唱한 자이고, 虢公은 정백을 따라 혜왕을 모셔 들인 자이다. 정백의 공이 큰데도 혜왕은 도리어 薄待하였고, 괵공의 공이 작은데도 혜왕은 도리어 厚待하였으니, 세상 사람들은 모두 혜왕이 정백을 박대한 것으로 의심한다.

襄王以狄伐鄭에 **富辰固諫之**하고 **襄王召子帶**에 **富辰實導之**하니 **能見狄之禍**요 **而不見子帶之禍**니 **世皆悔富辰導子帶之失也**니라 **惠王失位於齊桓伯**(패)**諸侯之時**하고 **襄王失位於晉文伯諸侯之時**한대 **納襄王者在晉**이요 **而納惠王者不在齊**하니 **世皆咎齊桓之納王緩也**라 **揆之以理**컨대 **則惠王之待鄭薄**은 **本無可疑**요 **富辰之召子帶**도 **本無可悔**며 **齊桓之緩於納王**도 **本無可咎**니 **是豈有難見之理哉**아

襄王이 狄人을 거느리고 鄭나라를 정벌할 때 富辰이 강력히 간하였고, 양왕이 子帶를 불러들일 때는 부신이 실로 인도하였으니, 부신은 적인의 禍만 알고 자대의 화는 알지 못한 것이니, 세상 사람들은 모두 부신이 자대를 불러들이도록 인도한 잘못을 悔恨한다.

惠王은 齊 桓公이 제후의 霸者였을 때에 왕위를 잃었고, 襄王은 晉 文公이 제후의 패자였을 때에 왕위를 잃었는데, 양왕을 王京으로 모셔 들인 이는 진 문공이고, 혜왕을 모셔 들인 이는 제 환공이 아니었으니, 세상 사람들은 모두 제 환공이 혜왕을 너무 늦게 모셔 들인 것을 죄로 여겨 나무란다.

그러나 사리로 헤아려보면, 혜왕이 鄭伯을 박대한 것은 본래 의심할 것이 없고, 부신이 자대를 불러들인 것도 본래 회한할 것이 없으며, 제 환공이 혜왕을 늦게 모셔 들인 것도 본래 나무랄 것이 없으니, 여기에 어찌 알기 어려운 이치가 있겠는가?

兩人交訟에 **其行賂多出於理之曲者**하니 **蓋恃直則不必賂也**라 **鄭恃功之大而守其常**하고 **虢慊功之小而獻其諂**이라 **功**은 **已往而易忘**이요 **諂**은 **方至而易惑**이니 **此惠王之所以厚虢而薄鄭歟**ㄴ저 **劉文靖裴寂俱唐室功臣**이나 **然首建大義**는 **皆文靜之謀**니 **非寂敢望也**라 **高祖厚寂而薄文靜者**는 **文靜以其功**이요 **寂以其諂耳**[1]근새니라 **人情豈相**

遠哉리오 **故曰 惠王之待鄭薄**은 **本無可疑**라하니라

1) 劉文靖裴寂俱唐室功臣……寂以其諂耳：見唐史本紀
　　≪唐書≫ 〈高祖本紀〉에 보인다.

두 사람이 爭訟할 때에 뇌물을 쓰는 일은 대체로 잘못이 있어 승소할 수 없는 자에게서 나오니, 이는 잘못이 없는 자는 자기의 곧음을 믿어 뇌물을 쓸 필요가 없기 때문이다. 鄭伯은 자기의 공이 큰 것을 믿고서 常道를 지켰고, 虢公은 자기의 공이 작은 것을 불만으로 여겨 아첨하여 襄王의 비위를 맞추었다. 공을 세운 것은 이미 지난 일이어서 잊기 쉽고, 아첨은 지금 이른 것이어서 현혹되기 쉬우니, 이것이 惠王이 괵공을 후대하고 정백을 박대한 까닭일 것이다.

劉文靖과 裴寂은 모두 唐나라의 공신이었지만, 먼저 대의를 세운 것은 문정의 계획이었으니 배적이 감히 비교될 수 없다. 그런데도 唐 高祖가 배적을 후대하고 문정을 박대한 것은, 문정은 자기의 공을 믿었고, 배적은 아첨으로 고조의 비위를 맞추었기 때문이다. 사람의 마음이 어찌 서로 다르겠는가? 그러므로 "혜왕이 정백을 박대한 일은 본래 의심할 것이 없다."고 한 것이다.

兄弟當親이요 **戎狄當疎**니 **子帶之不可絶**이 **政如戎之不可通也**니라 **富辰教襄王親其所親**하고 **疎其所疎**하니 **本無二說**이라 **使襄王納其諫**하야 **而不與狄通**이면 **則子帶何自而成其惡乎**아 **苟與狄通**이면 **雖無子帶**라도 **猶不免於亂也**리라 **自古與戎狄共功者**는 **未有不爲其反噬**[1]하니 **唐之回紇**[2]과 **晉之契丹**[3]에 **始借其力**이라가 **終罹其患**하니 **彼二國者**도 **亦豈有子帶之釁召之邪**아 **爲襄王者**는 **當以與狄通爲悔**요 **不當以召子帶爲悔也**니라 **故曰 富辰之召子帶**는 **本無可悔**라하니라

1) 〔역주〕 反噬：짐승이 도리어 주인을 깨문다는 말로, '배반'을 비유하는 말로 쓰인다.

2) 唐之回紇：回紇 本匈奴高車部也 安祿山反 肅宗藉其兵力 復兩京 自是輕功 時入寇邊
　　回紇은 본래 匈奴의 高車部族이다. 安祿山이 반란을 일으켰을 때, 肅宗이 그들의 힘을 빌려 兩京(長安과 洛陽)을 수복하였다. 이때부터 회흘은 功을 믿고서 때때로 들어와 변방을 침략하였다.

3) 晉之契丹：五代晉高祖 以河東節度使 假契丹援 擧兵滅唐而據其位 割幽燕十六州之地與契丹

而臣事之 出帝卽位 不肯稱臣於契丹 大怒 遣使責讓 後大擧入寇 出帝北遷

五代 때 晉 高祖가 河東節度使로서 契丹의 應援을 빌려 군사를 일으켜 後唐을 멸하고 황제의 자리를 차지하고는, 幽州와 燕州 등 16州의 땅을 떼어 거란에 주고서 신하의 도리로 거란을 섬겼다. 出帝(高祖의 형)가 즉위하여 거란에게 신하로 칭하려 하지 않으니, 거란이 크게 노하여 사신을 보내어 꾸짖었다. 뒤에 大軍을 일으켜 쳐들어오니, 출제가 遼陽에서 북쪽 建州로 遷都하였다.

兄弟는 친근하게 대해야 하고 戎狄은 소원하게 대해야 하니, 子帶와 형제의 정을 단절해서는 안 되는 것이 바로 융적과 교통해서는 안 되는 것과 같다. 富辰이 襄王에게 가까이할 사람을 가까이하고, 멀리할 사람을 멀리하라고 가르쳤으니, 본래 이 밖에 달리 더할 말이 없다.

가령 양왕이 그의 간언을 받아들여 융적과 通好하지 않았다면 자대가 어떻게 간악한 반역을 이룰 수 있었겠는가? 가령 융적과 통호하였다면 비록 자대가 없었다 하더라도 오히려 융적의 환란을 면하지 못하였을 것이다.

예로부터 융적과 함께 공을 이룬 자는 융적의 배반을 당하지 않은 경우가 없었다. 唐나라가 回紇과 〈통호하고〉 晉나라가 契丹과 〈통호하여〉 처음에는 두 융적의 힘을 빌렸다가 마침내 융적의 환란을 당하였으니, 저 두 나라에도 어찌 자대 같은 화근이 있어서 융적의 환란을 부른 것이 아니겠는가? 그러니 양왕의 일을 논하는 자들은 융적과 통호한 것을 悔恨해야지, 자대를 불러들인 것을 회한해서는 안 된다. 그러므로 "부신이 자대를 불러들인 것은 본래 회한할 것이 없다."고 한 것이다.

天子猶父也요 諸侯猶子也니 父有難에 一子居近而能救之면 爲諸子는 幸其父之免足矣니 何必競其功耶아 齊桓伯天下에 鄭虢納王이로되 而齊桓未嘗爭其功하니 當是時하야 風俗猶厚也르새니라 及襄王之出에 晉與秦俱欲納王이나 晉文辭秦師而獨擅其功하니라 外傳에 記子犯之言曰 君盍納王고 若不納이면 秦將納之리라 則失周矣니 何以求諸侯[1)]리오하니 是猶一子欲專救父之名하야 拒諸子使不得前이라 其心不在於父而在於名하니 安得爲孝乎리오 吁라 亦薄矣로다 然則齊桓晉文孰爲咎耶아 故曰 齊桓之緩於納王은 本無可咎라하니라 後世之論은 疑其所不當疑하고 悔其所不當悔하며 咎其

所不當咎하니라

1)〔역주〕外傳……何以求諸侯 : ≪國語≫ 〈晉語 四〉에 나오는 말이다.

天子는 아비와 같고 諸侯는 자식과 같으니, 아비에게 禍難이 닥쳤을 때 가까이 있는 한 자식이 아비를 구제하였으면 여러 자식들은 그 아비가 화를 면한 것을 다행으로 여겨 만족해할 것이니, 어찌 그 공을 다투겠는가?

齊 桓公이 천하의 霸者가 되었을 때 鄭伯과 虢公이 惠王을 京師로 모셔 들였으되 제 환공은 그 공을 다투지 않았으니, 이는 당시의 풍속이 오히려 순후하였기 때문이다. 襄王이 경사에서 도망해 나왔을 때 晉侯와 秦伯이 서로 양왕을 모셔 들이고자 하였는데, 晉 文公은 秦軍을 謝絶하고서 그 공을 독차지하였다.

外傳(≪國語≫)에 "임금님께서는 어찌하여 양왕을 경사로 모셔 들이지 않으십니까? 만약 임금께서 모셔 들이지 않으시면 秦伯이 모셔 들이려 할 것입니다. 그리 된다면 周王의 마음을 잃게 될 것이니, 어떻게 제후의 신뢰를 구할 수 있겠습니까?"라고 한 子犯에 말이 기재되어 있으니, 이는 한 자식이 아비를 구제하였다는 명예를 독차지하기 위해 여러 자식들을 앞으로 나오지 못하도록 막은 것과 같다. 그 마음이 아비를 구제하는 데 있지 않고 명예를 얻는 데 있었으니 어찌 孝가 될 수 있겠는가?

아! 너무나도 야박했다 하겠다. 그렇다면 제 환공과 진 문공 두 사람 중에 누구를 꾸짖어야 하겠는가? 그러므로 "제 환공이 늦게 양왕을 모셔 들인 것은 본래 꾸짖을 것이 없다."고 한 것이다. 그런데 후세의 논의는 의심하지 말아야 할 것을 의심하고, 회한하지 말아야 할 것을 회한하며, 꾸짖지 말아야 할 것을 꾸짖었다.

07-06 鬻拳兵諫 鬻拳이 무기로 위협하며 諫하다

【左傳】 莊十九年이라 鬻拳强諫楚子로되 楚子弗從이어늘 臨之以兵한대 懼而從之하다 鬻拳曰 吾懼君以兵하니 罪莫大焉이라하고 遂自刖也하니 楚人以爲大閽하야 謂之大伯이라하고 使其後掌之하다 君子曰 鬻拳은 可謂愛君矣로다 諫而自納於刑하고 刑猶不忘納君於善이라하다

莊公 19년, 鬻拳이 楚子에게 강력히 간하였으나 楚子가 따르지 않자, 武器를 들고

威脅하니 楚子는 겁이 나서 그의 말을 따랐다. 그러자 鬻拳은 “내가 무기를 들고 임금에게 겁을 주었으니 이보다 큰 죄는 없다.” 하고서, 드디어 스스로 두 발을 잘랐다. 楚人(楚子를 이름)은 그를 大閽(守門將)으로 삼아 太伯이라 名稱하고서 그의 후손에게 대대로 그 官職을 맡게 하였다. 이에 대해 君子는 다음과 같이 논평하였다.

“鬻拳은 참으로 임금을 사랑했다고 할 만하다. 임금에게 간한 것 때문에 스스로 刖刑을 받았고, 월형을 받고도 임금을 善에 들도록 인도하기를 잊지 않았으니 말이다.”

【主意】 人臣諫君에 不患君之未從이요 而患諫之未善이어늘 鬻拳不求之己하고 而求之君이라 所以至於脇君以兵也니라

신하가 임금에게 諫言을 올릴 때에는 임금이 간언을 따르지 않을 것을 걱정할 것이 아니라, 자기의 간언이 盡善하지 못한 것을 걱정해야 하는데, 鬻拳은 자기에게서 찾지 않고 임금에게 요구하였다. 그러므로 무기로 임금을 협박하는 데 이른 것이다.

古今以人君拒諫爲憂나 吾以爲未知所憂也로라 首人君之惡者는 拒諫居其最니 置是而不憂면 將何憂오 曰 君之拒諫可憂나 而非人臣之所當憂也라하노라 君臣同體니 君陷於惡에 臣不爲之憂면 將誰憂오 曰 君有君之憂하고 臣有臣之憂하니 未聞舍己之憂하고 而憂人之憂者也로라

예로부터 지금까지 〈신하는〉 임금이 간언을 거절하는 것을 근심으로 여겼으나, 나는 그들이 근심할 바를 알지 못하였다고 생각한다. 임금의 惡行 중에 가장 으뜸이 되는 것은 간언을 거절하는 것인데, 이것을 버리고 근심하지 않는다면 장차 무엇을 근심하란 말인가? 나는 이렇게 생각한다. 임금이 간언을 거절하는 것이 근심할 만한 일이기는 하지만, 신하가 근심할 일은 아니다. 임금과 신하는 한 몸인데, 임금이 惡의 수렁에 빠지는데도 신하가 근심하지 않는다면 장차 누가 근심하란 말인가?

나는 이렇게 생각한다. 임금에게는 임금의 근심이 있고, 신하에게는 신하의 근심이 있으니, 나의 근심을 제쳐놓고 남의 근심을 대신 근심한다는 말을 듣지 못하였다.

人臣之憂는 在於諫之未善이요 不在於君之未從[1]이니 諫之道難矣哉[2]ㄴ저 誠之不至가

未善也[3)]요 **理之不明**이 **未善也**[4)]며 **辭之不達**이 **未善也**요 **氣之不平**이 **未善也**[5)]며 **行之不足以取重於君**이 **未善也**[6)]요 **言之不足以取信於君**이 **未善也**[7)]니 **坐以待旦**하고 **夜以繼日**[8)]이니라

1) 人臣之憂……不在於君之未從：此兩句 立一篇主意
   이 두 구절은 이 글의 主意를 세워 말한 것이다.
2) 諫之道難矣哉：就諫之未善一句發明
   '諫之未善'이라는 1句를 가지고 밝힌 것이다.
3) 誠之不至 未善也：誠謂忱實懇切
   誠은 성실하고 간절함을 이른다.
4) 理之不明 未善也：理謂敷陳義理
   理는 의리를 펼침을 이른다.
5) 辭之不達……未善也：氣平則言語婉順
   心氣가 화평하면 말씨가 부드럽고 순하다.
6) 行之不足以取重於君 未善也：平日操履無玷 然後取重於君
   평소 행동거지에 잘못이 없은 뒤에야 임금에게 존중을 받을 수 있다.
7) 言之不足以取信於君 未善也：平日議論不欺 然後取信於君 此數者有一未善 皆未及諫之道
   평소 의론에 속임이 없은 뒤에야 임금에게 신임을 받을 수 있다. 이 몇 가지 중에 한 가지라도 未善한 것이 있으면 모두 諫言의 도에 미치지 못하는 것이다.
8) 〔역주〕 坐以待旦 夜以繼日：東萊는 ≪孟子≫ 〈離婁 下〉에 보이는 "周公은 三王의 도를 모두 배워서 네 가지 일을 시행하기를 생각하되, 그중에 당시의 상황에 맞지 않는 것이 있으면 그 이유를 우러러 생각하여, 종일 생각하고 그래도 터득이 되지 않으면 밤까지 계속 생각하여 다행히 그 이유를 터득하면 앉아서 아침이 되기를 기다렸다.〔周公思兼三王 以施四事 其有不合者 仰而思之 夜以繼日 幸而得之 坐以待旦〕"는 말을 '坐以待旦 夜以繼日'이란 두 句로 縮約하여, 未善한 것이 있으면 그 까닭을 종일 생각하고 그래도 터득이 되지 않으면 밤까지 계속해 생각하여, 다행히 그 까닭을 터득하면 터득한 것을 실행하기 위해 앉아서 아침이 되기를 기다려야 한다는 뜻으로 사용하였다.

신하가 근심할 일은 諫言이 未善(盡善하지 못함)한 데 있고 임금이 따르지 않는 데 있지 않으니, 간언을 올리는 도리가 참으로 어렵다고 하겠다. 나의 정성이 지극하지 못하는 것이 '未善'이고, 사리가 분명하지 않은 것이 '미선'이며, 말이 의사를 정확히

전달하지 못하는 것이 '미선'이고, 心氣가 화평하지 못하는 것이 '미선'이며, 행동이 임금에게 존중을 받지 못하는 것이 '미선'이고, 말이 임금에게 신임을 받지 못하는 것이 '미선'이니, 밤낮으로 쉬지 않고 〈'미선'한 까닭을 생각하고〉 앉아서 날이 밝기를 기다려야 한다.

其所憂者는 **惟恐吾未盡諫之之道**[1]니 **亦何暇憂其君之從與拒乎**[2]아 **不憂術之未精**하고 **而徒憂病之難治**[3]는 **天下之拙醫也**[4]요 **不憂筭之不多**하고 **而徒憂敵之難勝**[5]은 **天下之庸將也**[6]라 **臣之納諫者**가 **苟尤君而不尤己**[7]하며 **不導君而使自從**하고 **徒欲强君而使必從**[8]이면 **其流弊終至於鬻拳脅君而後止耳**[9]리라

1) 惟恐吾未盡諫之之道：照起語諫之未善
起句인 '諫之未善'과 照應한다.

2) 亦何暇憂其君之從與拒乎：照起語不在君之未從
起句인 '不在君之未從'과 照應한다.

3) 不憂術之未精 而徒憂病之難治：引醫爲喩 術 謂診視
醫員으로써 비유하였다. 術은 진찰이다.

4) 天下之拙醫也：拙醫以喩不善諫者
拙醫로써 諫言을 잘하지 못하는 자를 비유하였다.

5) 不憂筭之不多 而徒憂敵之難勝：引將爲喩 筭 謂謀畫
將帥로써 비유하였다. 筭은 계략을 이른다.

6) 天下之庸將也：庸將以喩不善諫者
庸將으로써 諫言을 잘하지 못하는 자를 비유하였다.

7) 苟尤君而不尤己：反說 尤 猶責也 責君不從 不責己諫未善
反論한 것이다. 尤는 책망과 같으니, 임금이 따르지 않음을 책망하고 자기의 간언이 盡善하지 못함은 책망하지 않는다는 말이다.

8) 不導君而使自從 徒欲强君而使必從：導 謂開導以義理 强 謂勉强以辭說
導는 義理로써 인도함을 이르고, 强은 辭說로써 억지로 하게 함을 이른다.

9) 其流弊終至於鬻拳脅君而後止耳：引入本題不費力
힘들이지 않고 본편의 일로 들어가는 말이다.

근심할 일은 오직 나의 諫하는 도리가 극진하지 못할까만을 두려워할 뿐이니, 또

어느 겨를에 임금이 따르고 거절하는 것을 근심하겠는가? 자기의 醫術이 精深하지 않은 것은 근심하지 않고 한갓 병을 치료하기 어려운 것만 근심하는 자는 천하에 가장 졸렬한 醫師이며, 자기의 계략이 부족한 것은 근심하지 않고 한갓 적을 이기기 어려운 것만 근심하는 자는 천하에 가장 용렬한 장수이다. 諫言을 올리는 신하가 만약 임금만 탓하고 자신을 탓하지 않으며, 임금을 인도하여 스스로 따르게 하지 않고 한갓 임금을 强制하여 따르게 할 뿐이라면, 그 폐단이 끝내 鬻拳처럼 임금을 협박하는 데 이르고야 말 것이다.

鬻拳豈欲脅君哉[1)]리오 **告而不聽**이라 **故出於强**[2)]하고 **强而不聽**이라 **故出於脅**[3)]하니라 **君愈不聽而愈求之於君**[4)]하니 **曾不知反吾納諫之道盡歟不盡歟**[5)]ㄴ저 **諫**은 **吾職也**요 **聽**은 **君職也**[6)]니 **吾未能盡其職**[7)]하고 **乃欲越其職**하야 **以必君之聽**하니 **其可乎**[8)]아 **祭**는 **在人**하고 **饗**은 **在神**[9)]하며 **諫**은 **在臣**[10)]하고 **聽**은 **在君**[11)]이니라

1) 鬻拳豈欲脅君哉 : 推原鬻拳本心

鬻拳의 本心을 推原한 것이다.

2) 告而不聽 故出於强 : 謂强諫楚子

楚子에게 강력히 간한 것을 이른다.

3) 强而不聽 故出於脅 : 謂臨之以兵

무기를 들고 위협한 일을 이른다.

4) 君愈不聽而愈求之於君 : 不能反己以盡諫之道

극진히 간언하는 道로써 자신을 반성할 수 없었다는 말이다.

5) 曾不知反吾納諫之道盡歟不盡歟 : 鬻拳之失 正在於此

鬻拳의 잘못이 바로 여기에 있다.

6) 諫……君職也 : 說出職字又新

職자를 말한 것이 더욱 참신하다.

7) 吾未能盡其職 : 諫之未善 是未盡其職

간언이 盡善하지 못한 것, 이것이 자기 직분에 극진하지 못한 것이다.

8) 乃欲越其職……其可乎 : 强君之從 是越其職

임금에게 따르도록 강요하는 것, 이것이 자기 직분의 범위를 넘는 것이다.

9) 祭……在神 : 又引祭祀〈之〉[*)]說

제사에 관한 말로써 인용하였다.

*)〔역주〕〈之〉: 저본에 1字 공란이 있으나, 문맥을 살펴 '之'를 보충하였다.

10) 諫 在臣 : 猶人之祭

사람이 제사 지내는 것과 같다.

11) 聽 在君 : 猶(禱)〔神〕*)之饗

귀신이 흠향하는 것과 같다.

*)〔역주〕(禱)〔神〕: 저본에 '禱'로 되어있으나, 문맥을 살펴 '神'으로 바로잡았다.

鬻拳인들 어찌 임금을 협박하고 싶었겠는가? 고하여도 듣지 않기 때문에 강요한 것이고, 강요하여도 듣지 않기 때문에 협박한 것이다. 임금이 듣지 않을수록 더욱 임금에게 강요하였으니, 이는 곧 자신의 간하는 도리가 극진하였는지 극진하지 못하였는지에 대해서는 반성할 줄을 모른 것이다.

간하는 것은 나의 직분이고, 간언을 듣는 것은 임금의 직분이다. 내가 나의 직분도 다하지 못하면서 내 직분의 범위를 넘어 임금으로 하여금 반드시 듣게 하고자 하였으니, 어찌 가능하였겠는가? 제사를 지내는 것은 사람이고 歆饗하는 것은 귀신이며, 간하는 이는 신하이고 듣는 이는 임금이다.

有孔子而魯不治者1)는 **諫在孔子**하고 **而聽在魯侯也**2)며 **有孟子而齊不治者**는 **諫在孟子**하고 **而聽在齊王也**3)ㄹ새니라 **孔孟急於救世**가 **豈在鬻拳下乎**4)아 **然寧坐視齊魯之失道**언정 **終不肯强齊魯之君者**5)는 **盡臣之職而不敢越臣之職也**6)니라 **鬻拳之事君**이 **其視孔孟**이면 **未能萬分之一**7)이어늘 **而遽欲脅君乎**8)아

1) 有孔子而魯不治者 : 引孔孟事 証又明切

孔子·孟子의 일을 인용하였으니 증거가 더욱 명백하고 절실하다.

2) 有孔子而魯不治者……而聽在魯侯也 : 孔子善諫 而魯侯不善聽 故魯不治 然孔子何嘗强魯侯之必聽也

孔子는 諫言을 잘했으나 魯侯가 듣기를 잘하지 못하였다. 그러므로 魯나라가 다스려지지 않았으나, 공자가 어찌 일찍이 노후에게 반드시 들어줄 것을 강요한 적이 있었느냐는 말이다.

3) 有孟子而齊不治者……而聽在齊王也 : 孟子善諫 而齊王不善聽 故齊不治 然孟子何嘗强齊王

之必聽也

孟子가 諫言을 잘했으나 齊王은 듣기를 잘하지 못하였다. 그러므로 齊나라가 다스려지지 않았으나, 맹자가 어찌 일찍이 제왕에게 반드시 들어줄 것을 강요한 적이 있었느냐는 말이다.

4) 孔孟急於救世 豈在鬻拳下乎 : 此一轉極精神

여기에서 한 번 문장을 전환하였으니 매우 생동감이 있다.

5) 寧坐視齊魯之失道 終不肯强齊魯之君者 : 不肯如鬻拳之强諫

鬻拳처럼 諫言을 들어줄 것을 강요하려 하지 않았다는 것이다.

6) 盡臣之職而不敢越臣之職也 : 盡臣職 以善吾諫 不越臣職 以必君之聽也

신하의 직분을 다하여 나의 간언을 잘할 뿐, 신하의 직분을 넘어 반드시 임금이 들어주도록 하지는 않았다는 말이다.

7) 未能萬分之一 : 尙未及萬分之一

오히려 만분의 일에도 미치지 못한다는 말이다.

8) 遽欲脅君乎 : 孔孟不敢而鬻拳敢爲之

孔子와 孟子는 감히 하지 아니하였는데 鬻拳은 감히 그렇게 하였다는 말이다.

孔子가 있었는데도 魯나라가 다스려지지 않은 것은 간하는 것은 공자에게 있고, 간언을 받아들이는 것은 魯侯에게 있었기 때문이고, 孟子가 있었는데도 齊나라 다스려지지 않은 것은 간하는 것은 맹자에게 있고, 간언을 받아들이는 것은 齊王에게 있었기 때문이다. 공자와 맹자가 세상을 구제하는 일에 마음이 급하였던 것이 어찌 鬻拳만 못하였겠는가?

그런데도 차라리 제나라와 노나라가 도리를 잃는 것을 坐視할지언정 끝내 제나라와 노나라 임금을 강제하지 않은 것은, 신하의 직분을 다하고 감히 신하의 직분을 넘을 수 없었기 때문이다. 육권이 임금을 섬긴 것이 공자와 맹자에 비교하면 만분의 일에도 미치지 못하였는데, 어째서〔遽〕 임금을 협박하려 하였는가?

鬻拳臨楚子以兵과 及其拒楚子不納[1]也[2]에 幸楚子不以爲悖耳[3]라 苟楚子之不從이면 吾不知鬻拳何術以繼之乎[4]아 使是時不幸爲楚子所誅[5]면 則陷於逆亂[6]이니 其心迹終無以自見於後世矣[7]리라 鬻拳亦知其不可繼[8]하고 自謂吾心忠而迹逆이요 心順而迹悖라 故以刖足之心으로 明吾兵諫之迹[9]하노라 後世欲學吾之兵諫이면 盍學

吾之刖足[10)]이리오 吾之刖足不可學이면 則吾之兵諫亦不可學也[11)]라하니라

1) 〔역주〕 拒楚子不納：魯 莊公 19년 봄에 楚子가 巴軍을 防禦하다가 津에서 大敗하고 돌아오니, 鬻拳이 城門을 닫고 받아들이지 않았다.

2) 鬻拳臨楚子以兵 及其拒楚子不納也：懼君不納其諫 故至稱兵
임금이 자기의 諫言을 받아들이지 않을까 두려웠기 때문에 무력을 동원하게 된 것이다.

3) 幸楚子不以爲悖耳：幸而楚子不治鬻悖逆之罪
다행히도 楚子는 鬻拳을 반역죄로 치죄하지 않았다는 말이다.

4) 苟楚子之不從 吾不知鬻拳何術以繼之乎：懼以兵而不從 更有何策可施
무기로써 협박했는데도 따르지 않았다면 다시 무슨 쓸 만한 방책이 있겠느냐는 말이다.

5) 使是時不幸爲楚子所誅：設使楚子責其伐君之罪而誅戮之
'가령 楚子가 임금을 침벌한 죄를 견책하여 주벌하였다면'이라는 말이다.

6) 陷於逆亂：以臣伐君 大逆不道
신하로써 임금을 침벌하였으니 大逆無道한 일이라는 것이다.

7) 其心迹終無以自見於後世矣：後世之人 不復知其忠諫之心 而徒見其逆亂之迹
후세 사람들은 그가 忠諫한 마음을 모르고 반역의 자취만 볼 뿐이라는 말이다.

8) 鬻拳亦知其不可繼：自知懼君以兵非後世可繼之道
무기로써 임금을 협박하는 일은 후세에 계속할 수 있는 방법이 아님을 스스로 안 것이다.

9) 自謂吾心忠而迹逆……明吾兵諫之迹：心迹二字應上文 刖足以明其心之忠 以盡其迹之逆
心과 迹, 두 자는 윗글에 호응한다. 刖足으로써 충성하는 마음을 밝히고 반역한 행위를 극진히 벌한 것이다.

10) 後世欲學吾之兵諫 盍學吾之刖足：發明上文不可繼之意
윗글 '不可繼'의 뜻을 밝힌 것이다.

11) 吾之兵諫亦不可學也：以見其非可繼之道
계속할 수 있는 도가 아님을 보이기 때문이다.

鬻拳이 무기로 楚子를 협박할 때와 성문을 닫아 초자를 막고 받아들이지 않았을 때에, 초자가 그의 행위를 반역으로 여기지 않은 것은 행운이었다. 그때 만약 초자가 따르지 않았다면 나는 육권이 어떤 방법으로 계속하였을지 모르겠다. 가령 그때 불행히 초자에게 죽임을 당하였다면 亂逆의 죄에 빠졌을 것이니, 그 心事를 끝내 후세에 드러내 밝힐 방법이 없었을 것이다.

육권 또한 이런 방법을 다시 쓸 수 없다는 것을 알고서, 스스로 '내 마음은 忠心이었

으나 행위는 叛逆이고, 마음은 順理였으나 행위는 逆理이다. 그러므로 발꿈치를 깎은 마음으로 무기를 들고 간한 행위가 잘못이었음을 밝혔노라. 후세에 무기를 들고 간한 나의 행위를 배우려 한다면 어찌 발꿈치를 깎은 나의 마음을 배우지 않을 수 있겠는가? 발꿈치를 깎은 나의 마음을 배우지 못한다면 무기를 들고 간한 나의 행위를 배울 수 없을 것이다.'라고 생각하였다.

聖人之道는 **欲後世之皆可學**[1)]이어늘 **鬻拳之道**는 **欲後世之不可學**하니 **何其與聖人異耶**[2)]오 **先之以稱兵**하고 **後之以刖足**[3)]하니 **壞於前而修於後**[4)]요 **開於前而閉於後**라 **隨作隨救**하야 **焦然不寧**[5)]하니 **吾恐聖人之擧事**는 **不如是之煩且勞也**[6)]니라

1) 聖人之道 欲後世之皆可學：孔孟事君之道是已
 孔子와 孟子가 임금을 섬겼던 도는 이뿐이다.

2) 鬻拳之道……何其與聖人異耶：此等處回(斡)〔斡〕極精神 而丘本皆削去 不知何(先)〔見〕[*)]
 이곳은 문장을 回斡(回轉)한 것이 매우 精微한데, 丘本에는 이 단락을 모두 삭제하였으니, 무슨 생각으로 삭제한 것인지 모르겠다.

*) 〔역주〕 此等處回(斡)〔斡〕極精神……不知何(先)〔見〕：斡은 斡의 誤字이고, 先은 見의 誤字인 듯하므로 이상과 같이 번역하였다. 丘本은 丘氏本인 듯한데, 구체적으로 무엇을 가리키는 것인지 모르겠다.

3) 先之以稱兵 後之以刖足：二者皆非可學之事
 두 가지는 모두 배울 가치가 있는 일이 아니다.

4) 壞於前而修於後：兵諫之迹已壞 故以刖足之心修之
 무기로 협박한 자취는 이미 〈君臣의 관계가〉 무너진 것이다. 그러므로 발꿈치를 깎는 마음으로 수리한 것이다.

5) 開於前而閉於後……焦然不寧：說盡鬻拳之心
 鬻拳의 마음을 극진히 설명한 것이다.

6) 吾恐聖人之擧事 不如是之煩且勞也：應前與聖人異
 앞의 '聖人異'와 호응하는 말이다.

聖人의 도는 후세 사람이 모두 배울 수 있게 하고자 하였는데, 鬻拳의 도는 후세 사람들이 배울 수 없게 하고자 하였으니, 어쩌면 그리도 성인과 달랐는가? 먼저 무기를 들고 협박하고는 뒤에 발꿈치를 깎아 스스로 懲罰하였으니, 먼저 파괴하고서 뒤에

수리하고, 먼저 벌려놓고서 뒤에 갈무리하여 잘못이 있을 때마다 바로잡은 것이니, 마음이 초조하여 불안하였을 것이다. 나는 성인의 일처리는 이처럼 번거롭지도 수고롭지도 않을 것으로 생각한다.

道有樞[1)]하고 **言有會**[2)]하니 **柁移則舟轉**하고 **輪運則車行**[3)]이 **夫豈在於用力耶**[4)]아 **古之人固有廣厦細旃之上**[5)]에 **從容片言**으로 **基治平之原者**[6)]하니 **固未嘗動聲色費辭說也**[7)]니라 **牽裾**[8)]**折檻**[9)10)]도 **已爲下策**[11)]이온 **況動干戈於君側耶**[12)]아

1) 道有樞 : 戶有樞 道亦然

문에 지도리가 있듯이 道도 그러하다.

2) 言有會 : 事有會 言亦然

일에 기회가 있듯이 말도 그러하다.

3) 柁移則舟轉 輪運則車行 : 設喩進諫者 如柁之轉舟輪之運車 則不難矣

諫言을 올리는 자가, 키가 배를 회전시키고 바퀴가 수레를 가게 하듯이 간언한다면 어렵지 않을 것이라는 말이다.

4) 夫豈在於用力耶 : 舟車猶不可用力 況君可以力勝乎

배나 수레도 오히려 힘을 써서는 안 되거늘, 더구나 임금을 힘으로 위협할 수 있겠느냐는 말이다.

5) 古之人固有廣厦細旃之上 : 前漢王吉傳云 廣廈之中 細旃之上 上論唐虞之際 下及殷周之盛

≪漢書≫ 〈王吉傳〉에 이르기를 "광대한 宮殿 안의 촘촘히 짠 양탄자 위에서 위로 唐虞시절을 논하고 아래로 殷周의 번성한 때를 말한다."라고 하였다.

6) 從容片言 基治平之原者 : 言坐而論道之時 一言之間 可以興起治功

앉아서 도를 논하는 때에 한마디 말로 다스리는 공효를 일으킬 수 있다는 말이다.

7) 固未嘗動聲色費辭說也 : 如柁轉舟 如輪運車 曾不費力

키가 배를 회전시키고 바퀴가 수레를 가게 하는 것처럼, 힘을 허비한 적이 없다는 말이다.

8) 〔역주〕 牽裾 : 辛毗가 魏 文帝(曹丕)의 옷자락을 잡아 끈 일을 이른다. 三國 때 魏 文帝가 冀州의 十萬 戶를 河南으로 移住시키려 하였다. 신비가 이를 간하였으나, 문제가 듣지 않고 內殿으로 들어가니, 신비는 뒤따라가 문제의 옷자락을 잡아끌었다. ≪三國志 魏志 辛毗傳≫

9) 〔역주〕 折檻 : 漢 成帝 때 槐里令 朱雲이 殿上의 난간을 부러뜨린 일을 이른다. 주운이 당시의 公卿들을 모두 尸位素餐하는 鄙夫라고 하면서, 성제에게 "尙方의 斬馬劍을 내려주시면 간신 한 사람의 목을 쳐서 나머지 사람들을 격려시키겠습니다."라고 하였다. 성제가 간

신이 누구냐고 물으니, 安昌侯 張禹라고 대답하였다. 성제는 下官이 上官을 비방한다고 크게 노하여, 御使에게 명하여 끌고나가 斬首하라 하였다. 어사가 끌어내려 하자, 주운이 전상의 난간을 잡고 버티니 그 난간이 부러졌다. ≪漢書 朱雲傳≫

10) 牽裾折檻 : 牽裾 辛毗諫魏文帝事 折檻 朱雲乞斬張禹事 此皆强諫其君者

牽裾는 辛毗가 魏 文帝에게 간한 일이고, 折檻은 朱雲이 張禹를 벨 것을 청한 일이니, 이들은 모두 임금에게 억지로 간한 자들이다.

11) 已爲下策 : 皆出於不得已

모두 부득이한 데서 나왔다.

12) 況動干戈於君側耶 : 況於鬻拳之稱兵乎

더구나 무기를 동원한 鬻拳은 어떻겠느냐는 말이다.

道에는 樞機가 있고, 말에는 기회가 있다. 키를 돌리면 배가 회전하고, 바퀴를 굴리면 수레가 가는 것이 어찌 사람이 힘을 써서이겠는가? 옛사람은 본래 광대한 宮殿의 촘촘한 양탄자 위에서 조용한 한마디 말로 治平의 기반을 다졌으니, 본래 감정을 드러내어 많은 말을 한 적은 없었다. 옷깃을 잡아끌고〔牽裾〕 난간을 부러뜨린〔折檻〕 것은 이미 下策인데, 더구나 임금 곁에서 무기를 휘두른 것이겠는가?

荀卿은 **儒之陋者也**[1)]라 **其論諫諍輔拂**(弼)[2)3)]에 **乃曰 自能率群臣百吏**하야 **相與强君**[4)]하야 **君雖不安**이라도 **不能不聽**[5)]하야 **遂以解國之大患**[6)]을 **謂之輔拂之說**[7)]이라하니라 **卽鬻拳之說**[8)]이니 **皆欲以力强其君者也**[9)]라 **匹夫所恃以動萬乘者**는 **道存焉耳**[10)]어늘 **苟欲與之較力**[11)]이면 **是丐者與倚頓較富也**[12)]니 **危矣哉**[13)]ㄴ저

1) 荀卿 儒之陋者也 : 用荀子輔拂說結尾

荀子의 輔와 拂의 논설을 인용하여 結尾를 맺었다.

2) 拂(弼) : 音弼

拂의 독음은 弼(필)이다.

3)〔역주〕 諫諍輔拂(弼) : 荀子는 諫諍輔拂을 다음과 같이 설명하였다. "大臣이나 父兄이 임금에게 進言하여 임금이 그 말을 받아들이면 좋아하고 받아들이지 않으면 벼슬을 버리고 떠나는 것을 '諫'이라 하고, 임금에게 진언하여 임금이 그 말을 받아들이면 좋아하고 받아들이지 않으면 죽는 것을 '諍'이라 하고, 지혜를 모으고 힘을 합하여 群臣百官을 거느리고 임금을 강압하여 임금의 잘못을 바로잡아, 임금이 비록 내키지 않아도 듣지 않을 수 없게 하

여 드디어 국가의 큰 患難과 災害를 解除하여, 임금의 존엄과 국가의 안정을 이룩하는 것을 '輔'라 하고, 임금의 명에 抗拒하고 임금의 권한〔重〕을 竊取하고 임금의 일을 반대하여, 국가의 위난을 안정시키고 임금의 치욕을 제거한 공로가 국가의 큰 이익이 되기에 충분한 것을 '拂'이라 한다.〔大臣父兄 有能進言於君 用則可 不用則去 謂之諫 有能進言於君 用則可 不用則死去 謂之爭 有能比知同力 率群臣百吏 相與彊君矯君 君雖不安 不能不聽 遂以解國之大患 除國之大害 成於尊君安國 謂之輔 有能抗君之命 竊君之重 反君之事 以安國之危 除君之辱 功伐足以成國之大利 謂之拂〕"라고 하였다. 이상의 인용문에서 '率群臣百吏……遂以解國之大患'은 '輔'를 설명한 말이니, '拂'과는 무관하다. 그러나 '輔拂'이 항상 붙어 다니는 말이기 때문에 東萊는 별 생각 없이 '拂'까지 함께 붙여 쓴 듯하다.

4) 自能率群臣百吏 相與强君 : 强之一字 與鬻拳何異

强이라는 한 글자는 鬻拳과 다를 게 뭐 있는가?

5) 君雖不安 不能不聽 : 强君故不安 然不能不聽

임금을 강박하기 때문에 불안하나, 듣지 않을 수 없는 것이다.

6) 遂以解國之大患 : 强諫之功如此

강박으로 諫言하는 공효가 이와 같다.

7) 謂之輔拂之說 : 詳見荀子臣道篇

자세한 것은 ≪荀子≫ 〈臣道〉篇에 보인다.

8) 卽鬻拳之說 : 言荀卿之說與鬻拳一同

荀卿의 말은 鬻拳과 한가지라는 말이다.

9) 皆欲以力强其君者也 : 以强之一字 斷二人之失

'强' 한 글자로 두 사람의 잘못을 논단하였다.

10) 匹夫所恃以動萬乘者 道存焉耳 : 議論大

의론이 정대하다.

11) 苟欲與之較力 : 反說 人臣無道以動其君 徒以力而强其君者

반론한 것이다. 무도함으로써 임금을 감동시키려 하는 신하는 다만 힘으로써 임금을 强迫하는 자일 뿐이다.

12) 是丐者與倚頓較富也 : 倚頓古之富人 丐者以喩匹夫 倚頓以喩人君

倚頓은 옛날 부자이다. 丐로써 匹夫를 비유하였고, 倚頓으로 임금을 비유하였다.

13) 危矣哉 : 故有以忠諫而被殺者

그러므로 忠心으로 간하였으나 죽임을 당할 수 있는 것이다.

荀卿은 儒者 중에 淺陋한 자이다. 그는 諫・諍・輔・拂을 논하면서 "자신이 百官을 거느리고 가서 함께 임금을 强迫하여, 임금이 불안해서라도 간언을 듣지 않을 수 없게 만들어, 드디어 국가의 큰 환란을 解除하는 것을 일러 '輔拂'의 說法이라 한다."라고 하였다. 이는 바로 鬻拳의 말과 동일하니, 모두 힘으로 그 임금을 강박하고자 한 것이다. 匹夫가 믿고서 萬乘天子를 감동시킬 수 있는 것으로는 道가 있을 뿐인데, 만약 임금과 힘으로 겨루려 한다면 이는 거지가 倚頓(춘추 때 魯나라의 부자)과 富를 겨루려는 꼴이니 위태로울 것이다.

07-07 陳敬仲辭卿飮威公酒 陳敬仲이 卿을 사양하고 桓公에게 술을 접대하다

【左傳】 莊二十二年이라 〈春에 陳人殺其大子御寇하니〉 陳公子完〈與顓孫〉奔齊하다 〈顓孫自齊來奔하다〉 齊侯使敬仲爲卿한대 辭曰 羈旅之臣[1)]이 幸若獲宥[2)]하야 及於寬政하고 赦其不閑於敎訓하야 而免於罪戾하고 弛[3)]於負擔이 君之惠也라 所獲多矣니 敢辱高位하야 以速官謗이릿가 請以死告하노이다 詩[4)]云 翹翹車乘으로 招我以弓이로다 豈不欲往이리오마는 畏我友朋이라하니이다 使爲工正하다 飮桓公酒하니 樂하야 公曰 以火繼之하라 辭曰 臣卜其晝요 未卜其夜하니 不敢하노이다 君子曰 酒以成禮하고 不繼以淫은 義也요 以君成禮하고 弗納於淫은 仁也라하다

1) 〔역주〕 羈旅之臣 : 羈는 붙어 사는 것이고, 旅는 나그네이다.
2) 〔역주〕 宥 : 용서이다.
3) 〔역주〕 弛 : 벗어나는 것이다.
4) 〔역주〕 詩 : 逸詩이다.

莊公 22년, 봄에 陳人이 그 太子 御寇를 죽이니 陳 公子 完이 顓孫과 함께 齊나라로 도망하였다. 전손은 또 齊나라에서 魯나라로 도망해 왔다. 齊侯가 敬仲을 卿으로 삼으려 하니, 사양해 말하기를 "나그네로 他國에 붙어사는 臣이 다행히 용서를 받아 너그러운 政治를 하는 齊나라에 살 수 있게 되었고, 敎訓을 익히지 못한 臣을 용서하시고 罪過를 赦免하시어 臣이 負擔에서 벗어나게 하신 것이 바로 임금님의 은혜입니다. 이것만으로도 臣이 얻은 것이 많은데, 무엇 때문에 감히 높은 지위를 욕되게 하여 官吏들의 비난을 부르겠습니까? 죽음으로써 告합니다. 詩에 '높은 수레를 타고 와서 활로 나를 부르는구나. 어찌 가고 싶지 안으랴만 벗들의 비난이 두려워서이다.'라

고 하였습니다."라고 하였다. 그러자 齊 桓公은 그를 工正으로 삼았다.

敬仲이 酒宴을 베풀어 제 환공을 접대하니 환공은 매우 즐거워하였다. 환공이 "불을 밝히고 계속 마시자."라고 하니, 경중이 사양하기를 "臣은 낮에 모시는 일은 占을 쳤지만 밤까지 모실 것은 점을 치지 않았으니, 감히 命을 받들 수 없습니다."라고 하였다. 이에 대해 君子는 다음과 같이 논평하였다. "술로써 禮를 이루고 지나치게 계속하지 않은 것은 義이고, 임금을 모시고서 禮를 이루고 지나친 데 들지 않게 한 것은 仁이다."

人之嗜進而不知止는 **未有不由子孫累者**니라 **一身之奉易足也**요 **一身之求易供也**로되 **其所以嗜進而不知止者**는 **特欲爲子孫無窮之計耳**니라 **吾身不能常存**이요 **主眷不能常保**니 **身未沒眷未衰之時**에 **厚集權寵**하야 **以遺後之人**이라 **一失此機**면 **子孫將何所庇乎**아 **此所以爵愈高而心愈躁**하고 **祿愈豐而心愈貪也**니라

사람이 陞進만 좋아하고 멈출 줄 모르는 것은 자손을 위한 마음에 얽매어서가 아닌 경우가 없다. 내 한 몸의 봉양은 충족하기 쉽고 한 몸의 수요는 공급하기 쉬운데도, 승진만 좋아하고 멈출 줄 모르는 것은 자손을 위하여 무궁하게 전하려는 계산일 뿐이다. 〈사람들은〉 '내 몸이 항상 살 수 있는 것이 아니고 임금의 은총도 항상 변하지 않는다고 보장할 수 없으니, 내 몸이 죽기 전과 임금의 은총이 쇠하기 전에 권력과 은총을 많이 모아 후손에게 물려주어야 한다. 이 기회를 한번 잃는다면 자손이 장차 무엇에 비호를 받을 수 있겠는가?'라고 생각하니, 이것이 벼슬이 더욱 높아질수록 마음이 더욱 조급해지고, 녹이 더욱 많아질수록 마음이 더욱 탐욕스러워지는 까닭이다.

陳氏之在齊하야 **其子孫莫强焉**하니 **竊意敬仲入齊之始**에 **其所以遺子孫者必甚厚**나 **反覆考之則大不然**하니 **人皆求權位以遺子孫**이어늘 **齊威公使之爲卿**하니 **位旣高矣**로되 **而敬仲辭之**하고 **人皆結眷寵以遺子孫**이어늘 **齊威公飮其家**에 **至欲繼之以燭**하니 **寵亦深矣**로되 **而敬仲又辭之**하니라 **敬仲雖安於恬退**나 **曷不少享齊公之美**하야 **意以爲子孫之託耶**아

陳氏가 齊나라에 있어 그 자손이 더없이 강성하였으니, 나는 그 이유가 敬仲이 제나라로 들어온 처음에 자손에게 물려준 것이 매우 풍부하였기 때문이라고 생각하였다. 그러나 반복해 고찰해보니 크게 그렇지 않았다.

사람들은 모두 권세와 지위를 구하여 자손에게 물려주려 하는데, 齊 桓公이 자신을 卿으로 삼으려 하였으니 높은 지위인데도 경중은 사양하였고, 사람들은 모두 眷顧와 寵愛를 구하여 자손에게 물려주려 하는데, 제 환공이 자기 집에서 술을 마실 때 촛불을 켜놓고 계속 마시고자 하였으니 깊은 은총인데도 경중은 또 사양하였다. 경중이 비록 名利에 미련 없이 물러나는 것을 편안하게 여겼다 하더라도, 어찌하여 제 환공의 아름다운 뜻을 조금 받아들여 자손으로 하여금 의탁할 바가 있게 하지 않았는가?

嗚呼라 **是乃敬仲深託其子孫於齊也**니 **人之所以多求位與寵者**는 **不過欲子孫用之不盡耳**요 **抑不知吾盡取其位**면 **安得餘位以遺子孫乎**며 **吾盡取其寵**이면 **安得餘寵以遺子孫乎**아 **敬仲所以不處齊卿之位者**는 **恐其位之盡也**요 **不當夜宴之寵者**는 **恐其寵之盡也**라 **齊敬仲每有不盡之恨**이라 **故其子孫亦每有不盡之澤**하니 **是辭一卿之秩**하야 **而開一世之基**하고 **辭一夕之宴**하야 **而得數百年之眷**이니 **深矣哉**라 **敬仲託其子孫於齊也**여 **至於田和**[1]하야 **席敬仲之業**하야 **旣滿而溢**하야 **簒竊齊國**[2]하야 **六七傳而遂亡**하니라 **以損而興**하고 **以滿而滅**하니 **豈非盈者天地鬼神之所共惡耶**아

1) 〔역주〕 田和 : 陳敬仲의 9代孫으로, 齊 康公을 幽閉하고 齊侯가 된 자이다.

2) 〔역주〕 席敬仲之業……簒竊齊國 : '席'은 의지함이다. 敬仲이 개척한 기업에 의지하여 부귀와 권세가 극에 달하자, 自滿하여 분수 넘는 짓을 저질러 齊나라를 찬탈하였다는 말이다.

아! 이것이 바로 敬仲이 그 자손을 齊나라에 오래도록 의탁하게 한 것이다. 사람들이 多大한 祿位와 恩寵을 구하는 까닭은 자손들이 아무리 써도 다함이 없게 하려는데 불과하다. 그러나 이는, 내가 그 녹위를 다 취하면 어찌 자손에게 물려줄 남은 녹위가 있겠으며, 내가 그 은총을 다 취하면 어찌 자손에게 물려줄 남은 은총이 있겠느냐는 것을 모른 것이다.

경중이 제나라 卿의 자리에 앉지 않은 것은 그 녹위를 다 취하게 될 것을 두려워해서이고, 밤까지 酒宴을 계속하라는 은총을 받아들이지 않은 것은 그 은총을 다 취하

게 될 것을 두려워해서이다. 齊나라 敬仲에게 매양 다 취하지 않은 餘恨이 있었기 때문에 그 자손들 또한 매양 〈경중이〉 다 누리지 않은 恩澤을 누린 것이니, 이는 한 경의 관직을 사양하여 한 세대의 基業을 열고, 하루 저녁의 주연을 사양하여 수백 년의 眷顧를 얻은 것이니, 심원하도다. 경중이 그 자손을 제나라에 의탁하게 한 것이여!

田和에 이르러 경중의 기업에 의지해 〈권세와 부귀를 믿고〉 자만하면서 분수 넘는 짓을 하여, 제나라를 찬탈하여 6, 7대를 전하다가 마침내 망하였다. 겸양해 물러남으로써 흥성하였고 자만으로 멸망하였으니, 어찌 자만은 天地와 鬼神이 함께 미워하는 바이기 때문이 아니겠는가?

君子之立朝에 **使君有慊心則可**어니와 **使君有厭心則不可**니라 **樂歲之肉如藿**하고 **凶歲之藿如肉**하며 **富家之帛如布**하고 **貧家之布如帛**하니 **貴生於不足**이요 **而賤生於旣足也**라 **勢盈位極**이면 **爲君所厭**하야 **身且不保**어든 **而況子孫乎**아 **宋劉湛之事文帝**에 **其始帝與語**에 **視日早晩**하야 **惟恐其去**하고 **其後亦視日早晩**하야 **惟恐其不去**하니라 **文帝旣厭湛**이로되 **而湛獨寵冒**하니 **宜其不免於誅也**[1]라 **使湛當文帝惟恐其去之時**에 **翻然引去**면 **則文帝之與湛常有無窮之思**리라 **是知愛極則移**하고 **高極則危**로라 **由古至今**히 **用過其量**하야 **見險不止**하고 **未有能全者也**라

1) 宋劉湛之事文帝……宜其不免於誅也：見南史劉湛傳
《南史》〈劉湛傳〉에 보인다.

君子가 조정에 出仕하여 신하가 되면 임금으로 하여금 부족하게 여기는 마음을 가지게 해야 하고, 임금으로 하여금 만족하게 여기는 마음을 가지게 해서는 안 된다. 풍년에는 고기를 콩잎처럼 천하게 여기고, 흉년에는 콩잎을 고기처럼 귀하게 여기며, 부잣집은 비단을 삼베처럼 천하게 여기고, 가난한 집은 삼베를 비단처럼 귀하게 여긴다. 귀하게 여기는 마음은 부족한 데서 생기고 천하게 여기는 마음은 풍족한 데서 생긴다. 권세가 크고 지위가 높아지면 임금의 미움을 받아 자신도 본존하지 못하는데, 하물며 자손이겠는가?

劉湛이 南朝 宋 文帝를 섬길 적에, 처음에는 문제가 그와 담론할 때 시간을 살피면

서 오직 그가 돌아갈까만 걱정하였고, 뒤에는 또 시간을 살피면서 오직 그가 돌아가지 않을까만 걱정하였다. 문제는 이미 유담을 싫어하였는데도 유담은 총애를 탐하였으니 誅殺을 면하지 못한 것이 당연하다. 가령 유담이 문제가 돌아갈까 걱정할 때에 신속하게 떠났다면 문제는 유담에 대해 항상 끝없이 그리워하는 마음을 가졌을 것이다.

나는 여기에서 사랑이 극에 달하면 옮겨가고, 높음이 극에 달하면 위험해진다는 것을 알았다. 예로부터 오늘에 이르기까지 자기의 역량에 벅찬 자리에 등용되어 위험을 보고도 그만두지 않은 사람 치고 몸을 보전한 자는 있지 않았다.

用過其量者는 **固召釁而集禍矣**어니와 **彼人與位相稱者**라도 **其可以無慮歟**아 **曰 亦未可以安枕而臥也**니라 **謝安之隱東山也**에 **晉國慕之**하야 **惟恐其不起也**러니 **及其既出**에 **高崧謂之曰 卿高臥東山**에 **諸人每言安石不肯出**하니 **將如蒼生何**오하더니 **蒼生今將如卿何**오하니 **安有愧色**[1]하니라 **蓋天下望安之出久矣**니 **一旦爲蒼生而起**면 **則寒者求衣**하고 **飢者求食**하며 **不獲者求得**하리라 **今之責我者**는 **皆昔之慕我者也**니 **未出則爲人所慕**하고 **既出則爲人所責**하며 **未出則人恐失我之賢**하고 **既出則我恐失人之望**하니 **憂樂勞逸**을 **豈可同日而語**[2]**耶**아 **然則用過其量者**는 **固爲不可**어니와 **語人與位相稱者**도 **亦未易處也**니라

1) 謝安之隱東山也……安有愧色 : 見晉謝安傳
 ≪晉書≫ 〈謝安傳〉에 보인다.

2) 〔역주〕 同日而語 : '同日而語' 위에 '豈可'나 '不可'가 붙으면, 차이가 너무 커서 비교조차 할 수 없다는 뜻으로 쓰인다.

자기 역량보다 벅찬 자리에 등용되는 것은 본래 釁端을 부르고 災害를 모으기 마련이지만, 사람과 지위가 서로 걸맞는 자라 하더라도 어찌 우려가 없을 수 있겠는가?

나는 이렇게 생각한다. 그 사람 또한 베개를 편히 베고 누워있지 못할 것이다. 謝安이 東山에 은거할 때 晉나라 사람들은 그를 사모하여 오직 그가 出仕하지 않을까 두려워하였는데, 그가 출사한 뒤에 高崧이 그에게 말하기를 "그대가 동산에 은거할 때 사람들은 매양 '安石(사안의 字)이 출사하려 하지 않으니 장차 蒼生을 어찌할 것인가?'라고 하더니, 지금은 창생이 '장차 그대를 어찌할 것인가?'라고 한다."라고 하니,

사안이 부끄러워하는 기색을 띠었다.

대체로 천하 사람들이 사안이 세상에 나오기를 바란 지 오래이더니, 하루아침에 창생을 위해 출사하자, 추운 자는 옷을 얻기를 바라고, 주린 자는 밥을 얻기를 바라고, 얻지 못한 자는 얻기를 바랐다. 지금 사안에게 얻기를 요구하는 자들은 모두 전일에 그를 사모하던 자들이니, 나오기 전에는 남들의 사모를 받았는데 나온 뒤에는 사람들의 요구를 받고, 나오기 전에는 사람들이 賢能한 사안을 잃을까 걱정하였는데 나온 뒤에는 사안이 남들의 기대를 잃을까 두려워하였으니, 〈출사하기 이전의〉 逸樂과 〈출사한 이후의〉 憂勞를 어찌 함께 논할 수 있겠는가?

그렇다면 자기의 역량보다 벅찬 자리에 등용된 자는 본래 말할 것도 없지만, 사람과 자리가 서로 걸맞는 자도 처신하기가 쉽지 않다 하겠다.

東萊博議 卷8

08-01 懿氏卜妻敬仲 懿氏가 敬仲을 사위 삼고자 하여 거북점을 치다

08-01-01 懿氏卜妻敬仲 懿氏가 敬仲을 사위 삼고자 하여 거북점을 치다

【左傳】 莊二十二年이라 初에 懿氏卜妻敬仲[1]에 其妻[2]占之曰 吉이라 是謂鳳凰于飛하니 和鳴鏘鏘[3]이라 有嬀之後가 將育于姜[4]하야 五世其昌하야 竝于正卿하고 八世之後엔 莫之與京[5]이라 陳厲公은 蔡出也[6]니 生敬仲하다 〈其少也에〉 周史[7]有以周易見陳侯者하니 陳侯使筮[8]之한대 遇觀䷓[9]之否(비)䷋[10]하다 曰 是謂觀國之光이니 利用賓于王[11]이라 此其代陳有國乎[12]ㄴ저 不在此라 其在異國이요 非此其身이라 在其子孫이리니 光은 遠而自他有耀者也[13]니이다 坤은 土也요 巽은 風也요 乾은 天也라 風爲天於土上하니 山也[14]라 有山之材而照之以天光하고 於是乎居土上[15]이라 故曰 觀國之光 利用賓于王[16]이요 庭實旅百하고 奉之以玉帛하니 天地之美具焉이라 故曰 利用賓于王[17]이라하니이다 猶有觀焉이라 故曰 其在後乎[18]요 風行而著於土라 故曰 其在異國乎[19]ㄴ저라하니이다 若在異國이면 必姜姓也리니 姜은 大嶽之後也[20]라 山嶽則配天하니 物莫能兩大라 陳衰라야 此其昌乎[21]ㄴ저 及陳之初亡也[22]에 陳桓子[23]始大於齊하고 其後亡也[24]에 成子得政[25]하다

1) 〔역주〕 懿氏卜妻敬仲 : 懿氏가 陳敬仲을 사위로 삼는 것이 좋을지 나쁠지 몰라 거북점을 친 것이다.

2) 〔역주〕 其妻 : 懿氏의 아내이다.

3) 〔역주〕 是謂鳳凰于飛 和鳴鏘鏘 : 수컷을 '鳳'이라 하고, 암컷을 '凰'이라 한다. 암수가 함께 날며 서로 주거니 받거니 우는 소리가 해맑은 것이, 陳敬仲 夫婦가 서로 어울려 齊나라로 가서 名聲을 얻게 되는 것과 같다는 말이다.

4) 〔역주〕 有嬀之後 將育于姜 : 嬀는 陳나라의 姓이고, 姜은 齊나라의 姓이다.

5) 〔역주〕 莫之與京 : 京은 大이다.

6) 〔역주〕 蔡出也 : 姊妹가 出嫁하여 낳은 아들을 '出'이라 한다.

7) 〔역주〕 周史 : 周나라 太史이다.

8) 〔역주〕 筮 : 蓍草占이다.

9) 〔역주〕 觀䷓ : 坤卦(☷)가 아래 있고 巽卦(☴)가 위에 있는 卦이다.

10) 〔역주〕 否(비)䷋ : 坤卦(☷)가 아래 있고 乾卦(☰)가 위에 있는 卦이니, 觀卦의 六四爻(--)가 변하여(—) 否卦가 된 것이다.

11) 〔역주〕 謂觀國之光 利用賓于王 : 이 말은 ≪周易≫ 觀卦 六四爻辭이다. ≪주역≫의 글은, 六爻에 모두 變象(변화하는 形象)이 있고 또 互體가 있으므로, 聖人이 그 뜻에 따라 논한 것이다. 互體란 互卦와 같은 말로 上下의 두 卦를 서로 섞어 象을 취하여 새로운 卦를 만든 것이다. 이를테면 觀卦의 2爻에서 4爻까지를 취하여 艮卦로 만들고, 3爻에서 5爻까지를 취하여 坤卦로 만드는 類이다.

12) 〔역주〕 此其代陳有國乎 : 이하의 말은 周史가 爻辭의 뜻을 해석하여, '陳나라는 舜의 후손으로 周나라의 賓客이 된 나라인데, 지금 陳敬仲이 이 卦를 얻었으니, 그가 陳나라를 대신해 나라를 갖게 될 것이다.'라고 말한 것이다.

13) 〔역주〕 光 遠而自他有耀者也 : 이른바 '王國의 빛을 본다.'는 것은, 그 빛은 멀리 있는 다른 곳에서 밝게 빛나는 것이니, 그곳으로 가야 볼 수 있다는 말이다.

14) 〔역주〕 乾天也……山也 : 巽(☴)이 변하여 乾(☰)이 되었기 때문에 風이 天이 되었다고 한 것이다. 二爻에서 四爻까지는 艮卦의 象이 있는데, 艮은 山이 된다.

15) 〔역주〕 有山之材而照之以天光 於是乎居土上 : 山은 材木이 생산되는 곳인데, 위에는 天이 있고 아래는 坤이 있기 때문에 土地의 위에 있으면서 天光의 비춤을 받는다고 말한 것이다. 또한, 艮은 山이 되고 巽은 風이 되기 때문에 '有山之材'라고 하였으니 이는 互卦로 말한 것이고, 巽이 변하여 乾이 되었기 때문에 '照之以天光'이라 하였으니 이는 變卦로 말한 것이고, 山의 材木과 하늘의 빛이 모두 坤 위에 있기 때문에 '居土上'이라 하였으니 이는 正卦·變卦·互體로 자세히 말한 것이다.

16) 〔역주〕 故曰……利用賓于王 : 四爻는 諸侯를 뜻하는데 그 爻가 변하여 乾卦가 되었으니, 국가를 소유한 諸侯가 天子에게 朝見하는 象이다.

17) 〔역주〕 庭實旅百……利用賓于王 : 艮은 門庭, 乾은 金玉, 坤은 布帛이 되니, 諸侯가 天子에게 朝見할 때 幣帛을 벌여놓는 象이다. 旅는 벌여놓는다는 뜻이다. 百은 모든 물건이 具備되었다는 말이다.

18) 〔역주〕 猶有觀焉 故曰其在後乎 : 오히려 觀感(보고서 감동함)의 뜻이 있다는 말이니, 이는 卦의 뜻으로 말한 것이다. 보고서 감동하여 변화하는 것은 一朝一夕에 가능한 일이 아니기 때문에 後孫에 있다고 한 것이다.

19) 〔역주〕 風行而著於土 故曰其在異國乎 : 風은 움직이는 물건이기 때문에 돌아다니다가 끝내는 땅으로 떨어진다는 말이니, 이 또한 正卦로써 말한 것이다. 돌아다니다가

땅으로 떨어진다면 本國에 있지 않는 것이 분명하므로 異國에서 있을 것이라고 한 것이다.

20) 〔역주〕 姜 大嶽之後也 : 姜姓의 先祖는 堯의 四嶽(四方 諸侯를 管掌한 官名)이었다.

21) 〔역주〕 山嶽則配天……此其昌乎 : 큰 山嶽은 구름을 일으키고 비를 내려 하늘과 짝할 만한 功이 있다는 뜻이니, 이 또한 艮卦와 乾卦의 變卦와 互體로 말한 것이다. 天下의 모든 물건은 둘이 동시에 强大할 수 없다는 것은 陳敬仲과 陳나라 둘이 동시에 강대할 수 없다는 말이다.

22) 〔역주〕 及陳之初亡也 : 昭公 8년에 楚나라가 陳나라를 滅하였다.

23) 〔역주〕 陳桓子 : 桓子는 陳敬仲의 5세손 陳無宇이다.

24) 〔역주〕 其後亡也 : 哀公 17년에 楚나라가 다시 陳나라를 滅하였다.

25) 〔역주〕 成子得政 : 陳敬仲의 8세손 陳成子 恒이 齊 簡公을 弑害하고서 齊나라의 政權을 마음대로 행사하였으니, "누구도 그와 强大함을 다툴 수 없다.〔莫之與京〕"는 占辭와 맞았다. 陳恒의 曾孫 田和가 齊 康公을 海上으로 옮기고 그 나라를 奪取하였으니, 占辭에 이른바 "陳나라가 쇠하여야 그 후손이 창성할 것이다.〔陳衰此其昌乎〕"는 말이 바로 이를 이름이다.

莊公 22년, 당초에 懿氏가 陳敬仲을 사위로 삼고자 하여 吉凶을 점칠 적에 그의 아내가 占을 치고서 말하기를 "吉하다. 이 占卦는 '鳳과 凰이 짝지어 나니 서로 주고받으며 우는 소리가 해맑도다. 嬀氏의 후손이 姜姓의 나라에서 양육되어 5代 뒤에는 번창하여 官位가 正卿과 對等해지고, 8대 뒤에는 누구도 그와 强大함을 다툴 수 없다.'고 말하고 있다."고 하였다.

陳 厲公은 蔡나라 여자의 所生으로 뒤에 陳敬仲을 낳았다. 〈진경중이 어렸을 때〉 周史가 ≪周易≫을 가지고 와서 陳侯를 뵙자, 진후는 그에게 蓍草占을 치게 하였는데, 觀卦(䷓)가 否卦(䷋)로 변한 卦를 만났다. 太史가 풀이하기를 "이 卦는 '王國의 빛을 보는 것이니 君王의 賓客이 되는 것이 이롭다.'는 뜻입니다. 이 사람이 陳나라를 대신하여 나라를 갖게 될 것입니다. 그러나 이곳에서 그런 일이 있는 것이 아니라 異國에서 있을 것이고, 이 사람에게 그런 일이 있는 것이 아니라 그 자손에게 있을 것입니다. 그 이유는 빛은 멀리 있는 다른 곳에서 비추는 것이기 때문입니다. 坤은 土이고 巽은 風이고 乾은 天인데, 風이 土上에서 天이 되었으니 山입니다. 山에는 재목이 있는데, 天光이 이를 비추고 土地의 위에 있으므로 '王國의 빛을 보는 것이니 君王의

賓客이 되는 것이 이롭다.'라고 한 것이고, 뜰에는 온갖 禮幣를 벌여놓고 또 玉帛을 進獻하니, 天地의 아름다운 물건이 모두 具備되었으므로 '君王의 賓客이 되는 것이 이롭다.'라고 한 것입니다. 그러나 오히려 觀者의 뜻이 있으므로 '後孫에게 있을 것이다.'라고 한 것이고, 바람은 돌아다니다가 결국에는 土上에 落着하기 때문에 '다른 나라에서 있을 것이다.'라고 한 것입니다. 만약 異國에서 있다면 반드시 姜姓의 나라일 것이니, 姜姓은 太嶽의 후손입니다. 山嶽은 그 高大함이 하늘과 짝할 만합니다. 사물의 이치는 두 개의 사물이 동시에 強大할 수 없는 것이니, 陳나라가 衰하여야 이 사람의 후손이 昌盛할 것입니다."라고 하였다.

陳나라가 처음 망하였을 때에 미쳐 陳桓子가 비로소 齊나라에서 강대해졌고, 그 뒤 陳나라가 망하였을 때 成子가 齊나라의 정권을 잡았다.

08-01-02 晉侯賜畢萬魏 晉侯가 畢萬에게 魏나라를 하사하다

【左傳】 閔元年이라 晉侯作二軍[1]하야 公將上軍하고 太子申生將下軍하고 趙夙御戎하고 畢萬爲右[2]하야 以滅耿滅霍滅魏하다 還하야 爲太子城曲沃[3]하고 賜趙夙耿하고 賜畢萬魏하야 以爲大夫하다 卜偃[4]曰 畢萬之後必大하리라 萬은 盈數也요 魏는 大名也[5]어늘 以是始賞하니 天啓之矣로다 天子曰兆民이요 諸侯曰萬民이라 今名之大로 以從盈數하니 其必有衆하리라 初에 畢萬筮仕於晉할새 遇屯䷂[6]之比䷇[7]하니 辛廖[8]占之曰 吉이라 屯固比入[9]하니 吉孰大焉가 其必蕃昌하리라 震爲(上)〔土〕[10]하고 車從馬[11]하고 足居之[12]하고 兄長之[13]하고 母覆之[14]하고 衆歸之[15]하니 六體不易[16]하야 合而能固하며 安而能殺하니 公侯之卦也[17]로다 公侯之子孫이 必復其始하리라

1) 〔역주〕 晉侯作二軍 : 晉나라는 본래 1軍이었다. 莊公 16년에 보인다. 周나라 제도에 大國은 3軍, 次國은 2軍, 小國은 1軍이다. 晉나라는 본래 大國이었으나, 曲沃 武公이 宗國을 멸망시키고 魯 莊公 16년에 周 僖王이 曲沃伯에게 명하여 1軍으로 晉侯로 삼은 뒤부터 드디어 小國의 제도를 따랐다가 지금에 와서 비로소 2軍을 만든 것이다.

2) 〔역주〕 趙夙御戎 畢萬爲右 : 獻公의 御와 右가 된 것이다. 夙은 趙衰(조최)의 兄이고, 畢萬은 魏犨(위주)의 祖父이다.

3) 〔역주〕 爲太子城曲沃 : 이보다 앞서 魯 莊公 28년에 太子를 曲沃에 거주하게 하였는데, 그때는 城을 修築하지 않았다가 이때에 와서 비로소 增築한 것인 듯하다.

4) 〔역주〕 卜偃 : 卜筮를 맡은 晉나라 大夫이다.
5) 〔역주〕 魏 大名也 : '魏'자에 '크다〔大〕'는 의미가 들어있다.
6) 〔역주〕 屯䷂ : 下卦가 震(☳)이고 上卦가 坎(☵)인 卦이다.
7) 〔역주〕 比䷇ : 下卦가 坤(☷)이고 上卦가 坎(☵)인 卦인데, 屯卦의 初九爻(⚊)가 변하여(⚋) 比卦가 된 것이다.
8) 〔역주〕 辛廖 : 晉나라 대부이다.
9) 〔역주〕 屯固比入 : 屯은 險難의 象이므로 堅固가 되고, 比는 親密의 象이므로 進入이 된다.
10) 〔역주〕 震爲(上)〔土〕 : 震이 변하여 土(坤)가 된 것이다. 저본에는 '上'으로 되어있으나, ≪春秋左氏傳≫에 의거하여 '土'로 바로잡았다.
11) 〔역주〕 車從馬 : 震은 수레가 되고, 坤은 말〔馬〕이 된다.
12) 〔역주〕 足居之 : 震은 발이 된다.
13) 〔역주〕 兄長之 : 震은 長男이 된다.
14) 〔역주〕 母覆之 : 坤은 母가 된다.
15) 〔역주〕 衆歸之 : 坤은 衆이 된다.
16) 〔역주〕 六體不易 : 初爻가 변하였으나 이 六義는 바뀔 수 없다는 말이다. 六體는 卦의 여섯 爻이다. 屯卦의 六五(六은 陰爻이고 五는 五爻임)가 變하여 比卦가 되었으나, 이상에 열거한 車・馬・足・長男・母・衆의 뜻은 바뀌지 않았다는 말이다.
17) 〔역주〕 合而能固……公侯之卦也 : 水地比卦에는 '合'의 뜻이 있고, 水雷屯卦에는 '견고'의 뜻이 있는데, 屯卦가 변하여 比卦가 되었기 때문에 大衆을 糾合하여 견고히 지킬 수 있다고 한 것이다. 그리고 比의 下卦는 坤卦인데, 곤괘는 土로 安의 象이 있고, 屯의 下卦는 震卦인데, 진괘는 雷로 殺의 뜻이 있다. 그런데 震卦가 변하여 坤卦가 되었기 때문에 善한 사람은 편안히 살도록 은혜를 베풀고 惡人은 죽여 위엄을 보인다고 한 것이다. 屯卦의 初九爻辭에 "侯를 세우는 것이 이롭다."고 하였고, 比卦의 大象에 "萬國을 세우고 諸侯를 親愛한다."고 하였으니, 이 또한 公侯의 卦象이다.

閔公 원년, 晉侯가 2軍을 만들어 獻公이 上軍을 統率하고 太子 申生이 下軍을 통솔하고 趙夙이 獻公의 戎車를 몰고 畢萬이 車右가 되어 耿國・霍國・魏國을 擊滅하였다. 돌아와서 太子를 위해 曲沃에 성을 쌓고, 趙夙에게 耿을 하사하고 畢萬에게는 魏를 하사하여 각각 大夫로 삼았다.

卜偃이 말하기를 "畢萬의 후손이 반드시 盛大해질 것이다. 萬은 가득 찬 숫자이고

魏는 '大'의 名稱인데, '大'의 뜻을 가진 魏에 비로소 賞으로 주었으니, 이는 그의 후손이 성대하리라는 것을 하늘이 계시한 것이다. 天子가 통치하는 백성을 兆民이라 하고, 諸侯가 통치하는 백성을 萬民이라 하는데, 지금 大의 名稱(魏)을 가득 찬 숫자(萬)에 딸리게 하였으니, 그는 반드시 大衆을 갖게 될 것이다."라고 하였다.

당초에 畢萬이 晉나라에서 벼슬하는 것이 吉한지 凶한지를 놓고 蓍草占을 칠 적에 屯卦䷂가 比卦䷇로 變한 卦를 만났다. 辛廖가 이 占卦를 풀이하기를 "吉하다. 屯은 堅固의 象이고 比는 進入의 象이니, 이보다 큰 吉이 어디 있겠는가. 그 후손이 반드시 번창할 것이다. 震이 土가 되고, 수레가 말을 따르고, 두 발이 땅을 밟고 있고, 兄이 養育하고, 어머니가 保護하고, 大衆이 歸依하니, 六體가 바뀌지 않아 대중을 화합시켜 굳게 지킬 수 있고, 善한 백성은 편안히 살 수 있도록 은혜를 베풀고 惡人은 죽여 위엄을 보일 수 있으니, 이는 公侯의 卦象이다. 公侯의 자손이 반드시 그 처음의 위치로 회복할 것이다."라고 하였다.

08-01-03 成季將生桓公使卜楚丘之父卜之 成季가 태어나려 할 때 桓公이 卜士 楚丘의 아비에게 거북점을 치게 하다

【左傳】 閔二年이라 成季之將生也에 桓公使卜楚丘[1]之父卜之한대 曰男也니이다 其名曰友니 在公之右[2]하고 間于兩社하야 爲公室輔[3]리니 季氏亡이면 則魯不昌이리이다 又筮之한대 遇大有䷍[4]之乾䷀[5]이라 曰同復于父하야 敬如君所[6]리이다 及生에 有文在其手曰友라 遂以命之[7]하다

1) 〔역주〕 卜楚丘 : 卜筮를 맡은 魯나라 대부이다.

2) 〔역주〕 在公之右 : 오른쪽에 있다는 것은 要路에 앉아 國事를 主導한다는 말이다.

3) 〔역주〕 間于兩社 爲公室輔 : 兩社는 周社와 亳社이다. 兩社 사이는 朝廷과 執政官의 집무실이 있는 곳이다. 周社는 魯社이고 亳社는 殷社이다. 옛날에 천자는 五方에 각각 五色土를 쌓아 社(后土를 제사하는 곳)를 세웠는데, 예를 들면 동은 靑色土, 서는 白色土, 남은 赤色土, 북은 黑色土, 중앙은 黃色土이다. 그리고 諸侯를 封할 경우에는 그 諸侯國이 위치한 方位에 따라 社에 있는 흙을 白茅에 싸서 주어 그 나라의 社를 세우게 하였다. 魯는 周나라의 제후이기 때문에 魯나라의 社를 '周社'라 한 것이다. 亳社는 宗廟 앞에 세운 망한 殷나라의 社이다. 殷나라가 亳에 都邑했었기 때문이 亳社라

한 것이다. 망한 나라의 社는 하늘과 통하지 못하도록 지붕을 씌우는데, 이는 임금이 보고서 경계의 마음을 일으키게 하기 위함이다.

4) 〔역주〕 大有䷍ : 乾(☰)이 下卦이고 離(☲)가 上卦인 卦이다.

5) 〔역주〕 乾䷀ : 上下卦가 모두 乾(☰)인 卦이다. 大有卦의 六五爻(--)가 변하여(—) 乾卦가 된 것이다.

6) 〔역주〕 曰同復于父 敬如君所 : 이는 점쟁이의 말이다. 乾은 君父인데 離가 변하여 乾이 되었기 때문에 아이의 尊貴가 아버지와 같아서 임금처럼 존경을 받게 될 것이라고 한 것이다.

7) 〔역주〕 遂以命之 : 드디어 友를 이름으로 삼았다는 말이다.

閔公 2년, 成季가 태어나려 할 때 桓公이 卜士 楚丘의 아비에게 거북점을 치게 하였는데, 그가 점을 치고서 말하기를 "사내아이입니다. 이름은 '友'로 임금님의 오른쪽에 있고 兩社 사이에서 公室을 輔佐할 것이니, 季氏가 망하면 魯나라도 昌盛하지 못할 것입니다."라고 하였다.

또 蓍草占을 치게 하니, 大有卦(䷍)가 乾卦(䷀)로 변한 卦를 만났다. 卜士 楚丘의 아비가 그 占卦를 풀이하기를 "이 아이의 尊貴가 아버지와 같아서 임금처럼 尊敬받게 될 것입니다."라고 하였다. 그가 출생함에 미쳐 손바닥에 '友'자 꼴의 문양이 있으므로 드디어 '友'를 이름으로 삼았다.

08-01-04 秦伯卜伐晉 秦伯이 晉나라를 토벌하는 일에 대하여 거북점을 치다

【左傳】 僖十五年이라 晉饑에 秦輸之粟[1)]이로되 秦饑에 晉閉之糴[2)]하다 故秦伯伐晉하다 卜徒父筮之하니 吉이라 涉河면 侯車敗하리다 詰之[3)]한대 對曰 乃大吉也니이다 三敗면 必獲晉君하리이다 其卦遇蠱䷑[4)]하니 曰千乘三去니 三去之餘에 獲其雄狐[5)]라하니 夫狐蠱[6)]는 必其君也[7)]니이다 蠱之貞은 風也요 其悔는 山也[8)]니 歲云秋矣라 我落其實而取其材니 所以克也[9)]니이다 實落材亡이면 不敗何待릿가 三敗及韓[10)]하다

1) 〔역주〕 晉饑 秦輸之粟 : 僖公 13년에 있었다.

2) 〔역주〕 秦饑 晉閉之糴 : 僖公 10년에 있었다.

3) 〔역주〕 詰之 : 秦伯의 군대가 黃河를 건너면 晉侯의 수레가 敗退한다는 뜻인데, 秦伯은 그 뜻을 이해하지 못하고서 자신의 수레가 敗退하는 것으로 오해하였기 때문에 꾸

짖은 것이다.

4) 〔역주〕 蠱䷑ : 巽卦(☴)가 下卦이고 艮卦(☶)가 上卦인 卦이다.

5) 〔역주〕 曰千乘三去……獲其雄狐 : 曰 이하의 세 文句는 모두 卜筮의 占辭이다. 千乘은 諸侯이니, 千乘이 세 번 敗走한다는 말이다.

6) 〔역주〕 狐蠱 : 雄狐를 바꾸어 말한 것이다.

7) 〔역주〕 必其君也 : 여우는 邪惡한 동물인데 '雄'이라 하였기 때문에 晉君을 비유한 것임을 알 수 있다.

8) 〔역주〕 蠱之貞……山也 : 蠱卦의 內卦(☴)를 貞이라 하고, 外卦(☶)를 悔라 한다. 巽卦(☴)는 바람으로 秦나라를 象徵한 것이고, 艮卦(☶)는 山으로 晉나라를 상징한 것이다.

9) 〔역주〕 歲云秋矣……所以克也 : 周正의 9월은 夏正의 7월로 孟秋이다. 艮卦는 山으로 산에는 나무가 있다. 지금 철이 이미 가을이 되었으니, 바람이 불어 산의 나무에 달린 열매를 떨어뜨리면 사람들은 그 樹木을 베어 간다는 말이다. 또한 內卦는 主人이 되기 때문에 秦나라의 占이 되고, 外卦는 客이 되기 때문에 晉나라의 점이 된다. 그렇다면 晉나라는 山이고 秦나라는 바람이니, 가을철을 당하여 산의 나무에 달린 열매가 바람에 의해 떨어지면 材木은 우리가 취할 수 있다는 말이다.

10) 〔역주〕 三敗及韓 : 杜預의 注에는 敗를 수레가 망가지는 것으로 풀었으나, 譯者는 이 說을 따르지 않고 晉軍이 敗退하는 것으로 번역하였다.

僖公 15년, 晉나라에 饑饉이 들었을 때 秦나라는 양곡을 보내주었는데, 秦나라에 饑饉이 들자 晉나라는 糧穀 보내는 것을 막았다. 그러므로 秦伯이 晉나라를 討伐한 것이다.

卜士 徒父가 이번 전쟁의 吉凶을 占치니 吉하였다. "黃河를 건너면 侯車가 敗退할 것입니다."라고 하니, 秦伯이 꾸짖었다. 徒父가 대답하였다. "이것이 바로 大吉입니다. 세 번 敗退하면 반드시 晉나라 임금을 사로잡을 것입니다. 그 卦가 蠱卦(䷑)를 만났으니, 그 卦辭에 '千乘이 세 번 敗退할 것이니 세 번 敗退한 뒤에 그 雄狐를 잡는다.'고 하였으니, 저 狐蠱는 晉나라 임금이 틀림없습니다. 蠱의 貞(內卦)은 바람이고, 悔(外卦)는 山인데, 지금 철이 이미 가을이 되었으니, 우리(바람)가 그 나무의 열매를 떨어뜨리고 그 재목을 취하는 象입니다. 그러므로 이길 수 있습니다. 열매가 떨어지고 나무가 없어진다면 패배하지 않고 무엇을 기다리겠습니까." 과연 晉軍은 세 번 敗退하여 韓에 이르렀다.

08-01-05 晉獻公筮嫁伯姬於秦 晉 獻公이 伯姬를 秦나라로 시집보내는 것에 대해 시초점을 치다

【左傳】僖十五年이라 初에 晉獻公筮嫁伯姬於秦하니 遇歸妹䷵[1)]之睽䷥[2)]라 史蘇[3)]占之曰 不吉하니이다 歸妹睽孤하야 寇張之弧[4)]니 姪其從姑[5)]라가 六年其逋하야 逃歸其國하야 而棄其家[6)]하고 明年其死於高梁之虛[7)]하리이다 及惠公在秦曰 先君若從史蘇之占이면 吾不及此夫ㄴ저 韓簡侍라가 曰 龜는 象也요 筮는 數也니 物生而後에 有象하고 象而後에 有滋하고 滋而後에 有數니 先君之敗德을 及可數乎잇가 史蘇是占을 勿從何益이리잇가 詩曰 下民之孽은 匪降自天이라 (僔)〔噂〕[8)]沓背憎이 職競由人[9)]이라하니이다

1) 〔역주〕 歸妹䷵ : 兌卦(☱)가 下卦이고 震卦(☳)가 上卦인 卦이다.

2) 〔역주〕 睽䷥ : 兌卦(☱)가 下卦이고 離卦(☲)가 上卦인 卦인데, 歸妹卦의 上六(--)이 변하여(—) 睽卦가 된 것이다.

3) 〔역주〕 史蘇 : 晉나라의 卜筮를 맡은 太史이다.

4) 〔역주〕 歸妹睽孤 寇張之弧 : 이 말은 睽卦 上九의 爻辭이다. 睽卦의 極上에 있기 때문에 '睽孤'라고 한 것이다. 자리를 잃고 외로이 멀리 떠났기 때문에 寇敵의 난리를 만나 弓矢의 警報가 있다는 것이니 모두 不吉한 象이다.

5) 〔역주〕 姪其從姑 : 震卦는 木이고 離卦는 火이니 火는 木에서 생긴다. 離卦는 震妹가 되니 火에게는 姑母가 된다. 나를 조카라고 하는 사람에게 나는 그를 고모라고 하니 秦나라에 人質이 된 太子 圉를 이른다.

6) 〔역주〕 六年其逋……而棄其家 : 逋는 도망하는 것이다. 家는 子圉의 婦人 懷嬴을 이른다. 數는 한 바퀴 돌면 반드시 되돌아와서 六爻의 위치가 바뀌기 때문에 姑母를 따른 지 6년이면 반드시 도망해 올 것을 안 것이다.

7) 〔역주〕 明年其死於高梁之虛 : 惠公이 죽은 다음 해에 文公이 들어가서 懷公을 高梁에서 죽였다. 高梁은 晉나라 땅으로 平陽 楊氏縣 서남쪽에 있다.

8) 〔역주〕 (僔)〔噂〕 : 저본에는 '僔'으로 되어있으나, ≪春秋左氏傳≫에 의거하여 '噂'으로 바로잡았다.

9) 〔역주〕 詩曰……職競由人 : 詩는 ≪詩經≫ 〈小雅 十月之交〉이다. 백성들에게 邪惡함이 있는 것은 하늘이 내린 것이 아니라, 面前에서는 서로 모여 좋게 말하다가 돌아서서는 서로 미워하는 짓을 모든 사람들이 다투어 하기 때문이라는 말이다. 이 詩를 인용해 惠公이 이런 禍를 부른 점이 있다는 것을 넌지시 간한 것이다.

僖公 15년, 당초에 晉 獻公이 伯姬를 秦나라로 시집보내는 것에 대해 蓍草占을 치게 하니 歸妹卦가 睽卦로 변한 卦가 나왔다. 史蘇가 占을 풀이하기를 "不吉합니다. 歸妹卦는 睽孤하여 寇敵이 시위를 당기는 象이니 조카가 姑母에 의지하다가 6년 만에 도망해 자기 나라로 돌아와서는 그 아내를 버리고 다음 해에 高梁의 언덕에서 죽을 것입니다."라고 하였다.

惠公이 秦나라에 있을 적에 "先君이 만일 史蘇의 占을 따랐다면 내가 이 지경에 이르지는 않았을 것이다."라고 하자, 韓簡이 곁에서 모시고 있다가 말하였다.

"거북점은 形象으로 吉凶을 보이고, 시초점은 數로 吉凶을 보이는 것입니다. 事物이 생긴 뒤에 形象이 있고 形象이 있은 뒤에 점점 많아지고 많아진 뒤에 數가 생겼으니, 先君의 敗德을 어찌 數로써 다 말할 수 있겠습니까. 史蘇의 점을 따르지 않았다 하더라도 무슨 보탬이 되었겠습니까? 詩에 '백성들의 災殃은 하늘이 내리는 것이 아니라 面前에서는 좋은 말만 하다가 돌아서서는 서로 미워하기만을 오로지 힘쓰는 사람들 때문에 생기는 것이다.'라고 하였습니다."

08-01-06 梁嬴孕過期卜招父卜之 梁嬴이 임신하여 出産時期를 넘기자 卜士 招父가 거북점을 치다

【左傳】 僖十七年이라 惠公之在梁也에 梁伯妻之[1]하다 梁嬴孕過期[2]어늘 卜招父[3]與其子卜之하다 其子曰 將生一男一女리라 招曰 然하다 男爲人臣하고 女爲人妾하리라 故名男曰圉라하고 女曰妾[4]이라하다 及子圉西質에 妾爲宦女焉[5]하다

1) 〔역주〕 梁伯妻之 : 梁伯이 자신의 딸을 惠公의 아내로 준 것이다.
2) 〔역주〕 梁嬴孕過期 : 열 달이 넘었는데도 出産하지 않은 것이다. 애를 배는 것을 '孕'이라 한다.
3) 〔역주〕 卜招父 : 卜招父는 梁나라의 太卜이다.
4) 〔역주〕 故名男曰圉 女曰妾 : 圉는 말을 기르는 사람이다. 禮를 갖추지 않고 데려온 女人을 妾이라 한다.
5) 〔역주〕 及子圉西質 妾爲宦女焉 : 宦은 秦伯을 섬기는 妾이 된 것이다. 秦나라가 晉나라의 서쪽에 있기 때문에 '西質'이라고 한 것이다.

僖公 17년, 晉 惠公이 梁나라에 있을 적에 梁伯이 그를 사위로 삼았다. 임신한 梁嬴

이 出産時期를 넘기자, 卜士 招父가 그 아들과 점을 쳤다. 그 아들이 "장차 1남 1녀를 낳을 것입니다."라고 하니, 招父가 "그렇다. 아들은 남의 신하가 될 것이고, 딸은 남의 妾이 될 것이다."라고 하였다. 그러므로 아들의 이름을 '圉'로 짓고 딸의 이름을 '妾'으로 지었다. 子圉가 서쪽 秦나라의 人質이 되었을 때 妾은 秦나라의 宦女가 되었다.

08-01-07 晉侯卜納王 晉侯가 왕을 들여보내는 일에 대하여 거북점을 치다

【左傳】僖二十五年이라 秦伯師于河上하야 將納王이어늘 狐偃言於晉侯曰 求諸侯ㄴ댄 莫如勤[1]王이니 諸侯信之요 且大義也니이다 繼文之業하야 而信宣於諸侯[2]ㄴ댄 今爲可矣니이다 使卜偃卜之한대 曰 吉하니 遇黃帝戰于阪泉之兆[3]니이다 公曰 吾不堪也[4]라 對曰 周禮未改하니 今之王은 古之帝也[5]니이다 公曰 筮之하라 筮之하야 遇大有䷍[6]之睽䷥[7]하다 曰吉하니이다 遇公用享于天子之卦[8]하니 戰克而王享이면 吉孰大焉[9]이릿가 且是卦也[10]는 天爲澤以當日하니 天子降心以逆公이니이다 不亦可乎[11]잇가 大有去睽而復[12]이 亦其所也니이다 晉侯辭秦師而下[13]하다

1) 〔역주〕 勤 : 王을 京師로 들여보내는 일에 盡力하는 것이다.
2) 〔역주〕 信宣於諸侯 : 王事에 盡力하는 信義를 諸侯에 宣布한다는 말이다.
3) 〔역주〕 曰吉 遇黃帝戰于阪泉之兆 : 黃帝가 神農의 후손 姜氏와 阪泉의 들판에서 전쟁해 승리하였는데, 지금 그 징조를 얻었기 때문에 吉하다고 말한 것이다.
4) 〔역주〕 公曰 吾不堪也 : 文公은 이 징조가 자기에게 해당한 것으로 여겼기 때문에 '감당할 수 없다.'고 한 것이다.
5) 〔역주〕 今之王 古之帝也 : 周나라의 德이 비록 衰하였지만 天命이 바뀌지 않았으니, 지금의 周王이 黃帝의 조짐에 해당한다는 말이고 晉나라를 가리킨 것이 아니라는 말이다.
6) 〔역주〕 大有䷍ : 下卦가 乾(☰)이고 上卦가 離(☲)인 卦이다.
7) 〔역주〕 睽䷥ : 下卦가 兌(☱)이고 上卦가 離(☲)인 卦이다. 大有의 九三爻(⚊)가 변하여(⚋) 睽가 된 것이다.
8) 〔역주〕 遇公用享于天子之卦 : 이것은 大有卦의 九三爻辭이다. 三은 三公이 位를 얻은 것인데 변하여 兌가 되었다. 兌는 悅이니 位를 얻고서 기뻐하는 象이다. 그러므로 王의 宴饗(접대)을 받을 수 있는 것이다.
9) 〔역주〕 吉孰大焉 : 전쟁에 승리한다는 것은 거북점〔卜〕의 점괘이고, 왕이 접대한다는

것은 蓍草占〔筮〕의 점괘이다. 거북점과 시초점이 모두 吉하다는 말이다.

10) 〔역주〕 且是卦也 : 두 卦의 뜻을 한데 묶어 말한 것이고, 한 爻에 매어 말한 것이 아니다.

11) 〔역주〕 天爲澤以當日……不亦可乎 : 乾은 하늘이고 兌는 연못인데, 乾이 변하여 兌가 되어 위로 해를 이고 있다. 離는 해인데 하늘에 있는 해가 연못을 비추는 것이 위에 있는 천자가 아래에 있는 사람의 마음을 기뻐하는 象이니, 이것이 바로 天子가 마음을 낮추어 公을 迎接하는 象이다.

12) 〔역주〕 大有去睽而復 : 去를 버린다는 뜻으로 본 杜預 注의 해석은 옳지 않은 듯하다. 大有去睽는 大有之睽와 같은 말로 變의 뜻으로 보는 것이 옳다. 大有는 富有의 뜻으로 天子를 의미하는 말이니, 天子가 지금은 나와 있지만 끝내는 돌아가게 된다는 말이다.

13) 〔역주〕 晉侯辭秦師而下 : 秦軍에게 사양하여 돌려보내고서 물을 따라 내려갔기 때문에 '下'라고 한 것이다.

僖公 25년, 秦伯이 군대를 黃河 가에 주둔시키고서 王을 護送해 京師로 들여보내려고 하자, 狐偃이 晉侯에게 말하기를 "제후의 霸者가 되기를 구하려면 王事에 盡力하는 것만 한 게 없습니다. 諸侯가 信任할 것이고 또 大義에도 부합합니다. 文侯의 功業을 계승하여 諸侯에게 信義를 宣揚하려면 지금이 기회입니다."라고 하였다.

文公이 卜士 偃에게 거북점을 치게 하니, 卜士 偃이 "吉합니다. 黃帝가 阪泉에서 싸울 때의 徵兆를 만났습니다."라고 하였다. 公이 "내가 감당할 수 없다."고 하니, 卜士 偃이 "周禮가 아직 바뀌지 않았으니 지금의 王은 옛날의 帝입니다."라고 하였다.

公이 "시초점을 치라."고 하니, 卜士 偃이 시초점을 쳐서 大有䷍가 睽䷥로 변한 卦를 만났다. 卜士 偃이 말하기를 "吉합니다. 公이 天子의 접대를 받는 卦를 만났으니, 전쟁에 승리하고서 왕의 접대를 받는다면 이보다 큰 吉事가 어디 있겠습니까? 또 이 卦는 하늘〔乾〕이 연못〔兌〕이 되어 햇볕〔離〕을 받고 있으니 天子가 마음을 낮추고서〔降心〕 公을 迎接하는 象입니다. 이 또한 좋지 않습니까? 大有卦가 睽卦로 변하였으나 끝내는 本卦로 회복하는 것이 당연한 이치입니다."라고 하였다.

晉侯가 秦軍에게 사양하고서 물길을 따라 내려갔다.

08-01-08 齊侯戒師期而有疾 齊侯가 出兵時期를 命하고서 병이 나다

【左傳】文十八年이라 齊侯戒師期[1)]하고 而有疾하니 醫曰 不及秋하야 將死하리라 公聞之하고 卜曰 尙無及期[2)]하노라 惠伯令龜[3)]하니 卜楚丘占之[4)]曰 齊侯不及期나 非疾也요 君亦不聞[5)]하고 令龜有咎[6)]리이다 二月〈丁丑〉에 公薨하다

1) 〔역주〕 齊侯戒師期 : 魯나라를 치려 한 것이다.
2) 〔역주〕 尙無及期 : 尙은 바람〔庶幾〕이다. 齊侯가 出兵時期에 앞서 죽기를 바란 것이다.
3) 〔역주〕 惠伯令龜 : 점치고 싶은 일을 龜甲에 告한 것이다.
4) 〔역주〕 卜楚丘占之 : 魯나라의 太卜 楚丘가 龜甲에 생긴 占象〔兆〕을 보고서 점을 풀이한 것이다.
5) 〔역주〕 君亦不聞 : 魯君이 齊侯보다 먼저 죽는다는 말이다.
6) 〔역주〕 令龜有咎 : 龜甲에 명령한 惠伯에게도 凶災가 있을 것이 占象에 보인다는 말이다. 이것이 惠伯이 죽은 근본 원인이다.

文公 18년, 齊侯가 出兵時期〔師期〕를 命〔戒〕하고서 병이 나니, 醫員이 "아마도 가을이 되기 전에 죽을 것이다."라고 하였다. 魯 文公은 이 소식을 듣고서 거북점을 치게 하며 말하기를 "저 齊侯가 출병시기가 되기 전에 죽기를 바란다."고 하였다. 惠伯이 점치고 싶은 일을 龜甲에 명령하니, 卜士 楚丘가 점을 풀이해 말하였다. "齊侯가 출병시기까지 살지 못하겠지만 질병 때문이 아닙니다. 임금님께서도 그의 죽음을 듣지 못하실 것이고, 龜甲에 명령한 분도 災殃이 있을 것입니다." 2월 丁丑日에 公이 薨하였다.

08-01-09 晉楚遇於鄢陵晉侯筮之吉 晉나라와 楚나라가 鄢陵에서 만났는데 晉侯가 시초점을 치니 '길하다'는 점괘가 나오다

【左傳】成十六年이라 晉侯伐鄭이라 晉師濟河한대 遇楚王〈於〉鄢陵이라 公筮之하니 史曰 吉이니이다 其卦遇復䷗[1)]하니 曰南國蹙하고 射其元王하니 中厥目[2)]이라하니 國蹙王傷이면 不敗何待릿가 公從之[3)]하다

1) 〔역주〕 復䷗ : 下卦가 震(☳)이고 上卦가 坤(☷)인 卦이다. 여기의 復卦는 動爻가 없어 다른 卦로 變하지 않았다.

2) 〔역주〕 曰南國蹙……中厥目 : 이것은 卜者의 말이다. 復은 陽이 자라나는 卦이다. 陽의 기운이 子方에서 일어나 南方으로 가면서 陰氣를 밀어내기 때문에 南國이 萎縮된다고 한 것이다. 南國의 形勢가 위축되면 諸侯〔離〕가 그 災殃을 받는다. 離는 諸侯를 상징하고 또 눈〔目〕을 상징한다. 陽의 기운이 南方으로 急進〔激〕하는 것이 화살이 날아가는 形象과 같기 때문에 '그 元王을 쏘아 그 눈을 맞힌다.'고 한 것이다.

3) 〔역주〕 公從之 : 苗賁皇의 말을 따라 戰爭한 것이다.

成公 16년, 晉侯가 鄭나라를 쳤다. 晉軍이 黃河를 건넜는데, 楚王을 鄢陵에서 만났다. 晉侯가 太史에게 占을 치게 하니, 太史가 점을 치고서 말하기를 "吉합니다. 復卦를 만났으니, 그 占辭에 '南方의 나라가 萎縮될 것이고, 그 王에게 활을 쏘니 화살이 그 눈에 꽂힌다.'고 하였습니다. 나라가 위축되고 王이 負傷당한다면 敗하지 않고 무엇을 기다리겠습니까?"라고 하니, 晉侯는 苗賁皇의 계획을 따라 戰爭하기로 하였다.

08-01-10 施氏卜宰　施氏가 家宰로 누가 좋은지를 점치다

【左傳】 成十七年이라 施氏卜宰하니 匡句須吉하다 施氏之宰는 有百室之邑이라 與匡句須邑하야 使爲宰하니 以讓鮑國而致邑焉하다 施孝叔曰 子實吉이라 對曰 能與忠良이면 吉孰大焉이릿가 鮑國相施氏忠이라 故齊人取以爲鮑氏後하다 仲尼曰 鮑莊子之智不如葵로다 葵猶能衛其足[1)]이라하다

1) 〔역주〕 仲尼曰……葵猶能衛其足 : 鮑莊子는 鮑牽이다. 葵는 해를 향해 잎새를 기울여 그 뿌리에 햇볕이 들지 않게 가린다. 이는 鮑牽이 亂世에 살면서 行動은 峻嚴하게 하고 말은 謙遜하게 하지 못한 것을 말한 것이다. 葵는 해바라기(向日葵)와는 다르다. 古代에는 葵를 菜蔬로 사용하여, 쇠기 전에 그 잎만을 따고 뿌리를 해치지 않아, 다시 연한 잎이 피어나게 하였다. 그러므로 古詩에 "葵를 뜯되 뿌리를 해치지 말라.〔採葵不傷根〕 뿌리를 해치면 葵가 나지 않는다.〔傷根葵不生〕"고 하였다. '不傷根'이라고 하여야 비로소 '衛其足'의 뜻에 符合한다.

成公 17년, 施氏가 家宰(卿大夫家의 家事를 總管理하는 家臣의 長)로 누가 좋은지를 占치니 匡句須가 吉하였다. 施氏의 家宰는 百戶의 采邑을 소유하도록 되어있으므로 이 采邑을 匡句須에게 주어 家宰가 되게 하니, 匡句須는 家宰의 자리를 鮑國에게 사양하고 采邑까지 鮑國에게 주었다. 그러자 施孝叔이 말하기를 "占에 그대가 吉하였

다."고 하니, 匡句須가 대답하기를 "忠良한 사람에게 讓與한다면 이보다 더 큰 吉이 어디 있겠습니까?"라고 하였다. 鮑國이 施氏를 補佐함에 忠心을 다하였다. 그러므로 齊人이 데려다가 鮑氏의 후계자로 삼은 것이다.

仲尼가 말하기를 "鮑莊子의 知慧는 葵菜만도 못하다. 葵菜는 오히려 그 뿌리〔足〕를 보호한다."고 하였다.

08-01-11 穆姜薨于東宮[1]　穆姜이 東宮에서 薨하다

【左傳】 襄九年이라 穆姜薨하다 始往而筮之하니 遇艮之八☶[2]이라 史曰 是謂艮之隨☱라 隨는 其出也니 君必速出[3]하리다 姜曰 亡[4]리라 是於周易曰 隨는 元亨利貞하니 无咎[5]라하니라 元은 體之長也요 亨은 嘉之會也요 利는 義之和也요 貞은 事之幹也라 體仁足以長人이요 嘉會足以合禮요 利物足以和義요 貞固足以幹事라 然故不可誣也라 是以雖隨無咎[6]어니와 今我婦人으로 而與於亂하고 固在下位[7]하야 而有不仁하니 不可謂元이며 不靖國家하니 不可謂亨[8]이며 作而害身하니 不可謂利[9]며 棄位而姣[10]하니 不可謂貞이라 有四德者는 隨而無咎어니와 我皆無之하니 豈隨也哉[11]아 我則取惡하니 能無咎乎아 必死於此요 弗得出矣리라

1) 〔역주〕 穆姜薨于東宮 : 穆姜은 襄公의 祖母로 그 아들 成公을 폐위시키고 그 姦夫 叔孫僑如를 임금으로 세우려 한 일로 東宮에 幽閉된 것이다. 東宮은 태자궁이 아니라 別宮인 듯하다.

2) 〔역주〕 遇艮之八☶ : 上卦도 艮이고 下卦도 艮인 것이 艮卦이니, 이것은 正卦이다. '遇艮之八'에 대해 전후에 解說한 자들은 억지로 連山易과 歸藏易이라고 지적하였으나, 유독 朱子만 "이것은 艮卦가 隨卦로 變한 것을 이른 것이다. 다섯 爻는 모두 變하고 오직 두 번째 爻만 八(少陰)을 얻었기 때문에 變하지 않았다."고 하였다.

3) 〔역주〕 君必速出 : 君은 穆姜을 이른다. '반드시 빨리 나갈 것이다.'라는 것은 東宮에 오래 있지 않을 것이라는 말이다.

4) 〔역주〕 亡 : 無와 같다.

5) 〔역주〕 隨 元亨利貞 无咎 : 易筮(周易占)는 모두 變爻로 占을 본다. 한 爻만 變한 것을 만나면 그 爻로써 占을 보지만 만약 一爻 이상 二爻, 三爻가 모두 變하여 爻마다 뜻이 달라 어떤 爻를 따라야 할지 모를 경우에는 彖辭로 論한다. 그러므로 穆姜 또한 彖辭로 占을 풀이한 것이다. 太史가 ≪周易≫에 의거해 말하였기 때문에 穆姜도 ≪周易≫

을 가리켜 말하여 太史의 말을 꺾은 것이다.

6) 〔역주〕 然故不可誣也 是以雖隨無咎 : 四德은 行事에 드러나는 것이라 없는 것을 있다고 속일 수 없으니, 四德이 있는 사람이라야 隨卦를 만나도 災禍가 없다는 말이다. 이는 四德이 없는 자는 淫行을 하면 禍가 따르니 吉事가 아니라는 것을 밝힌 것이다.

7) 〔역주〕 固在下位 : 婦人은 丈夫(남자)보다 낮다는 것을 이른 것이다.

8) 〔역주〕 不靖國家 不可謂亨 : 成公을 廢位시키고 季孫氏와 孟孫氏를 除去하려 하였으니, 이것이 그 國家를 不安靖하게 한 것이다.

9) 〔역주〕 作而害身 不可謂利 : 亂을 일으켜 스스로 자신을 해쳐 東宮에 幽閉된 것을 이른 것이다.

10) 〔역주〕 姣 : 淫亂의 別名이다.

11) 〔역주〕 我皆無之 豈隨也哉 : 어찌 隨卦의 뜻에 다 부합할 수 있겠느냐는 말이다.

襄公 9년, 穆姜이 東宮에서 薨하였다. 목강이 처음 동궁으로 갔을 때 蓍草占을 치니 艮卦가 八(艮의 六爻 중에 二爻만이 變하지 않은 것)로 變한 卦☱를 만났다.

太史가 말하기를 "이것은 艮卦가 隨卦☱로 變한 것입니다. 隨는 나가는 뜻이니, 小君께서는 반드시 빨리 나가게 될 것입니다." 하니, 목강이 말하기를 "나갈 수 없을 것이다. ≪周易≫에 '隨는 元·亨·利·貞하니 禍가 없을 것이다.'라고 하였다. 元은 身體의 長(머리)이고, 亨은 아름다운 모임이고, 利는 義에 和合함이고, 貞은 사물의 根幹이다. 仁을 體現하면 사람들의 長이 될 수 있고, 아름다운 모임은 禮에 부합할 수 있고, 萬物을 이롭게 하면 道義와 調和될 수 있고, 誠實하고 堅固하면 일을 主幹할 수 있다. 이와 같기 때문에 〈四德이 없는 자는 있는 것처럼〉 속일 수가 없다. 그러므로 비록 隨卦를 만나더라도 災禍가 없지만 지금 나는 婦人으로 亂에 참여하였으며, 본래 下位의 身分으로 不仁을 저질렀으니 '元(나라의 어른)'이라 할 수 없고, 國家를 安靖시키지 못하였으니 '亨(燕享을 받을 만함)'이라고 할 수 없고, 亂을 일으켜 자신을 해쳤으니 '利'라고 할 수 없고, 小君의 地位를 버리고서 姦淫하였으니 '貞(貞淑)'이라 할 수 없다. 이 네 德이 있는 사람은 隨卦를 만나도 災禍가 없지만 나에게는 네 德이 전혀 없으니, 어찌 隨卦의 卦辭에 부합할 수 있겠는가? 내가 惡行을 취하였으니 어찌 災禍가 없을 수 있겠는가? 반드시 여기서 죽을 것이고 나갈 수 없을 것이다."라고 하였다.

08-01-12 宋公享晉侯 宋公이 晉侯를 위해 잔치를 열다

【左傳】 襄十年이라 宋公享晉侯於楚丘할새 請以桑林[1)]하니 荀罃辭[2)]하다 荀偃士匃曰 諸侯宋魯에 於是觀禮[3)]라 魯有禘樂하야 賓祭用之[4)]하니 宋以桑林享君이 不亦可乎[5)]아 舞에 師題以旌夏[6)]하니 晉侯懼而退하야 入于房[7)]하다 去旌하니 卒享而還하다 及著雍하야 疾[8)]이어늘 卜하니 桑林見[9)]이라 荀偃士匃欲奔請禱焉[10)]한대 荀罃不可曰 我辭禮矣로되 彼則以之[11)]하니 猶有鬼神이면 於彼加之[12)]하리라 晉侯有間[13)]이라

1) 〔역주〕 請以桑林 : 桑林은 殷나라 天子의 樂名이다. 宋公이 桑林樂으로 侑饗(음식을 들도록 권함)하기를 請한 것이다.

2) 〔역주〕 辭 : 辭讓한 것이다.

3) 〔역주〕 諸侯宋魯 於是觀禮 : 宋나라는 王者의 후예이고, 魯나라는 周公의 후예이다. 그러므로 모두 天子의 禮樂을 사용하였다. 그러므로 볼 수 있다고 한 것이다.

4) 〔역주〕 魯有禘樂 賓祭用之 : 禘는 3년마다 한 차례씩 지내는 大祭이다. 大祭에는 四代의 樂(舜의 韶樂, 夏禹의 大夏樂, 商湯의 護樂, 周 武王의 大武樂)을 演奏하고, 따로 群公(周公을 제외한 魯나라 先公들)에게 지내는 제사에는 諸侯의 樂을 사용한다. 賓客의 접대와 제사에 모두 四代의 樂을 사용한 것이다.

5) 〔역주〕 宋以桑林享君 不亦可乎 : 魯나라가 禘樂으로 賓客을 접대할 수 있다면 宋나라도 桑林으로 晉君을 접대할 수 있다는 말이다.

6) 〔역주〕 舞 師題以旌夏 : 師(帥)는 樂隊의 長이 樂隊를 거느리고 들어오는 것이고, 題는 이마이다. 이 句의 뜻은 樂隊를 이끌고서 들어오는 樂隊의 長이 행렬의 앞에 선 것이 마치 사람의 이마가 제일 먼저 보이는 것과 같기 때문에 '題以'라고 한 것이다.

7) 〔역주〕 晉侯懼而退 入于房 : 旌夏는 흔히 볼 수 있는 것이 아니니, 갑자기 보면 사람의 마음에 우연히 두려워짐이 있다.

8) 〔역주〕 及著雍 疾 : 晉侯가 病을 앓은 것이다. 著雍은 晉나라 땅이다.

9) 〔역주〕 桑林見 : 빌미가 占卦에 나타난 것이다.

10) 〔역주〕 荀偃士匃欲奔請禱焉 : 桑林神을 모신 祠宇가 宋나라에 있기 때문에 宋나라로 돌아가서 기도하고자 한 것이다.

11) 〔역주〕 彼則以之 : 以는 用이다. 우리는 桑林의 禮를 사양하였는데, 宋人이 사용하였다는 말이다.

12) 〔역주〕 於彼加之 : 당연히 宋나라에 罪를 내릴 것이라는 말이다.

13)〔역주〕晉侯有間 : 間은 病이 나은 것이다.

襄公 10년, 宋公이 楚丘에서 잔치를 열어 晉侯를 접대할 때에 桑林樂을 演奏〔以〕하기를 청하니 荀罃이 사양하였다. 그러자 荀偃과 士匄가 말하기를 "諸侯 중에 宋나라와 魯나라에서만 天子의 禮를 볼 수 있습니다. 魯나라에는 禘樂이 있어 貴賓의 대접과 大祭 때에 사용하니, 宋나라가 桑林樂으로 우리 임금을 접대하는 것이 可하지 않겠습니까?"라고 하였다.

桑林舞를 추려고 樂隊의 長이 악대를 거느리고 맨 앞에서 큰 깃발을 들고 들어오자, 晉侯는 놀라서 물러나 房으로 들어갔다. 宋人이 깃발을 치우자, 다시 나와 宴會를 마치고 還國길에 올랐다. 著雍에 당도하여 晉侯가 병을 앓자, 占을 치니 占卦에 桑林神이 나타났다. 荀偃과 士匄가 宋나라로 달려가 桑林神에게 기도하기를 청하고자 하자, 荀罃이 반대하며 말하기를 "우리는 이 禮(桑林樂으로 접대한 禮)를 사양하는데도 저들이 이 樂을 연주하였으니, 만약〔猶〕 鬼神이 있다면 저들에게 禍를 내릴 것이다."라고 하였다. 〈오래지 않아〉 晉侯의 병이 나았다.

08-01-13 鄭皇耳侵衛孫文子卜追之 鄭나라 皇耳가 衛나라를 侵攻하니 孫文子가 鄭軍을 추격하는 것에 대하여 거북점을 치다

【左傳】 襄十年이라 鄭皇耳帥師侵衛하니 楚令也라 孫文子卜追之[1]하야 獻兆[2]於定姜[3]하니 姜氏問繇[4]하다 曰 兆如山陵하니 有夫出征[5]이면 而喪其雄[6]이리다 姜氏曰 征者喪雄은 禦寇之利也[7]니 大夫圖之하라 衛人追之하야 孫蒯獲鄭皇耳于犬丘하다

1)〔역주〕孫文子卜追之 : 衛나라 孫林父가 鄭軍을 추격하는 것이 어떤지에 대해 占을 친 것이다.

2)〔역주〕兆 : 龜兆이다. 龜甲을 불에 구워 터진 무늬를 보고서 吉凶을 占치는데, 터진 龜甲의 무늬를 '兆'라 한다. 터진 무늬마다 占辭가 있다.

3)〔역주〕定姜 : 衛 定公의 아내이고, 衛 獻公의 어머니이다.

4)〔역주〕繇 : 占辭〔兆〕이다.

5)〔역주〕有夫出征 : 大夫가 出兵하여 征討의 일을 책임지는 것이다.

6)〔역주〕而喪其雄 : 雄은 大夫의 形象이니 그 大夫를 잃는다는 말이다.

7)〔역주〕征者喪雄 禦寇之利也 : 出征한 쪽의 大夫가 그 雄(將帥)을 잃는다면 이는 敵을

방어하는 쪽에 유리하다는 말이다.

襄公 10년, 鄭나라 皇耳가 군대를 거느리고 가서 衛나라를 侵攻하였으니, 이는 楚나라의 命令을 따른 것이다. 衛나라 孫文子가 鄭軍을 추격하는 것이 어떤지에 대해 占을 쳐서 兆를 定姜에게 올리니 정강이 繇(占辭)를 물었다. 孫文子가 "그 占辭에 '兆가 山陵 같으니, 大夫가 出征하면 그 雄(將帥)을 잃는다.'고 하였습니다."라고 하니, 姜氏가 말하기를 "出征한 쪽(鄭나라)이 雄을 잃는 것은 敵을 방어하는 쪽(衛나라)에 유리한 것이니, 大夫는 깊이 생각해 결정하라."고 하였다. 衛人이 鄭軍을 추격하여 孫蒯가 犬丘에서 鄭나라 皇耳를 사로잡았다.

08-01-14 崔子卜妻齊棠公之妻 崔子가 齊 棠公의 妻를 자신의 아내로 삼는 일에 대하여 거북점을 치다

【左傳】 襄二十五年이라 齊棠公[1)]之妻는 東郭偃之姊也라 東郭偃臣崔武子[2)]하다 棠公死에 偃御武子以弔焉이러니 見棠姜而美之[3)]하야 使偃取之[4)]하다 偃曰 男女辨姓[5)]하나니 今君出自丁[6)]하고 臣出自桓하니 不可[7)]라 武子筮之하야 遇困䷮[8)] 之大過䷛[9)]하니 史皆曰吉[10)]이라하다 示陳文子한대 文子曰 夫從風[11)]하고 風隕妻하니 不可娶也[12)]라 且其繇(주)曰 困于石하고 據于蒺(藜)〔梨〕라 入于其宮이라도 不見其妻하니 凶[13)]이라 〈困于石은 往不濟也요 據于蒺梨는 所恃傷也요 入于其宮이라도 不見其妻하니 凶은〉 無所歸也[14)]라 崔子曰 嫠也니 何害리오 先夫當之矣[15)]라하고 遂取之하다 莊公通焉하니 崔子因是하야 稱疾不視事[16)]하다 公問[17)]崔子하고 遂從姜氏하니 杼弑之하다

1)〔역주〕棠公 : 齊나라 棠邑의 大夫이다.

2)〔역주〕東郭偃臣崔武子 : 東郭偃이 崔杼의 家臣이 된 것이다.

3)〔역주〕見棠姜而美之 : 그녀의 容色을 아름답게 여긴 것이다. 棠姜은 바로 棠公의 아내이다.

4)〔역주〕使偃取之 : 나를 위해 그녀를 취하도록 주선하라는 말이다.

5)〔역주〕男女辨姓 : 옛날에는 同姓女를 아내로 취하지 않았기 때문에 男女의 姓을 分辨하였다.

6)〔역주〕今君出自丁 : 齊 丁公은 齊나라 始祖 太公의 아들이며, 제 정공이 崔杼의 祖上

이다.

7) 〔역주〕 臣出自桓 不可 : 齊 桓公 小白이 東郭偃의 祖上이니, 같은 姜姓이기 때문에 婚姻할 수 없다는 말이다.

8) 〔역주〕 困䷮ : 坎(☵)이 下卦이고 兌(☱)가 上卦인 卦이다.

9) 〔역주〕 大過䷛ : 巽(☴)이 下卦이고 兌(☱)가 上卦인 卦이다. 困卦의 六三爻(--)가 變하여(—) 大過卦가 된 것이다.

10) 〔역주〕 史皆曰 吉 : 崔子에게 阿諂한 것이다. 太史는 困卦만 가지고 말한 것이다. 兌는 少女가 되고 坎은 中男이 되는데, 少女가 中男의 配偶가 된 象이기 때문에 吉하다고 한 것이다.

11) 〔역주〕 夫從風 : 坎이 中男이기 때문에 '남편〔夫〕'이라고 하였고, 坎이 變하여 巽이 되었기 때문에 '바람이 되었다〔從風〕'고 한 것이다.

12) 〔역주〕 風隕妻 不可娶也 : 바람은 물건을 떨어뜨리는 것인데, 中男인 남편이 바람으로 변하여 少女인 아내를 떨어뜨리는 象이기 때문에 아내로 취해서는 안 된다고 한 것이다.

13) 〔역주〕 困于石……凶 : 이것은 困卦 六三爻辭이다. 巽은 '入'이 되고 坎은 宮室이 되기 때문에 '入于其宮'이라 한 것이다. 坎卦는 離卦의 반대이고, 離는 보는 것이다. 坎은 보지 못하는 것이 되는데 또 變하여 巽이 되었고 巽은 潛伏이니 보지 못하는 象이다. 그러므로 '不見其妻'라고 한 것이다.

14) 〔역주〕 無所歸也 : ≪周易≫ 〈繫辭傳 下〉에 "易에 '困難을 당할 바가 아닌데 困難을 당하였으니(피하면 당하지 않을 困難을 피하지 않아 당함) 名譽가 반드시 辱되고, 앉을 곳이 아닌데 앉았으니(六三이 위치를 잃고 아래의 九二를 타고 앉았으니) 몸이 반드시 위태롭다. 이미 辱되고 위태롭다면 죽음이 장차 이를 것이니 어찌 그 아내를 만날 수 있겠는가?'라고 하였다."라고 하였다. 지금 婚姻의 吉凶을 占쳐서 이 卦를 만났으니 不吉한 象이다. 六三이 位를 잃어 應對가 없으니 그 아내를 잃고 그 돌아갈 곳을 잃는 象이다.

15) 〔역주〕 崔子曰……先夫當之矣 : 寡婦를 '嫠'라 한다. 棠公이 이미 이 凶을 당하였다는 말이다.

16) 〔역주〕 崔子因是 稱疾不視事 : 齊 莊公이 問病 오게 하기 위해서이다.

17) 〔역주〕 問 : 問病한 것이다.

襄公 25년, 齊나라 棠公의 아내는 東郭偃의 누이이고, 동곽언은 崔武子의 家臣이었다. 당공이 죽자 동곽언이 최무자를 수레에 태우고 가서 弔喪을 하였는데, 武子가

棠姜(당공의 아내)을 보고는 한눈에 반하여, 偃에게 그녀를 자기가 취할 수 있도록 주선하게 하였다. 偃이 말하기를 "男女의 婚姻에는 姓을 辨別하는 것인데, 지금 당신은 丁公의 후손이고 臣은 桓公의 후손이니 通婚할 수 없습니다."라고 하였다.

武子(崔杼)가 占을 쳐서 '困(䷮)'이 '大過(䷛)'로 變한 卦를 얻으니, 太史들은 모두 吉하다고 하였다. 崔杼가 이 占卦를 陳文子에게 보이자 文子가 말하기를 "남편은 바람이 되고〔夫從風〕 바람은 아내를 불어 떨어뜨리니〔風隕妻〕 娶하여서는 안 됩니다. 또 그 繇辭(占辭)에 '바위에 곤란을 당하고〔困于石〕 납가새 위에 앉은 것이라〔據于蒺梨〕 집에 들어가도 아내를 보지 못하니 흉하다.〔入于其宮 不見其妻 凶〕'고 하였습니다. '困于石'은 일을 하여도〔往〕 成功하지 못한다는 뜻이고, '據于蒺梨'는 믿는 사람에게 傷害를 당한다는 뜻이고, '入于其宮 不見其妻 凶'은 돌아갈 곳이 없다는 뜻입니다."라고 하니, 崔子는 "그 女人은 寡婦이니 무슨 害가 있겠는가? 전남편이 이미 그 凶禍를 당하였다."고 하고서, 드디어 그 女人을 취하였다.

齊 莊公이 그녀와 情을 통하니 崔子는 이로 인해 病을 핑계 대고 나와서 政務를 보지 않았다. 장공이 최자의 집으로 가서 問病하고서 姜氏를 찾아가니 崔杼가 장공을 죽였다.

08-01-15 盧蒲癸王何卜攻慶氏 盧蒲癸와 王何가 慶氏를 공격하는 일에 대하여 거북점을 치다

【左傳】 襄二十八年이라 盧蒲癸王何卜攻慶氏하야 示子之兆曰 或卜攻讐르새 敢獻其兆[1]하노라 子之曰 克[2]이어니와 見血하리라 冬十月에 慶封田于萊에 陳無宇從하다 丙辰에 文子使召之[3]하니 請曰 無宇之母疾病하니 請歸[4]하노라 慶季[5]卜之하야 示之兆하니 曰 死[6]라하고 奉龜而泣[7]이어늘 乃使歸하다 慶嗣[8]聞之曰 禍將作矣리라하고 謂子家[9]速歸하소서 禍作必於嘗[10]이리니 歸猶可及也[11]니이다 子家弗聽하고 〈亦無悛[12]志하다〉 十一月乙亥에 嘗于太公之廟할새 慶舍蒞事[13]하다 盧蒲癸王何執寢戈[14]하고 慶氏以其甲環公宮[15]하다 陳氏鮑氏之圉人爲優[16]하니 慶氏之馬善驚일새 士皆釋甲束馬[17]하고 而飮酒하며 且觀優하야 至於魚里[18]어늘 欒高陳鮑之徒介慶氏之甲[19]하다 子尾抽桷하야 擊扉三[20]하니 盧蒲癸自後刺子之하고 王何以戈擊之하야 解其左肩이로되 猶援廟桷하야 動於甍[21]하고 以俎壺投殺

人而後死[22]하다 遂殺慶繩麻嬰하다 公懼하니 鮑國曰 群臣爲君故也니이다

1) 〔역주〕 或卜攻讐 敢獻其兆 : 어떤 자가 그 怨讐를 치려고 거북점을 쳤기에 감히 龜兆를 올려 그 吉凶이 어떤지를 묻는다는 말이다.
2) 〔역주〕 克 : 敵의 우두머리를 잡는 것이다.
3) 〔역주〕 文子使召之 : 文子는 陳文子로 無宇의 아비이다. 사람을 보내어 無宇를 불러 먼저 돌아오게 한 것이다.
4) 〔역주〕 無宇之母疾病 請歸 : 無宇가 慶封에게 請하면서 그 母親의 병이 위독하다고 속인 것이다.
5) 〔역주〕 慶季 : 慶封을 가리킨다.
6) 〔역주〕 曰死 : 龜兆가 不吉하니 그 母親이 죽을 것이라는 말이다.
7) 〔역주〕 泣 : 無宇가 운 것이다.
8) 〔역주〕 慶嗣 : 慶封의 宗族이다.
9) 〔역주〕 子家 : 慶封의 字이다.
10) 〔역주〕 嘗 : 가을 제사이다.
11) 〔역주〕 歸猶可及也 : 오히려 亂이 일어나기 전에 미처 막을 수 있다는 말이다.
12) 〔역주〕 悛 : 잘못을 깨닫고서 고치는 것이다.
13) 〔역주〕 涖事 : 祭祀에 참여하는 것이다.
14) 〔역주〕 盧蒲癸王何執寢戈 : 盧蒲癸와 王何가 親兵(휴대용 武器인 듯함)을 들고서 慶舍를 侍從한 것이다.
15) 〔역주〕 慶氏以其甲環公宮 : 자기의 甲士로 公宮을 에워싸고서 護衛하게 한 것이다.
16) 〔역주〕 陳氏鮑氏之圉人爲優 : 優는 광대이다. 陳氏와 鮑氏 두 집안의 말 기르는 사람들이 광대놀이를 펼친 것이다.
17) 〔역주〕 束馬 : 束은 말을 묶어 움직이지 못하게 한 것이다.
18) 〔역주〕 至於魚里 : 魚里는 마을 이름이다. 陳氏와 鮑氏의 圉人들이 太公廟 곁에서 광대놀이를 시작하여 구경꾼을 이끌고서 魚里로 간 것이다. 慶氏의 군사들이 술을 마시면서 광대놀이를 구경하며 드디어 함께 魚里로 간 것이다.
19) 〔역주〕 欒高陳鮑之徒介慶氏之甲 : 欒은 子雅이고, 高는 子尾이고, 陳은 陳須無이고, 鮑는 鮑國이다. 介는 因(利用)이니, 慶氏의 甲士들이 갑옷을 벗고 광대놀이를 구경하였기 때문에 네 宗族이 慶氏의 갑옷을 利用한 것이다.
20) 〔역주〕 子尾抽桷 擊扉三 : 桷은 서까래이고, 扉는 문짝이다. 서까래로 문짝을 치는 것을 擧事의 시기로 삼은 것이다.

21) 〔역주〕 動於甍 : 甍은 지붕을 받치고 있는 들보이다. 慶舍가 비록 重傷을 입었으나 그럼에도 太廟의 서까래를 당겨 지붕의 한쪽 모서리를 흔들 수 있었다는 말이다.

22) 〔역주〕 以俎壺投殺人而後死 : 慶舍의 힘이 세다는 것을 말한 것이다. 俎와 壺는 모두 祭器이다.

襄公 28년, 盧蒲癸와 王何가 慶氏를 攻擊하는 일로 거북점을 치고서 龜兆(龜甲이 터진 무늬)를 子之에게 보이며 말하기를 "어떤 자가 怨讐를 치려고 거북점을 쳤기에 감히 그 龜兆를 올립니다. 〈그 吉凶이 어떠합니까?〉"라고 하자, 子之가 말하기를 "우두머리를 잡을 것이지만 피를 볼 것이다."라고 하였다.

겨울 10월에 慶封이 萊에서 사냥할 때 陳無宇가 隨行하였다. 丙辰日에 陳文子가 사람을 보내어 無宇를 부르니, 無宇가 慶封에게 요청하기를 "제 母親의 병이 위독하니 돌아가기를 청합니다."라고 하였다. 慶季(慶封)가 〈無宇를 위해〉 거북점을 쳐서 無宇에게 그 龜兆를 보이니 無宇는 "이는 우리 母親이 죽을 龜兆입니다."라고 하고서 그 龜甲을 들고 울자, 慶封은 그를 돌아가게 하였다. 慶嗣가 이 소식을 듣고 말하기를 "禍亂이 곧 일어날 것이다."라고 하고서, 子家(慶封)에게 "속히 돌아오십시오. 禍亂이 반드시 嘗祭 때에 일어날 것이니 돌아오시면 오히려 事前에 미쳐 막을 수 있습니다."라고 하였으나, 子家는 듣지 않고 또 뉘우치는 뜻도 없었다.

11월 乙亥日에 太公의 廟에 嘗祭를 거행할 때 慶舍가 그 祭祀에 참가하였다. 盧蒲癸와 王何는 寢戈를 들고 옆에서 侍衛하고, 慶氏는 甲士를 거느리고 公宮을 에워쌌다. 陳氏와 鮑氏의 圉人들이 광대놀이를 벌이니, 慶氏의 말들은 본래 놀라 내달리기를 잘하므로 甲士들은 모두 갑옷을 벗고 말을 묶어놓고서 술을 마시고 광대놀이를 구경하면서 魚里까지 갔다. 그러자 欒氏·高氏·陳氏·鮑氏의 무리가 慶氏의 甲士들이 벗어놓은 갑옷을 입었다. 子尾가 서까래를 뽑아 문짝을 세 번 치니 盧蒲癸가 뒤에서 子之(慶舍)를 찌르고 王何가 창으로 쳐서 慶舍의 왼쪽 어깨를 잘랐다. 그런데도 慶舍는 오히려 祠堂의 서까래를 잡아당겨 용마루를 흔들고 도마〔俎〕와 병〔壺〕을 던져 사람을 죽인 뒤에 죽었다. 盧蒲癸는 드디어 慶繩과 麻嬰을 죽였다. 齊 景公이 두려워하니 鮑國이 말하기를 "群臣이 〈亂을 일으킨 것은〉 임금님을 위해서입니다."라고 하였다.

08-01-16 晉侯有疾問祟於子産 晉侯가 병을 앓자 子産을 통해 빌미를 묻다

【左傳】昭元年이라 晉侯有疾하니 鄭伯使公孫僑如晉聘하고 且問疾하다 叔向問焉曰 寡君之疾이 病이라 卜人曰 實沈臺駘爲祟[1)]라하야늘 史莫之知하니 敢問此何神也오 子産曰 昔高辛氏[2)]有二子하니 伯曰閼伯이요 季曰實沈이라 居於曠林하야 不相能也[3)]하야 日尋[4)]干戈하야 以相征討하니 后帝不臧[5)]하야 遷閼伯于商丘[6)]하야 主辰이러니 商人是因이라 故辰爲商星[7)]이라 遷實沈于大夏[8)]하여 主參이러니 唐人[9)]是因하야 以服事夏商하니라 其季世曰唐叔虞[10)]라 當武王邑姜方震大叔[11)]하야 夢帝謂己호되 余命而子曰虞[12)]라하고 將與之唐하야 屬諸參[13)]하야 而蕃育其子孫하리라 及生에 有文在其手曰虞어늘 遂以命之하니라 及成王滅唐而封大叔焉이라 故參爲晉星[14)]이라 由是觀之컨대 則實沈은 參神也라 昔金天氏有裔子曰昧러니 爲玄冥師하야 生允(恪)〔格〕臺駘[15)]라 臺駘能業其官[16)]하야 宣汾洮[17)]하고 障大澤[18)]하야 以處太原[19)]하니 帝[20)]用嘉之하야 封諸汾川일새 沈姒蓐黃[21)]이 實守其祀러니 今晉主汾而滅之矣[22)]라 由是觀之컨대 則臺駘는 汾神也라 抑此二者는 不及君身[23)]이라 山川之神은 則水旱癘疫之災니 於是乎禜之[24)]하고 日月星辰之神[25)]은 則雪霜風雨之不時니 於是乎禜之라 若君身은 則亦出入飮食哀樂之事也[26)]니 山川星辰之神이 又何爲焉[27)]이리오 云云 叔向曰 善哉라 肸未之聞也로다 此皆然矣라

1)〔역주〕實沈臺駘爲祟 : 두 神이 禍가 된 것이 卜兆에 드러난 것을 이른다.

2)〔역주〕高辛氏 : 帝嚳으로, 黃帝의 曾孫이고, 帝堯의 아버지이다. ≪史記 五帝本紀≫

3)〔역주〕不相能也 : 두 아들이 서로 사이가 좋지 않았다는 말이다.

4)〔역주〕尋 : 使用이다.

5)〔역주〕后帝不臧 : 后帝는 堯이다. 臧은 善이다.

6)〔역주〕商丘 : 宋나라 땅이다. 辰星의 祭祀를 主管한 것이다. 辰星은 大火星이다.

7)〔역주〕商人是因 故辰爲商星 : 商人은 湯王의 先祖 相土이다. 商丘를 封地로 받아 閼伯의 옛 나라를 이어 辰星의 祭祀를 主管한 것이다.

8)〔역주〕大夏 : 지금의 晉陽縣이다.

9)〔역주〕唐人 : 劉累 等이다. 그러나 劉累는 魯縣으로 옮겼으니, 여기에 말한 唐人은 大夏에 있는 자들을 이른다.

10)〔역주〕其季世曰唐叔虞 : 叔虞는 唐나라 마지막 임금인데, 天帝가 邑姜의 아들에게 唐國을 주려 하였기 때문에 唐君의 이름을 취해 그 이름을 지은 것이다. ≪左氏會箋≫

11) 〔역주〕 當武王邑姜方震大叔 : 邑姜은 武王의 王后로 齊나라 太公의 딸이다. 孕胎를 震이라 한다. 太叔은 成王의 아우 叔虞이다.
12) 〔역주〕 夢帝謂己 余命而子曰虞 : 帝는 天帝이다. 唐君의 이름을 취한 것이다.
13) 〔역주〕 將與之唐 屬諸參 : 그에게 參星 분야의 땅을 歸屬시키겠다는 말이다.
14) 〔역주〕 及成王滅唐而封大叔焉 故參爲晉星 : 叔虞를 唐에 封하였으니, 이가 晉侯이다. 晉나라가 唐나라 땅에 거주하며 參星 분야의 땅을 統屬하였기 때문에 參星이 晉나라의 主星이 된 것이다.
15) 〔역주〕 昔金天氏有裔子曰昧……生允(恪)〔格〕臺駘 : 金天氏는 帝 少皞이다. 裔는 遠이다. 玄冥은 水官이니, 昧가 水官의 長이 된 것이다. 師는 長이다. 昧가 두 아들을 낳았는데, 큰아들이 允格이고 작은아들이 臺駘이다. '格'이 저본에는 '恪'으로 되어있으나, ≪春秋左氏傳≫에 의거하여 바로잡았다.
16) 〔역주〕 臺駘能業其官 : 昧의 業을 繼承한 것이다.
17) 〔역주〕 宣汾洮 : 宣은 通과 같다. 汾洮는 두 물의 이름이다.
18) 〔역주〕 障大澤 : 堤防을 쌓아 물을 막은 것이다.
19) 〔역주〕 以處太原 : 太原은 晉陽이니, 臺駘가 居住한 곳이다. 一說에는, 太原은 地名이 아니라, 汾水流域 일대의 높고 평평한 地帶를 가리킨 것이라고도 한다.
20) 〔역주〕 帝 : 顓頊이다.
21) 〔역주〕 沈姒蓐黃 : 이 네 나라는 臺駘의 後孫이다.
22) 〔역주〕 今晉主汾而滅之矣 : 네 나라를 멸망시키고, 晉나라가 汾川의 땅을 占有(主有)한 것이다.
23) 〔역주〕 抑此二者 不及君身 : 그러나 이 두 神이 내린 災殃과 福이 國君의 身上에 미쳐 그 疾病이 생긴 것이 아니라는 말이다.
24) 〔역주〕 山川之神……於是乎禜之 : 水旱 등의 災害가 있으면 山川의 神에게 禜祭를 지낸다는 말이다. 山川의 神은 臺駘 같은 자이다. ≪周禮≫ 〈春官 大祝〉의 六祈 중에 네 번째가 禜祭인데, 땅을 고르고 表旗를 세우고서 幣帛을 사용해 祭祀하여 福祥을 祈求하는 것이다.
25) 〔역주〕 星辰之神 : 星辰의 神은 實沈 같은 것이다.
26) 〔역주〕 若君身 則亦出入飮食哀樂之事也 : 出入, 飮食, 哀樂에 節度를 잃어 빚어진 일이라는 말이다. 出入은 內室의 出入을 이른다.
27) 〔역주〕 山川星辰之神 又何爲焉 : 山川과 星辰의 神은 水旱癘疫의 災害와 때 아닌 雪霜風雨의 異變을 내릴 수 있을 뿐인데, 또 어찌 사람에게 病을 줄 수 있겠느냐는 말이다.

昭公 원년, 晉侯가 病을 앓으니, 鄭伯이 公孫 僑(子産)를 晉나라에 보내어 聘問하고 또 問病하게 하였다. 叔向이 子産에게 묻기를 "우리 임금님의 病患이 위독〔病〕합니다. 卜人은 '實沈과 臺駘가 빌미가 되었다.'고 하는데, 太史는 그것이 무엇인지를 모르니, 감히 묻습니다. 이것이 무슨 神입니까?"라고 하니, 子産이 말하였다.

"옛날 高辛氏에게 두 아들이 있었으니 큰 아들은 閼伯이고 작은 아들은 實沈이었습니다. 그들은 曠林에 살면서 서로 사이가 좋지 못하여 날마다 干戈를 사용해 서로 공격하니, 后帝(堯)는 그들을 좋지 않게 여겨 閼伯을 商丘로 옮겨 辰星(大火星)의 祭祀를 主管하게 하였더니, 商人이 이 일을 因襲하였습니다. 그러므로 辰星이 商나라의 별이 된 것입니다.

實沈을 大夏로 옮겨 參星의 祭祀를 主管하게 하였더니, 唐人이 이 일을 因襲하여 夏王朝와 商王朝에 복종해 섬겼습니다. 唐나라 末世의 임금이 唐叔虞였습니다. 武王의 后妃 邑姜이 太叔을 姙娠할 때를 당하여, 꿈에 天帝가 邑姜에게 '내가 너의 아들을 虞로 命名하고서, 장차 이 아이에게 唐나라를 주어 參星 분야의 땅을 歸屬시켜 子孫이 繁昌하게 하려 한다.'고 하였습니다. 出生함에 미쳐 손바닥에 '虞'자 모양의 무늬가 있으니, 드디어 '虞'로 이름을 지었습니다. 成王에 미쳐 唐國을 滅하고 太叔을 그곳에 封하였으므로 參星이 晉나라의 별이 된 것입니다. 이로써 보면 實沈은 參星의 神입니다.

옛날에 金天氏의 후예에 昧라는 자가 있었더니, 玄冥師가 되어 允格과 臺駘 두 아들을 낳았습니다. 臺駘는 능히 그 世業을 계승하여 汾水와 洮水를 소통시키고 大澤에 堤防을 쌓아 廣大한 平原에 人民들을 편히 살게 하니, 帝(顓頊)가 이를 嘉尙히 여겨 그를 汾川에 封하였으므로 〈그 後孫인〉 沈國·姒國·蓐國·黃國이 실로 그 祭祀를 대대로 지내왔는데, 지금 晉나라가 汾水 일대를 主宰(統治)하면서 이 네 나라들을 滅하였습니다. 이로써 보면 臺駘는 汾水의 神입니다.

그러나 이 두 神은 晉君의 身病과는 無關합니다. 장마와 가뭄과 전염병 등의 災害가 있으면 이에 山川의 神에게 禜祭를 지내고, 눈과 서리, 바람과 비 등이 철을 잃으면 이에 日月星辰의 神에게 禜祭를 지냅니다. 晉君의 身病으로 말하면 出入, 飮食, 哀樂의 일로 인해 생긴 것이니, 山川이나 星辰의 神이 또 어찌 병을 줄 수 있겠습니까……."

叔向이 말하기를 "좋은 말씀입니다. 나는 아직 이런 말을 들어보지 못했습니다. 지적하신 내용이 모두 사실입니다."라고 하였다.

08-01-17 穆子之生莊叔筮之 穆子가 出生하였을 때에 莊叔이 시초점을 치다

【左傳】 昭五年이라 初에 穆子之生也에 莊叔[1]以周易筮之하야 遇明夷䷣[2] 之謙䷎[3]하다 以示卜楚丘[4]하니 曰 是將行이라가 而歸爲子祀[5]하리라 以讒人入[6]이니 其名曰牛라 卒以餒死[7]리라 明夷는 日也[8]니 日之數十[9]이라 故有十時하니 亦當十位라 自王已下로 其二爲公이요 其三爲卿[10]이며 日上其中[11]이요 食日爲二[12]요 旦日爲三[13]이라 明夷之謙은 明而未融이니 其當旦乎[14]ㄴ저 故曰爲子祀[15]라 日之謙은 當鳥라 故曰明夷于飛[16][17]라하고 明而未融이라 故曰垂其翼[18]이라하고 象日之動이라 故曰君子于行[19]이라하고 當三在旦이라 故曰三日不食[20]이라하니라 離는 火也요 艮은 山也라 離爲火하니 火焚山이면 山敗라 於人爲言[21]이니 敗言爲讒[22]이라 故曰 有攸往이면 主人有言이라하니 言必讒也[23]라 純離爲牛[24]니 世亂讒勝하고 勝將適離라 故曰其名曰牛[25]라하니라 謙不足일새 飛不翔[26]하고 垂不峻일새 翼不廣[27]이라 故曰其爲子後乎[28]ㄴ저하니라 吾子亞卿也니 抑少不終[29]이리라

1) 〔역주〕 莊叔 : 穆子의 아버지 得臣이다.
2) 〔역주〕 明夷䷣ : 下卦가 離(☲)이고 上卦가 坤(☷)인 卦이다.
3) 〔역주〕 謙䷎ : 下卦가 艮(☶)이고 上卦가 坤(☷)인 卦이니, 明夷의 初九(⚊)가 變하여 (⚋) 謙卦가 된 것이다.
4) 〔역주〕 楚丘 : 卜人의 姓名이다.
5) 〔역주〕 歸爲子祀 : 돌아와서 後繼者가 된다는 말이다.
6) 〔역주〕 以讒人入 : 그가 돌아올 때 讒訴하고 阿諂하는 사람과 함께 들어오게 될 것이라는 말이다.
7) 〔역주〕 卒以餒死 : 끝내 牛로 인해 餓死한다는 말이다.
8) 〔역주〕 明夷 日也 : 離卦는 太陽을 상징하고 夷는 損傷이니, 태양의 밝음이 손상된 것이다. 象傳에 '밝음(태양)이 地中으로 들어간 것이 明夷이다.'라고 하였으니, 태양이 땅속에 있어 빛이 밖으로 발산되지 않으면 밝음이 손상된다.
9) 〔역주〕 日之數十 : 甲時부터 癸時까지이다. 古代에는 하루를 열 시간으로 나눈 듯하다.
10) 〔역주〕 故有十時……其三爲卿 : 王은 天子이다. 天子는 지극히 尊貴하기 때문에 盛

位(최고의 地位)에 있고, 王으로부터 내려오면서 公과 諸侯는 天子보다 낮기 때문에 第二位에 있고, 卿과 大夫는 諸侯보다 낮기 때문에 그 位次가 第三位에 있는 것이다.

11) 〔역주〕 日上其中 : 해가 中天에 이르면 크게 밝으므로 그것을 王에 해당시킨 것이다.

12) 〔역주〕 食日爲二 : 아침밥을 먹을 때의 太陽이다.

13) 〔역주〕 旦日爲三 : 卿의 地位이다.

14) 〔역주〕 明夷之謙……其當旦乎 : 融은 朗(밝음)이다. 離卦가 坤卦 밑에 있으니 해가 땅속에 있는 形象이고, 또 變하여 謙卦가 되었으니 謙의 道理는 몸을 낮추고 謙讓하는 것이다. 그러므로 '밝았으나 아직 완전히 밝지 않았다.'고 하고, 해가 밝았으나 완전히 밝지 않았기 때문에 '아마도 새벽(卿位)에 해당할 것이다.'라고 한 것이다.

15) 〔역주〕 故曰爲子祀 : 莊叔은 卿이다. 叔孫豹가 卿이 될 것을 豫測〔卜〕하였기 때문에 莊叔의 祭祀를 받들 것을 안 것이다.

16) 〔역주〕 日之謙……故曰明夷于飛 : 離는 해를 상징하기도 하고, 새를 상징하기도 한다. 離卦가 변하여 謙卦가 되어 日光이 부족하기 때문에 새에 해당하고, 새는 날아다니기 때문에 '난다'고 한 것이다.

17) 〔역주〕 明夷于飛 : 明夷卦 初九爻辭에 "明夷에 날 때에 날개를 늘어뜨림이니 군자가 길을 감에 3일 동안 먹지 못하여 갈 곳을 둠에 주인이 말을 하도다.〔明夷于飛 垂其翼 君子于行 三日不食 有攸往 主人有言〕"라고 하였다. 離는 새이고 艮은 山이니, 새가 산 위를 나는 형상이 있기 때문에 '明夷于飛'라고 한 것이다.

18) 〔역주〕 明而未融 故曰垂其翼 : 해에 있어서는 아직 완전히 밝지 않은 것이 되고, 새에 있어서는 날개를 늘어뜨린 것이 된다.

19) 〔역주〕 象日之動 故曰君子于行 : 明夷의 初九가 제자리를 얻어 應對가 있으니, 君子의 象이다. 밝음이 손상된 세상에 있고 謙下의 자리에 있기 때문에 장차 難을 피해 出奔〔行〕할 것을 안 것이다.

20) 〔역주〕 當三在旦 故曰三日不食 : 새벽의 位次가 세 번째이고, 또 아침밥을 먹을 때가 아니기 때문에 "三日을 먹지 못한다."고 한 것이다.

21) 〔역주〕 於人爲言 : 艮이 사람에 있어서는 言語가 된다.

22) 〔역주〕 敗言爲讒 : 離(火)에 태워졌기 때문에 '敗'라고 말한 것이다.

23) 〔역주〕 故曰 有攸往……言必讒也 : 離卦가 변하여 艮卦가 되었기 때문에 '有所往'이라 말하고, 가서 태워짐을 당하기 때문에 '主人의 말이 있다.'고 하고, 말로 인해 敗壞되기 때문에 '반드시 讒言이다.'라고 한 것이다.

24) 〔역주〕 純離爲牛 : ≪周易≫ 離卦 彖辭에 "上卦도 離이고 下卦도 離인 것이 離卦이

다. 암소를 기르는 것이 吉하다."고 하였기 때문에 '純離가 牛이다.'라고 말한 것이다.

25) 〔역주〕 世亂讒勝……故曰其名曰牛 : 離(火)가 山을 태우면 離가 승리하는 것이니, 世上이 어지러우면 讒言이 승리한다는 것을 비유한 것이다. 山이 불에 타면 離만 남기 때문에 이름이 牛일 것을 안 것이다. 豎牛는 암소가 아니기 때문에 不吉한 것이다.

26) 〔역주〕 謙不足 飛不翔 : 謙의 道理는 謙退(謙讓)를 근본으로 삼기 때문에 겸손하여 만족하게 행동하지 않는다. 離가 새가 되어 謙遜하기 때문에 멀리 날지 못하는 것이다.

27) 〔역주〕 垂不峻 翼不廣 : 峻은 높이 드는 것이다. 날개를 늘어뜨렸기 때문에 廣遠하게 날 수 없는 것이다.

28) 〔역주〕 故曰其爲子後乎 : 멀리 날 수 없기 때문에 멀리 가지 못할 것을 안 것이다.

29) 〔역주〕 吾子亞卿也 抑少不終 : 杜氏는 少를 不足으로, 不終을 '새벽의 태양이 正卿에 해당한다.〔旦日 正卿〕'란 卦體의 含意와 맞지 않는 것으로 해석하였고, 楊伯峻의 注에는 "抑은 但이고, 少不終은 穆子가 비록 長壽하겠지만 제명에 죽지는 못한다는 말이다."라고 하였다. 譯者는 이 說들을 따르지 않고, "抑은 雖然과 같으니, 비록 아비의 뒤를 이어 亞卿이 되겠지만 壽命으로 죽지는 못할 것이라는 말이다."라고 한 ≪左氏會箋≫의 설을 취해 번역하였다.

昭公 5년, 당초에 穆子가 出生하였을 적에 莊叔이 ≪周易≫으로 점을 쳐서 明夷卦가 謙卦로 변한 卦를 만났다. 이 占卦를 卜士 楚丘에게 보이니, 楚丘는 다음과 같이 풀이하였다.

"이 아이는 장차 出奔하였다가 돌아와서 당신을 위해 祭祀를 받들 것입니다. 돌아올 때 讒人을 데리고 들어올 것인데, 그자의 이름은 牛입니다. 이 아이는 끝내 이자로 인해 굶어 죽게 될 것입니다.

明夷는 해이고 해의 수는 十입니다. 그러므로 하루에 十時가 있으니 이 또한 사람의 열 등급의 位次에 해당합니다. 王 이하로 두 번째가 公이고 세 번째가 卿이며, 太陽의 最上位는 中天에 이른 때로 〈王에 해당하고,〉 朝飯을 먹을 때의 太陽이 二位로 公에 해당하고, 새벽의 太陽이 三位로 卿에 해당합니다.

明夷卦가 변하여 謙卦가 된 것은 날이 밝았으나 아직 완전히 밝지 않은 것이니, 아마 새벽(卿位)에 해당할 것입니다. 그러므로 '당신을 위해 祭祀를 받들 것이다.'라고 한 것입니다. 해(離)가 변하여 謙이 된 것은 새〔鳥〕에 해당하기 때문에 爻辭에 '明

夷가 난다.'고 하였고, 날이 밝았으나 아직 완전히 밝지 않았기 때문에 '날개를 늘어뜨렸다.'고 하였고, 〈明夷의 初九는〉 해의 움직임을 象徵하였기 때문에 '君子가 떠나간다.'고 하였고, 第三位인 새벽에 해당하기 때문에 '3일 동안 먹지 못한다.'고 한 것입니다. 離는 火이고 艮은 山입니다.

離가 火가 되었으니 火가 山을 태우면 山은 敗壞(破壞)됩니다. 艮이 사람에 있어서는 言語가 되는데, 남을 敗壞하는 말이 讒言입니다. 그러므로 爻辭에 '가는 곳이 있으면 主人이 말을 한다.'고 하였으니, 이 말은 반드시 讒言입니다. 純離(上下卦가 모두 離卦인 것)가 牛인데, 세상이 어지러우면 讒言이 승리하고 승리하면 〈艮이 도로〉 離로 돌아가기 때문에 '그 이름이 牛이다.'라고 한 것입니다.

謙은 不足이므로 날되 멀리 날지 못하고, 날개를 늘어뜨렸으므로 멀리 날지 못하는 것입니다. 그러므로 '아마도 당신의 後繼者가 될 것이다.'라고 한 것입니다. 당신이 亞卿이니 〈이 아이도 亞卿이 되겠지만〉 이 아이〔少〕는 제명에 죽지 못할 것입니다."

08-01-18 孔成子卜立靈公　孔成子가 거북점을 쳐서 靈公을 세우다

【左傳】 昭七年이라 衛襄公夫人姜氏[1)]無子하고 嬖人婤姶生孟縶하다 孔成子夢康叔謂己호되 立元[2)]하라 史朝亦夢康叔謂己호되 余將命而子苟與孔烝鉏之曾孫圉相元하리라 史朝見成子하고 告之夢하니 夢協[3)]이라 晉韓宣子가 聘于諸侯之歲에 婤姶生子하니 名之曰元이라하다 孟縶之足不良(弱)〔能〕[4)]行[5)]이라 孔成子以周易筮之하니 曰 元尙亨衛國하야 主其社稷[6)]하노라 遇屯䷂[7)]하다 又曰 余尙立縶하노니 尙克嘉之[8)]하노라 遇屯䷂之比䷇[9)]하다 以示史朝한대 史朝曰 元亨[10)]이라하니 又何疑焉이리오 成子曰 非長之謂乎[11)]아 對曰 康叔名之하시니 可謂長矣[12)]라 孟非人也라 將不列於宗하리니 不可謂長[13)]이라 且其繇[14)]曰 利建侯라하니 嗣吉이면 何建이리오 建非嗣也[15)]라 二卦皆云[16)]하니 子其建之하라 康叔命之하고 二卦告之하니 筮襲於夢은 武王所用이니 弗從何爲[17)]리오 弱足者居[18)]니라 侯主社稷하야 臨祭祀하고 奉民人하고 事鬼神하고 從會朝니 又焉得居리오 各以所利가 不亦可乎[19)]아 故孔成子立靈公하다

1)〔역주〕姜氏 : 宣姜이다.

2)〔역주〕嬖人婤姶生孟縶……立元 : 成子는 衛나라 卿으로 孔達의 손자 烝鉏이다. 元은

孟縶의 아우이다. 꿈을 꿀 때는 元이 태어나기 전이다.

3) 〔역주〕 協 : 合이다.

4) 〔역주〕 (弱)〔能〕 : 저본에는 '弱'으로 되어있으나, 十三經注疏本에 의거하여 '能'으로 바로잡았다.

5) 〔역주〕 孟縶之足不良(弱)〔能〕行 : 楊伯峻의 注에 "杜氏는 不良에 句를 떼고, 能行을 별개의 句로 보았으나, 정확하지 않은 것 같다. '孟縶之足不良能行'을 한 句로 보는 것이 옳다. 良은 善이니 不善能行(잘 걸을 수 없음)이라는 말이다."라고 하였다. 이 說을 취해 번역하였다.

6) 〔역주〕 主其社稷 : 蓍草에 命한 말이다.

7) 〔역주〕 屯䷂ : 震卦(☳)가 下卦이고 坎卦(☵)가 上卦인 卦이다.

8) 〔역주〕 又曰……尙克嘉之 : 재차 占을 치며 "내가 孟縶을 세우기를 희망하니 縶이 元보다 좋은 卦가 나오기를 바란다."고 한 것이다.

9) 〔역주〕 比䷇ : 下卦가 坤(☷)이고 上卦가 坎(☵)인 卦인데, 屯卦의 初九爻(--)가 變한(—) 것이다.

10) 〔역주〕 史朝曰 元亨 : 元亨은 屯卦의 卦辭인데, 史朝는 元이 衛나라를 享有한다는 뜻으로 해석하였다.

11) 〔역주〕 成子曰 非長之謂乎 : 屯卦의 元亨은 年長者를 이른 것이고, 元의 이름을 이른 것이 아니다.

12) 〔역주〕 對曰……可謂長矣 : 元은 바로 康叔이 命한 이름이니, '元善之長(元은 모든 善의 으뜸)'의 뜻에 해당한다는 말이다.

13) 〔역주〕 孟非人也……不可謂長 : 절뚝발이는 온전한 사람이 아니므로 先君의 뒤를 이어 宗主가 될 수 없다는 말이다. '列於宗'은 살아서는 先君의 뒤를 잇고, 죽어서는 先君의 禰廟에 들어가는 것이다. ≪左氏會箋≫

14) 〔역주〕 繇 : 卦辭를 이른다.

15) 〔역주〕 嗣吉……建非嗣也 : 嗣子는 정해진 地位가 있기 때문에 점을 칠 필요도 없고, 또 세울 필요도 없다. 지금 位가 정해지지 않았기 때문에 점을 쳐서 吉卦를 얻었다면 吉한 占卦에 따라 세워야 한다는 말이다.

16) 〔역주〕 二卦皆云 : 再次 점을 쳐서 나온 屯卦에도 모두 '建侯'라는 글이 있음을 이른 것이다.

17) 〔역주〕 筮襲於夢……弗從何爲 : 外傳(≪國語≫)에 이르기를 "泰誓에 '朕의 꿈이 朕의 龜卜과 一致하여 아름다운 상서가 거듭하였으니, 商나라를 征伐하면 반드시 勝利할

것이다.'라고 하였는데, 이것은 武王의 말이다."라고 하였다.

18) 〔역주〕 弱足者居 : 절뚝발이는 한쪽 다리가 弱하므로 집안에 있어야 하고 돌아다닐 수 없다는 말이다.

19) 〔역주〕 各以所利 不亦可乎 : 孟縶은 절뚝발이이니 집안에 있는 것이 이롭고, 元은 吉하니 侯로 세우는 것이 이롭다는 말이다.

昭公 7년, 衛 襄公의 夫人 姜氏는 아들을 낳지 못하였고, 嬖人 婤姶이 孟縶을 낳았다. 孔成子의 꿈에 康叔(衛나라의 始祖)이 孔成子에게 말하기를 "元을 임금으로 세우라."고 하였다. 史朝 역시 꿈에, 康叔이 史朝에게 말하기를 "내 장차 너의 아들 苟와 孔烝鉏의 曾孫 圉에게 命하여 元을 섬기게 하겠다."고 하였다. 史朝가 成子를 찾아가 꿈 이야기를 하니, 두 사람의 꿈이 같았다. 晉나라 韓宣子가 諸侯를 聘問하던 해에 婤姶이 또 아들을 낳았는데 그 이름을 元이라 하였다.

孟縶은 발이 온전하지 못하여 걸음을 잘 걷지 못하였다. 孔成子가 ≪周易≫으로 점을 치며 〈泰筮(蓍草로 만든 산가지)에 命하기를〉 "元이 衛나라를 享有하여 그 社稷을 主管하기를 바란다."고 하고서, 〈揲蓍(蓍草占을 칠 때 산가지를 세어 卦를 만듦)하니〉 屯卦가 나왔다. 또 〈泰筮에 命하기를〉 "나는 孟縶을 임금으로 세우기를 희망하니 좋은 卦가 나오기를 바란다."고 하고서, 〈揲蓍하니〉 屯卦가 比卦로 變한 卦가 나왔다.

그 卦를 史朝에게 보여주니, 史朝가 말하기를 "〈卦辭에〉 '元亨'이라 하였으니, 또 의심할 게 뭐 있습니까?"라고 하였다. 成子가 "元亨의 元은 長子를 이름이 아니겠습니까?"라고 하니, 史朝가 대답하기를 "康叔이 元으로 命名하셨으니 長子라 이를 수 있습니다. 孟縶은 合當한 사람이 아니라서 장차 宗社를 主管할 수 없을 것이니 長子라 할 수 없습니다. 또 그 卦辭에 '侯로 세우는 것이 이롭다.'고 하였으니, 嗣子를 세우는 것이 吉하다면 〈당연히 嗣子가 임금이 될 것인데,〉 무엇 때문에 '侯로 세운다.'고 하였겠습니까? 嗣子가 아닌 자를 세우는 것을 말한 것입니다. 두 卦에 모두 그렇게 말하였으니, 당신께서는 元을 세우십시오. 康叔이 명하셨고 두 卦가 그리 告하였으니, 蓍草占이 꿈과 符合한 것은 武王께서도 따르신 바이니 무엇 때문에 따르지 않겠습니까? 절뚝발이는 집안에 한가로이 있어야 합니다. 侯(君主)는 社稷을 主管하여 祭祀에 親臨하고 人民을 奉養하고 鬼神을 섬기고 會盟과 朝會에 참가해야 하니 어찌 집안에 한가로이 있을 수 있겠습니까? 각각 이로운 바를 따르는 것이 좋지 않겠습니까?"라고 하였다. 그러므로 孔成子가 靈公을 세웠다.

08-01-19 南蒯將叛枚筮之示子服惠伯 南蒯가 반란을 일으키고자 할 적에 묻고 싶은 일을 지적해 말하지 않고 시초점을 쳐서 子服惠伯에게 보이다

【左傳】 昭十二年이라 季平子立하야 而不禮於南蒯[1]하다 南蒯謂子仲[2]하되 吾出季氏하고 而歸其室於公[3]하리니 子更其位[4]하라 我以費爲公臣[5]하리라 子仲許之하다 故叔仲小南蒯公子慭謀季氏하다 慭告公[6]하고 而遂從公如晉하다 南蒯懼不克하야 以費叛如齊[7]하다 南蒯之將叛也에 其鄕人或知之하고 過之而歎[8]하며 且言曰 恤恤乎湫乎攸乎[9]로다 深思而淺謀하고 邇身而遠志하고 家臣而君圖[10]有人矣哉[11]로다 南蒯枚筮之[12]하야 遇坤䷁[13]之比䷇[14]하니 曰黃裳元吉[15]이라 以爲大吉也라하야 示子服惠伯曰 卽欲有事하니 何如오 惠伯曰 吾(當)〔嘗〕[16]學此矣[17]니 忠信之事則可어니와 不然이면 必敗리라 外强內溫이 忠也[18]요 和以率貞이 信也[19]라 故曰黃裳元吉이라하니라 黃은 中之色也요 裳은 下之飾也요 元은 善之長也라 中不忠이면 不得其色[20]하고 下不共이면 不得其飾[21]하고 事不善이면 不得其極[22]이라 外內倡和爲忠[23]이요 率[24]事以信爲共이요 供養三德[25]爲善이니 非此三者면 弗當[26]이라 且夫易은 不可以占險이니 將何事也오 且可飾乎[27]아 中美能黃이요 上美爲元이요 下美則裳[28]이니 參成可筮[29]어니와 猶有闕也[30]면 筮雖吉이라도 未也라

1) 〔역주〕 南蒯 : 南遺의 아들로 季氏의 私邑인 費邑의 邑宰이다.

2) 〔역주〕 子仲 : 公子 慭이다.

3) 〔역주〕 歸其室於公 : 室은 季氏의 家産이다.

4) 〔역주〕 子更其位 : 更은 代(대신)이다.

5) 〔역주〕 我以費爲公臣 : 나는 費邑으로써 公家의 臣下가 되겠다는 말이다.

6) 〔역주〕 慭告公 : 慭은 子仲이다.

7) 〔역주〕 南蒯懼不克 以費叛如齊 : 楊伯峻의 注에, 당초 公子 慭은 南蒯와 晉나라의 도움을 받아 季氏를 除去하기로 謀議하였다. 그러므로 慭이 昭公을 따라 晉나라로 간 것인데, 晉나라가 昭公의 入國을 허락하지 않으니, 南蒯는 성공하지 못할 것을 우려하여 費邑의 무리를 이끌고서 季氏를 背叛하여 齊나라에 붙은 것이다.

8) 〔역주〕 其鄕人或知之 過之而歎 : 마을 사람이 南蒯 앞을 지나면서 탄식한 것이다.

9) 〔역주〕 恤恤乎湫乎攸乎 : 楊伯峻의 注에 '이 세 句는 同一한 뜻으로 깊이 근심하는 것이다.'라고 하였다. 杜預의 注에 '恤恤은 憂患이고, 湫는 愁隘이고, 攸는 높은 곳에 위험하게 매달려있는 모양이다.'라고 하였는데 愁隘는 무슨 뜻인지 모르겠다. ≪春秋左氏傳正義≫에 '湫는 바로 湫隘(땅이 下濕하고 좁음)이다. 그러므로 湫를 愁隘의 뜻이라 한 것이다.'라고 하였을 뿐, 愁隘가 무슨 뜻인지는 말하지 않았다. ≪左氏會箋≫에 '兪樾은 「湫는 바로 愁의 假借字이다.」라고 하였고, ≪春秋繁露≫ 〈陽尊陰卑篇〉에 「湫는 悲憂하는 모양이다.」라고 하였는데, 杜氏는 隘자를 追加로 補充〔足〕하여 도리어 原義를 喪失하였다.'고 하였다.

10) 〔역주〕 深思而淺謀……家臣而君圖 : 家臣으로서 임금의 일을 圖謀하기 때문에 생각은 깊으나 智謀가 옅고 몸은 卑近하면서 뜻은 遠大하다고 말한 것이다.

11) 〔역주〕 有人矣哉 : 지금 이런 사람이 있다고 말하여 隱微하게 그를 感動시킨 것이다.

12) 〔역주〕 南蒯枚筮之 : 枚筮는 점치는 대상의 姓名을 지적하여 告하지 않고 덮어놓고 吉凶을 점친 것이다.

13) 〔역주〕 坤䷁ : 下卦도 坤(☷)이고 上卦도 坤(☷)인 卦이다.

14) 〔역주〕 比䷇ : 下卦가 坤(☷)이고 上卦가 坎(☵)인 卦이니, 坤卦의 六五爻(--)가 變한(—) 것이다.

15) 〔역주〕 曰黃裳元吉 : 坤卦 六五의 爻辭이다.

16) 〔역주〕 (當)〔嘗〕 : 저본에 '當'이나 ≪春秋左氏傳≫에 의거하여 '嘗'으로 바로잡았다.

17) 〔역주〕 吾(當)〔嘗〕學此矣 : 내가 일찍이 ≪周易≫을 배운 적이 있기 때문에 이 뜻을 안다는 말이다.

18) 〔역주〕 外强內溫 忠也 : 坎은 險하기 때문에 强하고, 坤은 順하기 때문에 溫順하다. 강하면서도 온순한 것이 忠이 되는 原因이다.

19) 〔역주〕 和以率貞 信也 : 이것은 比卦를 가지고 말한 것이다. 坤은 水이고 坎은 土이니, 水土가 만나면 서로 和合한다. 貞은 問卜이고 率은 行이니, 和順으로 問卜한 일을 行하는 것이다. 그러므로 信이 된다고 한 楊伯峻 注의 설을 취해 번역하였다.

20) 〔역주〕 中不忠 不得其色 : 黃色이 아니라는 말이다.

21) 〔역주〕 下不共 不得其飾 : 아랫사람이 되어 공손하지 않으면 裳의 뜻이 아니라는 말이다.

22) 〔역주〕 不得其極 : 極은 지금의 標準 또는 準則이란 말과 같다.

23) 〔역주〕 外內倡和爲忠 : 임금이 안에서 先唱하면 臣下가 밖에서 和答하기 때문에 이

를 忠이라 이른다.

24) 〔역주〕 率 : 行과 같다.

25) 〔역주〕 三德 : 楊伯峻의 注에 "忠 · 信 · 極을 이른다. 杜預의 注에 ≪尙書≫ 〈洪範〉의 三德인 '正直 · 剛克 · 柔克'으로 해석한 것은 더욱 關連이 없다."고 하였다. 正直 · 剛克 · 柔克은 ≪尙書正義≫에 의하면 平安한 세상은 正直으로 다스리고, 剛하여 順從하지 않은 세상은 剛으로 다스리고, 和順한 세상은 柔順으로 다스리는 것이다. 그리고 朱申 注의 '以志意供給長養之'는 精神〔志意〕을 쏟아〔供給〕 培養한다는 말이다.

26) 〔역주〕 非此三者 弗當 : 忠 · 信 · 善이 아니면 이 卦에 해당하지 않는다는 말이다.

27) 〔역주〕 且夫易……且可飾乎 : 夫易은 此易과 같으니 黃裳元吉의 卦를 이른다. 그에게 무슨 일을 하려 하느냐고 물어 그로 하여금 하체의 복식(在下者의 恭敬)을 따르게 하고자 한 것이다.

28) 〔역주〕 中美能黃……下美則裳 : 마음은 몸의 中央에 있기 때문에 그 아름다운 것이 黃色이 될 수 있고, 元首는 上位에 있기 때문에 그 아름다운 것이 體元의 뜻이 될 수 있고, 발은 下位에 있기 때문에 그 아름다운 것이 下裳의 옷이 될 수 있다. 體元은 地의 元氣를 根本으로 삼는다는 말로 君王이 自然의 이치를 본받아 天下를 統治하는 것을 이른다.

29) 〔역주〕 參成可筮 : 세 가지 美德이 다 갖추어져야 爻辭처럼 吉할 수 있다는 말이다.

30) 〔역주〕 猶有闕也 : 有闕은 세 가지가 갖추어지지 않은 것을 이른다.

昭公 12년, 季平子가 季氏家의 繼承者가 된 뒤에 南蒯를 禮遇하지 않았다. 南蒯가 子仲(公子 憖)에게 이르기를 "내가 季氏를 逐出하고서 그 家産〔室〕을 公室로 歸屬시킬 것이니, 그대는 季氏를 대신해 卿의 자리에 오르십시오. 나는 費邑으로써 公室의 臣下가 되겠습니다."고 하였다. 子仲이 허락하였다.

그러므로 叔仲小 · 南蒯 · 公子 憖이 함께 季氏를 제거하기로 謀議하였다. 公子 憖은 이 계획을 昭公께 고하고서 드디어 昭公을 따라 晉나라로 갔다. 南蒯는 成功〔克〕하지 못할 것을 우려하여 費邑의 무리를 이끌고서 季氏를 배반하여 齊나라로 갔다.

南蒯가 배반하려 할 때 그 마을 사람 중에 어떤 자가 南蒯의 陰謀를 알고서 그 앞을 지날 때 탄식하며 말하기를 "매우 憂慮된다. 생각은 깊으나 智謀는 옅고 몸은 卑近하면서 뜻은 遠大하고 家臣이면서 임금의 일을 圖謀하는 사람이 있구나."라고 하였다.

南蒯는 묻고 싶은 일을 지적해 말하지 않고 占을 쳐서 坤卦가 比卦로 변한 卦를 얻었는데, 그 爻辭에 '黃裳(노란 치마)이니 크게 吉하다.'고 하였다. 南蒯는 이 占卦

가 크게 吉한 것으로 여겨, 이 占卦를 子服惠伯에게 보이며 "나는 즉시 일을 벌이고 싶은데 어떻겠는가?"라고 묻자, 子服惠伯이 다음과 같이 말하였다.

"내가 일찍이 ≪周易≫을 배운 적이 있는데, 忠信한 일이라면 해도 성공할 수 있지만 그런 일이 아니라면 반드시 실패할 것입니다. 外表가 强하고 內面이 溫順한 것이 '忠'이고, 和順한 마음으로 占친 일〔貞〕을 행〔率〕하는 것이 '信'입니다. 그러므로 '黃裳元吉'이라 한 것입니다.

黃은 中央의 색깔이고 裳은 下體의 服飾이고 元은 善의 으뜸이니, 中心이 忠誠스럽지 않으면 黃色이 될 수 없고, 下位에 있으면서 恭敬하지 않으면 飾〔裳〕이 될 수 없고, 하는 일이 善하지 않으면 準則〔極〕이 될 수 없습니다.

안(임금)에서 先唱하면 밖(臣下)에서 和答하는 것이 忠이고, 誠信으로 일을 행하는 것이 共(恭)이고, 세 가지 德(黃·裳·極)을 養成하는 것이 善이니, 이 세 가지가 갖추어지지 않으면 이 卦에 該當하지 않습니다.

그리고 또 ≪周易≫은 險惡한 일을 점치지 않는 것인데 그대는 장차 무슨 일을 하려는 것입니까? 下位에 있으면서 恭敬하려는 것입니까? 마음이 아름다운 것이 黃이고 上體가 아름다운 것(在上者의 美德을 뜻함)이 元이고 下體가 아름다운 것(在下者의 美德을 뜻함)이 裳이니, 이 세 가지가 갖추어지면 爻辭처럼 吉할 수 있지만, 만약〔猶〕 이 중에 하나라도 不足하다면 占卦가 아무리 吉하여도 成功하지 못합니다."

08-01-20 臧昭伯如晉臧會竊其寶龜僂句以卜 臧昭伯이 晉나라에 갈 때 臧會가 寶龜 僂句를 훔쳐 거북점을 치다

【左傳】 昭二十五年이라 初에 臧昭伯如晉에 臧會竊其寶龜僂句[1)]하야 以卜爲信與僭하니 僭吉[2)]하다 臧氏老將如晉問[3)]에 會請往[4)]하다 昭伯問家故하니 盡對하고 及內子與母弟叔孫하얀 則不對[5)]하고 再三問호되 不對하다 歸及郊에 會逆[6)]이어늘 問하니 又如初[7)]하다 至하야 次於外而察之[8)]하니 皆無之[9)]하다 執而戮之하니 逸하야 奔郈하다 郈魴假使爲賈正焉[10)]하다 計於季氏[11)]러니 臧氏使五人以戈楯伏諸桐汝之閭[12)]하다 會出에 逐之하니 反奔[13)]이어늘 執諸季氏中門之外하니 平子怒曰 何故以兵入吾門가하고 拘臧氏老하니 季臧有惡(오)[14)]하다 及昭伯從公하야 平子立臧會[15)]하니 會曰 僂句不余欺也[16)]라하다

1) 〔역주〕 臧會竊其寶龜僂句 : 臧會는 昭伯의 從弟이다. 昭伯의 寶龜를 몰래 훔쳐 간 것이다. 僂句는 거북이 나온 곳의 地名으로 이로써 그 거북을 호칭하였다.

2) 〔역주〕 以卜爲信與僭 僭吉 : 僭은 誠實하지 않음이다. 일을 誠實히 하는 것이 吉한지 성실히 하지 않는 것이 吉한지에 대해 점을 친 것이다.

3) 〔역주〕 臧氏老將如晉問 : 昭伯의 安否를 물으려 한 것이다.

4) 〔역주〕 會請往 : 家老를 대신해 간 것이다.

5) 〔역주〕 及內子與母弟叔孫 則不對 : 內子는 昭伯의 아내이다. 대답하지 않은 것은 마치 다른 일이 있는 것처럼 암시한 것이다.

6) 〔역주〕 歸及郊 會逆 : 昭伯이 晉나라에서 돌아와 魯나라 郊外에 당도하자 臧會가 나와서 迎接한 것이다.

7) 〔역주〕 又如初 : 또 대답하지 않은 것이다.

8) 〔역주〕 次於外而察之 : 昭伯은 집안에 變故가 있는 것으로 의심하여 그 집으로 들어가지 않은 것이다.

9) 〔역주〕 皆無之 : 모두 다른 일이 없었다.

10) 〔역주〕 執而戮之……郈魴假使爲賈正焉 : 郈邑은 東平 無鹽縣 동남쪽에 있다. 魴假는 郈邑의 大夫이다. 賈正은 貨物에 일정한 값이 있게 하는 일을 맡은 市吏 같은 것이다.

11) 〔역주〕 計於季氏 : 計簿를 季氏에게 보낸 것이다.

12) 〔역주〕 臧氏使五人以戈楯伏諸桐汝之閭 : 桐汝는 마을 이름이다.

13) 〔역주〕 會出……反奔 : 臧會가 季氏의 집에서 나오자 伏兵이 그를 뒤쫓으니, 臧會가 도로 季氏의 집으로 도망간 것이다.

14) 〔역주〕 拘臧氏老 季臧有惡(오) : 서로 원망하고 미워한 것이다.

15) 〔역주〕 及昭伯從公 平子立臧會 : 臧會를 세워 臧氏의 後嗣로 삼은 것이다.

16) 〔역주〕 會曰 僂句不余欺也 : 傳文은 卜筮의 應驗(점이 맞음)과 善惡(吉凶)은 사람의 〈行爲에서〉 유래한다는 것을 말하였다.

昭公 25년, 당초에 臧昭伯이 晉나라에 갈 때 臧會가 昭伯의 寶龜 僂句를 훔쳐서 誠實〔信〕하게 행동하는 것이 吉한지 不誠實〔僭〕하게 행동하는 것이 吉한지에 대해 占을 치니, 不誠實하게 행동하는 것이 吉하였다.

臧氏의 家老가 昭伯에게 問候하기 위해 晉나라로 가려 할 때 臧會가 대신 가기를 청하여 晉나라로 갔다. 昭伯이 집안일을 묻자 일일이 다 대답하고, 內子와 母弟 叔孫에 대한 물음에 미쳐서는 대답하지 않고 두세 번 물어도 대답하지 않았다.

昭伯이 歸國길에 올라 郊外에 당도하였을 때 臧會가 나가 迎接하였다. 〈昭伯이 內子와 母弟에 대해〉 물으니 또 전처럼 대답하지 않았다.

昭伯이 城內로 들어와 밖에 머물면서 情況을 살펴보니 모두 無故하였다. 이에 昭伯이 臧會를 잡아 죽이고자 하니, 臧會는 도망하여 郈邑으로 달아났다. 郈魴假가 그를 賈正으로 삼았다.

臧會가 會計帳簿를 가지고 季氏의 집으로 가니, 臧氏는 다섯 사람을 시켜 창과 방패를 가지고서 桐汝의 里閭에 埋伏하게 하였다. 臧會가 나오자 그를 뒤쫓으니 臧會는 도로 季氏의 집으로 도망갔다. 다섯 사람이 그를 뒤쫓아 가서 季氏의 中門 밖에서 그를 잡으니, 季平子가 노하여 말하기를 "무엇 때문에 武器를 들고 나의 집 문으로 들어왔느냐?"고 하고서 臧氏의 家老를 拘留하니, 이 일로 인해 季氏와 臧氏가 서로 미워하였다.

昭伯이 昭公을 따라 亡命함에 미쳐 平子가 臧會를 臧氏의 承繼人으로 세우니 臧會가 말하기를 "僂句가 나를 속이지 않았다."고 하였다.

08-01-21 晉趙鞅卜救鄭 晉나라 趙鞅이 鄭나라를 救援하는 것에 대하여 거북점을 치다

【左傳】 哀九年이라 晉趙鞅卜救鄭하야 遇水適火[1]하다 占諸史趙史墨史龜[2]하니 史龜曰 是謂沈陽[3]이니 可以興兵[4]이라 利以伐姜하고 不利子商[5]하니 伐齊則可하고 敵宋不吉이라하고 史墨曰 盈은 水名也요 子는 水位也[6]라 名位敵하니 不可干也[7]라 炎帝爲火師[8]하니 姜姓其後也라 水勝火하니 伐姜則可라하고 史趙曰 是謂如川之滿이니 不可游也[9]라 鄭方有罪하니 不可救也[10]라 救鄭則不吉이니 不知其他[11]로라 陽虎以周易筮之하야 遇泰䷊[12]之需䷄[13]하야 曰 宋方吉하니 不可與也[14]라 微子啓는 帝乙之元子也라 宋鄭은 甥舅也[15]요 祉는 祿也라 若帝乙之元子歸妹而有吉祿이면 我安得吉焉이리오 乃止[16]하다

1) 〔역주〕 水適火 : 龜甲을 불에 구워 터져서 생긴 兆紋(線)이 남쪽의 火의 자리로 간 것이다. ≪春秋左氏傳正義≫

2) 〔역주〕 占諸史趙史墨史龜 : 모두 晉나라 史(卜筮를 맡은 官名)이다.

3) 〔역주〕 是謂沈陽 : 火는 陽인데 水를 만났기 때문에 잠긴 것이다.

4) 〔역주〕 可以興兵 : 兵은 陰의 類이다. 그러므로 군대를 일으킬 수 있다.

5) 〔역주〕 利以伐姜 不利子商 : 姜은 齊나라 姓이고, 子商은 宋나라를 이른다.

6) 〔역주〕 盈……水位也 : 趙鞅의 姓이 盈이다. 宋나라는 姓이 子이다. 물은 웅덩이를 채우고서야 흘러가고, 子姓은 또 北方의 水의 方位를 얻었다.

7) 〔역주〕 名位敵 不可干也 : 두 물〔江〕이 함께 성대하기 때문에 침범할 수 없다고 말한 것이다.

8) 〔역주〕 炎帝爲火師 : 神農氏 때 火瑞가 있었기 때문에 火로써 官職의 名稱으로 삼았다. 炎帝는 春官을 大火, 夏官을 鶉火, 秋官을 西火, 冬官을 北火, 中官을 中火로 命名하였다고 한다.

9) 〔역주〕 是謂如川之滿 不可游也 : 이미 가득 찼고 물의 方位를 얻었기 때문에 마치 내에 물이 가득 차서 헤엄쳐 건널 수 없는 것과 같은 것이니, 그 물의 流波가 성대하다는 것을 말한 것이다.

10) 〔역주〕 鄭方有罪 不可救也 : 鄭나라가 총애하는 사람으로 인해 남의 나라를 쳤기 때문에 죄가 있다고 한 것이다.

11) 〔역주〕 救鄭則不吉 不知其他 : 鄭나라를 救援하려면 宋나라를 쳐야 하기 때문에 不吉하다고 한 것이다.

12) 〔역주〕 泰䷊ : 下卦가 乾(☰)이고 上卦가 坤(☷)인 卦이다.

13) 〔역주〕 需䷄ : 下卦가 乾(☰)이고 上卦가 坎(☵)인 卦이니, 泰卦의 六五爻(⚋)가 변한(⚊) 것이다.

14) 〔역주〕 宋方吉 不可與也 : 그들과 전쟁해서는 안 된다는 말이다. 泰卦 六五에 "帝乙이 누이동생을 시집보냄이니 복을 받을 것이고 크게 길하리라."고 하였다. 帝乙은 紂의 아버지이고, 五는 天子의 位이다. 그러므로 帝乙이라 칭한 것이다. 陰으로 中正한 자리를 얻은 것이 王者가 누이동생을 시집보내어 소원한 대로 福祿을 받아 大吉한 것과 같음이 있다.

15) 〔역주〕 微子啓……甥舅也 : 宋나라와 鄭나라는 서로 昏姻을 한 사위와 장인의 나라이다. 宋나라는 微子의 후손인데, 지금 점을 쳐서 帝乙의 卦를 얻었기 때문에 宋나라가 吉하다고 한 것이다.

16) 〔역주〕 祉……乃止 : 吉이 저들에게 있다면 우리가 저들을 치는 것은 不吉함이 된다.

哀公 9년, 晉나라 趙鞅이 鄭나라를 救援하는 것이 吉한지에 대해 거북점을 쳐서 물이 불로 간 占卦를 만났다.

趙鞅이 史趙, 史墨, 史龜에게 이 점을 풀이하게 하니, 史龜는 "이것을 일러 '陽이 물에 잠긴 것이라.' 하니 군대를 出動시킬 수 있습니다. 姜姓을 치는 것은 有利하고

子商을 치는 것은 不利하니, 齊나라를 치는 것은 吉하고 宋나라를 대적하는 것은 不吉합니다.”고 하고, 史墨은 “盈은 물〔江〕의 이름이고 子는 물의 方位입니다. 이름과 방위는 대등하니 서로 침범할 수 없습니다. 炎帝가 火師였는데 姜姓은 그 후손입니다. 물이 불을 이기니 姜姓의 나라를 치는 것은 좋습니다.”라고 하고, 史趙는 “이것을 일러 ‘내에 물이 가득 찬 것과 같다.’는 것이니 헤엄쳐 건널 수 없습니다. 鄭나라는 죄가 있으니 救援해서는 안 됩니다. 鄭나라를 구원하는 것은 不吉합니다. 그 밖의 것은 모르겠습니다.”라고 하였다.

陽虎가 ≪周易≫으로 蓍草占을 쳐서 泰卦가 변하여 需卦가 된 卦를 만났다. 陽虎가 말하기를 “宋나라가 바야흐로 吉한 때를 만났으니 그들과 대적해서는 안 됩니다. 微子啓는 帝乙의 元子이고 宋나라와 鄭나라는 사위와 장인의 나라입니다. 祉는 福祿입니다. 가령 帝乙의 元子가 누이동생을 시집보내어 吉한 福祿이 있다면 우리가 어찌 吉할 수 있겠습니까?”라고 하니, 趙鞅은 이에 鄭나라를 구원하는 일을 중지하였다.

08-01-22 楚卜子良爲令尹 楚나라가 子良에 대하여 거북점을 치고 令尹으로 삼고자 하다

【左傳】 哀十七年이라 楚公孫朝帥師滅陳하다 王與葉公枚卜子良以爲令尹[1)]이러니 沈尹朱曰 吉이나 過於其志[2)]리라 葉公曰 王子而相國[3)]이오도 過將何(求)〔爲〕[4)5)]오 他日에 改卜子國[6)]하야 而使爲令尹하다

1) 〔역주〕 王與葉公枚卜子良以爲令尹 : 枚卜은 점치는 대상의 姓名을 지적하여 거북에게 告하지 않고 점을 치는 것이다. 子良은 楚 惠王의 아우이다.
2) 〔역주〕 過於其志 : 志는 바람이다. 그 所望이 이보다 크다는 뜻이다.
3) 〔역주〕 王子而相國 : ‘子良은 이미 王子인데 또 楚나라의 相國이 된다면’이라는 말이다.
4) 〔역주〕 (求)〔爲〕 : 저본에는 ‘求’로 되어있으나, ≪春秋左氏傳≫에 의거 ‘爲’로 바로잡았다.
5) 〔역주〕 過將何(求)〔爲〕 : 相國보다 지나치다면 장차 王이 될 것이라는 말이다.
6) 〔역주〕 子國 : 寧이다.

哀公 17년, 楚나라 公孫 朝가 군대를 거느리고 가서 陳나라를 滅亡시켰다. 楚 惠王

이 葉公과 함께 子良의 〈이름을 들어 말하지 않고〉 점을 쳐서 令尹으로 삼으려 하자, 沈尹 朱가 말하기를 "吉합니다만 그의 所望〔志〕은 이보다 큽니다."라고 하니, 葉公이 말하기를 "王子로서 相國이 되고서도 소망이 이보다 크다면 장차 무엇이 되겠습니까?"라고 하였다. 얼마 뒤에 다시 子國이 어떤지 점쳐서 그를 令尹으로 삼았다.

08-01-23 巴人伐楚楚卜帥 巴人이 楚나라를 侵伐하자 楚王이 점을 쳐서 장수를 뽑으려 하다

【左傳】 哀十八年이라 巴人伐楚圍鄾[1]하다 初에 右司馬子國之卜也에 觀瞻曰 如志[2]라하다 故命之[3]하다 及巴師至하야 將卜帥한대 王曰 寧如志[4]하니 何卜焉가하고 使帥師而行하다 請承[5]한대 王曰 寢尹工尹勤先君者也[6]라 三月에 楚公孫寧(吾)〔吳〕[7]由于薳固敗巴師于鄾하다 故封子國於析하니라 君子曰 惠王知志[8]로다 夏書曰 官占은 惟能蔽志오사 昆命于元龜[9]라하니 其是之謂乎ㄴ저 志曰 聖人不煩卜筮라하니 惠王其有焉[10]이로다

1) 〔역주〕 鄾 : 楚나라 邑이다.

2) 〔역주〕 初右司馬子國之卜也……如志 : 子國이 아직 令尹이 되지 않았을 때 〈楚王이 子國을〉 右司馬로 삼는 것이 어떤지에 대해 점을 쳐서 '그 志望에 부합한다.'는 吉한 卦를 얻은 것이다. 觀瞻은 楚나라 開卜大夫 觀從의 後孫이다.

3) 〔역주〕 故命之 : 任命하여 그를 右司馬로 삼은 것이다.

4) 〔역주〕 寧如志 : 寧은 子國이다.

5) 〔역주〕 請承 : 承은 佐(副帥)이다.

6) 〔역주〕 寢尹工尹勤先君者也 : 楊伯峻의 注에 "定公 4년 傳에 의하면 柏擧의 전쟁 때 寢尹 吳由于는 등으로 盜賊의 창을 받아 楚 昭王을 보호하였고, 箴尹 固는 王을 위하여 코끼리 꼬리에 횃불을 매달아 吳軍으로 달려가게 하였다. 哀公 16년 傳에는 '箴尹 固'로 되어 있는데, 이때에 또 工尹으로 官職이 바뀐 듯하다." 하였다.

7) 〔역주〕 (吾)〔吳〕 : 저본에는 '吾'로 되어있으나, ≪春秋左氏傳≫에 의거 '吳'로 바로잡았다.

8) 〔역주〕 惠王知志 : 사람들의 意望을 들어줄 줄을 안 것이다.

9) 〔역주〕 夏書曰……昆命于元龜 : 逸書이다. 官占은 卜筮를 맡은 官員이다. 蔽는 決斷함이고, 昆은 後이니, 먼저 意思를 決斷한 뒤에 龜甲을 사용해 점을 친다는 말이다.

10) 〔역주〕 惠王其有焉 : 元帥를 임명하고 副元帥를 임명할 때 모두 점을 치지 않은 것

을 이른다.

哀公 18년, 巴人이 楚나라를 侵伐하여 鄾를 포위하였다. 당초에 〈楚王이〉 子國을 右司馬로 삼는 것이 어떤지에 대해 거북점을 칠 적에 觀瞻이 말하기를 "〈임금님의〉 志望에 부합할 것입니다."라고 하였다. 그러므로 子國을 右司馬에 임명하였다.

巴軍이 쳐들어올 때에 미쳐 점을 쳐서 將帥를 뽑으려 하자, 王이 말하기를 "寧이 나의 志望에 부합한다고 하였으니, 다시 점을 칠 게 뭐 있는가?"라고 하고서, 子國으로 하여금 군대를 거느리고 가게 하였다. 子國이 副帥〔承〕를 임명하기를 청하자, 王이 말하기를 "寢尹과 工尹이 先君 때 勤勞한 사람들이다."라고 하였다.

3월에 楚나라 公孫 寧과 吳由于・薳固(工尹)가 巴軍을 鄾에서 패배시켰다. 그러므로 析을 子國의 封邑으로 준 것이다. 이에 대해 君子는 다음과 같이 論評하였다.

"惠王은 〈사람들의〉 志望을 알았도다. 〈夏書〉에 '卜官이 점을 칠 때에는 먼저 뜻을 결정한 뒤에 元龜(大龜)에 命(告)한다.'고 하였으니, 아마도 惠王의 경우를 이른 듯하다. 옛 기록에 '聖人은 頻煩하게 거북점과 蓍草占을 치지 않았다.'고 하였는데, 惠王에게도 그런 점이 있다."

【主意】 以心立說하야 謂吉凶禍福이 皆出於心이로되 後世不求於心하고 而泥於卜筮라 故術愈詳而驗愈疎라하다

마음을 주제로 논설을 세워, 吉凶과 禍福이 모두 마음에서 나오는 것인데, 후세 사람들은 마음에서 구하지 않고 卜筮에 탐닉하였기 때문에, 占術이 상세할수록 징험이 더욱 엉성하게 되었음을 말하였다.

物莫不有先[1]하니 **礎先雨而潤**[2]하고 **鍾先霽而淸**[3]하며 **灰先律而飛**[4]하고 **蟄先寒而閉**[5]하며 **蟻先潦而徙**[6]하고 **鳶先風而翔**[7]이라 **陰陽之氣**가 **渾淪旁薄於覆載之間**[8]하야 **而一物之微**도 **先見其幾**[9]가 **如券契符鑰**하야 **無毫釐之差**[10]는 **何也**[11]오 **通天地一氣**하야 **同流而無間者也**[12]르새라 **一物且然**이온 **而況聖人備萬物於我**[13]**〈乎〉**[14]아

1) 物莫不有先 : 吉凶禍福 皆有先兆 微物亦然

吉凶禍福은 모두 먼저 조짐이 나타나니 미물도 그러하다는 말이다.

2) 礎先雨而潤：礎 柱下之石也 天未雨而礎先潤

礎(주춧돌)는 기둥 아래에 있는 돌이다. 비가 내리기 전에 주춧돌이 먼저 축축해진다는 말이다.

3) 鍾先霽而淸：天欲晴而鍾聲淸

날이 개려고 하면 종소리가 먼저 맑아진다는 말이다.

4) 灰先律而飛：古人置葭灰於十二律之端 以候十二月之氣 氣至則灰先飛

옛사람은 열두 개의 대통 끝에 갈대 재를 담아 열두 달의 기운을 예측하였다. 달의 기운이 이르면 〈그 달에 맞는 量의〉 재가 먼저 날았다.

5) 蟄先寒而閉：冬令將寒 蟄虫皆閉

冬節期 추위가 오려 하면 벌레들이 모두 숨는다는 말이다.

6) 蟻先潦而徙：水潦將降則蟻先徙穴

장마가 지기 전에 비가 내리려 하면 개미가 먼저 개미굴을 옮긴다는 말이다.

7) 鳶先風而翔：風將作則鳶飛戾天

바람이 불려 하면 솔개가 높이 난다는 말이다.

8) 陰陽之氣 渾淪旁薄於覆載之間：天地之間 升降飛揚 無非陰陽之所爲者

天地 사이에 오르내리고 날아오르는 것이 모두 陰陽의 작용이 아님이 없다는 말이다.

9) 一物之微 先見其幾：如礎如蟄如蟻之類 先見陰氣之幾者也 如鍾如灰如鳶之類 先見陽氣之幾者也 ○ 或曰 律有十二 陽(之)〔六〕[*)]爲律 陰六爲呂 今專言律爲陽 可乎 答曰 律呂固有陰陽 然陽動陰靜 氣動則屬陽矣 氣不動 灰何以能飛 或又曰 風何以專言陽 雨何以專言陰 答曰 陽陷於陰 不得出 則爲陰所累而爲雨 坎之象也 陰在內 陽不得入 則周旋不舍而爲風 巽之象也 以卦言之 則坎陽而巽陰 以氣言之 則坎陰盛而巽陽盛也

주춧돌・벌레・개미 같은 유는 먼저 陰氣의 조짐을 보이는 것이고, 종・재・솔개 같은 유는 먼저 陽氣의 조짐을 보이는 것이다.

○ 어떤 이가 물었다 "12律 중에 여섯 개의 陽을 律이라 하고 여섯 개의 陰을 呂라 하는데, 지금 12율을 전적으로 양이라 하니 그래도 됩니까?" 이에 대하여 답하였다. "律呂에는 본래 陰陽이 있다. 陽은 움직이고 陰은 고요한 것이기는 하나 氣가 움직이는 입장에서 보면 陽에 속하는 것이다. 氣가 움직이지 않는다면 재가 어떻게 날 수 있겠는가?" 어떤 이가 또 물었다. "어찌하여 바람은 전적으로 양이라 하고, 비는 전적으로 음이라 합니까?" 이에 대하여 답하였다. "陽이 陰에 빠져서 나올 수 없으니 음에 매어 비가 된 것이 坎卦의 형상이고, 陰이 안에 있어 陽이 들어갈 수 없으니 이리저리 다니며 머무를 수 없어 바람이 된 것이 巽卦의 형상이다. 卦로써 말하면 坎이 陽이고 巽이 陰이며, 氣로써 말하면 坎은 陰氣

가 盛하고 巽은 陽氣가 성한 것이다."

*)〔역주〕(之)〔六〕: 저본에 '之'로 되어있으나, 문맥을 살펴 '六'으로 바로잡았다.

10) 如券契符鑰 無毫釐之差 : 物見其幾而陰陽之氣 應之不爽

물건이 기미를 드러냄에 陰陽의 기운이 응하는 것이 어긋남이 없다는 말이다.

11) 何也 : 設問其理如何

그 이치가 무엇인지에 대하여 물은 것이다.

12) 通天地一氣 同流而無間者也 : 答言氣類相感召 自然而然也 ○ 或曰 上文言陰陽之氣 此言一氣何也 答曰以對待言之 則陰陽二氣也 以流行言之 則陰生陽 陽生陰 無間可容息 一氣而已 又天地間 惟有一氣 息則爲陽 消則爲陰也

氣類가 서로 감응하여 저절로 그러한 것이라고 답하는 것이다. ○ 어떤 이가 말하였다. "윗글에서는 陰陽의 기운이라 하고 여기에서는 하나의 기운이라고 한 것은 어째서입니까?" 답하였다. "對待로 말하면 陰陽이 두 가지 기운이지만, 流行으로 말하면 陰이 陽을 낳고 陽이 陰을 낳아, 한 번 숨 쉬는 사이의 〈중단도〉 용납할 틈이 없으니 하나의 기운일 뿐이다. 또한 天地間에는 한 가지 기운만 있을 뿐이니 자라는 것은 陽이고, 사라지는 것은 陰이다."

13) 一物且然 而況聖人備萬物於我 : 就微物引上聖人不費力 孟子曰 萬物皆備於我矣[*)]

微物에 나아가 聖人은 억지로 힘쓰지 아니함을 인용한 말이다. 孟子가 말하였다. "만물이 모두 나에게 갖추어 있다."

*)〔역주〕孟子曰 萬物皆備於我矣 : ≪孟子≫ 〈盡心 上〉에 "만물의 이치가 모두 나에게 갖추어 있으니 자기 몸에 돌이켜보아 성실하면 즐거움이 이보다 큰 것이 없다.〔萬物 皆備於我矣 反身而誠 樂莫大焉〕" 하였다.

14)〔역주〕〈乎〉: 저본에 없으나 사고전서본에 의거하여 보충하였다.

사물 가운데 조짐이 먼저 나타나지 않는 것은 없다. 주춧돌은 비가 오기 전에 먼저 축축해지고, 종소리는 날이 개기 전에 먼저 맑아지고, 재는 절기가 되기 전에 먼저 날리고, 벌레는 날씨가 추워지기 전에 먼저 숨고, 개미는 장마가 지기 전에 먼저 개미굴을 옮기며, 솔개는 태풍이 불기 전에 먼저 높이 난다.

陰陽의 기운이 天地 사이에 엉키고 뒤섞여 있는데, 일개 微物이 먼저 그 조짐을 아는 것이 마치 兵符가 일치하고 열쇠가 들어맞는 것처럼 터럭만치도 어긋나지 아니하니 그 이유가 무엇일까? 천지간에는 하나의 기운이 통하여 함께 유행하여 틈이 없기 때문이다. 하찮은 한 사물도 그러한데 하물며 만물의 이치를 몸에 갖추고 있는 聖人

이겠는가?

〈聖人備萬物於一身〉[1)]일새 上下四方之宇와 古往今來之宙[2)]에 聚散慘舒[3)]와 吉凶哀樂[4)]이 猶疾痛痾痒之於吾身하야 觸之卽覺하고 干之卽知[5)]니라 淸明在躬[6)]하야 志氣如神[7)]일새 嗜慾將至[8)]면 有開必先[9)]이라 仰而觀之[10)]면 熒光德星[11)]과 攙搶枉矢[12)13)]가 皆吾心之發見也[14)]며 俯而視之[15)]면 醴泉瑞石[16)]과 川沸木鳴[17)]도 亦吾心之發見也[18)]며 玩而占之[19)]면 方功義弓[20)21)]과 老少奇耦[22)]도 亦吾心之發見也[23)]라 未灼之前[24)]에 三兆已具[25)]하고 未揲之前[26)]에 三易已彰[27)]이라 龜旣灼矣[28)]요 蓍旣揲矣[29)]에 是兆之吉은 乃吾心之吉[30)]이요 是易之變은 乃吾心之變[31)]이라 心問心答하고 心扣心酬하니 名爲龜卜이나 實爲心卜이요 名爲蓍筮나 實爲心筮라 水中之天이 卽水上之天也요 鑑中之面이 卽鑑外之面也며 蓍龜之心이 卽聖人之心也라 天天相對하고 面面相臨하며 心心相應하야 混融交徹하야 混然無際[32)]하니 敗甲朽株云乎哉[33)]아 故曰 聖人不煩卜筮[34)]라하니라 在聖人觀之[35)]면 拂龜布蓍가 已爲煩矣[36)]어든 況區區推步揣摩之煩耶[37)]아

1)〔역주〕〈聖人備萬物於一身〉: 저본에 없으나, 사고전서본에 의거하여 보충하였다.

2) 上下四方之宇 古往今來之宙 : 天地間謂之宇宙 上下四方曰宇 古往今來曰宙
天地間을 宇宙라 하는데, 上下四方을 '宇'라 하고, 古往今來를 '宙'라 한다.

3)〔역주〕聚散慘舒 : 聚는 천하의 제후가 화합한 것을 이르고, 散은 제후가 서로 갈라진 것을 이른다. 慘은 혼란을 뜻하고, 舒은 안정을 뜻하니, 곧 천하의 제후가 화합하여 세상이 태평한 때와, 제후가 갈라져서 세상이 어지러웠던 때를 이른다.

4)〔역주〕聚散慘舒 吉凶哀樂 : 萬物을 가지고 말한 것이다.

5) 猶疾痛痾庠之於吾身……干之卽知 : 以萬物皆備於身故也
만물이 모두 내 몸에 갖추어져 있기 때문이다.

6) 淸明在躬 : 淸明之氣 不爲物欲所亂
淸明한 기운은 物慾에 어지럽혀지지 않는 것이다.

7) 志氣如神 : 此吾心寂然不動之時
이는 내 마음이 고요하여 움직이지 않는 때를 이른다.

8) 嗜慾將至 : 嗜慾 謂應事接物時

嗜慾은 일에 응하고 만물과 접할 때를 이른다.

9) 有開必先：天地間事事物物 皆有開先之兆 中庸曰 至誠之道 可以前知 國家將興 必有禎祥 國家將亡 必有妖孼 禍福將至 善必先知之 不善必先知之 此吾心感而遂通之時也 清明在躬以下四句 見孔子間居篇*)

천지간의 온갖 사물은 모두 미리 알려주는 조짐이 있다. ≪中庸≫에 "지극히 성실한 도는 미리 알 수 있다. 국가가 흥성하려 하면 반드시 상서로운 조짐이 있으며, 국가가 망하려 하면 반드시 요망한 재앙이 있는 것이다. 재앙과 복이 이르려 함에 좋게 될 것을 미리 알고 나쁘게 될 것을 미리 안다."라 하였다. 이는 내 마음이 느껴서 마침내 통한 때이다. '清明在躬' 이하 4구는 ≪禮記≫ 〈孔子間居〉편에 보인다.

*)〔역주〕 清明在躬以下四句 見孔子間居篇：≪禮記≫ 〈孔子閑居〉에 보이는데, 그 疏에 "清明在躬은, 성인은 清靜하고 光明한 덕이 그 몸에 있다는 말이고, 志氣如神은 志氣의 변화가 神처럼 微妙함이니, 文王과 武王을 이른다. 嗜慾將至의 嗜慾은 王位를 이른다. 왕위는 성인이 탐한 바이기 때문에 嗜慾이라 하였고, 바야흐로 천하에 王이 되고자 하였기 때문에 將至라 한 것이다. 有開必先은 성인이 천하에 왕이 되고자 하니, 神이 開道(앞에서 인도함)하여 반드시 먼저 미리 賢能하고 지혜로운 輔佐를 誕生시켰다는 말이다."라고 하였다.

10) 仰而觀之：在天成象

하늘에서 형상을 이룬다는 말이다.

11) 熒光德星：熒惑火星德星吉星

熒惑은 火星이고, 德星은 상서로운 별이다.

12)〔역주〕 攙搶枉矢：'攙搶'은 彗星을 이른다. 옛사람들은 혜성이 나타나면 국가에 큰 재앙이 닥친다고 믿었다. '枉矢'는 流星이다.

13) 攙搶枉矢：二者皆凶星名

두 가지는 모두 흉험한 별이름이다.

14) 皆吾心之發見也：天象不在心外

하늘의 형상이 마음 밖에 있는 것이 아니라는 말이다.

15) 俯而視之：在地成形

땅에서 형체를 이룬다는 말이다.

16) 醴泉瑞石：祥瑞

祥瑞의 조짐이다.

17) 川沸木鳴：災異

災異의 조짐이다.

18) 亦吾心之發見也：地理不在心外

땅의 이치가 마음 밖에 있는 것이 아니다.

19) 玩而占之：龜爲卜 蓍爲筮

거북점을 卜이라 하고, 시초점을 筮라 한다.

20)〔역주〕方功義弓：≪周禮≫ 〈春官 卜師〉에 "卜師掌開四兆 一曰方兆 二曰功兆 三曰義兆 四曰弓兆"라 하였는데, 그 注에 "開는 그 占書를 꺼내는 것이다. 龜經의 占辭〔兆〕가 120體인데, 지금 네 조만 말한 것은 마치 ≪周易≫을 上下 두 篇으로 나누듯이 네 部로 나눈 것이다. 그러나 方·功·義·弓의 명칭은 들어보지 못하였다."고 하였다. 疏에 "이 네 부에 方·功·義·弓이란 이름을 붙인 데에는 반드시 뜻이 있을 것이나, 문헌이 없어서 의심스러운 일을 단언할 수 없기 때문에 '들어보지 못했다.'고 한 것이다."라고 하였다. 兆는 龜甲을 불에 구우면 그 귀갑이 터져서 생기는 금〔兆紋〕을 이른다.

21) 方功義弓：此龜卜也 周禮卜師 掌開龜之四兆 一曰方兆 二曰功兆 三曰義兆 四曰弓兆

이는 거북점을 이른다. ≪周禮≫ 〈卜師〉에 "〈복사는〉 궤를 열고서 네 부의 占書를 꺼내는 일을 맡는데, 첫째는 方兆이고, 둘째는 功兆이며, 셋째는 義兆이고, 넷째는 弓兆이다."라 하였다.

22) 老少奇耦：此蓍筮也 蓍四十九 扐揲得九 是爲老陽 於爻爲重▭ 扐揲得六 是爲老陰 於爻爲交✕ 扐揲得七 是爲少陽 於爻爲單— 扐揲得八 是爲少陰 於爻爲拆-- 七九爲奇 六八爲耦

이는 蓍草占을 이른다. 蓍草 49개를 손가락 사이에 걸고 나머지를 세어 九를 얻으면 이것이 老陽이니 爻에 있어 重▭이다. 손가락 사이에 걸고 세어 六을 얻으면 이것이 老陰이니 爻에 있어 交✕이다. 손가락 사이에 걸고 세어 七을 얻으면 이것이 少陽이니 爻에 있어 單—이다. 손가락 사이에 걸고 세어 八을 얻으면 이것이 少陰이니 爻에 있어 拆--이다. 七과 九는 奇數이고 六과 八은 耦數이다.

23) 亦吾心之發見也：卜筮不在心外

卜筮는 마음 밖에 있는 것이 아니라는 말이다.

24) 未灼之前：灼龜以卜

거북의 가죽을 태워 점을 치는 것이다.

25) 三兆已具：周禮太上 掌三兆之法 一曰玉兆 二曰瓦兆 三曰原兆

≪周禮≫ 〈太上〉에 "〈태상이〉 三兆의 법을 관장하였으니, 첫째는 玉兆이고, 둘째는 瓦兆이며, 셋째는 原兆이다."라 하였다.

26) 未揲之前：揲蓍以筮

蓍草를 세어 蓍草占을 치는 것이다.

27) 三易已彰：同上 掌三易之法 一曰連山 二曰歸藏 三曰周易

〈출전이〉 위와 같다. ≪周禮≫ 〈太上〉에 "〈태상이〉 三易의 법을 관장하니, 첫째는 連山이고, 둘째는 歸藏이며, 셋째는 周易이다."라 하였다.

28) 龜旣灼矣：已卜

이미 거북점을 쳤다는 말이다.

29) 蓍旣揲矣：已筮

이미 시초점을 쳤다는 말이다.

30) 是兆之吉 乃吾心之吉：兆 以卜言

兆는 거북점으로 말한 것이다.

31) 是易之變 乃吾心之變：易 以筮言

易은 시초점으로 말한 것이다.

32) 天天相對……混然無際：聖人先知 與卜筮合

聖人이 미리 아는 것이 卜筮가 미리 아는 것과 부합된다는 말이다.

33) 敗甲朽株云乎哉：敗甲謂龜 朽株謂蓍 言聖人不煩卜筮也

낡은 껍질은 거북을 말하고 썩은 줄기는 시초를 말하니, 성인은 번거롭게 점치지 않는다는 말이다.

34) 故曰 聖人不煩卜筮：出禮記*) 引此以斷上意

≪禮記≫에 나온다. 이글을 인용하여 윗글의 뜻을 결단한 것이다.

*) 〔역주〕 出禮記：≪禮記≫ 〈曲禮 上〉과 〈表記〉에 "거북점과 시초점을 연달아 치지 않는다.〔卜筮不相襲〕"라 하였다.

35) 在聖人觀之：發明聖人之心

성인의 마음을 밝힌 것이다.

36) 拂龜布蓍 已爲煩矣：承上文煩字說

윗글의 '煩'자를 이어 설명하는 것이다.

37) 況區區推步揣摩之煩耶：此句 包一篇大意 譏後世無聖人之先知 其於卜筮 不過推步揣摩僥倖一中而已

이 구절은 본편의 大意를 포괄하여, 후세 사람들은 聖人의 叡智가 없으니 卜筮에 있어서 日月의 운행을 추산해보고 상황을 짐작하여 요행히 한번 맞추기를 바라는 데에 불과할 뿐임을 기롱한 것이다.

聖人은 만물의 이치를 한 몸에 갖추고 있어 上下四方의 공간과 古今往來의 시간 속의 모이고 흩어지고 참혹하고 편안하며 吉凶과 哀樂의 일이 마치 자기 한 몸에 있는 통증이나 가려움증 같아서, 건드리면 즉시 깨닫고 침범하면 즉시 안다. 성인은 淸靜하고 光明한 덕이 그 몸에 있어서 의지와 정신의 변화가 神처럼 미묘하기 때문에, 嗜好하고 慾求하던 것이 이르려 하면 반드시 그에 앞서 조짐이 나타난다.

위로 하늘을 관찰해보면 熒惑星・德星과 같은 조짐과 攙搶・枉矢 같은 조짐이 모두 내 마음이 발현된 것이고, 아래로 땅을 관찰해보면 醴泉・瑞石과 川沸・木鳴 같은 조짐도 모두 내 마음이 발현된 것이며, 辭意를 완미하여 점을 치면 方兆・功兆・義兆・弓兆와 老陽・少陽・奇數・耦數도 내 마음이 발현된 것이다.

龜甲을 굽기 전에 三兆가 이미 갖추어졌고, 蓍草를 세어보기 전에 이미 三易이 드러났다. 귀갑을 굽고 시초를 센 뒤에 점괘가 길한 것은 곧 내 마음이 길한 것이고, 이 易이 변하는 것은 내 마음이 변한 것이다. 마음으로 묻고 마음으로 답하고, 마음으로 두드리고 마음으로 응수하니, 명색은 거북점이지만 사실은 '마음의 거북점'이고, 명색은 시초점이지만 사실은 '마음의 시초점'이다.

물속의 하늘이 곧 물위의 하늘이고, 거울 속의 얼굴이 곧 거울 밖의 얼굴이며, 蓍龜의 마음이 곧 성인의 마음이다. 하늘과 하늘이 서로 대하고, 얼굴과 얼굴이 서로 임하고, 마음과 마음이 서로 응하여, 융합하고 교통하여 하나가 되어 간격이 없으니 낡은 귀갑과 썩은 시초줄기를 말할 것이 있겠는가?

그러므로 "성인은 번거롭게 거북점과 시초점을 치지 않는다."라 한 것이다. 성인의 입장에서 살펴보면 귀갑을 털고 시초줄기를 배열하는 것이 이미 번거로운 것인데, 하물며 좀스럽게 日月의 운행을 추산해보고 상황을 짐작해보는 번거로운 일을 하겠는가?

卜筮之理[1)]가 嘗見於大舜之訓矣니 曰卜不習吉而已[2)]라하니 一吉之外에 無他語也[3)]요 又嘗見於神禹之疇矣[4)]니 曰龜從筮從而已[5)]라하니 一從之外에 無他語也[6)]요 又嘗見於武王之誓矣니 曰朕夢協朕卜而已[7)]라하니 一協之外에 無他語也[8)]요 又嘗見於周公之誥矣니 曰卜澗水東과 瀍水西에 惟洛食而已[9)]라하니 一食之外에 無他語也[10)]하니라 至於後世하야 始求吉凶於心外[11)]하야 心愈疑而說愈鑿하고 說愈鑿而驗愈疎[12)]니라

附之以瞽史之習[13)14)]하고 雜之以巫覡之妄[15)]하야 千蹊百徑[16)17)]에 庶幾一中[18)]이라 失之於心하고 而求之於事[19)]하니 殆見心勞而日拙矣[20)]라 左氏之所載是也[21)]니라

1) 卜筮之理 : 卜筮聖人所創 不可全貶 故下文略擧數事 以見聖人不廢卜筮之意
卜筮는 聖人이 만든 것이니 전적으로 폄하해서는 안 되기 때문에, 아래 글에 대략 몇 가지 일을 들어 성인이 복서의 일을 폐지하지 않은 뜻을 나타낸 것이다.

2) 曰卜不習吉而已 : 見書大禹謨篇 習 重習也 言卜不再吉也 易曰 初筮告 再三瀆 瀆則不告
≪書經≫ 〈大禹謨〉편에 보인다. 習은 거듭이니 거북점괘는 거듭 길하지 않는다는 말이다. ≪周易≫에 "처음 묻거든 고해주고 두 번 세 번 물으면 煩瀆하니, 번독하면 고해주지 않을 것이다."라 하였다.

3) 一吉之外 無他語也 : 發明主意
主意를 밝힌 것이다.

4) 又嘗見於神禹之疇矣 : 天錫禹洪範九疇
하늘이 禹임금에게 洪範九疇를 내려주었다는 말이다.

5) 曰龜從筮從而已 : 見洪範篇 從謂吉也
≪書經≫ 〈洪範〉편에 보인다. 從은 길함을 이른다.

6) 一從之外 無他語也 : 發明主意
主意를 밝힌 것이다.

7) 又嘗見於武王之誓矣 曰朕夢協朕卜而已 : 見泰誓篇 謂卜之得吉 與夢相合也
≪書經≫ 〈泰誓〉편에 보인다. 거북점을 쳐서 길함을 얻었는데 꿈과 서로 합치된다는 말이다.

8) 一協之外 無他語也 : 發明主意
주의를 밝힌 것이다.

9) 又嘗見於周公之誥矣……惟洛食而已 : 見洛誥篇 周公卜建都于洛 其地在澗瀍二水之間 惟洛食者 謂得吉兆 許逢於洛也 食謂墨兆之食也
≪書經≫ 〈洛誥〉편에 보인다. 周公이 거북점을 쳐서 洛邑에 도읍을 세웠다. 그 지역이 澗水와 瀍水 사이에 해당한다. '惟洛食'은 길한 거북점을 얻어 낙읍을 만나게 되었음을 말한다. 食은 〈거북껍질을 태운〉 조짐이 먹줄[*)]을 먹은 것을 이른다.

*) 〔역주〕 먹줄 : 거북의 껍질을 태우기 전에 史官이 껍질 위에 그어놓은 줄을 먹줄이라 한다. '卜澗水東 瀍水西 惟洛食'은 ≪書經≫ 〈洛誥〉에 보이는데, 그 疏에 의하면 '食'은 거북점을 치는 자가 먼저 먹으로 귀갑에 그려놓은 그림 위로 먹줄이 터져 그림을 먹어들어간 것이

다. 대체로 거북점을 치는 자는 반드시 먼저 먹으로 귀갑에 그림을 그리고 먹줄이 그림 위로 터지기를 기원한 뒤에 귀갑을 불에 구워 兆紋이 형성되기를 구한다.

10) 一食之外 無他語也：發明主意 ○ 上文四箇無他語 皆言聖人無推步揣摩之煩 與後世不同
主意를 밝힌 것이다. ○ 윗글 네 개의 '無他語'는 모두 聖人이 日月의 운행을 추구하거나 상황을 짐작하는 번거로운 일을 하지 않음을 말하였으니 후세 사람들과는 같지 않다는 말이다.

11) 至於後世 始求吉凶於心外：轉說後世卜筮 以貶左氏所載之事
후세 사람들의 卜筮를 전환하여 말하여 ≪春秋左氏傳≫에 기록된 일을 폄하한 것이다.

12) 心愈疑而說愈鑿 說愈鑿而驗愈疎：說之穿鑿 驗之疎略 皆由求吉凶於心外 心自生疑故也
말이 천착되고 징험이 엉성한 것은 모두 마음 밖에서 길흉을 구하니 마음에서 저절로 의심이 생겨나기 때문이라는 말이다.

13) 附之以瞽史之習：瞽無目者 附謂會也
瞽는 눈이 없는 자이고, 附는 모은다는 말이다.

14) 〔역주〕 附之以瞽史之習：'附'는 附會이고, '瞽'는 樂官이고, 史는 太史이고, '習'은 慣習이니, 고사의 오랜 관습을 끌어다가 억지로 꿰맞춘다는 말인 듯하다.

15) 雜之以巫覡之妄：覡音檄 ○ 女曰巫 男曰覡 瞽史以□□爲事巫覡則近於妖矣*)
覡의 독음은 '격'이다. ○ 여자무당을 巫라 하고, 남자 무당을 覡이라 한다.

*) 〔역주〕 瞽史以□□爲事巫覡則近於妖矣：2자 空欄이 있어 번역하지 않았다.

16) 千蹊百徑：言推步揣摩 不一其術
사태를 추산하고 상황을 짐작하는 占術이 한두 가지가 아님을 말한 것이다.

17) 〔역주〕 千蹊百徑：많은 길을 이르는데, 여기서는 많은 방법의 뜻으로 쓰인 듯하다.

18) 庶幾一中：僥倖後來吉凶之或驗
미래를 점친 길흉이 혹 징험되기를 바라는 것이다.

19) 失之於心 而求之於事：病根正在於此
병폐는 바로 여기에 있음을 이른다.

20) 殆見心勞而日拙矣：說鑿故勞 驗疎故拙
말이 천착되기 때문에 수고롭고, 징험이 엉성하기 때문에 졸렬한 것이다.

21) 左氏之所載是也：本題出處條目甚多 只略楚過*)
본편의 출처에 그 조목이 매우 많다.

*) 〔역주〕 只略楚過：무슨 말인지 알 수 없어 번역하지 않았다.

卜筮의 이치는 일찍이 舜임금의 교훈에서 보이는데, 순임금은 "거북점은 거듭 길하지 않다."고만 하였으니, 하나의 '吉'자 이외에 다른 말은 없었다. 또 일찍이 禹임금의 洪範九疇에도 보이는데 우임금은 "거북점이 따르고 시초점이 따른다."고만 하였으니, 하나의 '從'자 이외에 다른 말은 없었다. 또 일찍이 武王의 맹세에도 보이는데 무왕은 "짐의 꿈이 짐의 거북점과 합치된다."고만 하였으니, 하나의 '協'자 이외에 다른 말은 없었다. 또 일찍이 周公의 洛誥에도 보이는데 주공은 "澗水 동쪽과 瀍水 서쪽을 점쳐보니 오직 洛邑을 먹었다."고만 하였으니, 하나의 '食'자 이외에 다른 말은 없었다.

후세에 이르러 비로소 마음 밖에서 吉凶을 구하여, 마음으로 의심할수록 점괘가 더욱 천착하였고, 점괘가 천착할수록 징험은 더욱 엉성해져 맞는 확률이 적었다. 그러자 樂官과 史官의 습성이 보태지고, 무당과 박수무당의 망령됨이 섞이게 되니, 천 갈래 백 갈래 길처럼 많은 방법 중에서 하나라도 적중하기를 바랄 뿐이었다. 마음에서 잃어버리고 밖의 일에서 찾으려 하니, 마음은 수고로우나 나날이 졸렬함을 드러낼 뿐이다. ≪春秋左氏傳≫에 실린 것들이 바로 이런 것들이다.

或曰 左氏所載卜筮之事는 **巧發奇中**하야 **動心駭目**[1)]하니 **其驗若此**어늘 **奚其疎**오 **曰 左氏起隱迄哀**히 **二百四十二年之間**[2)]에 **若天子若諸侯若卿大夫若士庶人**의 **竊意其卜筮之數**를 **約而計之**라도 **猶不啻數萬也**어늘 **左氏載其驗於書者**는 **纔數十事耳**[3)]라 **是數十事者**를 **聚於左氏之書則多**나 **散於二百四十二年則希闊寂寥**하니 **絶無而僅有也**[4)]라 **乃若誕謾無驗**하야 **不傳於時**하고 **不錄於書者**를 **吾不知其幾萬矣**[5)]니 **安得不謂之疎耶**아

1) 或曰……動心駭目：設或人反難 謂左氏所載卜筮之事 或預言吉凶於數十年之前 其應可謂巧發奇中 動人之心 駭人之目矣 而何以謂之疎

어떤 이가 반론하여 '≪春秋左氏傳≫에 기록된 卜筮의 일은 때로는 수십 년 전에 吉凶을 미리 말하여 그 대답이 교묘한 말로 기이하게 일에 적중하였으니, 사람의 마음을 움직이고 사람의 눈을 놀라게 한다고 말할 만한데, 어찌하여 성글다고 하는지'를 가설한 것이다.

2) 曰左氏起隱迄哀 二百四十二年之間：春秋起魯隱公 終於哀公 凡二百四十二年

≪春秋≫는 魯 隱公에서 시작하여 哀公에서 마치니 모두 242년간의 일이라는 말이다.

3) 左氏載其驗於書者 纔數十事耳：卜筮之驗 不過左氏所載 數十事而止

≪春秋左氏傳≫에 수록된 卜筮의 징험은 수십 가지 일에 불과할 뿐이라는 말이다.

4) 是數十事者……絶無而僅有也 : 此說當理 極新得到

이 말은 합리적이어서 매우 참신하다.

5) 乃若誕謾無驗……吾不知其幾萬矣 : 謂左氏 於二百四十二年間 取其有驗者而載之 其不驗者必多 皆不載也 此等所在 謂之以無爲有 最作文高處

左氏가 242년 동안에 징험된 것만 취하여 수록한 것이니, 징험되지 않은 것이 분명 많을 것이로되 이것은 모두 수록하지 않았다는 말이다. 이런 일들이 존재하는 것을 以無爲有(없는 일을 있다고 함)라 하였으니, 作文에 있어 가장 뛰어난 곳이다.

어떤 이가 말하기를 "≪春秋左氏傳≫에 실린 卜筮의 일은 교묘하게 들추어내고 신기하게 들어맞아 사람들의 마음을 흔들고 눈을 놀라게 하였으니, 그 들어맞은 것이 이와 같은데, 엉성하여 맞는 확률이 적었다고 한 것은 어째서인가?"라고 하기에 나는 다음과 같이 대답하였다.

"≪춘추좌씨전≫은 隱公으로부터 哀公에 이르기까지 242년간의 기록이다. 〈그 사이에〉 天子・諸侯・卿・大夫・士・庶人이 복서의 일에서 吉凶을 구한 것이 대략 계산해보아도 오히려 수만 건일 뿐만이 아니다. 그러나 左氏가 책에 징험을 수록한 것은 겨우 수십 가지일 뿐이다. 이 수십 가지의 일을 좌씨의 책에 모아놓으면 많아 보이나, 242년간에 흩어놓으면 드물고 쓸쓸하여 어떤 때는 전혀 없다가 겨우 있는 정도이다.

허탄하고 징험되지 못하여 당시에 전해지지 않고 책에도 수록되지 않은 것으로 말하자면, 잘 모르겠지만 아마도 수만 가지는 될 것이다. 그러니 어찌 엉성하여 맞는 확률이 적다고 말하지 않을 수 있겠는가?"

就左氏之所載에 **彼善於此者**[1]는 **如穆姜荀罃子服惠伯之屬**[2]이 **猶庶幾焉**[3]이라 **是雖未足少議聖人之卜筮**[4]나 **然類能信其心之所安**하야 **而不奪於瞽史之說**[5]하니 **近之矣**[6]라 **不信瞽史**가 **是眞信蓍龜者也**[7]니 **是心之外**에 **豈復有所謂蓍龜者耶**[8]아

1) 彼善於此者 : 謂稍近理者 孟子曰 彼善於此則有之矣[*]

조금이나마 이치에 가까운 것을 이른다. 孟子가 말하기를 "그중에 저것이 이것보다 나은 것은 있다."고 하였다.

*)〔역주〕孟子曰 彼善於此則有之矣：≪孟子≫〈盡心 下〉에 나온다.

2) 如穆姜荀罃子服惠伯之屬：略取此三條 所謂彼善於此者

대략 이 세 가지 일을 취하였으니, 이것이 이른바 '彼善於此'에 해당된다는 말이다.

3) 猶庶幾焉：庶幾謂近於理 ○ 穆姜 魯宣公夫人也 淫於叔孫僑如 欲廢成公 不克 被放于東宮 始往而筮之 遇艮之隨 卜史欲悅穆姜 乃妄對曰 隨其出也 君必速出 穆姜答曰 不然 乃歷陳周易隨元亨利貞无咎之義 因言己之淫亂 不足以當此卦之義 曰必死於此 弗得出矣 此穆姜之論爲近理也 ○ 荀罃者 晉之大夫也 從晉悼公在宋 宋公享晉侯 欲用桑林之樂 荀罃辭 宋公不可 卒用之晉侯因是得疾 卜之曰 桑林見 荀偃士匄 請禱於宋 荀罃不可 但言我辭禮 而彼用之 假使桑林而見鬼神 不當加禍於我也 晉侯之疾 亦瘳 此荀罃之論 爲近理也 ○ 子服惠伯者 魯大夫也 季平子之家臣南蒯 欲叛季氏筮之 遇坤之比 其爻辭曰 黃裳元吉 南蒯以爲大吉也 示子服惠伯 惠伯曰 忠信之事則可 不然必敗 且爲解釋黃裳元吉三德之義 此惠伯之論 爲近理也

거의 이치에 가깝다는 말이다.

○ 穆姜은 魯 宣公의 부인이다. 叔孫僑如와 간음하여 成公을 죽이고자 하였으나 이루지 못하고 東宮으로 추방되었다. 〈穆姜이〉 처음 東宮에 갔을 때 蓍草占을 치니 艮卦가 隨卦로 간 괘를 만났다. 卜史가 목강을 기쁘게 하고자 하여 함부로 말하기를 "隨는 나가는 뜻이니, 小君께서는 반드시 빨리 나가게 될 것입니다." 하였다. 穆姜이 대답하기를 "나갈 수 없을 것이다."라 하고, ≪周易≫에 "隨는 元・亨・利・貞하니 禍가 없을 것이다."라고 한 뜻을 일일이 열거하고, 인하여 자신은 음란하니 이 괘의 뜻에 맞기에 부족함을 말하면서, "반드시 여기서 죽을 것이고 나갈 수 없을 것이다."라고 하였다. 이것이 목강의 의론이니 이치에 가깝다.

○ 荀罃은 晉나라 대부로 晉 悼公을 따라 宋나라에 있었다. 宋公이 晉侯를 위해 宴享을 베풀 적에 桑林樂을 쓰고자 하니 荀罃이 사양하였다. 그러나 宋公이 받아들이지 않고 마침내 상림악을 연주하게 하니 晉侯가 이로 인해 병이 났다. 이 일을 점치자 "桑林神이 나타났습니다."라 하니, 荀偃과 士匄가 宋나라에 가서 기도할 것을 청하였다. 荀罃이 받아들이지 않고, 다만 "우리가 예를 사양하였거늘 저들이 연주한 것이니, 가령 상림신이 있어서 귀신이 나타난 것이라면 우리에게 화를 내리지 않을 것이다."라고 하였다. 〈오래지 않아〉 晉侯의 病이 나았다. 이것이 荀罃의 의론이니 이치에 가깝다.

○ 子服惠伯은 魯나라 대부이다. 季平子의 家臣인 南蒯가 季氏를 배반하고자 하여 시초점을 쳐서 坤卦가 比卦로 간 괘를 만났다. 그 爻辭에 '黃裳元吉'이라 하니 南蒯가 크게 길하다고 여기고 이것을 子服惠伯에게 보였다. 惠伯이 말하기를 "〈점을 치고자 하는 일이〉 忠信의 일이라면 점괘대로 되겠지만, 그렇지 않다면 반드시 그르칠 것입니다." 하고, 또 黃・

裳・元・吉과 三德의 뜻을 풀어주었다. 이것이 惠伯의 의론이니 이치에 가깝다.

4) 是雖未足少議聖人之卜筮：載之舜禹武王周公 固爲有間

〈≪春秋左氏傳≫에〉 실려있는 舜・禹・武王・周公의 일과는 진실로 차이가 있다는 말이다.

5) 然類能信其心之所安 而不奪於瞽史之說：如穆姜不謂得出 荀罃不禱桑林 惠伯以爲忠信之事則可是已

예컨대 穆姜은 〈東宮에서〉 나갈 수 없을 것이라고 여겼고, 荀罃은 桑林에 기도하지 않았으며, 惠伯은 忠信의 일이라야만 이 점괘대로 될 수 있을 것이라고 여겼음을 이른다.

6) 近之矣：近於聖人之卜筮

聖人의 卜筮와 비슷하다는 말이다.

7) 不信瞽史 是眞信蓍龜者也：信吾心之蓍龜

내 마음의 시초점과 거북점을 믿는다는 말이다.

8) 是心之外 豈復有所謂蓍龜者耶：收照主意

결론적으로 이 글의 主意에 照應한다.

≪春秋左氏傳≫에 실린 것 가운데 비교적 좀 나은 것이 있다. 예컨대 穆姜・荀罃・子服惠伯 등의 점은 오히려 事理에 가깝다. 이들의 卜筮를 조금이라도 聖人의 복서에 비교해 논할 수는 없으나, 자기 마음의 편안함을 믿고 瞽史의 말에 흔들리지 않은 점은 성인의 복서에 가깝다고 하겠다. 瞽史의 말을 믿지 않는 것은 진정으로 蓍龜를 믿은 것이지만, 이 마음 밖에 어찌 다시 '蓍龜'란 것이 있겠는가?

噫라 **桑林之見**은 **妄也**[1]요 **僂句之應**은 **僭也**[2]요 **臺駘實沈之祟**는 **妖也**[3]니라 **彼蓍龜之中**에 **曷嘗眞有是耶**[4]리오 **妄者見其妄**[5]하고 **僭者見其僭**[6]하며 **妖者見其妖**[7]하니 **皆心之所自發見耳**[8]라 **蓍龜者**는 **心之影也**[9]니 **小大修短**[10]이 **咸其自取**[11]니라 **傴者曲而躄者跛**[12]가 **夫豈影之罪哉**[13]리오

1) 噫……妄也：見上文荀罃注 桑林安能見於卜筮 故以見妄

윗글 荀罃의 주석에 보인다. 桑林神이 어떻게 卜筮에 나타날 수 있겠는가? 그러므로 상림신이 나타난 것이 허망한 말이라고 한 것이다.

2) 僂句之應 僭也：僂句 龜名也 初臧會 竊臧氏之寶龜僂句 以卜之云信與僭孰吉 卜曰僭吉 其後魯昭公出奔 臧昭伯從 臧會果以變詐 得立爲臧氏後 故斷之曰僭也

僂句는 거북 이름이다. 이전에 臧會가 臧氏의 寶龜인 僂句를 훔쳐 '성실함〔信〕과 불성실함〔僭〕 가운데 어느 것이 길한지'를 점쳤다. 점괘에 배신〔僭〕하는 것이 길하다고 하였다. 그 뒤 魯 昭公이 出奔하자 臧昭伯이 따라갔는데, 臧會가 과연 변심과 속임수로 臧氏의 뒤를 이어 설 수 있게 되었기 때문에 참람하다고 결단한 것이다.

3) 臺駘實沈之祟 妖也 : 實沈 高辛氏之子也 死而爲參星之神 臺駘 金天氏之裔也 死而爲汾川之神 晉平公有疾 卜者曰實沈臺駘爲祟 晉人不知其爲何神 問於子産 子産歷言二神之本末 且言二神不能爲晉君祟 故此斷之曰妖也

實沈은 高辛氏의 아들로 죽어서 參星의 신이 되었고, 臺駘는 金天氏의 후예로 죽어 汾川의 신이 되었다. 晉 平公이 병이 들자 卜者가 "實沈과 臺駘가 병의 빌미입니다."라 하였다. 晉人이 그것이 무슨 신인지 알지 못하여 子産에게 물었다. 子産은 두 神이 신이 되기까지의 자초지종을 일일이 말해주고, 또 두 神이 晉나라 임금 병의 빌미가 될 수 없음을 말해주었기 때문에 요망하다고 결단한 것이다.

4) 彼蓍龜之中 曷嘗眞有是耶 : 安有爲妄爲僭爲妖之事

어찌 〈시초점과 거북점 안에〉 망령되고 참람하고 요망한 일이 있겠느냐는 말이다.

5) 妄者見其妄 : 吾心自妄故見其爲妄

내 마음이 스스로 망령되기 때문에 나타난 것이 망령되었다는 말이다.

6) 僭者見其僭 : 吾心自僭故見其爲僭

내 마음이 스스로 참람하기 때문에 나타난 것이 참람하다는 말이다.

7) 妖者見其妖 : 吾心自妖故見其爲妖

내 마음이 스스로 요망하기 때문에 나타난 것이 요망하다는 말이다.

8) 皆心之所自發見耳 : 心字是一篇血脈 終始以此字貫穿

'心'자는 본편의 血脈이다. 시종일관 이 글자가 관통하고 있다.

9) 蓍龜者 心之影也 : 蓍龜在人 猶影隨形 心有此念 乃見於蓍龜

시초점과 거북점은 사람에게 있어 그림자가 형체를 따르는 것과 같으니, 마음에 이런 생각이 있으면 곧 시초점과 거북점에 나타난다는 말이다.

10) 小大修短 : 修 長也

修는 길다는 뜻이다.

11) 咸其自取 : 形如此 則影亦如之

형체가 이와 같다면 그림자도 이와 같다는 말이다.

12) 傴者曲而躄者跛 : 傴 亦曲也 躄 亦跛也 其形傴者 其影曲 其形躄者 其影跛

傴는 굽은 것이고, 躄은 절뚝거리는 것이다. 형체가 굽은 자는 그림자도 굽고, 형체가 절뚝이는 자는 그림자도 기운다는 말이다.

13) 夫豈影之罪哉 : 形實使然也 則所謂爲妄爲僭爲妖者 亦豈蓍龜之罪哉
형체가 실제로 그렇게 만든 것이다. 그렇다면 이른바 망령되고 참람하고 요망한 것이 어찌 시초점과 거북점의 죄이겠느냐는 말이다.

아, 桑林神이 나타났다는 것은 허망한 말이고, 僂佝가 감응했다는 것은 참람한 말이며, 臺駘와 實沈이 병의 빌미가 되었다는 것은 요망한 말이다. 저 蓍龜 안에 어찌 참으로 이런 일이 있었던 적이 있었는가?

허망한 자가 허망을 보는 것이고, 참람한 자가 참람을 보는 것이며, 요망한 자가 요망을 보는 것이니, 모두 마음이 저절로 발현한 것일 뿐이다. 蓍龜는 마음의 그림자이니, 작고 크고 길고 짧은 것이 모두 자기 스스로 취하는 것이다. 곱사의 그림자가 구부정하고 절름발이의 그림자가 한쪽으로 기우는 것이 어찌 그림자의 죄이겠는가?

08-02 曹劌諫觀社 曹劌가 社祭를 구경하는 것에 대하여 간언하다

【左傳】 莊二十三年이라 夏에 公如齊觀社하니 非禮也라 曹劌(귀)諫曰 不可니이다 夫禮는 所以整民也라 故會以訓上下之則하고 制財用之節[1)]하며 朝以正班爵之義하고 帥長幼之序[2)]하며 征伐以討其不然[3)]이니이다 諸侯有王[4)]하고 王有巡守[5)]하야 以大習之[6)]니 非是면 君不擧矣니이다 君擧必書[7)]니 書而不法이면 後嗣何觀이릿가

1) 〔역주〕 制財用之節 : 貢賦의 多少를 정하는 것이다.
2) 〔역주〕 朝以正班爵之義 帥長幼之序 : 班爵이 같은 자들은 나이의 老少에 따라 차례를 정한다.
3) 〔역주〕 征伐以討其不然 : 不然은 命을 따르지 않는 것이니, 朝見도 하지 않고 會盟도 하지 않으면 征伐하여 그 罪를 聲討하는 것이다.
4) 〔역주〕 諸侯有王 : 王室의 일에 힘을 다하는 것이다.
5) 〔역주〕 王有巡守 : 사방을 巡察하는 것이다.
6) 〔역주〕 以大習之 : 大習은 會盟과 朝見의 禮를 익히는 것이다.
7) 〔역주〕 君擧必書 : 史策에 기록하는 것이다.

莊公 23년, 여름에 莊公이 齊나라에 가서 社祭를 구경하였으니 禮가 아니다. 曹劌가 諫하였다.

"不可합니다. 禮는 백성들을 整頓하는 것입니다. 그러므로 會盟하여 上下의 법도를 訓示하고 財用의 節度를 制定하며, 朝見하여 爵位에 따라 序列을 정하는 義(儀典)를 바로잡고 長幼의 차례를 따르게 하며, 征伐하여 命을 따르지 않는 자들을 討罪하는 것입니다. 諸侯가 天王에게 朝見하고 天王이 巡狩하는 것은 이 會盟과 朝見의 禮를 익히기 위함이니, 이런 일이 아니면 임금은 擧動하지 않습니다. 임금의 거둥은 반드시 기록하는 것이니, 법도에 맞지 않는 일을 기록한다면 後孫들이 무엇을 보고 본받겠습니까?"

【主意】謂史官直書時事하야 其扶持公議之功甚大라

史官이 당시의 일을 직필로 기록하여 公議를 扶持한 공이 매우 큼을 말하였다.

百人醉而一人醒이라도 **猶可以止衆狂**이요 **百禮廢而一禮存**이라도 **猶可以推舊典**이라 **春秋之時**에 **王綱解紐**[1])하야 **周官三百六十**[2])이 **咸曠其職**[3])이로되 **惟史官僅不失其守耳**[4])라 **曹劌諫魯莊公觀社之辭曰 君擧必書**[5])하니 **書而不法**[6])이면 **後嗣何觀**[7])이리오하니 **當是時**하야 **人君之言動**을 **史官未有不書者也**[8])라 **爲君者**는 **視以爲當然而不怒**[9])하고 **爲史者**는 **視以爲當然而不疑**[10])하니 **此三代之遺也**[11])라

1) 王綱解紐 : 綱 網之繩也 言王者無〈不〉[*])如綱之解其紐

綱은 그물의 끈이다. 임금 가운데 그물의 끈이 풀어진 것과 같지 않은 이가 없다는 말이다.

*) 〔역주〕〈不〉: 저본에 1자 공란이 있으나, 문맥을 살펴 '不'을 보충하였다.

2) 周官三百六十 : 周公作周禮 以六卿法天地四時 其屬皆六十 總爲三百六十

周公이 ≪周禮≫를 지을 때에, 六卿이 天地와 春·夏·秋·冬의 四時를 본받게 하여 그 등속이 모두 60가지이니, 모두 360가지의 직책이다.

3) 咸曠其職 : 至春秋時 官其官者 不事其事 咸曠廢其職矣

春秋 때에 이르러 그 관직을 맡고 있는 자들이 제 직분을 일삼지 않아 모두 그 직책을 버려두었다는 말이다.

4) 惟史官僅不失其守耳 : 杜預左傳序云 周禮有史官 諸侯亦各有國史 此言春秋時 惟史官僅能不廢其職

杜預의 〈春秋左氏傳序〉에 "周禮에 史官이 있으니 제후도 각각 國史를 두었다."라 하였으

니, 이는 春秋 때에 사관만 겨우 제 직분을 버려두지 않았음을 말한 것이다.

5) 君擧必書 : 人君凡有擧動 則史官直書之
임금에게 있는 모든 거둥은 史官이 곧이곧대로 기록한다는 말이다.

6) 書而不法 : 如觀社之類 擧動非禮 書之於史 不可以爲法
社祭를 보는 따위는 거둥이 바른 예가 아니니, 역사에 기록되면 모범이 될 수 없다는 말이다.

7) 後嗣何觀 : 使後世子孫 何所觀仰乎
후세의 자손들에게 무엇을 우러러보게 하겠느냐는 말이다.

8) 當是時……史官未有不書者也 : 見得惟史官不失其職
史官이 제 직분을 잃지 않았음을 알 수 있다.

9) 爲君者 視以爲當然而不怒 : 君不怒史官之直筆
임금이 史官의 直筆에 성내지 않는다는 말이다.

10) 爲史者 視以爲當然而不疑 : 史官不疑其君之怒而直書之
史官이 임금이 성낼까 의심하지 않고 直筆한다는 것이다.

11) 此三代之遺也 : 尙有三代盛時直道而行之意
여전히 三代가 번성했을 때의 곧은 도가 남아있어 행해진다는 뜻이다.

100인이 취하고 1인만 깨어 있어도 오히려 취한 미치광이 여럿을 저지할 수 있고, 100가지 예가 폐지되고 1가지 예만 남아있어도 오히려 옛날 법도를 미루어 행할 수 있다. 春秋 때에 왕실의 기강이 해이하여 周나라의 360개의 직책을 맡고 있는 관리가 모두 제 직분을 폐기하였으되, 史官만 겨우 제 직분을 잃지 않았을 뿐이었다.

그런데 曹劌가 魯 莊公이 社祭를 보러 가려 하자 간언하기를 "임금의 거둥은 반드시 기록하니 기록된 것이 법도에 맞지 않는다면 후손들이 무엇을 보겠습니까?" 하였으니, 당시에 임금의 말과 행동을 사관이 기록하지 않은 것이 없었다. 임금은 이를 당연한 것으로 여겨 노여워하지 않았고, 사관은 이를 당연한 것으로 여겨 의심하지 않았으니, 이는 三代의 遺風이다.

其後齊威將列鄭太子(正)〔華〕[1]**於會**하니 **管仲曰 作而不記**는 **非盛德也**[2]요 **記姦之位**면 **君盟替矣**[3]라하니 **仲之言則是也**나 **然味其言**이면 **已開作而不記之端**[4]하니 **倪曹劌之時**면 **風俗已少變矣**라 **又其後晉獻齊捷於周**에 **周私犒其使**하고 **而戒以勿籍**[5]하니라

管仲所謂作而不記者는 **特設此辭以動桓公耳**요 **未嘗直使史官之不記也**어늘 **今周王既犯禮**하고 **而復使之勿籍**하니 **何其無忌憚也**아

1) 〔역주〕 (正)〔華〕: 저본에 '正'으로 되어있으나, 사고전서본에 의거하여 '華'로 바로잡았다.

2) 作而不記 非盛德也 : 非盛德者之所爲也

훌륭한 덕을 지닌 자가 행할 바가 아니라는 말이다.

3) 記姦之位 君盟替矣 : 僖七年*)

≪春秋左氏傳≫ 僖公 7년에 있었던 일이다.

*) 〔역주〕 僖七年 : 齊나라가, 鄭나라가 토벌하려 하자 太子 華가 齊侯에게 말하기를 "洩氏·孔氏·子人氏 세 宗族이 실로 임금님의 명령을 어겼으니 만약 임금님께서 이들을 제거하고서 우리나라와 友好를 맺는다면 저는 鄭나라로써 齊나라의 內臣이 될 것이니, 임금님께서도 불리할 것이 없을 것입니다."라 하였다. 齊 桓公이 이롭게 여겨 받아들이고자 하니, 管仲이 대답하기를 "임금님께서 鄭나라를 德으로 懷柔하시고 訓戒를 더하셨다가 저들이 거절〔辭〕한 뒤에 諸侯를 거느리고 가서 鄭나라를 討伐한다면 鄭나라는 敗亡을 구제하기에도 겨를이 없을 것이니 어찌 감히 두려워하지 않겠습니까. 그러나 만약 罪人 子華를 거느리고서 鄭나라로 간다면 鄭나라는 변명할 말이 있을 것이니 무엇을 두려워하겠습니까? 또 저 諸侯를 회합한 것은 道德을 높이기 위함인데 會合에 奸惡한 사람을 끼워준다면 後嗣에게 무엇을 보여주겠습니까. 諸侯의 會盟에 諸侯들의 德·刑·禮·義를 기록하지 않는 나라가 없는데, 姦人이 會盟의 자리에 참여한 것을 기록한다면 임금님의 盟約은 廢棄될 것이고, 그런 일이 있는데도 기록하지 않는 것은 성대한 德이 아니니 임금님께서는 허락하지 마소서.〔君若綏之以德 加之以訓 辭而帥諸侯以討鄭 鄭將覆亡之不暇 豈敢不懼 若揔其罪人以臨之 鄭有辭矣 何懼 且夫合諸侯 以崇德也 會而列姦 何以示後嗣 夫諸侯之會 其德刑禮義 無國不記 記姦之位 君盟替矣 作而不記 非盛德也 君其勿許〕"라 하였다.

4) 仲之言則是也……已開作而不記之端 : 視曹劌之言已不同

이미 曹劌의 말과 같지 않음을 알 수 있다는 것이다.

5) 又其後晉獻齊捷於周……而戒以勿籍 : 成二年*)

≪春秋左氏傳≫ 成公 2년에 있었던 일이다.

*) 〔역주〕 成二年 : 晉侯가 鞏朔을 使者로 보내어 齊나라에 승리하고 잡은 俘虜를 周王에게 바치게 하였는데, 周王이 鞏朔을 接見하지 않고 單襄公을 보내어 獻捷을 謝絶하며 말하기를 "蠻夷와 戎狄이 王命을 奉行하지 않고 酒色에 빠져 常道를 무너뜨리면 王이 侯伯에게 命하여 그 나라를 征伐하게 하는데, 이런 경우에만 獻捷하는 禮가 있다."라 하고,……王이

鞏伯에게 宴會를 베풀어주고, 사사로이 禮物을 주고는 相(贊者)을 시켜 다음과 같이 이르게 하였다. "이는 禮가 아니니 史策에 記錄하지 말라."〔晉侯使鞏朔獻齊捷于周 王不見 使單襄公辭焉曰 蠻夷戎狄 不式王命 淫湎毁常 王命伐之 則有獻捷……王以鞏伯宴而私賄之 使相告之曰 非禮也 勿籍〕

그 뒤 齊 桓公이 鄭나라 太子 華를 회맹에 받아들이고자 하니, 管仲이 말하기를 "일을 하였는데도 기록하지 않는 것은 성대한 德이 아닙니다. 姦人이 會盟의 자리에 참여한 것을 기록한다면 임금님의 盟約은 廢棄될 것입니다."라 하였으니 관중의 말이 옳기는 하다. 그러나 그 말을 음미해보면 이미 '그런 일이 있는데도 기록하지 않는' 단서를 열어놓은 것이니, 이미 曹劌가 있었을 당시에 비해 풍속이 조금 변한 것이다.

또 그 뒤에 晉나라가 齊나라와의 싸움에서 승리하고 얻은 전리품을 周나라에 바치자, 주나라 왕이 그 사신에게 사사로이 예물을 주고 〈예가 아니니〉 기록하지 말라고 경계하였다. 관중이 말한 '그런 일이 있는데도 기록하지 않는다.'는 것은 다만 이런 말을 하여 환공을 감동시켰을 뿐, 직접 史官에게 기록하지 못하게 한 적은 없었는데, 지금 周王은 이미 예를 범하고 다시 기록하지 말라 하였으니, 어쩌면 그리도 기탄하는 바가 없는가?

然一時之史官[1)]은 **世守其職**[2)]하니 **公議雖廢於上**이나 **而猶明於下**[3)]니라 **以崔杼之弑齊君**[4)]에 **史官直書其惡**하니 **殺三人**이로되 **而書者踵至**[5)]라 **身可殺**이나 **而筆不可奪**이요 **鈇鉞有弊**[6)]나 **筆鋒益强**[7)]이라 **威加一國**[8)]이로되 **而莫能增損汗簡**[9)]**之半辭**[10)]하야 **終使君臣之分**으로 **天高地下**하야 **再明於下**[11)]하니 **是果誰之功哉**[12)]아

1) 然一時之史官 : 轉說主意

主意를 전환하여 말한 것이다.

2) 世守其職 : 不以世變而轉移其所守

세상이 변하였다고 해서 그들이 맡은 바 직분을 바꾸지는 않았다는 말이다.

3) 公議雖廢於上 而猶明於下 : 公議是一篇骨子 此後極言史官扶持公議之功

公議는 이 한 편의 핵심이다. 이 뒤의 문장은 史官이 公議를 돕는 공을 극도로 말하였다.

4) 以崔杼之弑齊君 : 襄公二十五年 齊崔杼 弑莊公

魯 襄公 25년에 齊나라 崔杼가 莊公을 시해한 일을 가리킨다.

5) 史官直書其惡……而書者踵至 : 太史書曰 崔杼弑其君 崔子殺之 其弟嗣書 而死者二人 其弟又書乃舍之 南史氏聞太史盡死 執簡以往 聞旣書矣 乃還

太史가 "崔杼가 그 임금을 시해하였다.〔崔杼弑其君〕"라 쓰니 崔子가 그를 죽였다. 태사의 동생이 이어 다시 이렇게 쓰자 최자가 죽인 자가 2인이었다. 다른 동생이 또 쓰자 그제야 내버려두었다. 南史氏가 太史들이 다 죽었다는 소리를 듣고 〈이 말을 쓰고자〉 竹簡을 가지고 갔는데, 이미 썼다는 말을 듣고 돌아갔다.

6) 鈇鉞有弊 : 以身可殺而言

몸은 죽일 수 있다는 것을 말한 것이다.

7) 筆鋒益强 : 以筆不可奪言

붓은 뺏을 수 없다는 것을 말한 것이다.

8) 威加一國 : 謂崔子能弑其君 殺太史(二)〔三〕*) 人

崔子가 자기 임금을 시해하고 太史 3인을 죽일 수 있었던 것을 이른다.

*)〔역주〕(二)〔三〕: 본문에 근거하여 '二'를 '三'으로 바꾸었다.

9)〔역주〕汗簡 : 여기서는 역사를 기록하는 竹簡을 말한다. 대나무의 푸른빛을 빼내야 글씨 쓰기에 편리하고 좀이 먹지 않기 때문에, 죽간으로 사용하기 전에 먼저 불에 구워 대나무의 푸른빛을 빼낸다. 이때 물기가 땀처럼 나오기 때문에 죽간을 '汗簡'이라 한 것이며, '汗靑'이라고도 한다.

10) 莫能增損汗簡之半辭 : 不能禁太史不書弑之一字 古人以竹簡爲書籍 故云汗簡

太史에게 '弑'라는 한 글자를 쓰지 못하게 막을 수 없었다는 말이다. 古人은 竹簡으로 書籍을 만들었기 때문에 汗簡이라 한 것이다.

11) 終使君臣之分……再明於下 : 君尊如天 臣卑如地 亂臣賊子 敢爲不義 而猶知畏史官之書

임금은 하늘처럼 존귀하고 신하는 땅처럼 비천하니, 亂臣賊子들이 감히 불의한 짓을 하면서도 오히려 史官의 글이 두려운 줄 알았다는 것이다.

12) 是果誰之功哉 : 極言史臣之功

史臣의 공임을 지극히 말한 것이다.

그러나 당시의 史官이 대대로 직분을 지키니 公議가 비록 위에서는 없어졌으나 아래에서는 오히려 밝았다. 崔杼가 齊나라 임금을 시해하였을 때에 사관이 그의 악행을 直筆로 기록하니 〈최저가〉 3인을 죽였지만, 이 사실을 쓰고자 하는 자가 연이어 이르렀다.

이는 몸은 죽일 수 있었으나 붓은 빼앗을 수 없었고, 그들을 죽인 도끼는 닳아졌으나 예리한 붓끝은 더 강해졌으니, 나라 전체를 흔들 위세로도 竹簡의 반 마디 말조차 加減할 수 없어 마침내 하늘처럼 높고 땅처럼 낮은 君臣의 분수가 다시 아래에서 밝혀졌다. 이것이 과연 누구의 공인가!

嗚呼라 **文武周公之澤旣竭**[1]하고 **仲尼之聖未生**[2]한 **是數百年間**[3]에 **中國所以不淪於夷狄者**는 **皆史官扶持之力也**[4]라 **昧谷餞日之後**[5]와 **暘谷賓日之前**[6]에 **暮夜晦冥**에 **群慝竝作**[7]하니 **苟無燭以代明**[8]이면 **則天下之目瞽矣**[9]리라 **春秋之時**[10]에 **非有史官司公議於其間**[11]이면 **則胥戕胥虐**[12]하야 **人之類已滅**[13]이리니 **豈能復待仲尼之出乎**[14]아

1) 文武周公之澤旣竭：指春秋時而言

春秋時代를 가리켜 말한 것이다.

2) 仲尼之聖未生：孔子以襄公二十二年生

孔子는 襄公 22년에 태어났다.

3) 是數百年間：文武周公之後 孔子之前

文王・武王・周公의 뒤부터 孔子가 태어나기 전까지를 가리킨다.

4) 中國所以不淪於夷狄者 皆史官扶持之力也：無史官扶持公議 則□相□而流於夷狄*)

史官이 公議를 지탱하지 않았다면 오랑캐가 되었을 것이라는 말이다.

*)〔역주〕則□相□而流於夷狄：2字 공란이 있으나, 문맥에 지장이 없어 그대로 번역하였다.

5) 昧谷餞日之後：書堯典 和仲宅西曰昧谷 寅餞納日 言此以喩文武周公之後

≪書經≫ 〈堯典〉에 "和仲이 서쪽에 머무르니 이곳을 昧谷이라 하는데 〈이곳에서〉 들어가는 해를 공경히 전송한다."라 하였으니, 이것을 말하여 文王・武王・周公이 죽은 뒤를 비유한 것이다.

6) 暘谷賓日之前：同上羲仲宅嵎夷曰暘谷 寅賓出日 言此以喩仲尼之前 ○ 納日之後 出日之前 謂夜也

윗글과 동일한 책에 "羲仲이 嵎夷에 머무르니 이곳을 暘谷이라 하는데, 〈이곳에서〉 나오는 해를 공경히 맞이한다."라 하였으니, 이것을 말하여 仲尼가 태어나기 전을 비유한 것이다. ○ 들어가는 해의 뒤와 나오는 해의 앞이란 밤을 이른다.

7) 暮夜晦冥 群慝竝作：慝惡也 左傳子家子云日入慝作

慝은 惡行이다. ≪春秋左氏傳≫에, 子家子가 말하기를 "날이 지면 간악한 짓을 한다."라

하였다.

8) 苟無燭以代明 : 夜不可以無燭 猶春秋時不可以無史官

밤에 촛불이 없어서는 안 되는 것이, 마치 春秋時代에 史官이 없어서는 안 되는 것과 같다는 말이다.

9) 天下之目瞽矣 : 無燭則有目如瞽 無史官則雖中國 與夷狄無異矣

촛불이 없다면 눈에 눈동자가 없는 것과 같으니, 史官이 없다면 비록 中國이라 하더라도 오랑캐와 다름이 없다는 것이다.

10) 春秋之時 : 猶日之夜

하루 중 밤과 같다는 것이다.

11) 非有史官司公議於其間 : 無史官 猶無燭之照

史官이 없는 것은 세상을 밝히는 촛불이 없는 것과 같다는 말이다.

12) 胥戕胥虐 : 亂臣賊子 相戕相虐 猶日暮之慝作

亂臣賊子가 서로 해치고 잔학한 짓을 하는 것이, 해가 진 뒤 간악한 짓을 하는 것과 같다는 말이다.

13) 人之類已滅 : 其禍必至於此

그 화가 반드시 여기에 이르렀을 것이라는 말이다.

14) 豈能復待仲尼之出乎 : 待得孔子生 已無救矣 孔子之生 猶日之出也

孔子가 태어났을지라도 이미 구제할 대상이 없었을 것이라는 말이다. 공자가 태어난 것은 해가 나온 것과 같다는 말이다.

아, 文王·武王과 周公의 은택이 다하고, 聖人 仲尼가 태어나기 전까지 수백 년 동안 중국이 오랑캐가 되지 않은 것은 모두 史官이 부지한 힘이다. 昧谷에서 지는 해를 전송한 뒤, 暘谷에서 떠오르는 해를 맞이하기 전까지, 해 저물고 어두운 밤 동안에 온갖 사특한 일들이 한꺼번에 일어나니, 만일 밝음을 대신할 촛불이 없었다면 천하 사람들의 눈은 장님이 되었을 것이다. 春秋 때에 이러한 암흑에서 사관이 公議를 맡지 않았다면, 서로 죽이고 포학하게 하여 인류가 이미 멸하였을 것이니 어찌 다시 孔子가 출현하기를 기다릴 수 있겠는가?

史官非特有功於仲尼之未出也[1)]라 使其阿諛畏怯하야 君擧不書[2)]면 簡編失實[3)]하야 無所考信[4)]이니 則仲尼雖欲作春秋以示萬世나 將何所據乎[5)]아 無車則造父不能

御[6)]하고 **無弓則后羿不能射**[7)]하며 **無城則墨翟不能守**[8)]리니 **大矣哉**라 **史官之功也**[9)]여

1) 史官非特有功於仲尼之未出也：又轉一意 言史官有功於春秋
   또 한 번 뜻을 전환하여 史官이 春秋 때에 공이 있음을 말한 것이다.
2) 君擧不書：設使人君擧動不敢直書其事
   가령 임금이 거둥한 일이 있어도 감히 그 일을 곧이곧대로 쓰지 못하였을 것이라는 말이다.
3) 簡編失實：史冊非皆實錄
   史冊이 모두 사실의 기록이 아니었을 것이다.
4) 無所考信：後人無所稽考以爲信據
   後人이 고찰하여 믿을 만한 근거로 삼을 데가 없었을 것이다.
5) 仲尼雖欲作春秋以示萬世 將何所據乎：言孔子後來 只據史冊 以修春秋 須是史官直書孔子方有信據
   나중에 孔子가 단지 史冊에 근거하여 ≪春秋≫를 엮었으니, 이는 반드시 史官의 直筆을 바야흐로 공자가 신임하여 근거로 삼은 것이 있다는 말이다.
6) 無車則造父不能御：造父固善御車 然須有車可御
   造父는 본래 수레를 잘 몰지만 반드시 수레가 있어야만 몰 수 있다는 말이다.
7) 無弓則后羿不能射：后羿固善射弓 然須有弓可射
   后羿는 본래 활쏘기를 잘하지만 반드시 활이 있어야만 쏠 수 있다는 말이다.
8) 無車則造父不能御……無城則墨翟不能守：墨翟固善守城 然須有城可守 墨翟善守 事見列子 此三者 以喩孔子固善作春秋 然須有史冊直書時事以爲按據也
   墨翟은 진실로 守城을 잘하였으나 반드시 城이 있어야만 지킬 수 있다는 말이다. 묵적이 수성을 잘한 것은 일이 ≪列子≫에 보인다. 이 세 가지는 공자가 본래 ≪춘추≫를 잘 엮었으나 반드시 당시의 일을 直筆한 史冊이 있었기 때문에 근거로 삼을 수 있었다는 말이다.
9) 大矣哉 史官之功也：孔子春秋由史書而成 故稱其功之大
   孔子의 ≪春秋≫는 史書로 말미암아 이루어졌기 때문에 그 공이 크다고 칭찬한 것이다.

史官이 다만 仲尼가 태어나시기 전에만 공이 있었던 것은 아니다. 가령 그들이 아첨하고 겁을 먹어 임금의 행동을 기록하지 않았더라면 史冊이 사실과 달라 考信할 데가 없었을 것이다. 仲尼가 비록 ≪春秋≫를 지어 萬世에 제시하고자 하나 장차 어디에서 근거할 수 있었겠는가? 수레가 없다면 造父가 수레를 몰 수 없었을 것이고, 활이 없다면 后羿가 활을 쏘지 못하였을 것이며, 城이 없다면 墨翟이 지켜낼 수 없었을 것이다. 위대하도다. 史官의 공이여!

08-03 晉桓莊之族偪 晉나라 桓叔·莊伯의 宗族이 晉나라 公室을 逼迫하다

08-03-01 晉桓莊之族偪 晉나라 桓叔·莊伯의 宗族이 晉나라 公室을 逼迫하다

【左傳】 莊二十二年이라 晉桓莊之族偪[1)]하니 獻公患之하다 士蔿[2)]曰 去富子[3)]면 則群公子可謀也已리이다 公曰 爾試其事하라 士蔿與群公子謀하여 譖富子而去之[4)]하다

1) 〔역주〕 晉桓莊之族偪 : 桓叔·莊伯의 자손이 강성하여 公室을 逼迫한 것이다.
2) 〔역주〕 士蔿 : 晉나라 대부이다.
3) 〔역주〕 富子 : 두 宗族 중에서 가장 富强한 자이다.
4) 〔역주〕 士蔿與群公子謀 譖富子而去之 : 없는 罪狀을 꾸며 謀陷한 것이다. 同族들도 그의 富强함을 미워하기 때문에 士蔿가 그 미워하는 마음을 이용해 이간한 것이다. 그와 가까운 사람을 이용해 참소하면 참소하는 말이 참말처럼 들리고, 그의 骨肉(친척)을 분리시키면 黨이 약해지는 것이니, 이것이 바로 公子들이 마침내 멸망하게 된 이유이다.

莊公 22년, 晉나라 桓叔·莊伯의 宗族이 公室을 逼迫하니 獻公이 이를 근심하였다. 士蔿가 말하기를 "富子를 除去하면 여러 公子들은 쉽게 圖謀할 수 있습니다."라고 하니, 獻公이 "그렇다면 그대가 한번 해보라."고 하였다. 士蔿가 여러 공자들과 謀議하여 富子를 讒訴해 제거하였다.

08-03-02 晉士蔿殺游氏二子 晉나라 士蔿가 游氏의 두 아들을 죽이다

【左傳】 莊二十四年이라 晉士蔿又與群公子謀하야 使殺游氏之二子[1)]하다 士蔿告晉侯曰 可矣라 不過二年하야 君必無患이리이다

1) 〔역주〕 使殺游氏之二子 : 游氏의 두 아들도 桓叔·莊伯의 宗族이다.

莊公 24년, 晉나라 士蔿가 또 여러 公子들과 謀議하여 游氏의 두 아들을 죽이게 하고서, 士蔿가 晉侯에게 告하기를 "됐습니다. 2년이 지나기 전에 임금께서는 반드시 걱정이 없게 될 것입니다."라고 하였다.

08-03-03 晉士蔿殺群公子 晉나라 士蔿가 여러 公子들을 죽이다

【左傳】 莊二十五年이라 晉士蔿使群公子盡殺游氏之族하고 乃城聚而處之[1)]하다 冬에

晉侯圍聚하야 盡殺群公子[2)]하다

1)〔역주〕乃城聚而處之 : 聚는 晉나라 邑이다. 聚邑에 성을 쌓아 公子들이 살게 한 것은 겉으로 優待하고 寵愛한다는 뜻을 보이기 위함이다.

2)〔역주〕盡殺群公子 : 끝내 士蔿의 計策대로 된 것이다.

莊公 25년, 晉나라 士蔿가 公子들을 시켜 游氏의 宗族을 모두 죽이게 하고는, 마침내 聚邑에 성을 쌓아 公子들이 그곳으로 移住해 살게 하였다. 겨울에 晉侯가 聚邑을 포위하여 공자들을 모두 죽였다.

08-03-04 晉獻公使太子居曲沃 重耳居蒲 夷吾居屈 晉 獻公이 太子를 曲沃에, 重耳를 蒲에, 夷吾를 屈에 거처하게 하다

【左傳】 莊二十八年이라 晉獻公娶于賈[1)]나 無子하고 烝於齊姜[2)]하야 生秦穆夫人及太子申生하고 又娶二女於戎하니 (犬)〔大〕戎[3)]狐姬生重耳하고 小戎子生夷吾[4)]하다 晉伐驪戎에 驪戎男이 女以驪姬[5)]하니 歸하야 生奚齊하고 其娣生卓子하다 驪姬嬖하니 欲立其子하야 賂外嬖梁五〈與東關嬖五〉[6)]하야 使言於公曰 曲沃[7)]은 君之宗也요 蒲與二屈[8)]은 君之疆也니 不可以無主니이다 宗邑無主면 則民不威하고 疆(埸)〔埸〕[9)]無主면 則啓戎心이니 戎之生心과 民慢其政은 國之患也니이다 若使太子主曲沃하고 而重耳夷吾主蒲與屈이면 則可以威民而懼戎이요 且旌君伐[10)]이리이다 使俱曰 狄之廣莫이 於晉爲都니 晉之啓土가 不亦宜乎[11)]잇가 晉侯說之하야 夏에 使太子居曲沃하고 重耳居蒲城하고 夷吾居屈하고 群公子皆鄙[12)]하고 唯二姬之子在絳이라 二五卒與驪姬譖群公子而立奚齊하니 晉人謂之二五耦[13)]라하다

1)〔역주〕賈 : 賈國은 姬姓의 나라이다.

2)〔역주〕齊姜 : 晉 武公의 妾이다.

3)〔역주〕(犬)〔大〕戎 : 唐叔의 後孫으로 姬姓인데, 戎狄으로 가서 居住한 자이다. 狐伯行으로부터 출발했기 때문에 狐를 氏로 삼았다. 저본에는 '犬'으로 되어있으나, ≪春秋左氏傳≫에 의거하여 바로잡았다.

4)〔역주〕小戎子生夷吾 : 小戎은 允姓의 戎狄이다. 子는 딸을 이른다.

5) 〔역주〕 驪戎男 女以驪姬 : 驪戎은 京兆 新豊縣에 있는데, 그 임금은 姬姓이고, 그 爵位는 男이다. 딸을 남에게 주는 것을 '女'라 한다.

6) 〔역주〕 賂外嬖梁五〈與東關嬖五〉 : 姓이 梁이고 이름이 五인데, 閨闥(임금이 거처하는 宮殿의 門) 밖에 있는 자이다. 東關嬖五는 따로 關塞(邊方의 關門)에 있는 자인데 그 또한 이름이 五이다. 이들은 모두 大夫로서 獻公의 사랑을 받아 외부의 소식을 정탐해 보고하는 자들이다. '與東關嬖五'는 저본에 없으나, ≪春秋左氏傳≫을 참조하여 보충하였다.

7) 〔역주〕 曲沃 : 桓叔이 封해진 곳으로, 先君의 宗廟가 있는 곳이다.

8) 〔역주〕 蒲與二屈 : 蒲는 지금의 平陽 蒲子縣이다. 二屈은 지금의 平陽 北屈縣이다. 或者는 "二는 北으로 고치는 것이 마땅하다."고 하였다.

9) 〔역주〕 (埸)〔場〕 : 저본에는 '埸'으로 되어있으나, ≪春秋左氏傳≫에 의거하여 '場'으로 바로잡았다.

10) 〔역주〕 且旌君伐 : 旌은 드러내는 것이고, 伐은 功이다.

11) 〔역주〕 狄之廣莫……不亦宜乎 : 廣莫은 戎狄의 땅이 廣闊한 荒蕪地라는 말이니, 바로 蒲와 屈을 이른다. 두 公子를 그곳으로 내보내어 都邑하게 하면 晉나라가 바야흐로 국토의 境界를 크게 開拓할 수 있다는 말이다. 獻公이 결정을 하지 않기 때문에 驪姬가 다시 두 五를 시켜 이렇게 좋은 일이 있다고 자세히 말하게 한 것이다.

12) 〔역주〕 鄙 : 변방의 읍이다.

13) 〔역주〕 晉人謂之二五耦 : 두 개의 보습으로 짝을 이루면 넓이가 1척으로 一伐을 일으키는데, 두 사람이 함께 짝이 되어 晉나라 公室을 損傷한 것이 이와 같다는 말이다.

莊公 28년, 晉 獻公이 賈國에서 아내를 맞이하였으나 아들을 낳지 못하였고, 齊姜과 姦淫하여 秦 穆公 夫人과 太子 申生을 낳았고, 또 戎에서 두 여자를 맞이하였는데, 大戎 狐姬는 重耳를 낳고, 小戎子는 夷吾를 낳았다.

晉나라가 驪戎을 토벌할 때 驪戎男이 驪姬를 獻公에게 주니 그녀를 데리고 돌아왔는데, 驪姬는 奚齊를 낳고 驪姬의 동생은 卓子를 낳았다. 獻公이 여희를 寵愛하니, 여희는 제 자식을 太子로 세우고자 하여, 外嬖 梁五와 東關嬖五에게 뇌물을 주고서 그들을 시켜 獻公에게 다음과 같이 말하게 하였다.

"曲沃은 임금님의 宗廟가 있는 곳이고, 蒲와 두 屈邑은 임금님의 邊境이니, 主管하는 사람이 없어서는 안 됩니다. 宗廟가 있는 고을에 주관하는 사람이 없으면 백성들이 威服(두려워 복종함)하지 않고, 邊境에 주관하는 사람이 없으면 戎狄에게 침범할 마음을 갖도록 인도하는 것입니다. 戎狄이 침범할 생각을 내고 백성들이 임금의 政令을 輕視하는 것은 國家의 憂患이니, 만약 太子에게 曲沃을 주관하게 하고, 重耳와 夷吾에게 蒲와 屈을 주관하게 하신다면 백성들을 威服시키고 戎狄을 두렵게 할 뿐만 아니라 임금님의 功德을 드러낼 수 있습니다."

驪姬는 또 두 사람이 함께 가서 獻公에게 "戎狄의 廣大한 땅이 晉나라의 都市가 될 수 있으니, 晉나라가 疆土를 開拓하는 것이 마땅하지 않습니까."라고 말하게 하였다.

그러자 晉侯는 기뻐하여 여름에 太子를 曲沃으로, 重耳를 蒲城으로, 夷吾를 屈로, 여러 公子들을 모두 邊方으로 보내어 居住하게 하고, 오직 여희와 그 동생의 아들만 絳에 남아있게 하였다. 梁五와 東關嬖五가 마침내 여희와 함께 여러 公子들을 讒訴하여 奚齊를 태자로 세우니, 晉人이 이를 '二五耦'라 하였다.

08-03-05 晉侯爲太子城曲沃 晉侯가 太子를 위해 曲沃에 성을 쌓다

【左傳】 閔元年이라 晉侯作二軍[1]하야 公將上軍하고 太子申生將下軍하고 趙夙御戎하고 畢萬爲右[2]하야 以滅耿滅霍滅魏[3]하다 還하야 爲太子城曲沃[4]하니 士蔿曰 太子不得立矣로다 分之都城而位以卿하니 先爲之極이라 又焉得立[5]이리오 不如逃之하여 無使罪至니 爲吳大伯이 不亦可乎[6]아 猶有令名하리니 與其及也[7]아 且諺曰 心苟無瑕이면 何恤乎無家리오하니 天若祚太子면 其無晉乎[8]ㄴ저

1) 〔역주〕 晉侯作二軍 : 周나라 제도에 大國은 3軍, 次國은 2軍, 小國은 1軍이다. 晉나라는 본래 大國이었으나, 曲沃 武公이 宗國을 멸망시키고 魯 莊公 16년에 周 僖王이 曲沃伯에게 命하여 1軍으로 晉侯로 삼은 뒤부터 드디어 小國의 제도를 따랐다가 지금에 와서 비로소 2軍을 만든 것이다.

2) 〔역주〕 趙夙御戎 畢萬爲右 : 獻公의 御와 右가 된 것이다. 夙은 趙衰(최)의 兄이고, 畢萬은 魏犨(주)의 祖父이다.

3) 〔역주〕 以滅耿滅霍滅魏 : 平陽 皮氏縣 동남에 耿鄕이 있고, 永安縣 동북에 霍大山이 있다. 세 나라는 모두 姬姓이다.

4) 〔역주〕 爲太子城曲沃 : 이보다 앞서 魯 莊公 28년에 太子를 曲沃에 居住하게 하였는데, 그때는 城을 修築하지 않았다가 이때에 와서 비로소 增築한 것인 듯하다.

5) 〔역주〕 分之都城而位以卿……又焉得立 : 位以卿은 下軍을 통솔한 것을 이른다. 먼저

太子로서 極處에 올랐으니, 또 어찌 後繼者가 되어 임금이 될 수 있겠느냐는 말이다. 대체로 天下의 일은 極處에 이르기 전에는 보태짐이 있지만 이미 極處에 이르면 다시 더 보탤 수 없는 것이 필연의 이치이다.

6) 〔역주〕 爲吳大伯 不亦可乎 : 太伯은 周 太王의 適子로 아버지가 季歷을 後繼者로 세우고자 하는 것을 알고는 太子의 자리를 아우 季歷에게 사양하고 吳로 도망하였다.

7) 〔역주〕 猶有令名 與其及也 : 비록 떠나더라도 아름다운 名聲이 있을 것이니, 그냥 머물러 있다가 禍를 당하는 것보다 낫다는 말이다.

8) 〔역주〕 天若祚太子 其無晉乎 : 晉나라가 太子를 죽인 傳의 배경이 되었다.

閔公 원년, 晉侯가 2軍을 만들어 獻公이 上軍을 統率하고, 太子 申生이 下軍을 통솔하고, 趙夙이 獻公의 戎車를 몰고, 畢萬이 車右가 되어 耿國・霍國・魏國을 擊滅하였다. 돌아와서 太子를 위해 曲沃에 성을 쌓게 하였다. 그러자 士蔿가 말하였다. "太子는 임금이 될 수 없을 것이다. 도성을 나누어주고 또 卿의 地位를 주어 이미 頂上의 지위에 올랐으니, 또 어찌 임금이 될 수 있겠는가. 그러니 患亂이 닥치기를 기다리기보다 차라리 일찍 도망가서 罪가 이르지 않게 하는 편이 나을 것이다. 吳太伯처럼 되는 것 또한 좋지 않은가. 그렇게 하면 오히려 아름다운 名聲이 남을 것이다. 또 속담에 '마음 속에 잘못이 없다면 어찌 집이 없는 것을 걱정하랴?'라고 하였으니, 하늘이 만약 太子를 돕는다면 太子를 晉나라에 있게 하지 않을 것이다."

08-03-06 晉侯使太子伐東山　晉侯가 太子에게 東山을 토벌하게 하다

【左傳】 閔二年이라 晉侯使太子申生伐東山皐落氏한대 里克諫曰 太子奉冢祀社稷之粢盛[1]하고 以朝夕視君膳者也니이다 故曰冢子니이다 君行則守하고 有守則從하니 從曰撫軍이요 守曰監國이 古之制也[2]니이다 夫帥師하야 專行謀[3]하고 誓軍旅[4]는 君與國政[5]之所圖也요 非太子之事也니이다 師在制命而已[6]니 稟命則不威하고 專命則不孝니이다 故君之嗣適은 不可以帥師니이다 君失其官하고 帥師不威면 將焉用之[7]릿가 且臣聞皐落氏將戰이라하니 君其舍之[8]하소서 公曰 寡人有子로되 未知其誰立焉[9]이노라 不對而退하다 見太子한대 太子曰 吾其廢乎[10]아 對曰 告之以臨民[11]하고 敎之以軍旅[12]하니 不共是懼언정 何故廢乎[13]아 且子懼不孝요 無懼弗得立하소서 修己而不責人이면 則免於難하리이다

1) 〔역주〕 太子奉冢祀社稷之粢盛 : 里克은 晉나라 대부이고, 冢은 大의 뜻이다.

2) 〔역주〕 君行則守……古之制也 : 임금이 朝會나 征伐로 出行하는 일이 있으면 太子는 임금을 대신해 나라를 지키고, 임금이 大臣에게 나라를 지키게 하면 太子는 임금을 隨行한다. 太子가 임금을 수행할 경우 '撫軍'이라 號稱하니, 임금을 도와 士卒을 鎭撫(安撫)한다는 말이고, 太子가 나라를 지킬 경우 '監國'이라 호칭하니, 임금을 대신해서 國家를 감독한다는 말이다.

3) 〔역주〕 夫帥師 專行謀 : 군대를 거느린 자는 반드시 軍事를 專斷해야 한다.

4) 〔역주〕 誓軍旅 : 號令을 宣布하는 것이다.

5) 〔역주〕 國政 : 正卿을 이른다.

6) 〔역주〕 師在制命而已 : 制命은, 命令은 장군이 制定하는 것이라는 말로, 남의 간섭을 받지 않고 임의로 軍命을 내리고 生殺의 권한을 행사하는 것이다.

7) 〔역주〕 稟命則不威……將焉用之 : 太子가 군대를 統率하면 官員을 임명하는 法度를 잃는 것이고, 太子가 군대를 거느리고서 마음대로 명령을 내리면 不孝가 되니, 太子가 장수가 되더라도 반드시 威嚴이 없을 것이라는 말이다.

8) 〔역주〕 且臣聞皐落氏將戰 君其舍之 : 太子가 出戰하면 죽거나 負傷할 염려가 있는데, 임금은 어찌하여 太子 申生에게 내린 명령을 回收하여 出戰하지 말도록 하지 않느냐는 말이다.

9) 〔역주〕 公曰……未知其誰立焉 : 내가 죽은 뒤에 누구를 임금으로 세워야 할지를 모르기 때문이라는 말이니, 이는 獻公이 太子를 廢하려는 뜻을 약간 드러낸 것이다.

10) 〔역주〕 太子曰 吾其廢乎 : 太子도 獻公이 자기를 廢黜하려 한다는 것을 헤아려 알았기 때문에 이렇게 물은 것이다.

11) 〔역주〕 對曰 告之以臨民 : 曲沃에 居住하게 한 것을 이른다.

12) 〔역주〕 敎之以軍旅 : 下軍을 거느리게 한 일을 이른다.

13) 〔역주〕 不共是懼 何故廢乎 : 太子는 責任이 重大하니 그 職務를 完遂하지 못할까만을 두려워할 것이지, 무엇 때문에 廢立의 일을 두려워하느냐는 말이다.

閔公 2년, 晉侯가 太子 申生을 보내어 東山의 皐落氏를 討伐하게 하자, 里克이 諫하였다.

"태자는 宗廟와 社稷의 제사를 받들고 朝夕으로 임금의 음식을 살피는 자입니다. 그러므로 '冢子'라고 합니다. 임금이 外出하면 태자는 남아서 나라를 守護하고 달리 수호할 사람이 있으면 임금을 따라가는데, 따라가는 것을 '撫軍'이라 하고 수호하는 것을 '監國'이라 하는 것이 옛날의 제도입니다. 군대를 거느리고 戰場에 임하여 計策을 專斷하고 군대에게 호령을 내리는 것은 임금과 國政이 圖謀할 일이지 太子의 일이 아닙니다. 군대는 制命에 달렸을 뿐인데, 모든 일을 임금께 여쭈어 행하면 威嚴이 없고, 그렇다고 마음대로 명령을 내리면 不孝가 됩니다. 그러므로 임금의 適子는 군대를 거느릴 수 없는 것입니다. 임금께서는 官員을 任命하는 법도를 잃고, 太子는 군대를 거느려도 위엄이 없다면 장차 무슨 소용이 있겠습니까. 또 신은 듣건대 皐落氏가 전쟁하려 한다 하니, 임금님께서는 太子를 보내지 마소서."

그러자 晉 獻公이 말하기를 "寡人에게는 자식이 많은데 누구를 後嗣로 세워야 할지를 알 수가 없기 때문이다."라고 하였다. 이 말을 들은 里克은 아무 대답도 하지 않고 물러 나왔다.

里克이 太子를 謁見하자, 太子가 "내가 廢黜되겠던가?"라고 물었다. 里克이 대답하기를 "임금께서 太子께 백성 다스리는 일로 告하셨고, 또 太子께 군대의 일로 命하셨으니, 太子께서는 職務를 완수하지 못할까만을 염려해야지 무엇 때문에 廢黜될 것을 염려하십니까. 그리고 太子께서는 아들이시니, 불효만을 걱정하고 후사가 되지 못할 것은 걱정하지 마십시오. 몸을 닦고 남을 책망하지 않는다면 禍難을 면할 수 있을 것입니다."라고 하였다.

08-03-07 晉殺太子申生　晉나라가 太子 申生을 죽이다

【左傳】 僖四年이라 初에 晉獻公欲以驪姬爲夫人하야 卜之하니 不吉하고 筮之하니 吉하다 公曰 從筮하리라 卜人曰 筮短龜長하니 不如從長[1]이니이다 弗聽하고 立之하다 生奚齊하다 將立奚齊에 姬謂太子曰 君夢齊姜하니 必速祭之[2]하라 太子祭于曲沃하고 歸胙[3]于公하니 公田[4]이라 姬寘諸宮이라가 六日에 公至하니 毒而獻之[5]하다 公祭之地하니 地墳[6]하고 與犬하니 犬斃하고 與小臣하니 小臣亦斃[7]하다 姬泣曰 賊由太子라한대 太子奔新城[8]하니 公殺其傅杜原款하다 或謂太子호되 子辭면 君必辯焉[9]하리이다 太子曰 君非姬氏면 居不安하고 食不飽하니 我辭면 姬必有罪하리라 君老矣니 吾又不樂[10]하노라 曰 子其行乎ㄴ저 太子曰 君實不察其罪[11]하시니 被此名也以出이면 人誰納我리오 縊于新城하다 姬遂譖二公子曰 皆知之[12]라하니 重耳奔蒲하고 夷吾奔屈[13]하다

1) 〔역주〕 筮短龜長 不如從長 : 형상이 먼저 생기고, 數가 뒤에 생겼기 때문에 먼저 생긴 형상이 맞는 확률이 높고, 뒤에 생긴 수가 맞는 확률이 낮다는 말이다.
2) 〔역주〕 君夢齊姜 必速祭之 : 齊姜은 太子의 어머니이다. 이는 음식을 요구한다는 말이다.
3) 〔역주〕 胙 : 제사 지낸 술과 고기이다.
4) 〔역주〕 公田 : 이때 獻公은 마침 사냥을 나가고 없었다.
5) 〔역주〕 姬寘諸宮……毒而獻之 : 독을 탄 술은 하룻밤만 지나도 바로 색깔이 변하는데, 6일이 지난 것이야 더 말할 것도 없다. 이는 獻公의 迷惑함을 밝힌 것이다.
6) 〔역주〕 公祭之地 地墳 : 驪姬는 獻公에게 "밖에서 들어온 酒食은 시험하지 않아서는 안 된다."고 하고서, 公에게 술을 땅에 뿌리게 한 것이다. 毒酒가 땅에 닿자 땅이 끓어 오른 것이다.
7) 〔역주〕 與犬……小臣亦斃 : 또 그 고기를 개에게 주어서 먹게 하니 개가 中毒되어 죽고, 또 그 술과 고기를 小臣에게 주어 먹게 하니 소신도 中毒되어 죽었다.
8) 〔역주〕 新城 : 城은 曲沃이다.
9) 〔역주〕 或謂太子……君必辯焉 : 宮中에 6일 동안 두었던 狀況을 가지고 辨明하라는 말이다.
10) 〔역주〕 太子曰……吾又不樂 : 내가 변명하면 驪姬는 죽을 것이고, 驪姬가 죽으면 임금께서는 즐거워하지 않을 것이다. 나로 말미암아 이러한 일이 생기는 것을 즐거워하지 않는다.
11) 〔역주〕 曰子其行乎……君實不察其罪 : 獻公은 나에게 참으로 죄가 없다는 것을 모르고, 姬氏의 참소만 믿고서 내가 임금을 弑害하려 했다고 여긴다는 말이다.
12) 〔역주〕 姬遂譖二公子曰 皆知之 : 두 公子도 모두 太子가 독을 탄 陰謀를 알고 있다는 말이다.
13) 〔역주〕 重耳奔蒲 夷吾奔屈 : 두 公子가 이때 朝廷에 있었다. 이것이 明年에 晉나라가 申生을 죽인 傳의 배경이다.

僖公 4년, 당초에 晉 獻公이 驪姬를 夫人으로 삼고자 하여 거북점을 치니 不吉하고 蓍草占을 치니 吉하였다. 獻公이 말하였다.

"시초점을 따르겠다."

卜人이 말하였다.

"시초점은 맞는 확률이 낮고 거북점은 맞는 확률이 높으니, 높은 쪽을 따르는 것만 못합니다."

獻公은 듣지 않고 그를 부인으로 삼았다. 뒤에 驪姬는 奚齊를 낳았다. 奚齊를 太子로 세우려할 때에 〈驪姬가〉 太子에게 말하였다.

"임금께서 꿈에 齊姜을 보셨다고 하니 太子는 속히 제사를 지내시오."

太子가 曲沃으로 가서 제사를 지내고서 獻公에게 胙를 올리니, 이때 獻公은 사냥을 나가고 없었다. 驪姬가 그것을 宮中에 두었다가 6일 만에 獻公이 돌아오자 그 胙에 毒을 타서 올렸다. 獻公이 그 술을 땅에 뿌리니 땅이 끓어오르고, 그 고기를 개에게 주니 개가 죽고, 그 고기와 술을 小臣에게 주니 小臣도 죽었다. 驪姬가 눈물을 흘리며 말하였다.

"이 陰謀는 太子에게서 나온 것입니다."

太子가 新城으로 도망가니 獻公은 太子의 스승 杜原款을 죽였다. 어떤 사람이 太子에게 말하였다.

"太子께서 변명하시면 임금께서 반드시 罪의 有無를 分辨하실 것입니다."

太子가 말하였다.

"임금께서는 驪姬가 없으면 편히 居處하지 못하시고 배불리 자시지도 않으신다. 내가 無罪함을 밝힌다면 驪姬는 반드시 罪를 받게 될 것이다. 임금께서는 늙으셨으니 驪姬를 잃으면 반드시 즐거워하지 않으실 것이고 이렇게 되는 것을 나도 즐거워하지 않는다."

어떤 사람이 말하였다.

"그렇다면 太子는 도망가십시오."

태자가 말하였다.

"임금께서 실로 나에게 죄가 없음을 살피시지 못하시니, 이런 罪名을 쓰고서 도망간다면 누가 나를 받아주겠는가?"

太子가 新城에서 스스로 목매어 죽었다. 驪姬가 드디어 "두 公子도 모두 이 陰謀를 알고 있었다."고 讒訴하니, 重耳는 蒲城으로 도망가고, 夷吾는 屈邑으로 도망갔다.

08-03-08 晉使士蔿築蒲與屈　晉나라가 士蔿를 시켜 蒲와 屈에 성을 쌓게 하다

【左傳】 僖五年이라 〈初〉[1]에 晉侯使士蔿爲二公子築蒲與屈이러니 不愼하고 置薪焉[2]이어늘

夷吾訴之한대 公使讓之[3)]하니 士蔿稽首而對曰 〈臣聞之〉[4)]컨대 無喪而慼이면 憂必讐焉[5)]하고 無戎而城이면 讐必保焉[6)]이라하니 寇讐之保를 又何愼焉이릿가 守官廢命은 不敬[7)]이요 固讐之保는 不忠이니 失忠與敬이면 何以事君이릿가 詩云 懷德(維)〔惟〕寧이요 宗子(維)〔惟〕城[8)]이라하니 君其修德而固宗子면 何城如之[9)]릿가 三年將尋師焉이리니 焉用愼[10)]이릿가 退而賦曰 狐裘尨茸하니 一國三公이로소니 吾誰適從[11)]가 及難하야 公使寺人披伐蒲한대 重耳曰 君父之命不校라하고 乃徇曰 校者는 吾讐也라하고 (喩)〔踰〕[12)]垣而走하니 披斬其袪하다 遂出奔翟하다

1)〔역주〕〈初〉: 저본에는 없으나, ≪春秋左氏傳≫에 의거하여 보충하였다.

2)〔역주〕不愼 置薪焉 : 謹愼하지 않고, 섶을 흙에 섞어 堅實하게 쌓지 않은 것이다.

3)〔역주〕公使讓之 : 譴責한 것이다.

4)〔역주〕〈臣聞之〉: 저본에는 없으나, ≪春秋左氏傳≫에 의거하여 보충하였다.

5)〔역주〕憂必讐焉 : 讐는 對와 같다.

6)〔역주〕讐必保焉 : 讐는 國內에서 叛亂을 일으킨 무리를 가리키는 말로, 그곳을 보루로 삼아 지킨다는 말이다.

7)〔역주〕守官廢命 不敬 : 만약 가서 쌓지 않는다면 官職에 있으면서 임금의 명을 버리는 것이 된다는 말이다.

8)〔역주〕詩云……宗子(維)〔惟〕城 : 詩는 ≪詩經≫ 〈大雅 板〉이다. 德으로 국가를 안정시키면 宗子의 堅固함이 城과 같다는 말이다. 저본에는 '維'로 되어있으나, ≪春秋左氏傳≫에 의거하여 '惟'로 바로잡았다.

9)〔역주〕君其修德而固宗子 何城如之 : 성을 쌓는 것이 宗子의 위치를 견고히 하는 것만 못하다는 말이다.

10)〔역주〕三年將尋師焉 焉用愼 : 尋은 쓰는 것이다. 이때 세 公子를 殺害하고자 한 驪姬의 陰謀가 이미 드러났음을 알 수 있다.

11)〔역주〕退而賦曰……吾誰適從 : 士蔿의 自作詩이다. 尨茸은 어지러운 모양이다. 셋은 獻公과 두 公子이다. 성을 견고히 쌓지 않으면 公子의 告訴를 당하여 獻公의 譴責을 받고, 성을 견고히 쌓으면 원수의 보루를 견고히 쌓는 것이어서 不忠이 되어 임금을 섬길 수 없기 때문에 누구의 말을 따라야 할지 모르겠다는 말이다.

12)〔역주〕(喩)〔踰〕: 저본에는 '喩'로 되어있으나, ≪春秋左氏傳≫에 의거하여 '踰'로 바로잡았다.

僖公 5년, 당초에 晉侯가 士蔿에게 두 公子를 위해 蒲와 屈에 성을 쌓게 하였는데, 士蔿가 愼重히 쌓지 않고 흙 속에 섶을 넣으니, 夷吾가 이를 告訴하였다. 獻公이 사람을 보내어 士蔿를 책망하니 士蔿가 머리를 조아리며 대답하였다.

"신이 듣건대 喪事가 없는데 슬퍼하면 근심스러운 일이 반드시 應對하고, 戰爭이 없는데 성을 쌓으면 원수가 반드시 그곳을 保壘로 삼는다고 하니, 寇讐의 보루를 무엇 때문에 신중히 쌓겠습니까. 官職에 있으면서 君命을 어기는 것은 不敬이고, 적의 보루를 견고하게 쌓는 것은 不忠이니, 충성과 공경을 잃는다면 무엇으로 임금을 섬기겠습니까. ≪詩經≫에 '德으로 懷柔하면 국가가 안정되고 宗子가 堅固한 城이 된다.'고 하였으니, 임금님께서는 덕을 닦으시고 宗子의 位置를 견고히 하신다면 이만 한 성이 다시 어디 있겠습니까. 3년 안에 군사를 쓰게 될 것이니 무엇 때문에 신중히 쌓겠습니까."

물러나와 다음과 같이 시를 읊었다.

"여우 갖옷에 털이 亂雜하여 한 나라에 公이 셋이니 내 누구를 오로지 믿고 따를까?"

난이 일어나자 獻公은 寺人 披를 보내어 蒲를 치게 하였다. 重耳는 "君父의 명은 對抗해서는 안 된다."고 하고서, 대중에게 "대항하는 자는 나의 원수이다."라고 宣布하고는 담을 넘어 도주하니, 시인 피가 도주하는 중이의 소맷자락을 잘랐다. 중이는 드디어 翟나라로 出奔하였다.

08-03-09 晉侯使賈華伐屈　晉侯가 賈華에게 屈을 치게 하다

【左傳】 僖六年이라 春에 晉侯使賈華伐屈하니 夷吾不能守하야 盟而行[1]하다 將奔狄하니 郤芮曰 後出同走는 罪也[2]니 不如之梁이라 梁近秦而幸焉[3]이라하니 乃之梁[4]하다

1) 〔역주〕 晉侯使賈華伐屈……盟而行 : 賈華는 晉나라 大夫이다. 夷吾는 대항하려 하였으나 지킬 힘이 없어, 屈人들과 반드시 자신을 背信하지 말라고 맹약한 뒤에 떠난 것이다. 重耳는 君父의 명은 對抗할 수 없는 것이라고 하고서 담을 넘어 도망갔는데, 夷吾는 대항하려 하였으니, 重耳에 비해 夷吾가 賢明하지 못하다는 평이 있다.
2) 〔역주〕 後出同走 罪也 : 重耳와 共謀하였기 때문에 따라갔다는 오해를 받는다는 말이다.
3) 〔역주〕 不如之梁 梁近秦而幸焉 : 梁나라는 嬴姓의 나라로 僖公 19년에 秦나라에 의해 滅亡되었다. 幸은 信任이다.

4) 〔역주〕 乃之梁 : 梁나라는 秦나라와 親近하여 信任을 받고 있고, 秦나라는 大國인 데다가 穆姬가 그곳에 있었기 때문에 穆姬를 통하여 秦君에게 晉나라로 들어갈 수 있도록 도움을 구하고자 한 것이다.

僖公 6년, 봄에 晉侯가 賈華를 보내어 屈을 치니 夷吾는 지킬 수가 없어서 屈人과 맹약을 맺고서 떠났다. 狄으로 도망가려 하니, 郤芮가 말하기를 "뒤에 나가면서 같은 곳으로 도망가는 것은 共謀했다는 罪를 인증하는 것이니 梁나라로 가는 것만 못합니다. 梁나라는 秦나라와 親近하여 信任을 받고 있습니다."라고 하니, 드디어 梁나라로 갔다.

【主意】 驪姬(譖)〔讒〕[1]殺太子申生은 由士蔿敎獻公盡滅桓莊之族이니 是有以開其隙也라

1) 〔역주〕 (譖)〔讒〕 : 저본에 '譖'으로 되어있으나, 문맥을 살펴 '讒'으로 바로잡았다.

驪姬가 太子 申生을 참소하여 죽인 것은 士蔿가 獻公에게 桓叔과 莊伯의 종족을 모두 죽이게 한 일에서 유래한 것이니, 이는 〈士蔿가〉 그 틈을 열어놓은 것이다.

晉殺其世子申生하니 **孰殺之**오 **士蔿殺之也**[1]니라 **殺申生者**는 **實驪姬之譖**[2]이니 **士蔿何與焉**[3]고 **士蔿開其隙**[4]하고 **驪姬乘其隙也**[5]니라

1) 晉殺其世子申生……士蔿殺之也 : 此是主意 蓋爲原致禍之由 本於士蔿也
이는 이 글의 主意이다. 화를 초래한 원인이 士蔿에게 근원함을 말하였다.

2) 殺申生者 實驪姬之譖 : 譖申生置毒胙食中
申生을 참소하기 위해 제사음식 안에 독을 넣어두었음을 이른다.

3) 士蔿何與焉 : 再設問
다시 물은 것이다.

4) 士蔿開其隙 : 此答語也 開其隙 謂士蔿敎獻公盡殺群公子開其殘忍之心
이는 답하는 말이다. '틈을 열었다'는 것은 士蔿가 獻公에게 여러 公子를 다 죽이도록 잔인한 마음을 열게 했음을 이른다.

5) 驪姬乘其隙也 : 乘其隙 謂驪姬因得行其離間之術
'틈을 탔다'는 것은 驪姬가 그 일로 인하여 이간의 술수를 행할 수 있었음을 이른다.

晉나라가 世子 申生을 죽였으니, 누가 죽인 것일까? 士蔿가 죽인 것이다. 신생이 죽은 것은 실로 驪姬의 참소 때문이니 사위가 무슨 상관인가? 이는 사위가 틈을 열었고, 여희가 그 틈을 탄 것이기 때문이다.

人有常言皆曰子弟라하니 子之與弟相去一間耳라 群公子之出於桓莊者[1)]가 豈他人哉[2)]아 其尊者는 固不待言[3)]이어니와 其卑者도 猶獻公之從父昆弟也[4)]라 士蔿逢獻公之惡[5)]하야 反覆詭詐하야 陷之於死地[6)]하야 使獻公屠其宗族昆弟를 如刈草菅[7)]하야 略無慘怛不忍之意[8)]하니라 其於宗族昆弟之間旣如此[9)]하니 何獨難於其子乎[10)]아 此所以來驪姬之譖也[11)]라 對伯夷者는 不敢論賄賂[12)]하고 對比干者는 不敢論阿諛[13)]니 驪姬雖嬖[14)]나 苟非習見獻公之殘忍이면 亦豈敢一旦遽譖其三子哉[15)]아 彼士蔿憂申生之不得立[16)]하고 憂蒲屈之不可城[17)]하야 終日焦然憂晉之禍[18)]하니 憂之誠是也나 抑不知造是禍者果誰乎[19)]아 驪姬之譖[20)]은 卽襲吾前日譖富子之術也[21)]요 蒲屈之城[22)]은 卽襲吾前日城聚之術也[23)]라 使我不唱之면 彼烏得而和之[24)]며 使我不先之면 彼烏得而繼之[25)]리오 是故開獻公殘忍之心者도 士蔿也요 敎驪姬離間之術者도 亦士蔿也[26)]라 已開則不可復閉요 已敎則不可復悔[27)]라 授賊以刃而禁其殺人[28)]이니 世寧有是理耶아 雖使一法吏蔽是獄[29)]라도 亦必首士蔿而從驪姬也[30)]리라

1) 群公子之出於桓莊者 : 晉桓叔 始封于曲沃 生莊伯 莊伯生武公 武公生獻公 出於桓者 桓叔之後 出於莊者 莊伯之後也

晉 桓叔이 이전에 曲沃에 봉해졌을 때에 莊伯을 낳고 莊伯이 武公을 낳고 武公이 獻公을 낳았다. 환숙에게서 나온 자들이 환숙의 후손이고, 장백에게서 나온 자들이 장백의 후손이다.

2) 豈他人哉 : 言與獻公至親

獻公과 至親이라는 말이다.

3) 其尊者 固不待言 : 尊行 是獻公之有服伯叔

尊行은 獻公이 服을 입는 伯叔을 이른다.

4) 其卑者 猶獻公之從父昆弟也 : 出於桓者 是獻公之再從兄弟 出於莊者 是獻公之親堂兄弟

桓叔에게서 나온 자는 獻公의 재종형제이고, 莊伯에게서 나온 자는 헌공의 친당숙형제간이라는 말이다.

5) 士蔿逢獻公之惡 : 逢 迎也 獻公初患桓莊之族偪 未有殺之之心也 士蔿始獻殺群公子之謀 是

逢君之惡也

逢은 맞이함이다. 이전에 獻公이 桓叔과 莊伯의 친족이 자신을 핍박하는 것을 근심하였으나 그들을 죽이려는 마음은 없었다. 그런데 士蔿가 비로소 여러 公子들을 죽이는 모책을 바쳤으니, 이를 두고 임금이 악을 맞이하게 했다고 하는 것이다.

6) 反覆詭詐 陷之於死地 : 詳見本題註

본편의 주석(≪春秋左氏傳≫ 인용문)에 자세히 보인다.

7) 如刈草菅 : 刈 割也 菅 茅也

刈는 벰이고, 菅은 띠풀이다.

8) 略無慘怛不忍之意 : 言士蔿開獻公殘忍之心

士蔿가 獻公의 잔인한 마음을 열어놓았음을 말한다.

9) 其於宗族昆弟之間旣如此 : 獻公旣忍殺其宗族兄弟

獻公이 이미 그의 종족과 형제들을 잔인하게 죽였다는 것이다.

10) 何獨難於其子乎 : 推此心以殺申生 何難之有

이 마음을 미루어 신생을 죽이는 것이 무슨 어려움이 있겠느냐는 것이다.

11) 此所以來驪姬之譖也 : 驪姬所以敢乘其隙而譖申生

驪姬가 이 때문에 감히 그 틈을 타서 申生을 참소하였다는 것이다.

12) 對伯夷者 不敢論賄賂 : 伯夷聖之淸 ○ 伯夷遜國而逃 至淸者也 故人不敢對之 而言賄賂

〈≪孟子≫에〉 伯夷는 '성인 중에 청렴한 사람〔聖之淸〕'이라 했다. ○ 백이는 나라를 양보하여 떠났으니 지극히 청렴한 자이다. 그러므로 사람들이 감히 그를 마주하여 뇌물을 말할 수 없다는 것이다.

13) 對比干者 不敢論阿諛 : 比干古之忠者 ○ 比干諫紂而死 至忠者也 故人不敢對之 而言阿諛

比干은 옛날의 충성스런 자이다. ○ 비간은 紂에게 간하다 죽었으니 지극히 충성스런 자이다. 그러므로 사람들이 그를 마주하여 아첨에 대해 말할 수 없다는 것이다.

14) 驪姬雖嬖 : 嬖 謂得寵於君

嬖는 임금에게 총애를 얻음을 이른다.

15) 苟非習見獻公之殘忍 亦豈敢一旦遽譖其三子哉 : 姬旣譖殺申生 因譖重耳夷吾 獻公皆知之 二子由是皆出奔 良由獻公素來殘忍 故驪{驪}*) 姬得以肆行讒間

驪姬가 참소하여 申生을 죽게 한 뒤 인하여 重耳와 夷吾를 참소하니 獻公이 다 알게 되었으므로 두 아들이 이로 말미암아 모두 出奔하였다. 이는 진실로 헌공이 본래 잔인하였기 때문에 여희가 틈을 타 멋대로 참소할 수 있었던 것이라는 말이다.

*) 〔역주〕 {驪} : 衍字인 듯하다.

16) 彼士蔿憂申生之不得立 : 閔公元年 見本題註
閔公 원년의 일이다. 본편의 註에 보인다.

17) 憂蒲屈之不可城 : 僖公五年 見本題註
僖公 5년의 일이다. 본편의 註에 보인다.

18) 終日焦然憂晉之禍 : 似乎忠於晉者
晉나라에 충성하는 자와 비슷하다는 것이다.

19) 憂之誠是也 抑不知造是禍者果誰乎 : 士蔿自造此禍 雖憂何益 下文發明造禍之說
士蔿가 스스로 이 화를 조장한 것이니, 비록 근심한들 무슨 이로움이 있겠느냐는 말이다. 아래 글에 화를 조장한 원인을 설명하였다.

20) 驪姬之譖 : 譖殺申生
申生을 참소하여 죽인 일을 이른다.

21) 卽襲吾前日譖富子之術也 : 蓋緣士蔿前日設譖富子之謀 事見本題註
이는 士蔿가 전일 富子를 참소하려는 계책을 만든 것에 연유한다는 것이다. 일이 본편의 註에 보인다.

22) 蒲屈之城 : 築二城以處重耳夷吾
두 성을 쌓아 重耳와 夷吾를 살게 하려는 것이었다.

23) 卽襲吾前日城聚之術也 : 蓋緣士蔿前日設城聚以處群公子之謀 事見題註
이는 士蔿가 전일 聚邑에 성을 쌓아 여러 公子들을 살게 한 계책을 만든 것에 연유한다는 것이다. 일이 본편의 註에 보인다.

24) 使我不唱之 彼烏得而和之 : 唱之者士蔿 和之者驪姬
선창한 자는 士蔿이고, 화답한 자는 驪姬라는 것이다.

25) 使我不先之 彼烏得而繼之 : 先之者士蔿 繼之者驪姬
먼저 한 자는 士蔿이고, 따라한 자는 驪姬라는 말이다.

26) 是故開獻公殘忍之心者……亦士蔿也 : 結上文一段意見(前)〔謂〕[*] 申生雖驪姬殺之 實則士蔿殺之也
윗글 한 단락의 의견을 결론하였다. 비록 驪姬가 申生을 죽였지만 실제로는 士蔿가 죽인 것이라는 것이다.

*) 〔역주〕 (前)〔謂〕 : 저본에 '前'으로 되어있으나, 문맥을 살펴 '謂'로 바로잡았다.

27) 已開則不可復閉 已敎則不可復悔 : 承上句開敎二字 說士蔿憂晉國之禍 是欲復閉復悔也
위 구절의 '開', '敎' 2자를 이어 士蔿가 晉나라의 재화를 걱정함을 말하였다. 이에 '다시 닫고 싶어 하고 다시 후회하였을 것'이라고 한 것이다.

28) 授賊以刃而禁其殺人：前日開之敎之 猶授賊以刃 今日復閉復悔 猶禁賊殺人

전일 열어주고 가르친 것이 적에게 칼을 준 것과 같으니, 오늘 다시 닫고자 하고 후회함은 적에게 사람을 죽이지 못하게 하는 것과 같다는 것이다.

29) 雖使一法吏蔽是獄：蔽 斷也 謂原情定罪

蔽은 결단이니 실정을 조사하여 죄를 斷定함을 이른다.

30) 亦必首士蔿而從驪姬也：殺人之罪 有首有從 爲首者罪重 爲從者差輕

사람을 죽인 죄에는 主犯이 있고 從犯이 있다. 주범은 죄가 무겁고 종범은 그에 비해 좀 가볍다는 것이다.

사람들은 모두 언제나 '子弟'라고 말하니, '子'와 '弟'의 차이가 한 칸일 뿐이다. 桓叔과 莊伯에게서 나온 여러 公子들이 어찌 남이겠는가? 그 가운데 존귀한 자들은 본래 말할 필요도 없거니와, 낮은 자들도 오히려 獻公의 '從父'나 '兄弟'이다.

그런데 士蔿가 헌공에게 악행을 하도록 부추겨서 이리저리 속이고 모함하여 그들을 死地에 빠뜨렸다. 그리하여 헌공에게 종족의 형제들을 도륙하기를 풀 베어내듯이 하여 조금도 참혹하게 여겨 차마 하지 못하는 마음이 없게 하였다. 종족의 형제간에 대해서도 이와 같으니 어찌 아들이라 해서 어려워하였겠는가? 이것이 驪姬의 참소를 초래한 이유이다.

伯夷를 마주한 자는 감히 뇌물을 논하지 못하고, 比干을 마주한 자는 감히 아첨을 논하지 못한다. 여희가 비록 사랑을 받았으나 만일 헌공의 잔인함을 보는 데에 익숙한 것이 아니라면, 또한 어떻게 감히 하루아침에 세 아들을 참소할 수 있었겠는가?

저 사위는 申生이 임금 자리에 서지 못할까 걱정하고, 蒲邑과 屈邑에 성을 쌓아서는 안 된다고 걱정하여, 종일토록 초조하게 晉나라에 화가 있을까 걱정하였으니, 나라를 걱정하는 정성은 옳지만 이런 화를 조장한 자가 과연 누구인가?

여희가 참소한 것은 바로 나 사위가 전일 富子를 참소한 방법을 답습한 것이고, 포읍과 굴읍에 성을 쌓게 한 것도 바로 나 사위가 전일 聚邑에 성을 쌓게 한 방법을 답습한 것이다. 가령 나 사위가 先唱하지 않았다면 저 여희가 어찌 和答할 수 있었으며, 가령 나 사위가 먼저 하지 않았다면 저 여희가 어찌 따라할 수 있었겠는가?

이러므로 헌공의 잔인한 마음을 열어놓은 자도 사위이고, 여희의 이간질하는 방법을 가르친 자도 사위이다. 이미 열어놓았으니 다시 닫을 수 없고, 이미 가르쳤으니 다시 후회할 수 없다. 이는 적에게 칼을 주고 사람을 죽이지 말라고 하는 것과 같으니 세상에 어찌 이런 이치가 있겠는가? 가령 일개 獄吏가 옥사를 결단할지라도 반드시 士蔿를 주범으로 하고 驪姬를 종범으로 할 것이다.

吾嘗攷觀晉國之本末[1)]하고 泝其流而尋其源하야 又知開禍端者가 非獨士蔿라 其所從來遠矣[2)]로라 晉穆侯之二子에 長則文侯[3)]요 而桓叔其季也[4)]라 同出於穆侯로되 而自桓叔以來로 視文侯之子孫을 不啻寇讐[5)]하야 必鋤其根하고 而奪其國者[6)]는 不過欲啓子孫之業耳[7)]요 殊不思殺文侯之子孫이 是殺吾之子孫也[8)]라 吾私其子而殺其昆弟[9)]면 則吾之子도 亦私其子而殺其昆弟矣[10)]리라 吾子所謂昆弟者는 乃吾之子也니 吾始欲私其子하야 而終至於殺其子니 尙得爲善謀耶아 然則桓莊之族을 雖曰獻公殺之나 其實桓莊殺之也[11)]라 桓莊親其子而讐昆弟[12)]하니 於一族之中에 分親與讐[13)]하야 其私已甚[14)]이라 及獻公하야 親奚齊而讐申生[15)]하니 又於諸子之中에 分親與讐[16)]하니 可謂私之私矣[17)]로다 私日勝則心日狹[18)]하고 心日狹則毒日深이니 其末安得不至此哉아 當桓莊殄滅文侯子孫之時[19)]하야 其心에 必謂 是害旣除면 則吾子孫可以享無窮之利也[20)]리니 豈自料害其子孫者가 乃吾子孫耶[21)]아 當獻公滅桓莊子孫之時[22)]하야 其心에 必謂 是害旣除면 則申生可以享無窮之安也[23)]니 豈自料害申生者가 乃吾身耶[24)]아 所防在外而禍發於內하고 所防在人而禍發於身하니 禍機在此而不在彼니라 是數君之戕殺其族을 吾未嘗不憫其虛受丘山之惡하고 而實無錙銖之益也로라

1) 吾嘗攷觀晉國之本末 : 前段已斷士蔿之罪 此段復推原往日禍亂之始
앞 단락에서 이미 士蔿의 죄를 결단하였고, 이 단락에서는 다시 禍亂이 있게 된 始發을 과거의 일에서 推原한 것이다.

2) 泝其流而尋其源……其所從來遠矣 : 下文詳說此意
아래 글에 이러한 뜻을 자세히 말하였다.

3) 長則文侯 : 名仇
文侯는 이름이 仇이다.

4) 桓叔其季也 : 名成師 始別封官曲沃
桓叔은 이름이 成師이다. 처음에 曲沃을 별도로 봉해 받고 曲沃伯이 되었었다.

5) 視文侯之子孫 不啻寇讐：視之不止如冠賊仇讐

그들을 보기를 도적이나 원수처럼 여길 뿐만이 아니었다는 말이다.

6) 必鋤其根 而奪其國者：桓叔莊伯武公 殺戮文侯子孫 至武公 卒奪晉國

桓叔·莊伯·武公이 文侯의 子孫을 살육하더니, 武公에 이르러 마침내 晉國을 탈취하였다는 것이다.

7) 不過欲啓子孫之業耳：其意欲奪宗國 以傳我之子孫

그 의도는 宗主國을 탈취하여 자기의 자손들에게 전해주고자 하는 것이었다는 것이다.

8) 殊不思殺文侯之子孫 是殺吾之子孫也：斷桓莊武公之罪

桓叔·莊伯·武公의 죄를 단죄한 것이다.

9) 吾私其子而殺其昆弟：文侯之子孫 卽桓莊武公之兄弟也 私字是後半篇血脈

文侯의 자손은 바로 桓叔·莊伯·武公의 형제들이다. '私'자는 이 글 후반부의 핵심이다.

10) 吾私其子而殺其昆弟……亦私其子而殺其昆弟矣：桓莊之子孫 卽獻公之兄弟 惟桓莊以來皆爲子而殺文侯之子孫 故獻公亦爲子而殺桓莊之子孫矣

桓叔과 莊伯의 자손이 바로 獻公의 형제이다. 환숙과 장백 이후로 모두 자기의 자손을 위하여 文侯의 자손을 죽였기 때문에, 헌공도 자기의 자손을 위하여 환숙과 장백의 자손을 죽인 것이라는 말이다.

11) 然則桓莊之族……其實桓莊殺之也：良由獻公習見桓莊以來 殄滅文侯之子孫 故獻公亦效尤而爲之

진실로 獻公이 桓叔·莊伯 이후로 文侯의 자손을 섬멸하는 것을 익숙히 보았기 때문에 헌공도 허물을 본받아 그렇게 하였다는 것이다.

12) 桓莊親其子而讐昆弟：昆弟 指文侯之子孫

昆弟는 文侯의 자손을 가리킨다.

13) 於一族之中 分親與讐：以吾子爲親 以兄弟爲讐

내 자손은 친애하는 이로 여기고, 형제의 자손은 원수로 여긴 것이다.

14) 其私已甚：應前私字

앞의 '私'자에 호응한다.

15) 及獻公 親奚齊而讐申生：不言重耳夷吾者 蓋擧其重者 言之

重耳와 夷吾를 말하지 않은 것은 더 중한 것을 들어 말한 것이다.

16) 又於諸子之中 分親與讐：以奚齊爲親 以申生及諸子爲仇

奚齊를 친애하는 이로 여기고, 申生과 여러 公子들을 원수로 여긴 것이다.

17) 可謂私之私矣：其私更甚於桓莊

사사로이 한 것이 桓叔·莊伯보다 더 심하다는 말이다.

18) 私日勝則心日狹：人之一心 公則廣大 私則褊小

사람의 한 마음은 공변되면 광대해지고, 사사로이 하면 편협해진다는 것이다.

19) 當桓莊殄滅文侯子孫之時：推原桓莊用心之私

桓叔과 莊伯이 사사로이 마음 쓴 것을 推原한 것이다.

20) 其心……則吾子孫可以享無窮之利也：殺吾兄弟 以私吾子孫

나의 형제를 죽여서 나의 자손을 사사로이 하고자 한 것이다.

21) 豈自料害其子孫者 乃吾子孫耶：不料獻公之滅其子孫也

獻公이 자기(桓叔과 莊伯) 자손을 멸할 줄은 생각지도 못했다는 것이다.

22) 當獻公滅桓莊子孫之時：推原獻公用心之私

獻公이 사사로이 마음 쓴 것을 推原한 것이다.

23) 其心……則申生可以享無窮之安也：殺吾兄弟 以私吾子申生

내 형제를 죽여 내 아들 申生을 사사로이 하고자 한 것이다.

24) 豈自料害申生者 乃吾身耶：不料後日自殺申生也

후일 申生이 자살하게 되리라고는 생각지도 못했을 것이라는 것이다.

내가 일찍이 晉나라 역사의 본말을 고찰하여 그 흐름을 거슬러 올라가고 근원을 찾아보고서, 禍의 단서를 열어놓은 것이 士蔿일 뿐만이 아니라 그 유래가 오래되었음을 알았다.

晉 穆公의 두 아들 가운데 장자가 文侯이고 桓叔은 동생이다. 둘 다 穆侯에게서 나왔으나 환숙 이후로 文侯의 자손을 도적이나 원수처럼 볼 뿐만 아니라, 반드시 그 뿌리를 잘라내고 그 나라를 빼앗고자 하였으니, 이는 자기 자손들의 기업을 열어주고자 한 것에 불과하였다.

그러나 문후의 자손을 죽이는 것이 나의 자손을 죽이는 것이라는 것은 전혀 생각하지 못한 것이다. 내가 내 자식만 사사로이 사랑하여 형제를 죽이면, 나의 자식도 자기 자식만 사사로이 사랑하여 형제를 죽일 것이다. 나의 자식이 말하는 형제란 바로 나의 자식이다. 내가 애초에 내 자식만 사사로이 사랑하고자 하여 마침내 내 자식이 살해되는 지경에 이르게 한 것이니, 그런데도 오히려 좋은 계책이 될 수 있겠는가?

그렇다면 桓叔과 莊伯의 자손을 비록 獻公이 죽였다고는 하나 그 실상은 환숙과 장백이 죽인 것이다. 환숙과 장백이 자기 자식만 친애하고 형제는 원수로 여기니, 한

친족 안에 친애하는 이와 원수가 나누어져 사사로이 함이 너무나도 심했다. 헌공이 奚齊를 가까이하고 申生을 원수로 대하자, 또한 여러 아들 안에 친애하는 이와 원수가 나누어졌으니, 사사로운 가운데 다시 사사로운 것이라 하겠다. 사사로움이 날로 커지면 마음은 날로 좁아지고, 마음이 날로 좁아지면 해독이 날로 깊어지니, 그 끝이 어찌 이 지경에 이르지 않겠는가?

환숙과 장백이 문후의 자손을 섬멸할 때에 그는 속으로 반드시 이런 해를 제거하면 나의 자손이 무궁한 이로움을 누릴 수 있을 것이라고 여겼을 것이니, 어찌 자기 자손을 해친 자가 곧 나의 자손일 줄을 생각이나 했겠는가? 헌공이 환숙과 장백의 자손을 섬멸할 때에 그는 속으로 반드시 이런 해를 제거하면 신생이 무궁한 안정을 누릴 수 있을 것이라고 여겼을 것이니, 어찌 신생을 해친 자가 곧 나 자신임을 생각이나 했겠는가?

밖에 있는 것을 막았으나 재앙은 안에서 일어나고, 남에게 있는 것을 막았으나 재앙이 몸 안에서 생겼으니, 재앙의 동기가 나에게 있는 것이지 남에게 있는 것이 아니다. 이 몇몇 임금이 종족을 살해한 것에 대하여, 그들이 헛되이 산더미 같은 해악을 받고 실제로는 작은 이익도 받지 못한 것을 나는 가엽게 여기지 않은 적이 없었다.

哀哉嗚呼라 **私生於愛**로되 **而害愛者莫如私**[1)]하니 **天下未有私而能愛者也**[2)]니라 **獻公始私申生**[3)]하야 **至於盡滅桓莊之族**하야 **以除其偪**[4)]하니 **愛之亦至矣**[5)]로되 **曾未閱時**[6)]하야 **嬖於驪姬**하야 **遽移其愛於奚齊**[7)]하니 **其爲奚齊而殺申生**이 **卽爲申生而殺桓莊之族者也**[8)]라 **向之愛申生之心**이 **果何所在耶**[9)]아 **申生之愛**가 **旣可移於奚齊**하니 **則異時嬖寵奚齊之愛**도 **亦可移於之他矣**[10)]리라 **不惟昔之愛申生者**를 **不可保**[11)]라 **今之愛奚齊者**도 **亦未可保也**[12)]라 **然則徇私者**가 **豈能眞有所愛哉**[13)]아 **果出於眞**[14)]이면 **則必不可移矣**[15)]리라 **林回棄千金之璧**하고 **負赤子而趨**[16)]하니 **天性之愛**[17)]를 **豈外物所能移耶**[18)]아 **獻公**이 **苟能悟此愛之非眞**[19)]이면 **一念之中**에 **識天性之愛**[20)] **則本根枝葉**[21)]이라 **與生俱生而不可離**[22)]리니 **何憂乎士蔿**[23)]며 **何畏乎驪姬哉**[24)]아

1) 私生於愛 而害愛者莫如私：只一私字 生出無窮議論 謂初愛其子 故用私心 然終以私心 而自殺其子

단지 하나의 '私'자가 무궁한 의론을 만들어내었다. 처음에 자식을 사랑하기 때문에 사사로운 마음을 쓰지만, 끝내 사사로운 마음 때문에 스스로 자기 자식을 죽게 만들었음을 말하였다.

2) 天下未有私而能愛者也：斷獻公以私心害其愛子之心

獻公이 사사로운 마음 때문에 자식 사랑하는 마음을 해쳤음을 단언한 것이다.

3) 獻公始私申生：私心初肇於此

사사로운 마음이 애초에 여기에서 비롯하였다.

4) 至於盡滅桓莊之族 以除其偪：偪 害也 所以殺兄弟者 爲□□*)除害耳

偪은 해침이다. 형제를 죽인 이유가 해를 제거하기 위함일 뿐이었다는 것이다.

*)〔역주〕□□：저본에 2자 공란이 있으나, 그대로 번역하였다.

5) 愛之亦至矣：初欲以私心行其愛

처음에 사사로운 마음 때문에 사랑을 행하고자 한 것이다.

6) 曾未閱時：未久也

오래지 않아서라는 뜻이다.

7) 嬖於驪姬 遽移其愛於奚齊：移愛申生之心 以愛驪姬之子

申生을 사랑하는 마음이 驪姬의 아들을 사랑하는 마음으로 옮겨갔다는 것이다.

8) 其爲奚齊而殺申生 卽爲申生而殺桓莊之族者也：前日一私心 今亦一私心

전일도 하나의 사사로운 마음이고, 지금도 하나의 사사로운 마음이라는 것이다.

9) 向之愛申生之心 果何所在耶：發盡害愛者莫如私之意

사랑을 해치는 것 중에 사사로운 마음만 한 것이 없다는 뜻을 극진히 말하였다.

10) 申生之愛……亦可移於之他矣：獻公雖無此事 亦理勢之必然

獻公에게 비록 이런 일이 없으나 또한 이치의 형편상 반드시 그러리라는 것이다.

11) 不惟昔之愛申生者 不可保：以移愛於奚齊故也

사랑이 奚齊에게로 옮겨갔기 때문이다.

12) 今之愛奚齊者 亦未可保也：□*)有可愛之人 則此心又移矣

사랑할 만한 사람이 있다면 이 마음이 또 옮겨갈 것이라는 말이다.

*)〔역주〕□：저본에 1자 공란이 있으나, 그대로 번역하였다.

13) 然則徇私者 豈能眞有所愛哉：應前未有私而能愛者

앞의 '未有私而能愛者'에 호응한다.

14) 果出於眞：承上文發明眞字

윗글을 이어 '眞'자를 설명하였다.

15) 果出於眞 則必不可移矣：愛之眞者 人心之天理也 豈可移哉

참된 사랑은 人心의 天理이니 어찌 옮겨갈 수 있겠느냐는 말이다.

16) 林回棄千金之璧 負赤子而趨：莊子 假人之亡 林回棄千金之璧 負赤子而趨 或曰 爲其布與赤子之布寡矣 爲其累與 赤子之累多矣 棄千金之璧 負赤子而趨 何也 林回曰 彼以利合 此以天屬也*)

≪莊子≫에 假나라 사람이 도망가는데, 林回가 千金의 옥을 버리고 갓난아기를 업고 도망가니, 어떤 이가 물었다.

"값 나가는 물건이라 그렇게 한 것인가? 그렇다면 갓난아기는 값이 적게 나갈 터이다. 거추장스러워서 그렇게 한 것인가? 그렇다면 갓난아기가 훨씬 거추장스러울 것이다. 그런데도 천금의 옥을 버리고 갓난아기를 업고 도망한 것은 어째서인가?"

그러자 임회가 말하였다.

"저 구슬은 이익으로 맺어진 것이고, 이 아기는 하늘이 붙여준 것이라네."

*)〔역주〕假人之亡……此以天屬也：≪莊子≫〈山木〉에 나온다.

17) 天性之愛：如林回之愛赤子 乃眞愛也

林回처럼 갓난아기를 사랑하는 것이 바로 참된 사랑이라는 것이다.

18) 豈外物所能移耶：所以千金之璧可棄 而赤子不可棄

천금의 구슬은 버릴 수 있어도 갓난아기는 버릴 수 없다는 것이다.

19) 獻公 苟能悟此愛之非眞：悟其愛之出於私

그런 사랑이 사사로운 마음에서 나온 것임을 깨달은 것이다.

20) 識天性之愛：識天性本眞之愛

천성으로 타고난 본래의 참된 사랑임을 안 것이다.

21) 本根枝葉：祖宗 吾之本根 族屬 吾之枝葉

祖宗은 나의 뿌리이고, 族屬은 나의 枝葉이라는 것이다.

22) 與生俱生而不可離：同一根本之所生 皆性中之眞愛者

한 뿌리에서 나온 것은 모두 천성 가운데 참으로 사랑할 자이다.

23) 何憂乎士蔿：雖有士蔿 必不聽其謀 以滅桓莊之族矣

비록 士蔿가 있더라도 반드시 그의 계책을 들어주지 않을 것이고, 따라서 桓叔과 莊伯의 자손을 멸하지는 않을 것이라는 것이다.

24) 何畏乎驪姬哉：雖有驪姬 必不信其譖 以殺申生矣

비록 驪姬가 있더라도 반드시 그의 참소를 믿고서 申生을 죽이지는 않을 것이라는 것이다.

아, 슬프다. 사사로움이 사랑에서 나오나 사랑을 해치는 것 중에 사사로움만 한 것이 없으니, 천하에 사사로운 마음을 가지고 있으면서 남을 사랑할 수 있는 자는 없다.

獻公이 처음에 申生을 사사로이 사랑하여 심지어는 桓叔과 莊伯의 자손을 모두 죽여서 핍박하는 자들을 제거하였으니, 신생을 사랑한 것이 또한 지극하다. 그러나 얼마 지나지 않아 驪姬를 사랑하자 대번에 그 사랑이 奚齊에게로 옮겨졌으니, 그가 해제를 위하여 신생을 죽인 것이, 바로 신생을 위하여 환숙과 장백의 종족을 죽인 것과 같다.

예전에 신생을 사랑하던 마음이 과연 어디에 있는가? 신생을 사랑하는 마음이 이미 해제에게 옮겨갔으니 다른 날 해제를 총애했던 사랑이 또한 옮겨져 다른 데로 갈 수 있으리라. 그러니 예전에 신생을 사랑했던 것을 보장할 수 없을 뿐만 아니라, 지금 해제를 사랑하는 것도 보장할 수 없다.

그렇다면 사사로운 마음을 따르는 것이 어찌 진실로 참되게 사랑함이 있는 것이겠는가? 과연 참된 사랑에서 나온 것이라면 반드시 옮겨갈 수 없을 것이다. 林回는 千金의 구슬을 버리고 갓난아기를 업고 도망하였으니, 天性의 사랑을 어찌 外物이 옮길 수 있겠는가? 獻公이 진실로 이런 사랑이 참된 것이 아님을 깨달았다면, 한 생각 가운데 천성의 사랑이 마치 뿌리와 枝葉이 함께 더불어 살아 떨어질 수 없는 것과 같음을 알았을 것이다. 그렇다면 士蔿를 걱정할 것이 무엇이며, 驪姬를 걱정할 것이 무엇이겠는가?

08-04 莊公丹桓宮楹刻其桷 使宗婦覿用幣 莊公이 桓公의 사당 기둥에 붉은 칠을 하게 하고 서까래에 조각을 하게 하였으며 宗婦에게 〈哀姜을 알현할 때에〉 폐백을 올리게 하다

08-04-01 莊公丹桓宮楹刻其桷 使宗婦覿用幣 莊公이 桓公의 사당 기둥에 붉은 칠을 하게 하고 서까래에 조각을 하게 하였으며 宗婦에게 〈哀姜을 알현할 때에〉 폐백을 올리게 하다

【左傳】 莊二十二年이라 秋에 丹桓宮之楹[1]하다 二十四年春에 刻其桷하니 皆非禮也[2]라 御孫[3]諫曰 臣聞之하니 儉은 德之共也요 侈는 惡之大也라하니이다 先君有共德[4]이어늘 而

君納諸大惡하니 無乃不可乎잇가 秋에 哀姜至한대 公使宗婦覿에 用幣하니 非禮也라 御孫曰 男贄는 大者玉帛[5)]하고 小者禽鳥[6)]하야 以章物也[7)]요 女贄는 不過榛栗棗脩하야 以告虔也[8)]어늘 今男女同贄하니 是無別也니이다 男女之別은 國之大節也[9)]어늘 而由夫人亂之하니 無乃不可乎잇가

1) 〔역주〕 丹桓宮之楹 : 桓宮은 桓公의 사당이다. 楹은 기둥이다.
2) 〔역주〕 皆非禮也 : 사당 서까래에 붉은 칠을 한 것과 함께 모두 禮가 아니기 때문에 '皆'라고 말한 것이다.
3) 〔역주〕 御孫 : 魯나라 대부이다.
4) 〔역주〕 共德 : 杜預의 注에는 '共'을 '恭'의 뜻으로 해석하였으나, 恭德과 大惡은 서로 對가 되지 않으니, 아무리 보아도 해석이 구차하다. ≪集韻≫에 "共은 '洪'과 通用하니 '大'의 뜻이다."라고 하였고, 楊伯峻의 ≪春秋左傳注≫에도 "共은 洪으로 읽어야 하니 大의 뜻이다. 從前에 '共'을 '恭'의 뜻으로 읽은 것은 잘못이다."라고 하였다. 양백준의 說에 따라 '洪德'으로 번역하였다.
5) 〔역주〕 男贄 大者玉帛 : 公·侯·伯·子·男은 玉을, 諸侯의 世子와 附庸國의 孤卿은 帛을 가지고 가서 謁見한다.
6) 〔역주〕 小者禽鳥 : 卿은 염소, 大夫는 기러기, 士는 꿩을 가지고 가서 謁見한다.
7) 〔역주〕 以章物也 : 가지고 간 물건을 드러내 보여 身分의 貴賤을 구별한다는 말이다. 염소를 사용하는 것은 무리를 이루어 그 무리를 잃지 않는 점을 취한 것이고, 기러기를 사용하는 것은 때를 기다려 가는 점을 취한 것이고, 꿩을 사용하는 것은 절개를 지켜 죽어도 절개를 잃지 않는 점을 취한 것이다.
8) 〔역주〕 女贄……以告虔也 : 榛은 小栗이고, 脩는 脯이고, 虔은 敬이니, 모두 그 名稱을 취하여 공경의 뜻을 표시하는 것이다. 즉, 栗은 戰栗의 뜻을, 棗는 早起(일찍 일어남)의 뜻을, 脩는 自脩(자신을 닦음)의 뜻을 취한 것이다. 오직 榛에 대해서만 說明이 없으니, 이는 榛의 音이 虔에 가깝기 때문에 일에 誠實하다는 뜻을 취한 것인 듯하다.
9) 〔역주〕 男女之別 國之大節也 : 집안이 다스려진 뒤에 나라가 다스려지기 때문에 남녀의 분별이 나라의 큰 예절이 되는 것이다.

莊公 22년, 가을에 桓公의 사당 기둥에 붉은 칠을 하였다. 24년 봄에 사당의 서까래에 彫刻을 하였으니 모두 禮가 아니다.

御孫이 諫하기를 "신이 듣건대 '儉約은 德 중에 큰 것이고, 사치는 惡 중에 큰 것이

다.'라고 하였습니다. 先君께서는 큰 德을 가지셨는데 君께서는 先君을 大惡 속에 모시려 하시니, 不可하지 않습니까."라고 하였다.

가을에 哀姜이 魯나라로 오자, 莊公이 宗婦들에게 哀姜을 謁見할 때 幣帛을 올리게 하였으니, 禮가 아니다. 御孫이 말하기를 "男子의 폐백은 身分이 尊貴한 자는 玉帛을 가지고 가서 알현하고 신분이 낮은 자는 禽鳥를 가지고 가서 알현하여 각각 같지 않은 물건으로 身分의 等級을 드러내고, 女子의 폐백은 개암·밤·대추·乾肉을 사용하여 정성을 表示할 뿐인데, 지금 男女가 동일한 폐백을 사용하게 하였으니, 이는 남녀의 分別을 무시한 것이다. 남녀의 분별은 나라의 큰 禮節인데, 夫人으로 말미암아 이 분별을 어지럽혔으니 不可하지 않습니까."라고 하였다.

08-04-02 莊公問後季友　莊公이 季友에게 후사에 대해 묻다

【左傳】 莊三十二年이라 公疾에 問後於叔牙[1)]한대 對曰 慶父材니이다 問於季友한대 對曰 臣以死奉般[2)]하노이다 公曰 鄕者叔牙曰 慶父材라하니라 成季使以君命命僖叔하야 待于鍼巫氏[3)]하고 使鍼季酖之[4)] 曰 飮此면 則有後於魯國이어니와 不然이면 死且無後하리라 飮之하고 歸라가 及逵泉而卒커늘 立叔孫氏[5)]하다

1)〔역주〕公疾 問後於叔牙 : 자신의 母兄을 천거하고자 한 것이다.

2)〔역주〕問於季友……臣以死奉般 : 季友는 莊公의 母弟였기 때문에 子般을 세우고자 한 것이다.

3)〔역주〕成季使以君命命僖叔 待于鍼巫氏 : 成季는 季友이다. 鍼巫氏는 魯나라 대부이다.

4)〔역주〕使鍼季酖之 : 酖은 새 이름인데, 그 깃에 毒이 있다. 그 깃으로 술을 저어 마시면 죽는다.

5)〔역주〕及逵泉而卒 立叔孫氏 : 逵泉은 魯나라 땅이다. 罪가 있어 죽은 것이 아니기 때문에 後嗣를 세워 대대로 祿을 먹게 한 것이다.

莊公 32년, 장공이 病을 앓을 때 叔牙에게 後嗣에 대해 물으니, 숙아는 "慶父가 임금 材木입니다."라고 대답하였다. 季友에게 물으니, 계우는 "臣은 목숨을 걸고 子般을 받들어 모시겠습니다."라고 대답하였다.

장공이 계우에게 "조금 전에 숙아는 경보가 재목이라고 하더라."라고 하니, 成季가 사람을 시켜 임금의 명으로 僖叔에게 命하여 鍼巫氏의 집으로 가서 기다리게 하고는

鍼季를 시켜 그에게 毒酒를 주며 "이것을 마시면 그대의 後孫이 魯나라에서 福祿을 누릴 것이지만, 마시지 않으면 그대가 죽는 것은 물론이고 후손도 복록을 누리지 못할 것이다."라고 말하게 하였다.

그러자 숙아가 그 독주를 마시고서 돌아오다가 逵泉에 이르러 卒하니, 魯나라는 그의 아들을 後繼로 세워 叔孫氏로 삼았다.

08-04-03 叔牙共仲賊子般 叔牙와 共仲이 子般을 죽이다

【左傳】 莊三十二年이라 八月癸亥에 公薨于路寢하다 子般卽位하야 次于黨氏[1]하다 冬十月己未에 共仲使圉人犖賊子般于黨氏[2]成季出奔하다 立閔公[3]하다

1)〔역주〕子般卽位 次于黨氏 : 喪主의 자리로 나아간 것이다. 次는 머무르는 것이다.

2)〔역주〕共仲使圉人犖賊子般于黨氏 : 共仲은 慶父이다. 賊은 殺害하는 것이다.

3)〔역주〕閔公 : 莊公의 庶子로 이때 여덟 살이었다.

莊公 32년, 8월 계해일에 公이 正寢에서 薨하였다. 子般이 즉위하여 黨氏의 집으로 가서 머물렀다. 겨울 10월 기미일에 共仲이 圉人 犖을 시켜 자반을 당씨 집에서 죽이니, 成季가 도망갔다. 慶父가 閔公을 세웠다.

08-04-04 閔公請復季友 閔公이 季友가 귀국하도록 도와줄 것을 요청하다

【左傳】 閔元年이라 秋八月에 公及齊侯盟于落姑하니 請復季友也[1]라 齊侯許之하고 使召諸陳하니 公次于郎以待之[2]하다 季子來歸는 嘉之也라

1)〔역주〕公及齊侯盟于落姑 請復季友也 : 閔公이 처음 즉위하여 국가에 어려운 일이 많았으므로 충성스럽고 賢能한 季子가 필요하였다. 그러므로 霸主인 齊侯에게 요청하여 歸國시킨 것이다.

2)〔역주〕公次于郎以待之 : 군대의 일이 아니면 원래 '次'라고 기록하지 않는다. 군대가 3일 이상 주둔하는 것을 '次'라 하는 것이 例이다. 閔公이 군대를 거느리고 가서 주둔하여 意外의 사태를 대비하였기 때문에 '次'라고 기록하였다는 말이다.

閔公 원년, 가을 8월에 민공이 齊侯와 落姑에서 결맹하였으니, 이는 齊侯에게 季友가 귀국하도록 도와주기를 요청하기 위해서였다. 齊侯가 이를 허락하고서 陳나라

로 사람을 보내어 季友를 불러오게 하니, 민공은 郎에 머물러 그가 오기를 기다렸다. 經에 "季子가 돌아왔다."라고 기록한 것은 계우를 아름답게 여긴 것이다.

08-04-05 共仲賊閔公成季立僖公 共仲이 閔公을 죽이자 成季가 僖公을 세우다

【左傳】 閔二年이라 秋八月辛丑에 共仲使卜齮賊公于武(圍)〔闈〕[1)]하다 成季以僖公[2)]適邾러니 共仲奔莒어늘 乃入하야 立之[3)]하다 以賂求共仲于莒하니 莒人歸之하다 及密하야 使公子魚請[4)]하다 不許한대 哭而往하니 共仲曰 奚斯之聲也라하고 乃縊하다

1) 〔역주〕 共仲使卜齮賊公于武(圍)〔闈〕: 卜齮는 魯나라 대부이다. 閔公이 즉위할 때에 나이가 여덟 살이었다. 그 스승을 사랑할 줄만 알았으므로 스승의 뜻을 이루어주기 위해 卜齮의 田地를 탈취하도록 버려둔 것이다. 卜齮는 그 스승에게 분노한 나머지 閔公까지 미워하였기 때문에 慶父가 그를 이용한 것이다. 宮中의 작은 문을 '闈'라 한다. 저본에는 '圍'로 되어있으나, ≪春秋左氏傳≫에 의거하여 '闈'로 바로잡았다.
2) 〔역주〕 僖公 : 閔公의 庶兄으로 成風의 아들이다.
3) 〔역주〕 共仲奔莒……立之 : 季友가 僖公을 모시고 魯나라로 들어와서 그를 임금으로 세운 것이다.
4) 〔역주〕 及密 使公子魚請 : 密은 魯나라 땅이다. 琅邪(낭야) 費縣 북쪽에 密如亭이 있다. 公子 魚는 奚斯이다. 慶父가 奚斯를 보내어 死刑을 면제해주기를 청한 것이다.

閔公 2년, 가을 8월 辛丑日에 共仲(慶父)이 卜齮를 시켜 武闈에서 민공을 弑害하였다. 成季(季友)가 僖公을 모시고 邾나라로 갔다가 공중이 莒나라로 도망간 뒤에야 魯나라로 들어와서 희공을 임금으로 세웠다. 그리고 莒나라에 뇌물을 주며 공중을 넘겨주기를 요구하니, 莒人이 그를 魯나라로 돌려보냈다. 密에 당도하여 공중이 公子魚를 魯나라 조정에 보내어 赦免해주기를 요청하였다. 허락하지 않자 公子 魚가 울면서 돌아가니 공중이 그 울음소리를 듣고서 "이는 奚斯의 소리이다." 하고 스스로 목매어 죽었다.

驕者는 **亂之母也**요 **疑者**는 **奸之媒也**며 **懦者**는 **事之賊也**요 **弱者**는 **盜之招也**니 **四者有一焉**이면 **皆足以亡其國**이어늘 **魯莊閔之際**에 **合四者而兼之**하니 **簒弑之變**이 **胡爲而不交作哉**아

교만은 亂의 원인이고 의심은 간사함의 매개이며 나약은 일의 적이고 유약은 도적을 부르는 것이다. 이 네 가지 가운데 하나라도 있다면 모두 나라를 망치기에 충분하다. 魯나라 莊公과 閔公 때에 이 네 가지가 모두 있었으니, 簒弑의 변란이 어찌 번갈아 일어나지 않을 수 있었겠는가?

至嚴之地는 **宗廟是也**요 **至嚴之防**은 **男女是也**어늘 **莊公以一哀姜**[1]**之故**로 **上侮宗廟而僭其飾**하고 **下亂男女而紊其幣**하니라 **二者**를 **旣不足憚**이면 **則擧天下無可憚者矣**라 **使哀姜來歸之初**에 **已傲然視天下擧無足憚**하니 **宜其淫縱恣睢**하야 **朋慶父而敗魯國**하고 **敢於戕殺而不忌也**니 **哀姜固死有餘罪**어니와 **導之驕而納之於亂者**가 **果誰歟**아

1) 〔역주〕 哀姜 : 魯 莊公의 부인이며, 齊 桓公의 여동생이다. 莊公은 본래 사랑하던 부인이 있었으나, 제나라와의 우호관계를 위하여 제 환공의 동생을 부인으로 맞이하였는데, 이가 哀姜이다.

지극히 엄숙한 곳은 宗廟이고, 지극히 엄하게 삼가야 할 일은 男女의 일인데, 莊公은 한 사람 哀姜 때문에, 위로는 종묘를 무시하고 修飾을 분수에 넘치게 하였고, 아래로는 남녀 사이가 어지러워 폐백을 분별없이 사용하였다. 이 두 가지를 이미 꺼리지 않고 했다면 온 천하에 꺼리지 않을 일이 없을 것이다.

애강으로 하여금 그녀가 막 시집왔을 때에 이미 천하 보기를 오만하게 하여 꺼릴 것이 없게 하였으니, 음란하고 방자하여 慶父와 결탁하여 魯나라를 망치고 사람을 살해하는 일도 꺼리지 않은 것은 당연하다. 그렇다면 애강은 진실로 죽어도 죄가 남지만, 그를 교만으로 인도하고 화란에 들어가게 한 자는 과연 누구인가?

問生於疑니 **未有問所不疑者也**니라 **子般之當爲後**니 **奚疑哉**아 **莊公疾病**에 **反狐疑而徧問後於大夫**하니 **此所以一問而起二奸也**니라 **未問之前**엔 **父沒子繼**를 **誰敢干之**리오 **旣問之後**에 **慶父叔牙知莊公之意猶未有所定**하고 **始動其覬覦之心矣**니 **慶父叔牙固死有餘罪**어니와 **示人以疑而召奸者**가 **果誰歟**아

물음은 의심에서 나오는 것이니 의심나지 않는 것을 묻는 자는 없다. 子般이 後嗣

가 되는 것은 당연한데 어찌하여 물었는가? 莊公이 병이 위중해지자 도리어 의심이 생겨 대부들에게 두루 물었으니, 이것이 한 가지를 물어 두 가지 간악한 일이 일어나게 된 이유이다.

묻기 전에는 아비가 죽으면 자식이 계승하는 것을 누가 감히 침범하겠는가? 물은 뒤에 慶父와 叔牙가 장공의 뜻이 아직도 정해진 바가 없음을 알고 비로소 기회를 엿보려는 마음을 일으킨 것이니, 경보와 숙아는 진실로 죽어도 죄가 남지만, 남에게 의심함을 보여 간악한 일을 부른 자는 과연 누구인가?

慶父叔牙一體也어늘 **季友誅叔牙而置慶父**하야 **除惡而留其根**은 **何耶**오 **五王黜武而興唐**에 **武三思在其掌握**이로되 **縱而不殺**이라가 **終死其手**[1)]하니 **懦之爲害如此**니라 **然五王欲遺中宗自誅之**하야 **以强主威**하니 **雖失策**이나 **猶有說也**어니와 **吾不知季友復何說耶**아 **借曰 不忍一朝而尸二昆**이면 **盍亦宥之以遠竄於裔土**아 **則君臣兄弟之間**이 **豈不兩全哉**아 **一失此幾**라가 **及子般之禍**하야 **奉頭鼠竄之不暇**하니 **非所謂當斷不斷**하야 **反受其亂者耶**아

1) 五王黜武而興唐……終死其手 : 唐桓彦範 崔玄暐 張柬之 袁恕己 敬暉 同誅張昌宗兄弟 奉中宗反正 武三思[*1)] 以計罷其政事封王 號五王[*2)] 尋遭貶逐 皆爲武三思所害

唐나라 桓彦範・崔玄暐・張柬之・袁恕己・敬暉가 함께 張昌宗의 兄弟를 주살하고 中宗을 받들어 反正하였는데, 武三思가 그들이 맡고 있는 정사를 파할 것을 계획하여 王에 봉하고 五王이라 불렀다. 〈五王은〉 얼마 뒤 쫓겨나 모두 武三思에게 해를 당하였다.

*1) 〔역주〕 武三思 : 則天武后의 조카이다. 則天武后가 자신의 아들인 中宗을 폐위하고 武三思를 세워 태자로 삼으려 하자, 승상인 張柬之 등이 武后의 무리인 張易之와 張昌宗 등을 죽이고 中宗을 복위시켰는데, 살아남은 武三思가 五王을 무고하여 죽였다.

*2) 〔역주〕 五王 : 平陽王 敬暉, 扶陽王 桓彦範, 漢陽王 張柬之, 南陽王 袁恕己, 博陵王 崔玄暐로서 中宗을 복위한 功臣을 이른다.

慶父와 叔牙는 일체인데 季友가 叔牙만 죽이고 慶父를 살려두어 악을 제거하면서 그 뿌리를 남겨둔 것은 어째서인가?

五王이 則天武后를 축출하고 唐나라를 일으킬 때에 武三思가 그들의 수중에 있었는데도 놓아주고 죽이지 않았다가, 마침내 무삼사의 손에 죽었으니 나약함의 해가 이

와 같다. 그러나 五王은 中宗을 복위시키기 위해 스스로 상대를 죽여 군주의 위엄을 강화하였으니, 비록 잘못된 계책이지만 그래도 할 말이 있다. 그러나 나는 모르겠다. 季友는 다시 무슨 말을 할 수 있겠는가?

하루아침에 두 형제를 죽이는 일을 차마 하지 못해서라고 핑계대어 말할 것이라면, 어찌 그들을 용서하여 멀리 변방으로 귀양 보내지 않았는가? 그렇게 하였더라면 君臣과 兄弟 사이가 어찌 모두 온전하지 않았으리오? 한번 이런 기회를 잃자 子般이 禍를 당하게 되었으니, 머리를 가리고 쥐구멍을 찾기에도 겨를이 없을 것이다. 이것이 결단해야 할 때에 결단하지 못하다가 도리어 화란을 받는다는 것이 아니겠는가?

慶父既弑子般하고 **凶威日熾**에 **閔公還季友以自輔**하니 **望之者厚矣**라 **乃含垢忍恥**하야 **一無所爲**하니 **意者示弱以有待歟**아 **昔之智者**는 **外雖示弱**이나 **而其中實有不可犯也**하니 **使季友以此全閔公**이면 **斯可謂之示弱矣**어니와 **今俛首結舌**하고 **坐待簒弑之至**하니 **是眞弱者耳**언정 **何名示弱哉**리오 **閔公幼而知倚季友**하고 **敬宗**[1]**昏而知倚裴度**[2]나 **皆不免弑**하니 **吾未嘗不深悲二君之意**하고 **而深恨二臣之負其託也**로라 **二臣將何以見二君於地下耶**아

1) 〔역주〕 敬宗 : 唐 敬宗 李湛이다. 혼매하고 방종하였으나 강직한 裴度(765~837)를 재상으로 삼았는데, 환관 劉克明에게 시해당하니 재위기간은 겨우 2년이었다.

2) 敬宗昏而知倚裴度 : 見唐史

≪新唐書≫ 〈敬宗紀〉에 보인다.

慶父가 子般을 시해하고 흉악한 위엄이 날로 치성하자, 閔公은 季友를 돌아오게 하여 자신을 보필하게 하였으니 그에게 기대하는 마음이 두터웠다. 그러나 〈계우는 경보의〉 원한을 숨기고 치욕을 참고서 한 가지도 처리한 일이 없었다. 생각하건대, 겉으로 약함을 보이며 때를 기다리고자 한 것인가?

옛날 지혜로운 자는 비록 겉으로 약함을 보였으나 속마음은 진실로 범접할 수 없는 것이 있었다. 가령 季友가 이런 계획으로 閔公을 온전히 하고자 한 것이라면 이 일을 두고 약함을 보인 것이라고 말할 수 있지만, 지금 고개를 숙이고 할 말을 못한 채 簒弑의 화가 이른 것을 좌시하였으니, 이는 참으로 약한 자일 뿐이지 어찌 '약함을 보인

것'이라고 말할 수 있겠는가?

閔公은 어리지만 季友에게 의지할 줄 알았고, 敬宗은 혼미하지만 裴度에게 의지할 줄 알았으나 모두 시해를 면치 못하였으니, 나는 두 임금의 뜻을 깊이 슬퍼하고 두 신하가 그 의탁을 저버린 일을 깊이 한스럽게 여기지 않은 적이 없었다. 두 신하는 장차 무슨 낯으로 지하에서 두 임금을 만나보려는가?

嗚呼라 **失之驕**하고 **失之疑**하야 **基禍於前者**는 **莊公也**요 **失之懦**하고 **失之弱**하야 **成禍於後者**는 **季友也**라 **總四惡而論之**컨대 **君取其二焉**하고 **臣取其二焉**하니 **君臣分受其責**이 **可也**라 **雖然**이나 **瑕不掩瑜**하고 **瑜不掩瑕**며 **罪不掩功**하고 **功不掩罪**니 **季友之失則然矣**어니와 **至其立僖公以續魯祀**하얀 **其忠亦不可誣也**니라

아, 교만에서 잘못되고 의심에서 잘못되어 앞에서 화란의 기틀을 마련한 자는 莊公이고, 나약에서 잘못되고 유약에서 잘못되어 뒤에서 화란을 이룬 자는 季友이다. 네 가지 악을 총괄하여 논하건대, 임금이 그 가운데 두 가지를 가졌고 신하가 그 가운데 두 가지를 가졌으니, 임금과 신하가 그 책임을 나누어야 한다.

그러나 단점은 장점을 가릴 수 없고 장점은 단점을 가릴 수 없으며, 죄는 공훈을 가릴 수 없고 공훈은 죄를 가릴 수 없는 것이다. 季友의 잘못은 그러하지만, 계우가 僖公을 세워 노나라의 제사를 잇게 한 것으로 말하면 그의 충심도 없앨 수 없는 것이다.

或曰 荀息許獻公以死하야 **而終能死**[1)2)]하고 **季友許莊公以死**코도 **而不能死**하니 **季友其有愧於荀息歟**ㄴ저라호되 **吾以爲荀息當愧季友**요 **季友不當愧荀息也**라하노라 **荀息雖許獻公以死**나 **當奚齊之禍**하야 **胡爲不死耶**아 **以有卓子存也**ㄹ새라 **向若卓子能定其位**면 **則荀息之不死**가 **賢於死矣**라 **縱死者復生**이라도 **獻公亦豈責荀息之食言耶**아 **其所以死於卓子之弑者**는 **勢窮理絶**하야 **不得不殉以身也**ㄹ새라 **季友(荀)〔殉〕**[3)]**於子般閔公之難**하야 **輕棄其身**이면 **則僖公不復立**하고 **慶父不復討**하야 **周公之廟不復血食矣**리니 **一身之死**와 **一國之亡**이 **孰輕孰重耶**아

1) 荀息許獻公以死 而終能死 : 僖九年

魯 僖公 9년의 일이다.

2) 〔역주〕 荀息許獻公以死 而終能死 : 晉 獻公이 죽기 전에 荀息에게 아들 奚齊를 보필해줄 것을 부탁하였는데, 순식은 목숨 바쳐 섬길 것이라고 맹세하였다. 헌공이 죽은 뒤, 異克이 奚齊를 죽이고, 또 奚齊의 동생 卓子마저 죽이자 순식은 자살하였다.

3) 〔역주〕 (苟)〔殉〕 : 저본에 '苟'로 되어있으나, 사고전서본에 의거하여 '殉'으로 바로잡았다.

어떤 이가 말하였다.

"荀息은 獻公에게 죽음으로써 奚齊를 보호하겠다고 허락하고서 끝내 그를 위해 죽었고, 季友는 莊公에게 죽음으로써 〈子般을 보호하겠다고〉 허락하고서도 끝내 자반을 위해 죽지 않았으니, 계우는 아마도 순식에게 부끄러움이 있을 것이다."

나는 순식이 계우에게 부끄러움은 마땅하고, 계우는 순식에게 부끄럽지 않다고 생각한다.

순식이 비록 헌공에게 죽음으로 허락하였으나 해제가 禍를 당하였을 때 어찌하여 죽지 않았는가? 이는 卓子가 있었기 때문이다. 그때 만약 탁자가 그 자리에서 안정할 수 있었다면 순식이 죽지 않은 것이 죽는 것보다 현명하였을 것이니, 비록 죽은 헌공이 다시 살아나더라도 어찌 순식이 거짓말을 했다고 책망하겠는가?

순식이 탁자가 시해당하였을 때 죽어야 하는 이유는 형세가 다한 이치여서 따라 죽지 않을 수 없었기 때문이다. 계우가 자기 몸을 가벼이 하여 子般과 閔公의 禍難에 따라 죽었다면, 다시는 僖公을 세울 수 없었을 것이고 다시는 慶父를 토벌할 수 없어 周公의 사당에 제사가 끊겼을 것이니, 한 몸이 죽는 것과 한 나라가 망하는 것 중에 어느 것이 더 중대한가?

季友之不死於子般閔公은 卽荀息之不死於奚齊니 本無異者라 然荀息所輔者邪요 季友所輔者正이니 是荀息有愧於季友언정 而季友無愧於荀息也라 是故以不能全子般閔公으로 責季友則可어니와 以不能死子般閔公으로 責季友則不可니라 世儒論人臣之節者는 至於死而止耳니 孰知復有大於死者耶리오

季友가 子般과 閔公의 화난에 죽지 않은 것은, 곧 荀息이 奚齊의 화난에 죽지 않은 것과 본래 다를 것이 없다. 그러나 순식이 보필한 상대는 부정하고 계우가 보필 한

상대는 정통이니, 이 점이 순식이 계우에게 부끄러움이 있을지언정 계우가 순식에게 부끄러움이 없는 것이다. 이러므로 자반과 민공이 보전하지 못한 것으로써 계우를 책망하는 것은 말이 되지만, 자반과 민공의 화난에 죽지 못한 것으로써 계우를 책망하는 것은 옳지 않다.

신하의 절개에 대하여 논하는 세상의 학자들은 목숨 바쳐 죽으면 최고라고 여길 뿐이니, 다시 죽음보다 더 중요한 것이 있다는 것을 누가 알리오.

08-05 管敬仲言於齊侯曰宴安酖毒不可懷也 管敬仲이 齊侯에게 "安逸은 酖毒과 같으니 누려서는 안 됩니다."라고 하다

【左傳】 閔元年이라 狄人伐邢이어늘 管敬仲[1]言於齊侯曰 戎狄은 豺狼이니 不可厭也[2]요 諸夏는 親暱[3]하니 不可棄也요 宴安은 酖毒[4]이니 不可懷也니이다 詩云 豈不懷歸리오마는 畏此簡書[5]라하니이다 簡書[6]는 同惡相恤之謂也[7]니 請救邢以從簡書하소서 齊人救邢하다

1) 〔역주〕 管敬仲 : 管夷吾이다.
2) 〔역주〕 戎狄……不可厭也 : 戎狄은 성품이 탐욕스럽기가 豺狼과 같아서 만족할 줄을 모른다는 것은, 狄이 이미 邢國에서 뜻을 이루었으니 또 장차 諸侯들의 땅을 蠶食하려 들 것이라는 말이다.
3) 〔역주〕 諸夏 親暱 : 諸夏는 中國이다. 暱은 近이다.
4) 〔역주〕 宴安 酖毒 : 安逸을 毒藥에 비유하였다.
5) 〔역주〕 詩云……畏此簡書 : ≪詩經≫ 〈小雅 出車〉인데, 文王이 西伯으로 있을 때 諸侯들을 위로한 詩이다.
6) 〔역주〕 簡書 : 대쪽에 기록한 告誡·策命·盟誓·徵召 등의 文書를 이르는데, 여기서는 諸侯가 危急한 사정을 알리어 救援을 청하는 文書의 뜻으로 쓰였다.
7) 〔역주〕 同惡相恤之謂也 : 好惡를 함께하여 서로 救恤한다는 말이다. 戎狄이 中華를 어지럽히는 것은 사람들이 함께 미워해야 할 바이므로, 簡書에 記載된 것도 실로 災殃을 分擔하여 患亂을 救濟하라는 내용에 불과할 뿐이다.

閔公 원년, 狄人이 邢나라를 侵攻하자, 管敬仲이 齊侯에게 말하였다.

"戎狄은 승냥이와 이리 같으니 만족할 줄 모르고, 諸夏는 서로 親近하니 버려서는

안 되며, 安逸은 酖毒과 같으니 누려서는 안 됩니다. ≪詩經≫에 '어찌 돌아가기를 생각지 않으리오마는, 이 簡書가 두렵기 때문이다.'라고 하였습니다. 간서에 실린 내용은 惡人을 함께 미워하고 서로 구휼하자는 뜻이니, 邢國을 구원하여 간서를 따르소서."

齊人이 邢國을 구원하였다.

【主意】 謂世人死於酖毒者少하고 死於宴安者比比皆是하니 則宴安之爲毒이 無甚於酖也아

세상 사람 중에 酖毒으로 인해 죽는 자는 적고, 安逸로 인해 죽는 자는 도처에 이러하니, 그렇다면 안일의 독이 짐독보다 더 심한 것이 아니겠는가?

以言警世者는 **不可爲駭世之論**[1)]이니 **駭世之論**은 **本欲天下之畏**나 **而適以起天下之疑**니라 **有是惡則有是禍**이니 **吾恐正言之未足以**(警)〔**驚**〕[2)]**動流俗也**라 **於是甚言其禍**하야 **務使可怪可愕**하야 **以震耀一時之耳目**이나 **抑不知聞者駭吾言**하야 **將退而徐求其實**하야 **見其禍未至於是**면 **則吾說有時而窮**이라

1) 以言警世者 不可爲駭世之論 : 此篇亦反難立意之格 主意深取管仲之言 先反難管仲立論(警)〔驚〕[*)] 駭世俗

이 편은 또한 立論을 반론하는 격조가 있다. 主意는 管仲의 말을 깊이 취한 것이나, 먼저 관중의 입론이 세속을 놀라게 하는 것임을 반론한 것이다.

*) 〔역주〕 (警)〔驚〕 : 저본에 '警'으로 되어있으나, 문맥을 살펴 '驚'으로 바로잡았다.

2) 〔역주〕 (警)〔驚〕 : 저본에 '警'으로 되어있으나, 문맥을 살펴 '驚'으로 바로잡았다.

말로써 세상을 깨우치고자 하는 사람은 세상을 놀라게 할 만한 의론을 해서는 안 된다. 세상을 놀라게 할 만한 의론은 본래 천하 사람들이 두려워하기를 바란 것뿐인데 다만 천하의 의심을 일으키게 되기 때문이다. 이런 罪惡이 있으면 이런 禍亂이 있는 것이니, 나는 바른말이 세속을 놀라게 하기에 부족할까 걱정된다.

이에 그 화란을 심하게 말하여 괴이하고 놀랄 만한 말을 해서 한때의 이목을 떨게 하는 데에 힘쓴 것이다. 그러나 이렇게 하는 것은, 이 말을 들은 자가 나의 말에 놀라서 물러가 천천히 내 말이 사실인지를 찾아보고 그 화란이 이 지경에는 이르지 않음을 알게 된다면, 내 말이 곤란해질 때가 있으리라는 것을 모른 것이다.

管仲告齊桓公之言曰[1] 宴安酖毒[2]이니 **不可懷也[3]**라하니 **酖入人之口[4]**에 **裂肝腐腸[5]**하야 **死不旋踵[6]**하니 **宴安雖敗德[7]**이나 **其禍豈遽至如是之烈哉[8]**리오 **仲之言**은 **(知)〔殆〕[9]過其實也**라 **意者**컨대 **仲有警世之心[10]**하야 **而不免於駭世之病歟[11]**아 **非也[12]**라 **以吾觀之**컨대 **謂仲恐駭世而未敢盡言其實則有之矣**어니와 **安得反謂之過其實乎**아 **使仲果盡言其實[13]**이면 **則世將愈駭矣[14]**리라

1) 管仲告齊桓公之言曰：引本題出處
본편의 출처에서 인용하였다.

2) 宴安酖毒：酖毒 酒也 以鴆鳥羽畫酒 人飮之者 立死
酖毒은 술이다. 짐새의 깃을 술에 넣어 저은 것인데, 그것을 마시는 자는 즉사한다.

3) 不可懷也：言人君不可懷宴安之心 如酖毒之能殺人也
임금은 안일한 마음을 가져서는 안 되니, 이는 마치 짐독이 사람을 죽일 수 있는 것과 마찬가지라는 말이다.

4) 酖入人之口：此是反難管仲
이는 管仲의 말에 반론하는 것이다.

5) 裂肝腐腸：飮酖酒者 其毒如此
짐독을 마신 자는 그 害毒이 이와 같다는 것이다.

6) 死不旋踵：其禍甚速
그 화가 매우 빠르다는 말이다.

7) 宴安雖敗德：宴安雖能敗人德性
'안일함이 비록 사람의 덕성을 망칠 수 있다 하더라도'라는 말이다.

8) 其禍豈遽至如是之烈哉：豈便有裂肝腐腸而死者
어찌 곧 간이 파열되고 장이 썩어 죽는 자가 있겠느냐는 말이다.

9)〔역주〕(知)〔殆〕: 저본에 '知'로 되어있으나, 三民書局本에 의거하여 '殆'로 바로잡았다.

10) 意者 仲有警世之心：應起語以言警世者
文頭의 '以言警世'에 호응한다.

11) 不免於駭世之病歟：應起語不可爲駭世之論
文頭의 '不可爲駭世之論'에 호응한다.

12) 非也：自此以下 爲管仲分解
이 이하의 글은 管仲을 분석한 것이다.

13) 使仲果盡言其實：言管仲果極論宴安之禍

'管仲이 과연 안일을 누린 것에 대한 화를 다 논했더라면'이라는 말이다.

14) 則世將愈駭矣 : 則世俗愈見驚駭而不信矣

세상 사람들이 더욱 놀라워하여 믿지 않았을 것이라는 말이다.

管仲이 齊 桓公에게 "安逸은 酖毒이니 누려서는 안 됩니다."라고 하였다. 짐독은 사람의 입으로 들어가면 간이 파열되고 장이 썩어 당장에 죽는다. 안일이 비록 德性을 망칠 수 있다고는 하나 그 화가 어찌 대번에 짐독처럼 심할 수야 있겠는가? 관중의 말은 실상보다 지나치다는 것을 알겠다.

생각건대, 관중에게 세상 사람을 경계하고픈 마음이 있어, 세상 사람을 놀라게 하는 병통을 면하지 못한 것인가? 아니다. 내가 살펴보건대 관중은 세상이 놀랄까 두려워 그 실상을 감히 다 말하지 못한 부분은 있겠지만, 어찌 도리어 그 실상보다 지나치다고 할 수 있겠는가? 가령 관중이 그 실상을 다 말했더라면 세상 사람들은 더욱 놀랐을 것이다.

毒之殺人多者深乎아 **抑殺人寡者深乎**아 **無愚智無老幼**히 **皆知殺人多者之毒深也**라 **世之死於酖者**는 **千萬人而一人耳**[1]로되 **死於宴安者**는 **天下皆是也**[2]니 **然則宴安之毒**이 **其視酖毒**하야 **奚啻十倍耶**아 **宴安之毒**은 **至慘至酷**[3]하야 **無物可譬**[4]ㄹ새 **仲姑就世之所畏者爲譬耳**[5]니라 **地之於車**[6]에 **莫仁於羊腸**[7]하고 **而莫不仁於康衢**[8]하며 **水之於舟**[9]에 **莫仁於瞿塘**[10]하고 **而莫不仁於溪澗**[11]하니 **蓋戒險則全**[12]하고 **玩平則覆也**[13]ㄹ새니 **生於憂勤**하고 **死於宴安**[14]이 **厥理明甚**[15]이로되 **人所以不知畏者**는 **特習之而不察耳**[16]니라

1) 世之死於酖者 千萬人而一人耳 : 爲酖所毒者 至小

酖毒에 해를 당하는 자가 매우 적다는 것이다.

2) 死於宴安者 天下皆是也 : 死於宴安者 甚多

安逸로 인해 죽는 자가 매우 많다는 것이다.

3) 宴安之毒 至慘至酷 : 毒盡古今天下之人

古今의 천하 사람들 모두 毒害를 입었다는 것이다.

4) 無物可譬 : 雖酖不足以比之

비록 酖毒이라도 安逸의 毒害를 비유하기에 부족하다는 것이다.

5) 仲姑就世之所畏者爲譬耳：世人但知酖毒可畏 故管仲借此 以譬之 發明管仲未盡言其實也
세상 사람은 酖毒만 두려운 줄 알기 때문에 管仲이 짐독을 빌려 비유하였다는 것이다. 이는 관중이 아직 그 실상을 다 말하지 아니하였음을 밝힌 것이다.

6) 地之於車：乘車者 行於地
수레를 탄 자는 땅으로 다닌다.

7) 莫仁於羊腸：羊腸 山名 其地至險 能敗人車
羊腸은 산 이름이다. 그곳의 지형이 매우 험하여 사람이 탄 수레를 전복시킬 수 있다.

8) 莫仁於羊腸 而莫不仁於康衢：康衢 平路也 羊腸 以喩憂勤 康衢 以喩宴安
康衢는 평탄한 길이다. 羊腸은 근심을 비유한 말이고, 康衢는 안일을 비유한 말이다.

9) 水之於舟：乘舟者 行於水
배를 탄 자는 물로 다닌다.

10) 莫仁於瞿塘：瞿塘 峽名 其水至險 能溺人舟
瞿塘은 산협 이름이다. 그곳의 물살이 매우 험하여 사람이 탄 배를 침몰시킬 수 있다.

11) 莫仁於瞿塘 而莫不仁於溪澗：瞿塘 以喩憂勤 溪澗 以喩宴安
瞿塘은 근심을 비유한 말이고, 溪澗은 안일을 비유한 말이다.

12) 蓋戒險則全：羊腸瞿塘之險 人皆知戒 而保全其舟車 所以爲仁
羊腸과 瞿塘이 험하니 사람들이 모두 경계할 줄 알아 배와 수레를 온전하게 보호할 수 있기 때문에 仁이라고 한 것이다.

13) 玩平則覆也：康衢溪澗之平 人皆玩忽 而覆敗其舟車 所以爲不仁
康衢와 溪澗은 평탄하니 사람들이 모두 즐기며 방심하다가 그 배와 수레가 전복되기 때문에 不仁하다고 한 것이다.

14) 生於憂勤 死於宴安：憂勤 所以全人之生也 宴安 所以速人之死 此二句 卽孟子所謂 生於憂患 死於安樂*) 之意
근심은 사람의 삶을 온전히 할 수 있는 것이고, 안일은 사람의 죽음을 재촉하는 것이다. 이 두 구절은 ≪孟子≫에서 말한 "우환에서 살고 안락에서 죽는다."의 뜻이다.

*) 〔역주〕 生於憂患 死於安樂：≪孟子≫ 〈告子 下〉에 나온다.

15) 厥理明甚：言此理不難曉
이런 이치는 알기 어려운 것이 아니라는 말이다.

16) 人所以不知畏者 特習之而不察耳：習熟於宴安之樂 而不察其禍 故不知畏耳
안일의 즐거움에 익숙하여 화란을 살피지 않기 때문에 두려운 줄 모를 뿐이다.

사람을 많이 죽인 독이 심각한 것인가? 아니면 사람을 적게 죽인 독이 심각한 것인가? 어리석은 이나 지혜로운 이, 노인이나 어린이 할 것 없이 사람을 많이 죽인 독이 더 심각하다는 것을 안다. 세상에 짐독으로 죽은 자는 천만 인 중에 한 사람일 뿐이나, 안일 때문에 죽은 자는 천하 사람이 모두 여기에 해당한다. 그렇다면 안일의 독이 짐독에 비해 그 害毒이 어찌 열 배뿐이겠는가?

안일의 독은 매우 참혹하여 비유할 만한 물건이 없기 때문에 管仲은 우선 세상 사람들이 두려워하는 것으로 비유를 삼았을 뿐이다. 땅이 수레에 대하여 羊腸山보다 더 仁한 곳은 없고, 康衢보다 더 不仁한 곳은 없다. 물이 배에 대하여 瞿塘峽보다 더 仁한 곳은 없고, 溪澗보다 더 不仁한 곳은 없다. 이는 험한 것을 경계하면 보전하고, 평탄함을 즐기면 전복되기 때문이니, 근심에서 살고 안일에서 죽는다는 그 이치가 매우 분명하다. 사람이 두려워할 줄 모르는 이유는 단지 익숙해져서 살피지 않아서일 뿐이다.

端居之暇[1]에 **嘗試思之**[2]하노니 **使吾志衰氣惰者 誰歟**[3]며 **使吾功隤業廢者 誰歟**[4]며 **使吾歲月虛棄者 誰歟**[5]며 **使吾草木同腐者 誰歟**[6]며 **使吾縱欲忘返而流於惡者 誰歟**[7]며 **使吾弛備忘患而陷於禍者 誰歟**[8][9]오 **自葉之根**히 **皆宴安之爲也**[10]라 **是宴安者**는 **衆惡之門**[11]이니 **以賢入者**는 **以愚出**[12]하고 **以明入者**는 **以昏出**[13]하고 **以剛入者**는 **以懦出**[14]하고 **以潔入者**는 **以汚出**[15]하야 **殺身滅國**[16]이 **項背相望**[17]하니 **豈不甚可畏耶**[18]아

1) 端居之暇 : 無事之時

일이 없을 때를 이른다.

2) 嘗試思之 : 試思其理

시험 삼아 그 이치를 생각해보았다는 말이다.

3) 使吾志衰氣惰者 誰歟 : 志衰氣惰 則無有爲之心

뜻이 쇠약하고 기운이 나태하면 무언가 큰일을 하고자 하는 마음이 없게 되는 것이다.

4) 使吾功隤業廢者 誰歟 : 功隤業廢 則無可成之事

공이 무너지고 일이 폐지되면 이룰 수 있는 일이 없게 되는 것이다.

5) 使吾歲月虛棄者 誰歟 : 歲月虛棄 則雖老而無善可錄

세월을 헛되이 버리면 나이가 들더라도 기록할 만한 善이 없게 되는 것이다.

6) 使吾草木同腐者 誰歟：草木同腐 則雖死而無德可稱
초목처럼 썩는다면 죽더라도 일컬을 만한 德이 없게 되는 것이다.

7) 使吾縱欲忘返而流於惡者 誰歟：縱欲而不知反 終爲惡人
하고 싶은 대로 하다가 돌아올 줄 모르면 마침내 惡人이 되는 것이다.

8) 使吾弛備忘患而陷於禍者 誰歟：弛備而忘後患 以陷禍難
대비를 게을리하고 후환을 잊어 禍難에 빠지는 것이다.

9) 使吾志衰氣惰者……誰歟：用六箇誰歟以設問
6개의 '誰歟'를 사용하여 물음을 가설하였다.

10) 自葉之根 皆宴安之爲也：答言六者其葉而宴安其根也
이 여섯 가지는 잎에 해당하고 안일은 뿌리에 해당한다고 답한 것이다.

11) 是宴安者 衆惡之門：以門字生四箇出入字
'門'자로써 〈아래 글의〉 4개의 出入한 글자를 만들어내었다.

12) 以賢入者 以愚出：賢而宴安化爲愚矣
본래 현명하였으나 안일이 우매함으로 바꿔놓았다는 것이다.

13) 以明入者 以昏出：明而宴安化爲昏矣
본래 사리에 밝았으나 안일이 혼매함으로 바꿔놓았다는 것이다.

14) 以剛入者 以懦出：剛而宴安化爲懦矣
본래 강건하였으나 안일이 나약함으로 바꿔놓았다는 것이다.

15) 以潔入者 以汚出：潔而宴安化爲汚矣 甚言宴安衆惡之門不可入也
본래 결백하였으나 안일이 오탁함으로 바꿔놓았다는 것이다. 안일은 여러 惡의 문이니 들어가서는 안 됨을 심하게 말한 것이다.

16) 殺身滅國：小則屠割其身 大則覆滅其國
작게는 자기 몸을 죽게 만들고, 크게는 나라를 망하게 만든다는 것이다.

17) 項背相望：古人陷此禍者甚多
옛사람 중에 이런 재화에 빠진 자가 매우 많다는 말이다.

18) 豈不甚可畏耶：甚於酖毒之可畏也
酖毒보다도 더 두려울 만하다는 것이다.

평소 거처하는 여가에 일찍이 한번 생각해보았다. 나에게 뜻이 쇠약하고 기운이 나태해지게 하는 자가 누구인가? 나에게 功이 무너지고 일이 폐지되게 하는 자가 누구인가? 나에게 세월을 헛되이 버리게 하는 자가 누구인가? 나에게 초목과 같이 썩게 하는 자가 누구인가? 나에게 욕심을 부려 돌아오기를 잊고 惡으로 흘러 들어가게 하는 자가 누구인가? 나에게 對備를 게을리하고 患亂을 잊게 하여 화란에 빠지게 하는 자가 누구인가?

枝葉부터 뿌리까지 모두 안일이 만드는 것이다. 안일은 여러 악의 문이니, 賢者가 들어가 바보가 되어 나오고, 밝은 자가 들어가 昏昧한 자가 되어 나오며, 강직한 자가 들어가 나약한 자가 되어 나오고, 결백한 자가 들어가 汚濁한 자가 되어 나온다. 자신을 죽이고 나라를 망치는 것이 계속되니 어찌 매우 두려워할 만한 일이 아니겠는가?

嗚呼라 **世之招禍者**의 **禍雖不同**이나 **同發於宴安**하니 **未嘗有二毒**이요 **世之致福者**의 **福雖不同**이나 **同出於憂勤**하니 **未嘗有二塗**니라 **宴安**은 **人所愛也**요 **憂勤**은 **人所憎也**니 **愛其所憎**하고 **而憎其所愛**하면 **則幾矣**오 **宴安**은 **人所趍也**요 **憂勤**은 **人所避也**니 **趍其所避**하고 **而避其所趍**하면 **則幾矣**리라 **雖然**[1)]이나 **君子之耳目鼻口**는 **與人無異也**[2)]니 **其愛憎趍避**도 **亦與人無異也**라 **苟衆人之所謂宴安者**가 **果可樂**[3)]이면 **則君子先據之矣**[4)]리라 **其所以去彼而取此者**[5)]는 **見衆人之宴安**하야 **放肆偸惰**[6)]하야 **百殃竝集**[7)]하고 **其心焦然不寧**[8)]이니 **乃憂勤之大者耳**[9)]라

1) 雖然：結尾新意

새로운 뜻으로 문장의 後尾를 결론하였다.

2) 君子之耳目鼻口 與人無異也：耳欲聲 目欲色 鼻欲臭 口欲味 其形同則其情亦同

귀는 좋은 음악을 듣고 싶어 하고, 눈은 異性을 보고 싶어 하고, 코는 향기를 맡고 싶어 하며, 입은 맛난 음식을 먹고 싶어 하니, 형체가 같으면 심정도 같은 것이다.

3) 苟衆人之所謂宴安者 果可樂：設使宴安果可樂而無禍

'가령 안일이 실제로 즐거울 만하고 화가 없다면'이라는 말이다.

4) 君子先據之矣：君子必先衆人而據宴安之處矣

반드시 君子가 보통 사람들보다 먼저 하여 안일한 곳을 차지하였을 것이라는 말이다.

5) 其所以去彼而取此者：去宴安取憂勤

안일을 버리고 근심을 취함을 이른다.

6) 見衆人之宴安 放肆偸惰：耽於宴安故也

안일함에 빠져있기 때문이라는 것이다.

7) 百殃竝集：圖樂得禍
　즐거움을 도모하나 禍를 얻는다는 말이다.
8) 其心焦然不寧：禍及身矣 心得安乎
　禍가 몸에 미치니 마음이 편안할 수 있겠느냐는 말이다.
9) 乃憂勤之大者耳：言衆人本欲宴安 反得憂懼勤勞也
　보통 사람들은 본래 안일을 바라나 도리어 근심과 수고로움을 얻게 된다는 것이다.

아, 세상에 禍를 부르는 자들의 화가 비록 같지는 않지만 화가 안일에서 발생한 것은 똑같으니 애초에 화에 두 가지 독이 있는 것이 아니다. 세상에 福을 부르는 자들의 복이 비록 같지는 않지만 복이 근심에서 나온 것은 똑같으니 애초에 복에 두 가지 길이 있는 것이 아니다.

안일은 사람들이 좋아하는 것이고 근심은 사람들이 싫어하는 것이니, 사람들이 싫어하는 것을 좋아하고 사람들이 좋아하는 것을 싫어한다면 거의 복에 가까울 것이다. 안일은 사람들이 추구하는 것이고 근심은 사람들이 회피하는 것이니, 사람들이 회피하는 것을 추구하고 사람들이 추구하는 것을 회피한다면 거의 복에 가까울 것이다.

비록 그러나 君子의 耳目鼻口가 남들과 다름이 없으니, 좋아하고 싫어하고 추구하고 회피하는 것도 남들과 다를 것이 없다. 만일 보통 사람들의 이른바 안일이라는 것이 과연 즐길 만한 것이라면 군자가 먼저 차지하였을 것이다. 그러나 군자가 저 안일을 버리고 이 근심을 취한 이유는 보통 사람들이 안일하여 방자하고 게을러서 온갖 재앙이 모두 모여드는 것을 보고, 그 마음이 근심스러워 편하지 못해서였으니, 이것이 바로 크게 근심하는 것이다.

君子外雖若憂勤[1)]이나 **中有逸樂者存**[2)]하야 **自强不息**[3)]하니 **心廣體**胖[4)]하야 **無人非**[5)]하고 **無鬼責**[6)]하니 **其安殆若泰山而四維之也**[7)]라 **然則善擇宴安者**가 **誰如君子哉**[8)]아 **故自衆人之宴安言之**면 **則當曰 宴安**酖**毒**이니 **不可懷也**어니와 **自君子之宴安言之**면 **則當曰 宴安良藥**이니 **不可忘也**라 **藥之與毒**이 **曷嘗有定名哉**아

1) 君子外雖若憂勤：外無一事不擧 固若憂勤
　겉으로는 한 가지 일도 거행하지 않음이 없으니 진실로 근심스러운 듯하다는 것이다.
2) 中有逸樂者存：中無一事之累 亦樂甚

마음속으로는 한 가지도 매임이 없으니 또한 매우 즐겁다는 것이다.

3) 自强不息：引易乾卦語 以証君子之憂勤

≪周易≫ 乾卦의 말을 인용하여 군자의 근심을 증명하였다.

4) 心廣體胖：引大學語 以証君子之逸樂 心無愧怍 則心廣矣 身常安舒 則體胖矣

≪大學≫의 말을 인용하여 군자의 안일을 증명하였다. 마음에 부끄러움이 없으면 마음이 넓어지고, 몸이 항상 편안하면 몸이 펴진다는 것이다.

5) 無人非：明不爲人之所非議

이 세상 사람들에게 비난받지 않는다는 것이다.

6) 無鬼責：幽不爲神之所譴責

저 세상 귀신에게 견책받지 않는다는 것이다.

7) 其安殆若泰山而四維之也：言君子享至安而無禍也

군자는 지극히 편안함을 누려 화가 없다는 말이다.

8) 然則善擇宴安者 誰如君子哉：此段言衆人圖宴安 而得憂勤之大 君子本憂勤 而享宴安之實 此文字轉換變化之妙 讀者詳之

이 문단은 보통 사람들은 안일을 도모하나 큰 근심을 얻고, 군자는 본래 근심하나 실제로 안일을 누림을 말하였다. 이런 글자의 전환과 변화의 묘미를 독자들은 자세히 살펴보아야 한다.

君子는 겉으로 보기에 근심스러워하는 것 같으나 마음속은 편안한 것이 보존되어 있어, 스스로 힘쓰고 쉬지 아니하니 마음이 넓어지고 몸이 펴진다. 사람들의 비난이 없고 귀신의 질책이 없으니 편안함이 泰山과 같고 사방에서 보호해주는 것과 같다. 그렇다면 안일을 잘 선택한 자 중에 누가 군자만 하겠는가?

그러므로 보통 사람의 안일로 말하면 '안일은 酖毒과 같으니 누려서는 안 된다.'고 말하는 것이 당연하거니와, 군자의 안일로 말하면 '안일은 良藥과 같으니 잊어서는 안 된다.'고 말하는 것이 당연하다. 양약과 독약이 어찌 애초에 정해진 이름이 있는 것이겠는가?

08-06 齊仲孫湫觀政 齊나라 仲孫湫가 魯나라의 정치를 살피다

【左傳】 閔元年이라 齊仲孫湫[1]來省難하다 仲孫歸曰 不去慶父[2]면 魯難未已리이다 公曰 若之何而去之오 對曰 難不已면 將自斃[3]리니 君其待之하소서 公曰 魯可取乎아 對曰 不

可니이다 猶秉周禮하니 周禮는 所以本也[4]니이다 臣聞之컨대 國將亡에 本必先顚 而後枝葉從之라하니이다 魯不棄周禮하니 未可動也니이다 君其務寧魯難而親之하소서 親有禮하며 因重固[5]하며 間携貳[6]하며 覆昏亂이 霸王之器也[7]이니이다

1)〔역주〕湫 : 仲孫의 이름이다.

2)〔역주〕慶父 : 魯 莊公의 庶兄이다.

3)〔역주〕斃 : 엎어지는 것이다.

4)〔역주〕周禮 所以本也 : 周公의 典禮는 나라를 存立시키는 근본이 된다는 말이다.

5)〔역주〕因重固 : 능히 自力으로 政權을 안정시키고 國力을 견고히 하는 나라는 그 나라가 뜻을 이루도록 도와야 한다는 말이다.

6)〔역주〕間携貳 : 갈리어 서로 의심하는 나라는 그 틈을 이용해 이간한다는 말이다.

7)〔역주〕霸王之器也 : 霸者와 王者가 사용하는 것이기 때문에 '器'로 비유한 것이다.

閔公 원년에 齊나라 仲孫湫가 魯나라로 와서 난리를 살폈다. 仲孫이 齊나라로 돌아가서 말하기를 "慶父를 제거하지 않으면 魯나라의 난리가 끊이지 않을 것입니다."라고 하였다. 齊 桓公이 "어찌하면 그를 제거할 수 있겠는가?"라고 묻자, 仲孫이 "끊임없이 禍難을 일으키면 장차 스스로 쓰러질 것이니, 임금님께서는 그때를 기다리소서."라고 대답하였다.

齊 桓公이 "이 기회에 魯나라를 취할 수 있겠는가?"라고 묻자, 仲孫이 대답하기를 "불가능합니다. 魯나라는 그래도 周禮를 지키고 있으니, 周禮는 나라를 存立시키는 根幹입니다. 臣이 듣건대 '나라가 망할 때에는 큰 나무와 마찬가지로 根幹이 먼저 쓰러진 뒤에 가지와 잎이 뒤따라 쓰러진다.'고 하였습니다. 그런데 魯나라는 周禮를 버리지 않고 있으니, 아직 움직일 때가 아닙니다. 그러니 임금님께서는 힘을 다해 魯나라의 禍難을 안정시키고 魯나라를 가까이하소서. 禮儀가 있는 나라를 가까이하고 政權이 안정되고 國力이 堅固한 나라를 의지하며, 政權 내부에 分裂이 있는 나라를 이간시키고 혼란한 나라를 敗亡시키는 것이 霸王의 그릇입니다."라고 하였다.

【主意】謂善覘人之國者는 不觀其政而觀其俗이라 魯有哀姜慶父之難하야 綱淪法斁하니 所謂周禮者 何在哉아 而仲孫湫斷然以爲不棄周禮하니 未可動也라하니 蓋仲孫湫之觀魯는 不觀其在朝之政而觀其在野之俗也라

남의 나라를 잘 살피는 자는 그 나라의 조정을 살피는 것이 아니라 그 나라의 풍속을 살핀다. 魯나라에 哀姜과 慶父의 화난이 있어 三綱이 무너지고 九法이 막혔으니 이른바 周禮라는 것이 어디에 있길래 仲孫湫는 단호하게 노나라가 周禮를 버리지 않았으니 군대를 움직여서는 안 된다고 하였는가? 이는 仲孫湫가 魯나라를 관찰할 때에 조정의 정치를 살피지 않고 재야의 풍속을 살폈기 때문이다.

觀政在朝[1)]하고 **觀俗在野**[2)]하니 **將觀其政**인댄 **野不如朝**요 **將觀其俗**인댄 **朝不如野**니라 **政之所及者淺**하고 **俗之所持者深**[3)]하니 **此善覘人之國者**[4)]가 **未嘗不先其野而後其朝也**[5)]니라

1) 觀政在朝 : 觀政事者 必於朝廷
정치를 관찰하는 자는 반드시 조정에서 살핀다는 것이다.

2) 觀俗在野 : 觀風俗者 必於郊野
풍속을 관찰하는 자는 반드시 재야에서 살핀다는 것이다.

3) 政之所及者淺 俗之所持者深 : 起句平說政俗 此便分政俗深淺 蓋主意重在風俗故也
시작하는 구절은 정치와 풍속에 대하여 공평하게 말하였으나, 여기에서는 곧 정치와 풍속의 깊고 얕음을 분별하였다. 이는 주제의 요점이 풍속에 있기 때문이다.

4) 此善覘人之國者 : 覘 觀視也
覘은 관찰하여 살펴봄을 이른다.

5) 未嘗不先其野而後其朝也 : 先觀其野之俗 後觀其朝之政 以見風俗所關甚大也 一篇主意在此
먼저 郊外의 풍속을 살피고 그런 뒤에 朝廷의 정치를 살핀다는 것이니 풍속에 관계됨이 매우 큼을 알 수 있다. 본편의 主意는 여기에 근거한 것이다.

정치는 朝廷에서 살피고 풍속은 在野에서 살피는 것이니, 정치를 살피고자 한다면 재야가 조정만 못하고, 풍속을 살피고자 한다면 조정이 재야만 못하다. 이는 정치가 미치는 영향력은 얕고 풍속이 유지되는 영향력은 깊기 때문이니, 남의 나라를 잘 살피는 자가 일찍이 재야를 먼저 살피고 조정을 뒤에 살피지 않은 적이 없었다.

入單父之野하야 **而見棄魚之俗**하고 **則已知子賤之政矣**[1)]요 **入中牟之野**하야 **而見馴雉之俗**하고 **則已知魯恭之政矣**[2)]라 〈**彼所以一見其俗**하고 **遽許二人之賢**하야 **不復考察**

其政者는 殆有說也라 蓋善政은 未必能移薄俗이나 美俗은 猶足以救惡政이라 自武而成과 自成而康히 歷三世而商人利口靡靡之俗이 未殄하고 自高而惠와 自惠而文히 歷三世而秦人借鋤誶語之俗이 猶存하니 以政而移俗이 其難如此니라 漢氏之東으로 至于桓靈하야 其惡極矣라 然政亂于上이나 而俗淸於下하야 姦雄豪猾이 猶知畏義하야 未敢遽取焉하니라 桓靈之時에 漢祿已終矣로되 建安之際에 復延數十年之祚者는 非漢之力也라 實流風遺俗扶持之力也니라 彼覘國之興亡者가 不占諸風俗尙하고 誰占耶리오〉[3)]

1) 入單父之野……則已知子賤之政矣：宓子賤 爲單父宰 孔子使巫馬期 觀政焉 入單父界 見夜漁者 得魚輒舍之 巫馬期問焉 漁者曰 魚之大者 名爲鱄 吾大夫愛之 其小者名爲鱦 吾大夫欲長之 是以得二者 輒舍之[*)]

宓子賤이 單父의 읍재가 되었는데 孔子가 巫馬期에게 單父의 정치를 살피게 하였다. 巫馬期가 單父의 경내에 들어가 밤에 고기를 잡는 자가 잡은 물고기를 번번이 놓아주는 것을 보고 물었다. 어부가 말하기를 "물고기의 큰 것을 鱄라 하는데 우리 대부께서 아끼는 것이고, 작은 것을 鱦이라 하는데 우리 대부께서 더 자라기를 바라시는 것입니다. 이 때문에 너무 크거나 너무 작은 것들을 잡으면 다 놓아주는 것이지요." 하였다.

*) 〔역주〕 宓子賤……輒舍之：≪孔子家語≫ 〈屈節解〉에 나온다.

2) 入中牟之野……則已知魯恭之政矣：後漢魯恭 爲中牟令郡國傷稼 不入中牟 河南尹袁安 疑其不實 使椽肥親往廉之 恭隨行阡陌 坐桑下 有雉過止其傍 傍有童兒 親曰兒何不捕之 兒言雉方將雛 親瞿然而起 與恭訣曰 所以〈來者 欲察君之政迹耳 今蟲不犯境 一異也 化及鳥獸 此二異也 豎子有仁心 此三異也 久留徒擾賢者耳〉[*1) *2)]

後漢의 魯恭이 中牟令이 되었는데 나라 안팎이 〈蝗蟲으로〉 농사에 피해를 입었으나 中牟에는 〈황충이〉 들어가지 않았다. 河南尹 袁安이 사실이 아닐 것이라 의심하고 아전인 肥親에게 가서 살피게 하였다.

魯恭이 수행하여 밭두둑을 순행하다가 뽕나무 아래에 앉으니 꿩이 지나가다가 그의 곁에 머물렀다. 그 옆에 아이가 있어 肥親이 "얘야, 어찌하여 꿩을 잡지 않느냐."고 물으니, 아이가 "꿩이 지금 어리기 때문입니다." 하였다.

肥親이 놀라서 일어나 魯恭에게 말하기를 "내가 온 이유는 그대의 정치상황을 살피기 위해서인데 지금 황충이 경내에 들어오지 않으니 이것이 첫 번째 기이한 일이요, 교화가 鳥獸에 미치니 이것이 두 번째 기이한 일이요, 어린아이도 어진 마음이 있으니 이것이 세 번째 기이한 일입니다. 오래 머물면 다만 賢者를 번거롭게 할 뿐입니다." 하였다.

*1) 〔역주〕 〈來者……久留徒擾賢者耳〉：저본에 누락된 부분이나, 사고전서본에 의거하여 보

충하였다.

*2) 〔역주〕 後漢魯恭……久留徒擾賢者耳 : ≪後漢書≫ 〈魯恭傳〉에 나온다.

3) 〔역주〕 〈彼所以一見其俗……誰占耶〉 : 저본에 누락된 부분이나, 사고전서본에 의거하여 보충하였다.

單父의 郊外에 들어가 잡은 물고기를 놔주는 풍속을 보고 이미 子賤의 정치를 알았고, 中牟의 교외에 들어가 꿩이 길들여진 풍속을 보고 魯恭의 정치를 알았다. 저들이 한번 그 풍속을 보고 대번에 두 사람의 어짊을 인정하고 더 이상 그 정치를 살피지 않은 이유에 대해 자못 할 말이 있다. 이는 善政이 반드시 경박한 풍속을 바꿀 수는 없으나, 아름다운 풍속이 惡政을 구제할 수는 있기 때문이다.

周나라는 武王에서 成王으로 성왕에서 康王으로 三代가 지났지만, 商나라의 번드르르한 말과 사치한 풍속이 끊이지 않았고, 漢나라는 高祖에서 惠帝로 혜제에서 文帝로 삼대가 지났지만, 부모에게 호미를 빌려주고 꽁알대는 秦나라의 풍속이 여전히 존재하였으니, 정치가 풍속을 바꾸는 것은 이와 같이 어렵다.

漢나라가 東遷한 뒤, 桓帝・靈帝에 이르러 포악이 극에 달해 정치가 위에서 어지러웠으나 풍속이 아래에서 맑아서, 간악하고 교활한 영웅호걸이 그래도 정의를 두려워할 줄 알아 감히 대번에 나라를 차지하지 못했다. 그러므로 환제・영제 때에 한나라의 국운이 이미 끝났으나 建安 연간에 국운을 십수 년 연장할 수 있었던 것은 한나라의 힘이 아니라 실로 流風과 遺俗이 지탱해준 힘이었다. 저 나라의 興亡을 관찰하고자 하는 자가 풍속을 관찰하지 않고 무엇을 관찰하겠는가?

〈齊仲孫湫來省魯難하고 其反命也에 齊侯問曰 魯可取乎아 曰不可하니 猶秉周禮니이다〉[1] 周禮는 所以本也니 臣聞之國將亡에 本必先顚而後枝葉從之라하니 魯不棄周禮하니 未可動也[2]라하니라 嗚呼라 仲孫湫之所謂秉周禮者는 果誰歟[3]아 閔公魯君也[4]요 哀姜君母也[5]며 慶父大臣也[6]라 閔公生甫八年이니 固未識所謂周禮[7]요 若哀姜則棄位而(狡)〔姣〕[8][9]하고 若慶父則弑逆之賊[10]이니 凡周禮之大禁을 擧犯之矣[11]라 觀魯之朝[12]컨대 三綱淪[13]하고 九法斁[14]하니 指何物以爲周禮耶[15]아 吾是以知仲孫湫之觀魯는 不觀其政이요 而觀其俗也[16]니라

1) 〔역주〕〈齊仲孫湫來省魯難……猶秉周禮〉: 저본에 누락된 부분이나, 사고전서본에 의거하여 보충하였다.

2) 周禮所以本也……未可動也 : 言魯雖亂而根本堅固 未動搖也

魯나라가 비록 어지러우나 근본이 단단하니 아직 동요시킬 수 없다는 말이다.

3) 嗚呼……果誰歟 : 設問

물음을 가설하였다.

4) 閔公魯君也 : 閔公方卽位爲君

閔公이 막 즉위하여 魯나라 임금이 되었다는 것이다.

5) 哀姜君母也 : 哀姜 莊公之夫人也

哀姜은 莊公의 夫人이다.

6) 慶父大臣也 : 慶父 桓公之子 莊公之弟也

慶父는 桓公의 아들이자 莊公의 아우이다.

7) 閔公生甫八年 固未識所謂周禮 : 年幼豈知周禮

나이가 어린데 어찌 周禮를 알겠느냐는 말이다.

8) 〔역주〕(狡)〔姣〕: 저본에 '狡'로 되어있으나, 사고전서본에 의거하여 '姣'로 바로잡았다.

9) 若哀姜則棄位而(狡)〔姣〕: 棄夫人之位 而淫於慶父

夫人의 지위를 잊어버리고 慶父와 음란하였다는 말이다.

10) 若慶父則弑逆之賊 : 弑太子般

〈慶父는〉 太子 般을 시해하였다.

11) 凡周禮之大禁 擧犯之矣 : 淫亂弑逆罪莫大焉

淫亂과 弑逆보다 더 큰 죄는 없다는 말이다.

12) 觀魯之朝 : 觀政在朝

정치는 朝廷에서 관찰한다는 것이다.

13) 三綱淪 : 君臣父子夫婦三綱 皆淪沒矣

君臣・父子・夫婦의 三綱이 모두 빠져 잘못되었다는 말이다.

14) 九法斁 : 九疇大法 皆耗斁矣

천하의 큰 법도가 모두 썩었다는 것이다.

15) 指何物以爲周禮耶 : 觀政於朝 而秉周禮者 無其人矣

朝廷의 정치를 관찰하고서 周禮를 지키는 자가 없는 것을 안 것이다.

16) 吾是以知仲孫湫之觀魯……而觀其俗也 : 漸入主意

점차 主意로 들어가는 말이다.

齊나라 仲孫湫가 와서 魯나라의 난리를 살피고 돌아가 復命할 때에, 齊侯가 "노나라를 취할 수 있을까?"라고 물었다. 대답하기를 "불가합니다. 오히려 周禮를 지키고 있습니다. 周禮는 나라의 근본입니다. 신은 들으니 나라가 망하려 하면 반드시 먼저 근본이 무너진 뒤에 지엽이 그 뒤를 따른다고 합니다. 노나라는 周禮를 잊지 않았으니 동요시킬 수 없습니다."라 하였다.

아, 仲孫湫가 말한 周禮를 지키고 있다는 자는 과연 누구인가? 閔公은 노나라 임금이고, 哀姜은 임금의 모후이며, 慶父는 대신이다. 閔公은 겨우 8살이니 진실로 이른바 周禮라는 것을 모를 것이고, 哀姜은 지위를 버리고 음란하였으며, 慶父는 윗사람을 시해한 역적이니 이들은 모두 周禮에서 크게 금하는 일을 범한 자들이다. 노나라 조정을 살펴보니 三綱이 무너지고 九法이 썩었으니, 무엇을 가리켜 周禮라고 하였는가? 나는 이로 인해 仲孫湫가 노나라를 살핀 것은 정치를 살핀 것이 아니라 풍속을 살핀 것임을 알겠다.

魯自周公伯禽以來[1)]로 **風化浹洽**[2)]하야 **其民耳濡目染**[3)]하고 **心安體習**[4)]하니 **無適而非周禮者**[5)]라 **揭於觀**[6)]하고 **藏於府**[7)]하며 **講於泮宮**[8)]하고 **流於洙泗**[9)]하며 **被於絃歌**[10)]하고 **形於冠服**[11)]하야 **郁郁乎其文也**[12)]요 **洋洋乎其聲也**[13)]하며 **井井乎其條也**[14)]ㄹ새 **雖經哀姜慶父之難**[15)]이나 **能易其主而不能易其禮**[16)]하고 **能奪其權而不能奪其俗**[17)]하니 **擧魯國之俗**이 **皆秉周禮**[18)]하고 **其爲惡者**는 **獨哀姜慶父二三人耳**[19)]라 **寡不勝衆**하니 **安得而敗乎**아 **此所以魯祀旣絶而復續**하고 **哀姜慶父之勢亦已成而復傾也**니 **仲孫湫可謂妙於覘國矣**[20)]로다 **周公伯禽**이 **培其風俗於數百年之前**[21)]하야 **而效見於數百年之後**[22)]하니 **其規模遠矣哉**[23)]ㄴ저 **子孫之不能常賢也**[24)]요 **國之不能常安也**[25)]며 **法之不能常善也**[26)]가 **固也**[27)]니 **雖聖人**이라도 **亦末如之何也**[28)]라 **是數者**는 **旣末如之何**나 **獨養其禮義之風俗**하야 **以遺後人**[29)]이면 **使衰亂之時**에도 **猶可恃之以復振**[30)]하고 **四隣望之而不敢謀**[31)]리니 **其慮後世亦深矣**[32)]로다 **世之弊精神於簿書期會**[33)]하고 **視風俗爲迂闊者**[34)]가 **果足以知此哉**[35)]리오

1) 魯自周公伯禽以來：伯禽 周公之子 始封於魯

伯禽은 周公의 아들이다. 당초 魯나라에 봉해졌다.

2) 風化浹洽：此下言周公伯禽培養風俗之厚

이 이하의 글은 周公과 伯禽이 풍속을 후덕하게 길렀음을 말하였다.

3) 其民耳濡目染：耳目所濡染者 此風化也

耳目이 무젖는 것이 敎化이다.

4) 心安體習：心身所安習者 此風化也

心身이 편안하고 익숙해지는 것이 敎化이다.

5) 無適而非周禮者：民俗所尙 無非周公之禮

백성의 풍속이 숭상하는 것이 周公의 禮 아님이 없다는 것이다.

6) 揭於觀：揭周禮於兩觀 以爲號令

周禮를 궁궐 양쪽 樓觀에 걸어 호령하였다는 것이다.

7) 藏於府：藏周禮於書府 以爲典故

周禮를 書庫에 보관하여 典故로 삼았다는 것이다.

8) 講於泮宮：平時學校之所講者 此周禮也

평소 學校에서 강론하였던 것이 周禮라는 것이다.

9) 流於洙泗：異時洙泗之所傳者 此周禮也 孔子居於洙泗之間

훗날 洙水와 泗水 지역에서 전수한 것이 周禮라는 것이다. 孔子는 洙水와 泗水 지역에 살았다.

10) 被於絃歌：聲樂之所奏者 此周禮也

음악에서 연주한 것이 周禮라는 것이다.

11) 形於冠服：與夫冠冕衣服之制 無非周禮也

그리고 관복이나 제복의 제도가 周禮에 근거하지 않음이 없다는 것이다.

12) 郁郁乎其文也：郁郁 文華之盛

郁郁은 문채가 성한 모양이다.

13) 洋洋乎其聲也：洋洋 聲樂之美

洋洋은 음악이 아름다운 것이다.

14) 井井乎其條也：條理秩然 如井田之分布

조리가 질서정연하여 井田이 펼쳐진 것과 같다는 말이다.

15) 雖經哀姜慶父之難：慶父朋比哀姜 以行弒逆

慶父는 哀姜과 朋黨을 지어 弑逆을 행하였다.

16) 能易其主而不能易其禮：子般可殺而周禮不可易

子般을 죽일 수는 있어도 周禮를 바꿀 수는 없다는 것이다.

17) 能奪其權而不能奪其俗：政柄可移而美俗不可奪
정치적 권력은 옮겨갈 수 있어도 아름다운 풍속은 뺏을 수 없다는 것이다.

18) 擧魯國之俗 皆秉周禮：言魯人秉周禮之多
魯나라 사람 중에 周禮를 준수하는 이가 많다는 것이다.

19) 其爲惡者 獨哀姜慶父二三人耳：言君臣棄周禮者少
魯나라 君臣 중에 周禮를 잊어버린 자가 적다는 것이다.

20) 寡不勝衆……仲孫湫可謂妙於覘國矣：發盡主意
본편의 主意를 극진히 말하였다.

21) 周公伯禽 培其風俗於數百年之前：以周(出)〔公〕*) 培養其風俗
周公이 그 풍속을 배양했기 때문이란 말이다.

*)〔역주〕(出)〔公〕：저본에는 '出'로 되어있으나, '公'의 誤字인 듯하여 '公'으로 바로잡아 번역하였다.

22) 效見於數百年之後：至閔公之時而後見其效
閔公 때에 이른 뒤에 그 효과가 나타났다는 것이다.

23) 其規模遠矣哉：歸美周公伯禽
周公과 伯禽에게 아름다움을 귀결시킨 것이다.

24) 子孫之不能常賢也：必有不肖
반드시 어리석은 이가 있을 것이라는 말이다.

25) 國之不能常安也：必有險危
반드시 위태로운 일이 있을 것이라는 말이다.

26) 法之不能常善也：必有廢弛
반드시 폐지되거나 해이한 일이 있을 것이라는 말이다.

27) 固也：必然之理
반드시 그런 이치가 있다는 것이다.

28) 雖聖人 亦末如之何也：雖聖人創業垂統 亦不保其不如此
비록 聖人이 기업을 일으키고 전통을 드리우더라도 이와 같지 않도록 보전할 수는 없다는 것이다.

29) 是數者……以遺後人：此聖人所可容力者
이것이 바로 성인이 힘쓸 만한 것이라는 것이다.

30) 使衰亂之時 猶可恃之以復振：如閔公時有難 猶有賴焉

閔公 때처럼 환난이 있다 해도 오히려 의뢰할 것이 있다는 것이다.

31) 四隣望之而不敢謀：如齊欲因亂取而不魯卒敢〈取〉*)

齊나라처럼 魯나라의 어지러움을 틈타 노나라를 취하고자 하였으나 끝내 감히 노나라를 취하지 못했다는 것이다.

*) 〔역주〕〈取〉: 저본에 글자가 명확하지 않으나, 문맥을 살펴 '取'자를 보충하였다.

32) 其慮後世亦深矣：憂慮深 故規模遠

우려함이 깊기 때문에 규모도 원대하다는 것이다.

33) 世之弊精神於簿書期會：後世治國者 但以此爲急務

후세의 나라 다스리는 자들은 이런 일〔簿書期會〕만 급선무로 여길 뿐이라는 것이다.

34) 視風俗爲迂闊者：以培養風俗爲不切

풍속을 배양하는 것을 절실하게 여기지 않는다는 것이다.

35) 果足以知此哉：豈知聖人規模之遠

어찌 聖人의 규모가 원대함을 알겠느냐는 말이다.

魯나라는 周公과 伯禽 이후로 敎化가 두루 미쳐, 백성들의 耳目이 무젖었으며 心身에 편안하고 익숙하였으니, 가는 곳마다 周禮가 없는 곳이 없었다. 〈주례를〉 兩觀에 게시하고, 書庫에 보관하고, 泮宮에서 강론하고, 洙泗 지역에 전수하고, 絃樂器로 연주하고, 冠服에 드러내어, 무성하게 문채 나고, 성대하게 소리 나며, 정연하게 조리가 있었다. 그렇기 때문에 비록 哀姜과 慶父의 환난을 겪었으나 그 군주는 바꾸었을지라도 禮는 바꿀 수 없었고, 權勢는 뺏을 수 있었을지라도 風俗은 빼앗지 못하였다.

이는 노나라의 풍속이 모두 周禮를 지키고 있는 반면에, 악행을 저지르는 자는 유독 哀姜과 慶父 등 두서너 사람뿐이었기 때문이었다. 적은 사람은 많은 사람을 이길 수 없으니 노나라가 어찌 잘못되겠는가? 이것이 바로 노나라의 제사가 끊어졌다가 다시 이어지고, 哀姜과 慶父의 권세가 성공하였다가 좌절된 이유이니, 仲孫湫의 나라 살핌이 신묘하다고 이를 만하다.

周公과 伯禽이 수백 년 전에 풍속을 배양하여 수백 년 뒤에 그 효과가 나타났으니 그 규모가 원대하도다. 자손이 항상 어질 수는 없는 것이고, 나라가 항상 편안할 수도 없는 것이며, 법이 항상 훌륭할 수도 없는 것이 본래 정해진 이치이니, 비록 聖人이라도 어찌 할 수 없는 것이다. 이 몇 가지는 이미 어떻게 할 수 없는 것이지만 유독 禮義의 풍속을 배양하여 후세에 남겨주면, 쇠약하고 어지러운 때에도 오히려 그것을 믿고 다시 떨쳐 일어날 수 있고, 사방 이웃나라가 바라보고도 감히 도모하지 못할 것이니, 후세를 염려한 것이 심원하도다.

세상에 장부와 문서 그리고 기한에만 정신을 피폐하게 하고 풍속을 오활하게 여기는 자들이 과연 이것을 알 수 있겠는가?

魯之風俗이 **能存魯於旣壞之餘**하니 **盛矣**[1)]로다 **苟魯之嗣君**이 **當閒暇**[2)]하야 **已成之風俗**하야 **加以政事**[3)]면 **則其治孰能干之耶**[4)]리오 **救已(懷)〔壞〕**[5)]**之政甚難**하고 **因已成之俗甚易**[6)]로다 **今風俗尙能救政事之疵**[7)]로되 **而政事反不能因風俗之美**[8)]하니 **是風俗不負魯**요 **而魯其負風俗也**니 **悲夫**[9)]라

1) 魯之風俗……盛矣：結尾 轉責魯之嗣君

結尾이다. 전환하여 魯나라의 후세 임금들을 책망한 것이다.

2) 苟魯之嗣君 當閒暇：無事之時

무사한 때를 이른다.

3) 已成之風俗 加以政事：因其美俗 加以善政

美風良俗으로 인하여 善政을 베풂을 이른다.

4) 其治孰能干之耶：其效可知

그 효과를 알 수 있다는 것이다.

5)〔역주〕(懷)〔壞〕: 저본에 '懷'로 되어있으나, 사고전서본에 의거하여 '壞'로 바로잡았다.

6) 救已(懷)〔壞〕之政甚難 因已成之俗甚易：言美俗可以救惡政

美風良俗은 포악한 정치도 구제할 수 있다는 말이다.

7) 今風俗尙能救政事之疵：言魯之風俗能存魯於旣壞之餘

魯나라의 풍속이 노나라의 정치가 무너진 뒤에도 노나라를 보존하게 할 수 있었다는 말이다.

8) 政事反不能因風俗之美：言魯之嗣君不能因其風俗加以政事

魯나라의 후세 임금은 풍속을 통해 정치를 베풀 수 없었다는 말이다.

9) 是風俗不負魯……悲夫：結語健

結語가 웅건하다.

魯나라의 風俗이 노나라의 정치가 무너진 뒤에도 노나라를 보존시킬 수 있었으니, 훌륭하도다. 만약 노나라의 후세 임금이 한가한 때에 美風良俗을 이루어 善政을 베풀

었다면 그 다스림을 누가 침범할 수 있었겠는가?

이미 무너진 정치를 구제하기는 매우 어렵고, 이미 이루어진 풍속으로 다스리기는 매우 쉽도다. 지금 풍속이 오히려 정치의 흠을 구제할 수 있는데도 정치가 도리어 아름다운 풍속을 따르지 않으니, 이는 풍속이 노나라를 저버린 것이 아니라 노나라가 풍속을 저버린 것이니, 슬프도다.

東萊博議 卷9

09-01 舟之僑奔晉　舟之僑가 晉나라로 달아나다

【左傳】 閔二年이라 〈春에〉 虢公敗犬戎於渭汭하다 舟之僑曰 無德而祿[1]은 殃也니 殃將至矣리라하고 遂奔晉하다 僖二十八年에 晉侯侵曹伐衛하니 楚人救衛하다 三月丙午에 晉侯入曹하니 舟之僑로 爲戎右하다 夏四月에 晉侯及楚人이 戰于城濮하여 楚師敗績[2]하니 舟之僑 先歸하다 秋七月〈丙申〉에 振旅[3]하야 以入于晉하야 殺舟之僑以徇於國하다

1) 〔역주〕 無德而祿 : 虢公이 임금의 德도 없으면서 天祿을 누린다는 것은, 괵공이 戎을 패배시키고서 땅을 開拓하였으니 분명히 소득이 있었을 것이므로 이를 모두 祿이라고 한 듯하다.

2) 〔역주〕 敗績 : 크게 무너지는 것〔大崩〕을 이른다.

3) 〔역주〕 振旅 : 군대가 나가는 것을 '治兵'이라 하고, 들어오는 것을 '振旅'라 하는데, 여기서는 勝戰하고 돌아오는 뜻으로 쓰였다.

閔公 2년, 봄에 虢公이 渭水 굽이에서 犬戎을 패배시키자, 舟之僑가 말하기를 "德도 없으면서 福을 받는 것은 災殃이니, 재앙이 장차 닥칠 것이다."라고 하고 드디어 晉나라로 도망갔다.

僖公 28년에, 晉侯가 曹나라를 侵攻하고 衛나라를 토벌하니 楚人이 衛나라를 구원하였다. 3월 병오일에, 晉侯가 曹나라를 침입하니 舟之僑를 戎車의 車右로 삼았다. 여름 4월에, 晉侯와 楚人이 城濮에서 싸워 楚師가 크게 패배하니 舟之僑가 먼저 돌아갔다. 가을 7월 병신일에, 振旅하여 晉나라로 들어와서 舟之僑를 죽여 全國에 조리돌렸다.

天下之理에 有深可怪者하니 倒挽九牛로되 而不能擧秋毫면 吁可怪也며 洞視百里로되 而不能見岱華면 吁可怪也며 高脫亂世之禍로되 而不能免治世之誅면 吁可怪也라 舟之僑는 當虢公有功之時하야 獨先見其敗亡之釁하고 皤然適晉하야 遂免於禍하니 可謂智矣라 其後城濮之役에 爲晉文公之戎右하야 畔(叛)官離次하야 棄衆而歸하니 晉文誅

之以徇於國하니라 智於前하고 愚於後은 何耶오 虢公之禍는 智者도 或不能預知나 至若晉文之法하야는 則雖庸人이라도 知其不可犯也라 舟之僑能知智者之所疑로되 而不能知庸人之所畏하니 其理果安在歟아 盖恃智與恃功等耳니라

천하의 이치 중에 매우 괴이한 것이 있다. 아홉 마리 소를 끌 수 있으면서도 가을 터럭 하나를 들 수 없다면, 아, 괴이한 일이다. 백 리를 꿰뚫어보면서도 泰山이나 華山을 볼 수 없다면, 아, 괴이한 일이다. 고상하여 亂世의 화를 면하면서도 治世의 誅罰은 면하지 못한다면, 아, 괴이한 일이다.

舟之僑는 虢公이 공을 세운 때에 누구보다도 먼저 패망의 조짐을 알고 虢나라를 등지고 晉나라로 가서 마침내 화를 면하였으니 지혜롭다고 할 만하다. 그러나 그 뒤, 城濮의 싸움에서 晉 文公의 戎右(兵車의 오른쪽에 앉는 武士)가 되어 싸우다가 소임을 저버리고 군진을 떠나 군사들을 버리고 귀향하니, 진 문공이 그를 목 베어 晉나라에 조리돌렸다.

前日은 지혜로웠고 後日은 어리석었으니, 그 이유가 무엇일까? 괵공의 화는 지혜로운 자도 미리 확신할 수 없는 것이나, 진 문공의 법은 보통 사람이라도 범해서는 안 됨을 안다. 주지교는 지혜로운 자도 확신할 수 없는 것은 알았으나, 보통 사람도 두려워하는 것은 알지 못하였으니, 그 이유가 과연 어디에 있는가? 이는 지혜를 믿는 것과 功을 믿는 것이 같아서일 뿐이다.

虢公之亡은 恃其功也요 舟之僑之死는 恃其智也라 舟之僑既料虢公之亡하고 遂伐其智하야 自謂人莫我若이라하야 擧措任情하고 猖狂妄行하야 蹈於大戮하니라 彼恃其功하고 此恃其智하니 其得禍實出一轍이라 亦何暇相是非哉아 渭汭之捷에 虢公方自喜其師之勝하고 而不知亡國之機已藏於一勝之中矣[1)]며 虢公之亡에 舟之僑方自喜其言之驗하고 而不知殺身之機已藏於一驗之中矣하니 其福也 所以爲禍也요 其智也 所以爲愚也라 虢公以福召禍하고 舟之僑以智召愚하니 使虢公無功之可矜하고 舟之僑無智之可負런들 則國不喪而身不殞矣리라

1) 渭汭之捷……而不知亡國之機已藏於一勝之中矣 : 僖五年 晉侯復假道於虞 以伐虢 冬十二月

丙子朔 晉滅虢

僖公 5년에 晉侯가 다시 虞나라에 길을 빌려 虢나라를 치고, 겨울 12월 초하루인 병자일에 晉나라가 虢나라를 멸하였다.

虢公이 망한 것은 자기의 공을 믿어서이고, 舟之僑가 죽은 것은 자기의 지혜를 믿어서이다. 주지교는 이미 괵공이 망할 것을 헤아리고 마침내 자기의 지혜를 자랑하여 스스로 '나만 한 사람은 없다.'고 생각하고는, 제멋대로 처신하고 미친 듯 함부로 행동하여 큰 형벌을 받았다. 괵공은 자기 공을 믿은 것이고, 주지번은 자기 지혜를 믿은 것이니, 그들이 화를 당한 것이 진실로 같은 길에서 나온 것이다. 어느 겨를에 두 사람의 是非를 따지겠는가?

渭水 굽이의 싸움에서 괵공은 스스로 자기의 군대가 승리한 것만 기뻐했지 망국의 조짐이 이미 이 한 승리 안에 숨어있을 줄은 몰랐으며, 괵공이 망하자 주지교는 스스로 자기의 말이 징험된 것만 기뻐하고 자신을 죽이는 조짐이 이미 이 한 징험 안에 숨어있을 줄도 몰랐다. 그 福이 禍가 된 것이고, 그 지혜가 어리석음이 된 것이다. 괵공은 복으로써 화를 부르고, 주지교는 지혜로써 어리석음을 불렀다. 가령 괵공이 자랑할 만한 공이 없었고, 주지교가 자부할 만한 지혜가 없었다면, 괵공의 나라는 망하지 않았을 것이고, 주지번의 몸은 죽지 않았을 것이다.

先王功眇天下로되 而日有危亡之憂는 非欲自抑也라 所以居其功也요 智眇天下로되 而自處於匹夫匹婦之後는 非欲自晦也라 所以居其智也라 項梁勝秦而驕에 宋義料其必敗러니 不旋踵[1]而梁果覆其軍焉이라 當是時하야 宋義之名蓋楚國하니 懷王奇其智하야 位之以上將이로되 兵未(却)〔叩〕[2] 秦하고 酣宴驕縱이라가 竟斃於項籍之手[3]하니 項梁之亡이 卽虢公之亡也요 宋義之死가 卽舟之僑之死也로다

1)〔역주〕 旋踵 : 짧은 시간을 형용하는 말이다.

2)〔역주〕 (却)〔叩〕 : 저본에 '却'으로 되어있으나, 사고전서본에 의거하여 '叩'로 바로잡았다.

3) 項梁勝秦而驕……竟斃於項籍之手 : 項梁使羽再破秦軍 羽等輕秦 有驕色 宋義諫 梁不聽 乃使宋義於齊 道遇齊使者高陵君顯 曰 公見武信君乎 曰然 義曰 臣論武信君軍必敗 公徐行 卽免 秦果悉起兵 擊楚大破之 高陵君顯見楚懷王 曰 宋義論武信君軍必敗 數日果敗軍 未戰而

先見敗徵 可謂知兵矣 王召宋義 與計事而悅之 因以爲上將軍 至安陽 羽謂宋義曰 今秦軍圍趙〈王〉*) 疾引兵渡河 楚擊其外 趙應其內 破秦必矣 義曰 夫搏牛之蝱 不可以破蝨 今秦攻趙戰勝則兵罷 我乘其敝 不勝則我引兵鼓行而西 必擧秦矣 故曰 不如先鬪秦趙 夫擊堅銳 我不如公 坐運籌策 公不如我 羽晨朝 卽其帳中 斬義頭

項梁이 項羽에게 다시 秦나라 군대를 치게 하였는데, 항우 등이 진나라를 가볍게 보아 교만한 기색이 있었다. 宋義가 간하였으나 항량은 듣지 않고 〈秦나라를 치기 위해〉 송의를 齊나라에 사신으로 보냈다. 송의가 도중에 齊나라 사신인 高陵君 顯을 만나 말하기를 "그대는 武信君(항량)을 만나러 가는가?" 하니, 고릉군이 말하기를 "그렇다" 하였다. 송의가 말하기를 "제가 논해보건대 무신군의 군대는 반드시 패망할 것이니 공이 천천히 가면 화를 면할 수 있을 것입니다."라 하였는데, 진나라가 과연 전 병력을 일으켜 楚나라를 공격하여 크게 무찔렀다.

高陵君 顯이 楚 懷王을 만나 말하기를 "宋義가 무신군의 군대가 반드시 패망할 것이라고 논하였는데 얼마 후 과연 패망한 군대가 되었습니다. 싸우기도 전에 미리 패망할 조짐을 알았으니 군대의 일을 잘 안다고 이를 만합니다."라 하자, 회왕이 송의를 불러 함께 일을 의논해보고 기뻐하여 송의를 上將軍으로 삼았다.

安陽에 이르러 항우가 송의에게 말하기를 "지금 秦軍이 趙王을 포위하였으니 빨리 군대를 이끌고 河水를 건너시오. 초나라가 밖을 공격하고 조나라가 안에서 응수하면 분명 진나라를 격파할 수 있을 것이오." 하였다.

송의가 말하기를 "'소에 있는 등에를 쳐도 이〔蝨〕는 잡을 수 없다.'는 소리가 있다. 지금 진나라가 조나라를 공격하였으니 진나라가 이겨도 군대는 지칠 것이다. 우리는 그들이 피폐한 틈을 타 공격하면 된다. 또 진나라가 진다면 우리는 군대를 이끌고 북을 치면서 서쪽으로 진군하면 반드시 진나라를 함락시킬 수 있을 것이다. 그러므로 먼저 진나라와 조나라를 싸우게 하는 것이 더 좋다. 무릇 갑옷을 입고 무기를 들고 공격하는 것은 내가 그대만 못하고, 앉아서 계책을 세우는 것은 그대가 나만 못하다."라 하자, 항우는 이른 새벽에 송의의 장막 속으로 가서 그의 목을 베었다.

*) 〔역주〕 〈王〉: 저본에는 없으나, 사고전서본에 의거하여 보충하였다.

先王의 공이 천하보다 큰데도 날마다 危亡할까 근심하는 것은 스스로 억제하려는 것이 아니라 이것이 바로 功에 처하는 방법이고, 〈智者의〉 지혜가 천하보다 큰데도 스스로 匹夫匹婦의 뒤에 처하는 것은 스스로 감추려는 것이 아니라 이것이 바로 〈智者가〉 그 지혜에 처하는 방법이다.

項梁이 秦나라를 이기고 교만하자 宋義는 그가 반드시 패망하리라는 것을 알았는데, 얼마 안 되어 과연 항량의 군대가 패망하였다. 당시 송의의 명성이 초나라를 뒤덮었으니 懷王이 그의 지혜로움을 기특하게 여겨 上將軍으로 삼았으나, 송의는 진나라로 進軍하지 않고 잔치에 빠져 교만하고 방종하다가 마침내 項籍(項羽)의 손에 죽었으니, 항량이 패망한 이유가 곧 虢公이 패망한 이유이고, 송의가 죽은 이유가 곧 舟之僑가 죽은 이유이다.

凡人之相非는 未始有極이라 虢公之勝에 舟之僑在其傍而議之로되 回視僑之傍하니 已有議之者矣요 項梁之驕에 宋義在其傍而議之로되 回視義之傍하니 已有議之者矣라 我方憂人엔 而不知人已憂我요 我方料人엔 而不知人已料我하니 是殆可長太息也라 噫라 舟之僑宋義之失을 今世皆能議之矣나 議二子之失者도 亦安知果無人復議其傍耶아

사람들이 서로 비난하는 일은 일찍이 끝난 적이 없다. 虢公이 승리하자 舟之僑가 그의 곁에서 의론하였는데, 주지교의 곁을 둘러보니 이미 주지교를 의론하는 자가 있었다. 項梁이 교만하자 宋義가 그의 곁에서 의론하였는데, 송의의 곁을 둘러보니 이미 송의를 의론하는 자가 있었다.

내가 남을 걱정할 때에는 남이 이미 나를 걱정하는지 모르고, 내가 남을 가늠할 때에는 남이 이미 나를 가늠하는지 모르니, 이것이 크게 탄식할 만하다.

아! 주지교와 송의의 잘못을 지금 세상 사람들이 모두 의론할 수 있을 것이나, 두 사람의 잘못을 의론하는 자 곁에 또 어찌 과연 다시 그를 의론할 사람이 없다고 장담할 수 있겠는가?

09-02 衛懿公好鶴 衛 懿公이 鶴을 좋아하다

【左傳】 閔二年이라 十二月에 狄人伐衛하다 衛懿公好鶴하야 鶴有乘軒[1]者하다 將戰에 國人受甲者 皆曰 使鶴하라 鶴實有祿位어니와 余焉能戰이리오 公與石祁子玦[2]하고 與甯莊子[3]矢하야 使守曰 以此贊國하야 擇利而爲之[4]하라 及戰에 〈狄人戰于熒澤타가〉 衛師敗

績하니 遂滅衛하다 僖公二年에 齊桓公이 封衛於楚丘하다

1) 〔역주〕 軒 : 大夫의 수레이다.

2) 〔역주〕 玦 : 한쪽이 트인 고리 모양의 佩玉이다.

3) 〔역주〕 莊子 : 甯速이다.

4) 〔역주〕 公與石祁子玦……擇利而爲之 : 贊은 돕는 것이다. 玦을 준 것은 決斷해야 된다는 뜻을 보인 것이고, 화살을 준 것은 患難을 막으라는 뜻을 보인 것이다.

閔公 2년, 12월에 狄人이 衛나라를 침공하였다. 衛 懿公은 鶴을 좋아하여 학 중에 大夫의 지위에 올라 軒을 타는 학까지 있었다. 狄人과 전쟁하려 할 때 갑옷을 받은 國人(都城 안의 백성)들이 모두 "학에게 싸우게 하라. 학은 실로 大夫의 祿과 地位가 있지만 우리는 아무 지위도 없으니 어찌 싸울 수 있겠는가."라고 하였다.

懿公이 石祁子에게 玦을 주고 甯莊子에게 화살을 주어 都城을 지키게 하며 말하기를 "이것으로 나라를 도와 이로운 쪽을 선택해 일을 처리하라." 하였다. 전쟁하여 衛師가 大敗하니 狄人이 드디어 衛나라를 멸망시켰다.

僖公 2년에 齊 桓公이 衛나라를 楚丘에 봉하였다.

【主意】 衛懿公以好鶴之故로 國滅身死하니 人皆笑之하니라 殊不知後世尊用高談闊論之士가 無適於用하야 而卒亡其國에 (無)〔則〕[1] 異於懿公之鶴者幾希矣니 豈獨懿公爲可笑哉아

1) 〔역주〕 (無)〔則〕 : 저본에 '無'로 되어있으나, 문맥을 살펴 '則'으로 바로잡았다.

衛 懿公이 鶴을 좋아한 연고로 나라가 망하고 자신이 죽었으므로 사람들이 모두 그를 비웃는다. 그러나 이는, 후세에 고상하고 오활한 담론으로 존귀하게 등용되었던 선비들이 實用에 적합하지 않아 끝내 나라가 망할 때에 '의공의 학'과 다르게 처신한 자가 드물었음을 모른 것이니, 어찌 의공만 비웃음을 받을 수 있겠는가?

衛懿公以鶴亡其國[1]하니라 玩一禽之微하야 而失一國之心[2]하니 人未嘗不撫卷而竊笑者[3]나 吾以爲懿公未易輕也[4]라하노라 世徒見丹其顚素其羽[5]와 二足而六翮者하고 謂之鶴耳[6]요 抑不知浮華之士高自標致로되 而實無所有者[7]가 外貌雖人[8]이나 其中

亦何以異於鶴哉[9)]리오

1) 衛懿公以鶴亡其國：衛懿公好鶴 及狄人之難 國人不肯力戰 遂致滅亡
 衛 懿公이 鶴을 좋아하였는데 狄人의 난리에 國人이 힘써 싸우려 하지 않아 마침내 멸망하게 된 것이다.
2) 失一國之心：國人皆曰 使鶴 余焉能戰
 國人들이 모두 말하기를 "학을 부리면 되니 우리가 어찌 싸울 수 있겠는가?" 하였다.
3) 人未嘗不撫卷而竊笑者：誦左傳者 誰不笑之
 ≪春秋左氏傳≫을 읽은 자 치고 누군들 비웃지 않겠느냐는 말이다.
4) 吾以爲懿公未易輕也：反說主意
 主意를 반론한 것이다.
5) 丹其顚素其羽：鶴有朱頂白羽
 학은 정수리가 붉고 깃이 희다.
6) 世徒見丹其顚素其羽……謂之鶴耳：此懿公所好之鶴
 이것이 懿公이 좋아하는 학의 모습이다.
7) 抑不知浮華之士高自標致 而實無所有者：如下文所引四事之類
 아래 글에 인용한 4가지 유형과 같다.
8) 外貌雖人：具人之形
 사람의 형상을 갖추었음을 이른다.
9) 其中亦何以異於鶴哉：其不適於用 均也 ○ 此一篇主意
 〈학과〉 마찬가지로 실용에 적합하지 않다는 말이다. ○ 이것이 이 글의 主意이다.

衛 懿公은 鶴 때문에 자기 나라를 망하게 하였다. 한 마리 새와 어울려 놀았던 하찮은 일이 온 나라의 民心을 잃게 하였으니 사람들 중에 책을 어루만지며 속으로 비웃지 않는 자가 없다. 그러나 나는 이들이 의공을 업신여길 수 없다고 생각한다.

세상에서는 단지 학의 정수리가 붉고 깃이 희며, 두 다리와 여섯 깃촉이 있는 것을 보고 이것을 학이라고 여길 뿐이다. 그러나 이는 고상하게 잘난 척하나 실제로는 아무것도 할 수 없는 사치한 선비가 외모는 사람이지만 그 속이 학과 다를 것이 무엇이냐는 것은 모른다.

稷下之盛에 **列第相望**[1)]하고 **大冠長劍**과 **褒衣博帶**[2)]로 **談天雕龍之辨**이 **蠭起泉涌**[3)]하고

禹行舜趍者[4]가 肩相摩於道[5]로되 然擢筋之難[6]과 松栢之囚[7]에 曾無窺左足而先應者[8)9]하니 是亦懿公之鶴也[10]라 鴻都之興에 鳥跡虫篆으로 自衒鬻者日至하야 受爵拜官하야 光寵赫然하니 若可以潤色皇猷[11]나 及黃巾之起하야 天下震動[12]에 未聞有畫半策하고 杖一戈하야 佐國家之急[13]하니 是亦懿公之鶴也[14]라 永嘉之季[15]에 淸言者滿朝[16]하야 一觴一詠[17]하며 傲睨萬物[18]하고 曠懷雅量으로 獨立風塵之表[19]하야 神峯雋拔[20]하고 珠璧相照[21]로되 而五胡之亂[22]에 屠之不啻机上肉[23]하니 是亦懿公之鶴也[24]라 普通之際[25]에 朝談釋而暮言老[26]하며 環坐聽講[27]하고 迭問更難[28]하야 國殆成俗[29]이나 一旦侯景逼臺城[30]에 士大夫習於驕惰하야 至不能跨馬[31]하야 束手就戮이나 莫敢枝梧[32]하니 是亦懿公之鶴也[33]라 是數國者[34] 平居暇日에 所尊用之人[35]을 玩其辭藻[36]하고 望其威儀[37]하며 接其議論[38]하고 揖其風度[39]하니 可嘉可仰[40]이요 可慕可親[41]이나 卒然臨之以患難[42]에 則異於懿公之鶴者幾希[43]하니 豈可獨輕懿公之鶴哉[44]아

1) 稷下之盛 列第相望 : 史記文 宣王 喜文學游說之士 自如騶衍淳于髡田駢接予愼到環淵之徒七十六人 皆賜列第 爲上大夫 不治而議論 是以 齊稷下學士 復盛且數百千人

≪史記≫ 〈田敬仲完世家〉에 보이는 글이다. 齊 宣王이 문학을 잘하고 유세하는 선비들을 좋아하여, 騶衍・淳于髡・田駢・接予・愼到・環淵과 같은 무리 76인이 모두 저택을 하사받고 상대부가 되었다. 그러나 이들은 직무는 없고 의론만 하였다. 이러므로 齊나라 稷下學士가 다시 번성하여 수백 명이 되었다.

2) 大冠長劍 褒衣博帶 : 服飾之盛

服飾의 성함을 이른다.

3) 談天雕龍之辨 蠭起泉涌 : 辨說之高

辨說의 고상함을 이른다.

4) 禹行舜趍者 : 步趍之雅

행보와 추구함이 고아함을 이른다.

5) 肩相摩於道 : 儕輩之多

무리가 많음을 이른다.

6) 擢筋之難 : 齊湣王 爲淖齒所殺 見戰國策

齊 湣王은 淖齒에게 살해당했다. ≪戰國策≫ 〈齊策〉에 보인다.

7) 松栢之囚：秦兵擊齊 齊王建 聽相后勝計 以兵降秦 秦虜王建 遷之共遂滅齊 齊人 怨王建聽(如)〔奸〕*) 臣賓客以亡其國 歌之曰 松邪柏邪 住建共者客邪 索隱曰 秦處建於共松栢間也

秦나라 군대가 齊나라를 치자 齊王 建이 재상 后勝의 계책에 따라 군대를 거느리고 진나라에 항복하니, 秦나라가 제왕 건을 포로로 삼아 共으로 옮기고 마침내 제나라를 멸하였다. 제나라 사람들이 간신과 빈객의 말을 듣고 나라를 망하게 한 제왕 건을 원망하여 노래하기를 "소나무인가? 측백나무인가? 建을 共에 살게 한 자들이 객들이 아닌가?"라 하였다. ≪史記索隱≫에 "진나라가 건을 共의 소나무와 측백나무가 있는 곳에 살게 하였다."라 하였다.

*) 〔역주〕 (如)〔奸〕: 저본에 '如'로 되어있으나, ≪史記≫에 의거하여 '奸'으로 바로잡았다.

8) 〔역주〕 曾無窺左足而先應者：窺는 跬와 같으니, 나라를 위해 盡力함을 가리킨다. ≪漢書≫〈息夫躬傳〉에 "京師에 비록 정예병이 있었으나 왼발을 들어 나아가 먼저 대응할 수 있는 자는 없었다.〔京師雖有精兵 未有能窺左足而先應者也〕"고 하였다.

9) 曾無窺左足而先應者：稷下之士 無赴難者

稷下學士들 중에 나라가 위난했을 때에 달려 나아간 이는 없었다는 말이다.

10) 稷下之盛……是亦懿公之鶴也：此浮華之士 無益人國者 一也

이것이 국민과 국가에 무익한 사치스런 선비의 첫 번째 유형이다.

11) 鴻都之興……若可以潤色皇猷：漢靈帝 好文學 引學生能爲文賦者 竝待制鴻都門下 後諸生爲尺牘及工書鳥篆者 皆加引召 遂置鴻都門學 其諸生 皆勅州郡 三公擧用辟召 或出爲刺史太守 入爲尙書侍中 有封侯賜爵者 士君子 皆恥於列焉

漢 靈帝가 문학을 좋아하여 文賦에 능한 학생들을 데려와 鴻都門 아래에서 조서를 기다리게 하였다. 뒤에 諸生 가운데 尺牘과 鳥篆을 잘 쓰는 자가 있으면 모두 추천하여 불렀다. 마침내 홍도문 안에 학교를 설치하고, 그곳의 제생들은 모두 州郡에 勅書를 내려 三公이 추천하고 불러왔다. 이들은 전부 조정 밖에서는 刺史와 太守가 되었고, 조정 안에서는 尙書와 侍中이 되었으며, 侯에 봉해지고 관작을 하사받은 자도 있으니, 사대부나 군자들이 하나같이 이들과 동렬에 있는 것을 부끄럽게 여겼다.

12) 及黃巾之起 天下震動：其後 賊張角起 皆著黃巾 以爲標識 旬月之間 天下響應

그 뒤에 역적 張角이 봉기하여 모두 누런 수건을 착용하여 표지로 삼았는데, 열흘에서 한 달 사이에 천하 사람들이 메아리처럼 호응하였다.

13) 未聞有畫半策……佐國家之急：鴻都諸生 無赴難者

鴻都의 제생들 중에 나라가 위난할 때에 달려 나가 싸운 이는 없었다.

14) 鴻都之興……是亦懿公之鶴也：此浮華之士 無益人國者 二也

이것이 국민과 국가에 무익한 사치스런 선비의 두 번째 유형이다.

15) 永嘉之季 : 永嘉 晉年號

永嘉는 晉나라의 연호이다.

16) 淸言者滿朝 : 士大夫 皆尙淸談

士大夫는 모두 淸談을 숭상한다.

17) 一觴一詠 : 飮酒賦詩

술 마시고 시 짓는 것을 말한다.

18) 傲睨萬物 : 傲睨 不屑之貌

傲睨는 달가워하지 않는 모양이다.

19) 曠懷雅量 獨立風塵之表 : 形容淸高之意

맑고 고상한 뜻을 형용하였다.

20) 神峯雋拔 : 言其高也

고상함을 말한다.

21) 珠璧相照 : 言其淸也

맑음을 말한다.

22) 五胡之亂 : 其時 五胡爭據中原

당시에 다섯 종족의 오랑캐가 中原을 다투어 차지하였다.

23) 屠之不啻机上肉 : 此曹往往有被殺戮者

이런 무리 중에 종종 살육을 당한 자가 있기도 하였다.

24) 永嘉之季……是亦懿公之鶴也 : 此浮華之士 無益人國者 三也

이것이 국민과 국가에 무익한 사치스런 선비의 세 번째 유형이다.

25) 普通之際 : 普通 梁武帝年號

普通은 梁 武帝의 연호이다.

26) 朝談釋而暮言老 : 崇尙佛(者)〔老〕*) 之學

佛老의 학문을 숭상하였음을 이른다.

*) 〔역주〕 (者)〔老〕 : 저본에 '者'로 되어있으나, 문맥을 살펴 '老'로 바로잡았다.

27) 環坐聽講 : 講誦佛老之書

佛老의 서책을 강론하고 외었음을 이른다.

28) 迭問更難 : 問難佛老之事

佛老의 일을 질문하고 논란하였음을 이른다.

29) 國殆成俗 : 上自武帝 下及士夫庶民 習尙成俗

위로 梁 武帝로부터 아래로 사대부와 서민에 이르기까지 습관과 崇尙하는 것이 풍속이 되었다는 말이다.

30) 一旦侯景逼臺城：侯景之叛 圍武帝於臺城

侯景이 모반하여 臺城에서 梁 武帝를 포위하였다.

31) 士大夫習於驕惰 至不能跨馬：平時 不習武備

평상시 군대 일에 대비하는 것을 익히지 않았다는 말이다.

32) 束手就戮 莫敢枝梧：無能爲武帝捍禦患難者

梁 武帝를 위하여 환난을 막을 수 있는 자가 없었다.

33) 普通之際……是亦懿公之鶴也：此浮華之士 無益人國者 四也

이것이 국민과 국가에 무익한 사치스런 선비의 네 번째 유형이다.

34) 是數國者：總斷上文四事

윗글의 4가지 유형을 총결하는 말이다.

35) 平居暇日 所尊用之人：齊之稷下 漢之鴻都 晉之淸談 梁之佛老

齊나라의 稷下學士, 漢나라의 鴻都學生, 晉나라의 淸談家, 梁나라의 佛者와 道家類를 말한다.

36) 玩其辭藻：則有可喜之文

기뻐할 만한 문장이 있다는 말이다.

37) 望其威儀：則有可敬之貌

공경할 만한 모습이 있다는 말이다.

38) 接其議論：則有可聽之言

들을 만한 말이 있다는 말이다.

39) 揖其風度：則有可觀之美

볼 만한 아름다움이 있다는 말이다.

40) 可嘉可仰：可以嘉尙 可以欽仰

가상히 여길 수 있었고, 우러러 공경할 수 있었다는 말이다.

41) 可慕可親：可以歆慕 可以親炙

흠모할 수 있었고, 직접 가르침을 받을 수 있었다는 말이다.

42) 卒然臨之以患難：一旦 有意外之變

하루아침에 뜻밖의 변란이 있음을 이른다.

43) 異於懿公之鶴者幾希：其技能一無所施 與懿公之鶴一也

그들의 기술과 능력이 하나도 시행할 곳이 없었으니, 懿公의 鶴과 마찬가지라는 말이다.

44) 豈可獨輕懿公之鶴哉：應前懿公未易輕也
앞의 '懿公未易輕也'와 호응하는 말이다.

〈齊 宣王 시절〉 稷下學士들이 한창일 때에는 하사받은 저택이 줄지어 서로 바라보았고, 큰 관에 긴 칼을 차고, 좋은 옷에 너른 허리띠를 두른 채 天上의 일을 말하며 용을 조각하듯 화려한 논변이 벌이 날듯 샘이 솟구치듯 하였으며, 禹임금과 舜임금 같은 행보를 따르고 추구하는 자들이 도로에서 어깨를 부딪칠 정도로 많았다. 그러나 근육이 뽑히는 난리와 松栢 사이에 갇혔을 때에, 일찍이 왼발을 들어 먼저 대응한 자가 없었으니, 이 또한 '懿公의 鶴'이다.

〈漢 靈帝 시절〉 鴻都門에 학교가 세워졌을 때에 새와 벌레 모양의 篆字를 잘 쓰는 것으로 스스로 자랑하는 자들이 날마다 대궐에 이르러, 작위를 받고 관직에 제수되어 光祿과 총애가 빛나니 황제의 조서를 윤색할 수도 있었다. 그러나 黃巾賊이 난리를 일으켜 천하가 진동할 때에, 작은 계책이나마 세우고 한 자루 창이나마 잡고서 위급한 국가를 도왔다는 소리는 들어보지 못하였으니, 이 또한 '懿公의 鶴'이다.

〈晉나라〉 永嘉 연간에는 淸談을 하는 자가 조정에 꽉 찼다. 이들은 술 마시고 읊조리며 만물을 거만하게 흘겨보아 광달한 회포와 고아한 도량으로 세속 밖에 우뚝 서서 빼어난 재주가 신묘한 봉우리 같고 빛나는 재주는 珠玉처럼 서로를 비추더니, 五胡의 난리에 도마 위의 고기보다도 더 심하게 도륙당하였다. 이 또한 '懿公의 鶴'이다.

〈梁 武帝〉 普通 연간에는 아침에 부처를 말하고 저녁에 老子를 말하며, 빙 둘러 앉아 듣고 강론하며 번갈아 묻고 교대로 논란하여 나라 안에 이러한 습속이 조성되었는데, 하루아침에 侯景이 臺城을 핍박하자, 사대부들은 교만하고 게으른 생활에 익숙하여 심지어 말을 타지도 못해 속수무책으로 살육을 당하였다. 그러나 감히 이 사태를 막아낼 수 있는 자가 없었으니, 이 또한 '懿公의 鶴'이다.

이상의 몇 나라가 평소 한가한 날에 높이 등용했던 사람들에 대하여, 그가 지은 文辭를 감상하고 그의 威儀를 바라보며 그의 議論을 받아들이며 그의 風度를 공경하였으니, 이는 그들을 가상히 여기고 우러러 바라볼 수 있었으며, 사모하고 친애할 수 있었던 것이다. 그런데도 갑자기 환란에 임하자 '懿公의 鶴'과 다르게 처신한 자가 드물었으니, 어찌 '의공의 학'을 업신여길 수 있겠는가?

所用非所養[1)]이요 所養非所用[2)]이라 使親者處其安[3)]하고 而使疎者處其危[4)]하며 使貴者受其利[5)]하고 而使賤者受其害[6)]면 未有不蹈懿公之禍者也[7)]리라 抑吾又有所深感焉[8)]하니 鶴之爲禽[9)]이 載於易[10)]하고 播於詩[11)]하며 雜出於詩人墨客之詠[12)]하니 其爲人之所貴重이 非凡禽比也[13)]로되 公乘之以軒[14)]에 而擧國疾之[15)]를 視猶鴟梟然[16)]하니 豈人之憎愛遽變於前耶[17)]아 罪在於處(其非)〔非其〕[18)]據而已[19)]니라 以鶴之素로 爲人所貴라가 一非其據에 已爲人疾惡如此[20)]하니 苟他禽而處非其據[21)]면 則人疾惡之者가 復如何耶[22)]아 吾於是乎有感[23)]이로라

1) 所用非所養：緩急所用之人 非平時之所養

급할 때에 쓰이는 사람이 평소에 배양했던 자가 아니라는 말이다.

2) 所養非所用：平日所養之人 緩急全無所用

평소에 배양했던 사람이 급할 때에 전혀 쓰일 곳이 없다는 말이다.

3) 使親者處其安：親者 爲平時所養者

친애하는 자는 평소에 배양했던 자들이다.

4) 使疎者處其危：則疎者怒 而不爲吾用矣

이렇다면 소원한 자들이 성이 나서 나의 쓰임이 되지 않는다는 말이다.

5) 使貴者受其利：貴者 謂平時所養者

貴者는 평소에 배양했던 자들을 이른다.

6) 使賤者受其害：則賤者怒 而不爲吾用矣

이렇다면 천한 자들이 성이 나서 나의 쓰임이 되지 않는다는 말이다.

7) 未有不蹈懿公之禍者也：所養之人 無異懿公之鶴 所受之禍 無異懿公之事

배양되었던 사람도 懿公의 鶴과 다름이 없고, 당한 재화도 懿公의 일과 다름이 없다는 말이다.

8) 抑吾又有所深感焉：結尾 就鶴乘軒立論

結尾이다. '학이 수레를 탐'으로 논의를 세웠다.

9) 鶴之爲禽：鶴非凡鳥

학은 평범한 새가 아니라는 말이다.

10) 載於易：易中孚卦 九二爻辭云 鳴鶴在陰 其子和之

≪周易≫ 中孚卦의 九二爻辭에 "학이 골짜기에서 우니 그 새끼가 화답한다."라 하였다.

11) 播於詩：詩小雅云 鶴鳴于九皐 聲聞于天

≪詩經≫ 〈小雅 鶴鳴〉에 "학이 九皐에서 우니 그 소리 하늘까지 들리네."라 하였다.

12) 雜出於詩人墨客之詠：學韓文獲麟解文法

韓愈의 문장인 〈獲麟解〉의 양식을 배운 것이다.

13) 其爲人之所貴重 非凡禽比也：人無不貴重斯 斯禽者壹

사람들이 이를 귀중하게 여기지 않는 이가 없으나, 이 또한 날짐승 중의 하나이다.

14) 公乘之以軒：軒 大夫之車也

'軒'은 대부가 타는 수레이다.

15) 擧國疾之：於是可貴重之禽 而人皆惡之

이러므로 귀중하게 여길 만한 새인데도 사람들이 모두 싫어한 것이다.

16) 視猶鴟梟然：視鶴如惡禽之可憎

鶴을 보기를 가증스런 惡鳥 보듯이 한 것이다.

17) 豈人之憎愛遽變於前耶：設問前日人同愛之 一旦人同憎之何也

'전날엔 사람들이 모두 좋아했는데 하루아침에 사람들이 모두 싫어하는 이유는 무엇인가'를 가설하여 물었다.

18) 〔역주〕(其非)〔非其〕：저본에는 '其非'로 되어있으나, 뒤의 문장을 참조하여 '非其'로 바로잡았다.

19) 罪在於處(其非)〔非其〕據而已：斷云 懿公不合以大夫之車 而乘之也 易曰 負且乘致寇至 正是此意

懿公이, 대부의 수레에 학을 태운 것은 법도에 맞지 않다고 단언하여 말하였다. ≪周易≫ 〈繫辭傳〉에 "지고 있어야 할 자가 타고 있으니, 도적이 옴을 이룬다."라 한 말이 바로 이런 뜻이다.

20) 以鶴之素……已爲人疾惡如此：轉生下意

아래 글의 뜻으로 전환하였다.

21) 苟他禽而處非其據：他禽 謂素不爲人所貴重者 亦譏浮華之士也

他禽은 평소 사람들이 귀중하게 여기지 않은 새들을 말한다. 또한 사치를 부리는 선비를 기롱한 말이기도 하다.

22) 人疾惡之者 復如何耶：想人之惡人若善若惡懿公之鶴矣*)

*) 〔역주〕想人之惡人若善若惡懿公之鶴矣：무슨 말인지 알 수 없어 번역하지 않았다.

23) 吾於是乎有感：一段首尾相應

한 문단의 文頭와 文尾가 상응한다.

등용한 자가 평소 배양한 신하가 아니고 평소 배양한 신하가 등용할 만한 자가 아니어서, 친애하는 자는 편안한 곳에 처하게 하고 소원한 자는 위태로운 곳에 처하게 하며, 귀한 자는 이익을 받게 하고 천한 자는 해로움을 받게 하니, 〈이렇게 한다면〉 懿公 같은 災禍를 밟지 않을 자가 없을 것이다.

그러나 이 일에서 내가 더욱 느끼는 바가 있다. '鶴'이라는 새는 ≪周易≫에 실려있고 ≪詩經≫에 전해 내려오며 詩人墨客들의 영탄에 여러 형태로 출현하니, 학이 사람들에게 귀중하게 여겨지는 것이 다른 새에 비할 바가 아니다. 그런데도 의공이 학을 軒에 태우자 온 나라 사람들이 학을 미워하여 惡鳥인 올빼미 보듯이 하였으니, 이것이 어찌 사람들의 愛憎이 갑자기 옛날과 달라진 것이겠는가?

잘못은 자기가 거처할 곳이 아닌 곳에 거처하였다는 데에 있을 뿐이다. 학의 본성으로 사람들에게 귀중하게 여겨지다가 한번 거처 아닌 곳에 처하자 이미 사람들이 미워하는 것이 이와 같았으니, 만일 다른 새로서 자기가 처할 곳이 아닌 곳에 처한다면, 사람들이 미워하는 정도가 더욱 어떻겠는가? 이로 인해 나는 느끼는 바가 있노라.

09-03 里克諫晉侯使太子伐東山皐落氏 里克이 晉侯에게 '진후가 太子에게 東山의 皐落氏를 토벌하게 한 일'에 대하여 간하다

【左傳】 閔五年이라 晉侯使太子申生伐東山皐落氏한대 里克[1]諫曰 太子奉宗廟社稷之粢盛하고 以朝夕視君膳者也니이다 夫帥師하야 專行謀[2]하고 誓軍旅[3]는 非太子之事也니이다 故君之嗣適은 不可以帥師니이다 君其舍之하소서 公曰 寡人有子로되 未知其誰立焉[4]이노라 不對而退하다 見太子한대 太子曰 吾其廢乎[5]아 對曰 (教)〔告〕之以臨民[6]하고 (授)〔教〕之以軍旅[7]하니 不共是懼언정 何故廢乎[8]아 且子懼不孝요 無懼不得立하소서 修己而不責人이면 則免於難하리이다

1) 〔역주〕 里克 : 晉나라 대부이다.
2) 〔역주〕 專行謀 : 군대를 거느린 자는 반드시 軍事를 專斷해야 한다.
3) 〔역주〕 誓軍旅 : 號令을 宣布하는 것이다.
4) 〔역주〕 公曰……未知其誰立焉 : 내가 죽은 뒤에 누구를 임금으로 세워야 할지를 모르기 때문이라는 말이니, 이는 獻公이 太子를 廢하려는 뜻을 드러낸 것이다.

5) 〔역주〕 太子曰 吾其廢乎 : 太子도 獻公이 자기를 廢黜하려 한다는 것을 헤아려 알았기 때문에 이렇게 물은 것이다.
6) 〔역주〕 (敎)〔告〕之以臨民 : 曲沃에 居住하게 한 것을 이른다. '告'는 저본에 '敎'로 되어 있으나, ≪春秋左氏傳≫에 의거하여 바로잡았다.
7) 〔역주〕 (授)〔敎〕之以軍旅 : 下軍을 거느리게 한 일을 이른다. '敎'는 저본에 '授'로 되어 있으나, ≪春秋左氏傳≫에 의거하여 바로잡았다.
8) 〔역주〕 不共是懼 何故廢乎 : 太子는 責任이 重大하니 그 職務를 完遂하지 못할까만 두려워할 것이지, 무엇 때문에 廢立의 일을 두려워하느냐는 말이다.

閔公 5년, 晉侯가 太子 申生을 보내어 東山의 皐落氏를 討伐하게 하자, 里克이 諫하기를 "태자는 宗廟와 社稷의 제사를 받들고 朝夕으로 임금의 음식을 살피는 자입니다. 군대를 거느리고 戰場에 임하여 計策을 專斷하고 군대에게 호령을 내리는 것은 太子의 일이 아닙니다. 그러므로 임금의 適子는 군대를 거느릴 수 없는 것입니다. 임금님께서는 太子를 보내지 마소서."라고 하니, 晉 獻公이 말하기를 "寡人에게는 자식이 많은데 누구를 後嗣로 세워야 할지 알 수 없기 때문이다."라고 하였다.

이 말을 들은 里克은 아무 대답도 하지 않고 물러나왔다. 里克이 太子를 謁見하자, 太子가 "내가 廢黜되겠던가?"라고 물었다. 里克이 대답하기를 "임금께서 太子께 백성 다스리는 일로 告하셨고, 또 太子께 군대의 일로 命하셨으니, 太子께서는 職務를 완수하지 못할까만 염려해야지 무엇 때문에 廢黜될 것을 염려하십니까. 그리고 太子께서는 아들이시니, 不孝만 걱정하고 후사가 되지 못할 것은 걱정하지 마십시오. 몸을 닦고 남을 책망하지 않는다면 禍難을 면할 수 있을 것입니다."라고 하였다.

【國語】 公之優曰施라 通於驪姬한대 驪姬曰 吾欲爲難하노니 安始而可오 優施曰 必於申生이니이다 旣而오 驪姬告優施曰 君旣許我殺太子하고 而立奚齊矣니라 吾難里克하니 奈何오 優施曰 子爲我具(時)〔特〕[1]羊[2]之享하면 吾以從之飮(임)酒하리라 驪姬許諾하고 乃具하야 使優施飮里克酒하다 中飮에 優施歌曰 暇豫之吾吾(어어)[3]여 不如鳥烏[4]로다 人皆集於菀이어늘 己獨集于枯로다 里克笑曰 何謂菀이며 何謂枯오 優施曰 其母爲夫人하고 其子爲君이니 可不謂菀乎아 其母旣死하고 其子又有謗하니 可不謂枯乎아 里克이 夜半에 召優施曰 曩有言은 戲乎아 抑有所聞之乎아 曰 然하다 君旣許驪姬殺太子하고 而立奚

齊하야 謀(將)〔旣〕[5]成矣니라 里克曰 吾秉[6]君而殺太子는 吾不忍이요 通復故交[7]도 吾不敢이니 中立[8]이면 其免乎아 優施曰 免이니이다 里克 稱疾不朝러니 三月에 而難作하다

1) 〔역주〕 (時)〔特〕 : 저본에 '時'로 되어있으나, ≪國語≫에 의거하여 '特'으로 바로잡았다.
2) 〔역주〕 (時)〔特〕羊 : 羊 한 마리를 이른다. 짐승을 셀 때 特은 한 종류의 한 마리, 牢는 두 종류의 각기 한 마리, 太牢는 牛·羊·豕를 각기 갖춘 것을 이른다.
3) 〔역주〕 吾吾(어어) : 용감히 다가서서 서로 친하게 지내지 못하는 모양이다. 곧 머뭇거리며 배회하는 모양이다.
4) 〔역주〕 烏烏 : 까마귀이다.
5) 〔역주〕 將〔旣〕 : 저본에 '將'으로 되어있으나, ≪國語≫에 의거하여 '旣'로 바로잡았다.
6) 〔역주〕 秉 : '잡다, 받들다'의 뜻이다.
7) 〔역주〕 通復故交 : 復은 '아뢰다, 알리다'의 뜻이고, 故交는 예전에 사귀던 사람이니 곧 태자를 이른다. 예전에 서로 알고 지냈던 태자에게 이 소식을 알린다는 말이다.
8) 〔역주〕 中立 : 獻公의 뜻도 따르지 않고 太子를 돕지도 않는다는 말이다.

晉 獻公의 배우〔優〕를 施라 하였는데, 優施가 驪姬와 교통하였다. 여희가 말하였다.

"내가 난리를 일으키려 하는데 어디서부터 시작해야 될까?"

우시가 말하였다.

"반드시 申生에서부터 시작해야 할 것입니다."

얼마 후 驪姬가 優施에게 고하여 말하였다.

"이미 임금께서 나에게 太子를 죽이고 奚齊를 세우겠노라고 허락하셨다. 그러나 나는 里克을 어렵게 생각하니 어찌했으면 좋겠는가?"

優施가 말하였다.

"당신께서 나를 위해 羊 한 마리로 宴享을 준비해주신다면 내가 그 집으로 찾아가 술을 대접하겠습니다."

驪姬가 허락하고서 곧 음식을 장만하여 優施로 하여금 里克에게 술을 대접하게 하였다. 술이 반쯤 취하였을 적에 우시가 노래를 불렀다.

"한가하고 즐거운 길을 머뭇거리며 다가서지 못함이여! 까마귀의 지혜만도 못하도다. 사람들은 울창한 숲에 모여들거늘 자기는 홀로 마른 가지에 앉아있네."

그러자 里克이 웃으면서 말하였다.

"무엇을 울창하다고 하며, 무엇을 마른 가지라고 하느냐?"

優施가 말하였다.

"그 어머니는 夫人이고 그 아들은 임금이 될 것이니, 울창하다고 말할 수 있지 않겠습니까? 그 어머니는 이미 죽었고 그 아들은 또 비방을 받고 있으니 마른 가지라고 말할 수 있지 않겠습니까?"

里克이 밤중에 優施를 불러 말하였다.

"아까 너의 말은 희롱으로 한 말인가? 아니면 들은 바가 있어서인가?"

優施가 말하였다.

"들은 것입니다. 임금께서 이미 驪姬에게 太子를 죽이고 奚齊를 세우겠다고 허락하여 계책이 이미 정해졌습니다."

里克이 말하였다.

"내가 임금의 뜻을 받들어 태자를 죽이는 일도 나로서는 차마 할 수 없고, 예전에 알고 지냈던 太子와 교통하여 알리는 일도 내가 감히 할 수 없다. 中立하여 있으면 내가 화를 면할 수 있겠는가?"

優施가 말하였다.

"면할 것입니다."

이극이 병을 핑계 삼아 조회에 나가지 않았는데 석 달 뒤에 난리가 일어났다.

【主意】 里克이 告父以慈하고 告子以孝하니 可謂善處父子之間이로되 至於驪姬欲殺太子而立奚齊에 里克猶以中立爲說하니 必不善處邪正之間이라 盖里克徒知父子之間當兩全이요 而不知邪正之間不當兩立也로다

里克이 아비(晉 獻公)에게는 자애로써 고하고 자식(太子 申生)에게는 효도로써 고하였으니, 아비와 자식 사이에서 잘 처신하였다고 말할 수 있다. 그러나 驪姬가 태자를 죽이고 奚齊를 세우려 하는데도 里克이 여전히 중립으로 말을 삼았으니, 분명 不正과 正義 사이에서는 잘 처신하지 못한 것이다. 이는 里克이 아비와 자식 사이는 兩全해야 된다는 것만 알고, 不正과 正義 사이는 兩立해서는 안 됨을 모른 것이다.

物之相資者는 不可相無요 物之相害者는 不可相有라 兩不可相無면 則不得不合[1)]이요

兩不可相有면 **則不得不爭**[2)]이니 **合之者**는 **欲其兩全也**요 **爭之者**는 **欲其一勝也**라 **將全其兩**이면 **勿偏於一**하고 **將勝其一**이면 **勿分於兩**하라 **心不可偏**이라 **故調一於兩間者**를 **謂之智**[3)]요 **心不可分**이라 **故依違於兩間者**를 **謂之姦**[4)]이라 **盖兩者竝立**[5)] **然後有兩者之間**[6)]이니 **兩者旣不竝立**[7)]이면 **指何地而爲兩者之間哉**[8)]아 **彼未嘗有間**이어늘 **而我乃欲處其間**하니 **是知依違者 非姦也**요 **愚也**로다

1) 兩不可相無 則不得不合：謂父子
부자관계를 이른다
2) 兩不可相有 則不得不爭：謂邪正
不正과 正義의 상황을 이른다
3) 心不可偏……謂之智：取里克調和於獻公申生之間 故稱之曰智
里克이 獻公과 申生의 사이를 조화롭게 하였음을 취하였다. 그러므로 이를 칭찬하여 지혜롭다 한 것이다.
4) 心不可分……謂之姦：貶里克中立於申生驪姬之事 故斷之曰姦
里克이 申生과 驪姬의 일에 대하여 중립하였음을 폄하하였다. 그러므로 단죄하여 간사하다 한 것이다.
5) 兩者竝立：如父子之類
부자관계와 같은 유를 이른다.
6) 有兩者之間：欲可立於兩者之中
兩者의 중간에 설 수 있고자 한다는 것이다.
7) 兩者旣不竝立：正不勝邪 則邪必勝正
正義가 不正을 이길 수 없으면, 부정이 반드시 정의를 이긴다는 것이다.
8) 指何地而爲兩者之間哉：暗形里克中立之謬
里克의 '중립을 지키겠다'는 말이 잘못되었음을 넌지시 드러낸 것이다.

서로 도움이 되는 물건은 서로간에 없어서는 안 되고, 서로 방해가 되는 물건은 서로간에 있어서는 안 된다. 둘이 서로간에 없어서는 안 된다면 화합하지 않을 수 없고, 둘이 서로간에 있어서는 안 된다면 다투지 않을 수 없다. 화합하는 것은 둘 다 온전하려는 것이고, 싸우는 것은 한쪽을 이기려는 것이다.

둘 다 온전하려면 한쪽으로 치우치지 말고, 한쪽을 이기려면 양쪽으로 나누지 말라. 마음이 치우쳐서는 안 되기 때문에 둘 사이에서 하나로 조화롭게 하는 것을 '지혜

롭다' 하고, 마음이 나누어져서는 안 되기 때문에 둘 사이에서 오락가락하는 것을 '간사하다' 한다. 양자가 함께 선 뒤에야 둘 사이가 있는 것이니, 양자가 이미 함께 설 수 없는 처지라면 어디를 가리켜 둘 사이라고 하였는가?

저들(獻公과 太子 申生)은 사이를 둔 적이 없는데 내(里克)가 그 사이에 처하고자 하니, 오락가락하는 것이 간사한 것이 아니라 어리석다는 것을 이 일에서 알겠다.

父不可無子요 **子不可無父**니 **非所謂相資而不可相無者耶**아 **爲父而傾子**는 **險也**요 **爲子而傾父**는 **逆也**라 **故君子處父子之間**에 **必以兩全爲本**이나 **至於邪之與正**하야는 **則相害而不可相有**니라 **有正則無邪**하고 **有邪則無正**이니 **安得有所謂邪正之間哉**아 **將爲君子耶**ㄴ댄 **盍主其正**이며 **將爲小人耶**ㄴ댄 **盍主其邪**아 **此君子斷然而欲其一勝也**라 **當兩全而欲使一勝**이면 **則其一終不能獨勝**이요 **當一勝而欲使兩全**이면 **則其兩必不能俱全**이리니 **亦審之而已矣**니라

아비는 자식이 없어서는 안 되고 자식은 아비가 없어서는 안 되니, 이는 이른바 '서로 도움이 되어 서로간에 없어서는 안 되는' 경우가 아닌가?

아비가 되어 자식을 해치는 것은 음험한 것이요, 자식이 되어 아비를 해치는 것은 반역이므로, 군자는 부자의 관계에서 반드시 양자가 온전한 것을 근본으로 삼는다. 그러나 不正〔邪〕과 正義〔正〕의 관계로 말하자면 서로 방해가 되어 서로간에 있어서는 안 된다. 이는 정의가 있으면 부정이 없고 부정이 있으면 정의가 없는 것이니, 어떻게 이른바 '부정과 정의의 사이'라는 것이 있을 수 있겠는가?

장차 군자가 되려 한다면 어찌 정의를 주장하지 않겠는가? 장차 소인이 되려 한다면 어찌 부정을 주장하지 않겠는가? 이것이 군자가 결단하여 한쪽을 이기려는 이유이다. 양자가 온전해야 하는데 한쪽을 이기게 하려 한다면 이는 이긴 한쪽이 끝내 홀로 남아 이길 수 없게 될 것이고, 한쪽을 이겨야 하는데 양자를 온전하게 하고자 한다면 이는 그 양자가 함께 온전할 수 없게 될 것이니, 또한 잘 살펴야 할 따름이다.

醫之於疾[1)]에 **未嘗偏助一臟之氣**하야 **使之獨勝**[2)]하고 **兢兢然導養均調**하야 **俱不相**

傷然後止로되 **至於治癰疽**[3)]하얀 **則潰肌流血無所愛**[4)]하니 **豈非身與癰疽決不可兩全耶**아 **其視五臟則若驕子**[5)]하야 **惟恐有毫髮之忤**[6)]하고 **其視癰疽則若讐敵** 하야 **惟恐有毫髮之存**[7)]하니 **是非前怯而後勇也**[8)]라 **疾變則術變也**[9)]ㄹ새니라 **況當國家危疑之時** [10)]하야 **其可一其術而不知前後之變也耶**[11)]아

1) 醫之於疾 : 譬如醫者治病
비유하자면 의원이 병을 치료하는 것과 같은 것이다.
2) 未嘗偏助一臟之氣 使之獨勝 : 人有五臟以應五行 不可使一氣獨勝
사람에게는 五臟이 있어서 五行에 응하는 것이니, 한 가지 기운이 홀로 이기게 해서는 안 된다는 것이다.
3) 癰疽 : 此血氣凝滯之疾 發於皮膚曰癰 發於骨肉曰疽
이는 혈기가 굳고 막혀서 생기는 병이니, 피부에 나는 것을 癰이라 하고, 뼈와 살에 나는 것을 疽라 한다.
4) 潰肌流血無所愛 : 盡去其毒 以除病根
독을 다 제거하여 병의 뿌리를 없애는 것이다.
5) 〔역주〕 驕子 : '驕'는 '嬌'의 뜻으로 총애하는 자식을 이른다.
6) 惟恐有毫髮之忤 : 處父子之法 當如此
부자간에 처하는 법은 마땅히 이와 같아야 한다는 것이다.
7) 惟恐有毫髮之存 : 處邪正之法 當如此
부정와 정의에 처하는 법은 마땅히 이와 같아야 한다는 것이다.
8) 是非前怯而後勇也 : 怯於平五臟 勇於治癰疽
五臟에 대해서는 고르지 않을까 겁을 내고, 종기를 치료하는 데에는 과감하다는 말이다.
9) 疾變則術變也 : 以喩里克執前術而不知變也
里克이 앞의 방법을 고수하여 변화할 줄 몰랐음을 비유한 것이다.
10) 況當國家危疑之時 : 指晉事而言
晉나라 일을 가리켜서 말한 것이다.
11) 其可一其術而不知前後之變也耶 : 責里克
里克을 꾸짖는 말이다.

의원이 병을 치료할 때에 한 장기의 기운을 치우치게 도와 홀로 이기게 한 적이 없다. 조심스레 인도하고 길러 고르게 조화를 이루도록 하여, 모두 서로 다치지 않도록

한 뒤에 치료를 마친다. 그러나 종기를 치료할 때에는 살을 가르고 피가 나도록 하여 아끼는 바가 없으니, 어찌 몸과 종기는 결코 둘 다 온전할 수 없어서가 아니겠는가?

五臟을 보는 것은 아끼는 아들 보듯이 하여 행여 조그만 잘못이라도 있을까 두려워하고, 종기를 보는 것은 원수 보듯이 하여 행여 조그만 것이라도 남아 있을까 두려워한다. 이는 앞에서는 겁을 내고 뒤에서는 용감한 것이 아니라, 병이 달라지면 방법도 달라져서이다. 하물며 국가가 위태롭고 의심스러울 때에 그 방법을 한결같이 하여 전후의 변화를 몰라서야 되겠는가?

是知立乎父子之間하야 **合和而使之兩全**[1)]은 **柔者可能也**[2)]요 **立乎邪正之間**하야 **別白而使之一勝**[3)]은 **剛者可能也**[4)]라 **然用其柔於邪正之間**[5)]이면 **則懦而召姦**[6)]하고 **用其剛於父子之間**[7)]이면 **則激而生禍**[8)]리라 **以前爲後**하고 **以後爲前**이면 **亂不旋踵**이니 **自非權移於銖兩眇忽之中**하고 **機轉於俯仰笑嚬之際**면 **孰能不差毫釐而謬千里哉**[9)]리오 **宜里克之工於前而拙於後也**[10)]로다

1) 立乎父子之間 合和而使之兩全：當用醫者調五臟之術
　'의원이 오장을 조화롭게 하는 방법'과 같은 것을 써야 한다는 것이다.

2) 柔者可能也：柔者則能合和
　부드러운 자가 화합하게 할 수 있다는 것이다.

3) 立乎邪正之間 別白而使之一勝：當用醫者治癰疽之術
　'의원이 종기를 치료하는 방법'과 같은 것을 써야 한다는 것이다.

4) 剛者可能也：剛者則能別白
　강한 자가 명백히 구별할 수 있다는 것이다.

5) 用其柔於邪正之間：當剛而柔
　강하여야 하는데 부드럽게 함을 이른다.

6) 懦而召姦：如里克是也
　里克과 같은 이가 이 경우에 해당된다.

7) 用其剛於父子之間：當柔而剛
　부드러워야 하는데 강하게 함을 이른다.

8) 激而生禍：後世 諫廢太子等事 激禍多矣
　후세에 태자를 폐위하는 따위의 일을 간하여 災禍를 격발한 경우가 많다는 것이다.

9) 以前爲後……孰能不差毫釐而謬千里哉 : 用剛用柔 不可不審

강함을 써야 할 상황과 부드러움을 써야 할 상황을 잘 살피지 않아서는 안 된다는 것이다.

10) 宜里克之工於前而拙於後也 : 一篇主意在此

이 글의 主意가 여기에 담겨있다.

이로써 父子 사이에 서서 둘을 화합시켜 둘 다 온전하도록 하는 것은 부드러운 자가 그렇게 할 수 있고, 부정〔邪〕과 정의〔正〕 사이에 서서 명백히 구별하여 한쪽이 이기도록 하는 것은 강한 자가 그렇게 할 수 있음을 알겠다. 그러나 부정과 정의 사이에 부드러운 방법을 사용한다면 나약하여 간사함을 부르고, 부자 사이에 강한 방법을 사용한다면 격렬하여 화가 생길 것이다.

앞이 뒤가 되고 뒤가 앞이 되면 뒤돌아볼 겨를도 없이 난리가 일어날 것이니, 스스로 미미하고 짧은 순간에 형편을 바꾸며, 올려다보았다가 내려다보고 웃거나 찡그리는 짧은 순간에 기틀을 돌려놓지 않는다면, 누가 능히 '시작은 근소한 차이이나 결과는 천 리나 어긋나는' 지경에 이르지 않을 수 있겠는가? 里克이 앞서는 공교하였고 뒤에서는 졸렬하였던 것이 당연하다.

晉獻公將廢太子申生[1]하야 **先遣之伐東山**에 **里克進而見獻公**하얀 **則諫以君之嗣適**은 **不可以帥師**[2]라하고 **退而見太子**하얀 **則戒以子懼不孝**[3]요 **無懼弗得立**이라하니라 **告父以慈**[4]하고 **告子以孝**하니 **其處父子之間者至矣**로다 **其後驪姬殺申生之謀已成**이나 **憚克而未敢發**하고 **使優施**로 **以言動之**로되 **克猶用前術而不知變**고 **乃曰 吾秉君而殺太子**는 **吾不忍**이요 **通復故交**는 **吾不敢**이니 **中立其免乎**아한대 **驪姬得其中立之言**하고 **始無所憚**하야 **而新城之難作矣**니라 **是克知父子之間當兩全**이요 **而不知邪正不當兩立也**라 **兩刃之下**에 **人不容足**이요 **兩虎之鬪**에 **獸不容蹄**니 **驪姬申生之際**가 **夫豈中立之地哉**아 **勢已新而方守其舊** 하고 **勢已改而方守其初**하야 **用前術應後勢**가 **克之所以敗也**라

1) 晉獻公將廢太子申生 : 入本題事

〈여기부터〉 본편의 일로 들어간다.

2) 諫以君之嗣適 不可以帥師 : 適音的 ○ 嗣適者 嫡長子 當嗣爲君者也 帥師者 統兵征伐也

適의 독음은 的(적)이다. ○ 嗣適은 嫡長子를 이르니 후사를 이어 임금이 될 자이며, 帥師는 군대를 거느리고 적진에 가서 싸우는 것이다.

3) 退而見太子 則戒以子懼不孝 : 見題註

본편의 주석에 보인다.

4) 告父以慈 : 欲獻公〈慈〉*) 其子

獻公이 자기 자식을 자애하게 하려 한 것이다.

*) 〔역주〕〈慈〉: 저본에 1字 궐문이 있으나, 문맥을 살펴 보충하였다.

晉 獻公이 太子 申生을 폐위하고자 먼저 그를 파견하여 東山을 치려 할 때에 里克이 나아가 헌공을 알현하고는 임금의 嫡長子는 군대를 거느려서는 안 된다고 간하였고, 물러나 태자를 알현하고는 자식은 불효할까 두려워해야지 임금 자리에 서지 못할까 두려워해서는 안 된다고 경계하였다. 아비에게는 자애로써 고하였고 자식에게는 효성으로써 고하였으니, 부자의 사이에 처신한 것이 지극하다.

그러나 그 뒤 驪姬가 申生을 죽이려는 음모를 꾸며내었으나 이극이 두려워 감히 실행하지 못하고, 〈여희가〉 優施에게 말로써 이극의 마음을 움직이게 하였는데, 이극은 여전히 前日의 방법을 고수하며 바꿀 줄을 몰랐다. 곧 말하기를 "내가 임금의 명을 지키면서 태자를 죽이는 일은 차마 하지 못하겠고, 그렇다고 옛 교분을 회복하여 그(태자)와 통하는 것도 감히 하지 못하겠으니 중립을 지키면 화를 면할 수 있겠는가?"라 하였으니, 여희가 '중립'이라는 말을 듣고 비로소 꺼리는 것이 없게 되어 新城의 난리가 일어난 것이다. 이는 이극이 父子의 사이는 양자가 온전해야 한다는 것만 알고, 不正과 正義가 양립해서는 안 됨을 모른 것이다.

두 칼날이 대치하고 있는 상황에서는 다른 사람이 끼어들 여지가 없고, 두 호랑이가 다투고 있는 상황에서는 다른 짐승이 끼어들 여지가 없는 것이다. 여희와 신생의 사이가 어찌 중립을 지켜야 할 곳이겠는가? 형세가 이미 새로워졌거늘 여전히 옛 방법을 고수하고, 형세가 이미 바뀌었거늘 여전히 그 처음 방법만 고수하여, 앞서의 방법을 사용하여 뒤의 형세에 적용한 것이 이극이 실패했던 이유이다.

吾嘗論里克之爲人이 **長於柔而短於剛**이라호라 **故能從容彌縫於無事之時**나 **而不能奮厲感慨於有事之日**하니 **前所以中節者**는 **適遇其所長而已**요 **後所以失節者**는 **適遇**

其所短而已라 **使克幸而早死**하야 **不及見驪姬之釁成**이면 **則其短終不露世**하니 **亦豈敢少訾之哉**아 **雖然**이나 **人心不可兩用**이니 **所以處獻公申生之間者**는 **惟恐其有向背**하고 **至拒驪姬**하얀 **則又恐其向背之不明也**라 **所以處獻公申生之間**하얀 **惟恐其有厚薄**하고 **至拒驪姬**하얀 **則又恐其厚薄之不分也**니 **克之處此難矣哉**ㄴ저

나는 일찍이 里克의 사람됨이 부드러움에는 능하지만 강함에는 부족하다고 논하였다. 그러므로 무사한 때에 차분하게 彌縫할 수는 있었으나 유사시에 위엄을 떨쳐 강개할 수는 없었으니, 앞에서 절도에 맞았던 것은 마침 자신의 장점을 만나서일 뿐이고, 뒤에 절도를 잃었던 것은 마침 자신의 단점을 만나서일 뿐이다. 가령 이극이 다행히 일찍 죽어 미처 여희의 음모가 이루어짐을 보지 못했다면, 그의 단점은 끝내 세상에 드러나지 않았을 것이니, 사람들이 어찌 감히 조금이나마 그를 비난하였겠는가?

비록 그러나 사람의 마음은 둘 다 쓸 수는 없는 것이다. 獻公과 申生의 사이에 처한 자는 행여 向背(어느 한쪽을 향하거나 저버리는 마음)가 있을까 두려워해야 하고, 여희를 거절하는 입장에 처해서는 또한 향배가 분명하지 않을까 두려워해야 한다. 헌공과 신생의 사이에 처해서는 또한 행여 厚薄이 있을까 두려워해야 하고, 여희를 거절하는 입장에 처해서는 또한 행여 厚薄이 분명하지 않을까 두려워해야 하니, 이극이 이에 대처하는 것은 어려웠을 것이다.

曰是不難이라 **譽親而詈讐**가 **同一舌也**요 **揖客而擊賊**이 **同一臂也**니 **豈聞其相奪哉**아 **大學之說**에 **所惡於上**으로 **毋以使下**하며 **所惡於下**로 **毋以事上**하며 **所惡於右**로 **毋以交於左**하며 **所惡於左**로 **毋以交於右**라 하니 **上下左右之間**을 **皆欲兩全而不傷**이니 **何其恕也**오 **至其論小人**[1]하야는 **則以謂仁人放流之**[2]하야 **迸諸四夷**[3]하야 **不與同中國**[4]이라하니 **又何其怒也**[5]오 **嗚呼**라 **昔之達者**는 **蓋知之矣**[6]로다

1) 至其論小人：大學論去小人之說

≪大學≫의 논의는 小人에 대한 설을 제외하였다.

2) 以謂仁人放流之：仁者□□[*]固愛人 獨於小人則斥逐之

仁者가 본래 사람을 사랑하나 小人에 대해서만은 배척하여 물리친다는 것이다.

*) 〔역주〕 □□：2字 궐문이 있다.

3) 迸諸四夷 : 迸音屛 ○ 逐出四夷之國

迸의 독음은 屛(병)이다. ○ 사방 오랑캐의 나라로 내친다는 말이다.

4) 不與同中國 : 不與共居中國

함께 중국에서 살지 않는다는 말이다.

5) 又何其怒也 : 恕非所以待小人也 里克之拒驪姬當如此

恕는 소인을 대하는 방법이 아니니, 里克이 驪姬를 거절하기를 의당 仁者가 소인 쫓아내듯이 했어야 했다는 것이다.

6) 昔之達者 盖知之矣 : 言聖賢知此理 而里克不知也

聖賢은 이러한 이치를 알았으나, 里克은 이러한 이치를 몰랐다는 말이다.

〈그러나 내 생각에〉 이것은 어려운 일이 아니라고 생각한다. 친애하는 이를 칭찬하고 원수를 욕하는 것이 동일한 혀이고, 빈객을 향해 읍하고 적을 향해 공격하는 것이 동일한 팔이니, 어찌 둘 사이에 서로 빼앗는다는 말을 들을 수 있겠는가?

≪大學≫의 말에 "윗사람에게 싫어하는 것으로 아랫사람을 부리지 말며, 아랫사람에게 싫어하는 것으로 윗사람을 섬기지 말며, 오른쪽 사람에게 싫어하는 것으로 왼쪽 사람과 사귀지 말며, 왼쪽 사람에게 싫어하는 것으로 오른쪽 사람과 사귀지 말라." 하였다. 이는 上下左右 사이에서 모두 둘 다 온전히 하고 해치지 않고자 한 것이니, 어찌면 그리도 상대방을 잘 헤아린단 말인가?

小人에 대해 논하자면 "어진 사람이라야 무도한 자를 추방하여 사방 오랑캐 나라로 내쳐서 중국에서 함께 살지 못하게 한다."라 하였으니, 또 어찌면 그리도 성낼 줄 안단 말인가? 아! 옛날의 사리에 통했던 자들은 대체로 이렇게 할 줄 알았노라.

09-04 齊侯戍曹遷邢封衛 齊侯가 曹를 지키게 하고, 邢을 옮기고, 衛를 봉하다

09-04-01 齊侯戍曹遷邢封衛 齊侯가 曹를 지키게 하고, 邢을 옮기고, 衛를 봉하다

【左傳】 閔二年이라 齊侯使公子無虧[1]로 帥車三百乘과 甲士三千人하야 以戍曹[2]하다 僖之元年에 齊桓公遷邢于夷儀하고 二年에 封衛于楚丘하니 邢遷如歸하고 衛國忘亡[3]이러라

1) 〔역주〕 無虧 : 齊 桓公의 아들 武孟이다. 兵車 1乘에 配定한 甲士의 수가 정상의 制度와 다르기 때문에 傳에 특별히 드러낸 것이다. 정상의 제도란 兵車 1乘에 甲士 3人씩 배정

해 병역을 담당하게 하는 것인데, 지금은 兵車 1乘에 甲士 10人씩 배정하였기 때문에 정상의 제도와 다르다고 한 것이다.

2) 〔역주〕 曹 : 衛나라의 下邑(小邑)이다.

3) 〔역주〕 衛國忘亡 : 나라가 滅亡된 苦痛을 잊었다는 말이다.

閔公 2년, 齊侯가 公子 無虧에게 兵車 300乘과 甲士 3,000인을 거느리고 가서 曹邑을 지키게 하였다. 僖公 元年에 齊 桓公이 邢國을 夷儀로 옮기고, 희공 2년에 衛國을 楚丘에 봉하였는데, 邢人들은 자기들의 본국으로 돌아가듯이 기뻐하였고, 衛人들은 자기들의 나라가 멸망된 것을 잊었다.

09-04-02 諸侯救邢 諸侯가 邢을 구원하다

【左傳】 僖元年이라 諸侯救邢하다 邢人潰하야 出奔(帥)〔師〕[1]하니 師遂逐狄人하고 (其)〔具〕[2]邢器用而遷之하되 師無私焉하다

1) 〔역주〕 (帥)〔師〕 : 저본에는 '帥'로 되어있으나, ≪春秋左氏傳≫에 의거하여 '師'로 바로잡았다.

2) 〔역주〕 (其)〔具〕 : 저본에는 '其'로 되어있으나, ≪春秋左氏傳≫에 의거하여 '具'로 바로잡았다.

僖公 원년, 諸侯가 邢나라를 救援하였다. 邢人이 흩어져 諸侯의 군대로 도망해 오니, 諸侯의 군대가 드디어 狄人을 逐出하고서 邢人의 器物을 모두 꾸려 옮겨주었는데, 諸侯의 군대 중에 그 器物을 사사로이 취한 자가 없었다.

09-04-03 城楚丘 楚丘에 성을 쌓다

【左傳】 僖二年이라 春에 諸侯城楚丘[1]而封衛焉하다 不書所會는 後也[2]라

1) 〔역주〕 楚丘 : 衛나라 邑이다.

2) 〔역주〕 不書所會 後也 : 諸侯가 會合을 마친 뒤에 魯 僖公이 갔기 때문에 제때에 미쳐 가지 못한 것을 숨기려 하였다. 그러므로 魯나라가 단독으로 성을 쌓은 것으로 글을 만든 것이다.

僖公 2년, 봄에 諸侯가 楚丘에 성을 쌓고서 衛나라를 그곳에 封하였다. 經에 會合

한 諸侯를 기록하지 않은 것은 魯 僖公이 뒤늦게 갔기 때문이다.

【主意】 齊桓公爲霸主하야 坐視邢衛之威亡이라가 至二年之後에야 而始救之者는 蓋霸者之心이 喜於得名일새니라 故養其亂이 所以張其功이요 張其功이 所以隆其名也니라

齊 桓公이 霸主가 되어 邢나라와 衛나라가 위협을 당하고 망하는 것을 보고만 있다가, 2년이 지난 뒤에야 비로소 구원한 이유는 霸者의 마음은 명예 얻는 것을 좋아하기 때문이다. 그러므로 어지러움을 기르는 것은 功을 넓히려는 의도이고, 공을 넓히는 것은 명예를 융숭하게 하려는 의도이다.

王者之所憂는 伯(패)者之所喜也[1)]요 伯者之所喜는 王者之所憂也니 王者는 憂名하고 伯者는 喜名[2)]이라 名胡爲而可憂耶[3)]아 不經桀之暴면 民不知有湯[4)]이요 不經紂之惡이면 民不知有武王[5)]이리라 使湯武幸而居唐虞之時[6)]면 無害可除[7)]하고 無功可見[8)]하야 湯自湯, 武自武, 民自民하야 交相忘於無事之域[9)]이리니 則聖人之志願得矣[10)]리라 功因亂而立[11)]하고 名因功而生[12)]하니 夫豈吾本心耶[13)]리오 是故雲霓之望[14)]이 非湯之盛也[15)]요 乃湯之不幸也[16)]며 壺漿之迎[17)]이 非武王之盛也[18)]요 乃武王之不幸也[19)]라 伯者之心은 異是矣[20)]니라

1) 王者之所憂 伯(패)者之所喜也 : 憂喜二字 便見王霸用心不同

'憂'와 '喜' 두 자에서 곧 王者와 霸者의 마음 씀이 같지 않음을 알 수 있다.

2) 王者之所喜……伯者喜名 : 三句是一篇主意 名字是一篇血脈

이 3구는 이 글의 主意이고, '名'자는 이 글의 血脈이다.

3) 名胡爲而可憂耶 : 此下說王者憂名

이 글 이하는 王者의 憂名에 대하여 설명하였다.

4) 不經桀之暴 民不知有湯 : 桀暴而湯放之 而湯之名始著

桀이 난폭하여 湯王이 그를 추방하자, 탕왕의 이름이 비로소 드러난 것이다.

5) 不經紂之惡 民不知有武王 : 齊人伐燕 宣王問曰 或謂寡人勿取 或謂寡人取之 以萬乘之國 伐萬乘之國 五旬而擧之 人力不至於此 不取必有天殃 取之何如 孟子對曰 取之而燕民悅 則取之 古之人 有行之者 武王是也 取之而燕民不悅 則勿取 古之人 有行之者 文王是也 以萬乘之國伐萬乘之國 簞食壺漿 以迎王師 豈有他哉 避水火也 如水益深 如火益熱 亦運之而已矣 齊人

伐燕 取之 諸侯將謀救燕 宣王曰 諸侯多謀伐寡人者 何以待之 孟子對曰 臣聞七十里爲政於天下者 湯是也 未聞以千里畏人者也 書曰 湯一征 自葛始 天下信之 東面而征 西夷怨 南面而征 北狄怨曰 奚爲後我 民望之 若大旱之望雲霓也 歸市者不止 耕者不變 誅其君而弔其民 若時雨降 民大悅 書曰徯我后 后來 其蘇*)

齊나라 사람이 燕나라를 치자, 齊 宣王이 물었다.

"어떤 이는 과인에게 연나라를 취하지 말라 하고 어떤 이는 과인에게 연나라를 취하라 합니다. 萬乘의 나라로 만승의 나라를 쳐서 50일 만에 함락하였으니 인력으로 이를 수 있는 일이 아닙니다. 〈이는 하늘의 뜻이니〉 연나라를 취하지 않으면 반드시 하늘의 재앙이 있을 것입니다. 취하는 것이 어떻겠습니까?"

孟子가 대답하였다.

"연나라를 취하였는데 연나라 백성이 기뻐한다면 취하십시오. 옛사람 중에 그렇게 하신 분이 있으니 武王이 이런 경우입니다. 연나라를 취하였는데 연나라 백성이 기뻐하지 아니하면 취하지 마십시오. 옛사람 중에 그렇게 하신 분이 있으니 文王이 이런 경우입니다. 만승의 나라로 만승의 나라를 치는데, 도시락의 밥과 호리병의 음료수를 싸 가지고 가서 무왕의 군대를 맞이한 것이 어찌 다른 이유가 있어서였겠습니까? 바로 물난리 불난리 같은 재앙을 피하고자 한 것입니다. 만일 물이 더 깊고 불이 더 뜨겁다면 백성들은 발길을 돌려 다른 곳으로 향할 것입니다."

제나라 사람이 연나라를 쳐서 취하니, 諸侯들이 연나라를 구원할 것을 도모하였다. 제 선왕이 말하였다.

"제후 중에 과인을 치려고 도모하는 자가 많으니 어떻게 대처해야 합니까?"

맹자가 말하였다.

"신은 70리를 가지고 천하에서 정치했다는 소리를 들었으니, 湯王이 이런 경우입니다. 그러나 1,000리를 가지고 다른 사람을 두려워한다는 소리는 들어보지 못했습니다. ≪書經≫에 '탕왕이 한번 정벌하기를 葛로부터 시작하시니, 천하 사람들이 믿어서 동쪽을 향하여 정벌하자 서쪽 오랑캐가 원망하였고, 남쪽을 향하여 정벌하자 북쪽 오랑캐가 원망하여 말하기를 「어찌하여 우리를 뒤에 정벌하는가?」라고 했다.'라 하여, 백성들이 큰 가뭄에 비 오기를 바라듯이 정벌해주기를 바랐습니다. 정벌하자 시장에 가던 자들이 여전히 시장으로 갔으며 밭을 갈던 자들도 변함없이 밭을 갈았습니다. 暴君을 誅罰하고 백성을 위로하였으니 제때에 내리는 비 같아 백성들이 크게 기뻐한 것입니다. ≪서경≫에 '우리 임금을 기다리노니, 임금께서 오시면 소생하리라.' 하였습니다."

*) 〔역주〕 齊人伐燕……其蘇 : ≪孟子≫ 〈梁惠王 下〉에 나온다.

6) 使湯武幸而居唐虞之時：發明二王本心唐堯時虞舜時
두 왕(湯王·武王)의 본심도 堯임금 때나 舜임금 때와 같음을 밝힌 것이다.

7) 無害可除：無桀紂之害
桀·紂 같은 해로움이 없다는 말이다.

8) 無功可見：無弔民伐罪之功
'백성을 위로하고 죄인을 친 공적'이 없었을 것이라는 말이다.

9) 湯自湯……交相忘於無事之域：無名可稱
일컬을 만한 이름이 없는 것이다.

10) 聖人之志願得矣：王者本心 正欲如此
王者의 본심은 바로 이와 같고자 하는 것이다.

11) 功因亂而立：有桀紂之亂 而後有弔伐之功
桀·紂의 어지러움이 있은 뒤에 백성을 위로하고 죄인을 친 공이 있게 되는 것이다.

12) 名因功而生：有弔伐之功 而後天下知湯武之名
백성을 위로하고 죄인을 친 공이 있은 뒤에 천하 사람들이 湯王·武王의 이름을 알게 되는 것이다.

13) 夫豈吾本心耶：王者 所以憂名
王者는 이 때문에 이름나는 것을 근심하는 것이다.

14) 是故雲霓之望：孟子曰 湯一征自葛始 民望之 若大旱之望雲霓也
≪孟子≫에 "탕왕이 한번 정벌하기를 葛로부터 시작하였는데, 백성들이 바라기를 큰 가뭄에 비 오기를 바라듯이 하였다."라 하였다.

15) 非湯之盛也：湯不欲如此
湯王이 이와 같은 것을 바란 것은 아니라는 말이다.

16) 乃湯之不幸也：不幸有桀之亂
불행히도 桀의 어지러움이 있었다는 말이다.

17) 壺漿之迎：孟子曰 東征 綏厥士女 其小人簞食壺漿 以迎其小人
≪孟子≫에 "동쪽을 정벌하여 그곳의 벼슬아치와 그에 따른 여인들을 편안하게 해주자, 그곳의 소인들은 도시락의 밥과 호리병의 음료수로 정벌하는 小人을 맞이하였다."라 하였다.

18) 非武王之盛也：武王不欲如此
武王이 이와 같은 것을 바란 것은 아니라는 말이다.

19) 乃武王之不幸也：不幸有紂之亂
불행히도 紂의 어지러움이 있었다는 말이다.

20) 伯者之心 異是矣 : 引入本題〈事〉[*] 言伯(패)者用心 與王者異

본편의 일을 인용하여 霸者의 마음은 王者의 마음과 다름을 말하였다.

*) 〔역주〕〈事〉: 본서의 세주에 간혹 '入本題事(본편의 일로 들어감)'로 설명하는 부분이 있다. 이에 의거하여 '事'를 보충하여 번역하였다.

王者(德으로 세상을 다스리는 자)가 근심하는 것은 霸者(힘으로 세상을 다스리는 자)가 좋아하는 것이며, 패자가 좋아하는 것은 왕자가 근심하는 것이니, 왕자는 이름이 나는 것을 근심하고 패자는 이름이 나는 것을 좋아한다. 이름이 나는데 어찌하여 근심하는가?

桀王이 난폭하게 했던 세상을 겪지 않았다면 백성이 湯王이 있음을 알지 못했을 것이며, 紂王이 악행을 저질렀던 세상을 겪지 않았다면 백성이 武王이 있음을 알지 못했을 것이다. 가령 탕왕과 무왕이 다행히 堯・舜 시절에 살았다면 제거할 만한 해악이 없고 드러날 만한 공적이 없어, 탕왕은 그저 탕왕이고, 무왕은 그저 무왕이고, 백성은 그저 백성이어서 무사한 세상에서 서로 상관이 없었을 것이니, 이는 聖人의 뜻과 바람이 제대로 실현된 것이다.

功績은 난리로 인하여 세워지고 名譽는 공적으로 인하여 생겨나니 이것이 어찌 우리들의 本心이겠는가? 이러므로 비를 바라는 마음으로 탕왕의 군대를 맞이한 일이 탕왕의 번성이 아니라 탕왕의 불행이며, 호리병의 음료수로 무왕의 군대를 환영한 일이 무왕의 번성이 아니라 무왕의 불행이다. 패자의 마음은 이와 다르다.

凡王者之所謂不幸은 乃伯者之所謂大幸也라 王者는 恐天下之有亂[1)]하고 伯者는 恐天下之無亂[2)]하니 亂不極이면 則功不大[3)]하고 功不大면 則名不高[4)]己새니라 將隆其名[5)]인댄 必張其功[6)]이요 將張其功인댄 必養其亂[7)]이라 狄以閔之元年伐邢[8)]이어늘 其後二年에야 而齊始遷邢于夷儀[9)]하고 狄以閔之二年滅衛[10)]어늘 其後二年에야 而齊始封衛于楚丘[11)]하니 齊威之恤二國이 必在於二年之後者는 何也[12)]오 所以養其亂也[13)]니라 齊威之心[14)]은 以爲當二國之始受兵[15)]에 吾亟攘夷狄而却之[16)]면 則亦諸侯救災恤隣之常耳[17)]니 其迹必不甚奇요 其事必不甚(博)〔傳〕[18)]이며 其恩必不甚深[19)]이니 曷足以取威定伯哉[20)]아 先飢而後食之면 則其食美[21)]하고 先渴而後飮之면

則其飮甘[22)]이니 **今吾坐養其亂**[23)]하야 **待其社稷已顚**하고 **都邑已傾**하며 **屠戮已酷**하고 **流亡已衆**[24)] **然後**에 **徐起而救之**[25)]면 **拔於危蹙顚頓之中**하야 **置於豐樂平泰之地**[26)]니 **是邢衛之君**은 **無國而有國**[27)]이요 **邢衛之民**은 **無身而有身也**[28)]니 **深仁重施**[29)]를 **殆將淺九淵而輕九鼎矣**[30)]리라 **故其功名震越**하고 **光耀**[31)]**赫然**하야 **爲五伯首**[32)]하니라 **向使絶之於萌芽**[33)]면 **則名安得如是之著耶**[34)]아

1) 王者 恐天下之有亂：以亂爲不幸
어지러움을 불행으로 여긴다는 것이다.

2) 伯者 恐天下之無亂：以亂爲幸
어지러움을 행운으로 여긴다는 것이다.

3) 亂不極 則功不大：功因亂而立故
功은 어지러움으로 인하여 세울 수 있기 때문이다.

4) 功不大 則名不高：名因功而立故
명예는 功으로 인하여 확립할 수 있기 때문이다.

5) 將隆其名：霸者喜名 所以如此
霸者는 명예를 좋아하기 때문에 이와 같이 하는 것이다.

6) 必張其功：欲功之大
功이 커지기를 바라는 것이다.

7) 將張其功 必養其亂：欲亂之極 ○ 養亂二字 以誅齊威之心
어지러움이 지극하기를 바라는 것이다. ○ '養', '亂' 두 자로써 齊 桓公의 마음을 주벌한 것이다.

8) 狄以閔之元年伐邢：見本題註*)
본편의 주석에 보인다.

*)〔역주〕見本題註：본편에 수록된 【左傳】에 閔公 원년의 기사는 없다.

9) 齊始遷邢于夷儀：事在僖之元年
이 일이 僖公 원년에 있었다.

10) 狄以閔之二年滅衛：見本題註
본편의 주석에 보인다.

11) 齊始封衛于楚丘：事在僖之二年
이 일이 僖公 2년에 있었다.

12) 狄以閔之元年伐邢……何也：總二事設問

두 일을 총괄하여 물은 것이다.

13) 所以養其亂也 : 應前養亂字 斷齊威之罪

앞글의 '養', '亂'자에 호응하여 齊 桓公을 단죄한 것이다.

14) 齊威之心 : 此下發明伯者之心喜名

이 이하는 패자의 마음은 명예를 좋아함을 밝힌 것이다.

15) 以爲當二國之始受兵 : 狄初伐邢衛時

오랑캐가 처음 邢과 衛를 정벌했을 때를 이른다.

16) 吾亟攘夷狄而却之 : 隨卽救之

'따라서 즉시 구원했다면'이라는 말이다.

17) 亦諸侯救災恤隣之常耳 : 無甚高之名

매우 높게 이름날 것은 없다는 것이다.

18) 〔역주〕 (博)〔傳〕 : 저본에 '博'으로 되어있으나, 사고전서본에 의거하여 '傳'으로 바로잡았다.

19) 其迹必不甚奇……其恩必不甚深 : 三句 皆形容功不大名不高之意

이 3구는 모두 공이 크지 않으면 명예도 높을 수 없다는 뜻을 형용하였다.

20) 曷足以取威定伯哉 : 如此則不足以取威名而定伯業

이와 같다면 위엄 있는 명예를 취하여 패업을 정하기에 부족하다는 말이다.

21) 先飢而後食之 則其食美 : 飢者甘食

굶주린 자는 먹을 것을 달게 여긴다.

22) 先渴而後飮之 則其飮甘 : 渴者甘飮 喩始不救二國者 所以飢之渴之

목마른 자는 마실 것을 달게 여긴다. 처음에 두 나라를 구원하지 않았던 이유는 그들을 굶주리게 하고 목마르게 하고자 한 것임을 비유하였다.

23) 今吾坐養其亂 : 應前養亂

앞글의 '養', '亂'에 호응한다.

24) 待其社稷已頹……流亡已衆 : 頹 崩也 傾 壞也 酷 慘也 衆 多也 ○ 此四句 譬則先飢之渴之

頹는 붕괴이고, 傾은 파괴이고, 酷은 참혹이며, 衆은 많음이다. ○ 이 네 구는 비유하자면 먼저 굶주리게 하고 목마르게 하는 것이다.

25) 徐起而救之 : 譬則飮之食之

비유하자면 마시게 하고 먹게 하는 것이다.

26) 拔於危蹙顚頓之中 置於豐樂平泰之地 : 譬則飢之得食 渴之得飮

비유하자면 굶주린 자를 먹게 할 수 있고, 목마른 자를 마시게 할 수 있는 것이다.

27) 是邢衛之君 無國而有國：國已亡而復存
나라가 이미 없어졌다가 다시 있게 된 것이다.

28) 邢衛之民 無身而有身也：身已死而復生
몸이 이미 죽었다가 다시 살아난 것이다.

29) 深仁重施：如此則齊威仁恩深而施惠重
이와 같다면 齊 桓公의 어진 은혜가 깊고, 베풀어준 은혜가 중한 것이다.

30) 殆將淺九淵而輕九鼎矣：淺與深對 輕與重對 言仁深而九淵爲淺 施重而九鼎爲輕也 ○ 九淵見列子 莊子云 淵有九〈名〉*) 九鼎禹所鑄 見左傳
淺은 深에 상대되는 말이고, 輕은 重에 상대되는 말이니, 仁이 깊어 〈상대적으로〉 九淵이 얕음이 되고, 베풂이 무거워 〈상대적으로〉 九鼎이 가벼움이 된다는 말이다. ○ 九淵은 ≪列子≫ 〈黃帝〉편에 보인다. ≪莊子≫ 〈應帝王〉에 "깊은 못에 아홉 가지 이름이 있다."라 하였다. 九鼎은 禹임금이 주조한 것으로, ≪春秋左氏傳≫에 보인다.

*) 〔역주〕 〈名〉: 저본에 없으나, ≪莊子≫ 〈應帝王〉편에 의거하여 보충하였다.

31) 故其功名震越 光耀：應前功之大名之高
앞글의 '功之大 名之高'에 호응하는 말이다.

32) 赫然 爲五伯首：自入春秋 而齊威始伯 孟子曰 五伯威公爲盛
春秋時代에 들어선 이래로 齊 桓公이 처음 패자가 되었다. ≪孟子≫ 〈告子 下〉에 "五霸 중에 齊 桓公이 가장 성하였다." 하였다.

33) 向使絶之於萌芽：二國始亂而遽救之
'두 나라가 처음 어지러웠을 때 빨리 구원했다면'의 뜻이다.

34) 則名安得如是之著耶：則齊威安得此盛名也 以上發明伯者喜名之意
그렇다면 齊 桓公이 어찌 이런 성대한 명예를 얻었겠느냐는 말이다. 이상의 글은 패자가 명예를 좋아하는 뜻을 발명하였다.

王者가 말하는 불행은 곧 霸者가 말하는 큰 행운이다. 왕자는 천하에 난리가 있을까 걱정하고 패자는 천하에 난리가 없을까 걱정한다. 이는 난리가 극에 달하지 않으면 공적을 크게 세우지 못하고, 공적이 크지 않으면 명예가 높아지지 않기 때문이다. 명예를 융숭하게 하려면 반드시 공적을 넓혀야 하고, 공적을 넓히고자 한다면 반드시 난리를 길러야 한다.

狄人이 閔公 원년에 邢나라를 쳤는데 2년 뒤에야 齊나라가 비로소 형나라를 夷儀로 옮겼고, 적인이 민공 2년에 衛나라를 멸하였는데 2년 뒤에야 제나라가 비로소 위나라를 楚丘에 봉하였다. 齊 桓公이 두 나라를 구휼하기를 반드시 2년 뒤에야 한 것은 어째서인가? 난리를 기르려고 해서였다. 제 환공은 속으로 이렇게 생각하였을 것이다.

'두 나라가 전쟁을 시작하였을 때 내가 서둘러 夷狄을 물리쳐 퇴각시킨다면, 이는 諸侯로서 재앙을 구원하고 이웃나라를 돕는 일반적인 일일 뿐이니, 그 자취가 분명코 그다지 특별하지 않고, 그 일이 분명코 그다지 알려지지 않을 것이며, 그 은혜가 분명코 그다지 깊지 않을 것이니, 어찌 위엄 있는 명예를 취하고 패자의 공업을 정립하기에 충분하겠는가?

먼저 굶주리게 한 뒤에 먹게 하면 먹는 것이 달 것이고, 먼저 목마르게 한 뒤에 마시게 한다면 마시는 것이 달 것이다. 지금 내가 앉아서 난리를 기르다가, 그들의 社稷이 무너지고, 都邑이 경복되고, 참혹하게 도륙되고, 流亡者가 많게 된 뒤에 천천히 일어나 구원한다면, 이는 위태롭고 전복된 속에서 건져내어 풍요롭고 태평한 곳에 살게 하는 것이니, 형나라·위나라 임금의 처지에서는 나라가 없어졌다가 있게 된 것이고, 형나라·위나라 백성의 처지에서는 몸이 없어졌다가 있게 된 것이다. 〈이렇게 되면〉 깊고 중한 은혜를 九淵의 물보다 깊게 여기고 九鼎의 철보다 무겁게 여길 것이다.'

그러므로 그의 功名이 진동하고 혁혁히 빛나 五霸의 으뜸이 되었으니, 지난번에 가령 난리가 시작되었을 때에 즉시 난리를 구제하였다면 어떻게 이처럼 명성이 드러날 수 있었겠는가?

嗚呼[1)]라 **邢衛之難**에 **曰君曰卿 曰士曰民**[2)]이 **肝腦塗中原**하고 **膏液潤野草**[3)]하니 **苟仁人視之**면 **奔走拯救**요 **不能一朝居也**[4)]리라 **今齊威徒欲成區區之名**[5)]하야 **安視其死**하야 **至於二年之久**하니 **何其忍耶**[6)]아 **長人之亂而欲張吾之惠**하고 **多寇之虐而欲明吾之勳**[7)]하니 **是以萬人之命**으로 **而易一身之名也**[8)]라 **是誠何心哉**[9)]아 **今人乍見孺子將入於井**[10)]하면 怵惕**惻隱之心**이 **不期而生**[11)]하니 **此人之眞心也**[12)]라 **眞心一發**이면 **森不可禦**[13)]니 **豈暇計其餘哉**[14)]아 **有人於此**[15)]하니 **謂彼未入於井而全之**면 **其功淺**하고 **既入於井而全之**면 **其功深**[16)]이라하야 **縮手旁觀**타가 **俟其既墜**하야 **乃始**褰**裳濡足而救之**[17)]면 **則其父母必以爲再生之恩**[18)]이라하고 **鄉隣必以爲過人之行**[19)]이라하야 **義槪凜凜**이 **傾動閭里**[20)]라 **回顧前日未入井以救之者**[21)]를 **父母不謝**[22)]하고 **鄉隣不稱**[23)]이면

若大不侔[24]라 **然則爲孺子計者**[25]건대 **寧遇前一人耶**[26]아 **寧遇後一人耶**[27]아 **噫**라 **此王伯之辨也**[28]니라

1) 嗚呼 : 此下深責齊威 養成二國之亂
이 이하는 齊 桓公이 두 나라의 난리를 양성한 것임을 깊이 책한 것이다.

2) 曰君曰卿曰士曰民 : 無貴無賤 均被狄難
貴賤에 상관없이 모두 오랑캐의 난리를 입었다는 말이다.

3) 肝腦塗中原 膏液潤野草 : 言被殺戮之慘
殺戮의 참혹함을 당했다는 말이다.

4) 苟仁人視之……不能一朝居也 : 何待二年之久
어찌 2년이라는 오랜 시간을 기다릴 수 있겠느냐는 말이다.

5) 今齊威徒欲成區區之名 : 惟其喜名 所以養亂
오직 명예를 좋아하기 때문에 난을 기른 것이다.

6) 安視其死……何其忍耶 : 與仁人之用心 異矣
仁人의 마음 씀과는 다르다.

7) 長人之亂……而欲明吾之勳 : 文字中 有此等句法 最爲警策
문장 안의 이런 수법은 가장 좋은 警句가 된다.

8) 是以萬人之命 而易一身之名也 : 痛快喜名之弊 一至於此
명예를 좋아하는 폐단이 한결같이 이런 데에 이름을 통쾌하게 표현한 것이다.

9) 是誠何心哉 : 不仁之甚
不仁함이 심한 것이다.

10) 今人乍見孺子將入於井 : 引孟子語 □結□存理處*)
孟子의 말을 인용하였다.

*) 〔역주〕 □結□存理處 : 2字의 궐문이 있어 해석하지 않았다.

11) 怵惕惻隱之心 不期而生 : 人心皆有此仁故也
人心은 모두 이런 어진 마음이 있기 때문이다.

12) 此人之眞心也 : 仁人心正 故曰眞
仁은 人心의 바른 것이기 때문에 眞이라 한 것이다.

13) 眞心一發 森不可禦 : 自然之心 故不可遏
스스로 그러한 마음이기 때문에 막을 수 없는 것이다.

14) 豈暇計其餘哉 : 非爲內(納)交要譽惡其聲而然也

어린아이의 부모와 친분을 맺기 위함이 아니고, 명예를 구하기 위함도 아니며, 〈아이를 구하지 않았다는〉 비난이 듣기 싫어서 그렇게 한 것도 아니라는 것이다.

15) 有人於此：承上文 入井設喩

윗글을 이어 '우물에 들어가는 일'을 가설하여 비유하였다.

16) 謂彼未入於井……其功深：正如齊威坐視二國之亂

바로 齊 桓公이 두 나라의 난리를 좌시한 것과 같은 것이다.

17) 縮手旁觀……乃始褰裳濡足而救之：正如齊威救二國 必在二年之後

바로 齊 桓公이 2년 뒤에야 두 나라를 구원한 것과 같은 것이다.

18) 則其父母必以爲再生之恩：因孟子所謂內(納)交於孺子之父母而發

≪孟子≫ 〈公孫丑 上〉에 이른바 '어린아이의 부모와 친분을 맺는 것'이란 말로 인하여 발설한 것이다.

19) 鄉隣必以爲過人之行：因孟子所謂要譽於鄕黨朋友而發

≪孟子≫ 〈公孫丑 上〉에 이른바 '마을 사람들과 벗들에게 명예를 구하는 것'이란 말로 인하여 발설한 것이다.

20) 義概凜凜 傾動閭里：正如齊威功名震越光耀

바로 齊 桓公의 功名이 진동하고 빛나는 것과 같은 것이다.

21) 回顧前日未入井以救之者：再一轉佳

다시 한 번 아름다운 일로 전환한 것이다.

22) 父母不謝：無再生之恩

다시 살려준 은혜가 없기 때문이다.

23) 鄉隣不稱：無過人之行

남보다 뛰어난 행적이 없기 때문이다.

24) 若大不侔：彼有名 此無名

저(빠진 뒤에 구하는) 일은 명예가 있으나, 이(빠지기 전에 구하는) 일은 명예가 없는 것이다.

25) 然則爲孺子計者：孺子以譬邢衛

어린아이를 가지고 邢나라와 衛나라에 비유한 것이다.

26) 寧遇前一人耶：未入井而救者

우물에 들어가기 전에 구원해주는 자를 말한다.

27) 寧遇後一人耶：已入井而救者 以諭齊威

우물에 빠진 뒤에 구원하는 자로써 齊 桓公을 비유한 것이다.

28) 此王伯之辨也：結語□□*) 王伯 首尾相應

맺는 말이다. 王伯는 首尾가 상응한다.

*)〔역주〕□□：저본에 2자 闕字가 있다.

아! 邢나라와 衛나라의 난리는 임금과 公卿大夫, 선비와 백성 할 것 없이 모두 그들의 肝腦가 中原의 길을 뒤덮었고 膏血이 들판의 풀들을 적시는 참혹한 지경이었다. 만일 仁人이 그것을 보았다면 분주히 달려가 구원하여 하루아침도 가만히 있지 못하였을 것이다.

그런데 지금 齊 桓公은 한갓 하찮은 이름을 이루고자 2년이라는 오랜 시간 그들의 죽음을 편안히 쳐다만 보고 있었으니 어찌면 그리도 잔인하였는가? 남의 난리를 조장하여 나의 은혜를 확장하고자 하고, 도적의 학대를 많게 하여 나의 공훈을 밝히고자 하였으니, 이는 萬人의 목숨을 一身의 명예와 바꾼 것이다. 진실로 이것이 무슨 마음인가?

지금 어떤 이가, 어린아이가 우물에 들어가려는 것을 언뜻 보면, 두렵고 측은해하는 마음이 저절로 일어날 것이니, 이것이 사람의 진실한 마음이다. 진실한 마음이 일단 일어나면 빽빽한 마음을 막을 수가 없는 것인데 무슨 겨를에 그 나머지 일을 따지겠는가?

여기에 어떤 이가 "저 아이가 아직 우물에 들어가기 전에 온전하게 구해준다면 그 공이 얕고, 우물에 빠진 뒤에 온전하게 구해준다면 그 공이 깊을 것이다."라 하여 수수방관한 채 기다렸다가, 그가 이미 빠진 뒤에 비로소 바지를 걷고 발을 적시어 구원한다면, 그의 부모는 반드시 다시 살려준 은혜라 여기고, 마을 사람들은 뛰어난 행동이라고 여겨, 凜凜하고 의로운 氣槪가 마을에 진동할 것이다.

전일에 아이가 우물에 빠지기 전에 구제한 자에게 부모가 사례하지 않고, 마을 사람들이 칭송하지 않았던 것을 되돌아보면, 전혀 다르다. 그렇다면 어린아이를 위한 계책으로 앞의 사람을 만나는 것이 나은가? 뒤의 사람을 만나는 것이 나은가? 아! 이것이 王者와 霸者의 분별이다.

09-05 衛文公大布之衣 衛 文公이 거친 베옷을 입다

09-05-01 衛文公大布之衣 衛 文公이 거친 베옷을 입다

【左傳】 閔二年이라 衛文公이 大布之衣와 大帛之冠[1)]으로 務材訓農[2)]하고 通商惠工[3)]하고 敬敎勸學[4)]하고 授方任能[5)]하니 元年에 革車三十乘이 季年에 乃三百乘[6)]이러라

1) 〔역주〕 大布之衣 大帛之冠 : 大布는 거친 베이고, 大帛은 두꺼운 명주이니, 諸侯가 喪中에 입는 옷을 착용한 것인 듯하다.
2) 〔역주〕 務材訓農 : 木材를 蓄積하고 農事를 가르친 것이다.
3) 〔역주〕 通商惠工 : 工人에게 더욱 惠澤을 입혀 器用을 편리하게 만들도록 勸奬한 것이다.
4) 〔역주〕 敬敎勸學 : 五敎(五倫)를 중시하고 백성들에게 學問을 하도록 권장한 것이다.
5) 〔역주〕 授方任能 : 方은 모든 일에 알맞은 도리이다.
6) 〔역주〕 元年……乃三百乘 : 衛 文公이 이해 겨울에 즉위하였고, 齊 桓公이 이해에 비로소 魯나라의 난리를 평정하였으므로, ≪春秋左氏傳≫에서 齊 桓公이 霸者가 된 까닭과 衛나라가 復興한 까닭을 말한 것이다. 革車는 兵車이다. 季年은 魯 僖公 25년이다. 衛 文公이 離散한 백성들을 불러 모아 懷柔하였기 때문에 백성을 10배로 늘릴 수 있었다.

閔公 2년, 衛 文公이 거친 베옷을 입고 거친 명주로 지은 모자를 쓰고서 힘써 木材를 蓄積하고 農事를 가르치며, 물자를 流通시키고 工人을 優待하며, 敎育을 중시하고 學問을 권장하며, 官吏의 道理를 가르쳐 능력 있는 자를 任用하니, 僖公 원년에 30乘이던 兵車가 희공 말년에는 300乘이 되었다.

09-05-02 趙宣子爲國政 趙宣子가 國政이 되다

【左傳】 文六年이라 趙宣子[1)]爲國政[2)]하야 制事典하야 正法罪하고 辟獄刑하며 董逋逃하고 由質要하며 治舊洿하고 本秩禮하며 續常職하고 出滯淹하다 旣成에 以授太傅陽子與太師賈佗[3)]하야 使行諸晉國하야 以爲常法[4)]하다

1) 〔역주〕 趙宣子 : 趙盾(돈)이다. 宣은 趙盾의 謚號이다.
2) 〔역주〕 國政 : 政權을 담당하는 正卿이다.

3) 〔역주〕 賈佗 : 公族으로 晉 文公이 亡命했을 때 따라다닌 신하이다.

4) 〔역주〕 制事典……以爲常法 : 事典은 일을 처리하는 規定이다. 法罪는 罪人을 처벌하는 法律이고, 獄刑은 未決狀態로 있는 獄事를 審理하는 것이다. 逋逃는 罪를 짓고 도망한 자이고, 督察은 追捕하기 위해 엄히 살피는 것이다. 質要는 券契로 오늘날의 契約書 같은 것이다. 舊洿는 지난날에 저지른 不正이다. 秩禮는 上下와 貴賤을 分別하는 禮이다. 本은 근본으로 돌린다는 말로 回復의 뜻이다. 常職은 永久히 存續시켜야 할 官職이고, 滯淹은 進出이 막혀 下位에 있거나 草野에 묻혀있는 人才를 말한다.

文公 6년, 趙宣子가 國政이 되어 事典을 制定하여 法罪를 改正하고, 獄刑을 審理하며, 逋逃를 督察하고, 質要를 사용하며, 舊洿를 다스리고, 秩禮를 근본으로 되돌리며, 常職을 存續시키고, 滯淹을 進出시키는 등의 法制를 制定하였다. 이 법제가 완성되자 太傅 陽子와 太師 賈佗에게 주어 晉나라에 시행하여 常法으로 삼게 하였다.

09-05-03 晉悼公卽位 晉 悼公이 즉위하다

【左傳】 成十八年이라 晉悼公卽位于朝하고 始命百官하며 施舍已責(채)[1]하고 逮鰥寡하며 振廢滯[2]하고 匡乏困하며 救災患하고 禁淫慝하며 薄賦斂하고 宥罪戾하며 節器用하고 時用民[3]하야 〈欲無犯時하며〉[4] 使魏相士魴魏頡趙武爲卿[5]하고 荀家荀會欒黶韓無忌[6]爲公族大夫하야 使訓卿之子弟共儉孝弟하고 使士渥濁爲太傅하야 〈使〉修范武子之法하며 右行辛爲司空[7]하야 使脩士蔿之法하며 弁糾御戎하고 校正屬焉[8]하야 使訓諸御知義[9]하며 荀賓爲右하고 司士屬焉하야 使訓勇力之士時使[10]하며 卿無共御[11]하고 立軍尉以攝之하며 祁奚爲中軍尉하고 羊舌職佐之하며 魏絳爲司馬하고 張老爲(侯)〔候〕奄[12]하며 鐸遏寇爲上軍尉하고 籍偃爲之司馬하야 使訓卒乘하야 親以聽命[13]하며 程鄭爲乘馬御하고 六騶屬焉하야 使訓群騶知禮[14]하니 凡六官之長은 皆民譽也[15]라 擧不失職하야 官不易方[16]하며 爵不踰德하니 師不陵正하며 旅不偪師[17]하고 民無謗言하니라 所以復霸也라

1) 〔역주〕 施舍已責(채) : 施는 恩惠를 베푼다는 뜻이고, 舍는 勞役을 廢止한다는 뜻이다. 已는 그만두는 것이고, 責는 債와 通用이니, 官家에 진 빚을 免除하는 것이다.

2) 〔역주〕 振廢滯 : 德이 높은 老臣을 起用한 것이다.

3) 〔역주〕 時用民 : 백성을 農閑期에 부리는 것이다.

4) 〔역주〕 〈欲無犯時〉 : 欲은 私慾이니, 사욕을 함부로 부리지 않는다는 뜻이다.

5) 〔역주〕 使魏相士魴魏頡趙武爲卿 : 相은 魏錡의 아들이고, 魴은 士會의 아들이고, 頡은 魏顆의 아들이고, 武는 趙朔의 아들이다. 이 네 사람은 그 父祖가 모두 晉나라에 功勞가 있었다.

6) 〔역주〕 無忌 : 韓厥의 아들이다.

7) 〔역주〕 右行辛爲司空 : 辛이 右行의 將帥였기 때문에 右行을 그 氏로 삼은 것이다.

8) 〔역주〕 弁糾御戎 校正屬焉 : 弁糾는 欒糾이고, 御戎은 國君의 戎車를 모는 사람이며, 校正은 主馬官이다.

9) 〔역주〕 使訓諸御知義 : 諸御는 일반 兵車를 모는 사람이다.

10) 〔역주〕 使訓勇力之士時使 : 勇力은 모두 車右이다. 勇力이 있는 자는 대부분 上命을 順從하지 않기 때문에 가르쳐서 適時의 使用에 이바지하게 한 것이다.

11) 〔역주〕 卿無共御 : 卿은 各軍의 將佐이고, 共御의 共은 供과 通用으로 執役의 뜻이다.

12) 〔역주〕 (侯)〔候〕奄 : 저본에 '侯'로 되어있으나, ≪春秋左氏傳≫에 의거하여 '候'로 바로잡았다. 奄은 斥候를 主管하는 中軍의 官職이다.

13) 〔역주〕 使訓卒乘 親以聽命 : 수레를 護從하는 兵士를 卒이라 하고, 수레를 타는 兵士를 乘이라 한다. 대개 中軍과 上軍의 尉와 司馬로 하여금 각각 그 士卒을 가르쳐 서로 親愛하여 上命을 따르게 한 것이다.

14) 〔역주〕 程鄭爲乘馬御……使訓群騶知禮 : 程鄭은 荀氏의 別族이다. 乘馬御는 乘車의 御者이다. 六騶는 六閑의 騶이다. ≪周禮≫ 〈夏官 校人〉에 "諸侯는 六閑의 말이 있다."고 하였다. 乘車는 禮容을 숭상하기 때문에 모든 騶를 가르쳐 禮를 알게 하는 것이다. 騶는 官命이고 閑은 馬廐인데, 閑마다 216匹의 말이 있다. 疏에 의하면 "≪周禮≫ 〈校人職〉에 '良馬 3乘(12匹)이 1皀인데 皀에는 下士인 趣馬〔騶〕 1人이 있고, 3皀가 1系인데 系에는 中士인 馭夫 1人이 있고, 6系가 1廐인데 廐에는 上士인 僕父 1人이 있다.'고 하였는데, 그 注에 鄭玄은 '1廐가 1閑인데, 閑에는 216匹의 말이 있다.'고 하였다. 이에 따라 計算하면 廐마다 趣馬가 18人이니, 6閑에 趣馬가 108人인데, 이들을 모두 程鄭에게 領屬시켜 統率하게 한 것이다."라고 하였다.

15) 〔역주〕 凡六官之長 皆民譽也 : 大國은 三卿인데, 晉나라는 이때 六卿을 두어 各軍의 將帥로 삼았다. 그러므로 六官을 모두 들어 말한 것이니, 모든 官員에 적합하지 않은 사람이 없었다는 것을 알 수 있다.

16) 〔역주〕 官不易方 : 모든 官員이 자신의 職分만 지킬 뿐, 서로의 직분을 넘는 일이 없었다.

17) 〔역주〕 師不陵正 旅不偪師 : 正은 各軍의 將帥로 命卿(天子가 임명한 諸侯의 卿)이

고, 師는 2,500人의 장수이고, 旅는 500人의 장수이니, 上下에 禮가 있어 서로 업신여기거나 逼迫함이 없다는 말이다.

成公 18년, 晉 悼公이 조정에서 즉위식을 거행하고서, 처음으로 百官을 임명하고, 恩惠를 베풀어 逋欠을 면제하며, 施惠가 홀아비와 寡婦에게까지 미치게 하고, 廢黜되었거나 오래도록 낮은 자리에 머문 사람을 起用하며, 궁핍한 자를 구제하고, 天災와 患難을 당한 자를 구호하며, 淫慝한 행위를 금지하고, 賦稅를 경감하며, 罪人을 너그럽게 용서하고, 器用을 절약하며, 農閑期에 民力을 사용하여 私慾으로 農時를 침범하는 일이 없게 하며, 魏相·士魴·魏頡·趙武를 卿으로 삼고, 荀家·荀會·欒黶·韓無忌를 公族大夫로 삼아 卿의 子弟들을 共儉과 孝弟로 教訓하게 하고, 士渥濁을 太傅로 삼아 范武子의 法을 修明하게 하며, 右行辛을 司空으로 삼아 士蔿의 법을 修明하게 하며, 弁糾를 戎御로 삼고 校正을 그에 領屬시켜 諸御들에게 節義를 알도록 교훈하게 하며, 荀賓을 車右로 삼고 司士를 그에 領屬시켜 勇力의 戰士들을 교훈하여 적시에 사용할 수 있게 하며, 卿의 수레에 共御를 없애고 軍尉를 세워 그 일을 代行하게 하며, 祁奚를 中軍尉로 삼고 羊舌職을 그의 佐로 삼으며, 魏絳을 司馬로 삼고 張老를 候奄으로 삼으며, 鐸遏寇를 上軍尉로 삼고 籍偃을 그의 司馬로 삼아 步兵과 車兵을 교훈하여 서로 親愛하여 上命을 따르게 하고, 程鄭을 乘馬御로 삼고 六騶를 그에 領屬시켜 모든 騶들을 교훈하여 禮를 알게 하니, 六官의 長은 모두 백성의 기림을 받는 사람이었으며, 登用된 사람은 모두 그 職分을 잃지 않았다.

官員은 자기의 직분을 넘지 않으며, 官爵이 그 德을 넘지 않으니 師는 正을 업신여기지 않으며, 旅는 師를 逼迫하지 않고, 백성들은 비방하는 말이 없었다. 그러므로 晉나라가 다시 霸者가 된 것이다.

09-05-04 晉侯謀所以息民　晉侯가 백성이 편히 살게 할 방법을 계획하다

【左傳】 襄元年이라 晉侯歸하야 謀所以息民하니 魏絳請施舍[1]하야 輸積聚以貸하고 自公以下로 苟有積者는 盡出之하다 國無滯積[2]하니 亦無困人하고 公無禁利[3]하니 亦無貪民[4]하다 祈以幣更[5]하고 賓以特牲하고 器用不作[6]하고 車服從給[7]하니 行之期年에 國乃有節하다 三駕而楚不能與爭[8]하니라

1) 〔역주〕 施舍 : 恩惠를 베풀고 勞役을 廢止하는 것이다.
2) 〔역주〕 國無滯積 : 財物을 널리 流通시켜 民間에 있게 하는 것이다.
3) 〔역주〕 公無禁利 : 山林川澤의 이익을 國家가 독점하지 않아, 이익을 백성과 공유하는 것이다.
4) 〔역주〕 亦無貪民 : 백성들이 禮讓을 행하기 때문이다.
5) 〔역주〕 祈以幣更 : 神에게 祈禱할 때 幣帛으로 犧牲을 대체하고, 희생을 쓰지 않는 것이다.
6) 〔역주〕 器用不作 : 전에 쓰던 것을 그대로 쓰고 새로 만들지 않는 것이다.
7) 〔역주〕 給 : 일을 처리하기에 충분한 정도를 이른다.
8) 〔역주〕 三駕而楚不能與爭 : 三駕는 세 차례 전쟁을 일으킨 것이니, 襄公 10년에 牛首에 주둔했던 전쟁과, 11년에 向에 주둔했던 전쟁과, 그해 가을에 鄭나라 東門에서 武力을 誇示했던 전쟁을 이른다. 이때부터 鄭나라는 드디어 晉나라에 服從하였다.

襄公 원년, 晉侯가 돌아와서 백성을 安息시킬 방법을 계획하니, 魏絳이 은혜를 베풀어 쌓아둔 재물을 다 풀어 백성에게 貸與하고, 임금으로부터 이하로 大夫에 이르기까지 貯蓄이 있는 자는 그 재물을 다 내놓게 하기를 청하였다. 나라에 積滯된 재물이 없으니(物貨를 유통시킴) 곤궁한 사람이 없고, 임금이 이익을 금하지 않으니(이익을 독점하지 않음) 貪慾하는 백성이 없어졌다.

祈禱에는 幣帛으로 犧牲을 대체하고 賓客의 접대에는 特牲(한 종류의 짐승)만 사용하며, 새로 器用을 만들지 않고 車馬와 服裝은 필요한 만큼만 제작하니, 이렇게 시행한 지 1년 만에 나라에 節度가 있었다. 그러므로 晉나라가 세 차례 出兵하였으나 楚나라는 晉나라와 勝敗를 다투지 못하였다.

09-05-05 楚(薳)〔蔿〕掩[1)]爲司馬　楚나라 蔿掩이 司馬가 되다

【左傳】 襄二十五年이라 楚蔿掩爲司馬에 子木使庀賦하고 數甲兵하니 甲午에 蔿掩書土田[2)]호대 度(탁)山林[3)]하고 鳩藪澤[4)]하고 辨京陵[5)]하고 表淳鹵[6)]하고 數疆潦하고 規偃豬[7)]하고 町原防[8)]하고 牧(隰)〔隰〕皐[9)]하고 井衍沃[10)]하야 量入脩賦[11)]하며 賦車籍馬[12)]하고 賦車兵徒卒甲楯之數하다 既成에 以授子木하니 禮也[13)]라

1) 〔역주〕 (薳)〔蔿〕掩 : 저본에 '薳'로 되어있으나, ≪春秋左氏傳≫에 의거하여 '蔿'로 바

로잡았다. 以下의 '薳'자도 '蔿'의 誤記이므로 일일이 지적하지 않고 바로잡았다. 蔿掩은 蔿子馮의 아들이다.

2) 〔역주〕 蔿掩書土田 : 그 土地의 특성이 어떤 용도에 적합한지를 조사해 기록하는 것이다.

3) 〔역주〕 度(탁)山林 : 山林의 木材를 계산하여 國用에 공급하려 한 것이다.

4) 〔역주〕 鳩藪澤 : 鳩는 모음이니, 물을 모아 藪澤을 만들어 백성들로 하여금 破壞하지 못하게 하고 사냥터로 대비하고자 한 것이다.

5) 〔역주〕 辨京陵 : 辨은 分別하는 것이다. 매우 높은 곳을 '京'이라 하고, 큰 언덕을 '陵'이라 하는데, 이를 분별해 무덤을 쓸 땅으로 삼고자 한 것이다. 혹은, 각종 高地를 區別하여 種植(耕作)과 行軍(防守)을 대비하는 것으로 보기도 한다.

6) 〔역주〕 表淳鹵 : 淳鹵는 메마른 땅이다. 달리 表示하는 것은 그 부세를 輕減하기 위함이다. ≪說文≫에 "鹵는 西方의 鹽分이 섞인 땅이다."라고 하였다.

7) 〔역주〕 規偃豬 : 偃豬는 地帶가 낮아 濕氣가 많은 땅이니, 그곳에 受容된 물의 多少를 계산하는 것이다.

8) 〔역주〕 町原防 : 넓고 평평한 곳을 '原'이라 하고, 防은 둑이니 堤防 사이의 자투리땅이다. 이곳은 井田과 같이 方正하게 區劃할 수 없으므로 따로 작은 頃(土地面積의 단위로 100畝를 이름)으로 區劃〔町〕한 것이다.

9) 〔역주〕 牧(㬎)〔隰〕皐 : 隰은 卑濕한 곳이고, 皐는 물가의 흙이 쌓인 곳으로 물과 풀이 많기 때문에 牛馬를 放牧하기에 좋다. 저본에 '㬎'으로 되어있으나, ≪春秋左氏傳≫에 의거하여 '隰'으로 바로잡았다.

10) 〔역주〕 井衍沃 : 衍沃은 평평하고 아름다운 땅이니, 이런 곳은 ≪周禮≫의 제도와 같이 井田으로 구획한 것이다. 六尺이 '步'이고, 100步가 '畝'이고, 100畝가 '夫'이고, 9夫가 '井'이다.

11) 〔역주〕 量入脩賦 : 九土의 수입을 계산해 稅法을 정리한 것이다. 九土는 이상에 列擧한 山林, 藪澤, 京陵, 淳鹵, 疆潦, 偃豬, 原防, 隰皐, 衍沃을 이른다.

12) 〔역주〕 賦車籍馬 : 賦와 籍은 모두 稅이다. 백성의 財物을 稅로 거두어 車馬를 갖추게 한 것이다. 兵車와 馬匹은 다른 물건이기 때문에 區別해 글을 만든 것이다.

13) 〔역주〕 旣成……禮也 : 나라를 다스리는 禮를 얻은 것이다. 이상은 楚나라가 興盛하게 된 원인을 말한 것이다.

襄公 25년, 楚나라 蔿掩이 司馬가 되자, 令尹 子木(屈建)이 그에게 賦稅를 관리하고 甲兵의 수량을 檢閱하게 하니, 甲午日에 蔿掩이 土地의 특성을 조사해 기록하되,

山林의 木材를 계산〔度〕하고, 藪澤(늪)의 물산을 集計〔鳩〕하고, 高地와 丘陵을 구별하고, 鹽分이 섞인 땅에 팻말을 세워 표시하고, 흐르는 물가에 있는 토지는 그 浸水面積을 계산〔數〕하고, 貯水의 용량을 계산〔規〕하고, 堤防 사이의 자투리땅을 耕地로 區劃〔町〕하고, 濕地를 放牧地로 삼고, 비옥한 평야에는 田地를 井으로 구획하여 수입을 계산해 賦稅의 액수를 정〔脩〕하며, 兵車와 馬匹稅를 징수하고, 車兵과 步卒이 사용할 갑옷과 방패의 수를 계산해 收稅하기로 하였다. 이 문서가 완성되자 子木에게 바쳤으니 禮에 맞았다.

09-05-06 平王封陳蔡復遷邑 楚 平王이 陳나라와 蔡나라를 봉해주고 옮겼던 邑人을 회복시켜 살게 하다

【左傳】 昭十三年이라 平王封陳蔡하고 復遷邑[1]하고 致群賂[2]하고 施舍寬民[3]하고 宥罪擧職[4]하다 召觀從하야 王曰 唯爾所欲하리라

1)〔역주〕 復遷邑 : 昭公 9년에 옮겼던 백성들을 원래의 居住地로 復歸시킨 것이다.
2)〔역주〕 致群賂 : 처음 擧事할 때 주기로 허락했던 財物을 지금 모두 준 것이다.
3)〔역주〕 施舍寬民 : 은혜를 베풀고 負債를 蕩滅〔舍〕하여 백성들의 財力을 여유롭게〔寬〕 한 것이다.
4)〔역주〕 擧職 : 廢棄된 官職을 修復한 것이다.

昭公 13년, 楚 平王(棄疾)이 陳나라와 蔡나라를 봉해주고, 옮겼던 邑人을 〈원래의 주거지로〉 回復시키고, 〈처음 擧事할 때 주기로 약속했던〉 財物을 모든 사람에게 주고, 은혜를 베풀고, 백성을 너그럽게 대하고, 有罪者를 赦免하고, 廢棄한 官職을 修復하였다. 觀從을 불러 보고서 王이 말하기를 "네가 원하는 바를 내 들어주겠다."고 하였다.

09-05-07 子旗請伐吳 子旗가 吳나라를 칠 것을 청하다

【左傳】 昭公十三年이라 吳滅州來하니 令尹子旗請伐吳한대 王弗許曰 吾未撫民人하고 未事鬼神하고 未修守備하고 未定國家어늘 而用民力이라가 敗不可悔라 州來在吳는 猶在楚也니 子姑待之[1]하라

1) 〔역주〕 吳滅州來……子姑待之 : 이 글은 平王이 능히 國家를 소유하게 된 원인을 말한 것이다.

昭公 13년, 吳나라가 州來를 擊滅하니, 令尹 子旗가 오나라를 치기를 청하였다. 楚 平王은 허락하지 않으며 말하기를 "나는 아직 백성을 按撫하지도, 鬼神을 섬기지도, 守備를 設置〔修〕하지도, 국가를 안정시키지도 못하였는데, 백성의 힘을 사용하여 토벌하였다가 실패한다면 後悔莫及일 것이다. 州來가 오나라 手中에 있는 것은 우리 楚나라 수중에 있는 것과 일반이니 그대는 우선 기다리라."고 하였다.

09-05-08 楚子使然丹屈罷簡兵　楚子가 然丹과 屈罷를 보내어 군대를 선발하다

【左傳】 昭十四年이라 夏에 楚子使然丹簡上國之兵於宗丘[1)]하고 且撫其民하야 分貧振窮[2)]하며 長孤幼하고 養老疾하며 (救)〔收〕介特[3)]하고 救災患하며 宥孤寡[4)]하고 赦罪戾하며 詰[5)]姦慝하고 擧淹滯[6)]하며 禮新敍舊[7)]하고 祿勳合親[8)]하며 任良物官[9)]하다 使屈罷簡東國之兵於召陵하고 亦如之하다 好於邊疆하야 息民五年하고 而後用師하니 禮也라

1) 〔역주〕 楚子使然丹簡上國之兵於宗丘 : 上國은 國都의 서쪽이다. 서쪽이 上流에 있기 때문에 그곳을 '上國'이라 한 것이다. 宗丘는 楚나라 땅이다.
2) 〔역주〕 分貧振窮 : 分은 주는 것이고, 振은 구제함이다.
3) 〔역주〕 (救)〔收〕介特 : 介特은 獨居人이다. 거두어 모여 살게 하여, 사방을 떠돌지 않도록 한 것이다. 저본에는 '救'로 되어있으나, ≪春秋左氏傳≫에 의거하여 '收'로 바로잡았다.
4) 〔역주〕 宥孤寡 : 그 賦稅를 너그럽게 減免한 것이다.
5) 〔역주〕 詰 : 責問이다.
6) 〔역주〕 淹滯 : 才德이 있는데도 登用되지 못한 자이다.
7) 〔역주〕 禮新敍舊 : 新은 나그네이다.
8) 〔역주〕 祿勳合親 : 勳은 功이고, 親은 九族이다.
9) 〔역주〕 物官 : 物은 事이니, 일을 처리하는 관직이다.

昭公 14년, 여름에 楚子가 然丹을 보내어 宗丘에서 上國의 군대를 선발하고 또 그곳 백성들을 慰撫하여, 가난한 자에게 物資를 나누어주고 困窮한 자를 救恤하며, 어린 孤兒를 양육〔長〕하고 병든 늙은이를 봉양하며, 의지할 곳 없는 獨身들을 收容하고

災患당한 자들을 구호하며, 孤兒와 寡婦에게는 賦稅를 감면하고 罪人들을 사면하며, 姦慝한 자를 問責하고 淹滯된 人才를 거용하며, 新人(外國에서 온 나그네)을 禮遇하고 舊人(옛 官員)을 敍用하며, 功勳이 있는 자에게 祿을 주고 親族과 화합하며, 賢良을 임용하고 관직을 맡을 만한 사람을 物色하게 하였다.

屈罷를 보내어 召陵에서 東國의 군대를 선발하고서, 또 然丹과 같이 하게 하였다. 사방 邊境의 이웃 나라와 우호를 맺어 백성들을 5년 동안 安息시킨 뒤에 군대를 사용하였으니, 禮에 맞았다.

09-05-09 楚城州來 楚人이 州來에 성을 쌓다

【左傳】 昭十九年이라 楚人城州來하니 沈尹戌曰 楚人必敗[1)]리라 昔吳滅州來에 子旗請伐之한대 王曰 吾未撫吾民이라하니라 今亦如之[2)]로되 而城州來하야 以挑吳하니 能無敗乎아 侍者曰 王施舍不倦하고 息民五年하니 可謂撫之矣니라 戌曰 吾聞撫民者는 節用於內하고 而樹德於外하야 民樂其性하고 而無寇讐[3)]라하니라 今宮室無量하야 民人日駭하며 勞罷死〈轉〉[4)]하야 忘寢與食하니 非撫之也[5)]니라

1) 〔역주〕 楚人城州來……楚人必敗 : 昭公 13년에 吳나라가 州來를 縣으로 삼았는데, 지금 그곳에 성을 쌓고서 점유한 것이다. 戌은 莊王의 曾孫 葉公 諸梁父이다.
2) 〔역주〕 今亦如之 : 지금도 우리 백성들을 安撫하지 못하였다는 말이다.
3) 〔역주〕 民樂其性 而無寇讐 : 人民이 安樂하여 각각 나름대로 생활을 營爲하고, 도적과 外敵의 근심이 없는 것이다.
4) 〔역주〕 〈轉〉 : 저본에 一字 空欄이 있으나, ≪春秋左氏傳≫에 의거하여 보충하였다. 轉은 이리저리 옮기는 것이다.
5) 〔역주〕 楚人城州來……非撫之也 : 이 글은 楚 平王이 霸者가 되지 못한 이유를 말한 것이다.

昭公 19년, 楚人이 州來에 城을 쌓으니, 沈尹 戌이 말하였다.

"楚人은 반드시 실패할 것이다. 전에 吳나라가 州來를 擊滅하였을 때 子旗가 吳나라를 토벌하기를 청하자, 楚王은 '나는 아직 우리 백성들을 安撫하지 못하였다.'고 하였다. 지금도 그때와 일반으로 〈백성을 安撫하지 못하였는데〉, 州來에 城을 쌓아 吳나라에 挑戰하니 실패하지 않을 수 있겠는가?"

그러자 그 侍從이 말하였다.

“君王께서 은혜 베푸는 일을 게을리하지 않으시고 백성들을 5년 동안 安息시켰으니 백성들을 安撫하였다고 이를 수 있습니다.”

그러자 戌이 다음과 같이 말하였다.

“내가 듣건대 백성을 安撫하는 임금은 國內에 財用을 절약하고 國外에 德行을 수립하여 백성들이 생활〔性〕을 즐기고 寇讐가 없게 한다고 하였다. 그런데 지금 宮室의 規模가 限度가 없어서 백성들은 날마다 두려움에 떨며, 勞苦에 지쳐 죽은 尸體가 이리저리 뒹굴어 寢食도 잊고 있으니, 이것은 安撫가 아니다.”

將以天下之事로 **而責之一人之身**인댄 **本數末度**하야 **弛張廢置**하고 **品叢目雜**하야 **參錯塡溢**이니 **非立談之間所能決也**라 **必精思熟慮**하야 **用心而不知其幾然後**에 **粗能通其本原**이요 **博問廣詢**하야 **閱人不知其幾然後**에 **粗能熟其利害**요 **歷歲踰時**하야 **費日不知其幾然後**에 **粗能成其紀綱**이라 **法雖備矣**라도 **未嘗試而驟欲布之**면 **天下從歟違歟**아 **欣歟戚歟**아 **有效歟無效歟**아 **是皆未可前定也**니 **用法者方且怵然疑**하고 **慄然懼**하야 **必待事果便**하고 **國果治然後**에 **敢自(守)〔安〕**[1]이라 **法未出之前**엔 **營度布置**가 **如彼其勞也**요 **法旣出之後**엔 **憂疑皇惑**이 **如此其危也**니 **嗚呼難矣哉**ㄴ저

1)〔역주〕(守)〔安〕: 저본에 '守'로 되어있으나, 사고전서본에 의거하여 '安'으로 바로잡았다.

천하 다스리는 일을 한 사람이 책임져야 한다면, 〈천하의 일을〉 本末을 헤아려보아 긴장과 이완, 폐지와 시행을 알맞게 써야 하고, 품등과 종목을 모아 참작하여 잘 배치해야 하니 잠깐 말하는 사이에 결정할 수 있는 일이 아니다. 반드시 深思熟考하여 어느 정도 마음을 썼는지 알 수 없을 만큼 마음을 쓴 뒤에야 대략이나마 근원을 통할 수 있고, 널리 묻고 살펴서 어느 정도 살펴보았는지 알 수 없을 만큼 사람을 잘 살핀 뒤에야 대략이나마 이해관계를 익숙히 알 수 있고, 세월이 지나고 때를 넘겨 어느 정도 소비하였는지 알 수 없을 만큼 시간을 소비한 뒤에야 대략이나마 일의 紀綱을 이룰 수 있다.

방법이 비록 갖추어졌다 해도 일찍이 시험해본 적이 없는 것을 갑자기 펼친다면, 〈이 일을〉 천하 사람들이 따를지 어길지, 기뻐할지 걱정할지, 효과가 있을지 효과가

없을지 등, 이런 모든 일을 미리 단정할 수는 없다. 그러니 방법을 쓰고자 하는 자는 바야흐로 긴가민가 의심해보고 전전긍긍 두려워하여 반드시 과연 일이 편리해지고, 과연 나라가 다스려지기를 기다린 뒤에야 감히 스스로 편안해지는 것이다. 방법을 쓰기 전에는 재고 헤아리고 배치함이 저와 같이 그렇게 수고롭고, 방법을 쓴 뒤에는 걱정과 의심으로 당혹해함이 이와 같이 그렇게 위태로우니, 아! 어려운 일이로다.

吾讀左氏라가 **至衛文公趙宣子晉悼公魏絳蔿掩之治國**하얀 **規摹條畫**이 **巨細畢備**하고 **確實切近**하야 **可擧而行**이 **如入陶朱**[1] **之室**하야 **物物可以濟貧**하고 **如發倉公**[2] **之笥**하야 **物物可以伐病**하니 **非爲空言者也**라 **世之爲治者**는 **與其鑿空創意如是其難**으론 **曷若取數公已成之法**하야 **按而行之乎**ㄴ저 **所以漫不加省者**는 **特易之以爲紙上語耳**라 **噫**라 **自衛文而至蔿掩**히 **其治法載在方冊者**가 **雖止於數簡**이나 **曾不知其經畫之初**에 **耗精弊神**하야 **竭平生之力然後**에 **僅能底於此也**니라 **是數公平生之精力**이 **聚於數簡之間**하니 **其可以紙上語易之歟**아 **彼苦身而立其法於數千百載之前**일새 **我安坐而得其法於數千百載之後**라 **彼任其勞**하야 **而遺我以其逸**하니 **可謂幸之尤者也**로다

1) 〔역주〕 陶朱 : 춘추시대 范蠡이다. 越王 句踐을 도와 吳나라를 멸망시킨 공이 있었으나, 관직을 버리고 월나라를 떠나 陶로 가서 朱公이라 이름을 바꾸고 商人이 되었다. 뒤에 큰 富者가 되었으므로, 부자를 다른 말로 陶朱公이라고도 한다.

2) 〔역주〕 倉公 : 漢代의 淳于意이다. 齊나라의 太倉長을 지내어 倉公이라 불리었으며, 醫術에 뛰어나 병을 잘 치료하였으므로 扁鵲과 더불어 명의로 알려진 인물이다.

내가 ≪春秋左氏傳≫을 읽다가 衛 文公·趙 宣子·晉 悼公·魏絳·蔿掩이 나라를 다스리는 데에 이르렀는데, 〈그들이 나라를 다스린〉 크고 작은 규모와 계획이 다 구비되어 있고, 확실하고 절실하여 거행할 만하였다. 마치 가난을 구제할 수 있을 만큼 물건이 풍부한 陶朱公의 집에 들어간 것 같고, 무슨 병이든 치료할 수 있을 만큼 온갖 약재가 든 倉公의 상자를 연 것 같았으니, 그들은 빈말을 한 자들이 아니었다.

세상에 정치하는 자들은, 이와 같이 어렵게 허공을 뚫고 뜻을 창조하는 일을 하기보다는 위의 몇 사람들이 만들어놓은 방법을 따라 행하는 것이 더 나을 것이다. 〈그러나 사람들이〉 이를 소홀히 여겨 더 이상 살피지 않는 이유는, 다만 '책속에 적힌 말'이

라고 하여 가볍게 여겨서일 뿐이다.

아, 衛 文公에서부터 蔿掩에 이르기까지 나라를 다스린 그들의 방법이 서책에 실려 있는 것이 비록 몇 개의 竹簡에 불과하지만, 일찍이 경영을 계획하는 초기에 정신을 소모하고 혹사하여 평소의 힘을 다 쓴 뒤에야 겨우 이런 데에 이를 수 있었다는 것을 모른 것이다. 이 몇 사람들의 평소 정신과 노력이 몇 개의 죽간 사이에 모아져 있으니 '책속에 적힌 말'을 가볍게 여길 수 있겠는가?

수백 년 전에 저들이 각고의 노력으로 다스리는 방법을 확립하였기 때문에, 수백 년 뒤에 우리가 편히 앉아서 그 방법을 얻을 수 있는 것이다. 저들이 자기의 수고를 감당하여 우리들에게 편안함을 남겨주었으니 더욱 다행이라고 말할 수 있겠다.

工之巧者는 **不肯授人以其法**하고 **琴之妙者**는 **不肯授人以其調**하나니 **固有服役終身**이라도 **而莫得其傳者矣**니라 **使幸而得之**면 **其喜爲如何**며 **其感爲如何**리오 **治國之法**은 **非一工一琴比也**라 **今數公治國之良法**을 **表裏纖悉**히 **左氏盡發其秘於書**하니 **學者一開卷而盡得之**로되 **反不知貴重**하니 **豈不怪耶**아 **必嘗習畫然後**에 **知珍顧陸之圖**[1]요 **必嘗習字然後**에 **知寶鍾王之帖**[2]이니 **持以示田舍翁**이면 **則詆爲敗素腐楮耳**리라 **苟未嘗留意治體**이면 **亦安知數公之遺法可貴哉**리오

1) 〔역주〕 顧陸之圖 : 유명화가의 名畵를 말한다. 顧는 東晉의 顧愷之이고, 陸은 南朝시대 宋나라의 陸探微이니, 화가로서 이름을 떨친 인물들이다.

2) 〔역주〕 鍾王之帖 : 서법가의 名作을 말한다. 鍾은 삼국시대 魏나라의 鍾繇이고, 王은 東晉의 王羲之이니, 글씨를 잘 쓰는 것으로 이름을 떨친 인물들이다.

솜씨 좋은 장인은 다른 사람에게 그 방법을 전수하려 하지 않고, 신묘한 연주를 하는 거문고 악공은 다른 사람에게 그 악조를 전수하려 하지 않는다. 그러므로 종신토록 그를 위해 일해주어도 전수받지 못하는 경우가 있다. 가령 다행히도 전수받게 된다면 그 기쁨이 어떠하며 그 감동이 어떠하겠는가?

〈더구나〉 나라를 다스리는 방법은 일개 장인의 일이나 일개 거문고 연주에 비할 바가 아니다. 지금 위의 몇 사람들의 훌륭한 治國 방법을, 左氏가 속속들이 자세하게 서책에서 비밀을 다 밝혀내었으니, 배우는 자가 한번 책을 펼쳐보면 다 알 수 있을

것이다. 그러나 도리어 그 귀중함을 알지 못하니 어찌 괴이하지 않은가?

반드시 그림을 익혀본 뒤에야 顧愷之와 陸探微의 그림이 진귀함을 알고, 반드시 글자를 익혀본 뒤에야 鍾繇와 王羲之의 서첩이 보물임을 알 것이니, 이것을 가져다 농부에게 보여주면 비단과 종이를 훼손했다고 비난할 것이다. 진실로 치국의 요체에 마음을 둔 적이 없다면 또한 어찌 위의 몇 사람들이 남겨준 방법이 귀중하다는 것을 알겠는가?

或曰 楚平王之始得國에 **宥罪擧職**하고 **簡兵撫民**하니 **其法與數公無異者**로되 **然楚終不振**하니 **是法不足以爲治也**라하여늘 **曰 使平王常守是法**하야 **而楚終不振**이면 **謂法不足爲治**라도 **可也**어니와 **其後宮室無量**하고 **民人日駭**하니 **則旣不能守是法矣**라 **然則楚之不振者**는 **非法之罪也**요 **廢法之罪也**라 **今日服參朮**[1]하고 **明日服烏喙**[2]코서 **乃指參朮之爲殺人**이면 **可耶不可耶**아

1)〔역주〕參朮 : 參은 蔘과 같으며, 人蔘・紫蔘・玄蔘 등이 있다. 朮은 白朮・蒼朮 등으로 불리는데, 모두 뿌리와 줄기가 약용으로 쓰인다.

2)〔역주〕烏喙 : 附子라고도 하는 독초이다.

어떤 이가 말하였다.

"楚 平王이 처음 나라를 얻었을 적에, 죄인을 용서하고 없어진 관직을 다시 세우며, 군사를 선발하여 백성을 위무하였으니, 그 방법이 위의 여러 사람들과 다르지 않았다. 그러나 초나라가 끝내 떨쳐지지 못하였으니, 이런 방법은 治國하기에 부족한 것이다."

나는 아래와 같이 말한다.

"가령 초 평왕이 항상 이 법을 지켜 초나라가 끝내 국위를 선양하지 못한 것이라면, 이 법이 치국하기에 부족하다 해도 괜찮을 것이다. 그러나 초 평왕은 그 뒤에 한정없이 宮室을 짓고 날마다 백성들을 놀라게 했으니, 이미 이 법을 지키지 못한 것이다. 그러므로 초나라가 국위를 선양하지 못한 것은 이 법이 잘못된 것이 아니라, 이 법을 폐기한 죄이다. 오늘 人蔘과 白朮을 복용하고, 내일 烏喙〔附子〕를 복용하고서 인삼과 백출이 사람을 죽였다고 한다면 되겠는가, 안 되겠는가?"

09-06 晉荀息請假道於虞以伐虢 晉나라 荀息이 虞나라에 길을 빌려 虢나라 치기를 청하다

09-06-01 晉荀息請假道於虞以伐虢 晉나라 荀息이 虞나라에 길을 빌려 虢나라 치기를 청하다

【左傳】 僖二年이라 晉荀息이 請以屈產之乘與垂棘之璧으로 假道於虞하야 以伐虢[1]한대 公曰 是吾寶也라 對曰 若得道於虞면 猶外府也[2]니이다 公曰 宮之奇[3]存焉하니라 對曰 宮之奇之爲人也가 懦而不能强諫하고 且少長於君[4]하야 君暱之하니 雖諫이나 將不聽[5]하리이다 乃使荀息假道於虞曰 冀爲不道하야 入自顚軨하야 伐鄍三門이러니 冀之既病은 則亦唯君故[6]니이다 今虢爲不道하야 保於逆旅[7]하야 以侵敝邑之南鄙ㄹ새 敢請假道以請罪于虢[8]하노이다 虞公許之하고 且請先伐虢[9]하다 宮之奇諫이나 不聽하고 遂起師하다

1) 〔역주〕 晉荀息……以伐虢 : 荀息은 荀叔이다. 屈에서는 좋은 말이 생산되고, 垂棘에서는 아름다운 玉이 생산된다. 그러므로 屈의 말과 垂棘의 玉이라고 명칭을 한 것이다. 말 네 匹을 乘이라 한다. 晉나라에서 虢나라로 가려면 虞나라를 경유해야 하기 때문에 길을 빌리려 한 것이다.
2) 〔역주〕 若得道於虞 猶外府也 : 府는 倉庫이다. 玉과 말을 虞나라에 준다 하더라도 종당에는 虞나라를 擊滅하고서 도로 취할 수 있으니, 이는 마치 밖의 창고에 잠시 맡겨 두는 것과 같아서 반드시 잃는 것이 없다는 말이다.
3) 〔역주〕 宮之奇 : 虞나라의 忠臣이다.
4) 〔역주〕 且少長於君 : 宮之奇가 어려서부터 公宮에서 자랐다는 말이다.
5) 〔역주〕 君暱之……將不聽 : 虞公은 그를 임의롭게 대하니, 반드시 그의 말을 가벼이 여길 것이라는 말이다.
6) 〔역주〕 冀之既病 則亦唯君故 : 虞나라가 보복해 冀나라를 쳐서 損失을 입혔다는 말이다. 길을 빌리고자 하기 때문에 虞나라의 强함을 칭찬하여 虞公의 마음을 기쁘게 한 것이다. 冀는 國名이다.
7) 〔역주〕 今虢爲不道 保於逆旅 : 逆旅는 客舍이다. 虢나라가 사람을 보내어 객사에 分散해 있으면서 무리를 모아 晉나라의 邊方 邑을 노략질한다는 말이다.
8) 〔역주〕 以侵敝邑之南鄙 敢請假道以請罪于虢 : 우리가 무슨 죄를 지었기에 虢나라가 우리나라를 치느냐고 묻겠다는 말이다.
9) 〔역주〕 且請先伐虢 : 후한 뇌물에 마음이 기뻐서 晉나라에게 잘 보이고자 한 것이다.

僖公 2년, 晉나라 荀息이 屈에서 생산되는 네 匹의 말과 垂棘에서 나는 玉을 虞나라에 주고서 길을 빌려 虢나라 치기를 청하자, 晉 獻公이 말하였다.

"이것은 나의 보물이니 줄 수 없다."

荀息이 대답하였다.

"만약 虞나라에게 길을 빌릴 수 있다면 이 물건을 밖의 창고에 잠시 보관하는 것과 같습니다."

獻公이 말하였다.

"虞나라에는 宮之奇가 있으니 우리의 뜻대로 되지 않을 것이다."

荀息이 대답하였다.

"宮之奇는 사람됨이 柔弱하여 강력히 諫하지 못할 것이고, 또 어려서부터 虞君과 함께 宮中에서 자랐기 때문에 虞君이 그를 임의롭게 대하니, 비록 간한다 하더라도 아마〔將〕 듣지 않을 것입니다."

獻公은 그의 建議를 받아들여 荀息을 虞나라로 보내어 길을 빌리게 하였다. 荀息이 虞人에게 말하였다.

"과거에 冀나라가 無道하게 顚軨으로부터 쳐들어와서 鄍邑의 세 城門을 공격한 일이 있었는데, 冀나라가 이미 衰弱〔病〕해진 것은 오직 임금님의 反擊 때문입니다. 그런데 지금 虢나라가 무도하게 변방의 逆旅에 堡壘를 쌓고서 우리의 남쪽 변방을 침범하기 때문에 감히 貴國에 길을 빌려서 虢나라의 罪를 묻고자 합니다."

虞公은 길을 허락하고, 또 자기가 먼저 虢나라를 치기를 청하였다. 宮之奇가 간하였으나 虞公은 듣지 않고서 드디어 군대를 일으켰다.

09-06-02 虢公敗戎于桑田 虢公이 桑田에서 오랑캐를 패배시키다

【左傳】 僖二年이라 虢公敗戎于桑田[1)]하니 晉卜偃曰 虢必亡矣리라 亡下陽不懼하고 而又有功하니 是天奪之鑑[2)]하야 而益其疾也[3)]라 必易晉而不撫其民矣리니 不可以五稔[4)]이리라

1) 〔역주〕 桑田 : 虢나라 땅으로 弘農 陝縣 동북에 있다.

2) 〔역주〕 鑑 : 거울은 자신의 모습을 비추어 보는 것이다.

3) 〔역주〕 益其疾也 : 疾은 罪惡의 뜻이다. 하늘이 虞公에게서 善惡을 判別할 수 있는 지혜〔鑑〕를 빼앗았기 때문에 虞公은 많은 罪惡을 저질러 나라를 망칠 것이라는 말이다.
4) 〔역주〕 不可以五稔 : 稔은 익는 것이다. 아래 魯 僖公 5년에 晉나라가 虢나라를 擊滅한 근본 원인이다.

僖公 2년, 虢公이 桑田에서 戎을 패배시키니, 晉나라 卜偃이 말하였다.

"虢나라는 반드시 망할 것이다. 下陽을 잃고도 두려워하지 않고 또 전쟁하여 功을 세웠으니, 이는 하늘이 그의 거울을 빼앗아 그의 죄악을 더하게 한 것이다. 그는 반드시 晉나라를 輕視하여 백성을 돌보지 않을 것이니, 5년을 넘기지 못할 것이다."

09-06-03 晉復假道於虞以滅虢滅虞 晉나라가 다시 虞나라에 길을 빌려 虢나라를 멸하고 虞나라를 멸하다

【左傳】 僖五年이라 秋에 晉侯復假道於虞以伐虢하니 宮之奇諫曰 虢은 虞之表也[1]니 虢亡이면 虞必從之하리이다 晉不可啓요 寇不可翫[2]이니 一之謂甚이어늘 其可再乎[3]잇가 諺所謂輔車相依[4]하고 脣亡齒寒者는 其虞虢之謂也니이다 公曰 晉은 吾宗也니 豈害我哉아 對曰 大伯虞仲은 大王之昭也로되 大伯不從이라 是以不嗣[5]하고 虢仲虢叔은 王季之穆也[6]로 爲文王卿士하여 勳在王室하야 藏於盟府로되 將虢是滅하니 何愛於虞릿가 且虞能親於桓莊乎잇가 其愛之也ㄴ댄 桓莊之族何罪완대 而以爲戮이닛까 不唯偪乎[7]잇가 親以寵偪으로도 猶尙害之온 況以國乎[8]잇가 公曰 吾享祀豐絜하니 神必據我[9]리라 對曰 臣聞之컨대 鬼神非人實親이라 惟德是依라하니이다 故周書曰 皇天無親하고 惟德是輔[10]라하고 又曰 黍稷非馨이라 明德惟馨[11]이라하고 又曰 民不易物이로되 惟德繄物[12]이라하니이다 如是則非德이면 民不和하고 神不享矣니 神所馮依는 將在德矣리이다 若晉取虞하야 而明德以薦馨香이면 神其吐之乎잇가 弗聽하고 許晉使하다 宮之奇以其族行 曰 虞不臘[13]矣리라 在此行也니 晉不更擧矣[14]리라 冬에 晉滅虢하니 虢公醜奔京師하다 師還에 館于虞라가 遂襲虞滅之하고 執虞公及其大夫井伯하야 以媵秦穆姬[15]하다 而修虞祀하고 且歸其職貢於王[16]하다 故書曰 晉人執虞公이라하니 罪虞요 且言易也라[17]

1) 〔역주〕 虢 虞之表也 : 虢나라는 밖에 있고 虞나라는 안에 있으니, 虢나라는 밖에서 虞나라를 보호하는 울타리라는 말이다.

2)〔역주〕晉不可啓 寇不可翫：晉侯의 욕심은 끝이 없으니 길을 열어주어서는 안 되고, 晉兵의 침략을 가벼이 보아서도 안 된다는 말이다. 翫은 가벼이 여겨 무시하는 것이다.

3)〔역주〕一之謂甚 其可再乎：僖公 2년에 虞나라는 晉나라에게 길을 빌려주고, 晉나라와 聯合해 虢나라를 쳐서 下陽을 멸망시켰다.

4)〔역주〕諺所謂輔車相依：輔는 광대뼈이고, 車는 잇몸이다.

5)〔역주〕大伯虞仲……是以不嗣：泰伯과 虞仲은 모두 太王의 아들로 아버지의 명을 따르지 않고, 함께 王位를 사양하고서 吳로 갔다. 뒤에 周가 仲雍의 支子를 西吳에 봉하였는데, 虞公은 바로 그 후손이다. 穆이 昭를 낳고 昭가 穆을 낳으니, 世系의 차례로 계산하면 泰伯과 虞仲은 周 太王의 昭가 된다.

6)〔역주〕虢仲虢叔 王季之穆也：王季는 泰伯·虞仲의 同母弟이고, 虢仲·虢叔은 王季의 아들로 文王의 同母弟이다. 仲과 叔은 모두 虢君의 字이다.

7)〔역주〕且虞能親於桓莊乎……不唯偪乎：桓叔과 莊伯의 자손은 모두 獻公의 6촌 형제인데, 獻公은 그들의 위협을 근심하여 다 殺害하였다.

8)〔역주〕親以寵偪……況以國乎：至親이 寵愛를 믿고 晉나라 公室을 위협한 것도 獻公은 오히려 다 살해하였는데, 하물며 虞公은 君位와 利祿을 가졌으니 晉나라가 幷呑할 마음이 어찌 없겠느냐는 말이다.

9)〔역주〕神必據我：據는 安과 같다.

10)〔역주〕周書曰……惟德是輔：이 말은 ≪書經≫ 〈商書 蔡仲之誥〉에 보인다.

11)〔역주〕黍稷非馨 明德惟馨：이 말은 ≪書經≫ 〈周書 君陳〉에 보인다. 馨은 향기가 멀리까지 퍼지는 것이다.

12)〔역주〕民不易物 惟德繄物：이 글은 逸書인 듯하다. 백성이 제물을 바꾸지 않고 제사를 지내도 神이 흠향하기도 하고 흠향하지 않기도 하는 것은, 오직 덕이 있으면 이 제물이 올바른 제물이 되어 신이 흠향하지만 덕이 없으면 아무리 제물을 차려놓아도 神이 흠향하지 않는다는 말이다.

13)〔역주〕臘：歲末에 여러 神에게 지내는 제사 이름이다.

14)〔역주〕晉不更擧矣：장차 虢나라를 擊滅하고는 드디어 虞나라를 擊滅할 것이라는 말이다.

15)〔역주〕以媵秦穆姬：秦穆姬는 晉 獻公의 딸이다. 시집가는 여자를 護送하는 것을 '媵'이라 한다. 虞公을 媵臣으로 삼아 모욕한 것이다.

16)〔역주〕修虞祀 且歸其職貢於王：虞나라의 제사는 周王이 虞公에게 명하여 그 境內 山川의 神에게 지내게 한 제사이다. 晉나라가 이미 虞나라를 멸하였기 때문에 虞나라

를 대신해 제사 지내고, 虞나라가 周王에게 바치던 공물을 晉나라가 대신 바친 것이다.

17) 〔역주〕 僖二年晉荀息……且言易也 : 저본에는 이 章의 ≪春秋左氏傳≫ 부분이 모두 결락되어있으나, 사고전서본을 참조하여 보충하였다.

희공 5년, 가을에 晉侯가 다시 虞나라에 길을 빌려 虢나라를 치려 하니, 宮之奇가 諫하였다.

"虢나라는 虞나라의 울타리이니, 虢나라가 망하면 虞나라도 반드시 따라 망합니다. 晉나라에게 길을 열어주어서도 안 되고 적을 가벼이 보아서도 안 됩니다. 한 번 길을 빌려준 것도 심하다 할 수 있는데 다시 빌려줘서야 되겠습니까. 속담에 '광대뼈〔輔〕와 잇몸〔車〕은 서로 의지하고 입술이 없어지면 이가 시리다.'는 말은 虞나라와 虢나라를 두고 한 말입니다."

虞公이 말하였다.

"晉나라는 우리와 同姓이니 어찌 우리를 해치겠는가."

宮之奇가 대답하였다.

"泰伯과 虞仲은 太王의 아들〔昭〕이었으되 泰伯이 아버지의 명을 따르지 않았기 때문에 王位를 계승하지 못하였고, 虢仲과 虢叔은 王季의 아들〔穆〕로서 文王의 卿士가 되어 周나라 王室에 功勳을 세워 封함을 받을 때의 盟約文書가 盟府에 간직되어 있는데도 虢나라를 멸망시키려 하는데, 어찌 우리 虞나라에 愛情을 두겠습니까? 또 虞나라가 桓叔·莊伯의 자손보다 더 親近할 수가 있습니까? 晉侯가 同姓을 사랑한다면 桓叔·莊伯의 자손〔族〕은 무슨 죄가 있기에 죽였다는 말입니까? 자신을 위협한다고 여겨서가 아닙니까? 親族이 權勢로 자신을 위협하는 것도 오히려 殺害하였는데 하물며 나라를 가지고 위협하는 것이겠습니까?"

虞公이 말하였다.

"나는 풍성하고 깨끗한 祭物로 제사를 지냈으니, 神이 반드시 우리나라가 편안하도록 도와줄 것이다."

宮之奇가 대답하였다.

"臣이 듣건대 鬼神은 사람을 親愛하는 것이 아니라 오직 德 있는 사람에게 의지한다고 합니다. 그러므로 〈周書〉에 '하늘은 특별히 親愛함이 없고 오직 德 있는 사람을 돕는다.'고 하고, 또 '黍稷이 향기로운 것이 아니라 밝은 덕이 향기로운 것이다.'라고 하고, 또 '백성이 祭物을 바꾸지 않아도 오직 德이 제물이다.'라고 하였으니, 이 말대로라면 德이 없으면 백성이 和睦하지 않고 神이 歆饗하지 않을 것이니, 神이 의지하는 곳은 아마 德에 있을 것입니다. 만약 晉나라가 虞나라를 취하여 밝은 덕으로써 향기로운 제물을 올린다면 神이 어찌 吐해내겠습니까."

虞公은 듣지 않고 晉나라 使臣에게 길을 허락했다. 宮之奇는 家族을 이끌고 떠나며 말하였다.

"虞나라는 臘祭를 지내지 못할 것이다. 晉나라는 이번 걸음에 虞나라를 幷呑할 것이니 재차 군대를 일으키지 않을 것이다."

〈僖公 5년〉 겨울에, 晉軍이 虢나라를 滅하니 虢公 醜가 京師로 달아났다. 晉軍이 돌아올 때에 虞나라에 머물다가 드디어 虞나라를 습격하여 멸망시키고 虞公과 그 大夫 井伯을 사로잡아 秦나라 穆姬의 媵臣으로 삼고, 虞나라의 제사를 대신 지내고, 또 虞나라의 職貢을 周王에게 바쳤다. 그러므로 經에 '晉人이 虞公을 잡았다.'고 기록하였으니, 이는 虞公에게 죄를 돌리고, 또 晉나라가 虞나라를 힘들이지 않고 멸망시켰다는 것을 말한 것이다.

〈諫之用은 在於君未喩之前이요 而不在於君已喩之後니 此人臣事君之常法也라 然君已喩而不諫은 其名一이나 其實二니 已喩而不爲耶면 是不待諫也요 已喩〉[1]而不改耶면 是不當諫也라 旣曰喩矣로되 其猶不改는 何也오 怵其利而冒其害也니라 人臣之極諫者를 吾聞其語矣니 曰 是必姦이요 是必詐요 是必危요 是必亡이라하야 深切著明은 庶幾君之一悟耳라 今君已知其爲姦詐하고 已知其爲危亡코도 不勝其欲而直犯之하고 反飾游辭而拒我하니 又奚以諫爲리오

1) 〔역주〕〈諫之用……已喩〉: 저본에 결락되었으나, 사고전서본에 의거하여 보충하였다.

諫言이란, 임금이 그 일에 대해 깨닫기 전에 올리는 것이지 임금이 깨달은 뒤에 올리는 것이 아니다. 이것이 신하가 임금을 섬기는 원칙이다. 그러나 임금이 알고 있어서 간언하지 않는 경우라도, 간언을 안 한다는 이름은 같지만 그 상황은 다르다. 이미 알고 있어서 〈임금이 잘못된 행동을〉 안 하는 경우라면 간언할 필요가 없는 상황이고, 이미 알고 있는데도 〈임금이 잘못된 행동을〉 고치지 않는 경우라면 간언해서는 안 되는 상황이다.

〈임금이〉 이미 알고 있다고 하면서 오히려 고치지 않는 이유는 무엇인가? 이익에 쏠려서 해로움을 무릅쓰기 때문이다. 내가 極諫하는 신하들의 말투를 들어보니, '이 일은 반드시 간사합니다', '이 일은 반드시 속임수입니다', '이 일은 반드시 위태롭게 될 것입니다', '이 일은 반드시 망하게 될 것입니다.'라고 하여, 매우 절실하게 드러내는 것은 임금이 한번 깨닫게 되기를 바라서일 뿐이다. 지금 임금은 이미 그것이 간사함을 알고 있고 이미 위망함을 알고 있으면서도, 욕심을 주체하지 못하여 곧바로 간언을 방해하고 도리어 허탄한 말로 꾸며대어 나의 간언을 거절하니, 또한 어떻게 간언을 올릴 수 있겠는가?

虞以貪으로 **虢以驕**로 **自取滅亡**하니 **皆不足深論**이나 **吾獨怪虞公拒宮之奇之諫**에 **其語太不切事情**이라 **久而後悟**하니 **虞公姑飾游辭**하야 **以對宮之奇耳**라 **晉獻公戕害同宗**하야 **滅霍滅魏**하니 **不可以一二數**로되 **皆置勿議**하고 **請專以假道一事論之**하노라 **晉姬姓也**요 **虞姬姓也**며 **虢亦姬姓也**라 **晉加兵於虢**에 **而虞公乃語宮之奇曰 晉吾宗也**니 **豈害我哉**리오하니 **虞公雖昏**이나 **未至於遽忘虢公之姓也**리라 **其言果何謂耶**오 **蓋虞公心知晉非善意**나 **特怵於璧馬之利**하야 **不能自制**하야 **冒其害而爲之**니라 **若正告人以眞情曰 吾甚愛璧馬**하야 **不暇顧晉之詐**라하면 **則必爲人所姍笑**리라 **故枝辭曲說**로 **汎爲悠悠之言**하야 **苟以窒宮之奇口而已**니 **其心豈以晉爲誠不害同宗者哉**아 **奇遂謂虞公誠不知晉虢爲同宗**이라하야 **乃若敎乳兒稚子者**하야 **提其耳而誨之**하니 **何其暗於事情也**아

虞나라는 탐욕 때문에, 虢나라는 교만 때문에 스스로 멸망을 자초하였으니, 모두 깊이 논할 가치도 없다. 다만 나는, 虞公이 사정에 적합하지 않은 말로 宮之奇의 諫言을 거절한 점이 매우 이상하였는데, 오랜 시간이 지나서야 그 이유를 깨달았다. 우공은 우선 허탄한 말로 꾸며서 궁지기에게 대답하였을 뿐이다.

霍나라를 멸하고 魏나라를 멸하는 등, 晉 獻公이 同族을 해친 일이 한두 번으로 셀 수 없이 많으나, 이런 일들은 모두 놔두고 전적으로 '길을 빌리자'는 한 가지 일만 가지고 의론해보고자 한다.

晉나라는 姬姓이고 우나라도 희성이며 괵나라도 희성이다. 그런데도 진나라가 괵나라를 침입하려 할 때에 우공이 궁지기에게 말하기를 "진나라가 우리와 동족인데 어찌 우리를 해칠 수 있겠는가?"라 하였으니, 우공이 아무리 어리석다 해도 虢公의 姓을 갑자기 잊어버리는 데는 이르지 않았을 것이다. 그렇다면 그 말이 과연 무엇을 이른 것인가?

이는 우공이 마음속으로 진나라의 의도가 좋지 않음을 알면서도, 다만 구슬과 名馬의 이로움에 쏠려 탐욕을 자제하지 못하여 해로움을 무릅쓴 채 그렇게 한 것이다. 만일 남에게 솔직한 심정을 똑바로 고하여, "나는 구슬과 명마를 매우 좋아하여 진나라가 속임수를 쓰는지의 여부를 돌아볼 틈이 없다."고 하였다면, 반드시 사람들에게 비웃음을 받았을 것이다. 그러므로 지엽적인 변명과 자잘한 언설로 두루뭉술하게 애매한 말을 하여 우선 궁지기의 입을 막았을 뿐이니, 그 마음이 어찌 진나라가 진실로 동족을 해치지 않는다고 여겨서였겠는가?

그런데도 궁지기는 마침내 우공이 진실로 진나라와 괵나라가 동족인 줄 모른다고 여기고, 젖먹이나 어린아이를 훈육하듯 귀를 당겨 가르치려 했으니, 어쩌면 그렇게 사정에 어두웠는가?

虞公亟欲絶奇之言은 **以謂若與奇論人事**면 **則吾說有時而窮**하리니 **不若託之神怪**하야 **推墮於滉瀁茫昧之中**하야 **俾無所攷質**이라 **於是**에 **又曰 吾享祀豐潔**하니 **神必據我**리라하니 **亦特借神怪以拒奇**요 **初非眞以神爲可恃也**어늘 **奇復區區進其說**하니 **贅矣**로다 **大抵君未知其不然**이면 **故**[1]**當告之以不然**이어니와 **君已知其不然**이로되 **復瀆告之以不然**은 **無益也**라 **奇則忠矣**어니와 **然何補於成敗之數哉**리오

1) 〔역주〕 故 : '본래'의 뜻으로 쓰였다.

虞公이 서둘러 宮之奇의 諫言을 거절하고자 한 이유는, '만약 궁지기와 人事를 논하면 나의 논설이 궁색할 때가 있을 것이니, 神怪한 일을 칭탁하여 깊고 아득한 이치 속으로 밀어 넣어, 그가 다시 캐고 따지는 일이 없게 하는 것이 낫겠다.'고 생각해서였다.

이에 또한 "나는 풍성하고 깨끗한 祭物로 제사를 지냈으니, 神이 반드시 우리나라

가 편안하도록 도와줄 것이다."라 하였으니, 이 역시 다만 신괴한 일로 궁지기를 거절하려 한 것이지, 애초에 진실로 신을 믿을 만하다고 여긴 것은 아니다. 그런데도 궁지기는 다시 정성껏 간언을 올렸으니 쓸데없는 일이다.

대체로 임금이 그 일이 옳지 않음을 모르면 본래 신하가 그 일이 옳지 않음을 고하여야 하는 것이다. 그러나 임금이 이미 그 일이 옳지 않음을 알고 있는데도 신하가 다시 그 일이 옳지 않음을 번거롭게 고하는 것은 무익한 일이다. 궁지기의 간언이 충직하기는 하지만, 그렇다고 어찌 성공과 실패의 운수에 보탬이 되겠는가?

至於荀息以璧馬之微로 **覆虞虢如反掌**하니 **世皆以爲智**라하나 **以吾觀之**컨대 **息亦未得爲智也**로다 **息之爲晉謀**는 **一工而一拙**하고 **息之料宮之奇**는 **一中而一失**이라 **璧馬復歸**하고 **而坐得兩國**은 **工矣**나 **驪姬申生之釁**[1]이 **近在肘腋**이로되 **曾不能謀**하니 **拙孰大焉**고 **預料宮之奇雖諫將不聽**은 **固已〈奇〉**[2]**中**이어니와 **若奇前後之諫**이 **蹇蹇不屈**이어늘 **反謂其懦**하야 **不能强諫**이라하니 **非失耶**아 **彼料宮之奇或中或失**은 **未足以爲晉之存亡**이어니와 **乃若拙於內難而不能謀**하야는 **此晉所以國統屢絶**하야 **而幾不血食也**니 **焉得智**리오

1) 驪姬申生之釁 : 僖四年
僖公 4년의 일이다.
2) 〔역주〕〈奇〉 : 저본에는 1자 공란으로 되어있으나, 사고전서본에 의거하여 보충하였다.

荀息이 하찮은 구슬과 名馬를 가지고 손바닥 뒤집듯이 쉽게 虞나라와 虢나라를 전복시킨 일에 대하여, 세상 사람들은 모두 그를 지혜롭다고 여긴다. 그러나 내가 보기에는 순식도 지혜롭다고 할 수 없다.

순식이 晉나라를 위하여 세운 계책은 하나는 공교하고 하나는 졸렬하며, 순식이 宮之奇에 대해 요량한 것도 하나는 적중하였고 하나는 틀렸다.

구슬과 명마를 도로 돌려주고, 앉아서 두 나라를 얻은 일은 공교하다. 그러나 驪姬와 申生의 불화가 코앞에 있는데도 이 일에 대해서는 계책을 내지 못하였으니 이보다 더 큰 졸렬함은 없다. 〈순식이〉 궁지기가 비록 간하더라도 임금이 들어주지 않을 것이라고 미리 요량하였으니 진실로 기묘하게 적중한 것이다. 그러나 궁지기가 충심을

다하여 굽힘 없이 前後로 간언하였거늘, 도리어 그가 나약하여 강력하게 간언하지 못할 것이라고 한 말이 틀린 것이 아닌가?

저 궁지기에 대하여 때로는 적중하고 때로는 틀린 일은, 진나라의 존망을 결정하기에 충분하지 않다. 그러나 국내의 어려운 상황에 대하여 졸렬하여 계책을 내지 못한 일은, 진나라가 국가의 계통이 여러 번 끊겨 宗廟의 제사가 끊어질 뻔하게 한 이유이니, 어찌 지혜롭다고 하겠는가?

09-07 齊寺人貂漏師 齊나라 寺人 貂가 軍事機密을 누설하다

09-07-01 齊寺人貂漏師 齊나라 寺人 貂가 軍事機密을 누설하다

【左傳】 僖二年이라 秋에 齊寺(시)人貂始漏師于多魚[1)]하다

1) 〔역주〕 齊寺(시)人貂始漏師于多魚 : 寺人은 宦官 竪貂이다. 多魚는 地名인데 소재지를 알 수 없으므로 생략하고 기록하지 않았다. 齊 桓公은 사랑하는 사람이 많아, 안으로는 夫人처럼 사랑하는 女人이 여섯이었고, 밖으로는 竪貂・易牙 등을 寵愛하였는데, 끝내 이로 인해 나라가 어지러워졌다. 이 말은 竪貂가 이때부터 비로소 尊貴와 寵愛를 독차지하여 齊 桓公의 軍事機密을 누설함으로써 齊나라가 어지러워지는 근본 원인이 되었다는 뜻이다.

僖公 2년, 가을에 齊나라 寺人 貂가 비로소 多魚에서 軍事機密을 누설하였다.

09-07-02 寺人貂立無虧 寺人 貂가 無虧를 세우다

【左傳】 僖十七年이라 齊侯之夫人三이니 王姬徐嬴蔡姬는 皆無子하다 齊侯好內[1)]하야 多內寵하야 內嬖如夫人者六人이라 長衛姬生武孟[2)]하고 少衛姬生惠公[3)]하고 鄭姬生孝公[4)]하고 葛嬴生昭公[5)]하고 密姬生懿公[6)]하고 宋華子[7)]生公子雍하다 公與管仲屬孝公於宋襄公하야 以爲太子하다 雍巫有寵於衛共姬[8)]하야 因寺人貂以薦羞於公[9)]하니 亦有寵하다 公許之立武孟[10)]하다 管仲卒에 五公子皆求立하다 冬十月乙亥에 齊桓公卒하니 易牙入하야 與寺人貂因內寵[11)]以殺群吏하고 而立公子無虧하니 孝公奔宋하다

1) 〔역주〕 好內 : 女色을 좋아하는 것이다.

2) 〔역주〕 武孟 : 公子 無虧이다.

3) 〔역주〕 惠公 : 公子 元이다.

4) 〔역주〕 孝公 : 公子 昭이다.

5) 〔역주〕 昭公 : 公子 潘이다.

6) 〔역주〕 懿公 : 公子 商人이다.

7) 〔역주〕 宋華子 : 華氏의 딸로 姓이 子이다.

8) 〔역주〕 雍巫有寵於衛共姬 : 雍巫는 雍邑 사람으로 이름이 巫인데, 바로 易牙이다. 共姬는 長衛姬이다.

9) 〔역주〕 因寺人貂以薦羞於公 : 羞는 맛난 음식이다. 易牙는 料理를 잘하기 때문에 맛난 음식을 올린 것이다.

10) 〔역주〕 公許之立武孟 : 易牙가 桓公의 寵愛를 받게 되자 長衛姬를 위해 武孟을 太子로 세울 것을 청한 것이다.

11) 〔역주〕 內寵 : 杜預의 注에 內寵을 內官으로 해석하였으나, 위에서 총애하는 女人을 '內寵'이라 하였으니, 鄭姬를 제외한 5명의 女人으로 보는 것이 옳을 것 같다.

僖公 17년, 齊侯의 夫人이 셋이었는데, 王姬·徐嬴·蔡姬는 모두 아들이 없었다. 齊侯는 女色을 좋아하여 寵愛하는 여자가 많아, 夫人처럼 총애하는 여자가 6명이었다. 長衛姬는 武孟을 낳고, 小衛姬는 惠公을 낳고, 鄭姬는 孝公을 낳고, 葛嬴은 昭公을 낳고, 密姬는 懿公을 낳고, 宋華子는 公子 雍을 낳았다.

桓公은 管仲과 함께 宋 襄公에게 孝公을 太子로 세우도록 부탁하였다. 雍巫는 衛共姬의 총애를 받았는데, 寺人 貂를 통해 桓公에게 맛난 음식을 올리고는 桓公의 총애까지 받았다. 桓公은 武盟을 太子로 세울 것을 허락하였다. 管仲이 죽자 다섯 公子는 모두 後嗣가 되기를 구하였다.

겨울 10월 乙亥日에 齊 桓公이 卒하니 易牙가 宮中으로 들어가서 寺人 貂와 함께 內寵의 도움으로 뭇 官吏들을 죽이고 公子 無虧를 임금으로 세우니, 孝公이 宋나라로 도망하였다.

09-07-03 宋襄伐齊立孝公 宋 襄公이 齊나라를 토벌하고 孝公을 세우다

【左傳】 僖十八年이라 春에 宋襄公以諸侯伐齊하니 三月에 齊人殺無虧[1]하다 齊人將立孝公이나 不勝四公子之徒[2]하니 遂與宋人戰하다 夏五月에 宋敗齊師于甗하고 立孝公而

還하다

1)〔역주〕齊人殺無虧 : 宋나라의 비위를 맞추기 위해 無虧를 죽인 것이다.
2)〔역주〕不勝四公子之徒 : 無虧가 이미 죽었기 때문에 '네 公子'라고 한 것이다.

僖公 18년, 봄에 宋 襄公이 諸侯의 군대를 거느리고서 齊나라를 토벌하니, 3월에 齊人이 無虧를 죽였다. 齊人이 孝公을 세우고자 하였으나 네 公子의 무리를 이기지 못하니, 네 公子의 무리가 드디어 宋人과 戰爭하였다. 여름 5월에 宋軍이 齊軍을 甗에서 패배시키고 孝公을 세우고서 還軍하였다.

【主意】管仲進說之初에 與齊威約호되 許以佚樂이나 而獨不許其參用小人이러니 其後寺人貂가 恃寵干政하야 漏泄軍事로되 管仲不敢責齊威之負約하야 使之逐貂는 何也오 蓋惟小人能奉君之樂이요 亦惟小人能盜君之權이라 已許其佚樂하고 而又禁其用小人하니 無是理也라 此管仲所以呑聲而不敢較者는 蓋自悔其初約之謬也르새라 約字是一篇血脈이라

당초 管仲이 진언할 때에, 齊 桓公과 '임금의 佚樂은 허여하나 小人을 뒤섞어 등용하는 것은 허여하지 않는다.'고 약속하였다. 그러나 그 뒤 寺人 貂가 총애를 믿고 국정을 범하여 군사기밀을 누설하였는데도, 관중이 약속을 어긴 제 환공을 질책하여 貂를 축출하도록 하지 못한 것은 어째서인가?

소인만 임금의 즐거움을 받들 수 있고, 또 소인만 임금의 권세를 훔칠 수 있는데, 이미 임금의 즐거움을 허여해놓고 또 소인을 임용하는 일을 막았으니, 두 가지가 함께 이루어질 리는 없는 것이다. 관중이 입을 닫고 감히 따지지 못한 이유는 스스로 처음 약속이 잘못되었음을 후회하였기 때문이다. '約'자는 이 한 편의 血脈이다.

管仲始進說於威公[1]에 盤遊縱佚之屬은 皆曰不害伯(패)[2]요 其深戒痛絶以爲害霸者는 獨參用小人而已[3]라하니 仲之意는 謂有抑必有揚[4]이요 有拘必有縱[5]이라 故其得政之始에 首與齊公約[6]호되 中分齊國爲二하야 擧一國之樂皆歸君[7]하고 擧一國之權皆歸我[8]면 我與君以樂이요 君與我以權이라하니 以是樂而市是權[9]하야 兩相貿易[10]이니라 要約旣定에 各守封疆하야 截然如胡越之不可相犯하니 自今日以後로 仲

苟進苦言以沮威公之樂耶면 **則仲爲負威公**[11)]이요 **威公苟用小人以侵仲之權耶**면 **則威公爲負管仲**[12)]이라 **其所以得君專**하고 **持權久**하야 **成功偉者**[13)]는 **恃此約也**[14)]니라

1) 管仲始進說於威公：此言立約之初

이 말은 처음 약속하였을 때를 말한다.

2) 盤遊縱佚之屬 皆曰不害伯(패)：此管仲以樂歸於君

이는 管仲이 즐거움을 임금에게 귀속시킨 것이다.

3) 其深戒痛絶以爲害霸者 獨參用小人而已：禁其君勿用小人 此管仲欲以權歸於己 事見管子

임금에게 小人을 쓰지 말 것을 경계한 것이다. 이는 管仲이 권세를 자신에게 귀속시키고자 한 것이다. 일이 ≪管子≫에 보인다.

4) 有抑必有揚：抑謂禁用小人 揚謂許君佚樂

'抑'은 小人 쓰기를 금한 것을 이르고, '揚'은 임금에게 즐거움을 허여한 일을 이른다.

5) 有拘必有縱：操己之權 縱君之欲

자기의 권세는 잡고, 임금의 욕심은 풀어놓은 것이다.

6) 首與齊公約：約字一篇血脈

'約'자는 한 편의 血脈이다.

7) 擧一國之樂皆歸君：謂盤遊縱佚之類 皆不能害伯(패)

질펀히 놀고 맘껏 즐기는 따위는 모두 霸業을 이루는 일에 방해가 될 수 없음을 이른다.

8) 擧一國之權皆歸我：謂參用小人最害伯

小人을 임용하는 것이 霸業을 이루는 데에 가장 방해가 됨을 이른다.

9) 以是樂而市是權：市 謂賣也

市는 판다는 말이다.

10) 兩相貿易：猶市井之交易

市井에서 물건을 교역하는 일과 같다는 말이다.

11) 仲苟進苦言以沮威公之樂耶 則仲爲負威公：負以樂與君之約

즐거움을 임금에게 허여하겠다는 약속을 어기는 것이다.

12) 威公苟用小人以侵仲之權耶 則威公爲負管仲：負以權與仲之約

권세를 管仲에게 허여하겠다는 약속을 어기는 것이다.

13) 其所以得君專……成功偉者：孟子道曾西之言曰 管仲得君 如彼其專也 行乎國政 如彼其久也[*1)] 又孔子曰 管仲 相威公 伯諸侯 一匡天下[*2)]

孟子가 曾西에게 들었던 말로 말하기를 "管仲이 저와 같이 독점하여 임금에게 신임을 받

았고, 저와 같이 오랫동안 국정을 행하였다." 하였고, 또 孔子가 말하기를 "관중이 桓公을 도와 제후의 霸者가 되어 한 번 천하를 바로잡았다."라 하였다.

*1) 〔역주〕 孟子道曾西之言曰……如彼其久也 : ≪孟子≫ 〈公孫丑 上〉에 나온다.

*2) 〔역주〕 孔子曰……一匡天下 : ≪論語≫ 〈憲問〉에 나온다.

14) 恃此約也 : 賴有此約 故成此功

이런 약속에 힘입었기 때문에 이런 공을 이루었다는 것이다.

당초 管仲이 桓公에게 進言할 때에, 질펀히 놀고 맘껏 즐기는 따위는 모두 霸業을 달성하는 데에 방해될 것이 없고, 패업에 방해가 되는 것으로 깊이 경계하고 통렬히 끊어야 할 것은 오직 小人을 등용하는 것일 뿐이라고 하였다. 관중은 속으로, 억제함이 있으면 반드시 허여함이 있어야 하고, 잡아둠이 있으면 반드시 풀어줌이 있어야 한다고 여겼을 것이다.

그러므로 정치에 참여한 초기에, 먼저 齊 桓公과 약속하기를 "제나라를 양분하여 일국의 즐거움은 모두 임금에게 귀속하고 일국의 권세는 모두 저에게 귀속해주시면, 제가 임금에게 즐거움을 드리고 임금은 저에게 권세를 주는 것입니다."라 하였다.

이 즐거움으로 이 권세를 팔아 서로 교역하는 것이니 약속이 정해지자 각자 자기 영역을 지켜, 북쪽 오랑캐와 남쪽 越나라가 서로 침범할 수 없는 것처럼 경계가 뚜렷하게 되었다.

그러므로 이제부터는 만일 관중이 쓴소리를 올려 환공의 즐거움을 저지하려 한다면 이는 관중이 환공을 어기는 것이고, 만일 환공이 소인을 등용하여 관중의 권세를 침범하려 한다면 이는 환공이 관중을 저버리는 것이다. 관중이 임금의 신임을 독점하고, 오랫동안 권력을 유지하여, 위대한 공업을 이룬 것은, 이러한 약속에 힘입은 것이었다.

夫彼所謂寺人貂者[1)]가 **苟崇臺榭**[2)]하고 **盛狗馬**[3)]하며 **侈聲色**[4)]하야 **以奉威公游宴之樂**하니 **是固仲所許也**[5)]어니와 **貂乃恃寵干政**[6)]하야 **漏泄軍事**[7)]는 **則正犯仲之約矣**[8)]라 **兵事尙神密**이니 **泄他人之軍事**라도 **猶不免誅**온 **況霸國節制之師**를 **豈容人輒亂之乎**아 **爲仲者盍質威公以素約**[9)]가 **尸貂於軍門**이 **可也**[10)]어늘 **顧乃隱忍坐視而不爭**[11)]하니

意者闇而不知爭乎아 則仲非闇人也요 意者懦而不敢爭乎아 則仲非懦人也니 其所以不爭者는 殆必有說矣[12)]리라 奕者擧棊纔三四에 斂手而甘敗者는 國棊也[13)]요 倒奩空(秤)〔枰〕[14)15)]하야 大敗塗地오도 爭猶不止는 則棊之下者耳[16)]니 仲國棊也[17)]라 先自見不勝之兆於冥冥之中[18)]하니 安得不知難而止乎[19)]아 是故智者之敗在心하고 愚者之敗在事하며 智者之敗在神하고 愚者之敗在形하니 智者之敗는 同室不知요 愚者之敗는 國人皆知라 使仲必待舌弊力屈然後[20)]에 始肯處於不勝之地[21)]면 亦何以管仲爲哉[22)]아

1) 夫彼所謂寺人貂者 : 寺人 內官 貂 其名也 此卽竪刀
　寺人은 內官이고, 貂는 그의 이름이니, 이 사람이 바로 竪刀이다.

2) 崇臺榭 : 以奉遊觀 ○ 有木曰榭 無木曰觀
　遊觀을 바친 것이다. ○ 나무가 있으면 榭라 하고, 나무가 없으면 觀이라 한다.

3) 盛狗馬 : 以供田獵
　사냥하는 일을 제공한 것이다.

4) 侈聲色 : 以娛耳目
　임금의 耳目을 즐겁게 한 것이다.

5) 是固仲所許也 : 管仲素約與君以樂
　管仲이 평소 '임금께 즐거움을 드리겠다.'고 약속했었다.

6) 貂乃恃寵干政 : 貂乃恃君之寵 干國之政
　貂가 이에 임금의 총애를 믿고 국정을 범하였다.

7) 漏泄軍事 : 威公會諸侯于多魚之地 而貂始漏師
　桓公이 多魚 지역에서 제후들과 회합할 때에, 貂가 비로소 군대 일을 누설하였다.

8) 正犯仲之約矣 : 管仲素約不許參用小人 而威公先負約
　管仲이 평소 小人 임용을 윤허하지 말 것을 약속받았는데, 桓公이 먼저 약속을 어긴 것이다.

9) 爲仲者盍質桓公以素約 : 設疑謂管仲何不以素約質於威公
　의문을 가설하여 管仲은 어찌 평소에 한 약속을 가지고 桓公에게 질책하지 않았느냐고 한 것이다.

10) 尸貂於軍門 可也 : 誅貂漏師之罪 而陳尸於軍門 誰曰不可
　군사기밀을 누설한 貂의 죄를 주벌하여 軍門에 시체를 진설해놓아도 누가 안 된다고 하

겠느냐는 말이다.

11) 顧乃隱忍坐視而不爭：仲不敢與貂較是非

管仲은 감히 貂와 是非를 따지지 않았다.

12) 其所以不爭者 殆必有說矣：其說在下

그 설명이 아래에 있다.

13) 奕者擧棊纔三四……國棊也：假奕者以喩仲 棊未終局而先知勝負者 此必國手

바둑을 빌어 管仲을 비유했다. 바둑을 둠에 아직 판이 끝나지 않았을지라도 미리 승부를 아는 자, 이런 사람은 분명코 國手이다.

14) 〔역주〕(秤)〔枰〕：저본에는 '秤'으로 되어있으나, 사고전서본에 의거하여 '枰'으로 바로잡았다.

15) 倒奩空(秤)〔枰〕：奩 以盛棊子 (秤)〔枰〕 棊局也

奩은 바둑돌을 담는 상자이고, 枰은 바둑판이다.

16) 倒奩空(秤)〔枰〕……則棊之下者耳：敗而猶爭 此不能棊者也

패하여도 여전히 다툰다면, 이런 사람은 바둑에 능하지 못한 자이다.

17) 仲國棊也：仲之術高 猶國手之奕棊

管仲의 술책이 높으니 國手가 두는 바둑과 같다.

18) 先自見不勝之兆於冥冥之中：預知與貂爭必不勝

貂와 다투면 분명 이기지 못하리라는 것을 미리 안 것이다.

19) 安得不知難而止乎：此所以隱忍不與貂較也 一篇主意在此數句

이것이 隱忍自重하면서 貂와 계교하지 않은 이유이다. 한 편의 主意가 이 몇 구절에 있다.

20) 使仲必待舌弊力屈然後：舌弊 謂費辭說 力屈 謂疲精神

舌弊는 言說을 허비함을 이르고, 力屈은 정신을 피곤하게 함을 이른다.

21) 始肯處於不勝之地：譬如棊之下者

비유하자면 바둑의 하수와 같은 것이다.

22) 亦何以管仲爲哉：如此則不足以爲管仲矣

이와 같다면 管仲이 되기에 부족하다.

저 寺人 貂라는 자가, 누대와 별장을 높게 지어 사냥개와 말을 충분하게 준비하고 音樂과 女色을 사치하게 꾸며 桓公이 잔치 벌여 놀 수 있는 즐거움을 받들었으니, 이런 일은 본래 管仲이 허여한 것이다. 그러나 초가 총애를 믿고 國政을 간섭하여 군사기밀을 누설한 것은 바로 관중과의 약속을 범한 것이다. 군사의 일은 매우 은밀함을 중요하게 여기니, 다른 사람의 군사기밀을 누설하였다 해도 오히려 誅罰을 면할 수 없는데, 더구나 霸主가 節制하는 군대를 멋대로 어지럽힌 사람을 어찌 용서해서야 되겠는가?

그런데도 관중은 어찌하여 환공에게 평소 약속했던 일을 가지고 따지지 않았는가? 貂를 죽여 軍門에 梟示해야 옳았는데, 도리어 꾹 참고 앉아서 구경만 하고서 간쟁하지 않았으니 혹시 어리석어 간쟁할 줄 몰랐던 것인가? 그러나 관중은 어리석은 사람이 아니다. 아마도 나약하여 감히 간쟁할 수 없었던 것인가? 그러나 관중은 나약한 사람도 아니다. 그가 간쟁하지 않았던 데는 아마도 반드시 연유가 있을 것이다.

바둑을 두는 자가 겨우 서너 차례 바둑을 두고는 손을 거두고서 패배를 인정하는 자는 國手이고, 바둑통에 바둑알이 동나고 바둑판의 바둑알이 다 잡혀 처참하게 패배하여도 여전히 다투기를 그치지 않는 자는 下手일 뿐이다. 관중은 국수이다. 아득히 어두운 속에서 스스로 이기지 못할 조짐을 미리 보았으니 어찌 어려움을 알아 중지하지 않을 수 있었겠는가?

이러므로 지혜로운 자의 실패는 마음속에 있고, 어리석은 자의 실패는 일에 드러난다. 지혜로운 자의 실패는 정신 속에 있고, 어리석은 자의 실패는 형체에 드러난다. 지혜로운 자의 실패는 부부간에도 알지 못하고, 어리석은 자의 실패는 온 국민이 다 안다. 가령 관중이 반드시 言說을 허비하고 정신을 피곤하게 한 뒤에야 비로소 이기지 못하는 처지를 인정하려 하였다면 어찌 관중이 될 수 있겠는가?

仲與威公要約如此之明이로되 **威公首負約而使貂亂軍政**하니 **自常情論之**면 **仲之理甚直**하고 **威公之理甚曲**하니 **仲之爭必勝**이요 **威公之爭必不勝**이어늘 **仲何反自處於不勝而遽不爭也**아 **曰 仲始與威公約**에 **旣以佚樂與公矣**[1]니 **資人君奢靡淫麗之樂者**가 **屬之君子乎**아 **屬之小人乎**[2]아 **名曰佚樂**이면 **未有不資小人者**[3]요 **名曰小人**이면 **未有不貪權勢者**[4]니 **已許其縱佚樂**하고 **而禁其近小人**이면 **是授人以田**하고 **而奪其耒耜也**[5]요 **已容其近小人**하고 **而禁其奪吾權**이면 **是與盜者同處**하고 **而惡(오)其攘竊也**[6]니 **世寧有是理耶**[7]아 **仲急於功利**[8]하야 **亟欲得齊國之柄**[9]하야 **不暇長顧却慮而爲是約**[10]이니 **至於漏師多魚之時**하야 **仲固已默然陰悔初約之謬矣**[11]리라 **失之於**

初[12)]하야 **不能救之於末**[13)]하니 **此仲所以吞聲而不敢較也**[14)]니라

1) 仲始與威公約 旣以佚樂與公矣 : 再叙起

첫 부분을 다시 서술한 것이다.

2) 資人君奢靡淫麗之樂者……屬之小人乎 : 必用小人 始能奉君之樂

반드시 小人을 써야 비로소 임금이 佚樂할 일을 바칠 수 있는 것이다.

3) 名曰佚樂 未有不資小人者 : 旣欲佚樂 必用小人

이미 佚樂하고자 하였다면 반드시 小人을 쓸 것이다.

4) 名曰小人 未有不貪權勢者 : 旣用小人 必干政事

이미 小人을 썼다면 반드시 政事에 간여할 것이다.

5) 已許其縱佚樂……而奪其耒耜也 : 無小人則樂不可遂 猶無耒耜則田不可耕

小人이 없으면 佚樂을 이룰 수 없다. 이는 농기구가 없으면 밭을 갈 수 없는 것과 같다.

6) 已容其近小人……而惡(오)其攘竊 : 與小人同朝 必至盜吾之權 猶與盜賊同室 必至盜吾之貲也

小人과 한 朝廷에 있으면 반드시 나의 권세를 훔칠 것이다. 이는 盜賊과 한 집에 있으면 반드시 나의 재물을 훔치게 되는 것과 같다.

7) 世寧有是理耶 : 發意明白

말한 뜻이 명백하다.

8) 仲急於功利 : 欲相君興伯業

임금을 도와 霸業을 일으키고자 한 것이다.

9) 亟欲得齊國之柄 : 發出管仲心術

管仲의 의도를 발언한 것이다.

10) 不暇長顧却慮而爲是約 : 初立約時 不料後日之弊

약속을 하던 처음에는 뒷날의 폐단을 생각지 못한 것이다.

11) 仲固已默然陰悔初約之謬矣 : 謬 誤也 此處發明到骨

謬는 잘못이다. 이 부분은 글의 骨子를 설명한 것이다.

12) 失之於初 : 立約之初

약속을 했던 처음을 말한다.

13) 不能救之於末 : 到有小人漏師之弊

小人이 군사기밀을 누설하는 폐단이 있게 되었음을 이른다.

14) 此仲所以吞聲而不敢較也 : 仲自知雖爭較必不能也

'비록 다투어 따질지라도 반드시 이길 수 없음'을 管仲 자신은 알았던 것이다.

管仲이 桓公과 약속한 것이 이처럼 명확한데, 환공이 먼저 약속을 어기고 貂를 임용하여 軍政을 어지럽게 하였다. 이를 常情으로 논하면, 관중의 이치가 매우 곧고 환공의 이치가 매우 잘못되었다. 그러므로 관중의 논쟁이 반드시 이길 것이고 환공의 논쟁이 반드시 질 터인데, 어찌하여 관중은 도리어 스스로 질 것을 인정하고 대번에 간쟁을 포기했을까? 나는 이렇게 생각한다.

'관중이 처음 환공과 약속할 때에 이미 佚樂을 환공에게 허여하였으니 임금의 사치하고 화려한 즐거움을 돕는 자가 君子에 속하겠는가? 小人에 속하겠는가? 〈임금 가운데〉 일락이라고 이름 붙여졌다면 소인에게 도움 받지 않는 자가 없을 것이고, 〈신하 가운데〉 소인이라고 이름 붙여졌다면 권세를 탐하지 않는 자가 없을 것이다.

이미 임금에게 맘껏 일락하도록 허여해놓고 소인을 가까이하는 것을 막는다면, 이는 사람에게 농사지을 밭을 주고 쟁기와 보습을 뺏는 것과 마찬가지이다. 이미 소인을 가까이하도록 용인하고서 나의 권세를 뺏는 것을 막는다면 이는 도둑과 같이 살면서 그가 훔치는 것을 싫어하는 것과 마찬가지이다. 세상에 어찌 이런 이치가 있겠는가?

관중은 功利에 급급하여 빨리 齊나라의 權柄을 얻으려고 심사숙고할 겨를 없이 이런 약속을 하였던 것이니, 多魚에서 군사기밀이 누설되는 지경에 이르러 관중은 진실로 묵묵히 속으로 처음 약속이 잘못되었음을 후회하였을 것이다. 처음에 잘못하여 종말에 구제할 수 없게 되었으니, 이것이 관중이 입을 닫고 감히 따지지 못한 이유이다.'

若他人居仲之地[1)]면 必不度(탁)事勢而爭之[2)]리라 雖使威公或勉聽其言而逐貂[3)]라도 然逐貂之後에 誰與威公供耳目之娛며 誰與威公極心志之欲가 苟復求如貂者繼之耶면 則盜權猶自若也요 苟求不盜權者하야 置之君側이면 必擁腫鞅掌然後可耳[4)]리라 輿臺[5)]閹寺輩로 能希[6)]君之意者는 必能盜君之權하고 不能盜君之權者는 亦必不能希君之意니 威公左右誠皆擁腫鞅掌之徒[7)]면 則塊然宮中[8)]無以自適[9)]하야 必反責管仲曰[10)] 爾所以許我者는 享爲君之樂也[11)]요 我所以與爾權者는 亦以易吾之樂也[12)]어늘 今吾蹩迫槁乾[13)]하야 曾不能少享爲君之樂[14)]하니 豈非爾欺我耶[15)]아하리라 是則用貂之初에 仲固可持左券하야 而責威公之負約[16)]이나 逐貂之後엔 威公亦將持右券[17)]하야 責管仲之負約也[18)]니 君臣相咎면 必至相睽하야 仲之身將不得安於齊國

矣리라 **管仲威公君臣之交**가 **聞天下**하니 **一旦相責至此**면 **豈不貽笑後世耶**아 **仲之隱忍而不爭者**는 **畏此辱也**[19)]일새니라

1) 若他人居仲之地：譬如棊之下者
〈타인은〉 비유하자면 바둑의 下手 같은 자이다.

2) 必不度(탁)事勢而爭之：譬如倒奩空(秤)〔枰〕爭猶不止
비유하자면 바둑통의 바둑돌이 동나고, 바둑판의 바둑돌이 다 잡혔는데도 여전히 그치지 않고 다투는 것과 같은 것이다.

3) 雖使威公或勉聽其言而逐貂：假設如此
이와 같이 가설한 것이다.

4) 必擁腫鞅掌然後可耳：莊子庚桑楚篇云 擁腫之與居 鞅掌之爲使[*)]
≪莊子≫〈庚桑楚〉에 이르기를 "외모를 꾸미지 않는 자와 거처하고, 용모를 갖추지 않는 자를 부리다."라 하였다.

*)〔역주〕擁腫之與居 鞅掌之爲使：擁腫은 종기가 울퉁불퉁하게 난 자로 '외모가 추악한 사람'을 이르고, 鞅掌의 鞅은 '짐'이니 鞅掌은 짐을 손에 든 것으로 '용모를 갖추지 않은 사람'을 이른다. 여기에서는 '자신의 이익을 위해 힘쓰지 않는 자'를 가리킨다.

5)〔역주〕輿臺：賤職, 혹은 천직에 종사하는 賤人을 이른다.

6)〔역주〕希：迎合한다는 뜻이다.

7) 威公左右誠皆擁腫鞅掌之徒：如此則奉承不能如意
이와 같다면 〈桓公이〉 봉양받기를 뜻대로 할 수 없었을 것이다.

8) 塊然宮中：塊然 不樂之意
塊然은 즐거워하지 않는 뜻이다.

9) 無以自適：莫遂其樂
자기의 즐거움을 이룰 수 없음을 이른다.

10) 必反責管仲曰：責以元約
원래의 약속을 가지고 꾸짖은 것이다.

11) 爾所以許我者 享爲君之樂也：初約一國之樂皆歸於吾
처음에 한 나라의 즐거움을 모두 나 桓公에게 귀속하리라고 약속했었다.

12) 我所以與爾權者 亦以易吾之樂也：初約一國之權皆歸於仲
처음에 한 나라의 권세를 모두 管仲에게 귀속하리라고 약속했었다.

13) 今吾蹙迫槁乾：蹙迫則不舒肆 槁乾則不□□[*)]

蹙迫은 펴지 못함이고, 槁乾은 □□하지 못함이다.

*)〔역주〕□□ : 저본에 2字 闕文이 있어 해석하지 않았다.

14) 曾不能少享爲君之樂 : 左右之人 無與供耳目之娛極心志之欲者

측근 중에 耳目의 오락을 제공하여 心中의 욕심을 다하게 해주는 자가 없다는 말이다.

15) 豈非爾欺我耶 : 威公必如此責管仲

桓公은 반드시 이와 같이 管仲을 질책하였을 것이다.

16) 責威公之負約 : 責其□□*) 參用小人

桓公이 약속을 저버리고 小人을 등용했음을 질책한다는 말이다.

*)〔역주〕□□ : 저본에 2字 궐문이 있으나, 문맥상 負約을 넣어 번역하였다.

17)〔역주〕仲固可持左券……威公亦將持右券 : 左券과 右券은 일종의 계약증명서이다. 고대 사회에서 계약할 때 채권자는 左券을, 채무자는 右券을 갖고 있다가 변제할 때 양자를 맞추어보고 사실을 증명하였다.

18) 責管仲之負約也 : 責其不遂己之佚樂 ○ 左右券者 □*) 管仲約爲二券以合符 如今人立合同文約也

자기의 즐거움을 이루어주지 않는 것에 대해 질책할 것이라는 말이다. ○ 左右券은 管仲이 約定한 두 통의 文券을 서로 맞추어보는 것이니, 지금 사람들이 서로 合意하여 契約文書를 작성하는 것과 같다.

*)〔역주〕□ : 저본에는 1字 闕文이 있다.

19) 仲之隱忍而不爭者 畏此辱也 : 應前隱忍而不敢爭

앞의 '隱忍而不敢爭'에 호응한다.

만약 다른 사람이 管仲의 처지에 있었다면, 반드시 일의 형편을 헤아리지 못하고 諫諍하였을 것이다. 그리하여 비록 桓公이 자기의 말을 억지로 따르게 하여 貂를 축출하였더라도, 貂가 축출된 뒤에는 누가 환공에게 耳目의 오락을 제공해줄 것이며 누가 환공에게 心中의 욕망을 다하게 해줄 것인가?

만일 다시 貂 같은 자를 구하여 貂의 일을 계속하게 한다면 여전히 權勢를 훔치게 될 것이며, 만일 권세를 훔치지 않을 자를 구하여 임금 곁에 두고자 한다면, 반드시 용모가 추악하고 외모를 꾸미지 않는 자라야 될 것이다. 천한 宦官들로서 임금의 뜻에 영합하는 자들은 반드시 임금의 권세를 훔치고, 임금의 권세를 훔치지 못하는 자들은 또한 임금의 뜻에 영합하지도 못한다.

환공의 곁에 진실로 용모가 추악하고 외모를 꾸미지 않는 자들뿐이라면, 궁중생활이 딱딱하여 재미를 붙일 수 없을 것이니, 그렇게 되면 도리어 관중에게 질책하기를 "네가 나에게 허여해준 것은 임금의 즐거움을 향유하는 것이고, 내가 너에게 권세를 준 이유도 나의 즐거움과 바꾸기 위해서였다. 그런데 지금 내가 위축되고 무미건조하여 일찍이 조금이나마 임금의 즐거움을 누릴 수가 없으니, 이 어찌 네가 나를 속인 것이 아니냐?"라 할 것이다.

그렇다면 貂를 등용한 초기에는 관중이 진실로 左券을 가지고 약속을 어긴 환공을 질책할 수 있었지만, 貂를 축출한 뒤에는 환공이 또한 右券을 가지고 약속을 어긴 관중을 질책하게 되는 것이다. 君臣간이 서로 허물하면 반드시 서로 반목하게 되어 장차 齊나라에서 관중 자신이 편안할 수 없을 것이다. 관중과 환공의 군신관계는 천하에 알려져있는데, 하루아침에 이와 같이 서로 질책한다면 어찌 후세에 비웃음을 사지 않을 수 있겠는가? 관중이 隱忍自重하며 간쟁하지 않았던 이유는 이러한 치욕을 두려워해서였다.

況自貂始進之時言之면 **威公所以敢用貂者**는 **以仲許之也**[1]니 **當是時**하야 **仲爲主而貂爲客**[2]이요 **自貂嬖寵之時言之**[3]면 **威公所以未疎仲者**는 **以不害貂也**[4]니 **當是時**하야 **貂爲主而仲爲客**[5]이라 **君臣之歡潛移**[6]하고 **客主之勢互變**[7]하야 **昔也貂爲仲所容**[8]이나 **今也仲爲貂所容**[9]하니 **方且取〈容〉**[10]**之不暇**[11]어든 **矧曰逐之乎**[12]아

1) 威公所以敢用貂者 以仲許之也 : 旣許其享佚樂 則非用貂之約 不可
이미 즐거움을 누릴 것을 허락했다면 貂를 등용하는 약속이 아니면 안 된다.

2) 當是時 仲爲主而貂爲客 : 貂之用舍 係於管仲故也
貂를 쓰느냐 쓰지 않느냐는 管仲에게 달려있기 때문이다.

3) 自貂嬖寵之時言之 : 嬖寵 謂得幸於君
嬖寵은 임금에게 총애를 얻음을 이른다.

4) 威公所以未疎仲者 以不害貂也 : 得貂之徒 以奉其樂 故親信管仲
貂의 무리를 얻어 임금의 즐거움을 봉양하게 했기 때문에 管仲을 친애하여 신임한 것이다.

5) 當是時 貂爲主而仲爲客 : 仲之親疎 係於主貂故也 主客之說 又新
管仲이 〈桓公과〉 친해지느냐 소원해지느냐는 주체인 貂에게 달려있기 때문이다. 주체·객체라는 비유가 더욱 참신하다.

6) 君臣之歡潛移 : 威公 昔親仲 而今親貂
桓公이 전에는 管仲을 친애하였는데, 지금은 貂를 친애한다는 것이다.

7) 客主之勢互變 : 管仲 昔爲主 而今爲客
관중이 전에는 주체였는데 지금은 객체라는 말이다.

8) 昔也貂爲仲所容 : 管仲許用貂也
管仲이 貂를 임용할 것을 허락한 것이다.

9) 今也仲爲貂所容 : 仲不害貂 故公不疎仲也
管仲이 貂를 해치지 않았기 때문에 桓公이 관중을 멀리하지 않은 것이다.

10) 〔역주〕〈容〉: 저본에 없으나, 사고전서본에 의거하여 보충하였다.

11) 方且取〈容〉之不暇 : 仲方且依貂 以久居其位
管仲은 바야흐로 貂에 의지하여 자기 지위에 오래 있었던 것이다.

12) 矧曰逐之乎 : 況敢責威公負約 使逐貂乎
하물며 桓公이 약속을 어긴 것을 질책하여 貂를 쫓아내게 할 수 있겠는가?

더구나 貂가 처음 등용될 때로 말하면 桓公이 감히 초를 등용한 이유가 管仲이 허락했기 때문이니, 이때에는 관중이 주체이고 초가 객체인 셈이고, 초가 총애를 받은 때로 말하면 환공이 관중을 멀리하지 않은 이유가 초를 해치지 않으려는 것이니, 이때에는 초가 주체이고 관중이 객체인 셈이다.

임금과 신하의 歡待가 은근히 옮겨가고 객체와 주체의 형세가 서로 바뀌어, 예전에는 초가 관중에게 용납되더니, 지금은 관중이 초에게 용납되는 형편이 되었다. 그러니 용납받기에도 겨를이 없을 것인데 하물며 쫓아낼 수 있겠는가?

逮仲之將死[1)]하야 **始明數貂之姦**하고 **列於易牙開方之間**[2)]하야 **欲倂逐之**[3)]하니라 **平時則不敢排擊**하야 **以爲保身之計**[4)]라가 **將死則盡言不諱**하야 **以取知人之名**[5)]하니 **其自爲謀亦巧矣**[6)]라 **仲之謀雖巧**나 **然旣開禍亂之原**[7)]하니 **雖彌縫障蔽**나 **終不能遏庶孽交爭**[8)]하야 **國統殆絶**[9)]하니 **天下之事**는 **信非巧者所能辨也**[10)]니라

1) 逮仲之將死 : 此事亦見管子
이 일도 ≪管子≫에 보인다.

2) 始明數貂之姦 列於易牙開方之間 : 管仲疾 將死 威公問仲 寡人惡乎屬國而可 仲答以竪刀開方易牙三子 非人情不可用

管仲이 병으로 죽으려 할 때에 桓公이 관중에게 "과인은 누구에게 나라를 부탁하는 것이 좋을까?"라 묻자, 관중이 "竪刀·開方·易牙 세 사람은 人情에 어긋나니 등용해서는 안 됩니다." 하고 답하였다.

3) 欲併逐之：使威公盡逐三子

桓公에게 세 사람을 다 쫓아내게 한 것이다.

4) 平時則不敢排擊 以爲保身之計：取實利以榮其身

현실의 이익을 취하여 자신을 영화롭게 하였다는 것이다.

5) 將死則盡言不諱 以取知人之名：盜虛名以欺後世

헛된 명예를 훔쳐 후세 사람들을 속였다는 것이다.

6) 其自爲謀亦巧矣：巧字應□*)後

〈아래글의〉 '巧'자에 호응한다.

*) 〔역주〕 □：저본에 1字 궐문이 있다.

7) 仲之謀雖巧 然旣開禍亂之原：說後效

훗날의 결과를 말하였다.

8) 終不能遏庶孼交爭：五公子爭立

다섯 公子가 임금의 자리를 다툰 것을 말한다.

9) 國統殆絶：幾於不能立後

거의 후사를 세울 수 없을 뻔했다는 말이다.

10) 天下之事 信非巧者所能辨也：應上巧字 言於此無所售其巧

윗글의 '巧'자에 호응하여, 여기에서는 巧를 부릴 데가 없음을 말하였다.

管仲이 임종할 무렵에야 비로소 貂의 간악함을 낱낱이 밝히고, 易牙와 開方 사이에 끼워넣어 이들을 함께 축출하고자 하였다. 평소에는 감히 배격하지 못하고 오히려 자신을 보전하는 방책으로 삼다가, 임종할 무렵에 거리낌 없이 다 말하여 '사람 알아보는 식견이 있다.'는 명예를 취하고자 하였으니, 스스로 자신을 위한 계책을 세움이 교묘하다.

관중의 계책이 비록 교묘하였으나 이미 禍亂의 근원을 열었으니 비록 꿰매고 막더라도 끝내 여러 아들들의 쟁탈을 막을 수 없었을 것이다. 그리하여 나라의 大統이 거의 끊어질 뻔했으니, 천하의 일은 진실로 교묘한 자가 처리할 수 있는 것이 아니다.

嗚呼라 仲之輔威公에 (而)〔其〕[1]自期何如耶[2]아 盖將混文軌하고 一統類하야 雖山戎

孤竹之屬이 皆入封略이로되 猶以爲褊也러니 晩節末路에 至使威公不能自定其子[3)]하야 區區〈偕〉[4)]仲屬之於宋襄焉[5)]하니라 仲始欲致威公於何地완대 今反不能保一子하야 而托(託)之他人가 想仲發言屬宋襄之際에 顔忸怩而口囁嚅하야 跼天蹐地하야 無措身之所矣리라 吾讀書至此하얀 未嘗不憐其衰而哀其窮也[6)]로라 世之詆伯(패)者는 必曰尙功利[7)]라하나 五伯威公爲盛[8)]이로되 諸子相屠[9)]하고 身死不殯[10)]하야 禍且不能避[11)]하니 豈功利之敢望乎[12)]아 是知王道之外엔 無坦途[13)]요 擧皆荊棘[14)]이며 仁義之外엔 無功利[15)]요 擧皆禍殃[16)]이니 彼詆伯以功利者[17)]는 何其借譽之深也[18)]아

1) 〔역주〕(而)〔其〕: 저본에 '而'로 되어있으나, 三民書局本에 의거하여 '其'로 바로잡았다.

2) (而)〔其〕自期何如耶 : 其初立志甚大
처음에 管仲의 立志가 매우 컸다는 말이다.

3) 至使威公不能自定其子 : 以五公子 皆求立也
그리하여 다섯 공자가 모두 임금이 되기를 요구하였다는 것이다.

4) 〔역주〕〈偕〉: 저본에 1자 闕文이 있으나, 사고전서본을 참조하여 보충하였다.

5) 區區〈偕〉仲屬之於宋襄焉 : 威公與管仲 托孝公於宋襄公
桓公와 管仲이 宋 襄公에게 孝公을 기탁하였다.

6) 未嘗不憐其衰而哀其窮也 : 深責管仲
管仲을 깊이 질책하는 말이다.

7) 世之詆伯(패)者 必曰尙功利 : 詆 毁也 謂仁義不施 但爲富國强兵之計
詆는 헐뜯음이니, 仁義를 베풀지 않고 다만 부국강병의 계획만 함을 이른다.

8) 五伯威公爲盛 : 五伯 謂齊威公 宋襄公 秦穆公 晉文公 楚莊王 齊威居其首 而伯業獨盛
五霸는 齊 桓公·宋 襄公·秦 穆公·晉 文公·楚 莊王을 이른다. 그 가운데 제 환공이 으뜸이며 패업이 유독 성대하였다.

9) 諸子相屠 : 多遇弑者
시해를 당한 자가 많다는 것이다.

10) 身死不殯 : 以諸子爭立之 故死而無殯葬者 虫流戶外焉
여러 아들들이 임금 자리를 다투었기 때문에, 桓公이 죽었는데도 殯葬하는 자가 없어, 시신에서 생긴 벌레가 방문 밖으로 기어 나왔다.

11) 禍且不能避 : 身後之禍 其酷如此
사후에 당한 화이니 그 참혹함이 이와 같다는 것이다.

12) 豈功利之敢望乎 : 本圖功利 反得大禍

본래 功利를 계획하나 도리어 큰 화를 당한다는 말이다.

13) 是知王道之外 無坦途 : 王道蕩蕩平平 如履坦途

王道는 넓고 평탄하여 평탄한 길을 밟는 것과 같은 것이다.

14) 擧皆荊棘 : 〈捨〉[*] 王道而由於伯 如履荊棘矣

王道를 버리고 霸道를 행하는 것은 가시밭길을 가는 것과 같은 것이다.

*) 〔역주〕〈捨〉: 저본에 1字 闕文이 있으나, 문맥을 살펴 '捨'를 보충하여 해석하였다.

15) 仁義之外 無功利 : 王者 行仁義不求功利 而功利自至

王道政治를 하는 이는 仁義를 행하고 功利는 구하지 않으나, 공리가 저절로 이른다는 것이다.

16) 擧皆禍殃 : 捨仁義而求功利 反如齊威之得禍矣

仁義를 버리고 功利를 구한다면 도리어 齊 桓公이 화를 당한 것과 같이 될 것이라는 말이다.

17) 彼詆伯以功利者 : 應上文

윗글에 호응한다.

18) 彼詆伯以功利者 何其借譽之深也 : 謂伯者本無功利可得 而世人以功利詆之 乃是借與名譽而無其實也

霸者는 본래 얻을 수 있는 功利가 없는데 세상 사람들이 공리로써 비난하니, 이는 바로 명예를 빌려주는 것으로 그 실상은 없음을 이른다.

아, 管仲이 桓公을 보필할 때에 관중 스스로 기약한 것이 어떠했는가? 문자와 수레바퀴의 폭을 통일하고 강령과 조문을 통합하여, 비록 山戎國이나 孤竹國 같은 나라들이 모두 齊나라의 영토에 합해졌어도 오히려 좁게 여기더니, 만년에는 환공이 스스로 太子를 정할 수 없게 하여 관중 자신과 함께 구차하게 태자를 宋 襄公에게 부탁하게 하였다. 처음에 관중이 환공에게 이루어주고자 했던 것이 무엇이기에, 지금 도리어 아들 한 명도 보전하지 못하고 다른 사람에게 맡기게 하는가?

생각건대 관중이 송 양공에게 부탁하자는 말을 꺼낼 때에 안색은 부끄럽고, 말투는 머뭇거리며, 천지간에 몸을 굽혀 몸 둘 바를 몰라했을 것이다. 내가 글을 읽다가 이에 이르러서는 그의 쇠잔함을 측은히 여기고 그의 곤궁함을 슬퍼하지 않은 적이 없었다.

세상에 霸者를 비난하는 자들은 반드시 그들이 功利를 숭상한다고 말한다. 그러나 환공은 五霸 가운데 가장 성대하였는데도, 여러 아들들이 서로 도륙하였고, 자신이 죽은 뒤에 빈소도 차리지 못하였다. 〈자신에게 닥칠〉 화도 피하지 못하였는데 어찌 감히 功利를 바라겠는가? 이 일에서 王道政治 이외에는 평탄한 길이 없고 모두 가시밭길이며, 仁義 밖에는 功利가 없고 모두 재앙이라는 것을 알았다. 공리를 숭상한다고 패자를 비난하는 저들은 어쩌면 그렇게 패자를 과대평가하는가?

東萊博議 卷10

10-01 會陽穀謀伐楚 陽穀에서 회합하여 楚나라 토벌을 모의하다

10-01-01 會陽穀謀伐楚 陽穀에서 회합하여 楚나라 토벌을 모의하다

【左傳】 僖三年이라 秋에 會于陽穀하니 謀伐楚也[1]라 齊侯爲陽穀之會하야 來尋盟하다 冬에 公子友如齊涖盟[2]하다

1) 〔역주〕 謀伐楚也 : 2년에 楚나라가 鄭나라를 侵攻하였기 때문이다.
2) 〔역주〕 公子友如齊涖盟 : 僖公이 이때 陽穀의 회합에 참여하지 않았기 때문에 齊侯가 양곡에서 魯나라로 사람을 보내어 전일의 맹약을 重修하기를 요구하였다. 魯나라가 上卿을 齊나라로 보내어 맹약을 接受하게 한 것은 겸손이었다.

僖公 3년, 가을에 陽穀에서 會合하였으니, 楚나라 토벌을 謀議하기 위해서였다. 齊侯는 양곡의 회합에 魯나라가 참여하지 않았기 때문에 사람을 보내어 와서 前日의 盟約을 重修하기를 요구하였다. 겨울에 公子 友가 齊나라로 가서 會盟에 참여하였다.

10-01-02 齊歸蔡姬 齊侯가 蔡姬를 돌려보내다

【左傳】 僖三年이라 齊侯與蔡姬乘舟于囿[1]할새 蕩公[2]하니 公懼變色하야 禁之호되 不可하다 公怒歸之로되 未之絶也러니 蔡人嫁之[3]하다

1) 〔역주〕 齊侯與蔡姬乘舟于囿 : 蔡姬는 齊侯의 夫人이다. 囿는 苑이니, 苑中에 魚池가 있는 듯하다.
2) 〔역주〕 蕩公 : 齊 桓公이 탄 배를 흔든 것이다.
3) 〔역주〕 蔡人嫁之 : 이 일이 明年에 齊나라가 蔡나라를 친 傳의 배경이다.

僖公 3년, 齊侯가 蔡姬와 囿에서 뱃놀이를 할 때 蔡姬가 齊 桓公이 탄 배를 흔드니, 桓公은 겁에 질려 얼굴빛이 변하여 그러지 말라고 禁止하였으나, 듣지 않았다. 桓公이 怒하여 그녀를 蔡나라로 돌려보냈으나 夫婦의 관계를 단절하지는 않았는데, 蔡人은 그녀를 다른 곳으로 改嫁시켰다.

10-01-03 齊侵蔡伐楚 齊나라가 蔡나라를 침공하기 위하여 楚나라를 치다

【左傳】 僖四年이라 齊侯以諸侯之師侵蔡하니 蔡潰[1)]하다 遂伐楚하니 楚子使與師言曰 君處北海하고 寡人處南海하야 惟是風馬牛不相及也[2)]니 不虞君之涉吾地也라 何故오 管仲對曰 昔召康公[3)]命我先君太公曰 五侯九伯을 女實征之하야 以夾輔周室[4)]하라하시고 賜我先君履하되 東至于海하고 西至于河하고 南至于穆陵하고 北至于無棣[5)]하니라 爾貢包茅不入하야 王祭不共이라 無以縮酒하니 寡人是徵[6)]하노라 昭王南征〈而〉不復하시니 寡人是問[7)]하노라 對曰 貢之不入은 寡君之罪也니 敢不共給이리오마는 昭王之不復은 君其問諸水濱[8)]하라 師進하야 次于陘[9)]하다 夏에 楚子使屈完如師[10)]하니 師退하여 次于召陵[11)]하다 齊侯陳諸侯之師하고 與屈完乘而觀之[12)]할새 齊侯曰 豈不穀是爲[13)]리오 先君之好是繼니 與不穀同好如何오 對曰 君惠徼福於敝邑之社稷[14)]하야 辱收寡君이 寡君之願也로소이다 齊侯曰 以此衆戰이면 誰能禦之며 以此攻城이면 何城不克이리오 對曰 君若以德綏諸侯면 誰敢不服이리오마는 君若以力이면 楚國方城以爲城하고 漢水以爲池[15)]하리니 雖衆이나 無所用之리이다 屈完及諸侯盟하다

1) 〔역주〕 齊侯以諸侯之師侵蔡 蔡潰 : 齊 桓公은 諸侯의 霸者가 되어 夷狄을 물리치고 天子를 높였다. 蔡나라는 北杏에서 한 번 中國의 會盟에 참가한 뒤로는 여러 姬姓國을 버리고 즐거운 마음으로 楚나라의 편이 되었다. 그러므로 齊 桓公이 諸侯의 군대를 거느리고 楚나라를 토벌할 때 먼저 蔡나라를 쳐서 蔡나라를 潰滅시킨 것은 먼저 楚나라의 편을 갈라놓은 것이다.

2) 〔역주〕 惟是風馬牛不相及也 : 암수가 서로 유혹하는 것을 바람〔風〕이라 한다. 마소가 바람이 나 달아나서 암수가 서로 유혹하려 해도 거리가 멀어 미칠 수 없다는 말이니, 齊나라와 楚나라는 서로 멀리 떨어져 있어 서로 관계가 없다는 것을 비유한 것이다.

3) 〔역주〕 召康公 : 周나라 太保 召公 奭이다.

4) 〔역주〕 五侯九伯……以夾輔周室 : 五等諸侯와 九州伯의 죄를 모두 征討할 수 있는 것이다. 齊 桓公은 이 命을 가지고 楚나라에 誇示한 것이다.

5) 〔역주〕 賜我先君履……北至于無棣 : 穆陵과 無棣는 모두 齊나라 경계이다. 履는 정벌할 수 있는 땅의 경계이다. 齊 桓公은 또 이것을 가지고서 스스로 齊나라의 강성함을 말한 것이다.

6) 〔역주〕 爾貢包茅不入……寡人是徵 : 包는 싸서 묶은 다발이고, 茅는 菁茅이다. 다발로

묶은 띠 위에 술을 부어 거르는 것을 縮酒라 한다. 徵은 묻는 것이다.

7) 〔역주〕 昭王南征〈而〉不復 寡人是問 : 昭王은 成王의 손자이다. 昭王이 남방을 巡狩할 때 漢水를 건너다가 배가 부서져 溺死하였으나, 周人이 이를 숨기고 赴告하지 않으니, 諸侯는 그 까닭을 몰랐다. 그러므로 물은 것이다.

8) 〔역주〕 昭王之不復 君其問諸水濱 : 昭王 때는 漢水가 楚나라의 境內가 아니었기 때문에 죄를 받아들이지 않은 것이다.

9) 〔역주〕 師進 次于陘 : 楚나라가 罪를 승복하지 않기 때문에 다시 군대를 전진시킨 것이다.

10) 〔역주〕 楚子使屈完如師 : 陘에 주둔한 諸侯의 軍中으로 보낸 것은 諸侯軍의 强弱을 살피기 위함이었다.

11) 〔역주〕 師退 次于召陵 : 屈完이 結盟하기를 청하였기 때문이다.

12) 〔역주〕 與屈完乘而觀之 : 乘은 수레에 함께 탄 것이다.

13) 〔역주〕 豈不穀是爲 : 諸侯가 나에게 의지해 순종하는 것은 나를 위해서가 아니라 先君 때의 友好를 다시 다지기 위함이라는 말이다. 不穀이라고 謙稱하여 스스로의 立地를 넓히고서 이어 楚와 友好하기를 요구한 것이다. 孤·寡·不穀은 모두 諸侯의 謙稱이다. 不穀은, 곡식은 사람을 기르는 물건인데, 자신은 곡식처럼 사람을 기르지 못한다는 뜻이다.

14) 〔역주〕 君惠徼福於敝邑之社稷 : 徼는 구하는 것이니, 齊君이 우리 楚나라에 은혜를 베풀어 기꺼이 友好를 맺는다면 楚나라 社稷의 神이 반드시 齊나라에게 福을 줄 것이라는 말이다.

15) 〔역주〕 楚國方城以爲城 漢水以爲池 : 方城山은 南陽 葉縣 남쪽에 있다. 이는 疆土가 廣遠하다는 것을 말한 것이다. 漢水는 武都에서 발원해서 江夏에 이르러 남쪽으로 흘러 長江으로 들어간다. 이는 그 險固함이 城池와 맞먹는다는 것을 말한 것이다.

僖公 4년, 齊侯가 諸侯의 군대를 거느리고 가서 蔡나라를 侵攻하니 蔡師가 흩어져 도망하였다. 드디어 楚나라를 토벌하니 楚子가 諸侯의 軍中으로 使臣을 보내어 다음과 같이 말하였다.

"임금은 北海에 살고 寡人은 南海에 살아 바람난 牛馬도 서로 미칠 수 없는 먼 거리이니, 임금께서 우리의 땅에 오실 줄은 생각지 못하였소. 무엇 때문에 오셨소?"

管仲이 대답하였다.

"옛날에 召康公이 우리 先君 太公에게 命하기를 '5侯·9伯을 그대가 실로 討伐하여

王室을 輔佐하라.'고 하고서, 우리 先君에게 征伐할 수 있는 범위를 東으로는 바다까지, 西로는 黃河까지, 南으로는 穆陵까지, 北으로는 無棣까지로 정해주셨다. 그런데 楚나라는 包茅를 바치지 않아 縮酒할 수가 없어 天王의 제사를 지내지 못하게 하였으니, 寡人은 이 죄를 묻노라. 그리고 昭王이 南方을 巡狩하다가 돌아오지 못하셨으니, 寡人은 이것도 묻노라."

그러자 楚나라 使者가 대답하였다.

"貢物을 바치지 않은 것은 우리 임금의 罪이니, 감히 바치지 않겠는가마는 昭王이 돌아가지 못한 것은 물가에 가서 물어보라."

諸侯의 군대가 전진하여 陘에 주둔하였다. 여름에 楚子가 屈完을 諸侯의 軍中으로 보내니, 諸侯의 군대가 퇴각하여 召陵에 주둔하였다. 齊侯가 諸侯의 군대를 布陣하고서 屈完과 한 수레에 同乘하여 군대를 査閱할 때 齊侯가 말하였다.

"내가 군대를 이끌고 이곳까지 온 것이 어찌 나 개인을 위해서이겠는가? 우리 先君들께서 맺은 友好를 계승하기 위함이니, 나와 友好하는 것이 어떻겠는가?"

屈完이 대답하였다.

"임금님께서 우리나라에 枉臨〔惠〕하시어 우리나라의 社稷에 福을 구하시고 우리 임금님을 거두어주시는 것이 우리 임금님의 바람입니다."

齊侯가 말하였다.

"이 무리를 거느리고서 전쟁한다면 그 누가 막을 수 있으며, 이 무리를 거느리고서 성을 공격한다면 어떤 성인들 함락시키지 못하겠는가?"

屈完이 대답하였다.

"임금님께서 만약 德으로 諸侯들을 懷柔한다면 누가 감히 복종하지 않겠습니까마는, 임금님께서 만약 무력을 사용하신다면 우리 楚나라는 方城山을 城으로 삼고 漢水를 해자로 삼을 것이니, 군대가 아무리 많아도 사용할 곳이 없을 것입니다."

屈完이 諸侯와 結盟하였다.

【主意】 言君子治小人之罪에 不可少有增加라 如齊威 但責楚不共貢이면 則楚知罪矣어늘 必以昭王不復之事責之하니 所以召楚之侮也라 結尾言 楚僭稱王하니 其罪莫大어늘 而齊不知責之라 하니 議論極高라

이 글은 君子가 小人의 죄를 다스릴 때는 조금이라도 죄를 보탬이 있어서는 안 됨을 말한 것이다. 가령 齊 桓公이 楚나라가 貢物을 바치지 않은 죄만 책망하였다면 초나라는 자기의 죄를 인정하였을 것이다. 그런데 굳이 昭王이 돌아오지 않은 일을 가지고 책망하였으니 이것이 초나라로부터 모욕을 받게 된 이유이다. 결미에 "초나라가 王을 僭稱하였으니, 그 죄가 더없이 큰데 齊나라가 이 일을 책망할 줄 몰랐다."라 하였으니 의론이 매우 뛰어나다.

甚小人之惡者는 **寬小人之惡者也**[1)]요 **多小人之罪者**는 **薄小人之罪者也**[2)]라 **小人之懷惡負罪者**[3)]는 **其心未嘗一日安也**[4)]니 **一旦爲人所發**[5)]하야 **情得計露**[6)]면 **手足失墜**리니 **何辭之敢爭**[7)]이리오 **其所以旅拒不服者**[8)]는 **抑有由矣**니 **是非小人之罪也**라 **治小人者之罪也**[9)]니라

1) 甚小人之惡者 寬小人之惡者也：如齊本欲甚楚之惡 反以寬之
齊나라가 본래 楚나라의 악행이 심해지게 하려다가 도리어 관대하게 대한 것과 같다.
2) 多小人之罪者 薄小人之罪者也：如齊本欲多楚之罪 反以薄之
齊나라가 본래 楚나라의 죄를 늘리려다가 도리어 덜어준 것과 같다.
3) 小人之懷惡負罪者：總承接上文罪惡
윗글의 죄악을 이어 총괄하는 말이다.
4) 其心未嘗一日安也：小人自愧罪惡
小人은 스스로 죄악을 부끄러워한다는 것이다.
5) 一旦爲人所發：爲君子所發揚
君子에게 적발됨을 이른다.
6) 情得計露：得其眞情 露其奸計
진실이 밝혀지고 간계가 탄로난 것이다.
7) 何辭之敢爭：何敢飾辭而爭
어찌 감히 말을 꾸며 다툴 수 있겠느냐는 말이다.
8) 其所以旅拒不服者：旅拒[*)]不服之狀 此句暗形楚人
무리를 모아 대항하고 복종하지 않는 모양을 말한다. 이 구절은 楚人을 넌지시 형용한 것이다.
*) 〔역주〕 旅拒：무리를 모아 저항하다.

9) 治小人者之罪也：此句暗形齊威
이 구절은 齊 桓公을 은근히 드러낸 것이다.

小人의 악행을 실제보다 심하게 하는 것은 소인의 악행을 관대하게 용서하는 것이며, 소인의 죄를 실제보다 보태는 것은 소인의 죄를 줄여주는 것이다. 죄악을 저지른 소인은 그 마음이 하루도 편한 적이 없으니, 어느 날 다른 사람에게 적발되어 진실이 밝혀지고 奸計가 탄로나면 몸 둘 곳이 없을 터인데, 무슨 말로 감히 논쟁하겠는가? 그런데도 그가 무리 지어 대항하고 복종하지 않는 까닭은 그럴 만한 이유가 있는 것이니, 이는 소인의 잘못이 아니라, 소인을 다스리는 자의 잘못이다.

治小人者가 **疾之太過**[1)]하고 **求之太深**[2)]은 **謂正指其罪惡**[3)]하야 **無所附益**이면 **未足以深陷小人**[4)]이라 **由是於本惡之外**에 **復增其惡以甚之**[5)]하고 **於本罪之外**에 **復增其罪以多之**[6)]하니 **小人始悻然不服**하고 **雖旁〈觀〉**[7)]**者**도 **亦憮然有不直君子之心矣**라 **所謂小人者**는 **方患無以自解也**[8)]하야 **日夜幸吾一言之誤**하고 **一字之差**[9)]하야 **乘隙以破吾之說**[10)]이어늘 **今吾乃故爲溢毁無實之辭**[11)]하야 **使彼得以藉口**[12)]면 **是遺小人以自解之資也**[13)]니 **彼之惡本實**이어늘 **因吾增之**하야 **反變實惡爲虛惡**[14)]하고 **彼之罪本實**이어늘 **因吾增之**하야 **反變實罪爲虛罪**[15)]하니 **則爲小人者**는 **惟恐君子增加之不多耳**[16)]라 **嗚呼**라 **君子何苦坐一僞而喪百眞**[17)]하고 **小人亦何幸借一誣而解百讁乎**[18)]아

1) 疾之太過：疾小人之惡太過
너무 지나치게 小人의 악행을 미워한다는 말이다.

2) 求之太深：求小人之罪太深
너무 심하게 소인의 죄를 찾아낸다는 말이다.

3) 謂正指其罪惡：但指小人本犯罪惡
소인이 본래 범한 죄악만 가리킨다.

4) 無所附益 未足以深陷小人：其惡未甚 其罪未多
그의 악행이 심하지 않고 그의 죄가 많지 않다는 말이다.

5) 於本惡之外 復增其惡以甚之：應起頭甚小人之惡
문두의 '甚小人之惡'에 호응한다.

6) 於本罪之外 復增其罪以多之：應起頭多小人之罪

문두의 '多小人之罪'에 호응한다.

7) 〔역주〕〈觀〉: 저본에 1자 궐문이 있으나, 사고전서본에 의거하여 보충하였다.

8) 方患無以自解也 : 無辭以自解其罪惡

스스로 자기의 죄악을 해명할 말이 없는 것이다.

9) 日夜幸吾一言之誤 一字之差 : 正欲君子說他罪惡過當

바로 君子가 그들의 죄악에 대해 말하는 것이 지나치게 되기를 바라는 것이다.

10) 乘隙以破吾之說 : 庶有間隙可乘以破君子之說

君子의 말을 깨뜨릴 수 있는 틈과 기회를 바라는 것이다.

11) 今吾乃故爲溢毁無實之辭 : 毁之過當 則其罪惡不實

비난하는 것이 당연한 이치에 지나치면 그의 죄악이 진실이 아닌 것이 된다.

12) 使彼得以藉口 : 藉此以爲不報之辭

이것을 빌미로 보상하지 않아도 될 말로 삼는다는 것이다.

13) 是遺小人以自解之資也 : 與前無以自解相應

앞글의 '無以自解'와 호응한다.

14) 因吾增之 反變實惡爲虛惡 : 應起頭寬小人之惡

문두의 '寬小人之惡'에 호응한다.

15) 彼之罪本實……反變實罪爲虛罪 : 應起頭薄小人之罪

문두의 '薄小人之罪'에 호응한다.

16) 爲小人者 惟恐君子增加之不多耳 : 增加愈多 則罪惡愈不實 固小人之所欲也

보태는 것이 많을수록 죄악이 더욱 사실이 아닌 것이 되니 이는 진실로 소인이 바라는 것이다.

17) 君子何苦坐一僞而喪百眞 : 君子不當加小人之罪惡

君子는 小人의 죄악을 보태어서는 안 된다는 말이다.

18) 小人亦何幸借一誣而解百讁乎 : 小人正願君子加其罪惡 ○ 此二句筆力甚高

小人은 바로 君子가 자기의 죄악을 보태주기를 바란다는 것이다. ○ 이 두 구절은 문장력이 매우 고상하다.

小人을 다스리는 자가 너무 지나치게 소인의 악행을 미워하고 너무 심하게 소인의 죄를 찾아내는 이유는, 소인의 죄악을 곧이곧대로만 가리키고 보태는 것이 없으면 소인들을 죄망에 깊이 빠뜨리기에 부족하다고 여겨서이다. 이 때문에 본래의 악행 이외에 다시 악행을 보태어 심하게 하고, 본래 범한 죄 이외에 다시 죄를 보태어 늘리니,

소인은 애초부터 성을 내며 복종하지 않고, 비록 옆에서 보는 자도 君子의 마음이 곧지 않음에 실망하게 된다.

이른바 소인은 바야흐로 스스로 해명할 수 없음을 근심하여, 한 마디라도 내 말이 잘못되고 한 글자라도 내 글자가 틀리기를 기다려, 그 틈을 타서 나의 말을 깨뜨릴 수 있기를 밤낮으로 바라고 있다. 그런데 지금 내가 고의로 거짓된 말로 지나치게 비방을 하여 저 소인이 구실을 얻게 하면, 이는 소인에게 스스로 해명할 수 있는 밑천을 주는 것이다. 저 소인이 저지른 악행이 본래 사실인데 내가 보태준 것 때문에 도리어 실제의 악행이 변하여 거짓 악행이 되고, 저 소인의 죄가 본래 사실인데 내가 보태준 것 때문에 도리어 실제의 죄가 변하여 거짓 죄가 되니, 소인은 군자가 보태주는 것이 많지 않을까 걱정할 뿐이다.

아, 군자는 어찌하여 괴롭게도 한 가지 거짓말한 죄에 걸려 백 가지 진실을 잃어버리는 것이며, 소인은 어찌하여 요행히도 한 가지 무함을 빌려 백 가지 책망을 해명할 수 있는 것인가?

大商坐肆하야 持權衡而售物에 銖而銖焉하고 兩而兩焉하며 鈞而鈞焉하고 石而石焉이면 人交手授物하야 無敢出一語者어니와 苟陰加權衡而罔利면 所贏者僅若毫髮이라도 衆皆競棄之하야 將立爲溝中瘠[1)]矣리라 權衡已定이로되 加則爲貪이요 罪惡已定이어늘 加則爲濫이라 是故取貨財者가 取所不當取면 則當取者必反不能取요 治小人者가 治所不當治면 則當治者必反不能治리니 但取所當取면 豨藏自不能容이요 但治所當治면 姦(究)〔宄〕[2)]自不能遯이어늘 又何必曲取而過治也哉리오

1) 〔역주〕 溝中瘠 : 곤궁하여 도랑에서 굶어죽은 시체를 이른다. ≪荀子≫ 〈榮辱〉에 "이런 사람은 얼어 죽고 굶어 죽게 됨을 면치 못하니, 동냥 바가지와 동냥자루를 쥔 채 도랑에서 굶어 죽은 시체가 될 것이다.〔是其所以不免於凍餓 操瓢囊爲溝壑中瘠者也〕"라고 하였다.

2) 〔역주〕 (究)〔宄〕 : 저본에는 '究'로 되어있으나, 사고전서본에 의거하여 '宄'로 바로잡았다.

큰 商人이 가게에 앉아 저울을 가지고 물건을 팔 때에 1銖면 1수라고 하고 1兩이면 1냥이라고 하며 1鈞이면 1균이라고 하고 1石이면 1석이라고 한다면 사람들이 서로 손으로 물건을 주고받으며 감히 다른 말을 하는 이가 없겠지만, 만일 몰래 저울 무게

를 늘려 이익을 속이고자 한다면 이익이 겨우 터럭만큼이라도 뭇 사람들이 모두 다투어 절교하여 당장에 도랑 속의 굶어 죽은 시체가 될 것이다.

저울눈이 이미 정해졌는데 여기에 더 보태면 탐욕이 되고, 죄악이 이미 정해졌는데 여기에 더 보태면 법을 남용하는 것이다. 이런 까닭에 재물을 취하는 자가 취해서는 안 되는 것을 취한다면 반드시 취해도 되는 것마저 도리어 취할 수 없게 되고, 小人을 다스리는 자가 다스려서는 안 되는 것을 다스린다면 반드시 마땅히 다스려야 할 것마저 도리어 다스릴 수 없게 된다.

취하여야 할 것만 취한다면 帑藏(왕실의 창고)에 다 보관할 수 없을 만큼 재물이 많아질 것이고, 다스려야 할 것만 다스린다면 저절로 간사한 도적이 죄를 피할 수 없을 것인데, 또한 어찌 꼭 속여서 취하고 과도하게 다스릴 필요가 있겠는가?

齊威公與管仲爲伐楚之役[1)]에 **苟直指其不共貢職以討之**[2)]면 **則適投其病**[3)]하야 **楚必稽首而歸罪矣**[4)]리라 **而君臣過計**[5)]하야 **以不共貢職之罪爲不足**[6)]이라하야 **遂遠求昭王不復之事**[7)]하야 **欲張楚之罪**[8)]하고 **大吾出師之名**[9)]하야 **以盖侵蔡之私**[10)]라 **抑不知膠舟之禍**가 **年踰數百**[11)]하야 **荒忽茫昧**[12)]하야 **不可考質**[13)]하니 **楚安肯坐受其責乎**[14)]아 **此所以來水濱之侮也**[15)]니라 **使威公管仲**이 **苟止以包茅責楚**[16)]하고 **而不加以昭王之問**[17)]이면 **則言出而楚服矣**[18)]리니 **尙何待進師至陘**(형)하야 **而僅得其請盟乎**[19)]아

1) 齊威公與管仲爲伐楚之役：入事 ○ 齊所以答楚者 盖出於管仲之對 故此兼言管仲
〈여기부터 본편의 일로〉 들어간다. ○ 齊나라가 楚나라에 답한 것이 대체로 管仲의 대답에서 나왔기 때문에 여기에서 관중을 겸하여 말하였다.

2) 苟直指其不共貢職以討之：但責不共包茅之罪 ○ 書禹貢荊州厥貢包匭菁茅是也
단지 包茅를 조공하지 않은 죄만 책망한다는 말이다. ○ ≪書經≫ 〈夏書 禹貢〉에 '荊州의 공물은 궤에 싸서 넣은 菁茅이다.'라는 것이 이것이다.

3) 適投其病：正是楚人本罪
바로 이것이 楚人의 본래 죄이기 때문이다.

4) 楚必稽首而歸罪矣：安敢不服
어찌 감히 복종하지 않겠느냐는 말이다.

5) 君臣過計：君臣 亦以威公管仲竝言 過計 爲計太過也

君臣은 桓公과 管仲을 아울러 말한 것이고, 過計는 계책이 너무 지나치다는 말이다.

6) 以不共貢職之罪爲不足 : 未足以甚楚之罪

楚나라의 죄를 심하게 하기에 부족하다고 여긴 것이다.

7) 遂遠求昭王不復之事 : 周昭王屢巡狩 舟人苦之 爲膠舟以進焉 王渡漢江 至中流 膠釋而船壞 王遂溺死

周 昭王이 자주 巡狩하자 어민들이 괴롭게 여겨 아교풀로 붙인 배를 진상했다. 소왕이 그 배를 타고 漢江을 건너다가 中流에 이르자 아교가 녹아 배가 부서져 왕이 마침내 익사했다.

8) 欲張楚之罪 : 漢江在楚境 故以此事 張大楚之罪

漢江은 楚나라 국경에 있기 때문에 이 일로 초나라의 죄를 확대하고자 한 것이다.

9) 大吾出師之名 : 大吾興兵討罪之名

우리가 군대를 일으켜 죄를 토벌하는 명분을 크게 하고자 한 것이다.

10) 以盖侵蔡之私 : 初齊威與蔡姬 乘舟于囿 蔡姬蕩公 公怒歸之 蔡人嫁之 故侵蔡 爲蔡姬故也

예전에 齊 桓公이 蔡姬와 囿에서 뱃놀이를 할 때에 채희가 환공이 탄 배를 흔드니 공이 노하여 채희를 친정으로 돌려보내자, 蔡人이 채희를 다른 곳으로 시집보냈다. 이 때문에 蔡나라를 침략하였으니, 채나라를 침략한 것은 채희 때문이라는 말이다.

11) 抑不知膠舟之禍 年踰數百 : 至齊威之時已久

〈膠舟之禍로부터〉 齊 桓公 때까지 이미 시간이 오래되었다는 말이다.

12) 荒忽茫昧 : 其事難明

그 일이 규명하기 어렵다는 말이다.

13) 不可考質 : 不可稽考質正其罪

그 죄상을 조사하여 질정할 수 없다는 말이다.

14) 楚安肯坐受其責乎 : 不肯服此罪責

이 죄를 책망하는 것에 대해 복종하려 하지 않는다는 것이다.

15) 此所以來水濱之侮也 : 楚答言 昭王溺死之處 非我境內 君可自問諸水濱之人也

楚人이 〈管仲에게〉 "昭王이 익사한 곳은 우리의 국경 안이 아니니 그대는 물가에 사는 사람들에게 가서 물어보라."고 답하였다.

16) 使威公管仲 苟止以包茅責楚 : 再叙前事

다시 앞의 일을 서술하였다.

17) 不加以昭王之問 : 不增加其本罪

본래의 죄에 더 보태지 않는 것이다.

18) 言出而楚服矣：一出言而楚服罪受〈責〉*)矣

말을 하자마자 楚나라는 죄에 승복하여 책망을 받아들였을 것이라는 말이다.

*) 〔역주〕〈責〉: 저본에 1字 空欄이 있으나, '責'을 보충하여 해석하였다.

19) 尙何待進師至陘(형) 而僅得其請盟乎：楚不服罪 齊侯進師于陘 楚子乃使屈完如師請盟

楚나라가 죄에 승복하지 않자, 齊侯가 〈초나라를 치고자〉 陘에 군대를 나아가게 하니, 楚子가 屈完에게 齊侯의 군대로 가서 회맹을 청하게 하였다.

齊 桓公과 管仲이 楚나라를 치는 전쟁에서 만일 貢物을 바치는 직분을 수행하지 않은 일을 직접 지적하여 성토하였다면 그 죄에 맞는 조치였으니 초나라는 반드시 머리를 조아리고 죄를 받아들였을 것이다. 그런데 임금과 신하가 잘못 생각하여 공물을 바치는 직분을 수행하지 않은 죄만으로는 부족하다 여기고, 마침내 오래전에 昭王이 돌아오지 않은 일을 찾아내어 초나라의 죄를 확대하고 제나라 군대가 출병한 명분을 크게 하여 사사로운 감정으로 蔡나라를 침공한 잘못을 감추고자 하였다. 이는 膠舟之禍가 이미 백여 년이 넘어 아득한 일로서 상고하여 질책할 수 없는 일임을 모른 것이니, 초나라가 어찌 가만히 앉아서 책망을 받아들이려 하겠는가?

이것이 '물가에 가서 물어보라.'는 모욕을 초래한 이유이다. 가령 환공과 관중이 초나라에 대하여 包茅를 바치지 않은 일만 책망하고 소왕에 대한 물음을 더 보태지 않았다면, 말이 떨어지자마자 초나라는 복종하였을 것이다. 그러니 어찌 오히려 군대를 陘에까지 출동시킨 뒤에야 겨우 會盟의 요청을 받게 되었겠는가?

影者는 **形之報也**요 **響者**는 **聲之報也**며 **刑者**는 **罰之報也**라 **高下輕重**을 **咸其自取**니 **豈有一形而兩影**하고 **一聲而兩響者哉**아 **君子之用刑**에 **當聽其自犯**하고 **而不置我於其間**하니 **多與之爲多**하고 **寡與之爲寡**니라 **苟不勝其忿**하야 **而以私意增之**면 **是我之刑**이요 **而非刑之刑也**니라 **伐人國**하고 **覆人族**하며 **殘人身**에 **而參之以我**하니 **吁**라 **危哉**ㄴ저 **以小人而謗君子**를 **謂之誣**[1]요 **以君子而增小人之罪**도 **亦謂之誣**[2]라 **小人之誣君子**[3]는 **全體之誣也**[4]요 **君子之誣小人**[5]은 **一事之誣也**[6]니 **小大雖殊**[7]나 **然終同歸於誣而已矣**[8]라 **君子方疾小人之爲誣**[9]라가 **而復效其爲誣**[10]면 **亦何以責彼哉**[11]리오 **惜乎**라 **伐楚之際**에 **無以是語威公者也**[12]여

1) 以小人而謗君子 謂之誣：君子無罪可指 故小人造謗以誣之
君子에게 지적할 말한 죄상이 없기 때문에 小人이 비방을 만들어 무함하는 것이다.
2) 以君子而增小人之罪 亦謂之誣：小人本有實罪 君子又從而增加之 亦謂之誣 可也
小人이 본래 실제로 죄가 있는데 君子가 또 따라서 보태니 이것을 무함한다고 하는 것이 옳다.
3) 小人之誣君子：造謗者
비방을 날조하는 것을 이른다.
4) 全體之誣也：事事皆虛 無一非誣
일마다 모두 공갈이어서 무함 아닌 것이 없는 것이다.
5) 君子之誣小人：增罪者
죄를 보태는 것을 이른다.
6) 一事之誣也：事事皆實 未免一事之誣
일마다 모두 진실이나, 한 가지 일이 무함인 것을 면치 못한 것이다.
7) 小大雖殊：小謂一事 大謂全者
小는 한 가지 일을 이르고, 大는 전체를 이른다.
8) 終同歸於誣而已矣：受誣之名則一
무함한다는 소리를 받는 것은 마찬가지라는 말이다.
9) 君子方疾小人之爲誣：疾 惡也
疾은 미워함이다.
10) 復效其爲誣：未免一事之誣
한 가지 일이 무함인 것을 면치 못한 것이다.
11) 亦何以責彼哉：所以小人不服
이러므로 小人을 승복시키지 못하는 것이다.
12) 惜乎……無以是語威公者也：發意盡
글의 의미를 극진히 말하였다.

그림자는 형체의 應報이고, 메아리는 소리의 응보이며, 刑罰은 죄의 응보이다. 높고 낮으며 가볍고 무거운 것이 모두 각자에 맞게 따라오는 것이니, 어찌 하나의 형체에 두 그림자가 있겠으며, 하나의 소리에 두 메아리가 있겠는가?

군자가 형벌을 쓰는 것도 죄를 범한 자체를 따라야 하고 나의 사사로운 감정을 그 사이에 두어서는 안 되니, 죄가 많다면 많이 벌하고, 죄가 적다면 적게 벌하여야 한다.

만일 자기의 분함을 견디지 못하여 사사로운 뜻으로 죄를 보탠다면, 이것은 나의 私的인 형벌이지 公的인 형법의 형벌은 아니다. 남의 나라를 정벌하고 남의 종족을 전복시키며 남의 몸을 해치는 데에 나의 사사로운 감정을 개입시키니, 아! 위태롭도다.

小人이 君子를 비방하는 것을 무함이라 하고, 군자가 소인의 죄를 보태는 것도 무함이라 한다. 소인이 군자를 무함하는 것은 전체가 다 무함이고, 군자가 소인을 무함하는 것은 한 가지 일에 대한 무함이다. 크고 작은 것이 비록 다르지만 결국 똑같이 무함으로 귀결될 뿐이다. 군자가 바야흐로 소인이 무함하는 것을 미워하다가 다시 무함하는 것을 본받는다면, 또한 어떻게 저들을 책망할 수 있겠는가? 안타깝다. 楚나라를 칠 때에 이런 말을 齊 桓公에게 한 자가 없었음이여!

然則楚之罪果止於不共王祭而已乎[1)]아 **曰否**[2)]라 **楚聞周之衰**[3)]하고 **竊王號以自娛**[4)]하야 **淫名淹(掩)於天子**[5)]하니 **罪未有先焉者也**[6)]어늘 **威公管仲**이 **方求出師之名**[7)]에 **尙遠取數百年之罪以加楚**[8)]로다 **使知其僭王**이면 **必無反爲楚隱之理**[9)]어늘 **今恬不加問**[10)]하니 **是必不之見**이라 **楚之僭王**은 **天下知之**어늘 **何爲齊之君臣獨不見乎**아 **此無他**라 **惟有意求出師之名**이니 **所以愈求而愈不見也**[11)]니라 **人之求墜簪者**[12)]가 **簪橫吾之前**[13)]이로되 **或瞀亂而不能見**[14)]이 **簪曷嘗自匿哉**[15)]아 **心切於求**면 **則目眩於視也**[16)]니 **威公管仲之不見楚罪**는 **其以是哉**[17)]ㄴ저

1) 然則楚之罪果止於不共王祭而已乎 : 結尾是一大議論 前面未肯說出 留得好著在後 手段高
　결미는 하나의 큰 의론이다. 전반부에서 말하려 하지 않은 것을 후반부에서 잘 드러내었으니 수법이 뛰어나다.
2) 曰否 : 答上句
　윗 구절(然則楚之罪果止於不共王祭而已乎)에 대한 답이다.
3) 楚聞周之衰 : 東遷之後 周室衰微
　東遷한 뒤에 周나라 王室이 쇠약하였다.
4) 竊王號以自娛 : 楚蠻荊之國 子爵也 而僭稱天子之號
　楚나라는 남쪽 오랑캐 지역의 나라로서 작위가 '子'인데, 天子의 칭호를 참칭한 것이다.
5) 淫名淹(掩)於天子 : 與周竝稱爲王
　周나라와 나란히 王이라고 칭호한 것이다.

6) 罪未有先焉者也：此罪至大 非不共貢職之比

이 죄가 매우 커서 貢物을 바치는 직분을 받들지 않은 일에 비할 바가 아니라는 것이다.

7) 威公管仲 方求出師之名：欲奉辭以伐罪

辭命을 받들어 죄를 토벌하고자 하는 것이다.

8) 尙遠取數百年之罪以加楚：膠舟之事

아교칠한 배를 진상한 일을 이른다.

9) 使知其僭王 必無反爲楚隱之理：果知楚有此罪 則必責楚矣

과연 楚나라가 이런 죄가 있음을 알았다면, 반드시 초나라를 책망하였을 것이다.

10) 今恬不加問：不問僭王之罪

王을 僭稱한 죄를 묻지 않았다는 것이다.

11) 惟有意求出師之名 所以愈求而愈不見也：以其急求出師之名 故目前之事 反不見之

군대를 출동하는 명분을 찾기에 급하였기 때문에, 도리어 눈앞의 일을 보지 못한 것이다.

12) 人之求墜簪者：譬齊威求出師之名

齊 桓公이 군대를 출동하는 명분을 찾는 일에 비유한 것이다.

13) 簪橫吾之前：猶僭王罪 只在目前

王을 僭稱한 죄가 눈앞에 있는 것과 같다는 것이다.

14) 或瞀亂而不能見：瞀亂 目眩也

瞀亂은 눈이 어지러움이다.

15) 簪曷嘗自匿哉：目自眩爾

눈이 저절로 어지러운 것이다.

16) 心切於求 則目眩於視也：引喩明切

비유를 든 것이 분명하고 절실하다.

17) 威公管仲之不見楚罪 其以是哉：正猶墜簪者之不見簪也

바로 비녀를 떨어뜨린 자가 비녀를 보지 못하는 것과 같은 것이다.

그렇다면 과연 楚나라의 죄는 왕의 제사에 쓸 물건을 바치지 않은 데에만 있을까? 나는 그렇지 않다고 생각한다. 초나라는 周나라가 쇠약하다는 소문을 듣고 王의 호칭을 훔쳐 스스로 즐기며 지나친 名號로 天子를 엄습했으니 이보다 앞서는 죄는 없다. 그런데도 桓公과 管仲이 바야흐로 군대를 출동하는 명분을 찾을 때에 〈이런 죄는 놔두고〉 오히려 멀리 수백 년 전의 죄를 들추어 초나라의 죄를 더 보탰다.

〈齊나라가〉 가령 왕호를 참칭하였다는 것을 알았다면 반드시 초나라를 위하여 숨

겨줄 리가 없을 터인데, 지금 편히 여기고 묻지 아니하였으니, 이는 분명 초나라의 죄를 알지 못하는 것이다. 초나라가 왕호를 참칭한 것은 천하 사람들이 다 아는데, 어찌하여 제나라의 君臣만 이것을 모르는가? 이는 다름이 아니라, 군대를 출동하는 명분을 찾는 데에만 뜻이 있어서이니, 찾으면 찾을수록 더욱 보지 못하는 것이다.

사람이 떨어진 비녀를 찾을 때 자기 앞에 비녀가 가로놓여 있어도 때로는 어지러워 볼 수 없는 경우가 있으니, 비녀가 어찌 스스로 숨었겠는가? 찾는 마음이 절실하면 보는 눈이 흐려지나니, 환공과 관중이 초나라의 죄를 보지 못한 것은 아마도 이 때문일 것이다.

10-02 楚伐鄭 楚나라가 鄭나라를 토벌하다

10-02-01 楚伐鄭 楚나라가 鄭나라를 토벌하다

【左傳】 僖三年이라 楚人伐鄭하니 鄭伯欲成한대 孔叔[1]不可曰 齊方勤我[2]어늘 棄德不祥[3]이라하다

1) 〔역주〕 孔叔 : 鄭나라 大夫이다.
2) 〔역주〕 齊方勤我 : 勤은 勤勞이다. 鄭나라의 난리를 구원하는 것을 이른다.
3) 〔역주〕 祥 : 善이다.

僖公 3년, 楚人이 鄭나라를 討伐하니 鄭伯이 楚나라와 和親하고자 하였다. 그러자 孔叔이 不可하다고 하며 "齊나라가 바야흐로 우리나라를 위해 勤勞하고 있는데, 그 恩德을 저버리는 것은 좋지 않습니다."라고 하였다.

10-02-02 齊執陳轅濤塗 齊나라가 陳나라의 轅濤塗를 잡아 가두다

【左傳】 僖四年이라 陳轅濤塗謂鄭申侯曰 師出於陳鄭之間이면 國必甚病[1]이어니와 若出於東方하야 觀兵於東夷하고 循海而歸면 其可也[2]리라 申侯曰 善타하다 濤塗以告한대 齊侯許之[3]하다 申侯見曰 師老矣니 若出於東方而遇敵이면 懼不可用也[4]나 若出於陳鄭之間하야 共其資糧屝[5]屨면 其可也리이다 齊侯說(열)하야 與之虎牢[6]하고 執陳轅濤塗하다 秋에 伐陳하니 討不忠也[7]라 冬에 陳成하니 歸轅濤塗[8]하다

1) 〔역주〕 陳轅濤塗謂鄭申侯曰……國必甚病 : 申侯는 鄭나라 대부이다. 당연히 비용을 공급해야 하기 때문이다.
2) 〔역주〕 觀兵於東夷……其可也 : 東夷는 郯夷·莒夷·徐夷이다. 觀兵은 威力을 과시하는 것이다.
3) 〔역주〕 齊侯許之 : 동쪽으로 行軍하도록 허락한 것이다.
4) 〔역주〕 師老矣……懼不可用也 : 우리 鄭나라 군대가 지쳤으므로 이들을 사용해 전투할 수 없을까 두렵다는 말이다.
5) 〔역주〕 屝 : 짚신이다.
6) 〔역주〕 齊侯說(열) 與之虎牢 : 鄭나라의 邑을 도로 그에게 賞으로 준 것이다.
7) 〔역주〕 伐陳 討不忠也 : 轅濤塗가 行軍하는 길을 그르쳤다고 여겨서이다.
8) 〔역주〕 陳成 歸轅濤塗 : 陳나라가 罪를 承服하였기 때문에 그 大夫를 돌려보낸 것이다.

僖公 4년, 陳나라 轅濤塗가 鄭나라 申侯에게 말하기를 "군대가 陳나라와 鄭나라 사이로 行軍하면 우리 兩國이 틀림없이 심한 피해를 입을 것이지만, 동쪽으로 行軍하여 東夷에게 武力을 誇示하고서 海邊을 따라 回軍한다면 우리 양국에는 아무 피해가 없을 것이다."라고 하니, 申侯가 "좋다."고 하였다. 轅濤塗가 齊侯에게 고하니 齊侯가 허락하였다.

申侯가 齊侯를 謁見하고서 말하기를 "군대가 出征한 지 오래되어 모두 지쳐있으니 만약 동쪽으로 행군하다가 적이라도 만난다면 군대를 쓸 수 없을까 두렵습니다. 陳나라와 鄭나라 사이로 행군하면서 軍糧·신발 등을 공급받는다면 아무 염려가 없을 것입니다."라고 하니, 齊侯는 기뻐하여 申侯에게 虎牢를 주고, 陳나라의 轅濤塗를 잡아가두었다.

가을에 陳나라를 討伐하였으니, 이는 轅濤塗의 不忠을 토벌한 것이다. 겨울에 陳나라가 和親을 요청하니 轅濤塗를 陳나라로 돌려보냈다.

10-02-03 申侯城賜邑·鄭伯逃歸 申侯가 하사받은 邑에 성을 쌓다·鄭伯이 도망하여 돌아가다

【左傳】 僖五年이라 陳轅宣仲怨鄭申侯之反己於召陵이라 故勸之城其賜邑[1]曰 美城之하라 大名也[2]니 子孫不忘하리라 吾助子請하리라하고 乃爲〈之〉請於諸侯而城之하니 美어늘

遂譖諸鄭伯曰 美城其賜邑하니 將以叛也라 申侯由是得罪하다 秋에 諸侯盟할새 王使周公召鄭伯曰 吾撫汝以從楚하고 輔之以晉하리니 可以少安[3)]이리라 鄭伯喜於王命而懼其不朝于齊也라 故逃歸不盟하다 孔叔止之曰 〈國〉君不可以輕이니 輕則失親[4)]하고 失親이면 患必至하리이다 病而乞盟이면 所喪多矣리니 君必悔之리이다 弗聽하고 逃其師而歸[5)]하다

1) 〔역주〕 賜邑 : 齊 桓公이 하사한 虎牢이다.
2) 〔역주〕 美城之 大名也 : 虎牢에 성을 쌓고서 望樓 등의 설비를 아름답게 꾸미면 큰 명성을 보존할 수 있다는 말이다.
3) 〔역주〕 王使周公召鄭伯曰……可以少安 : 周公은 춘추시대 天子의 宰와 卿士에 대한 통칭으로, 여기서는 宰孔을 가리킨다. 惠王은 齊 桓公이 太子 鄭의 위치를 안정시킨 것을 痛恨으로 여겼기 때문에 鄭伯을 불러 齊 桓公을 배반하게 한 것이다. 이때 晉나라와 楚나라는 齊나라에 복종하지 않았기 때문에 鄭나라를 안정시키게 한 것이다.
4) 〔역주〕 孔叔止之曰……輕則失親 : 孔叔은 鄭나라 大夫이다. 親은 한편이 되어 구원하는 나라이다.
5) 〔역주〕 逃其師而歸 : 임금이 거둥하면 師團이 따른다. 이때 鄭 文公이 이미 首止에 會合하였기 때문에 그 군대는 그대로 두고서 혼자서 도망해 돌아간 것이다.

僖公 5년, 陳나라 轅宣仲(轅濤塗)은 鄭나라 申侯가 召陵에서 자기를 배반한 것을 원망하였다. 그러므로 申侯에게 하사받은 邑에 성을 쌓으라고 권하기를 "아름답게 성을 쌓아라. 名聲을 크게 하는 것이니 자손들이 잊지 않을 것이다. 내가 그대를 도와 청하겠다."고 하고서, 申侯를 위해 諸侯에게 요청하여 성을 쌓으니 그 성이 아름다웠다. 그러자 轅宣仲은 드디어 鄭伯에게 "申侯가 하사받은 邑에 성을 아름답게 쌓았으니, 이는 장차 그 성을 根據地로 삼아 배반하려는 것입니다."라고 참소하였다. 申侯는 이로 인해 罪를 얻었다.

가을에 제후가 結盟할 때에 周 惠王이 周公을 보내어 鄭伯을 불러 다음과 같이 말하게 하였다.

"내가 그대를 慰撫해 楚나라를 따르게 하고 또 晉나라에게 그대를 돕게 할 것이니, 그러면 그대 나라가 조금은 평안해질 것이다."

鄭伯은 王命에 대해서는 기뻐하였으나 齊나라에 朝見하지 않는 것이 두려웠다. 그래서 도망해 돌아오고 맹약에 참여하지 않으려 하였다. 그러자 孔叔이 말리며 말하기

를 "國君은 경솔히 행동해서는 안 됩니다. 경솔하면 가까운 나라를 잃고, 가까운 나라를 잃으면 患亂이 반드시 닥칩니다. 환란이 닥친 뒤에 맹약하기를 求乞한다면 잃는 것이 많을 것이니, 임금님께서는 반드시 후회하게 될 것입니다."라고 했으나, 듣지 않고서 군대는 그대로 두고서 혼자 도망해 돌아갔다.

10-02-04 鄭殺申侯以說齊　鄭나라가 申侯를 죽여 齊나라에 해명하다

【左傳】 僖七年이라 春에 齊人伐鄭[1]하니 孔叔言於鄭伯曰 諺有之曰 心則不競이어늘 何憚於病[2]가 旣不能强하고 又不能弱이 所以斃也니이다 國危矣니 請下齊以救國하소서 公曰 吾知其所由來矣니 姑少待我[3]하라 對曰 朝不及夕이어니 何以待君[4]이릿가 夏에 鄭殺申侯以說于齊[5]하니 且用陳轅濤塗之譖也[6]라 初에 申侯는 申出也[7]라 有寵於楚文王이러니 文王將死에 與之璧하야 使行曰 唯我知女로라 女專利而不厭하야 予取予求로되 不女疵瑕也어니와 後之人은 將求多於女[8]하리니 女必不免하리라 我死어든 女必速行호되 無適小國하라 將不女容焉[9]하리라 旣葬에 出奔鄭하야 又有寵於厲公하다 子文聞其死也하고 曰 古人有言曰 知臣莫若君이라하니 弗可改也已[10]로다

1) 〔역주〕 齊人伐鄭 : 지난해 鄭나라를 칠 때 楚나라의 구원으로 뜻을 이루지 못하였기 때문에 이해에 다시 친 것이다.

2) 〔역주〕 心則不競 何憚於病 : 競은 强이고, 憚은 어려워하는 것이다. 마음은 이미 스스로 强하게 되기를 생각하지 않으면서 무엇 때문에 卑弱으로 인해 받는 고통을 두려워하느냐는 말이다.

3) 〔역주〕 吾知其所由來矣 姑少待我 : 申侯를 죽여 齊나라를 기쁘게 하려 한 것이다.

4) 〔역주〕 朝不及夕 何以待君 : 鄭나라의 위태로움이 아침에 저녁을 보장할 수 없는데 다시 무엇 때문에 잠시 기다리겠느냐는 말이다.

5) 〔역주〕 鄭殺申侯以說于齊 : 鄭伯이 首止의 會盟에서 도망해 온 罪를 申侯에게 씌워 죽이고서, 齊 桓公에게 鄭伯 자신의 죄가 아니라고 解明하고서 항복하기를 빈 것이다.

6) 〔역주〕 且用陳轅濤塗之譖也 : 轅濤塗의 참소는 僖公 5년에 있었다.

7) 〔역주〕 申出也 : 姊妹가 낳은 아들을 出이라 한다.

8) 〔역주〕 後之人 將求多於女 : 後人은 嗣君을 이른다. 求多는 禮義로써 크게 책망할 것이라는 말이다.

9) 〔역주〕 無適小國 將不女容焉 : 政事가 까다롭고 法이 嚴하기 때문이다.
10) 〔역주〕 弗可改也已 : 바꿀 수 없는 名言이라는 말이다.

僖公 7년, 봄에 齊人이 鄭나라를 토벌하니, 孔叔이 鄭伯에게 말하였다.

"속담에 '마음은 强하지 못하면서 무엇 때문에 屈辱은 두려워하는가?'라고 하니, 이미 强하지 못하면서 弱者로 처신하지 않는 것이 敗亡하는 길입니다. 나라가 위태로우니 齊나라에 항복하여 나라를 救濟하소서."

鄭伯이 말하였다.

"나는 저들이 온 까닭을 알고 있으니 우선 잠시 내가 하는 대로 기다리라."

孔叔이 대답하였다.

"아침 이슬이 저녁까지 갈 수 없듯이 사태가 절박하니 어찌 임금님께서 하시는 대로 기다릴 수 있겠습니까."

여름에 鄭나라가 申侯를 죽여 齊나라에 해명하였으니, 이 또한 陳나라 轅濤塗의 참소를 따른 것이다. 당초에 申侯는 申出로 楚 文王에게 총애를 받았다. 文王이 臨終 때 申侯에게 玉璧을 주어 떠나게 하며 말하였다.

"오직 나만이 너를 안다. 너는 오로지 私利만 생각하고 만족할 줄을 몰라 나에게서 취해 가고 나에게 요구하였으나, 나는 너를 허물하지 않았다. 그러나 後人은 너에게 많은 財物을 요구할 것이니 너는 반드시 화를 면하지 못할 것이다. 내가 죽거든 너는 빨리 떠나되 작은 나라로 가지 말라. 작은 나라는 너를 용납하지 못할 것이다."

文王의 장사를 지낸 뒤에 申侯는 鄭나라로 도망가서 또 鄭 厲公의 총애를 받았다. 子文은 그가 죽었다는 말을 듣고서 다음과 같이 말하였다.

"옛사람의 말에 '신하를 알아보는 데는 그 임금만 한 이가 없다.'고 하였으니, 이 말은 고칠 수 없는 말이다."

【主意】 謂世俗之論은 徇時者通하고 忤時者窮이라하나 然春秋之時에 孔叔忤時로되 而免於禍하고 申侯徇時로되 而殺其身하니 世俗之論을 殆未可信也로다 末說小人以遇治世爲幸하고 遇亂世爲不幸은 議論尤高라

세속에서 의론하기를, 때를 따르는 자는 亨通하고 때를 거스르는 자는 窮塞하다고 한다. 그러나 춘추시대에 孔叔은 때를 거슬렀으나 화를 면하였고, 申侯는 때를 따랐

으나 자신이 죽임을 당하였으니, 세속의 의론은 그다지 믿을 수 없을 듯하다. 결말에 小人이 치세를 만난 것이 다행이고 난세를 만난 것이 불행이라고 하였으니, 의론이 더욱 고상하다.

怠善而長姦者는 **莫如徇時之說**이라 **是說之行於世**가 **不知其幾年矣**라 **持之有故也**하고 **擧之有證也**며 **辨之有理也**하니 **無惑乎傾天下而從之也**라 **其說曰 徇時者通**[1]하고 **忤時者窮**[2]이라 **天下堯舜**이로되 **而我獨共鯀**[3]이라 **是以有放殛之刑**[4]하고 **天下桀紂**로되 **而我獨湯文**[5]이라 **是以有幽縶之禍**[6]하니라 **故崇山幽洲之竄宜也**[7]요 **夏臺羑里之囚亦宜也**[8]라 **亂世之不利爲善**[9]이 **猶治世之不利爲惡也**[10]니 **子欲爲善於亂世**[11]ㄴ댄 **盍先自省**[12] **能飢乎**아 **能寒乎**아 **能傲炎荒而輕髠鉗乎**[13]아 **能嗜刀鋸而親碪質乎**[14]아 **能也**ㄴ댄 **固可忤時而獨行其志也**어니와 **如曰未能**[15]인댄 **盍亦隨時上下**하야 **以儌寵保身哉**아 **是說之行**[16]에 **風靡波蕩**[17]이 **十人而九矣**[18]니 **噫**嘻라 **世之君子果何道而排之乎**[19]아

1) 徇時者通：人能隨時上下 無往不通

사람이 때에 따라 알맞게 행한다면 어디서나 형통하지 않을 때가 없을 것이라는 말이다.

2) 忤時者窮：若揣時而獨行己志 無往不窮

만약 때를 헤아리면서도 홀로 자기의 뜻만 행한다면 어디서나 궁색하지 않을 때가 없을 것이라는 말이다.

3) 天下堯舜 而我獨共鯀：共工伯鯀 爲惡於堯舜之時

共工과 伯鯀은 堯·舜 때에 악행을 저질렀던 인물이다.

4) 是以有放殛之刑：此忤時爲惡而得禍者 舜流共工于幽洲 殛鯀于羽山

이것은 때를 거스르고 악행을 저질러 화를 받은 경우이다. 舜임금이 共工을 幽洲에 귀양 보내고, 鯀을 羽山에서 죽였다.

5) 天下桀紂 而我獨湯文：成湯文王 爲善於桀紂之時

湯王과 文王은 桀王과 紂王 때에 善을 행한 분이다.

6) 是以有幽縶之禍：此忤時爲善而得禍者 桀囚湯於夏臺 紂囚文王於羑里

이것은 때를 거슬러 선을 행하여 화를 얻은 경우이다. 桀은 湯王을 夏臺에 가두었고, 紂는 文王을 羑里에 가두었다.

7) 故崇山幽洲之竄宜也：見尙書

≪尙書≫에 보인다.

8) 夏臺羑里之囚亦宜也：見史記

≪史記≫에 보인다.

9) 亂世之不利爲善：如湯文之類是

湯王과 文王 같은 부류가 여기에 해당한다.

10) 亂世之不利爲善 猶治世之不利爲惡也：如共鯀之類是 此二句鎭上文

共工과 伯鯀 같은 부류가 여기에 해당한다. 이 두 구절은 윗글을 압도한다.

11) 子欲爲善於亂世：春秋是亂世 所以此下只言亂世不宜爲善

춘추시대는 난세이다. 이 때문에 아래 글에서 단지 '난세에 善을 행하는 것은 마땅하지 않다.'고 하였다.

12) 盍先自省：爲善者 何不先自省察

善을 행하는 자가 어찌 먼저 스스로 살펴보지 않느냐는 말이다.

13) 能傲炎荒而輕髡鉗乎：炎荒 瘴地也 髡 削髮也 鉗 械手足也 問爲善者 能甘受炎荒之竄 髡鉗之刑乎

炎은 풍토병이 있는 먼 지역이고, 髡은 머리를 깎이는 것이며, 鉗은 손발에 刑具를 차는 것이다. 善을 행하는 자가 어찌 풍토병이 있는 먼 지역에 유배 갈 수 있으며 머리를 깎이고 형구를 차는 형벌을 받을 수 있느냐고 물은 것이다.

14) 能嗜刀鋸而親礩質乎：刀鋸 刑人之具也 礩質 斬人之具也 問爲善者 能甘受刑誅乎

刀鋸는 죄인에게 벌 주는 刑具이고, 礩質은 죄인의 목을 베는 형구이다. 善을 행하는 자가 어찌 형틀에 매달리거나 주벌을 감수할 수 있느냐고 물은 것이다.

15) 如曰未能：苟未能受此竄逐刑誅 何不徇時以徼求恩寵 保全其身乎

만일 이런 유배와 형벌을 받을 수 없다면, 어찌 때를 좇아 은총을 구하여 자신을 보전하지 않느냐는 말이다.

16) 是說之行：세속에서는 이 말이 이미 퍼졌다는 말이다.

17) [역주] 風靡波蕩：風靡는 풀이 바람에 쏠리는 것으로 모방해 따름을 뜻하고, 波蕩은 바람에 물이 움직이는 것으로 영향을 받음을 뜻한다.

18) 風靡波蕩 十人而九矣：徇時者多 守道者少

때를 따르는 자는 많고, 도를 지키는 자는 적다는 말이다.

19) 世之君子果何道而排之乎：言有何道可以排斥世俗之說

어찌 세속의 말을 배척할 수 있는 방도가 있겠느냐는 말이다.

善行을 나태하게 하고 姦惡을 조장하게 하는 것은 '때를 따르다'는 말보다 더 심한 것이 없다. 이 말이 세상에 퍼진 것이 몇 년이나 되는지 모르겠다. 이 말을 지키는 데에 이유가 있고, 행하는 데에 징험할 수 있으며, 이치로 분별할 수 있으니, 온 천하 사람들이 이 말을 따름이 이상할 것이 없다. 그들이 하는 말은 아래와 같다.

"때를 따르는 자는 형통하고 때를 거스르는 자는 궁색하다. 천하 사람들이 堯·舜을 따르는데도 나만 홀로 共工이나 伯鯀의 행동을 하기 때문에 추방당하여 죽게 되는 형벌이 있었고, 천하 사람들이 桀·紂를 따르는데 나만 홀로 湯王이나 文王 같은 행동을 하기 때문에 구속되는 화를 당한 것이다. 그러므로 공공이나 백곤이 崇山과 幽洲에 귀양 간 일이 마땅하고, 탕왕이나 문왕이 夏臺와 羑里에 갇힌 일도 마땅하다.

亂世에 善을 행하는 것이 이롭지 못한 것이, 治世에 惡을 행하는 것이 이롭지 못한 것과 같다. 그러니 그대가 난세에 선을 행하고자 한다면, '굶주림을 견딜 수 있을까?', '추위를 견딜 수 있을까?', '먼 곳으로의 귀양도 오만하게 버티고, 머리가 깎이고 형틀에 매이는 일도 가벼이 여길 수 있을까?', '형벌에 쓰는 칼과 도끼를 좋아하고, 목을 베는 모탕을 가까이할 수 있을까?' 하는 것을 어찌 먼저 살펴보지 않는가? 이런 것을 견뎌낼 수 있다면 진실로 때를 거슬러 홀로 그 뜻을 행할 수 있겠지만, 만일 견뎌낼 수 없다면 어찌 시대에 따라 어울려 僥倖과 寵愛로 자신을 보전하려 하지 않는가?"

이 說이 流行하자 모방해 따르거나 영향을 받은 자가 열에 아홉이나 되는데, 아, 세상의 군자가 과연 무슨 방도로 이 말을 배척할 수 있겠는가?

春秋之時는 澆僞蠭起之時也[1]니 徇時而生者도 吾見其人矣[2]요 忤時而死者도 吾見其人矣[3]로라 祭仲潘崇之顯榮[4]과 洩冶伯宗之戮辱[5]은 皆世俗所指以藉(其)〔口〕〈者〉[6]也[7]니라 盖嘗以齊楚爭鄭之際觀之[8]컨대 鄭伯之臣[9]에 終始主齊하야 不變其說者는 孔叔也[10]요 反覆趨利하야 且齊且楚者는 申侯也[11]라 格之以世俗之說[12]이면 則孔叔之樸固膠滯[13]는 殆難免乎今之世[14]요 申侯持詭譎之術[15]하야 遇澆僞之時[16]하니 所謂卉之春稼之秋也라 然孔叔卒無纖芥之禍하고 而申侯反以殺其身[17]하니 則世俗之說을 果可盡信耶[18]아 附丁傅者는 皆貴於哀帝之朝[19]로되 而朱博以丁傅敗[20]하고 獻符命者는 皆侯於王莽之世[21]로되 而劉棻以符命誅[22]하니 昔之君子 介然

自守하야 **忤時不悔者**는 **其知之矣**[23)]니라

1) 春秋之時 澆僞蠭起之時也：此時風俗澆薄 詐僞如蠭之起
이 시대에 풍속이 경박하여 속임수와 거짓이 벌떼처럼 일어났다는 말이다.
2) 徇時而生者 吾見其人矣：如下文 祭仲潘崇是
아래 글의 祭仲과 潘崇이 여기에 해당한다.
3) 忤時而死者 吾見其人矣：如下文 洩冶伯宗是
아래 글의 洩冶와 伯宗이 여기에 해당한다.
4) 祭仲潘崇之顯榮：祭仲 鄭大夫 旣出昭公 而納厲公 又逐厲公 而納昭公 高渠彌弑昭公 而立子亹 祭仲又依違 而不討 於是 齊襄公會子亹 高渠彌而殺之 祭仲知之 稱疾不往 卒免於禍 此祭仲之徇時而生也 潘崇 爲楚大子商臣之師 成王欲廢商臣 而立王子職 商臣謀於潘崇 潘崇敎商臣弑王而自立 而潘崇受賞 此潘崇之徇時而生也[*)]

祭仲은 鄭나라 대부이다. 昭公을 쫓아내고 厲公을 받아들였다가, 다시 厲公을 쫓아내고 昭公을 받아들였다. 高渠彌가 昭公을 시해하고 子亹를 세웠으나, 祭仲은 또한 위법을 따르고 토벌하지 않았다. 이에 齊 襄公이 子亹와 회합할 때에 그곳에서 高渠彌를 죽였는데, 祭仲은 이 사실을 알고서 병을 핑계로 가지 않아 마침내 화를 면하였다. 이것이 祭仲이 때를 좇아 살아났다는 것이다.

潘崇은 楚나라 태자 商臣의 스승이다. 成王이 商臣을 태자의 자리에서 폐하고 王子職을 세우려 하자 商臣이 潘崇에게 상의하였는데, 潘崇은 商臣에게 왕을 시해하고 스스로 왕이 되라고 가르쳤다. 이 일로 潘崇은 상을 받았다. 이것이 潘崇이 때를 좇아 살아났다는 것이다.

*) 〔역주〕 祭仲……此潘崇之徇時而生也：祭仲은 ≪春秋左氏傳≫ 桓公 11년에, 潘崇은 文公 元年에 보인다.

5) 洩冶伯宗之戮辱：洩冶 陳大夫 陳靈公 與孔寧儀行父 淫於夏姬 洩冶 諫之 靈公告二子 二子請殺洩(郤)〔冶〕[*1)] 而公弗禁 此洩冶之忤時而死也 伯宗 晉大夫 爲三〈郤〉[*2)]所譖而殺之 初伯宗每朝 其妻必告之曰 子 好直言 必及於禍 此伯宗之忤時而死也[*3)]

洩冶는 陳나라 大夫이다. 陳 靈公이 孔寧・儀行父와 함께 夏姬와 간음하니, 洩冶가 잘못을 고칠 것을 간언하였다. 靈公이 孔寧・儀行父 두 사람에게 이 사실을 말하자, 孔寧・儀行父가 洩冶를 죽일 것을 청하였는데, 영공은 이 일을 금하지 않았다. 이것이 洩冶가 때를 거슬러 죽게 된 이유이다.

伯宗은 晉나라 대부인데 三郤에게 참소받아 죽었다. 당초 伯宗이 조회에 나아갈 때마다 그의 아내가 "당신은 직언하기를 좋아하니 반드시 화를 당할 것입니다."라고 하였다. 이것

이 伯宗이 때를 거슬러 죽게 된 이유이다.

*1) 〔역주〕 (郤)〔冶〕 : 저본에는 '郤'으로 되어있으나, 문맥을 살펴 '冶'로 바로잡았다.

*2) 〔역주〕 三〈郤〉 : '郤'은 저본에 1字 空欄이 있어 보충하여 해석하였다. 三郤은 晉나라의 郤錡, 郤至, 郤犨(주)로서, 伯宗의 賢能함을 嫉妬해 謀害하였다.

*3) 〔역주〕 洩冶……此伯宗之忤時而死也 : 洩冶는 ≪春秋左氏傳≫ 宣公 元年에, 伯宗은 成公 15년에 보인다.

6) 〔역주〕 (其)〔口〕〈者〉 : 저본에 '其'로 되어있으나, 사고전서본에 의거하여 '口'로 바로잡았다. 또 저본의 '其' 아래에 1字 공란이 있어 사고전서본에 의거하여 '者'를 보충하였다.

7) 皆世俗所指以藉(其)〔口〕〈者〉也 : 世俗之說 往往指此事以爲戒

세속의 말은 종종 이 일을 가리켜 경계로 삼는다.

8) 盖嘗以齊楚爭鄭之際觀之 : 轉入主意 ○ 齊伯楚彊 爭欲服鄭國矣

주제로 전환하였다. ○ 霸者인 齊나라와 强者인 楚나라가 다투어 鄭나라를 복종시키고자 하였다.

9) 鄭伯之臣 : 謂孔叔申侯

孔叔과 申侯를 이른다.

10) 終始主齊……孔叔也 : 鄭伯欲從楚 而孔叔不可 鄭伯欲逃歸 而孔叔止之 此忤時者也

鄭伯이 楚나라를 따르고자 하였으나 孔叔은 안 된다고 하였고, 鄭伯이 도망하여 돌아가고자 하였으나 孔叔이 저지하였으니, 이것이 때를 거슬렀다는 것이다.

11) 反覆趨利……申侯也 : 申侯有寵於楚文王 王將死與之璧使行 遂適鄭 又有寵於厲公 餘見本題註 此徇時者也

楚 文王이 申侯를 총애하여 왕이 죽으려 할 때에 그에게 구슬을 주어 떠나게 하였다. 신후는 마침내 鄭나라로 가서 또 鄭 厲公에게 총애를 받았다. 나머지는 본편에 인용된 ≪春秋左氏傳≫에 보인다. 이것이 때를 따랐다는 것이다.

12) 格之以世俗之說 : 格猶質正也

格은 質正한다는 말과 같다.

13) 孔叔之樸固膠滯 : 拘執不通

고집스러워 세속과 통하지 않는다는 말이다.

14) 殆難免乎今之世 : 忤時如此 宜其取死

때를 거스름이 이와 같으면 의당 죽임을 당할 것이다.

15) 申侯持詭譎之術 : 如反轅濤塗於召陵之類

召陵에서 轅濤塗를 배반한 부류와 같은 일이다.

16) 遇澆僞之時：正當春秋 澆僞蠭起之時

바로 春秋는 경박한 속임수가 벌떼처럼 일어난 때이다.

17) 所謂卉之春稼之秋也……而申侯反以殺其身：申侯 徇時得志 如花卉之逢春 禾稼之遇秋也 則世俗忤時者窮之說 不驗矣 則世俗徇時者通之說 不驗矣

申侯가 때를 좇아 뜻을 얻은 것이, 꽃이 봄을 만나고 벼가 가을을 만난 것과 같으니, '때를 거스른 자는 궁색하다'는 세속의 말을 징험할 수 없고, '때를 따르는 자는 형통하다'는 세속의 말도 징험할 수 없다는 말이다.

18) 世俗之說 果可盡信耶：發明主意以破世俗之說

主意를 설명하여 세속의 말을 논파하였다.

19) 附丁傅者 皆貴於哀帝之朝：又引漢事〈言〉*) 丁傅二太后家也

또한 漢나라의 일을 인용하여 丁太后와 傅太后 두 집안에 대하여 말하였다.

*)〔역주〕〈言〉: 저본에 1字 空欄이 있어 보충하였다.

20) 朱博以丁傅敗：初哀帝祖母定陶太后 欲求稱尊號 傅喜孔光共持正議 傅晏亦太后弟 諂諛欲順旨 會博新徵爲京兆尹 相與交結 謀成尊號 由是 罷喜就國 免光爲庶人 以博代光爲丞相 太后使晏風令奏免喜侯 博與御史趙玄 幷奏喜無益於治 請免爲庶人 上知傅太后素常怨喜 疑博玄承旨 詔彭宣雜問 宣等劾奏 博執左道虧損上恩 以結信貴戚 附下罔上 爲臣不忠不道 請召博等 詣廷尉 詔獄 博遂自殺

예전에 後漢 哀帝의 祖母인 定陶太后가 尊號를 받고자 하였는데, 傅喜와 孔光이 모두 바른 법도에 어긋난다고 반대하였다. 傅晏은 太后의 동생으로서 태후에게 아첨하여 그녀의 뜻을 따르고자 하였는데, 마침 京兆尹에 새로 임명된 朱博과 결탁하여 존호 올리는 일을 도모해 성사시켰다. 이로 말미암아 傅喜는 파직되어 고향으로 돌아가고, 孔光은 서인이 되었으며, 朱博은 孔光을 대신하여 丞相이 되었다.

太后가 傅晏을 시켜 〈朱博에게〉 傅喜의 侯爵을 파면하도록 諷諫하여 上奏하게 하였는데, 朱博이 御史 趙玄과 함께 '傅喜가 국정에 무익하니 파직하여 서인으로 삼을 것'을 아울러 상주하였다. 上이 傅太后가 평소 傅喜를 원망함을 알고 朱博과 趙玄이 태후의 뜻을 받든 것이라고 의심하여 彭宣에게 조서를 내려 심문하게 하니, 〈죄상이 밝혀졌다.〉 彭宣 등이 "朱博은 부정한 도의로 임금의 은혜를 손상시키고, 貴戚大臣들과 결탁하여 아랫사람과 부화뇌동하여 윗사람을 기망하였으니, 不忠하고 不道한 신하입니다. 朱博 등을 廷尉에게 회부하여 刑獄으로 다스리게 하소서."라고 탄핵하자, 朱博이 마침내 자살하였다.

21) 獻符命者 皆侯於王莽之世：王莽 亦漢外戚 稱符命僭位爲天子

王莽도 漢나라 外戚으로서 符命(황제가 될 조짐을 쓴 秘記)을 칭탁하고 참람되이 자리에 나아가 천자가 되었다.

22) 劉棻以符命誅 : 王莽 簒位時 爭爲符命封侯 其不爲者 相戲曰 獨無天帝〈除〉*1)書乎 司命陳崇白莽曰 此開姦臣作福之路 而亂天命 宜絶其源 莽亦厭之 遂使趙竝驗治 非五威將帥〈所〉*2)班 皆下獄 甄豐及其子尋皆敗 豐自殺 尋隨方士入華山 歲餘捕得 辭連隆威侯劉棻 及公卿親黨 列侯以下 死者數百人

王莽이 찬탈했을 때, 다투어 符命을 바친 자들을 侯에 봉해주자, 符命을 바치지 않은 자들이 서로 비꼬기를 "어찌 황제의 除書(임명장)가 없는가?"라고 하였는데, 司命인 陳崇이 王莽에게 고하기를 "이는 姦臣들에게 福을 조작하는 길을 열어놓는 것이고 天命을 어지럽히는 것이니 그 근원을 끊어야 합니다." 하였다.

王莽도 이 일을 꺼려 마침내 趙竝에게 조사하여 치죄하게 하고 〈符命을 바친 자로서〉 五威將帥의 반열에 있는 자가 아니면 모두 下獄하게 하니, 甄豐과 그의 아들 甄尋이 모두 패하여, 甄豐은 自殺하고 甄尋은 方士를 따라 華山으로 들어갔으나 1년여 뒤에 체포되었다. 隆威侯 劉棻과 公卿의 親黨들도 연루되어 列侯 이하로서 죽은 자가 수백 인이었다.

*1) 〔역주〕〈除〉: 저본에 1자 공란이 있으나, 사고전서본을 참고하여 보충하였다.

*2) 〔역주〕〈所〉: 저본에 1자 공란이 있으나, 사고전서본을 참고하여 보충하였다.

23) 昔之君子……其知之矣 : 君子樂天知命 不爲窮通得喪變其所守 盖知此理者也 如朱博劉棻之徒 猶不免禍 則徇時者 果何益哉

君子는 天理를 즐기고 天命을 알기 때문에 곤궁하고 통달하며 얻고 잃는 것에 의해 지키는 것을 바꾸지 않으니 이는 이치를 아는 자이다. 朱博과 劉棻 같은 무리는 오히려 화를 면하지 못하였으니, 때를 좇는 것이 과연 유익하겠느냐는 말이다.

春秋時代는 경박한 속임수가 벌떼처럼 일어난 때이니, 이 시대에 때를 따랐기 때문에 살아난 자도 나는 보았고, 때를 거슬렀기 때문에 죽은 자도 나는 보았다. 祭仲과 潘崇은 현달하여 영화를 누렸으며, 洩冶와 伯宗은 치욕을 받고 죽었으니, 이들은 모두 세속에서 지적하여 구실로 삼는 자들이다.

齊나라와 楚나라가 鄭나라를 차지하고자 다툴 때를 관찰해보면, 鄭伯의 신하 가운데 시종일관 제나라를 주인으로 여기고 말을 바꾸지 않은 자는 孔叔이고, 변덕스럽게 이익을 좇아 제나라와 초나라 사이를 갈팡질팡한 자는 申侯이다. 세속의 말로 질정해보면, 질박하고 고루한 공숙은 요즘 세상에 화를 면하기 어려울 듯하고, 속임수를 가진 신후는 경박하고 거짓된 시대를 만났으니 이른바 꽃이 봄을 만나고 벼가 가을을 만난 것과 같다. 그런데도 공숙은 마침내 티끌만 한 화도 당하지 않았고, 신후는 도리어 자신을 죽게 만들었으니, 세속의 말을 과연 다 믿을 수 있겠는가?

그러나 丁太后와 傅太后를 따르는 자들은 모두 哀帝의 조정에서 귀한 대접을 받았으나 朱博은 정태후와 부태후 때문에 패망했고, 符命을 바친 자들은 모두 王莽의 시대에 제후에 봉해졌으나 劉棻은 符命 때문에 주벌당했으니, 올곧게 자신을 지켜 때를 거슬러도 후회하지 않았던 옛날의 군자는 이치를 알았다.

嗚呼[1)]라 **治世者**는 **小人失志之時也**[2)]요 **亂世者**는 **小人得志之時也**라 **爲小人禱者**는 **必祝其遇亂世而毋遇治世**하니 **抑不知事有大繆不然者**[3)]니라 **小人之在治世**에 **片言犯義**면 **則鐫誚至**[4)]하고 **跬步觸法**이면 **則譴責來**[5)]니라 **含毒蓄險**[6)]하야 **鬱不得吐**[7)]하니 **信乎其不得志也**[8)]로다 **然抑其惡**이 **所以全其身**[9)]이니 **愛小人者**가 **孰有加於治世乎**[10)]아 **嚴師之箠楚**[11)]요 **慈母之呵叱**[12)]이니 **吾見其恩**이요 **而不見其讐也**[13)]로라 **亂世則反是矣**[14)]하야 **貪大者**는 **家亦大**[15)]하고 **詐高者**는 **位亦高**[16)]니라 **群讙輩囂**[17)]하고 **競於爲惡**[18)]하야 **不至於覆宗絶祀**면 **不止也**[19)]라 **有餌焉以馨其鉤**[20)]하고 **有錦焉以華其阱**[21)]이니 **安得不誘而納之死地乎**[22)]아 **此申侯所以狃爲惡之利而至斯極也**니라 **嗚呼**라 **小人者**는 **毋以遇亂世爲幸哉**[23)]ㄴ저

1) 嗚呼：此下一段議論 出人意表
이 이하의 의론은 보통 사람의 생각 밖을 표현하였다.

2) 治世者 小人失志之時也：此亦世俗之說
이 또한 세속의 말이다.

3) 爲小人禱者……抑不知事有大繆不然者：轉說 小人遇治世 適以全身 遇亂世 適以被禍 議論極佳
小人이 治世를 만나면 몸을 온전히 하기에 적당하고, 난세를 만나면 화를 입기에 적당하다고 전환하여 말하였으니, 의론이 매우 훌륭하다.

4) 小人之在治世……則鐫誚至：不得肆其所欲言
자기가 하고 싶은 말을 함부로 할 수 없다는 말이다.

5) 跬步觸法 則譴責來：不得逞其所欲爲
자기가 하고 싶은 바를 마음대로 할 수 없다는 말이다.

6) 含毒蓄險：含害人之毒 蓄陰謀之險

남을 해치는 독을 머금고 몰래 도모하는 음험함을 쌓는 것이다.

7) 鬱不得吐 : 有此毒險 而無所施

이런 독과 음험함이 있어도 시행할 곳이 없다는 말이다.

8) 信乎其不得志也 : 應前失志之時

앞글의 '失志之時'에 호응하는 것이다.

9) 然抑其惡 所以全其身 : 雖不得志 而亦無害

비록 뜻을 얻지 못할지라도 해로울 것이 없다는 말이다.

10) 愛小人者 孰有加於治世乎 : 不可謂不得志

뜻을 얻었다고 말할 수 없다는 말이다.

11) 嚴師之箠楚 : 以譬小人受君子之鐫誚

小人이 君子의 타이름과 꾸지람을 받는 것을 비유하였다.

12) 慈母之呵叱 : 以譬小人受君子之譴責

小人이 君子의 견책을 받음을 비유하였다.

13) 吾見其恩 而不見其讐也 : 小人受君子之恩 不令以君子爲仇

小人이 君子의 은혜를 받고 군자를 원수로 여기게 하지 않는다는 말이다.

14) 亂世則反是矣 : 小人得志之時

小人이 뜻을 얻었을 때를 말한다.

15) 貪大者 家亦大 : 貪墨之甚 其家愈肥

탐욕이 심할수록 그 집안이 더욱 비옥하다는 것이다.

16) 詐高者 位亦高 : 詐僞之深 其官愈尊

속임수가 깊을수록 그 관직이 더욱 높다는 것이다.

17) 群讙輩囂 : 小人成黨 相扇而起

小人들이 무리를 이루어 서로 부추기며 일어난다는 말이다.

18) 競於爲惡 : 競爲敗國之事

나라를 망치는 일을 다투어 한다는 것이다.

19) 不至於覆宗絶祀 不止也 : 一時雖得志 終有殺身滅族之禍

한때 비록 뜻을 얻을지라도 끝내 자신이 죽고 종족이 멸망되는 화를 당한다는 말이다.

20) 有餌焉以馨其鉤 : 如以香餌爲釣鉤 魚爲所誘而呑焉

맛난 미끼로 낚싯대의 미늘을 만든 것과 같으니, 물고기가 유혹되어 그 미늘을 삼키는 것이다.

21) 有錦焉以華其阱 : 如以文錦覆陷阱 人爲所誘而隕焉

문채 나는 비단으로 함정을 덮어놓는 것과 같으니, 사람들이 유혹되어 그 함정에 빠지는 것이다.

22) 安得不誘而納之死地乎：雖得志 而終不免禍

비록 뜻을 얻었을지라도 끝내 화를 면할 수 없다는 말이다.

23) 小人者 毋以遇亂世爲幸哉：其爲小人之戒

小人을 위한 경계이다.

아, 治世는 小人이 뜻을 잃는 때이고, 亂世는 小人이 뜻을 얻는 때이다. 소인을 위하여 기도하는 자는 반드시 소인이 난세를 만나고 치세를 만나지 말 것을 축원한다. 그러나 이는 크게 어긋나고 그렇지 않다는 것을 모르는 것이다.

치세에는 소인이 정의를 침범하는 말 한마디를 하면 훈계와 꾸지람이 이르게 되고, 법에 저촉되는 행보를 조금이라도 하면 견책이 이른다. 속으로 독을 품고 음험함을 쌓고 있어도 꽉 막혀 뱉어낼 수가 없으니, 이 때문에 진실로 뜻을 이룰 수 없는 것이다. 그렇다면 악행을 억제하는 것이 자신을 온전히 하는 방법이니, 소인을 사랑하는 것 중에 치세보다 더 좋은 것이 무엇이 있을까? 엄한 스승의 회초리와 같고 자애로운 어머니의 꾸지람과 같으니, 나는 이런 일을 은혜로 여기고 원수로 여기지 않는다.

난세는 이와 반대여서 탐욕이 큰 자는 그가 사는 집도 크고, 속임수가 높은 자는 그의 지위도 높다. 무리들이 떼 지어 시끄럽게 부추기고 다투어 악행을 저질러 종족을 멸망시키고 제사를 끊는 데에 이르러서야 그만둔다. 미늘에 맛나게 달려있는 미끼와 함정을 화려하게 덮고 있는 비단을 보고, 어찌 유혹되어 死地로 들어가지 않을 수 있겠는가? 이것이 申侯가 악행을 저지르는 이로움에 빠져 이와 같은 극단에 이르게 된 이유이다. 아, 소인은 난세를 만난 것을 다행으로 여기지 말지어다.

10-03 楚滅弦 楚나라가 弦나라를 멸망시키다

10-03-01 楚滅弦 楚나라가 弦나라를 멸망시키다

【左傳】僖五年이라 楚鬪穀於菟(투누오도)滅弦하니 弦子奔黃하다 於是江黃道栢方睦於齊하니 皆弦姻也[1]라 弦子恃之而不事楚하고 又不設備라 故亡하다

1)〔역주〕於是江黃道栢方睦於齊 皆弦姻也：道國은 汝南 安陽縣에 있다. 栢도 國名으로

汝南 西平縣에 栢亭이 있다. 姻은 外親이다.

僖公 5년, 楚나라 鬪穀於菟가 弦나라를 擊滅하니 弦子가 黃나라로 도망갔다. 이때에 江・黃・道・栢나라가 바야흐로 齊나라와 화목하였으니 모두 弦나라의 姻戚이었다. 弦子가 이를 믿고 楚나라를 섬기지 않고, 또 防備도 설치하지 않았기 때문에 망한 것이다.

10-03-02 黃不歸楚貢　黃나라가 楚나라에 貢物을 바치지 않다

【左傳】 僖十一年이라 黃人不歸楚貢[1)]하니 冬에 楚人伐黃하다

1) 〔역주〕 黃人不歸楚貢 : 黃人이 進貢하지 않은 것은 齊나라를 믿었기 때문이다.

僖公 11년, 黃人이 楚나라에 貢物을 바치지 않으니, 겨울에 楚人이 黃나라를 토벌하였다.

10-03-03 楚滅黃　楚나라가 黃나라를 멸망시키다

【左傳】 僖十二年이라 黃人恃諸侯之睦于齊也하야 不共楚職[1)]曰 自郢[2)]及我九百里니 焉能害我리오 夏에 楚滅黃하다

1) 〔역주〕 不共楚職 : 黃나라가 楚나라에 응당 바치도록 정해진 貢物을 바치지 않은 것이다.
2) 〔역주〕 郢 : 楚나라의 國都이다.

僖公 12년, 黃人이 諸侯가 齊나라와 화목한 것을 믿고서 楚나라에 職貢을 바치지 않고서 "郢에서 우리나라까지는 900리이니 楚나라가 어찌 우리를 해칠 수 있겠는가."라고 하였다. 여름에 楚나라가 黃나라를 擊滅하였다.

【主意】 齊爲弦黃所恃로되 不能保之하야 而致滅亡하니 自此絶蠻夷向中國之心이라 可爲齊之也[1)]

1) 〔역주〕 可爲齊之也 : 闕文이 있는 듯하여 번역하지 않았다.

齊나라는 弦나라와 黃나라가 믿고 따랐으나, 그들을 보호해주지 못하여 멸망하는

데에 이르게 하였으니, 오랑캐가 중국을 향하는 마음이 이로 말미암아 끊어지게 되었다.

天下之禍는 恃人而不自戒者居其最[1)]하고 天下之辱은 爲人所恃而不能保者居其最[2)]니라 恃人而受禍者는 固可責也[3)]어니와 所恃者不足恃하야 而納人於禍[4)]면 庸非可責之尤者乎[5)]아 齊威公攘夷狄以尊中國[6)]하니 弦也黃也僻陋在夷[7)]로되 慕中國之義하야 自附於齊[8)]하야 恃齊忽楚[9)]라가 相繼覆亡[10)]하니라 左氏以恃人而忘備責之[11)]하니 抑不知二國之所以忘備者[12)]는 深信中國以爲可恃也[13)]하야 終至於翦滅者니 豈非誤信中國而至於此極乎[14)]아 爲中國者誤人於死地코도 曾不自咎[15)]하고 尙忍隨其後譏之[16)]하니 甚矣라 無愧而不知恥也[17)]여

1) 天下之禍 恃人而不自戒者居其最 : 此一段 略責二國恃齊忘備
    이 한 단락은 대체로 두 나라가 齊나라를 믿고 대비책을 잊었음을 질책한 것이다.
2) 天下之辱 爲人所恃而不能保者居其最 : 此一段 正責齊威不能爲二國之庇
    이 한 단락은 바로 齊 桓公이 두 나라를 비호할 수 없었음을 질책한 것이다.
3) 恃人而受禍者 固可責也 : 略提過
    대략 과실을 제기한 것이다.
4) 所恃者不足恃 而納人於禍 : 主意 重在責齊
    이 글의 主意이며, 齊나라를 질책하는 데에 비중이 있다.
5) 庸非可責之尤者乎 : 下箇尤字 見得齊深可責
    尤자를 썼으니 齊나라가 깊이 질책받을 만함을 알 수 있다.
6) 齊威公攘夷狄以尊中國 : 入事 先稱齊威伯業之盛
    본편의 일로 들어간다. 먼저 齊 桓公의 霸業이 성대함을 칭송한 것이다.
7) 弦也黃也僻陋在夷 : 二國皆夷狄之小國
    두 나라는 모두 오랑캐에 속하는 작은 나라이다.
8) 自附於齊 : 從諸侯而事齊
    제후국을 따라 齊나라를 섬긴 것이다.
9) 恃齊忽楚 : 謂齊可恃而不事楚
    齊나라를 믿을 만하다고 여기고 楚나라를 섬기지 않은 것이다.
10) 相繼覆亡 : 二國皆爲楚所滅

두 나라는 모두 楚나라에 멸망당하였다.

11) 左氏以恃人而忘備責之：謂弦子恃齊而不事楚 又不設備 黃人恃諸侯之睦于齊 不供楚職

弦子는 齊나라를 믿고 楚나라를 섬기지 않았으며 또한 대비하지 않았고, 黃人은 제후들이 齊나라와 화목한 것을 믿고 楚나라에 職貢을 바치지 않았음을 이른다.

12) 抑不知二國之所以忘備者：主意 專責齊不能庇二國 故不取左氏說

主意는 전적으로 齊나라가 두 나라를 비호할 수 없었음을 질책하였다. 그러므로 左氏의 설을 취하지 않은 것이다.

13) 深信中國以爲可恃也：恃中國者 未足深責

중국을 믿은 자를 깊이 질책하기에 부족하다는 것이다.

14) 終至於翦滅者 豈非誤信中國而至於此極乎：爲人所恃而不能保者 深可責

남에게 믿음을 받고서 믿어준 상대를 보호해주지 못한 자를 깊이 질책할 만하다는 것이다.

15) 曾不自咎：不以誤人之罪自責

남에게 잘못한 죄를 자책하지 않는다는 말이다.

16) 尙忍隨其後譏之：言左氏不當譏二國

左氏가 두 나라를 기롱한 것은 부당하다는 말이다.

17) 愧而不知恥也：應前天下之辱

앞의 '天下之辱'에 호응한다.

천하의 재앙은 남을 믿고 스스로 대비하지 않는 자가 가장 심하게 받고, 천하의 치욕은 남이 믿어주었는데 믿어준 상대를 보호하지 못하는 자가 가장 심하게 받는다. 남을 믿다가 재앙을 당한 자는 본래 질책받을 만하지만, 믿었던 자가 믿음직하지 못하여 남을 재앙으로 몰아넣었다면 어찌 더욱 질책할 만한 것이 아니겠는가?

齊 桓公이 오랑캐를 물리치고 중국을 높이자, 오랑캐 지역의 궁벽한 곳에 살고 있던 弦나라와 黃나라(이하 '弦·黃'으로 번역함)가 중국의 의리를 사모하여 스스로 齊나라에 와서 복종하여 齊나라를 믿고 楚나라를 소홀히 하다가, 서로 연달아 나라가 망했다.

〈이에 대하여〉 左氏는 저들이 남을 믿고서 대비를 잊었다고 질책하였다. 이는, 두 나라가 대비를 잊은 이유가 중국을 깊이 믿어 의지할 만하다고 여기다가 마침내 나라가 멸망하게 되었다는 것을 모른 것이다. 어찌 중국을 잘못 믿어 이런 극단에 이른 것이 아니겠는가? 중국을 다스리는 자가 잘못하여 남을 死地에 몰아놓고도 일찍이 자책한 적이 없고, 오히려 그 뒤를 쫓아 모질게 비난하니, 심하도다. 부끄러움이 없고 수치를 모름이여!

人之汎舟者가 **恃舟師而不戒**[1)]하고 **酣寢沈醉以溺於水**[2)]면 **是人固有罪矣**[3)]라 **然岸傍之人罪之**는 **可也**[4)]어니와 **舟師罪之**는 **不可也**[5)]니라 **彼由誰致禍**완대 **而猶敢罪之耶**[6)]아 **是溺人者**는 **非水也**라 **舟師也**요 **滅二國者**는 **非楚也**라 **齊也**라 **二國之滅**은 **未足深恨**이나 **吾獨有所深恨者焉**이로라

1) 恃舟師而不戒 : 猶二國恃中國而忘備
 두 나라가 중국을 믿고 대비를 잊은 것과 같다.
2) 酣寢沈醉以溺於水 : 猶二國之滅亡
 두 나라가 멸망한 것과 같다.
3) 是人固有罪矣 : 猶二國固可責
 진실로 두 나라를 꾸짖을 만한 것과 같다.
4) 然岸傍之人罪之 可也 : 猶夷狄之黨可以此責二國
 오랑캐 무리가 이런 일로 두 나라를 질책할 수 있는 것과 같다.
5) 舟師罪之 不可也 : 左氏亦中國人 豈可責之
 左氏도 중국인인데 어찌 그를 꾸짖을 수 있겠느냐는 말이다.
6) 彼由誰致禍 而猶敢罪之耶 : 溺人者 罪在舟師 滅二國者 罪在中國
 사람을 물에 빠뜨린 죄는 뱃사공에게 있고, 두 나라를 멸망시킨 죄는 중국에 있다는 것이다.

배를 탄 자가 뱃사공만 믿고 조심하지 않은 채 잔뜩 술에 취해 잠들었다가 물에 빠졌다면, 이 사람에게 본래 죄가 있는 것이다. 그러나 언덕 위에서 바라본 사람이 그를 질책하는 것은 괜찮지만, 뱃사공이 이 사람을 꾸짖는 것은 옳지 않다. 이 사람이 누구 때문에 화를 당했는데, 오히려 감히 그를 꾸짖을 수 있겠는가?

이는, 사람을 물에 빠뜨린 것이 물이 아니라 뱃사공이며, 두 나라를 망하게 한 것이 楚나라가 아니라 齊나라이니, 두 나라의 멸망이야 크게 한스러울 것은 없지만, 나는 유독 크게 한스럽게 여기는 점이 있도다.

中國之不競久矣[1)]라 蠻夷肆行을 莫之敢遏[2)]이러니 齊威獨斐然欲扶衰振廢[3)]하고 弦黃又奮然自拔於蠻夷而從之[4)]하니라 四方諸侯 皆將占弦黃之禍福하야 以爲進退[5)]하니 是機也中國蠻夷勝負之決也[6)]라 使弦黃旣附中國[7)]에 而社稷奠安하고 人民豐阜[8)]면 則皆歆〈艶〉[9)10)]하야 棄戎卽華[11)]리니 楚雖倔强蠻夷間[12)]이나 誰與同惡者[13)]리오 今齊威坐視二國之亡하고 而不能救[14)]하니 附中國者未有福하고 忤蠻夷者立有禍[15)]라 人情非病風喪心이면 豈肯辭福而就禍耶[16)]리오 是驅天下之人而歸蠻夷也[17)]니라 向若威公倡義之初에 蠻夷皆不知慕中國之義하야 漠然不應이나 其害猶淺이라 是何也오 彼雖未知從中國之有利[18)]나 亦未知從中國之有害也[19)]ㄹ새니라 不幸弦黃首恃中國而得禍[20)]하니 彫題文身之俗[21)]이 必指以相語曰[22)] 吾始所以慕中國者는 圭璧黼黻之華也[23)]와 干戚羽旄之美也[24)]와 豆籩彝鼎之肅也[25)]와 磬筦(管)鐘鼓之和也[26)]ㄹ새 謂可托吾國而無後憂[27)]러니 而今而後에야 乃知中國之不足恃[28)]요 彼聲明文物[29)]도 亦徒有其表耳[30)]니 焉可爲所誘而自投於禍哉[31)]리오 是則二國之滅은 猶未足深恨[32)]이나 因二國之滅하야 而絶蠻夷向中國之心이니 爲可深恨也[33)]로라

1) 中國之不競久矣：競猶强也

　　競은 강하다〔强〕와 같다.

2) 蠻夷肆行 莫之敢遏：中國不强 莫能制服夷狄

　　중국이 강하지 못하여 오랑캐를 제재하거나 복종시킬 수 없었다는 말이다.

3) 齊威獨斐然欲扶衰振廢：欲攘夷狄 而尊中國

　　오랑캐를 물리치고 중국을 높이고자 했다는 말이다.

4) 弦黃又奮然自拔於荊蠻而從之：二國雖蠻夷 而知慕中國之義

　　두 나라는 오랑캐이나 중국의 의리를 사모할 줄 알았다는 말이다.

5) 四方諸侯……以爲進退：發此意新 二國事中國 得福則相率以進 得禍則相率以退

　　이런 뜻을 낸 것이 참신하다. 두 나라가 중국을 섬김에 福을 얻게 되면 〈다른 나라들도〉 서로 거느리고 나아올 것이고, 禍를 얻게 되면 서로 거느리고 물러갈 것이라는 말이다.

6) 是幾也中國蠻夷勝負之決也：諸侯進 則中國勝 諸侯退 則蠻夷勝

　　제후국이 나아오면 중국이 이기고, 제후국이 물러가면 오랑캐가 이긴다는 말이다.

7) 使弦黃旣附中國：假說如此

　　이와 같이 가설한 것이다.

8) 社稷奠安 人民豐阜 : 二國恃中國而得福

두 나라가 중국을 믿어 福을 얻게 된 경우이다.

9) 〔역주〕〈艶〉: 저본에는 1자 공란이나, 사고전서본에 의거하여 보충하였다.

10) 皆歆〈艶〉: 蠻夷諸國 必皆羨慕

오랑캐의 여러 나라들이 반드시 모두 선망하고 사모할 것이라는 말이다.

11) 棄戎即華 : 捨蠻夷 就中國

오랑캐를 버리고 중국에 나아올 것이라는 말이다.

12) 楚雖倔强蠻夷間 : 楚雖蠻夷中最强大之國

'楚나라가 비록 오랑캐 가운데 가장 강대한 나라이기는 하나'라는 말이다.

13) 誰與同惡者 : 誰肯助楚爲惡

누가 楚나라를 도와 악행을 하려 하겠느냐는 것이다.

14) 今齊威坐視二國之亡 而不能救 : 二國恃齊 而齊不能保之

두 나라가 齊나라를 믿었는데 제나라가 그들을 보호하지 못했다는 말이다.

15) 附中國者未有福 忤蠻夷者立有禍 : 中國謂齊 蠻夷謂楚 禍福二字 應前

중국은 齊나라를 이르고, 蠻夷는 초나라를 이른다. 禍와 福 두 자는 앞글에 호응한다.

16) 人情非病風喪心 豈肯辭福而就禍耶 : 發意透徹

뜻을 밝고 정확하게 드러내었다.

17) 是驅天下之人而歸蠻夷也 : 此中國所以不勝 蠻夷所以勝

이는 중국이 이기지 못하고 오랑캐가 이기게 되는 이유이다.

18) 彼雖未知從中國之有利 : 以未附齊故

齊나라를 따르기 전이기 때문이다.

19) 亦未知從中國之有害也 : 不爲恃齊而被滅故

齊나라를 믿어서 멸망한 것도 아니기 때문이다.

20) 不幸弦黃首恃中國而得禍 : 楚怒其附齊而滅之

그들이 齊나라를 따르는 것에 楚나라가 화가 나서 멸망시킨 것이다.

21) 彫題文身之俗 : 謂蠻夷也 記王制曰 南方曰蠻 彫題交阯 東方曰夷 被髮文身 題 額也 彫文謂刻其肌以丹青涅之

蠻夷를 이른다. ≪禮記≫ 〈王制〉에 "남방의 오랑캐를 蠻이라고 하는데 이들은 이마에 丹靑을 넣어 새기고 양쪽 엄지발가락이 서로 향해있다. 동방의 오랑캐를 夷라 하는데 이들은 머리를 풀고 몸에 문신을 한다."고 하였다. 題는 이마이다. 彫와 文은 피부에 새겨 단청으로 물들이는 것이다.

22) 必指以相語曰：諸蠻夷 必指二國之事以相告

여러 오랑캐들은 반드시 두 나라의 일을 가리켜 서로 고할 것이라는 말이다.

23) 圭璧黼黻之華也：謂禮服也 圭 王公侯伯所執 璧 子男所執 黼 爲斧形以黼於裳

禮服을 이른다. 圭는 王·公·侯·伯이 손에 잡는 홀이고, 璧은 子·男이 손에 잡는 홀이며, 黼는 치마에 수놓은 도끼 모양이다.

24) 干戚羽旄之美也：謂樂舞也 干戚 武舞所執 羽旄 文舞所執

樂舞를 이른다. 干戚은 武舞에서 손에 잡는 도구이고, 羽旄는 文舞에서 손에 잡는 도구이다.

25) 豆籩彝鼎之肅也：謂禮器也 豆木器 籩竹器 彝樽類 鼎以烹牲也

禮器를 이른다. 豆는 나무로 만든 그릇이고, 籩은 대나무로 만든 그릇이며, 彝는 술동이 종류이고, 鼎은 희생을 삶는 그릇이다.

26) 磬筦(管)鐘鼓之和也：謂樂器也 磬石聲 筦竹聲 鍾金聲 鼓革聲

樂器를 이른다. 磬은 돌로 만든 악기이고, 筦은 대나무로 만든 악기이며, 鍾은 쇠로 만든 악기이고, 鼓는 가죽으로 만든 악기이다.

27) 謂可托吾國而無後憂：始謂中國有此禮樂 可以依托而無禍也

처음에 중국이 이러한 禮樂이 있으므로 의탁해도 후환이 없을 것이라고 여긴 것이다.

28) 今而後 乃知中國之不足恃：自今二國旣滅之後 始知中國不能庇我

지금 두 나라가 이미 멸망한 뒤에야 비로소 중국이 자기들을 비호할 수 없음을 안 것이다.

29) 彼聲明文物：謂禮樂也 左傳曰 火龍黼黻[*1] 昭其文也 五色比象 昭其物也 錫鸞和鈴[*2] 昭其聲也 三辰旂旗昭其明也[*3]

禮樂을 이른다. ≪春秋左氏傳≫에 "火·龍·黼·黻은 文章을 소명하기 위함이며, 五色으로 각종 物象을 擬似하게 그리는 것은 物色을 소명하기 위함이며, 錫·鸞·和·鈴은 聲音을 소명하기 위함이며, 三辰의 旂旗는 光明을 소명하기 위함이다."라 하였다.

*1) 〔역주〕 火龍黼黻：火는 袞衣에 불을 그린 것이고, 龍은 용을 그린 것이다. 白色과 黑色의 실을 사용해 刺繡한 것을 黼라 하는데 모양이 도끼와 같고, 黑色과 靑色의 실을 사용해 刺繡한 것을 黻이라 하는데 모양이 두 '己'자가 서로 등지고 있는 것과 같다.

*2) 〔역주〕 錫鸞和鈴：錫은 말 이마에 있는 방울이고, 鸞은 재갈에 달린 방울이며, 和는 衡에 있는 방울이고, 鈴은 旗에 달린 방울인데, 움직이면 모두 소리를 낸다.

*3) 〔역주〕 三辰旂旗昭其明也：三辰은 日·月·星인데, 旗에 그려 하늘의 光明을 상징한다.

30) 亦徒有其表耳：外雖美觀 而中無可持

겉은 비록 아름다워 볼 만하지만, 속은 믿을 만한 것이 없다는 말이다.

31) 焉可爲所誘而自投於禍哉：不可慕虛文 而受實禍
헛된 형식을 사모하여 실제로 재앙을 당해서는 안 된다는 말이다.

32) 是則二國之滅 猶未足深恨：此轉意高
이런 전환은 의미가 고상하다.

33) 因二國之滅……爲可深恨也：發盡前文驅天下之人而歸蠻夷之意
앞 문장의 "驅天下之人而歸蠻夷"의 뜻을 극진히 말한 것이다.

중국이 세력을 떨치지 못한 지가 오래되어 오랑캐가 방자하게 행동하여도 감히 막지 못하다가, 찬란하게 齊 桓公이 홀로 쇠락해진 나라를 돕고 폐지된 일을 진작시키자, 弦・黃이 오랑캐에서 벗어나 제 환공을 따랐다. 이에 사방의 諸侯國들이 모두 현・황의 禍福을 살피고서 중국으로의 進退를 결정하고자 하였으니, 이 기회는 중국이 이기느냐 오랑캐가 이기느냐를 결정하는 기로가 된다.

가령 현・황이 중국에 귀부한 뒤에 그들의 社稷이 편안하고 백성들이 풍요롭게 되었다면, 모두 중국을 흠모하여 오랑캐를 버리고 중국으로 나왔을 것이다. 오랑캐 속에서 강포한 짓을 하는 楚나라라 하더라도 누구와 더불어 악행을 하겠는가?

그런데 지금 제 환공이 두 나라가 망하는 것을 좌시하고 구원해주지 않았으니, 중국에 귀부한 자는 福이 없고, 오랑캐를 배반한 자는 당장에 화를 받은 것이다. 인정으로 볼 때, 마비가 되거나 정신이 나간 자가 아니라면 어찌 복을 사양하고 화로 나아가려 하겠는가? 〈제나라가 두 나라가 망하는 것을 좌시한 일은〉 천하의 사람들을 몰아 오랑캐로 돌아가게 한 것이다.

지난날 가령 제 환공이 처음 의리를 창도할 때에는 오랑캐가 모두 중국의 의리를 사모할 줄 몰랐기 때문에 막연히 중국을 따르지 않았으나 그 화는 오히려 옅았다. 이는 어째서인가? 그때에는 저들이 비록 중국을 따르는 것이 유리한 줄을 몰랐으나, 중국을 따르는 것이 해로운지도 몰랐기 때문이다.

불행히도 현・황이 먼저 중국을 믿었다가 화를 당하니, 이마에 문신하는 풍속을 가진 오랑캐들이 그들을 가리키며 서로 말하기를 "우리가 처음에 중국을 사모한 이유는 〈중국에는〉 圭璧과 黼黻의 화려한 예복, 干戚과 羽旄의 아름다운 樂舞, 豆・籩・彝・鼎 등의 엄숙한 禮器, 磬・管・鐘・鼓 등의 조화로운 樂器가 있기에, 우리나라를 의탁하여도 後患이 없을 것으로 여겼기 때문인데, 지금 이후에야 중국을 믿을 만하지 못하고 저 聲明 文物이란 것도 단지 그 껍데기만 있을 뿐임을 알았으니, 어찌 유혹되어 스스로 화에 던져질 수 있겠는가?"라 한다.

그러므로 두 나라의 멸망은 그다지 한스럽지 않지만, 두 나라의 멸망으로 인해 오랑캐가 중국을 향하는 마음이 끊어졌으니, 이는 매우 한스러울 만하다.

嗚呼[1]라 **中國猶君子**하고 **蠻夷猶小人**하니 **小人爲君子之害**가 **猶蠻夷爲中國之害也**니라 **世之名爲君子者**가 **招小人而誘之曰 汝術甚危**하고 **我道甚安**하니 **汝盍去故而就新乎**아 **間有聞風而來者**라도 **實無以與之**하니 **旣奪其小人謀身之術**[2]하고 **而不授之以君子藩身之具**[3]니라 **未入於仁**에 **而先入於愚**하고 **未入於義而先入於迂**하야 **恃其徒善**하야 **曾不隄防**이라가 **輕犯世忌**하야 **以陷於禍**면 **向之儕輩**가 **交責而爭尤之曰**[4] **汝不用吾言**하야 **捨便利之舊術**하고 **而就緩〈儒〉**[5]**之迂計**러니 **今禍福果如何也**[6]오 **向之鄙夷吾黨**하고 **而自附於彼**[7]에 **吾謂汝朝升君子之門**하면 **暮收君子之利**[8]러니 **顧乃顚頓困辱**하야 **反不若吾黨循常守故之安**하니 **則翦翦拘拘者**[9] **果足恃耶**아 **一犬吠形**에 **百犬吠聲**[10]이니 **而仁義之道荒矣**[11]는 **是皆以君子自名者之罪也**[12]니라 **以君子自名者**는 **誠不足恃矣**[13]어니와 **天下安可以此人之不可恃**로 **而遂疑此道之不可恃耶**[14]아 **將之覆軍者相繼**[15]나 **天下不疑兵書之難行**[16]하고 **醫之殺人者相望**[17]이나 **天下不疑醫書之難用**[18]하니 **世未有因罪其人而幷罪其書者也**[19]니 **萬古六經**이 **反坐腐儒曲士輩而廢耶**[20]아

1) 嗚呼 : 結尾 以君子小人 比中國夷狄
결론이다. 〈이하의 글은〉 君子와 小人을 가지고 中國과 夷狄을 비유한 것이다.

2) 旣奪其小人謀身之術 : 禁其爲小人 使自附於君子
小人 노릇함을 금하고 스스로 君子를 따르도록 한 것이다.

3) 不授之以君子藩身之具 : 實無道以藩衛其身
실제로는 그 몸을 호위할 수 있는 방법이 없는 것이다.

4) 向之儕輩 交責而爭尤之曰 : 前日小人之黨 必群起而責之
전날 함께했던 小人의 무리가 반드시 떼 지어 일어나 꾸짖을 것이다.

5) 〔역주〕〈儒〉 : 저본에는 1자 공란이나, 사고전서본에 의거하여 보충하였다.

6) 今禍福果如何也：今不得福 而反得禍 則君子者 果足恃耶

지금 福은 얻지 못하고 도리어 禍를 얻으니, 君子들을 과연 믿을 수 있겠는가?

7) 向之鄙夷吾黨 而自附於彼：言汝捨舊習 而欲自附於君子

너희들이 舊習을 버리고 스스로 君子를 따르고자 한 것을 말한다.

8) 吾謂汝朝升君子之門 暮收君子之利：將謂汝得爲君子之利矣

장차 너희들이 君子가 된 이익을 얻으리라 생각했다는 말이다.

9) 〔역주〕 翦翦拘拘者：翦翦은 지나치게 근신하여 변통이 없는 모양이며, 拘拘는 구속되어 융통성이 없는 모양이다.

10) 一犬吠形 百犬吠聲：喩衆小人從而附和其說

여러 小人들이 덩달아 그 말에 附和雷同하는 것을 비유하였다.

11) 仁義之道荒矣：自此無人敢言仁義矣

이로부터 감히 仁義를 말하는 사람이 없게 되었다는 말이다.

12) 是皆以君子自名者之罪也：此特名爲君子者如此 若眞君子則不然矣

이는 이름만 君子인 자가 이와 같은 것이고, 진정한 군자라면 그렇지 않다는 것이다.

13) 以君子自名者 誠不足恃矣：又轉一轉

한 번 전환한 것을 또 전환한 것이다.

14) 天下安可以此人之不可恃 而遂疑此道之不可恃耶：此人 謂以君子自名者 此道 則君子之道載在六經者也

此人은 君子라고 자칭하는 자들이고, 此道는 六經에 실려있는 군자의 道이다.

15) 將之覆軍者相繼：古今爲將而敗軍者 多矣

古今에 장수로서 군대를 패망시킨 자가 많았다는 말이다.

16) 天下不疑兵書之難行：非兵書之罪 不善用兵書者之罪也

이는 兵書의 죄가 아니라 병서를 잘 쓰지 못한 자의 죄이다.

17) 醫之殺人者相望：古今爲醫而殺人者 多矣

古今에 의원으로서 사람을 죽인 자가 많다는 말이다.

18) 天下不疑醫書之難用：非醫書之罪 不善用醫書者之罪也

이는 醫書의 죄가 아니라 의서를 잘 쓰지 못한 자의 죄이다.

19) 世未有因罪其人而幷罪其書者也：總結上引喩二事

위에 인용한 2가지 일을 總結한 것이다.

20) 世未有因罪其人而幷罪其書者也……反坐腐儒曲士輩而廢耶：後世不謂以君子自名者之誤人 而反咎六經之誤人 何異因將之覆軍而幷罪兵書 因醫之殺人而幷罪醫書也哉

후세에 君子로 자칭하는 자들이 남에게 저지른 잘못을 가지고 도리어 六經이 남에게 잘못을 저질렀다고 하지는 않을 것이니, 장수가 군대를 전복한 것 때문에 아울러 兵書를 죄책하고, 의원이 사람을 죽인 것 때문에 아울러 醫書를 죄책하는 것과 무엇이 다르겠느냐는 말이다.

아, 중국은 君子와 같고 오랑캐는 小人과 같으니, 소인이 군자가 되려다가 입는 해가 오랑캐가 중국이 되려다가 입는 해와 같다.

세상에 군자라고 이름하는 자들이 소인을 불러 유혹하기를 "너희의 방법은 매우 위태롭고 우리의 방법은 매우 편안하니, 너희는 어찌 위태로운 옛 방법을 버리고 편안한 새 방법을 쓰지 않는가?"라 한다. 그러나 그 사이에 소문을 듣고 오는 자가 있어도 실제로는 도와주는 것이 없으니, 이는 이미 소인에게서 일신을 돌보는 방법을 뺏고서 일신을 지킬 수 있는 군자의 도구는 주지 않은 것이다. 그래서 仁에 들어가기 전에 먼저 어리석음에 빠지고, 義에 들어가기 전에 먼저 오활한 데에 빠져, 한갓 善만 믿고 방비하지 않다가 함부로 세상 사람들이 꺼리는 일을 범하여, 재앙에 빠지면 전날 함께했던 무리들이 다음과 같이 서로 꾸짖고 다투어 허물할 것이다.

"네가 나의 말을 듣지 않아 편리한 옛 방법을 버리고 儒者들의 느리고 오활한 계책을 쓰더니, 지금 禍福의 결과가 어떠한가? 전날 우리를 무시하고 스스로 저들을 따랐을 때, 우리는 네가 아침에 군자의 문에 들어가면 저녁에 군자의 이익을 거둘 것이라고 여겼다. 이제 돌아보니 전복당하고 곤욕당해, 도리어 常道를 따라 옛 방법을 지켜 편안히 지내는 우리만 못하게 되었으니, 지나치게 삼가고 융통성이 없는 저들을 과연 믿을 수 있겠는가?"

개 한 마리가 어떤 형상을 보고 짖으면 개 백 마리가 그 소리를 듣고 따라 짖는 것이니, 仁義의 도가 황폐하게 된 것은 모두 군자라고 자칭하는 자들의 죄이다. 군자라고 자칭하는 자들은 진실로 믿을 수 없거니와, 천하에 어찌 이 사람(군자라고 자칭하는 자)을 믿을 수 없다 하여 마침내 이 도(仁義)까지 의심할 수 있겠는가? 패전하는 장수가 많지만 천하 사람들이 兵書의 이론을 쓰기 어렵다고 의심하지 않으며, 환자를 죽이는 의원이 많지만 천하 사람들이 醫書의 이론을 쓰기 어렵다고 의심하지도 않는다. 세상에 그 사람의 죄 때문에 그 책마저 죄 주는 경우는 없으니, 만고토록 전해 내려온 六經이 도리어 썩은 선비와 曲學阿世하는 무리들 때문에 폐기되어서야 되겠는가?

10-04 楚文王寵申侯 楚 文王이 申侯를 총애하다

【左傳】 僖七年이라 鄭殺申侯以說于齊[1)]하다 初에 申侯는 有寵於楚文王이러니 文王將死에 與之璧하야 使行曰 唯我知汝로라 汝專利而不厭하야 〈予取予求로되 不汝疵瑕也[2)]어니와 後之人은 將求多於汝[3)]하리니 汝必不免하리라〉 我死어든 汝必速行하라 旣葬에 出奔鄭하야 又有寵於厲公하다 子文聞其死也하고 曰 〈古人有言曰〉 知臣莫若君이라하니 弗可改也已[4)]로다

1) 〔역주〕 鄭殺申侯以說于齊 : 鄭伯이 首止의 會盟에서 도망해 온 罪를 申侯에게 씌워 죽인 뒤, 齊 桓公에게 정백 자신의 죄가 아니라고 해명하고 항복하기를 빈 것이다.
2) 〔역주〕 予取予求 不汝疵瑕也 : 나에게서 취하고 나에게 요구하였으되, 나는 너를 罪惡으로 여기지 않았다는 말이다.
3) 〔역주〕 後之人 將求多於汝 : 後人은 後繼하는 임금을 이른다. 求多는 禮義로써 크게 책망할 것이라는 말이다.
4) 〔역주〕 弗可改也已 : 바꿀 수 없는 名言이라는 말이다.

僖公 7년, 鄭나라가 申侯를 죽이고 齊나라에 해명하였다. 당초에 申侯는 楚 文王에게 총애를 받았는데, 문왕이 臨終 때 신후에게 玉璧을 주어 떠나게 하며 말하였다.

"오직 나만이 너를 안다. 너는 오로지 私利만 생각하고 만족할 줄을 몰라, 나에게서 취해 가고 나에게 요구하였으나, 나는 너를 허물하지 않았다. 그러나 後人은 너에게 많은 財物을 요구할 것이니 너는 반드시 화를 면하지 못할 것이다. 내가 죽거든 너는 빨리 떠나라."

문왕의 장사를 지낸 뒤에 신후는 鄭나라로 도망가서 또 鄭 厲公의 총애를 받았다. 子文은 그가 죽었다는 말을 듣고서 다음과 같이 말하였다.

"옛사람의 말에 '신하를 알아보는 데는 그 임금만 한 이가 없다.'고 하였으니, 이 말은 고칠 수 없는 말이다."

【主意】 愛其人이면 必不知其惡하고 知其惡이면 必不愛其人하나니 未有如楚文王明知申侯專利不厭코도 而猶寵愛之也니라

그 사람을 사랑하면 반드시 그의 惡行을 모르며, 그의 악행을 알면 반드시 그 사람을 사랑하지 않으니, 楚 文王처럼 申侯가 財利를 독차지하며 만족할 줄 모르는 자임

을 분명히 알면서도 오히려 그를 총애하는 일은 없다.

愛而知其惡者[1)]는 **天下之至善也**[2)]요 **亦天下之至不善也**[3)]라 **凡人之情**은 **有所愛則有所蔽**[4)]하고 **有所蔽則有所忘**[5)]이라 **不蔽不忘**하야 **卓然知其惡於深愛之中**[6)]은 **惟天下至公者**라야 **能之**[7)]니 **何以反謂之大不善乎**[8)]아

1) 愛而知其惡者 : 此句出禮記[*)]

이 구절은 ≪禮記≫에 나온다.

*) 〔역주〕 此句出禮記 : ≪禮記≫ 〈曲禮 上〉에 "賢者는 가까이하면서도 공경하고 두려워하면서도 사랑하며, 사랑하면서도 그의 단점을 알고 미워하면서도 그의 장점을 안다.〔賢者 狎而敬之 畏而愛之 愛而知其惡 憎而知其善〕"라 하였다.

2) 天下之至善也 : 雖愛其人而知其惡 非明者不能 故曰至善

비록 그 사람을 사랑하여도 그의 단점을 아는 것은 명철한 자가 아니면 할 수 없기 때문에 至善이라고 하는 것이다.

3) 亦天下之至不善也 : 此句便見貶楚文王意

이 구절에서 곧 楚 文王을 폄하한 뜻을 알 수 있다.

4) 凡人之情 有所愛則有所蔽 : 旣愛其人 必遭其蒙蔽

그 사람을 사랑하면 반드시 판단력이 가려지게 된다는 것이다.

5) 有所蔽則有所忘 : 旣爲所蔽 必與之相忘

가려지게 되면 반드시 서로 의식하지 못하게 된다는 것이다.

6) 不蔽不忘 卓然知其惡於深愛之中 : 所謂愛而知其惡者

이른바 사랑하면서도 그의 단점을 아는 것을 이른다.

7) 惟天下至公者 能之 : 心無私愛 故爲至公

마음에 사사로이 사랑하는 것이 없기 때문에 지극히 공평한 것이다.

8) 何以反謂之大不善乎 : 設疑問難

疑問文으로 힐난한 것이다.

사랑하면서 그 사람의 간악함을 아는 자는 천하에서 가장 훌륭한 자이기도 하고, 또한 천하에서 가장 졸렬한 자이기도 하다. 보통 사람의 마음은 사랑하는 것이 있으면 가려지는 것이 있고 가려지는 것이 있으면 잊는 것이 있게 마련이다. 깊이 사랑하는 가운데에서도 가려지지 않고 잊지도 않아 그의 간악함을 분명히 안다는 것은, 천

하의 지극히 공평한 이라야 할 수 있는 것이다. 그렇다면 어찌하여 도리어 크게 졸렬하다고 하는가?

知而遠之는 善之善也[1]요 知而近之는 不善之不善也[2]라 明皇之於李林甫[3]와 德宗之於盧杞[4]는 同用小人者也[5]요 同以小人而致亂者也[6]나 彼善於此[7]이니 則德宗猶愈焉[8]이라 德宗之言曰 人皆以盧杞爲姦邪[9]나 朕獨不覺其姦邪라하니 是德宗之用杞者는 愛而不知其惡者也[10]라 不知其惡而用之는 猶人情也[11]어니와 若明皇은 則旣知其惡矣라 其目林甫以妬賢嫉能[12]이라하니 品題之妙를 雖借辭於張九齡之徒라도 殆不過是리라 所謂臨亂之君이 各賢其臣者[13]는 惟不知其惡이라 是以不能一朝捨也니 如使知其惡이면 亦必不能一朝居也리라 今明皇旣明知林甫之惡이로되 不能減其毫髮之愛하고 尊寵信任하야 至十九年之久[14]하니 豈復近於人情乎[15]아 意在於用賢하야 而不知其惡者는 德宗也니 誤也[16]요 意在於用姦하야 而不恤其惡者는 明皇也니 故也[17]라 誤者는 猶可恕어니와 旣知其姦而用之者를 可勝誅乎아 受欺者는 其罪小[18]하고 自欺者는 其罪大[19]니라 德宗不過爲杞所欺耳[20]니 是杞之罪大而德宗之罪小也[21]니라 明皇洞視林甫之惡[22]을 如見肺肝[23]하니 是林甫本不能欺明皇이요 而明皇自欺之[24]니 罪豈在於林甫乎[25]아

1) 知而遠之 善之善也：故爲至善

그러므로 至善이라고 하는 것이다.

2) 知而近之 不善之不善也：故爲至不善 ○ 此四句 解釋意明

그러므로 至不善이라고 하는 것이다. ○ 이 네 구절은 풀이가 뚜렷하고 의미가 밝다.

3) 明皇之於李林甫：李林甫柔佞多狡數 深結宦官及妃嬪家 伺候上動靜 無不知之 由是 奏對常稱旨 上悅之 上欲以爲相 問於張九齡 九齡對曰 宰相 係國家安危 陛下相林甫 臣恐異日爲廟社之憂 上不從 卒使祿山傾覆天下 皆出於林甫專寵固位之謀也

李林甫는 부드러움과 아첨으로 교활한 술수를 많이 부렸는데, 宦官·妃嬪의 집안과 깊이 결탁하여 임금의 動靜을 살펴 모르는 것이 없었다. 이로 말미암아 아뢰고 대답하는 것이 항상 임금의 뜻에 맞았다. 임금이 기뻐하여 이임보를 재상으로 삼고자 張九齡에게 물으니 장구령이 답하였다.

"宰相은 국가의 안위에 관계되니 폐하께서 이임보를 재상으로 삼으시면 신은 훗날 宗廟社稷의 우환이 될까 염려됩니다."

그러나 임금이 따르지 않아 마침내 安祿山으로 하여금 천하를 어지럽게 하였으니, 이 일은 모두 총애를 독점하여 벼슬자리를 공고히 하려는 이임보의 모의에서 나온 것이다.

4) 德宗之於盧杞 : 德宗建中二年 用盧杞爲相 杞陰狡 欲赴威立勢 小不附者 欲置之死地 上嘗與李泌曰 盧杞忠淸强介 人言杞姦邪 朕殊不覺其然 泌曰 人言杞姦邪 而陛下獨不覺 此乃杞之所以爲姦邪 儻陛下覺之 豈有建中之亂乎

唐 德宗 建中 2년에 盧杞를 재상으로 삼았다. 노기는 음험하고 교활하여 위엄과 권세를 세우고자 조금이라도 따르지 않는 자는 死地로 몰아넣었다. 임금이 일찍이 李泌에게 "노기가 충성스럽고 청렴하며 강직한데 사람들은 간사하다고 하니 짐은 사실을 도대체 알 수가 없도다." 하니, 이필이 말하기를 "사람들이 노기가 간사하다고 하는데 폐하께서만 모르시니, 이것이 바로 노기가 간사한 이유입니다. 만일 폐하께서 이 사실을 아셨다면 어찌 建中 연간의 어지러움이 있었겠습니까?" 하였다.

5) 同用小人者也 : 林甫盧杞 皆姦邪小人

李林甫와 盧杞는 모두 간사한 小人이다.

6) 同以小人而致亂者也 : 明皇用林甫 故致安祿山之亂 德宗用盧杞 故致朱泚之亂

明皇(唐 玄宗)이 李林甫를 등용했기 때문에 安祿山의 난을 초래하였고, 德宗이 盧杞를 등용했기 때문에 朱泚의 난을 초래하였다는 말이다.

7) 彼善於此 : 就二君而較其優劣

두 임금을 가지고 우열을 비교해보는 것이다.

8) 德宗猶愈焉 : 德宗差勝明皇

德宗이 明皇보다 좀 낫다는 말이다.

9) 德宗之言曰 人皆以盧杞爲姦邪 : 德宗嘗謂李泌曰 盧杞忠淸强介 人言杞姦邪 朕殊不覺其然 泌曰 此乃杞之所以爲姦邪也 倘陛下覺之 豈有建中之亂乎*)

*)〔역주〕德宗嘗謂李泌曰……豈有建中之亂乎 : 주4)의 내용과 중복되어 여기서는 번역을 생략하였다.

10) 人皆以盧杞爲姦邪……愛而不知其惡者也 : 此有所蔽有所忘者

이것이 가리는 것이 있고 의식하지 못하는 것이 있는 것이다.

11) 不知其惡而用之 猶人情也 : 人情字應前

'人情'자는 앞글에 호응한다.

12) 其目林甫以妬賢嫉能 : 明皇嘗言林甫如此

明皇이 일찍이 李林甫에 대하여 이와 같이 말했었다.

13)〔역주〕所謂臨亂之君 各賢其臣者：≪前漢書≫〈孝元皇帝紀〉에 "난리를 당한 임금은 각각 자기 신하를 어질게 여겼기 때문이니, 진실을 깨닫는다면 천하에 어찌 나라를 위태롭게 하고 몸을 망치는 임금이 있겠는가?〔臨亂之君 各賢其臣 令皆覺寤 天下安得危亡之君〕"라 하였다.

14) 尊寵信任 至十九年之久：明知林甫之惡而久用之

李林甫가 간악한 줄 분명히 알면서도 오랫동안 등용했다는 말이다.

15) 豈復近於人情乎：是明皇不近人情也 人情字亦應前

이는 明皇이 人情에 가깝지 않다는 말이다. '人情'자 역시 앞글에 호응한다.

16) 意在於用賢……誤也：誤以盧杞爲賢而用之也

盧杞가 현명하다고 여겨 등용한 것이 잘못이라는 것이다.

17) 意在於用姦……故也：明知林甫奸邪 故意用之

李林甫가 간사한 줄을 분명히 알면서도 고의로 등용한 것이다.

18) 受欺者 其罪小：又轉換欺字 說誤用之罪小

또 '欺'자로 전환하여, 잘못 알고 등용한 죄는 작음을 말하였다.

19) 自欺者 其罪大：故用之罪大

고의로 등용한 죄가 크다는 말이다.

20) 德宗不過爲杞所欺耳：此受欺者

이는 속임을 당한 자라는 말이다.

21) 是杞之罪大而德宗之罪小也：盧杞欺君 德宗受欺

盧杞는 임금을 속였고, 德宗은 속임을 당하였다는 말이다.

22) 明皇洞視林甫之惡：知其妬賢嫉能

그(李林甫)가 賢人을 투기하고 有能한 이를 질투함을 알았다는 말이다.

23) 如見肺肝：昭見胸中之蘊

흉중에 쌓인 생각을 밝게 안다는 것이다.

24) 是林甫本不能欺明皇 而明皇自欺之：明皇故意用奸 是欲欺人

明皇이 고의로 간사한 이를 등용했으니, 이는 남을 속이고자 한 것이다.

25) 罪豈在於林甫乎：罪在明皇

죄가 明皇에게 있다는 말이다.

간악함을 알고서 그 사람을 멀리하는 것은 훌륭한 일 중의 더욱 훌륭한 일이고, 간악함을 알고서도 그 사람을 가까이하는 것은 졸렬한 일 중의 더욱 졸렬한 일이다.

明皇(唐 玄宗)이 李林甫에 대해서와 唐 德宗이 盧杞에 대해서는 똑같이 小人을 등용한 것이며, 똑같이 소인 때문에 난리를 초래한 것이다. 〈두 임금의 우열을 비교해 보면〉 저쪽보다 이쪽이 나으니 덕종이 그래도 좀 낫다.

덕종이 "사람들이 모두 노기를 간사하다고 하는데, 짐은 유독 그가 간사한 줄 모르겠다."고 하였으니, 이는 노기를 등용한 덕종이 노기를 사랑하여 그의 간악함을 모른 것이다. 간악한 줄 모르고 등용하는 것은 그래도 인정상 있을 수 있는 일이지만, 명황의 경우는 이미 이임보의 간악함을 알았다.

명황은 이임보에 대하여 賢人을 투기하고 有能한 이를 질투한다고 지목하였으니, 이렇듯 절묘한 인물평은 비록 張九齡 무리의 말을 빌려보아도 이보다 뛰어나지는 않을 것이다. 이른바 난리를 당한 임금이 누구나 자기 신하를 어질게 여긴다는 것은, 임금이 총애하는 신하의 간악함을 모르기 때문에 당장에 물리치지 못한다는 말이니, 만일 그의 간악함을 안다면 잠시라도 남아있게 하지 않을 것이다. 지금 명황은 이임보의 간악함을 분명히 알았지만 털끝만큼도 사랑이 줄지 않고 19년 동안이나 총애하여 신임하였으니, 어찌 인정에 가까울 수 있겠는가?

속마음이 현인을 쓰는 데에 있어서 그가 간악한 줄 모른 이는 덕종이니 이것은 실수이고, 속마음이 간사한 이를 쓰는 데에 있어서 그의 간악함을 돌보지 않은 이는 명황이니 이는 고의적이다. 실수한 자는 그래도 용서할 수 있지만, 이미 간사한 줄 알면서도 등용한 자는 주벌한들 그의 죄를 이루 다 벌할 수 있겠는가? 속임을 당한 자의 죄는 작고 자신을 속인 자의 죄는 크다.

덕종은 노기에게 속임을 당한 데에 불과하니, 이는 노기의 죄가 크고 덕종의 죄가 작은 것이다. 명황은 이임보의 간악함을 제 속 들여다보듯 꿰뚫어보았으니, 이는 이임보가 본래 명황을 속일 수 없는 것이고 명황이 스스로 속여 등용한 것이니, 그 죄가 어찌 이임보에게만 있겠는가?

楚文之嬖申侯也가 **猶明皇之嬖林甫也**[1]라 **明皇知林甫之妬賢嫉能**하고 **楚文王亦知申侯之專利不厭**[2]하니라 **一則終彼之身任之不替**[3]하고 **一則終我之身寵之不衰**[4]하니 **二君之罪**를 **吾未知其孰輕孰重也**[5]어니와 **彼子文不知楚文之失**[6]하고 **反追誦其明**[7]하니

亦惑矣[8)]로다

1) 楚文之嬖申侯也 猶明皇之嬖林甫也：二事相類 故相竝說
   두 가지 일이 서로 유사하기 때문에 아울러 말하였다.
2) 楚文王亦知申侯之專利不厭：專欲財利 而無厭足
   財利를 독점하고자 만족함이 없다는 말이다.
3) 一則終彼之身任之不替：明皇終林甫之身 用之十九年之久
   明皇은 李林甫가 죽을 때까지 19년의 긴 세월 동안 그를 등용하였다.
4) 一則終我之身寵之不衰：楚文寵申侯 至其將死 與之璧使行
   楚 文王이 申侯를 총애하여 임종에 이르자 그에게 碧玉을 주어 나라를 떠나게 했음을 이른다.
5) 二君之罪 吾未知其孰輕孰重也：二君之罪 惟鈞
   두 임금의 죄는 똑같을 뿐이다.
6) 彼子文不知楚文之失：楚子文爲令尹 姓鬪 名穀於菟(노오도)
   楚나라 子文은 令尹으로서 姓이 鬪이고, 이름이 穀於菟이다.
7) 反追誦其明：子文不知寵申侯之非 反有知臣莫若君之論
   子文은 申侯를 총애한 것이 잘못인 줄을 모르고, 도리어 '신하를 아는 것은 임금만 한 이가 없다.'는 의론을 하였다는 말이다.
8) 亦惑矣：子文議論 誠不可曉
   子文의 의론은 진실로 깨닫지 못한 것이다.

楚 文王이 申侯를 총애한 것은 明皇이 李林甫를 총애한 것과 마찬가지이다. 명황은 이임보가 현인을 투기하고 유능한 이를 질투한다는 것을 알았으며, 초 문왕도 신후가 財利를 독차지하여 만족하지 않으리라는 것을 알았다. 하나는 상대가 세상을 마치도록 신임이 변함이 없었고, 다른 하나는 내 몸이 마치도록 총애가 시들지 않았다. 나는 두 임금의 죄가 누가 더 가볍고 누가 더 무거운지는 모르겠지만, 저 子文이 초 문왕의 잘못을 모르고 도리어 초 문왕의 현명함을 추모하여 칭송하였으니, 또한 미혹된 것이다.

古今以郭公惡(오)惡不能去爲大譏[1)]나 然郭公非愛其惡而不忍去也[2)]요 實惡其惡而不能去也[3)]니라 郭公雖懦[4)]나 而惡惡之本心猶未失也[5)]니 豈若楚文與明皇이 旣知其惡而猶愛之乎[6)]아 聲之不可竝者는 哭與笑也요 貌之不可竝者는 慍與喜也[7)]라 愛其

人이면 必不知其惡하고 知其惡이면 必不愛其人[8)]이어늘 異哉라 楚文明皇之心[9)]이여! 既知其惡코도 又愛其人하니 二者竝處於胸中하야 不相〈陵〉[10)]奪은 獨何歟[11)]오 盖有說也[12)]니라 善有力하고 惡亦有力[13)]하니 不見可欲而不亂者[14)]는 善力尙淺也[15)]니 他日見可欲이면 安知其不亂也[16)]리오 不見其姦而不怒者[17)]는 惡力尙淺也[18)]니 他日見其姦이면 安知其不怒也[19)]리오 見可欲而不亂[20)]은 則其心深入於善하야 善之力已堅矣[21)]요 見其姦而不怒[22)]는 則其心深入於惡하야 惡之力已堅矣[23)]니라 二君知二臣之姦은 乃良知之猶未泯者[24)]요 至於知其姦而尙愛之[25)]는 是爲惡所持 하야 其力既堅[26)]이니 雖良知라도 不能奪也[27)]니라 吾故論而發之하야 以爲善惡淺深驗[28)]하노라

1) 古今以郭公惡(오)惡不能去爲大譏：齊威公之郭 問父老曰 郭何故亡 父老曰 爲其善善惡惡 公曰 若子所言 乃賢君也 父老曰 善善不能用 惡惡不能去 此所以亡也

齊 桓公이 郭나라에 가서 父老들에게 물었다. "곽나라는 무슨 까닭으로 망하였는가?" 부로들이 말하였다. "善을 선으로 여기고 惡을 악으로 여겼기 때문입니다." 환공이 말하였다. "그대의 말과 같다면 바로 賢君인 것이다." 부로가 말하였다. "선을 선으로 여기면서도 등용할 줄 모르고, 악을 악으로 여기면서도 제거할 줄 몰랐으니, 이것이 나라가 망하게 된 이유입니다."

2) 然郭公非愛其惡而不忍去也：非如楚文明皇之所爲

〈이 일은〉 楚 文王과 明皇이 한 행위와는 같지 않다는 말이다.

3) 實惡其惡而不能去也：實惡小人 而力不足以去之

실제로 소인을 미워하였으나 그들을 제거할 힘이 부족했다는 말이다.

4) 郭公雖懦：不能去惡 故知其懦

악을 제거할 수 없었기 때문에 나약한 줄 아는 것이다.

5) 惡惡之本心猶未失也：好善惡惡之良心尙存

善을 좋아하고 惡을 미워하는 양심을 여전히 보존하고 있었다는 말이다.

6) 豈若楚文與明皇 既知其惡而猶愛之乎：二君之罪 又甚於郭公矣

두 임금의 죄악은 郭公보다 더 심하다.

7) 聲之不可竝者……慍與喜也：設喩

비유한 것이다.

8) 愛其人……必不愛其人：猶笑哭喜怒之不可竝

웃음과 곡함, 기쁨과 노함은 병립할 수 없는 것과 같다는 말이다.

9) 異哉 楚文明皇之心 : 二君所爲不近人情

두 임금의 행위가 보통 사람의 정서에 가깝지 않다는 말이다.

10) 〔역주〕〈陵〉: 저본에 1字 공란이 있으나, 사고전서본에 의거하여 보충하였다.

11) 異哉……獨何歟 : 又設疑問難

또 의문문으로 힐난한 것이다.

12) 盖有說也 : 解說在下

설명이 아래 글에 있다.

13) 善有力 惡亦有力 : 發明議論極高

의론을 발명한 것이 매우 고상하다.

14) 不見可欲而不亂者 : 可欲 如聲色之類 人所同欲者

욕심 낼 만한 것이란 음악이나 여색을 좋아하는 따위와 같으니, 사람들이 누구나 바라는 것이다.

15) 善力尙淺也 : 以(見)〔其〕[*)]善力尙淺 故心不見此事 方得此心不亂

善의 힘이 아직 미약하기 때문에 마음이 이 일을 보지 않아야 바야흐로 이 마음이 어지럽지 않을 수 있는 것이다.

*) 〔역주〕(見)〔其〕: 저본에 '見'으로 되어있으나, 문맥을 살펴 '其'로 바로잡았다.

16) 他日見可欲 安知其不亂也 : 善力不足以勝之故也

善의 힘이 감당하기에 부족하기 때문이다.

17) 不見其姦而不怒者 : 奸 謂小人奸邪

奸은 小人의 간사한 행동을 이른다.

18) 惡力尙淺也 : 以其惡力尙淺 故必未知此人奸邪 方且此心不怒

惡의 힘이 아직 미약하기 때문에 반드시 이 사람이 간사한 줄을 알기 전에는 바야흐로 이 마음이 성나지 않는 것이다.

19) 他日見其姦 安知其不怒也 : 惡力不足以勝之故也

惡의 힘이 감당하기에 부족하기 때문이다.

20) 見可欲而不亂 : 物欲滿前而心不亂

물욕이 앞에 가득 차도 마음이 어지럽지 않다는 말이다.

21) 其心深入於善 善之力已堅矣 : 惟聖賢能如此

오직 聖人만이 이와 같을 수 있다.

22) 見其姦而不怒 : 已知其人奸邪而心不怒

이미 그 사람이 간악한 줄 알고도 마음이 성나지 않는다는 것이다.

23) 其心深入於惡 惡之力已堅矣：如楚文明皇之事 是也

楚 文王과 明皇의 일 같은 것이 이것이다.

24) 二君知二臣之姦 乃良知之猶未泯者：孟子曰 人之所不慮而知者 其良知也 盖言 是非之心 非由外鑠者

孟子가 "사람이 생각하지 않고도 본래 알 수 있는 것이 良知이다."라고 하였으니, 이는 是非를 분별하는 마음이 몸 밖에서 들어오는 것이 아니라는 말이다.

25) 至於知其姦而尙愛之：見其奸而不怒

간사함을 보고도 성내지 않는다는 말이다.

26) 是爲惡所持 其力旣堅：此心深入於惡故也

이 마음이 깊이 惡에 들어갔기 때문이다.

27) 雖良知 不能奪也：本心之明 已爲惡力所勝

밝은 本性이 이미 惡의 힘에 패배당한 것이다.

28) 吾故論而發之 以爲善惡淺深驗：議論深有理趣

의론이 매우 이치가 있다.

예로부터 지금까지 郭公이 惡을 미워하면서도 제거하지 못한 일을 크게 비난한다. 그러나 곽공은 간악한 사람을 총애하여 차마 제거하지 못한 것이 아니라, 실제로 악을 미워했으나 제거할 능력이 없었던 것이다. 곽공은 비록 나약하나 악을 미워하는 본성을 여전히 잃지 않은 것이니, 어찌 楚 文王과 明皇이 이미 간악함을 알면서도 여전히 그를 총애한 것과 같겠는가?

소리 중에 울음소리와 웃음소리는 함께 낼 수 없고, 표정 중에 성냄과 기쁨은 함께 지을 수 없다. 사람을 사랑하면 반드시 사랑하는 사람이 간악한 줄 모르고, 간악한 줄 알면 그 사람을 사랑하지 않는데, 이상하도다, 초 문왕과 명황의 마음이여! 이미 그 사람이 간악한 줄 알면서도 더욱 그를 총애하였으니, 〈함께할 수 없는〉 두 가지가 가슴속에 있으면서 서로 충돌하지 않은 것은 유독 어째서인가? 이에 대하여 할 말이 있다.

善도 힘이 있고 惡도 힘이 있다. 욕심 낼 만한 것을 보지 않아야 어지러워지지 않음은 善의 힘이 아직 미약해서이니, 훗날 욕심 낼 만한 것을 보면 어찌 어지러워지지 않을 수 있겠는가? 간악함을 보지 못하여 성내지 않음은 악의 힘이 아직 미약해서이니, 훗날 그의 간악함을 알면 어찌 성내지 않을 수 있겠는가? 욕심 낼 만한 것을 보아도 어지럽지 않는 것은 그 마음이 선에 깊이 들어가 선의 힘이 이미 견고한 것이고, 간악함을 보고도 성내지 않는 것은 그 마음이 깊이 악에 들어가 악의 힘이 이미 견고해진 것이다.

두 임금이 두 신하가 간악한 줄 안 것은 곧 良知가 아직 민멸되지 않은 것이고, 간악한 줄 알면서도 여전히 총애한 것은 〈그들의 본성이〉 악에 제어되어 악의 힘이 이미 견고해진 것이니, 비록 양지라도 악을 물리칠 수 없다. 나는 짐짓 이를 논의해 드러냄으로써 선과 악에도 淺深의 차이가 있는 징험으로 삼는다.

10-05 齊威公辭鄭太子華　齊 桓公이 鄭나라 太子 華의 요구를 거절하다

【左傳】 僖七年이라 秋에 盟于甯母하니 謀鄭故也라 〈管仲言於齊侯曰 臣聞之하니 招攜以禮[1]하고 懷遠以德이라하니 德禮不易이면 無人不懷리이다 齊侯修禮於諸侯하니 諸侯官受方物[2]하다〉 鄭〈伯〉使太子華聽命於會러니 言於齊侯曰 洩氏孔氏子人氏三族[3]이 實違君命[4]하니 若君去之以爲成하면 我以鄭爲內臣[5]하리니 君亦無所不利焉이리이다 齊侯將許之한대 管仲曰 君以禮與信屬諸侯라가 而以姦終之면 無乃不可乎잇가 子父不奸之謂禮요 守命共時之謂信이니 違此二者면 姦莫大焉이니이다 公曰 諸侯有討於鄭이나 未捷하니 今苟有釁[6]이면 從之가 不亦可乎아 對曰 君若綏之以德하고 加之以訓이라가 辭어든 而帥諸侯以討鄭이면 鄭將覆亡之不暇니 豈敢不懼릿가 若揔其罪人以臨之[7]면 鄭有辭矣리니 何懼[8]릿가 且夫合諸侯는 以崇{有}[9]德也어늘 會而列姦[10]이면 何以示後嗣릿가 夫諸侯之會에 其德刑禮義를 無國不記[11]니 記姦之位[12]면 君盟替矣[13]요 作而不記면 非盛德也[14]니 君其勿許하소서 鄭必受盟 이리이다 夫子華既爲太子하야 而求介於大國하야 以弱其國하니 亦必不免이리이다 鄭有叔詹堵叔師叔하야 三良爲政하니 未可間也니이다 齊侯辭焉하다 子華由是得罪於鄭하다 冬에 鄭伯使請盟于齊[15]하다

1) 〔역주〕 招攜以禮 : 攜는 離反하는 것이다.

2) 〔역주〕 諸侯官受方物 : 周나라 王室의 權威가 성대했을 때는 諸侯國마다 정해진 貢物을 어김없이 바쳤으나, 王室이 미약해진 뒤로는 제대로 바치지 않기 때문에 霸者인 齊 桓公이 諸侯들에게 貢物을 바치도록 명한 것이다.

3) 〔역주〕 三族 : 세 宗族은 鄭나라 大夫이다.

4) 〔역주〕實違君命 : 명을 어긴 것은 首止의 會盟에서 도망하여 楚나라에 붙은 것을 말한다.

5) 〔역주〕 我以鄭爲內臣 : 鄭나라로써 封內의 신하처럼 齊나라를 섬기겠다는 말이다.

6) 〔역주〕 今苟有釁 : 子華가 아버지의 명을 범한 것이 鄭나라의 틈이다.

7) 〔역주〕 若摠其罪人以臨之 : 摠은 거느리는 것이다. 子華는 아버지의 명을 범하였으니 罪人이다.

8) 〔역주〕 鄭有辭矣 何懼 : 鄭나라는 우리가 奸惡한 사람의 요구를 받아들였다 하여 도리어 大義로 우리를 責望할 것이라는 말이다.

9) 〔역주〕 {有} : ≪春秋左氏傳≫에 의거하여 衍文으로 처리하였다.

10) 〔역주〕 列姦 : 子華의 요구를 따르는 것이다.

11) 〔역주〕 夫諸侯之會……無國不記 : 혹은 德으로 안정시키기도 하고, 혹은 刑罰로 위엄을 보이기도 하고, 혹은 禮로 대우하기도 하고, 혹은 義理로 책망하기도 한 일을 諸侯國에는 각기 史官이 있어 그 일을 기록하지 않음이 없다는 말이다.

12) 〔역주〕 記姦之位 : 位는 會合의 자리이다. 子華 같은 姦人이 회합의 자리에 낀다면 諸侯의 史官은 이를 기록할 것이라는 말이다.

13) 〔역주〕 君盟替矣 : 替는 廢이다.

14) 〔역주〕 作而不記 非盛德也 : 임금의 行事는 반드시 기록하는 것인데 齊나라 史官이 숨기고 기록하지 않는다면, 이 또한 성대한 德을 損傷시키는 것이라는 말이다.

15) 〔역주〕 鄭伯使請盟于齊 : 齊侯가 子華의 요구를 허락하지 않았기 때문이다.

僖公 7년, 가을에 甯母에서 結盟하였으니 鄭나라 討伐를 모의하기 위함이었다. 管仲이 齊侯에게 말하였다.

"신이 듣건대 '離反한 나라를 禮로 부르고, 遠方의 나라를 德으로 懷柔한다.'고 하니, 德과 禮를 어기지 않으면 歸順하지 않는 자가 없을 것입니다."

齊侯가 諸侯에게 예를 행하니 諸侯의 官吏들이 方物을 接受하였다. 鄭伯이 太子 華를 회합에 보내어 명을 받게 하였는데, 太子 華가 齊侯에게 말하였다.

"洩氏·孔氏·子人氏 세 宗族이 실로 임금님의 명령을 어겼으니 만약 임금님께서 이들을 제거하고서 우리나라와 友好를 맺는다면, 저는 鄭나라로써 齊나라의 內臣이 될 것이니 임금님께서도 불리할 것이 없을 것입니다."

齊侯가 허락하려 하자 管仲이 말하였다.

"임금님께서 禮와 信義로 諸侯를 會合하셨다가 奸惡으로 끝마친다면 不可하지 않습니까? 자식이 아버지의 명을 犯하지 않는 것을 禮라 하고, 임금의 命을 지켜 때에 맞추어 이바지하는 것을 信이라 하니, 이 두 가지를 어긴다면 이보다 큰 간악은 없습니다."

桓公이 말하였다.

"諸侯가 鄭나라를 토벌하였으나 아직 승리하지 못하였으니, 지금 鄭나라에 틈이 있다면 그 틈을 이용하는 것이 좋지 않겠는가."

管仲이 대답하였다.

"임금님께서 鄭나라를 德으로 懷柔하시고 訓戒를 더하셨다가, 저들이 거절한 뒤에 諸侯를 거느리고 가서 鄭나라를 討伐한다면, 鄭나라는 敗亡을 구제하기에도 겨를이 없을 것이니 어찌 감히 두려워하지 않겠습니까. 그러나 만약 罪人 子華을 거느리고서 鄭나라로 간다면 鄭나라는 변명할 말이 있을 것이니 무엇을 두려워하겠습니까?

또 저 諸侯를 회합한 것은 道德을 높이기 위함인데 會合에 奸惡한 사람을 끼워준다면 後嗣에게 무엇을 보여주겠습니까. 諸侯의 會盟에 諸侯들의 은덕과 형벌, 예의와 신의를 기록하지 않는 나라가 없는데, 姦人이 會盟의 자리에 참여한 것을 기록한다면 임금님의 盟約은 廢棄될 것이고, 그런 일이 있는데도 기록하지 않는 것은 성대한 德이 아니니 임금님께서는 허락하지 마소서.

鄭나라는 반드시 맹약을 받아들일 것입니다. 저 子華는 이미 太子가 된 몸으로 大國에 의지해 자기 나라를 弱化시키기를 요구하였으니 반드시 禍를 면치 못할 것입니다. 鄭나라에는 叔詹·堵叔·師叔이 있어 이 세 良臣이 政治를 하고 있으니, 틈을 노릴 수가 없습니다."

그러자 齊侯는 子華의 요구를 사절하였다. 子華는 이 일로 말미암아 鄭나라에서 罪를 얻었다.

겨울에 鄭伯이 齊나라에 使臣을 보내어 結盟을 요청하였다.

【主意】 人之爲善은 無待於外어늘 今管仲諫齊威[1]勿受太子華에 而以史冊紀載爲言하니 是有待於外然後不敢爲不善也니 何其不知本邪아 待字는 是一篇血脈이라

사람이 善을 하는 것은 〈사람의 도리를 하기 위함이지〉 밖에 기대하는 것이 있는 것이 아닌데, 지금 管仲은 史冊에 기재될까 염려된다는 구실로 齊 桓公에게 鄭 太子

華의 요구를 받아들이지 말라고 간언하였다. 이는 밖에 기대하는 것이 있어서 감히 不善하지 않는 것이니, 어쩌면 그렇게 근본을 모르는가? 待자는 이 글의 血脈이다.

道無待[1)]니 而有待면 非道也[2)]라 待之名이 烏乎生가 以彼待此曰待요 以此待彼亦曰待라 一彼一此에 而待之名生焉[3)]하니 未有彼待彼者也요 未有此待此者也라 雨在天하고 稼在田이니 判然二物也라 語人以稼待雨면 可信也며 帛在機하고 衣在身하니 判然二物也라 語人以衣待帛이면 可信也어니와 若語人曰 吾待目而視하고 待耳而聽이라하면 則世固已疑而不信矣리라 是何也오 目은 我之目이니 非借他人之視也요 耳는 我之耳니 非借他人之聽也라 我視則視하고 我聽則聽이니 本非有待也라 雖然이나 是固非有待之待니 猶未免無待之待也라 目雖離婁라도 不能自保其不瞽요 耳雖師曠이라도 不能自保其不聵니라 是雖無待於他人이나 而猶待於血氣니 尙非我之所得專也라 擧天下之物에 我之所獨專而無待於(人)〔外〕者는 其心之於道乎ㄴ저 心外有道이면 非心也[4)]요 道外有心이면 非道也[5)]라 心苟待道면 旣已離於道矣니 待道且不可온 況欲待於外哉아

1) 道無待：道在於我 何待於外
　　道는 나의 마음에 달린 것이니 어찌 밖에 기대하느냐는 말이다.
2) 道無待……非道也：議論正大
　　의론이 정대하다.
3) 待之名……而待之名生焉：彼此對立 然後有相待之說
　　이쪽과 저쪽이 상대적으로 선 뒤에 서로 기대하는 말이 있게 된다.
4) 心外有道 非心也：此道卽心
　　이는 道가 바로 마음이다.
5) 道外有心 非道也：此心卽道
　　이는 마음이 바로 道이다.

道는 밖에서 기대할 것이 없으니, 밖에서 기대할 것이 있다면 도가 아니다. 기대한다는 이름이 어디에서 생겨났는가? 저쪽의 일을 하기 위하여 이쪽에 기대하는 것을 待라 하고, 이쪽의 일을 하기 위하여 저쪽에 기대하는 것도 待라 한다. 하나의 저쪽과

하나의 이쪽이 존재하는 데에서 待라는 이름이 생긴다. 저쪽을 하기 위하여 저쪽에 기대하는 자는 없으며, 이쪽을 하기 위하여 이쪽에 기대하는 자도 없다.

비는 하늘에서 내리고 농사는 밭에서 짓는 것이니 분명히 두 가지 일이므로 농사를 짓기 위하여 비에 기대한다고 말한다면 이는 믿을 만하고, 비단은 베틀에서 짜고 옷은 몸에 입는 것이니 분명히 두 가지 일이므로 옷을 입기 위하여 비단에 기대한다고 말한다면 이는 믿을 만하다. 만약 다른 사람에게 "나는 눈에 기대하여 보고, 귀에 기대하여 듣는다."고 한다면, 진실로 세상 사람들이 의심하고 믿지 않을 것이다. 이는 어째서인가?

눈은 나의 눈이니 다른 사람의 시각을 빌린 것이 아니고, 귀는 나의 귀이니 다른 사람의 청각을 빌린 것이 아니다. 내가 보면 보이고 내가 들으면 들리니 본래 기대할 필요가 없다. 그러나 〈외물에〉 기대하는 기대〔待〕는 아니라 하더라도, 〈외물에〉 기대할 곳이 없는 기대〔待〕는 면할 수 없는 것이니, 눈이 離婁처럼 밝더라도 소경이 되지 않도록 스스로 보전할 수 없으며, 귀가 師曠처럼 밝더라도 귀머거리가 되지 않도록 스스로 보전할 수 없다. 이는 다른 사람에게 의지하는 것은 아니라 하더라도 여전히 혈기에 의지하는 것이니, 오히려 나 스스로 오로지할 수 있는 것이 아니다.

천하의 온갖 일 중에 내가 홀로 오로지하여 밖에 기대하지 않는 것은 아마도 마음과 도의 관계일 것이다. 마음 밖에 도가 있으면 마음이 아니고, 도 밖에 마음이 있으면 도가 아니다. 만일 마음이 도에 의지한다면 이미 도에서 떠난 것이니, 도에 의지하는 것도 옳지 않은데 더구나 외물에 의지하고자 하는가?

古之學者爲己[1)]는 **非以人不足爲也**[2)]라 **通天下無非己**[3)]니 **不見有人之可爲也**[4)]ㄹ새니라 **其動其靜**과 **其語其默**이 **未有由乎人者**[5)]니 **飭躬厲行**이 **非以揚名也**[6)]요 **別嫌明微**가 **非以避謗也**[7)]며 **簡賦省刑**이 **非以求民也**[8)]요 **深謀遠慮**가 **非以防患也**[9)]라 **本無所待而作**[10)]이니 **亦豈有待而止哉**[11)]리오 **有所慕而作者**는 **外無慕則不作也**[12)]요 **有所畏而止者**는 **外無畏則不止也**[13)]니라 **曰作曰止**를 **皆待於外**하고 **而不出於我**[14)]면 **則吾之爲善**이 **旣無本矣**[15)]라 **無本之水**[16)]는 **朝滿夕除**[17)]하고 **無本之善**[18)]는 **朝銳夕墮**[19)]하니 **是烏可恃耶**[20)]리오

1) 古之學者爲已 : 引孔子語

孔子의 말을 인용한 것이다.

2) 非以人不足爲也 : 明非楊氏爲我之說*)

楊朱의 爲我說이 아님을 밝힌 것이다.

*) 〔역주〕 楊氏爲我之說 : 楊朱가 주장한 극도의 이기주의를 말한다. ≪孟子≫에 "楊子(楊朱)는 '나를 위함'을 주장하였으니 이는 터럭 하나를 뽑아 천하가 이롭게 되더라도 나를 해치는 일은 하지 않겠다는 것이다.〔楊子取爲我 拔一毛而利天下不爲也〕"라 하였다.

3) 通天下無非已 : 聖人 以天地萬物爲一體

聖人은 천지의 만물을 내 한 몸처럼 여긴다는 말이다.

4) 不見有人之可爲也 : 自格物致知 以至治國平天下 無非爲已之學 惟求知於人 乃是爲人也

格物致知로부터 治國平天下에 이르기까지 자신을 수양하기 위한 학문 아닌 것이 없다. 오직 남이 나를 알아주기를 구하는 것이 바로 爲人之學이다.

5) 其動其靜……未有由乎人者 : 皆自已分內事

모두 자기 분수 안의 일이다.

6) 飭躬厲行 非以揚名也 : 吾身自當修飭 所行自當淬厲 若爲揚已之名 乃始如此 非爲已也

내 몸을 스스로 닦아 신칙해야 하고, 행동을 스스로 연마해야 하니, 만일 자기의 이름을 드러내기 위하여 비로소 이렇게 한다면 이는 爲已之學이 아니라는 말이다.

7) 別嫌明微 非以避謗也 : 嫌疑自當分別 微眇自當明白 若爲避人之謗 乃始如此 非爲已也

의심나는 일은 스스로 분별해야 하고, 은미한 일을 스스로 밝혀야 하는 것이니, 만일 남의 비방을 피하기 위하여 비로소 이렇게 한다면 이는 爲已之學이 아니라는 말이다.

8) 簡賦省刑 非以求民也 : 賦稅自當簡少 刑罰自當省節 若爲結民心而爲之 非爲已也

賦稅는 나름대로 간단하면서 적게 거둬야 하고, 刑罰은 나름대로 줄여서 적게 시행해야 하는 것이니, 만일 民心과 결탁하기 위하여 이렇게 한다면 이는 爲已之學이 아니라는 말이다.

9) 深謀遠慮 非以防患也 : 謀畫自當深密 志慮自當久遠 若爲防後患而爲之 非爲已也

계획을 세우는 일은 나름대로 깊고 치밀하여야 하고, 의지와 생각은 나름대로 오래 지키고 원대하여야 하니, 만일 後患을 막기 위하여 이렇게 한다면 이는 爲已之學이 아니라는 말이다.

10) 本無所待而作 : 善所當作 豈待於外而作

善은 당연히 해야 하는 일인데 어찌 몸 밖의 일에 의지하여 하겠느냐는 말이다.

11) 亦豈有待而止哉 : 不善不當爲 豈待於外而止

不善은 당연히 해서는 안 되는 일인데 어찌 몸 밖의 일에 의지하여 그만두겠느냐는 말이다.

12) 有所慕而作者 外無慕則不作也：有所慕而始爲善 無所慕而不爲矣

바라는 것이 있어서 비로소 善을 하는 이는 바라는 바가 없으면 善을 하지 않을 것이다.

13) 有所畏而止者 外無畏則不止也：有所畏而不爲不善 無所畏則爲之矣

두려운 바가 있어서 不善을 하지 않는 이는 두려운 바가 없으면 不善을 할 것이다.

14) 曰作曰止……而不出於我：結上文兩般

윗글의 두 가지 일을 맺은 것이다.

15) 吾之爲善 旣無本矣：爲善不出於我 有何本領

善을 행하는 것이 나로부터 나온 것이 아니라면 무슨 근원이 있겠느냐는 말이다.

16) 無本之水：孟子曰 苟爲無本 七八月之間 雨集 溝澮皆盈 其涸也 可立而待也

孟子가 말하기를 "만일 근원이 없다면 7, 8월 사이에 비가 고여 도랑이 모두 찼더라도 그 물이 마르는 것을 서서 기다릴 수 있다."고 하였다.

17) 朝滿夕除：韓文[*)]曰 潢潦無根源 朝滿夕已除

韓文公이 말하기를 "도랑에 고인 물은 근원이 없어 아침에 찼더라도 저녁이면 마른다."라 하였다.

*)〔역주〕韓文：唐나라 韓愈로 시호가 文이다. 이 글의 출처는 〈符讀書城南〉이다.

18) 無本之善：如水無本

물에 근본이 없는 것과 같다.

19) 朝銳夕墮：進銳退速

날래게 나아가고 신속히 물러나는 것이다.

20) 是烏可恃耶：爲善如此 安有成立

善을 하는 것이 이와 같다면 어찌 이루어 확립할 수 있겠느냐는 말이다.

옛날에 배우는 자들은 자기 수양을 위한 공부를 하였다. 이는 남을 위할 만하지 않다는 것이 아니라, 온 천하에 나 아닌 것이 없으니 남을 위할 만한 것이 있음을 보지 못했기 때문이다. 일상생활과 언어생활이 남에게서 말미암는 것이 아니니, 몸가짐을 신칙하고 행동을 힘쓰는 것이 이름을 날리기 위한 것이 아니며, 혐의를 분별하고 은미한 일을 밝히는 것이 비방을 피하려고 하는 것이 아니며, 賦稅를 간략히 하고 刑罰을 줄이는 것이 民心을 얻으려고 하는 것이 아니며, 계책을 깊이 하고 志慮를 원대히 하는 것이 환난을 막기 위해서가 아니다.

본래 〈善은〉 기대하는 바가 없어도 하는 것이니, 또한 어찌 〈惡을〉 기대하는 바가 있어서 그만두겠는가? 바라는 것이 있어서 하는 자는 밖에 바라는 것이 없으면 하지 않고, 두려운 것이 있어서 그만두는 자는 밖에 두려운 것이 없으면 그만두지 않는다. 일을 하고 일을 그만두는 모든 것을 밖에서 기대하고 그것이 내 마음에서 나오지 않는다면 내가 하는 善行이 이미 근본이 없는 것이다. 근본이 없는 물은 아침에 찼다가 저녁에 없어지고, 근본이 없는 선행은 아침에 날래게 실천했다가 저녁에 신속히 그만두니, 이것이 어찌 믿을 만한 것이겠는가?

鄭子華以世子而賣其國하고 **齊威公貪其利而將受之**라가 **從管仲之諫而止**하니 **世莫不誦管仲之言以爲當**이나 **以吾觀仲之言**컨대 **何其不知本也**오 **其言**[1]**曰 諸侯之會**[2]에 **其德刑禮義**을 **無國不記**[3]하니 **記姦之位**면 **君盟替矣**[4]요 **作而不記**면 **非盛德也**[5]라하니라 **仲不能以道格君之心**하야 **使自爲善**[6]하고 **反待簡冊之毁譽以制之**[7]하니 **噫**라 **爲善果待於外**[8]인댄 **使自古無史官**하고 **諸侯無史籍**[9]이면 **將放意而不復爲善耶**[10]ㄴ저 **不導其君以心制物**[11]하고 **而反以物制心**[12]하니 **是以外而制內也**[13]라 **幸而威公以好名之心**[14]으로 **易好利之心**하야 **僅從管仲之諫**[15]이어니와 **若威公好利之心**이 **勝好名之心**이면 **則殘編腐竹**이 **何足以制威公耶**리오 **仲之說 至是而窮矣**[16]로다

1) 其言：先是鄭伯 逃盟而歸 至是 齊威會諸侯于甯母 而謀伐之 鄭伯 使太子華 聽命于會 子華乃干父之命 欲賣國與齊 齊威將許之 故管仲諫之如下文所云

이 일에 앞서 鄭伯은 會盟에서 도망하여 돌아갔는데, 이때에 이르러 齊 桓公이 甯母에서 諸侯를 회합하고 鄭나라를 칠 것을 도모하였다. 정백이 太子 華를 시켜 회맹에서 명을 따르게 했는데, 태자 화가 부친의 명을 어기고 나라를 팔아 齊나라를 따르고자 하였다. 제 환공이 허락하려 했기 때문에 管仲이 아래 글에서 말한 바와 같이 간했던 것이다.

2) 諸侯之會：凡諸侯有會盟之事

모든 諸侯國은 會盟의 일이 있다.

3) 其德刑禮義 無國不記：諸侯各有國史 以記其事

諸侯國은 각각 나라의 史官을 두어 나라의 일을 기록한다.

4) 記姦之位 君盟替矣：子華賣國姦也 而列於位 則諸侯皆記其事 而君之盟廢矣

太子 華가 나라를 팔려고 하는 간사한 자인데도 會盟의 자리에 참여해 있으면, 諸侯들이

그 일을 기록하여 〈회맹의 신임이 떨어질 것이니〉 임금의 회맹이 폐기될 것이라는 말이다.

5) 作而不記 非盛德也：雖或吾國之史 曲爲隱諱 不記其事 亦足以 虧損盛德也

비록 우리나라의 史官이 잘못하여 숨기고 그 일을 기록하지 않더라도 훌륭한 덕을 훼손하기에 충분하다는 말이다.

6) 仲不能以道格君之心 使自爲善：齊威欲受奸人 心不正也 管仲不能以道正其君心 使之自然不爲惡事

齊 桓公이 간사한 사람의 요구를 받아들이려 하였으니 그의 마음이 바르지 않은 것이다. 그런데도 管仲이 正道로써 임금의 마음을 바로잡아 임금이 자연스럽게 악한 일을 하지 못하게 할 수 없었다는 말이다.

7) 反待簡冊之毁譽以制之：是待於外以制其惡念也 古者 史冊編竹簡 以爲之

이는 外物에 의지하여 악한 생각을 제어하는 것이다. 옛날에는 竹簡을 엮어서 史冊을 만들었다.

8) 噫 爲善果待於外：斷以主意

〈主意〉의 말을 단언한 것이다.

9) 使自古無史官 諸侯無史籍：假設如此

이와 같이 가설한 것이다.

10) 將放意而不復爲善耶：苟無史冊可畏 將無所不爲矣

만일 두려울 만한 史冊이 없다면 장차 못할 일이 없을 것이다.

11) 不導其君以心制物：區別善惡之事 是心制物

善惡의 일을 구별하면 마음이 외물을 제어할 수 있을 것이다.

12) 反以物制心：待於外以爲善止惡 是物制心

外物에 의지하여 善行을 하고 惡行을 저지하는 것은 외물에 마음이 제어되는 것이다.

13) 是以外而制內也：外謂物 內謂心

外는 外物이고 內는 마음을 이른다.

14) 幸而威公以好名之心：此一轉甚佳 受子華是好利 畏簡書是好名

이 글은 한 번 전환한 말이니 매우 훌륭하다. 太子 華의 요구를 받아들인 것은 이로움을 좋아하는 것이고, 竹簡의 기록을 두려워한 것은 명예를 좋아하는 것이다.

15) 易好利之心 僅從管仲之諫：卒辭子華

마침내 太子 華의 요구를 거절한 것이다.

16) 若威公好利之心……至是而窮矣：設使威公貪得鄭之利 而不顧惡名 不知管仲更以何說諫之

가령 桓公이 鄭나라의 이익을 탐하여 惡名을 아랑곳하지 않았다면 管仲은 더 이상 무슨 말로 간언해야 할지 몰랐을 것이다.

鄭나라 太子 華는 世子로서 자기 나라를 팔았고, 齊 桓公은 이익을 탐하여 태자 화의 요구를 받아들이려 하다가 管仲의 諫言을 듣고 중지하였다. 이에 대하여 세상에서는 관중의 간언을 되뇌며 마땅하다고 여기지 않는 이가 없다. 그러나 내가 관중의 간언을 살펴보니, 관중은 어쩌면 그렇게도 근본을 몰랐던가?

그가 말하기를 "諸侯의 會盟에서 일어나는 모든 은덕과 형벌, 예의와 신의를 기록하지 않는 나라가 없으니, 정 태자 같은 奸人이 회맹의 자리에 참여한 것을 기록한다면 임금의 맹약은 폐기될 것이고, 그렇다고 일이 있는데도 기록하지 않는다면 성대한 덕이 아닙니다."라 하였다.

관중은 道로써 임금의 마음을 바로잡아 스스로 善을 행하도록 하지 못하고, 도리어 史冊에 기록될 칭찬과 비난을 가지고 제재하였다. 아! 과연 외물에 의지하여 선을 행할 경우, 예로부터 史官이 없거나 제후에게 역사기록이 없게 한다면 뜻을 방만히 하여 더 이상 선을 하지 않았을 것이다.

임금이 마음으로 외물을 제어하도록 인도하지 못하고 도리어 외물로 마음을 제어하게 하였으니, 이 때문에 〈환공이〉 외물로 마음을 제어한 것이다. 요행히 명예를 좋아하는 환공의 마음이 이익을 좋아하는 자기 마음을 바꿔놓아, 겨우 관중의 간언을 따르게 된 것이다. 만약 이익을 좋아하는 환공의 마음이 명예를 좋아하는 마음을 능가했다면 남은 史冊과 썩은 竹簡이 어떻게 환공의 마음을 제어할 수 있었겠는가? 이러한 상황으로 보자면, 관중의 간언은 궁색하도다.

信如是면 **則聖人立左右以記言動者**도 **亦豈以外制內耶**[1]아 **非然也**[2]라 **恃史冊以自制者**는 **固待外也**요 **視史冊爲外物者**도 **亦未免有外也**라 **至理無外**어늘 **藩以私情**하고 **蔀以私智**하야 **始限其一身爲內**하고 **而盡棄其餘爲外物**이라 **乃若聖人之心**은 **萬物皆備**[3]하야 **尙不見有內**니 **又安得有外耶**[4]아 **史**는 **心史也**요 **記**는 **心記也**[5]니 **推而至於盤盂之銘**과 **几杖之戒**[6]히 **未有一物居心外者也**[7]니라 **嗚呼**라 **此豈管仲所及哉**[8]아

1) 信如是……亦豈以外制內耶 : 亦合如此辨難 左史書言 右史書動

이와 같이 변론함이 합당하다. 左史는 말을 기록하고, 右史는 행동을 기록한다.

2) 非然也：解說在下
해설이 아래 글에 있다.

3) 乃若聖人之心 萬物皆備：議論大
의론함이 正大하다.

4) 尙不見有內 又安得有外耶：無一物在心外者
하나라도 마음 밖에 있는 일은 없다는 말이다.

5) 史心史也 記心記也：聖人視史冊亦非外物
聖人은 史冊에 대하여 외물로 여기지 않는다.

6) 推而至於盤盂之銘 几杖之戒：古人盤盂有銘 几杖有戒 無非養心之學
古人이 욕조나 그릇에 새긴 글이나, 안석과 지팡이에 써놓은 경계의 말이 마음을 수양하는 학문 아닌 것이 없다는 말이다.

7) 未有一物居心外者也：發明萬物皆備之說
만물이 모두 갖추어져 있다는 말을 설명한 것이다.

8) 嗚呼 此豈管仲所及哉：管仲非知道者 安得議論到此
管仲은 도를 아는 자가 아니니, 어찌 이러한 의론을 할 수 있겠느냐는 말이다.

진실로 이와 같다면 聖人이 左史와 右史를 두어 언행을 기록한 것도 외물로써 마음을 제재한 것인가? 그렇지 않다.

史冊에 의지하여 자신을 제재하는 이는 진실로 외물에 기대하는 것이고, 사책을 외물로 여기는 자도 외물이 있는 데에서 벗어날 수 없다. 지극한 이치는 밖이 없는 것인데, 사사로운 정으로 울타리를 만들고 사사로운 지혜로 덧문을 만들어 비로소 한 몸을 한정 지어 안(마음)이라 하고 그 나머지는 다 버리고는 밖(외물)이라 한다. 성인의 마음은 만물을 갖추고 있어 오히려 안이 있는 것도 볼 수 없는데 다시 어찌 밖이 있겠는가? 史는 마음의 史이고, 기록은 마음의 기록이다. 나아가 욕조와 그릇에 새겨진 글과 안석과 지팡이에 써놓은 경계의 말이 모두 마음 밖에 있는 것이 없다. 아, 이것을 어찌 管仲이 알 수 있겠는가?

10-06 晉里克帥師敗狄 晉나라 里克이 군대를 거느리고 狄軍을 무찌르다

【左傳】僖八年이라 晉里克帥師하고 梁由靡御하고 虢射爲右하야 以敗狄于采桑[1]하다 梁由靡曰 狄無恥하니 從之면 必大克[2]하리다 里克曰 懼之而已요 無速衆狄[3]이라 虢射曰 期

年狄必至리니 示之弱矣[4]로다 夏에 狄伐晉하니 報采桑之役也라 復[5]期月이라

1)〔역주〕采桑 : 平陽 北屈縣 서남쪽에 采桑津이 있다.

2)〔역주〕狄無恥……必大克 : 敗走하는 것을 羞恥로 여기지 않기 때문에 追擊할 수 있다는 말이다.

3)〔역주〕懼之而已 無速衆狄 : 怨恨이 깊어지면 많은 무리가 쳐들어와 보복할 염려가 있다는 말이다.

4)〔역주〕期年狄必至 示之弱矣 : 狄軍을 추격하지 않는 것은 우리가 먼저 저들에게 弱함을 보여준 것이라는 말이다.

5)〔역주〕復 : 말을 실천하는 것을 復이라 하고, 또 預言이 들어맞는 것을 復이라 한다.

僖公 8년, 晉나라 里克이 군사를 거느리고 梁由靡가 御가 되고 虢射이 右가 되어 狄軍을 采桑에서 패배시켰다. 梁由靡가 말하였다.

"狄人은 도망가는 것을 부끄럽게 여기지 않으니 追擊하면 반드시 大勝할 것입니다."

里克이 대답하였다.

"저들에게 겁만 주면 그만이지, 많은 狄軍을 불러들일 필요는 없다."

虢射이 말하였다.

"우리가 弱함을 보였으니 1년 뒤에 狄人이 틀림없이 다시 쳐들어올 것입니다."

여름에 狄人이 晉나라를 侵伐하였으니, 이는 采桑의 戰爭에서 패배한 것을 보복한 것이다. '期月'이라고 한 虢射의 預言이 들어맞았다.

治戎狄如姦民하니 姦民狎官府則多訟하고 戎狄狎邊鄙則多難이라 一日之懲而終身不敢入官府者는 善政也요 一戰之威而百年不敢近邊鄙者는 善謀也라 戎狄之性은 折則服하고 縱則驕라 彼其悍然執兵하야 剪我郊保하고 〈燔〉[1]我積聚하며 歐我馬牛하고 蹂我稼穡이면 羽檄雷動하고 車馳轂擊하야 謀臣勞於朝하고 戰士勞於野니라 賴天之靈과 宗廟之福하야 幸而一勝이면 反抑鋒按銳하야 縱之徐驅而歸라 爲夷狄者는 勝有重利하고 敗無他虞하니 亦何苦而不爲寇哉리오 是故狃於爲寇之利하야 視吾邊境如登虛邑하니 吾邊境之民이 歲暴骨而月裹瘡하야 哭泣之聲未絶이나 而鼓鐸之音已振矣라 是何待戎狄之厚而待吾民之薄耶아

1) 〔역주〕〈燔〉: 저본에는 없으나, 사고전서본에 의거하여 보충하였다.

戎狄을 다스리는 일은 간사한 백성을 다스리는 일과 같다. 간사한 백성이 官府에 친압하면 爭訟이 많아지고, 융적이 변방에 친압하면 禍難이 많아진다. 하루를 징계하여 종신토록 감히 관부에 들어올 수 없게 하는 것이 좋은 정치이고, 한 번의 전쟁으로 위엄을 보여 백 년 동안 감히 변방에 근접하지 못하게 하는 것이 좋은 계책이다.

융적의 性情은 기가 꺾이면 복종하고 풀어놓으면 교만하다. 저 융적이 사납게 무기를 들고서 우리의 교외와 마을을 침범하고 우리가 쌓아놓은 재물을 불사르며 우리의 말과 소를 몰아가고 우리의 농사를 짓밟으면, 檄文을 번개처럼 발동하고 수레를 달려, 謀臣은 조정에서 수고하고 戰士는 들에서 고생한다. 그리하여 영험한 하늘과 宗廟의 복에 의지하여 요행히 일단 이기게 되면, 도리어 예봉으로 싸우는 일을 억제하고, 융적을 풀어주어 천천히 돌아가게 한다.

융적의 입장에서는 승리하면 많은 이익이 있고, 실패해도 다른 염려가 없으니 무엇이 괴로워 중국을 침입하지 않겠는가? 이런 까닭으로 침입하는 이로움에 익숙하여 우리 중국의 변경을 빈 고을에 들어가는 것처럼 여기니, 우리 변경의 백성이 해마다 죽어 뼈가 드러나고 달마다 상처를 싸매어 곡하는 소리가 끊이지 않는데도 전쟁터의 북소리 징소리가 이미 진동한다. 어찌하여 융적을 厚待하고 우리 백성을 薄待한단 말인가?

然此亦非所以厚戎狄也니 恕生侮하고 侮生怒하니 恕之與怒는 相反而相生者也라 始吾恕戎狄하야 以爲不足治라하야 其侵不問하고 其軓不迫하니 犬羊之心으로 恣睢桀驁하야 意我之不能〈師〉[1]라 하야 陵侮暴犯하니 非人所堪이라 於是不勝其忿하야 掃境內之衆하야 窮誅極討하야 覆其巢하고 鋤其根하야 以逞吾憾하니 召今日之怒者가 庸非前日之恕乎아 嫚書之恕가 所以召絶幕之怒也[2]요 渭橋之恕가 所以召定襄之怒也[3]라 故曰 此非以所厚戎狄也라호라 小治之於未侮之前이면 傷少而怨淺이어니와 大治之於積侮之後면 傷多而怨深이니 孰厚孰薄이며 孰寬孰猛을 必有能辨之者矣리라 吾是以知里克之待戎狄不得爲仁이요 而梁由靡之策亦未始爲虐也로라

1) 〔역주〕〈師〉: 저본에 1자 공란이나, 사고전서본에 의거하여 보충하였다.

2) 嫚書之怨 所以召絶幕之怒也 : 漢惠帝卽位 冒頓(묵특)致書呂太后曰 陛下獨立 孤僨獨居 兩主不樂 無以自娛 願以所有 易其所無 太后好報書 遂和親 武帝 卽位〈王〉[*1)]恢以馬邑 誘匈奴 自是絶和親 先是 漢趙信 降匈奴 教單于益北絶幕以誘□[*2)]漢兵 於是 漢遣衛青等十萬騎 絶幕擊匈奴

漢 惠帝가 즉위하자 冒頓이 呂太后에게 편지를 보내어 "폐하께서 혼자 사시고 나 또한 혼자 사니 두 임금이 樂이 없어 스스로 즐길 것이 없습니다. 원컨대 있는 것을 가지고 없는 것과 바꿉시다."라 하였는데, 여태후가 현명하게 답장을 보내어 화친을 맺었다. 武帝가 즉위한 뒤에 王恢가 馬邑으로 匈奴를 유인하니 이때부터 匈奴와의 화친이 끊겼다. 이보다 앞서 漢나라 趙信이 匈奴에 투항하여 單于에게 북쪽 사막으로 더욱 들어가 한나라 군대를 유인하게 하니, 이에 한나라가 衛青 등과 십만의 기병을 파견하여 사막을 건너가 흉노를 공격했다.

*1) 〔역주〕〈王〉: 저본에 1字 空欄이 있으나, ≪資治通鑑≫에 의거하여 '王'을 보충하였다.

*2) 〔역주〕□: 저본에 1字 空欄이 있으나, 문맥에 지장이 없어 그대로 번역하였다.

3) 渭橋之恕 所以召定襄之怒也 : 唐太宗初 突厥進寇高陵 尉遲敬德 與突厥戰於涇陽 大破之 癸未 頡利可汗 進至渭水便橋之北上自出玄武門 與高士廉房玄齡等 六騎徑詣渭水上 與頡利隔水而語 責以負約 突厥大驚 皆下馬羅拜 俄而諸軍繼至 頡利見軍容甚盛 有懼色 頡利請和 詔許之 遂與頡利盟于便橋之上 突厥引兵退 後復冠邊 四年正月 李靖帥驍騎三千 自馬邑進〈惡陽嶺〉[*)] 夜襲定襄破之 又破於陰山 擒頡利可汗

唐 太宗 初年에 突厥이 高陵을 침략하니 尉遲敬德이 涇陽에서 突厥과 싸워 크게 격파하였다. 癸未에 頡利可汗이 渭水에 있는 便橋 북쪽을 침입하니, 上이 玄武門으로 나아가 高士廉・房玄齡 등과 함께 六騎를 타고 곧바로 渭水 가로 가 頡利可汗과 강물을 사이에 두고 서서 말하며 약속을 저버린 것을 꾸짖었다. 突厥이 크게 놀라 모두 말에서 내려 줄 지어 절하였는데, 얼마 후 여러 군사들이 계속 도착하자 頡利可汗이 군대의 위용이 대단한 것을 보고 두려운 기색이 있었다. 頡利可汗이 화친을 청하자 조서를 내려 허락하고 마침내 頡利可汗과 便橋 위에서 맹약하니 突厥이 군대를 이끌고 퇴각하였다. 뒤에 다시 변방을 침입하니 4년 1월에 李靖이 驍騎 3천을 거느리고 馬邑에서 惡陽嶺으로 나아가 밤에 定襄을 습격하여 격파하고, 또 陰山을 쳐부수고 頡利可汗을 사로잡았다.

*) 〔역주〕〈惡陽嶺〉: 저본에 3字 공란이 있으나, ≪資治通鑑≫에 의거하여 보충하였다.

그러나 이것도 戎狄을 후대하는 것이 아니다. 용서는 모욕을 낳고 모욕은 분노를 낳으니, 용서와 분노는 서로 반대이지만 또 서로 발생하는 요인이 된다.

예전에 우리 중국이 융적을 용서하여 다스릴 가치도 없다 여기고, 침입한 죄를 묻지 않고 손실에 대한 핍박도 하지 않았는데, 禽獸의 마음을 지닌 융적이 오만방자하여, 우리 중국이 군대를 부릴 능력이 없다고 여기고 능멸하여 무력으로 침벌하니 이는 사람으로서 견딜 수 있는 모욕이 아니었다. 이에 〈중국이〉 분함을 이길 수 없어 변경의 군대를 총동원하여 융적을 모조리 주살하고 토벌하였다. 그들의 소굴을 무너뜨리고 그들의 근거지를 파내어 우리의 유감을 다 풀어내었으니, 어찌 오늘의 분노를 부른 것이 전날의 용서해준 일이 아니겠는가? 오만한 편지를 용서해준 것이 사막을 침입하는 분노를 불러왔고, 渭水·便橋의 침입을 용서해준 것이 定襄을 습격하는 분노를 불러왔다. 그러므로 이것이 융적을 후대하는 것이 아니라고 한 것이다.

모욕을 받기 전에는 조금만 다스리면 되니 〈이때에는〉 상처가 적고 원망이 적지만, 모욕이 누적된 뒤에는 크게 다스려야 하니 〈이때에는〉 상처가 많고 원망이 깊다. 그러니 누구를 후대하고 누구를 박대하며, 누구에게 관대하고 누구에게 사납게 해야 하는지를 반드시 구별할 수 있는 자가 있을 것이다. 나는 이러므로 里克이 융적을 대한 것이 仁이 될 수 없고, 梁由靡의 계책이 애초에 잔학한 것이 아님을 알겠다.

主里克之說者는 **歷擧宣王之詩**[1)]와 **嚴尤之論**하야 **以謂王者治戎狄**은 **正當如此**라하니 **抑不知理有似而差**하고 **言有類而異**니라 **歐之而已者**는 **嚴尤**[2)]**之稱宣王也**[3)]요 **懼之而已者**는 **里克之沮梁由靡也**라 **兩者相去**가 **不能以寸**이나 **然謂之歐則不止於懼矣**요 **謂之懼則本未嘗歐矣**니 **其言淄澠**[4)]**也**요 **其利涇渭**[5)]**也**라 **宣王之詩**에 **薄伐玁狁**하야 **至於太原**이라하니 **太原**은 **周境也**라 **小雅宣王之逐戎狄**은 **不盡吾境不置也**라 **乃若采桑之戰**은 **實在屈之(址)〔北〕**[6)]과 **平陽之西南**하니 **固晉地也**라 **狄尙在吾地**로되 **里克僅得小勝**하곤 **遽卷甲而不進**하니 **安得自附於宣王之師乎**아 **宣王縱戎狄於吾境之外**하고 **而里克乃縱戎狄於吾境之內**어늘 **世比而同之**하니 **過矣**라

1) 〔역주〕 宣王之詩 : ≪詩經≫ 〈小雅 六月〉의 "잠깐 玁狁을 정벌하여 太原에 이르렀네.〔薄伐玁狁 至於太原〕"를 이른다. 험윤이 중국을 침략하자 周 宣王이 尹吉甫를 장군에 명하여 정벌하게 하니, 윤길보가 험윤을 중국 밖으로 몰아내고 돌아온 일을 칭송한 시이다.

2) 〔역주〕 嚴尤 : 王莽의 장군이다. 왕망이 30만의 군대로 흉노를 정벌하려 하니, 엄우가 "周宣王 때에 험윤이 涇水 북쪽을 침략하자 장군에게 명하여 험윤을 몰아내기만 하고 돌아오게 했으니, 이는 오랑캐의 침략을 모기나 등에가 무는 정도로 여겨 굳이 정벌하지 않은 것입니다. 천하 사람들은 이를 오랑캐에 대처하는 中策이라고 칭송합니다.〔周宣王時 玁狁內侵 至于涇陽 命將征之 盡境而還 其視玁狁之侵 譬猶蚊蝱 毆之而已 故天下稱明 是爲中策〕"라고 간하였다. ≪資治通鑑 권37≫

3) 歐之而已者 嚴尤之稱宣王也 : 見漢匈奴傳

≪漢書≫ 〈匈奴傳〉에 보인다.

4) 〔역주〕 淄澠 : 山東省에 있는 淄水와 澠水를 이른다. 두 물은 맛이 달라 합해놓으면 구별하기 어려웠으나, 춘추시대 齊나라의 易牙가 구별할 수 있었다고 전해진다.

5) 〔역주〕 涇渭 : 陝西省의 涇水와 渭水를 이른다. 涇水는 흐리고 渭水는 맑은데 두 물을 합해놓아도 그 淸濁이 분명하다 하여 주로 是非와 善惡을 구별할 때 비유하여 쓴다.

6) 〔역주〕 (坉)〔北〕 : 저본에는 '坉'로 되어있으나, 사고전서본에 의거하여 '北'으로 바로잡았다.

里克의 말을 주장하는 자는 宣王의 詩와 嚴尤의 논의를 일일이 열거하여 王者가 융적을 다스리는 것은 바로 이와 같이 하여야 한다고 한다. 그러나 이치가 근사한 듯하지만 어긋나고, 말이 유사한 듯하지만 다르다.

몰아내면 될 뿐이라고 한 것은 엄우가 선왕을 칭찬한 말이고, 두렵게만 하면 될 뿐이라고 한 것은 이극이 梁由靡를 저지한 말이다. 두 말의 차이가 한 치도 못 되지만, 몰아낸다고 하면 두렵게 할 뿐만이 아닌 것이고, 두렵게 한다고 하면 본래 몰아내는 것은 아니니, 兩者의 말이 淄水와 澠水의 맛처럼 현격히 다르고, 兩者의 이로움이 涇水와 渭水처럼 확연히 다르다.

선왕의 시에 "잠깐 玁狁을 정벌하여 太原에 이르렀네."라 하였다. 태원은 周나라의 국경 내이다. ≪詩經≫ 〈小雅〉에서 선왕이 戎狄을 쫓아낸 일은, 우리 중국 땅에서 다 몰아내지 않으면 그만두지 않고자 한 것이다. 采桑에서의 전쟁은 실제로 屈城의 북쪽과 平陽의 서남쪽에 해당하니 본래 晉나라 땅이다. 융적이 아직도 우리 땅에 있는데 이극이 겨우 작은 승리를 하고서 갑자기 군대를 거두고 나아가지 아니하였으니, 어찌 선왕이 시행하였던 군대 일로 자부할 수 있겠는가? 선왕은 융적을 중국 땅 밖으로 풀어주었고 이극은 중국 땅 안에다 융적을 풀어놓았거늘, 세상 사람들이 이 두 가지를 나란히 하여 동일하게 여기니, 잘못된 것이다.

吾嘗論縱戎狄者는 **有二**하니 **驕之使不吾忌**하야 **待其自墮術中者**는 **詐者之事也**니 **爲阱以陷獸者也**요 **寬之使知吾不足忌**하야 **遂敢肆其貪噬者**는 **懦者之事也**니 **開門以招盜者也**라 **古今之縱戎狄者**를 **揣其情硏其實**이면 **不出二說而已矣**라 **前一說**은 **聖人不忍爲也**요 **後一說**은 **聖人不肯爲也**니라

내가 일찍이 논하건대, 융적을 풀어주는 것에 두 가지가 있다. 〈하나는〉 교만하여 우리 중국을 꺼리지 않게 함으로써 스스로 〈우리의〉 계책 안에 떨어지기를 기다리는 방법인데, 이는 사기꾼의 일이니 함정을 만들어 짐승을 빠지게 하는 것이다. 〈또 하나는〉 저들을 너그럽게 대하여 우리 중국이 꺼릴 만한 것이 없음을 알게 함으로써 마침내 탐욕을 부리게 하는 것인데, 이는 나약한 자의 일이니 문을 열어놓고 도둑을 불러들이는 것이다.

융적을 풀어주는 것에 대하여 古今의 실정을 헤아리고 연구해보면, 단지 이 두 가지 방법에서 벗어나지 않는다. 전자는 성인이 차마하지 않는 것이고, 후자는 성인이 하려 하지 않는 것이다.

10-07 宋太子茲父請立子魚 宋 太子 茲父가 子魚에게 임금 자리에 설 것을 청하다

【左傳】 僖八年이라 宋公疾에 太子茲父固請曰 目夷長且仁[1]하니 君其立之하소서 公命子魚한대 子魚辭曰 能以國讓하니 仁孰大焉이릿가 臣不及也요 且又不順[2]이니이다하고 遂走而退하다 九年에 襄公卽位하야 以公子(伯)〔目〕[3]夷(目)〔爲〕[4]仁이라하야 使爲左師以聽政하니 於是宋治하다 故魚氏世爲左師[5]하다

1) 〔역주〕 太子茲父固請曰 目夷長且仁 : 茲父는 襄公이다. 目夷는 茲父의 庶兄 子魚이다.
2) 〔역주〕 且又不順 : 庶子를 임금으로 세우는 것은 禮를 따르는 것이 아니라는 말이다.
3) 〔역주〕 (伯)〔目〕 : 저본에 '伯'으로 되어있으나, ≪春秋左氏傳≫에 의거하여 '目'으로 바로잡았다.
4) 〔역주〕 (目)〔爲〕 : 저본에 '目'으로 되어있으나, ≪春秋左氏傳≫에 의거하여 '爲'로 바로잡았다.

5) 〔역주〕 故魚氏世爲左師 : 子魚의 後裔가 할아버지의 字를 氏로 삼았기 때문에 '魚氏'라 고 한 것이다.

僖公 8년, 宋公의 병이 危篤해지자 太子 玆父가 "目夷는 나이가 저보다 많고 또 仁慈하니 임금님께서는 그를 임금으로 세우소서."라고 굳이 청하였다. 宋公이 子魚에게 位를 承繼하라고 명하니, 子魚는 "太子는 능히 나라를 남에게 사양하니 이보다 더 큰 仁이 어디에 있습니까. 저는 太子에 미칠 수가 없고, 또 제가 임금이 되는 것은 順理도 아닙니다."라고 사양하고서 드디어 빠른 걸음으로 물러났다.

9년에 宋 襄公이 즉위하여 公子 目夷가 인자하다고 여겨 左師로 삼아 國政을 담당하게 하니 이로 인해 宋나라가 잘 다스려졌다. 그러므로 魚氏가 대대로 宋나라의 左師가 되었다.

無故而爲駭世之行는 求名之尤者也니 宋襄公之遜於子魚是也라 以統則正이요 以親則嫡이며 以勢則順이로되 無故而欲推之他人하니 非求名이면 果何說也아 然求名之罪는 人所共指니 不足深責이어니와 乃若不明乎善은 則學者所同病이니 所當先論也니라 宋襄所以無故而遜國者를 吾知之矣로라 其心急欲自表見於世나 悒然恨無善之可爲라 故振奇以駭世耳라 築山於平地者는 以其無山也니 使居泰華之傍이면 必不築也요 鑿沼於平地者는 以其無沼也니 使居江海之傍이면 必不鑿也리라 平地無山이라 故板築而强爲山하고 平地無沼라 故疏鑿而强爲沼하니 彼矯激而强爲駭世之行者는 豈非平居自視無善之可爲하야 不得不出此耶아

까닭 없이 세상이 놀랄 만한 행동을 하는 자는 과도하게 명예를 구하는 자이다. 宋襄公이 子魚에게 揖遜한 것이 여기에 해당한다. 法統으로 보면 正統이고, 혈연으로 보면 嫡子이며, 형세로 보면 순리인데, 까닭 없이 양보하여 남에게 주고자 하였으니, 명예를 구하고자 하는 것이 아니라면 과연 무슨 말로 설명할 수 있겠는가?

명예를 구하는 자의 죄는 사람들이 모두 손가락질하지만 깊이 꾸짖을 것은 못 된다. 그러나 善에 밝지 못한 경우에는 배우는 자들이 함께 병통으로 여겨 먼저 의론해야 한다. 나는 송 양공이 까닭 없이 나라를 사양한 이유를 알겠다. 그는 자기를 드러내어 세상에 알리고 싶은 마음이 다급하였으나, 행할 만한 善行이 없는 것을 답답해

하고 한스러워하였다. 그러므로 기이한 행동을 하여 세상을 놀라게 한 것뿐이다.

평지에 산을 만드는 자는 거기에 산이 없기 때문이니, 만약 泰山이나 華山 옆에 살았다면 반드시 산을 만들지 않았을 것이고, 평지에 못〔沼〕을 파는 자는 거기에 못이 없기 때문이니, 만약 강이나 바다 옆에 살았다면 반드시 못을 파지 않았을 것이다. 평지에는 산이 없기 때문에 흙을 쌓아 억지로 산을 만들고, 평지에는 못이 없기 때문에 땅을 파 억지로 연못을 만든 것이다. 〈이와 마찬가지로〉 저 사람이 억지로 세상을 놀라게 할 만한 과격한 행동을 한 것도, 어찌 평소에 행할 만한 선행이 없다고 생각하고서 마지못해 이렇게 한 것이 아니겠는가?

人之言曰 天下之善은 遇之不可不爲요 不遇不可强爲라하니 其視宋襄進一等矣이나 亦未免五十步笑百步也라 一歲之間에 自春至冬과 一日之間에 自朝至暮와 一國之間에 自君至民과 一身之間에 自頂至踵히 無時非善이요 無物非善이라 周流充塞하야 隨在隨滿이어늘 今乃謂遇善則可爲요 不遇善則不可爲라하니 吾不知擇何物爲善하고 棄何物爲不善耶아 吉人爲善에 惟日不足이어늘 世俗乃嘆善之難遇하니 何其反也오 以魯遇宋을 謂之遇[1]요 以齊遇陳을 謂之遇[2]며 以子路遇荷蓧를 謂之遇[3]라 爲善而欲遇善하니 善豈在外耶아 君子明乎善者라 天理混然하야 生生不息하니 不知有善之可擇也요 不知有不善之可棄也라 尙不見精이면 何者爲粗며 尙不見純이면 何者爲駁이리오 雖極世所謂至高之節인 如堯舜之揖遜도 亦世俗自爲之名耳라 步趨也, 言語也, 飮食也, 寢息也는 皆人日用之常也로되 而兀者獨羨人之步趨하야 以爲不可及이라하니 豈步趨果難於言語食息之屬哉리오 自兀者觀之則然也니라 堯舜之事布在天下하니 若禮樂 若法度 若征伐 若巡狩 若歷試[4] 若揖遜은 皆因理之固然이요 本未嘗置輕重於其間也니 則所謂揖遜者는 特堯舜(一)〔萬〕[5]事中一事耳라 世俗指其一事爲高하고 而忽其餘事爲常者는 無他焉이라 彼自見其捐一金之難이로되 而駭堯舜忘天下之易하야 遂誇大以爲至高之節이라하야 矯情而效之하니 此宋襄之徒所以每不絶於世也니라

1) 〔역주〕 以魯遇宋 謂之遇 : ≪春秋左氏傳≫ 隱公 4년 經文에 "여름에 은공이 宋 殤公과 淸에서 만났다.〔夏 公及宋公遇于淸〕"라 하였는데, 杜預의 注에 "遇는 갑자기 만나는 것이다. 두

나라가 각기 禮節을 간소히 하여 道路에서 서로 만난 것처럼 한 것이다."라 하였다.

2) 〔역주〕 以齊遇陳 謂之遇 : ≪春秋左氏傳≫ 莊公 4년 경문에 "여름에 齊侯・陳侯・鄭伯이 垂에서 회합하였다.〔夏 齊侯陳侯鄭伯遇于垂〕"라 하였는데, 林堯叟의 附注에 "세 나라 이상이 회합하는 것은 國交의 옛 법도가 아니다."라 하였다.

3) 〔역주〕 以子路遇荷蓧 謂之遇 : ≪論語≫ 〈微子〉에 보인다. 공자를 모시고 가던 자로가 뒤에 쳐지게 되어 길을 잃었는데, 대바구니를 멘〔荷蓧〕 장인을 만나 "우리 선생님을 보았습니까?"라고 묻자, 그가 말하기를 "四肢를 부지런히 하지 않고 五穀을 분별하지 못하니, 누구를 선생님이라 하는가?" 하고, 지팡이를 꽂아놓고 김을 매었다. 자로가 은자임을 알고 공경하자, 그는 자기 집에 머물게 하고 닭을 잡고 기장밥을 지어 대접하고는 아들을 인사시켰다.

4) 〔역주〕 歷試 : 堯임금이 9男2女로 하여금 百官・牛羊・倉廩을 갖추어 舜을 섬기게 하고 인심을 살피어 帝位를 물려준 일을 말한다. ≪書經≫ 〈虞書 堯典〉에 堯임금이 "내가 시험해보겠다. 이 사람에게 딸을 시집보내어 두 딸에게서 그 법을 관찰하겠다.〔帝曰 我其試哉 女于時 觀厥刑于二女〕"라 하였다.

5) 〔역주〕 (一)〔萬〕 : 저본에 '一'로 되어있으나, 사고전서본에 의거하여 '萬'으로 바로잡았다.

사람들이 말하기를 "천하의 善은 만나면 반드시 해야 하고, 만나지 않으면 억지로 해서는 안 된다."라 하니, 이를 宋 襄公에 비교해보면 한 수 위이다. 그러나 이 또한 五十步百步의 일에서 벗어나지 못한다.

봄부터 겨울까지 1년 내내, 아침부터 저녁까지 하루 내내, 임금에서부터 서민에 이르기까지 나라 안 누구든지, 정수리부터 발끝까지 온 몸 전체가 선하지 않은 때가 없고 선하지 않은 일이 없어, 두루 흘러 충만하여 어느 곳이든 가득한데, 지금 선을 만나면 해야 하고 선을 만나지 않으면 해서는 안 된다고 하니, 나는 무엇을 善이라고 여겨 가려 행하고, 무엇을 不善이라고 여겨 버려야 하는지 모르겠다.

吉人은 날이 부족할 정도로 선을 행하는데 世俗에서는 선을 만나기 어렵다고 탄식하니 어찌면 그렇게 반대로 말하는가? 魯나라가 宋나라를 만난 것을 만났다고 하고, 齊나라가 陳나라를 만난 것을 만났다고 하며, 子路가 荷蓧丈人을 만난 것을 만났다고 하는 것이다. 선을 행하면서 선을 만나고자 하니 선이 어찌 내 몸 밖에 있겠는가? 君子는 선을 밝게 분별할 줄 알기 때문에, 天理가 혼연하여 선한 마음이 항상 일어나고 그치지 않으니, 가려 행할 만한 선이 있음을 모르고 버릴 만한 불선이 있음을 모른다.

精髓도 보지 못하면서 어느 것을 粗惡으로 여기겠으며, 純秀도 보지 못하면서 어느 것을 雜駁으로 여기겠는가? 비록 온 세상이 지극히 높은 절개라고 극찬하는 堯舜의 揖遜(禪讓)이라도, 세속에서는 스스로 명예로운 일이라고 여길 뿐이다. 걷고 달리며 말을 하며 먹고 마시며 잠자고 쉬는 것이 모두 사람의 일상생활인데, 절름발이는 유독 사람들이 걷고 달리는 것만 부러워하여 자신은 미칠 수 없다고 여기니, 어찌 걷고 달리는 것이 말하고 먹고 쉬는 일보다 어려워서이겠는가? 절름발이의 입장에서 보면 그럴 수 있는 것이다.

요순의 일이 천하에 알려져 있으니, 禮樂・法度・征伐・巡狩・歷試・揖遜의 일이 모두 당연한 이치를 따르고 본래 그 사이에 경중을 둔 적이 없었다. 이른바 揖遜은 요순이 행한 여러 일 중의 한 가지일 뿐이다. 그런데도 세속에서 이 한 가지 일을 가리켜 고상하게 여기고 나머지 일들은 경솔히 평범하게 여기는 까닭은, 다름이 아니라 저 사람 스스로 一金을 출연하는 것도 어렵게 여기는데 요순이 천하를 쉽게 잊은 일이 놀라웠던 것이다. 그리하여 마침내 과대 포장하여 이를 지극히 고상한 절개로 여겨 마음을 속여 모방하였으니, 이것이 송 양공 같은 무리가 세상에서 없어지지 않는 이유이다.

噫라 **堯舜之揖遜**을 **堯舜曷嘗自知其高哉**리오 **以世俗之心度之則高耳**라 **然則非特幽囚野死**[1]**之毁**가 **爲以利心量聖人也**라 **誦堯舜揖遜以爲高者**도 **正所謂以利心量聖人也**니라

1) 〔역주〕 幽囚野死 : 幽囚는 舜임금이 堯임금을 구류했다는 말이고, 野死는 순임금이 蒼梧에서 죽은 일을 말한다. ≪史記正義≫에, ≪竹書紀年≫을 인용하여 "舜이 堯를 가두고, 또 丹朱를 감금하여 父子가 서로 만날 수 없게 하였다."고 하였는데, 사고전서본의 ≪竹書紀年≫에 이러한 내용은 없다. 조선 李敏求의 ≪東州集≫ 〈伊尹說〉에 "자기 임금을 추방하고 시해하는 제후들이, 요임금은 감금되었고 순임금은 객지에서 죽었다는 말로 찬탈행위를 합리화하였다.〔諸侯有放弑其君者 則曰堯幽囚舜野死以飾其簒〕"라는 글이 보인다.

아, 堯舜의 揖遜을 어찌 요순 스스로 고상한 것으로 알았겠는가? 세속의 마음으로 헤아려보면, 고상할 뿐이다. 그렇다면 단지 옥에 가두고 들에서 죽었다는 비방만 이

익을 탐하는 마음으로 성인을 料量하는 것이 아니라, 요순의 읍손을 칭송하며 고상한 德行으로 여기는 것도 바로 이익을 탐하는 마음으로 성인을 料量하는 것이다.

譯註者 略歷

鄭太鉉

慶北 尙州 化北 出生
止山 林聖武 先生과 鳳西 吳禹善 先生 師事
民族文化推進會 國譯硏修院 卒業
國譯部長, 國譯硏修院 教授
한국고전번역원 부설 고전번역교육원 名譽漢學教授(現)
傳統文化硏究會 理事 겸 副會長(現)
국민훈장 모란장 受賞

論文 및 譯書

〈栗谷의 改革思想〉
譯書 ≪春秋左氏傳≫ ≪孝經大義≫ ≪同春堂集≫
共譯 ≪五洲衍文長箋散稿≫ ≪星湖僿說≫ ≪宋子大全≫
≪茶山詩文集≫ ≪陽村集≫ ≪高峯集≫ ≪寒水齋集≫
≪朝鮮王朝實錄≫ 등 多數

金炳愛

京畿 驪州 出生
弘益大學校 師範大學 國語教育科 卒業
國民大學校 大學院 卒業(文學碩士)
서울市立大學校 大學院 博士課程 修了
民族文化推進會 國譯硏修院 卒業
民族文化推進會 國譯硏修院 常任硏究員
傳統文化硏究會 교무위원
서울시립대, 단국대, 홍익대 강사
교육부장관상 受賞
국사편찬위원회상 受賞

論文 및 譯書

〈蘇軾散文의 文藝美 硏究〉
〈허균의 고문관 연구〉
〈산문기법으로 본 허균의 개혁의식〉
〈≪律呂新書≫의 번역·교감·주석 고찰〉
≪마음 속의 대나무 - 蘇軾散文評說≫
≪승정원일기≫(共譯)

東洋古典譯註叢書63

譯註 東萊博議2　　　정가 25,000원

2012년 12월 30일 초판 발행
2013년 09월 30일 초판 2쇄

責任飜譯 鄭太鉉
共同飜譯 金炳愛
編 輯 古典國譯編輯委員會
發行人 李啓晃
發行處 社團法人 傳統文化硏究會
서울시 종로구 낙원동 284-6 낙원빌딩 411호
전화 : (02)762-8401 전송 : (02)747-0083
전자우편 : juntong@juntong.or.kr
홈페이지 : juntong.or.kr
사이버書堂 : cyberseodang.or.kr
온라인서점 : book.cyberseodang.or.kr
등록 : 1989. 7. 3. 제1-936호

인쇄처 : 한국법령정보주식회사(02-462-3860)
총 판 : 한국출판협동조합(070-7119-1750)

ISBN 978-89-91720-88-6 94910
978-89-85395-71-7(세트)

※ 이 책은 2012년도 교육과학기술부 고전문헌 국역지원사업 지원비에 의해 초판 간행